Charles William Heckethorn
Geheime Gesellschaften

CHARLES WILLIAM HECKETHORN

GEHEIME GESELLSCHAFTEN

TEMPELHERREN ‡ MYSTIKER
FREIMAURER ‡ ILLUMINATEN
GEHEIMGERICHTE

Übersetzt und bearbeitet von
Leopold Katscher

NIKOL
VERLAG

Reprint der Ausgabe von 1900.
Erstmals erschienen mit dem Titel *Geheime Gesellschaften, Geheimbünde und Geheimlehren* bei Rengersche Buchhandlung, Gebhardt & Wilisch, Leipzig.

MIX
Papier | Fördert gute Waldnutzung
FSC® C083411

4. Auflage 2025

Umschlaggestaltung:
Nele Schütz Design unter Verwendung von shutterstock/Extezy (Rahmen), Micro One (Symbole), Roberto Castillo (Rahmen)
Druck und Bindung: CPI Moravia Books s.r.o.
Printed in the Czech Republic

ISBN: 978-3-86820-679-1

info@nikol-verlag.de
www.nikol-verlag.de

Vorbemerkungen des Bearbeiters.

Jahrzehntelang beschäftigte der anziehende Gegenstand dieses Buches die Aufmerksamkeit des bekannten englischen Schriftstellers Heckethorn. Es hatte für ihn einen eigentümlichen Reiz, die zahlreichen, zum Teil sehr schwer zugänglichen Quellen über die verschiedenartigsten geheimen Verbindungen etc. aller Länder und Zeiten zu erforschen. Endlich entschloſs er sich, die Ergebnisse seiner Studien in dem vorliegenden Werk niederzulegen, dessen zweite, gründlich umgearbeitete Auflage ich hiermit in freier Verdeutschung darbiete. Wir haben es da mit einer sehr verdienstlichen Arbeit zu thun, denn sie zeichnet sich nicht nur durch wohlthuende Objektivität der Darstellung aus, sondern bildet auch die bislang zusammenfassendste und ausführlichste Darstellung eines Stoffes, welcher angesichts des allgemein herrschenden Interesses für die Geheimnisthuerei den weitesten Kreisen entgegenkommt. Des Verfassers Arbeit war mühsam und gewissenhaft, seine Zusammenstellung ist sorgfältig, sein Ton fast durchweg maſsvoll, seine Gelehrsamkeit ebenso groſs wie seine Belesenheit. In letzterer Beziehung sei auf das ungemein reiche Quellenverzeichnis hingewiesen. Dieses Verzeichnis hat es dem Autor und dem Bearbeiter ermöglicht, den Leser mit der nur zu üblichen Fülle von Fuſsnoten und bibliographischen Verweisungen zu verschonen.

Was die Auswahl der aufgenommenen Gesellschaften u. s. w. betrifft, so fehlt wohl kaum etwas, worüber Heckethorn sich überhaupt Aufschlüsse verschaffen konnte, wenngleich dieselben zuweilen, wie das ja in der Natur der Sache liegt, nicht sehr eingehend sind. Von den bestehenden Vereinigungen erscheinen alle eingereiht, die entweder an sich geheim sind oder, wenn bekannt, geheime Riten und Zeremonien oder geheime Zeichen und Worte haben oder geheime Lehren predigen oder ein geheimes Verfahren besitzen. Deshalb werden z. B. auch die Alchimisten, die Inquisition, der Jesuitenorden u. dgl. m. behandelt.

Obschon Heckethorns Buch zweifellos das „standard work“ über den Gegenstand ist, bringt es der letztere mit sich, dafs es nicht an Irrtümern fehlt; soweit ich konnte, habe ich dieselben teils im Text, teils im „Anhang“ richtig gestellt. Dies sowohl, als auch gewisse Breiten der Darstellung und Schärfen im Meinungsausdruck haben manche redaktionelle Änderung bei der Verdeutschung nötig gemacht; desgleichen die Rücksichtnahme auf die neuesten Daten und Ereignisse, sowie auf das Verständnis des deutschen Lesers. Selbstverständlich mufste ich insbesondere die lediglich für das englische Publikum berechneten Stellen kürzen, zuweilen auch weglassen und dafür den im Originalwerk etwas stiefmütterlich bedachten deutschen Verhältnissen mehr Raum widmen. Dies gilt namentlich von den Partien über die Freimaurerei, wo ich nicht nur viele einzelne Daten etc., vornehmlich aus den letzten Jahren, sondern auch ein ganzes Kapitel („Deutsches und Nachträge“) eingeschaltet habe. Bei dieser Gelegenheit sei nebenbei bemerkt, dafs das strenge Urteil des Verfassers über die moderne Freimaurerei sich in erster Reihe auf die englische und erst in allerletzter — wenn überhaupt — auf die deutsche Maurerei bezieht.

Wesentliche, d. h. die Anschauungen des Autors betreffende Änderungen habe ich nicht vorgenommen. Dagegen hielt ich es stellenweise für Gewissenspflicht, die Einteilung und Anordnung des Stoffes erheblich abzuändern und die Daten bis zur neuesten Zeit zu ergänzen. Bei meinen Richtigstellungen von Angaben und bei meinen Ergänzungen gebe ich, wo sie nicht auf eigener Kenntnis beruhen oder von Heckethorn — der mir in dankenswerter Weise an die Hand gegangen ist — herrühren, meine Quellen an. Ich hoffe, durch die Art meiner Bearbeitung die ohnehin grofse Nützlichkeit des Buches noch beträchtlich gesteigert zu haben; freilich dürfte mir kaum gelungen sein, es gänzlich von thatsächlichen Unrichtigkeiten zu befreien. Bei so „geheimen“ Stoffen halte ich das überhaupt für unmöglich und daher rechne ich für den Verfasser und für mich auf ein reiches Mafs von Nachsicht — wir haben unser Möglichstes gethan.

Ende Februar 1900.

Leopold Katscher.

Inhalts-Verzeichnis.

Neuntes Buch:

Gesellschaftliche Wiedergeburt.

Zehntes Buch:

Politische Geheimgesellschaften.

Elftes Buch:

Die Freimaurerei.

Zwölftes Buch:

Verschiedene andere Vereinigungen.

Anhang:

Einleitung.

Einteilung. — Religiöse Gesellschaften. — Politische Gesellschaften. — Ziele der letzteren. — Der vollkommenste Menschentypus. — Ursachen der hohen geistigen Entwicklung. — Urkultur. — Die wahren Lehren von Natur und Dasein. — Die grundlegenden Prinzipien der wahren Erkenntnis im Besitz der Alten. — Die mystische Lehre. — Verlust der wahren Erkenntnis. — Ursprünglicher Geist der Mysterien. — Ergebnisse ihres Verfalls. — Ihre astronomischen Seiten. — Ihr düsterer Charakter. — Einheitlichkeit der Dogmen. — Jetzige Überflüssigkeit der geheimen Gesellschaften.

Die geheimen Gesellschaften lassen sich in folgende Gruppen teilen: 1. religiöse, wie z. B. die eleusinischen oder die ägyptischen Mysterien; 2. militärische, wie die Tempelherren; 3. gerichtliche, z. B. die Vehmgerichte; 4. wissenschaftliche, wie die Alchemisten; 5. bürgerliche (Freimaurerei etc.); 6. politische (Carbonari u. dgl.); 7. gesellschaftsfeindliche, wie die Garduna. Doch läſst sich die Grenze nicht immer genau ziehen: die politischen Vereinigungen z. B. müssen notwendig das bürgerliche Leben beeinflussen und manche wissenschaftlichen — namentlich die Rosenkreuzer — befaſsten sich auch mit Gotteslehre. Es ist daher praktischer, die geheimen Gesellschaften bloſs in zwei Hauptgruppen zu teilen: in religiöse und politische.

Geheimgesellschaften religiöser Art kannte schon die älteste Geschichte. Solche entstanden zuerst in einer Zeit, da die von den Urmenschen besessene wahre religiöse Erkenntnis (d. h. die Kenntnis der Beschaffenheit des Weltalls, der ewigen Schöpferkraft und der natürlichen Weltgesetze) bei der Mehrheit der Menschen in Verfall zu geraten begann. Die wahre Erkenntnis erhielt sich groſsenteils in den alten „Mysterien". Freilich waren diese bereits einigermaſsen geringerwertig als die ursprüngliche Naturweisheit, denn sie stellten nur die Erscheinungen der äuſseren, zeitlichen Natur dar, nicht mehr die Wirklichkeiten der inneren, ewigen Natur, deren äuſserliche Kundgebung das sichtbare Weltall ist.

Die Geheimgesellschaften politischer Richtung dienten ihrer Zeit als mäfsigende Elemente und Sicherheitsventile und der Zukunft als mächtige Hebel. Ohne sie würde die Gewaltherrschaft in der gesamten Weltgeschichte allmächtig gewesen sein; auch würde sie kein Ziel und keine Wirkung gehabt haben, wenn sie nicht den menschlichen Willen zum Widerstand aufgestachelt hätte.

Jede geheime Gesellschaft ist ein Ergebnis angesammelter, festgelegter Überlegung, folglich eine That des Gewissens. Man kann sagen, dafs diese Gesellschaften in der Geschichte einigermafsen den Ausdruck des Gewissens bilden, denn jedermann wohnt ein Etwas inne, das zu ihm gehört, sich aber aufserhalb seiner Person zu befinden scheint. Dieses dunkle Etwas ist stärker als er; deshalb kann er sich nicht gegen dessen Herrschaft auflehnen oder sich demselben irgendwie entziehen. Dieses Etwas ist unantastbar. Der Dolch des Mörders, das Beil des Henkers kann es nicht erreichen; es läfst sich durch Gebete nicht erweichen, durch Lockungen nicht verführen, durch Drohungen nicht schrecken. Es ruft in uns eine Zweiheit hervor, die sich in Gestalt von Gewissensbissen fühlbar macht. Der tugendhafte Mensch lebt in Seelenfrieden und wird von jenem geheimnisvollen Etwas nicht gequält. Wer aber Übles thut, dessen besserer Teil lehnt sich gegen das Üble auf. Nun denn, die Geheimgesellschaften drücken diese Zweiheit im grofsen aus: in ihrer Anwendung auf ganze Völker; sie sind in der Politik jenes dunkle Etwas, das auf das öffentliche Gewissen einwirkt und rächende, reinigende Gewissensbisse erzeugt, die niemand sieht, die aber jedermann fühlen kann – wie ein unsichtbarer, weit entfernter Himmelskörper, dessen Licht unser Auge wahrzunehmen vermag.

Thatsächlich entstehen viele Geheimgesellschaften durch den Wunsch nach Rache, aber edler oder weiser Rache, welche, wohl zu unterscheiden von persönlichem Groll, nicht Personen, sondern Einrichtungen und Ideen zu treffen und zu bestrafen sucht. Wir haben es da mit jener grofsartigen, vom Vater auf den Sohn vererbten, frommen Volksrache zu thun, die den Hafs heiligt, die Verantwortlichkeit des Menschen vergröfsert und seinen Charakter erhöht. Ja, es giebt einen berechtigten und notwendigen Hafs, der die Völker zu retten pflegt – den Hafs gegen das Böse. Wehe dem Volk, das die Heuchelei, die Unduldsamkeit, die Knechtschaft und den Aberglauben nicht zu hassen versteht!

Die Sektierer verfolgen das Ziel, den idealen Tempel des Fortschritts zu erbauen und in die Herzen schlummernder oder geknechteter Nationen die Keime einer künftigen Freiheit zu pflanzen. Der herrliche Bau ist freilich leider noch nicht vollendet und wird es vielleicht niemals sein; allein schon der Versuch zu seiner Errichtung verleiht den geheimen Gesellschaften sittliche Gröſse, während ohne solche Endzwecke ihr Kampf zu kleinlichen, selbstsüchtigen Parteistreitigkeiten herabsinken würde. Auf jenem Ziel beruht der Bestand und die Berechtigung der politischen Geheimgesellschaften, denen viele Staaten mittelbar oder unmittelbar ihr Dasein und ihre Freiheiten verdanken, wie z. B. das jetzige Griechenland und das moderne Italien.

Aber die ersten Geheimgesellschaften wurden weniger für politische als vielmehr für religiöse Zwecke ins Leben gerufen. Da sie sich mit allen jeweilig bekannten Künsten und Wissenschaften befaſsten, ist die Religion mit Recht die Altertumswissenschaft der menschlichen Kenntnisse genannt worden. Die vergleichende Götterlehre führt all die vielen, scheinbar einander widersprechenden und entgegengesetzten Glaubensbekenntnisse auf Eine ursprüngliche, grundlegende, wahre Auffassung der Natur und ihrer Gesetze zurück; nur sind diese einfachen physischen Thatsachen im Laufe der Zeit von den verschiedenen Völkern in verschiedener Weise gefälscht, entstellt oder sonstwie verändert worden -- teils absichtlich, teils zufällig. Die richtige Naturauffassung war ein Vorrecht der höchstentwickelten Menschenrasse: der arischen, die ihren Sitz im Norden des Himalajagebirges hatte und deren Paradies das wunderbar üppige Kaschmirthal mit seinem ewigen Frühling war. In einem solchen Klima muſste sich allmählich ein überlegener Typus herausbilden, gleichsam die Quintessenz jener üppigen Natur und daher fähig, dieselbe vollauf zu begreifen. Der arische oder kaukasische Mensch ist denn auch der einzige Typus, der die Aufmerksamkeit des Erforschers der Geistesgeschichte der Menschheit verdient.

Es wäre müſsig, untersuchen zu wollen, wie lange es gedauert haben mag, bis der Mensch eine hohe geistige Entwicklungsstufe erreichte. Das läſst sich ebensowenig feststellen wie der Zeitraum, dessen die Spinne bedurfte, um ihr kunstvolles Netz so geschickt spinnen zu lernen oder wie die Zeit des Erscheinens und die Beschaffenheit der ersten Menschen auf der Erde. Selbst die von Darwin aufgefrischte oder aufgewärmte Lehre vom Protoplasma kann das Rätsel nicht lösen helfen. Nur Eines ist sicher: daſs, wie wir aus uralten Denkmälern und litteraturartigen Aufzeichnungen wissen, die Menschen vor vielen Jahrtausenden groſse wissenschaftliche Kenntnisse besaſsen, die im Osten entstanden, allmählich nach dem Westen kamen und unterwegs zum groſsen Teil in Verlust gerieten.

Daſs solche Verluste in uralten Zeiten möglich waren, kann nicht überraschen, denn bekanntlich kamen sie auch noch in geschichtlichen Zeiten vor. Auf den Glanz der klassischen Kunst,

Wissenschaft und Gelehrsamkeit des Altertums folgte die geistige Nacht des Mittelalters mit ihrer finstern Unduldsamkeit und Unterdrückung. Tausende von Jahren vor unserer Zeitrechnung wufsten die Chaldäer, dafs die Erde rund ist und von Ost nach West eine gröfsere Ausdehnung hat als von Nord nach Süd. Dafs sie auch ihren Umfang kannten, geht daraus hervor, dafs sie sagten, man brauche 365 Tage zu ihrer Umwanderung, was ziemlich genau stimmt, denn wenn jemand ganz gemächlich – die Stunde zu rund $4^1/_4$ Kilometern gerechnet – um die Erde herum spazierte, würde er in einem Jahre zu Rande kommen. Trotzdem behaupteten die in Salamanca mit Kolumbus disputierenden Mönche steif und fest, die Erde sei flach. In Blaew's „Novus Atlas" vom Jahre 1642 findet sich eine Karte von Afrika, auf der alle Städte, Dörfer, Seen und Flüsse, die in unserem Jahrhundert vermeintlich zum erstenmal entdeckt wurden, fein säuberlich eingezeichnet sind. Das ist doch gewifs nicht sehr lange her und dennoch ging diese Kenntnis verloren und mufste in unserer Zeit mit gewaltigen Gefahren und Opfern neuerlich erworben werden. Die im Anfang des 19. Jahrhunderts veröffentlichten Karten von Afrika weisen das Innere des dunkeln Weltteils unbedruckt auf.

In den vorgeschichtlichen Zeiten, wie gesagt, besafs der Mensch richtige Kenntnisse von der Natur und ihrer Thätigkeit. Es ist daher nicht verwunderlich, dafs die Mysterien auch der von einander entferntesten Völker in dogmatischer wie in innerlicher Hinsicht so vieles mit einander gemein hatten, dafs weiter in sämtlichen auf gewisse Ziffern und Ideen so grofses Gewicht gelegt wurde und dafs sie endlich durchweg düsterer Art waren. Aufser dem grofsen Mystiker Jakob Böhme hat kein Autor die der Zahl Sieben in allen Ländern und Zeiten beigemessene Heiligkeit richtig erklärt. Aus dem, was wir über diesen Punkt auf Grund der Böhmeschen Erläuterungen vorbringen werden, wird hervorgehen, dafs die Übereinstimmung der religiösen und wissenschaftlichen Lehren bei den von einander entlegensten Nationen ihrer Herkunft von einer gemeinsamen Quelle zuzuschreiben sein mufs; allerdings wurden die rätselhaften und geheimnisvollen Formen, in denen diese Kenntnisse aufbewahrt wurden, im Laufe der Zeit als die Thatsachen hingenommen.

Da wir den Ursprung und die Bedeutung der Lehren der „Mysterien" nicht verstehen können, ohne von der Urkultur und den frühesten Kenntnissen des Menschen einen klaren Begriff zu haben, müssen wir uns vorher eine solche Vorstellung zu verschaffen suchen.

Die vorgeschichtlichen Zeiten erscheinen gewöhnlich dunkel und man glaubt zumeist, dafs die Dunkelheit desto gröfser sein mufs, je weiter man nach rückwärts blickt. Halten wir jedoch die Augen gehörig offen, so erhellt sich die Finsternis immer mehr; sie erweist sich als nichts anderes denn verdichtetes Licht und löst sich schliefslich in Licht auf, sodafs wir deutlich sehen, wie alle Religionsbekenntnisse – auch die von dem ärgsten Aberglauben und den erniedrigendsten Zeremonien überwucherten – desto reiner, edler, erhabener erscheinen, je mehr wir uns ihrem Ursprung nähern und je besser wir ihre Quellen erkennen. Die Ethik Buddhas und Zoroasters wurde und wird vielfach als Vorläuferin der Lehren des Christentums betrachtet, und selbst der Heilige Augustin bemerkte: „Was wir jetzt die christliche Religion nennen, das bestand schon im Altertum, ja sogar seit den Anfängen des Menschengeschlechts; nur wird die bereits vorhandene wahre Religion seit dem Erscheinen Christi die christliche Religion genannt.“ Alle höheren Glaubensbekenntnisse hatten gewisse Grundanschauungen mit einander gemein, wenngleich diese in der Form oft erheblich von einander abweichen. So z. B. den Begriff der Dreifaltigkeit; die Lehre, dafs der „Logos“ (das allschöpferische Wort) alles durch die Offenbarung des Nichts erschuf; die Anbetung des Lichts; die Ansicht, dafs das Feuer die Seelen läutere u. dgl. m.

Die Erkenntnis, auf der die Lehren der Mysterien beruhten, umfafste den Urgrund und die Entstehung aller Dinge, den gesamten Zustand und Fortschritt der Natur, ihre ganze Entwicklung und Thätigkeit, sowie die Einheit, welche Himmel und Erde erfüllt. Diese Einheit wurde vor wenigen Jahren geräuschvoll als neue Entdeckung ausposaunt, während doch schon der alte Homer im achten Buch seiner „Iliade“ von der „goldenen Kette“ sang, die Himmel und Erde verbindet – derselben goldenen Sympathiekette, demselben geheimen, alldurchdringenden und alleinigenden Einflufs, der anderwärts als „Weltseele“, „Jakobsleiter“, „magisches Feuer“, „mercurius philosophorum“ u. s. w. vorkommt. Infolge der menschlichen Abwechslungsliebe wurde diese Erkenntnis allmählich durch falsche oder unsinnige Auslegungen entstellt und mit allerlei Phantasiegebilden ausgeschmückt oder verdeckt. So entstanden ganze Rattenkönige von Aberglauben, die der gedankenlosen Menge als Glaubensbekenntnisse dienten und noch heutzutage dienen. Daher rührt es, dafs zahllose Millionen in geistlicher Knechtschaft leben und vor tausend Phantomen zittern, die ihnen von der eigenen Unwissenheit oder vom Pfaffentum vorgegaukelt werden.

Die in den alten Mysterien enthaltenen Lehren berechtigen uns zu dem Glauben, dafs die Menschen vor Tausenden von Jahren das Folgende wufsten (freilich war die Erkenntnis in den Mysterien, wie bereits bemerkt, schon getrübt und verstümmelt, nämlich veräufserlicht):

1. Allenthalben machen sich Beweise eines alldurchdringenden Lebens geltend; es mufs daher ein allumfassendes, allmächtiges und allerhaltendes Leben geben.

2. Hinter oder über diesem Urleben, auf dem das Weltsystem beruht, macht sich der „unbewegte Beweger“ fühlbar, das einzige übernatürliche Wesen (ens), das mittels des „logos“ (Machtwort) alles Bestehende aus sich heraus gesprochen hat; das schliefst keinen Pantheismus in sich, denn die vom Sprecher ausgehenden Worte sind nicht mit ihm selbst identisch.

3. Das Universalleben ist ewig.

4. Die Materie ist ewig, denn sie ist das Gewand, in welches das Leben sich kleidet und in welchem es sich offenbart.

5. Die Materie ist das Licht, denn der dunkelste Stoff kann auf sie zurückgeführt werden.

6. Alles äufserlich Wahrnehmbare mufs ideell durch alle Ewigkeiten in einer urbildlichen Gestalt bestanden haben, wiedergespiegelt in der „Ewigen Freiheit“ der indischen Götterlehre, dem Spiegel „Maja“, von welchem Wort die Worte „Magier“, „Magie“, „magisch“, „imago“ (Bild), „Imagination“ stammen, die durchweg mit der Darstellung der ursprünglichen, körperlosen, nicht wahrnehmbaren lebenden Materie durch Gestalten, Formen oder Geschöpfe zusammenhängen. Die moderne Theosophie nennt den Majaspiegel den Ewigen Wunderspiegel, die Jungfrau Sophia (Licht) – stets hervorbringend, doch immer jungfräulich bleibend – das Urbild der Marienlehre.

7. Das sich im sichtbaren Universum bekundende ewige Leben wird von denselben Gesetzen regiert wie die unsichtbare Kräftewelt.

8. Diese Gesetze sind die sieben Eigenschaften (oder Merkmale) der ewigen Natur. Sechs davon sind thätiger Art, während in der siebenten die sechs ersten vollkommen harmonisch zusammengefafst sind. Diese sieben Merkmale bilden zugleich die Grundlage aller Siebenzahlen, denen wir in den Naturerscheinungen und in allen antiken und modernen Kenntnissen begegnen. Es sind: 1. Anziehung, 2. Abstofsung oder Rückschlag, 3. Umlauf, 4. Feuer, 5. Licht, 6. Schall, 7. Körper, der Inbegriff aller sechs.

9. Diese Siebenzahl ist in zwei Dreizahlen oder Pole teilbar, zwischen denen sich das durch ein Kreuz dargestellte Feuer befindet. Diese beiden Pole bilden die ewige Zweiheit, den ewigen Gegensatz in der Natur: die ersten drei, Materie und Dunkelheit, Schmerz und Angst erzeugend, bedeuten die Hölle, kosmisch den Winter; die anderen drei bringen Licht und Entzücken hervor und bedeuten das Paradies, kosmisch den Sommer.

10. Das Feuer ist der grofse Chemiker, Reiniger und Umwandler der Natur, denn es macht aus der Finsternis Licht. Daher seine ungeheure Verehrung und allgemeine Anbetung seitens vieler alter Völker. Die zoroastrischen Priester trugen sogar Schleier vor dem Mund, um das Feuer nicht mit ihrem Atem zu verunreinigen. Wir haben es da selbstverständlich mit dem himmlischen, elektrischen Feuer zu thun, dessen Vorhandensein und Beschaffenheit die Alten ziemlich gut kannten. Diese unterschieden das bewegende Prinzip von dem bewegten Gegenstand und nannten das erstere feurigen Äther oder Geist, Lebensprinzip, Gottheit, Jupiter, Vulkan, Phtha, Kneph.

11. Alles Licht entsteht aus der Finsternis und mufs, um wahrnehmbar zu werden, durchs Feuer gehen. Der Weg zum Licht kann nur durch die Dunkelheit oder den Tod oder die Hölle führen – dieser Gedanke findet sich in sämtlichen alten Mysterien. So wenig wie die Pflanze sich der Schönheit des Blühens und Blätter- oder Früchtetragens erfreuen kann, ohne vorher die Finsternis des Verborgenseins in der Erde durchgemacht zu haben, wo sie durch das Feuer chemisch verwandelt wird – so wenig kann der Geist höhere Erkenntnis und Erleuchtung erlangen, ohne vorher durch einen Zustand der Selbstverdunkelung und Gefangenschaft, gleichsam durch den läuternden Ofen der Geburtswehen gegangen zu sein.

Dafs die Urmenschen die vorstehend dargelegten Kenntnisse besafsen, wissen wir nicht nur aus den positiven wie aus den sich durch Folgerung ergebenden Lehren der Mysterien, sondern auch aus den Denkmälern des Altertums, die an Grofsartigkeit der Konzeption und der Idealität alle Leistungen der modernen Kunst übertreffen. Wenn der Leser sich diese Thatsache vor Augen hält, wird er in den wahren Sinn der Einweihungsdogmen besser eindringen als dies die Eingeweihten selbst konnten; auch wird er begreifen, dafs der Grund der grofsen Übereinstimmung der Lehren der verschiedenen Mysterien in der Thatsache liegt, dafs diese Lehren die Erklärung von Naturerscheinungen bildeten, die allüberall die gleichen sind.

Die Geheimlehren waren theologischer, moralischer und wissenschaftlicher Art. In theologischer Hinsicht wies man die Eingeweihten auf die Irrtümer der marktläufigen Vielgötterei hin und brachte ihnen die Lehre von der Einheit und einem Jenseits mit Belohnungen und Strafen bei. Die moralischen Vorschriften verdichteten sich in dem Ausspruch des Confucius: „Wenn du im Zweifel bist, ob eine Handlung recht oder unrecht sei, unterlafs sie gänzlich.“ Und was die wissenschaftlichen Grundsätze betrifft, so haben wir sie vorhin in 11 Punkten auseinandergesetzt.

Interessant und wichtig ist es, zu beobachten, wieso die ursprünglich richtige Naturerkenntnis im Lauf der Zeit verfälscht und durch Irrtümer entstellt worden ist. Die Anhänger der ältesten Religionen, über die schriftliche Nachrichten auf uns gekommen sind, waren Gestirn-Anbeter (Sabäer, Helio-Arkiten). Den wahren, anfänglichen Eingeweihten aber galten Sonne, Mond und Sterne als die äufseren Kundgebungen und Sinnbilder der inneren Kräfte des Ewigen Lebens. Doch konnten solche abstrakte Wahrheiten der unwissenden, hauptsächlich mit der Gewinnung des täglichen Brotes beschäftigten Menge nicht verständlich gemacht werden, wenn man nicht zur Verpersönlichung der Himmelskörper und der Jahreszeiten griff. Allmählich wurden die betreffenden Personifikationen nicht mehr als Symbole betrachtet, sondern als Darstellungen wirklicher menschenähnlicher Wesen, die vermeintlich wirklich auf Erden gelebt hatten. Die Urmenschen hielten die Sonne für die äufserliche Offenbarung des allerhaltenden, allrettenden, ewigen Lebensprinzips. In verschiedenen Zeiten und Ländern wurde dieses als Krischna, Fo, Osiris, Hermes, Herkules u. s. w. verpersönlicht und schliefslich glaubte man, diese Personen hätten thatsächlich gelebt und seien wegen ihrer den Menschen erwiesenen Wohlthaten zu Göttern erhoben worden. Man zeigte die angeblichen Grabstätten dieser vermeintlichen Götter und erneuerte alljährlich durch Feste den Schmerz ob ihres Verlustes. Der Durchgang der Sonne durch die Zeichen des Tierkreises rief allerlei Mythen hervor, z. B. die Verwandlungen Wischnus, die Heldenthaten des Herakles, des letzteren Verlust seiner Kräfte im Winter, deren Wiedergewinnung im Sommer, den Tod, die Höllenfahrt und die Auferstehung von Osiris und Mithras. Kurz, was in dem einen Zeitalter reine Naturweisheit war, wurde im nächsten zur Mythologie und im dritten zur Sage, in jedem Lande in lokaler Weise ausgeschmückt.

In den Mysterien war alles astronomisch, aber hinter den astronomischen Sinnbildern verbarg sich eine tiefere Bedeutung. Wenn die Eingeweihten den Verlust der Sonne beklagten, trauerten sie in Wirklichkeit um den Verlust des lebengebenden Lichtes, während die Thätigkeit der Elemente nach den Gesetzen der Wahlverwandtschaft blofs Verfalls- und Todes-Erscheinungen hervorruft. Die Eingeweihten strebten danach, sich der Herrschaft der Sklavin Nacht zu entziehen und in die herrliche Freiheit der freien Sophia (Licht) zu gelangen, d. h. geistig im Licht, in der Gottheit aufzugehen. Als später die Lehren der alten Naturweisheit den Jüngern vorgetragen wurden, blieb es mehr Sache der inneren Eingebung der letzteren, sie zu erfassen, als Sache des mündlichen Unterrichts. Aus diesem Grund verfielen die Mysterien immer mehr; die ideellen Seiten traten stetig in den

Hintergrund, die konkreten gewannen die Oberhand. Die Folge war das Vorherrschen des Sabäismus und des Arkismus. Die vielen Sinnbilder und Wahrzeichen im Heiligtum des Todes und der Auferstehung deuteten ursprünglich das Geheimnis an, dafs die Augenblicke des höchsten seelischen Genusses dem körperlichen Dasein am abträglichsten sind, d. h. dafs das gröfste Entzücken einem Blick ins Paradies gleichkommt. Nun denn, diese Bilder und Zeichen wurden schliefslich nur noch auf die äufserliche Natur angewendet und ihre falsche Auffassung führte zur Entstehung all der Glaubensbekenntnisse oder Aberglauben-Systeme, welche die Erde mit allerlei Verbrechen, blutigen Kriegen, mörderischer Grausamkeit und den schlimmsten Verfolgungen erfüllt haben. Scheufsliche Fanatiker, die über Worte stritten, deren Sinn sie nicht verstanden, stellten gegensätzliche, auf beiden Seiten falsche Dogmen auf und erfanden die teuflischsten Foltern, um einander zur Bekehrung zu zwingen. Die beiden mohammedanischen Sekten bekämpfen sich wegen der Frage, ob die Waschungen beim Ellbogen oder beim Handgelenk beginnen sollen; allein sie vereinigen sich, um Christen zu bekehren oder umzubringen. Die Christen selbst sind in zahllose Sekten zersplittert, die einander keineswegs freundlich gesinnt sind; einzelne von ihnen haben einander mit mehr als heidnischer Grausamkeit verfolgt. Die Katholiken haben mit Scheiterhaufen und Inquisition gewütet; die Protestanten haben sich dadurch gerächt, dafs sie, wo sie die Oberhand hatten, den Katholiken die bürgerlichen Rechte entzogen.

Da die Mysterien, wie sie auf uns gekommen sind (und in der Freimaurerei werden sie noch immer geübt, freilich in entstellter Weise), vornehmlich ein astronomisches Gepräge tragen, wollen wir, um bei ihrer Einzelbehandlung unnötige Wiederholungen zu ersparen, hier über ihre gemeinsamen Hauptzüge einige allgemeine Bemerkungen machen.

In der ältesten indischen Glaubenslehre begegnen wir der Geschichte vom Fall der Menschheit durch das Naschen der Frucht vom Baum der Erkenntnis und von der Vertreibung aus dem Paradies. Die unwissenden Juden hielten diese Allegorie für eine wahre Begebenheit und fügten sie dem Buche Genesis ein – 900 Jahre nach dessen Abfassung und lange nach Abfassung der übrigen Teile des Alten Testaments. Unter Beachtung seiner geheimnisvollen astronomischen Beziehungen gelesen, würde die Erzählung vom Sündenfall, wie wir sie im ersten Buch des Pentateuchs finden, etwa die folgende Gestalt annehmen. Nachdem Adam (nicht ein einzelner Mensch, sondern die Menschheit ist damit gemeint) mit seiner Gefährtin Eva (= Leben) den Frühling und den Sommer im Garten Eden verbracht hatte, standen sie notwendigerweise vor der Jahreszeit, da Typhon –

die Schlange – als Sinnbild des Winters ankündigt, dafs die Herrschaft des „Übels“ (eben des Winters) bevorstehe. In der allegorischen Wissenschaft heifst aber „malum“ nicht nur „Übel“, sondern auch „Apfel“. Dieser deutet als Erzeugnis des Herbstes an, dafs die Ernte vorüber sei und der Mensch wieder beginnen müsse, im Schweifse seines Angesichts den Boden zu bebauen. Da die kalte Jahreszeit kommt, mufs er sich mit dem allegorischen Feigenblatt bedecken. Die Sphäre dreht sich und der Mann der Konstellation Boötes (= Adam) scheint von dem ihm voranschreitenden Weibe, der Jungfrau, die einen früchtebeladenen Zweig in der Hand hält, bestrickt zu sein. Ein Blick auf die Himmelskarte wird das erklärlich machen.

Ferner kennen sämtliche Mysterien irgend einen heiligen Zweig oder eine heilige Pflanze. Man denke nur an den Lotus Indiens und Ägyptens, den Feigenbaum des Atys, die Myrte der Venus, den Mistelzweig der Druiden, den goldenen Zweig Vergils, den Rosenstrauch der Isis, die Akazie der Freimaurerei u. s. w. Auch in der Meyerbeerschen Oper „Robert der Teufel“ kommt der mystische Zweig der Mysterien vor.

Sodann finden wir in allen Mysterien, dafs ein Gott, ein höheres Wesen oder ein aufsergewöhnlicher Mensch den Tod erleidet, um ein neues, glanzvolleres Dasein zu beginnen. Überall versetzt die Erinnerung an einen grofsartigen Trauerfall die Völker in Kummer, auf den alsbald die lebhafteste Freude folgt. Osiris wird von Typhon, Uranus von Saturnus, Susarman von Sudra, Adonis von einem wilden Eber umgebracht, Ormuzd wird von Ahriman besiegt, Atys, Mithras und Herkules begehen Selbstmord; Kain tötet Abel, Loke tötet Baldr, die Riesen töten Bacchus; die Assyrer beweinen den Tod Thammuz', die Skyther und Phönikier denjenigen Acmons, die ganze Natur den des grofsen Pan, die Freimaurer jenen Hirams u. dgl. m. Den Ursprung dieses allgemeinen Glaubens haben wir weiter oben bereits angedeutet.

Auch die Lehre von der Einheit und der Dreifaltigkeit kehrt in sämtlichen Mysterien wieder. In den ältesten Religionen begegnen wir dem Urbild des christlichen Glaubensartikels, wonach eine Jungfrau einen Erlöser zur Welt bringt und dennoch eine Jungfrau bleibt. Dem äufseren Sinn nach handelt es sich da um die Jungfrau des Tierkreises, während der erstandene Erlöser die Sonne ist; der innerlichste Sinn aber bezieht sich auf das Ewige Ideal, innerhalb dessen das ewige Leben und Verständnis, die Kraft der Elektrizität und die Wundermacht des Lebenselixirs – diese beiden als Erhalter und Verschönerer des begreifbaren Daseins – sozusagen in den zahllosen Geschöpfen, die das Weltall erfüllen, verkörpert sind – ja sogar im Weltall selbst. Und genau so wie die Luft Laute, das Licht Farben und der Geist Gedanken hervorbringt, ohne dafs sich dadurch ihr eigenes und eigentliches Wesen verändert, bleibt die Jungfrau trotz der Hervorbringung des Erlösers Jungfrau.

Weiter sehen wir, dafs alle Mysterien das Licht als aus der Dunkelheit hervorgegangen darstellen. Die Gottheit Maja Bhawani heifst bald Kali, bald Isis, hier Ceres, dort Proserpina. Persephone, die „Königin des Himmels“, ist die Nacht, aus deren Schofs das Leben hervorgeht, um wieder dahin zurückzukehren – eine geheime Vereinigung von Leben und Tod; sie wird auch die Rosige genannt und in deutschen Mythen finden wir die Rosige als das wiederherstellende Lebensprinzip bezeichnet. Sie ist nicht nur die Nacht, sondern als Mutter der Sonne auch die Morgenröte, hinter der die Sterne scheinen. Wenn sie als Ceres die Erde versinnbildlicht, stellt man sie mit Kornähren dar. Gleich der traurigen Proserpina, ist sie schön und strahlend, aber auch schwermütig und schwarz. So verbindet sie die Nacht mit dem Tag, die Freude mit der Traurigkeit, die Sonne mit dem Mond, die Hitze mit der Feuchtigkeit, das Göttliche mit dem Menschlichen. Die alten Ägypter stellten die Gottheit oft durch einen schwarzen Stein dar, und der von den Arabern verehrte schwarze Stein Kaába, von dem geglaubt wird, er sei ursprünglich weifser als Schnee gewesen, verkörpert denselben Gedanken – mit dem Nebengedanken, dafs das Licht der Finsternis vorangegangen sei.

In sämtlichen Mysterien begegnen wir dem Kreuz als einem Wahrzeichen der Reinigung und Rettung. Überall galten die Zahlen 3, 4 und 7 für heilig. In den meisten Götterlehren finden wir zwei Säulen, in allen mystische Gastmäler, Feuer-, Wasser- und Luftproben. Der Zirkel und das Dreieck – das einfache und das doppelte – vertraten allenthalben den Dualismus oder die Polarität der Natur. In allen Einweihungsriten sah man den Aufnahmewerber als das vom Übel (Nacht) überwundene „gute Prinzip“ (Licht) an, welches danach strebte, die frühere Überlegenheit wiederzugewinnen, d. h. gleichsam wiedergeboren oder umgestaltet zu werden, und zwar dadurch, dafs der Novize auf dem Wege durch sieben Höhlen oder über sieben Stufen die Schrecknisse des Todes und der Hölle bildlich durchlebte. All diese Riten bedeuteten recht eigentlich den ewigen Kampf des Lichtes um die Befreiung von der Stofflichkeitsbürde, mit der es während des Durchmachens der drei ersten Eigenschaften der Ewigen Natur belastet worden ist; und als die Kenntnis dieser tieferen Bedeutung den Menschen verloren gegangen war, stellten die Riten den Durchgang der Sonne durch die sieben Zeichen des Tierkreises vom Widder bis zur Wage vor, wie wir ihn in der sogenannten Royal-Arch-Freimaurerei und in der siebensprossigen Leiter des Ritters von Kadosch finden.

Alle Mysterien hatten die gleichen Funktionäre gemein. Überall verkörperten die letzteren astronomische oder kosmische Erscheinungen. Allenthalben erkannten die Eingeweihten einander an gewissen Zeichen und Losungsworten. Auch wurden in sämtlichen die gleichen Aufnahmebedingungen gestellt: Volljährigkeit und Reinheit des Lebenswandels; aus letzterem Grunde wagte es Nero, als er in Griechenland weilte, nicht, sich um die Einweihung in die eleusinischen Geheimnisse zu bewerben. In vielen Fällen war der Oberpriester genötigt, ein zurückgezogenes Leben voll ewiger Keuschheit zu führen, um durch nichts von der Betrachtung himmlischer Dinge abgelenkt zu werden. Behufs vollkommener Erreichung dieser läuternden Abgeschiedenheit pflegten die Priester das Fleisch durch den Genufs gewisser Kräuter zu ertöten, denen man die Eigenschaft zuschrieb, dafs sie jede Anwandlung von Leidenschaft zu unterdrücken vermochten.

In sämtlichen Ländern, welche Mysterien kannten, wurde die Einweihung allmählich für ebenso notwendig angesehen wie später bei den Christen die Taufe – eine Zeremonie, die wir auch in allen Mysterien antreffen. Die Eingeweihten nannte man „Epopten“, d. h. Leute, die die Dinge so sehen wie sie wirklich sind. Alle Mysterien hatten „gröfsere“ und „kleinere“ Geheimnisse, eine exoterische und eine esoterische Lehre, sowie drei Grade. Überall galt der Verrat der Geheimnisse für schändlich und wurde mit den schwersten Strafen belegt. Darum mufsten die Aufnahmebewerber die Geheimhaltung mit den furchtbarsten Eiden beschwören. Alkibiades wurde wegen Ausplauderns der Ceres-Mysterien verbannt und den Furien überantwortet; auch Prometheus, Tantalus, Oedipus und Orpheus erlitten ihre wohlbekannten Strafen für das gleiche Vergehen.

Im Reiche des Gedankens sind geheime Gesellschaften heutzutage nicht mehr nötig. Dagegen wird im Gebiete der Politik wohl noch lange die Notwendigkeit bestehen, solche ab und zu – je nach Anlafs und Bedarf – ins Leben zu rufen; und obgleich sie ihre unmittelbaren Ziele nur selten erreichen, erringen sie dem Volk doch zuweilen gröfsere oder kleinere Vorteile. Im grofsen und ganzen sind sie in den meisten Ländern überflüssig geworden, denn das religiöse, philosophische und politische Denken wird trotz aller sich geltend machenden Unduldsamkeit ja doch immer freier. Die echten Freunde der Wahrheit und Freiheit bedürfen nicht mehr der Zeichen und Losungsworte, um einander zu erkennen, denn sie brauchen nicht mehr im geheimen zu wirken, sondern können sich öffentlich kundgeben. Sie sind Gegner aller Geheimkrämerei, denn sie wissen, dafs die Öffentlichkeit das beste Förderungsmittel für Wahrheit und Freiheit bildet. Freilich sind politische Geheimgesellschaften auch jetzt noch in manchen Ländern – selbst Europas – unentbehrlich, und auch in den freiesten Staaten kann man durchaus noch nicht jede religiöse, philosophische oder politische Wahrheit äufsern, ohne getadelt, verleumdet oder auch bestraft zu werden. Noch immer gelten Fausts Worte:

„Wer darf das Kind beim rechten Namen nennen?
Die Wenigen, die was davon erkannt,
Die thöricht g'nug ihr volles Herz nicht wahrten,
Dem Pöbel ihr Gefühl, ihr Schauen offenbarten,
Hat man von je gekreuzigt und verbrannt."

Wird man heute auch nicht mehr körperlich gekreuzigt und verbrannt, so verfügt die Staatskunst und noch mehr das Pfaffentum doch noch über moralische Daumschrauben und glühende Eisen, mit denen man den Geist einengt oder den Ruf brandmarkt. Darum mufs man, bei allem Zweifel an der Berechtigung mancher und dem Erfolg andrer Geheimgesellschaften, die mutigen Leute bewundern und preisen, auf welche sich James Russell Lowells Worte nicht anwenden lassen, dafs „ein Sklave ist, wer nicht für die Gefallenen und Schwachen einzutreten wagt; wer nicht lieber Hafs und Spott erduldet, als schweigend die Wahrheit zu unterdrücken, die er denkt; wer sich Zweien oder Dreien gegenüber nicht getraut, das als richtig Erkannte zu verfechten."

ERSTES BUCH.

ALTE MYSTERIEN.

Die Magier und der Zoroastrismus.

Ableitung des Wortes. — Zeit des Magiertums. — Zoroaster und seine Lehre. — Licht-Anbetung. — Ursprung des Wortes „deus" (Gott). — Einweihungsverfahren. — Rustam-Sage.

„Magier" kommt von „Maja", dem Spiegel der indischen Götterlehre, in dem Brahma von allem Anfang an sich selbst, seine Macht und seine Wunderschöpfungen betrachtet. Daher auch die Ausdrücke „Magie", „magisch", „imago" (Bild), „Imagination", die durchweg auf die Festlegung der Kräfte des körperlosen, lebendigen Urstoffes in Gestalten, Formen oder Geschöpfen hindeuten. Ein Magier ist daher jemand, der sich bemüht, die Wirksamkeit des ewigen Lebens zu erforschen. (Littré leitet „Magier" von „mahat" [= grofs] ab; da jedoch nach der indischen Mythologie „mahatit" — ebenso wie „pirkirti" — von „jotna" [= Macht], dem Spröfsling Majas, erzeugt worden ist, bleibt Maja jedenfalls das Stammwort von „Magier".)

Die Magier — d. h. die altpersischen Priester — gründeten nicht nur eine Lehre oder Religion, sondern auch eine Monarchie. Ihre Macht war eine wahrhaft königliche; daher werden die „Weisen aus dem Morgenland", die der Stern zu Christi Krippe leitete, ebenso oft Könige („die heiligen drei Könige") genannt wie Magier. Ihre Priesterherrschaft ist älter als die Blütezeit Assyriens, Mediens und Persiens. Aristoteles verlegt sie vor die Gründung des ägyptischen Reiches und Plato legt seiner Berechnung ihres Alters sogar Myriaden von Jahren zu Grunde. Gegenwärtig nehmen die meisten Gelehrten an, die Herrschaft der Magier habe etwa fünftausend Jahre vor dem trojanischen Kriege begonnen.

Gegründet wurde der Orden von Zoroaster, der nicht, wie manche glauben, ein Zeitgenosse des Darius war, sondern ungefähr im 50. Jahrhundert vor Christus lebte. Er stammte nicht aus Indien, sondern aus Baktrien, das in nächster Nähe der indischen Gebirge im Gebiete der grofsen Flüsse Oxus und Jaxartes lag, sodafs die indischen Brahminen als die Nachkommen der Magier gelten können.

Zoroasters Lehre war die vernunftgemäfseste und vollkommenste der Geheimlehren des Altertums. Alle späteren Theosophien lehnten sich an sie an und ihre Spuren finden sich auch in der alten Zend-Avesta, die alle Einzelheiten der Naturthätigkeit behandelt und nicht mit dem heutzutage als Zend-Avesta geltenden Buch — einem blofsen Brevier — verwechselt werden darf.

Zoroaster lehrte nicht, wie man behauptet hat, den Glauben an die zwei entgegengesetzten, aber gleich mächtigen Prinzipien Ahriman und Oromazes (Ormuzd), denn das Böse (Ahriman) ist dem Guten (Oromazes) n i c h t gleichgestellt. Das Böse ist nicht unerschaffen und ewig, sondern vorübergehend und in seiner Macht beschränkt. Plutarch verzeichnet eine dahingehende Anschauung — die wir alsbald bestätigt finden werden — dafs Ahriman und seine Engel werden vernichtet werden und dafs die gegensätzliche Zweiheit nicht ewig, sondern zeitlich begrenzt ist. Die Zweiheit bildet das grofsartige Drama der Zeit, in der sie die stetige Ursache der Bewegung und Umgestaltung ist. Hier haben wir die Lehre der von der Kirche so heftig befehdeten Anhänger der Beseitigung des Teufels. Das Höchste Wesen oder Ewige Leben wird auch „Zeit ohne Grenze“ genannt, da ihm kein Ursprung nachgewiesen werden kann; weil es Eigenschaften und Attribute besitzt, die unserm Verständnis unfafsbar sind, gebührt ihm schweigende Anbetung.

Das Schöpfungswerk begann mittels „Emanation“ (Ausströmung). Die erste Emanation des Ewigen war das Licht und aus diesem ging Ormuzd, der König des Lichts, hervor, der durch das Wort die reine Welt schuf, deren Erhalter und Richter er ist. Er ist ein heiliges, himmlisches Wesen, der Inbegriff der Erkenntnis. Dieser Erstgeborne der unbegrenzten Zeit schuf zunächst nach seinem Ebenbild sechs Genien, die seinen Thron umgebenden „Amschaspands“, welche zwischen ihm und den untergeordneten Geistern, sowie den Menschen vermitteln; den letzteren gelten sie als Vorbilder der Reinheit und Vollkommenheit. Sodann liefs Ormuzd die 28 „izads“ erstehen, die Wächter des Glücks, der Unschuld und der Erhaltung der Welt; sie sind Muster von Tugend und verdolmetschen die Gebete der Menschen. Weit zahlreicher ist die dritte Schar reiner Geister: die „farohars“, d. h. die Gedanken des Oromazes, nämlich seine schöpferischen Ideen, die der Schöpfung der Dinge vorangingen. Nicht nur die farohars der heiligen Männer und der unschuldigen Kinder stehen vor ihm, sondern er hat selber einen eigenen farohar – die Verpersönlichung seiner Weisheit, seines Verstandes, seines Logos. Diese Geister umschweben das Haupt jedes Menschen – ein Glaube, den die Griechen und Römer übernahmen, wie der Familiengeist des Sokrates, der böse Genius des Brutus und der begleitende Genius des Horaz beweisen.

Die Erschaffung all der angeführten guten Geister war die notwendige Folge der gleichzeitigen Herausbildung des bösen Prinzips. Der Zweitgeborne des Ewigen, Ahriman, ging wie Ormuzd aus dem Urlicht hervor und glich diesem an Reinheit, war jedoch ehrgeizig und hochmütig und wurde infolgedessen mifsgünstig. Zur Strafe verurteilte das Höchste Wesen ihn zu einem Aufenthalt im Bereich der Finsternis auf die Dauer von zwölftausend Jahren – ein Zeitraum, der zur Beendigung des Kampfes zwischen Gut und Böse hingereicht haben würde, wenn Ahriman nicht zahllose böse Geister ins Leben gerufen hätte, welche die Erde mit Elend, Krankheit und Schuld erfüllten. Die wichtigsten der bösen Dämonen waren: Unreinheit, Gewaltthätigkeit, Habgier, Grausamkeit, Kälte, Hunger, Armut, Magerkeit, Unfruchtbarkeit, Unwissenheit; als der allerschlimmste galt „pitasch", die Verleumdung.

Nach dreitausendjähriger Herrschaft erschuf Ormuzd die stoffliche Welt in sechs Perioden, und zwar in derselben Reihenfolge, die auch im Buch Genesis angegeben ist: das irdische Licht (nicht zu verwechseln mit dem himmlischen), das Wasser, die Erde, die Pflanzen, die Tiere, den Menschen oder vielmehr eine Zusammensetzung von Mann und Stier. An der Entstehung der Erde und des Wassers beteiligte sich Ahriman, denn die Dunkelheit hatte bereits auf diese Elemente übergegriffen, die Ormuzd dann nicht mehr verbergen konnte. Auch bei der Schöpfung und nachträglichen Verderbung und Vernichtung des Menschen, den Ormuzd durch einen Willensakt mittels des Wortes erschuf, half Ahriman mit. Aus dem Samen des stierartigen Mannes erschuf Oromazes nachher das erste Menschenpaar: Meschia und Meschiane. Aber Ahriman verlockte zuerst den Mann und dann das Weib durch den Genufs gewisser Früchte zum Bösen. Er veränderte übrigens nicht nur das Wesen des Menschen, sondern auch das der Tiere, indem er den gutgearteten Tieren Ungeziefer, Insekten, Schlangen und Wölfe entgegensetzte. Allein er und seine bösen Geister werden schliefslich überwunden und gänzlich vertrieben werden. Bei dem schweren Kampf haben die fleifsigen und arbeitsamen Menschen nichts zu fürchten, denn nach Zoroaster ist die Arbeit die Vertilgerin alles Übels und man gehorcht dem gerechten Allrichter am besten, wenn man den Erdboden mit Fleifs bebaut, damit er Getreide und Obstbäume hervorbringe.

Sobald die Erde nicht mehr mit den Übeln der Geister der Finsternis behaftet sein wird – also nach Ablauf von zwölftausend Jahren – werden drei Propheten erscheinen, den Menschen mit Hilfe ihrer Kenntnisse und ihrer Macht Beistand leisten, der Erde ihre ursprüngliche Schönheit wiedergeben, über die Guten wie die Bösen zu Gericht sitzen und die ersteren in einen Zustand ewiger Glückseligkeit einführen. Ahriman und seine gefangenen Dämonen werden in einem Meer von flüssigem Metall geläutert werden und das Gesetz des Oromazes wird allenthalben herrschen.

Astronomisch bedeuten Zoroasters sechs gute Geister die warmen Monate, die bösen die Wintermonate, die 28 izads die 28 Tage des Mondmonats. Theosophisch beziehen sich die sechs Perioden der Schöpfung auf die sechs thätigen Eigenschaften der Natur.

Da, wie wir gesehen haben, Zoroaster das Licht als die erste Emanation des Ewigen Lebens hinstellte, bildet in den Schriften der Parsi die ewige Flamme das Symbol der Gottheit oder des unerschaffenen Lebens. Aus diesem Grunde sind die Magier und die Parsi Feueranbeter genannt worden; aber sie sahen im Feuer nicht eine Gottheit, sondern lediglich die Ursachen der Hitze und der Bewegung. Damit kamen sie den Errungenschaften der modernen Physik um viele Jahrtausende zuvor. Sie hatten überhaupt keinerlei Gott, keinen „einzig wahren“ Gott und beteten keine aufserhalb des Lebens stehende Macht an. Sie bauten auf keinerlei unsichere Überlieferung, sondern wählten aus sämtlichen verborgenen Naturkräften diejenige aus, welche alle übrigen beherrscht und sich am furchtbarsten offenbart. Die modernen Guebren (Feueranbeter) sind die Abkömmlinge der alten Magier.

Wie gesagt, die Magier hatten, gleich den Chinesen, keine eigentliche Theologie. Diejenigen Magier, welche der Geheimwissenschaft Magie ihren Namen liehen, übten keine Zauberei und glaubten nicht an Wunder. Inmitten der orientalischen Unbeweglichkeit verurteilten sie die Bewegung nicht; vielmehr betrachteten sie dieselbe als das herrliche Sinnbild der Ewigen Ursache. Während andere Kasten danach strebten, das Volk in Armut, Unwissenheit und Aberglauben zu erhalten, war es den Magiern zu verdanken, dafs an die Stelle des mit monströsen Gestalten bevölkerten indischen Olymps der Begriff der Gotteseinheit trat, der in der Geschichte des Denkens stets einen Fortschritt bedeutet. Die älteste Zend-Litteratur erkennt nur Ein schöpferisches Wesen (ens) an, dessen Name „dao“ (= Licht und Weisheit) die Wurzel „daer“ (= scheinen) hat, von der die Worte „deus“ (= Gott), „dies“ (= Tag) u. dgl. m. abgeleitet sind. Die Gottheit wurde ursprünglich als „das Leuchtende“ oder Helle aufgefaſst, woher denn auch das sanskritische „diaus“ (= Himmel), das zur Erdichtung so vieler mythologischer Fabeln führte. Aber die ursprüngliche Idee beruhte auf einer richtigen Auffassung des Ursprungs und Wesens der Dinge, denn das Licht bildet ja wirklich den Grundstoff aller Dinge. Jede Materie ist nur verdichtetes Licht. So gründeten die Magier also ein Moralsystem und ein Reich. Sie hatten eine Litteratur, eine Wissenschaft und eine Dichtkunst. Fünftausend Jahre vor der „Iliade“ entstand ihre „Zend-Avesta“ mit den drei groſsartigen Dichtungen: einer ethischen, einer militärischen und einer wissenschaftlichen.

Nun zum Einweihungsverfahren. Der Bewerber wurde durch viele Weihe-Reinigungen mit Feuer, Wasser und Honig vorbereitet. Die Zahl der Erprobungen, denen er sich unterwerfen muſste, war sehr groſs und endete mit einem fünfzigtägigen Fasten. Alle Erprobungen fanden in völliger Einsamkeit unter andauernder Schweigsamkeit in einer unterirdischen Höhle statt. Manche büſsten dieses Noviziat mit dem Leben oder mit Geistesverwirrung; wer es wohlbehalten überwand, dem waren die höchsten Ehren zugänglich. Nach Ablauf des Noviziats wurde der Kandidat in die Einweihungshöhle gebracht und von seinem Führer – der als Vertreter des ungeheuerlichen Greifs Simorgh, welcher im Getriebe der persischen Mythologie eine groſse Rolle spielte, gedacht war – mit Zauberwaffen und Talismanen versehen, damit er imstande sei, all die ihm von den bösen Geistern unterwegs als Hindernisse entgegengestellten scheuſslichen Gestalten zu bekämpfen. In einem innern Gemach erfolgte seine Läuterung durch Feuer und Wasser, ehe er die sieben Stadien der Einweihung durchmachte. Zuerst erblickte er ein tiefes, gefährliches Gewölbe; er stand am Rande des Abgrundes und ein einziger Fehltritt hätte genügt, ihn hinunter stürzen zu lassen zum „Thron der furchtbaren Notwendigkeit“ (die ersten drei Eigenschaften der Natur). Sich in der dunkeln Höhle mühsam zurecht tastend, sah er bald einzelne Strahlen des heiligen Feuers eindringen und seinen Weg etwas erhellen; gleichzeitig hörte er aus der Ferne das Geheul blutdürstiger Tiere: das Gebrüll von Löwen und Tigern, das wilde Bellen von Hunden u. s. w. Sein Begleiter, vollkommen schweigsam, drängte ihn in die Gegend, aus der dieser Lärm kam. Plötzlich öffnete sich die Thüre und er befand sich in einer nur sehr trüb erleuchteten Raubtierhöhle. Sofort fielen Eingeweihte in Gestalt von Wölfen, Greifen, Tigern, Löwen etc. über ihn her und in den meisten Fällen wurde er übel zugerichtet. Sodann gelangte er in eine andere, ganz finstere Höhle, in der er furchtbare Donnerschläge hörte und bei entsetzlich grellen Blitzstrahlen rachsüchtige Kobolde umherhüpfen sah, die ihn wegen seines Eindringens in ihren Wohnsitz angriffen. Um ihm ein wenig Erholung zu gönnen, führte sein Begleiter ihn jetzt in ein Gemach, wo seine Aufregung sich durch das Riechen köstlicher Düfte und das Anhören schöner Musik einigermafsen legte. Sobald er sich bereit erklärte, das Einweihungsverfahren fortzusetzen, erschienen auf ein Zeichen seines Führers drei Priester, deren erster ihm als Zeichen der Wiedergeburt oder Neuerstehung eine lebende Schlange in den Busen steckte. Nun öffnete sich eine Thüre und sofort wurde der Novize wieder von schrecklichen Empfindungen befallen, denn er vernahm gräfsliches Schmerzgeheul und Jammergeschrei. Die Augen auf den Ort richtend, von dem der unbeschreibliche Lärm herkam, erblickte er die Unterwelt mit allen Qualen der Sündigen. Allmählich durchwanderte er ein gewundenes Wirrsal von sieben geräumigen, durch Schlängelgalerien mit einander verbundenen Gewölben, deren jedes den Schauplatz gefährlicher Abenteuer bildete. Schliefslich erreichte er das Allerheiligste (sacellum), das wunderbar erleuchtet war und von Gold und Edelsteinen erglänzte. Eine herrliche Sonne und ein Planetensystem bewegten sich bei den Klängen köstlicher Musik. Im Osten safs der Obermagier auf einem Thron von strahlendem Gold, auf dem Haupt eine prachtvolle, mit Myrtenzweigen geschmückte Krone. Er war in einen himmelblauen Mantel gehüllt und von den Erteilern der Mysterien umgeben. Diese empfingen den Neuling mit Glückwünschen, nahmen ihm die Verschwiegenheitseide ab und vertrauten ihm die verschiedenen heiligen Worte an, insbesondere die Tetraktys, den vierbuchstabigen Namen Gottes. Die pythagoräische Tetraktys entspricht dem hebräischen Tetragramm (= vierbuchstabiger „Jahve"). Die Vierzahl galt als die vollkommenste, weil in den vier ersten Eigenschaften der Natur die übrigen inbegriffen sind; auch ergeben die vier ersten Ziffern (1 + 2 + 3 + 4) die Zehnzahl, nach welcher ja alles nur Wiederholung ist.

Aus dem Einweihungsverfahren der zoroastrischen Priester, welches sie das „Erklimmen der Leiter zur Vollkommenheit" nannten, ging die Sage von Rustam hervor, dem persischen Herkules, der, auf dem Ungeheuer Rakschi – dem arabischen Namen Simorghs – reitend, auf die Eroberung von Mazendaraun auszog, das als ein vollkommenes Erdenparadies berühmt war. Nachdem er sieben gefahrvolle Stadien glücklich durchgemacht, gelangt er zur Höhle des Weifsen Riesen, der alle seine Angreifer stets mit Blindheit geschlagen hat. Rustam überwindet ihn und macht mit Hilfe dreier Tropfen seines Blutes alle Gefangenen wieder sehend. Den sinnbildlichen drei Blutstropfen begegnen wir in dieser oder jener Gestalt in sämtlichen Mysterien: in Mexiko waren's drei Blutstropfen, im alten Britannien drei Wassertropfen, in Indien drei dreifache Fäden, in China die drei Striche des Buchstaben Y u. s. w. Die Blindheit bezieht sich auf die geistige Blindheit des Novizen, der Weifse Riese auf die Einweihung in die Riten.

Die Mithras-Anbeter.

Entartung des Zoroastrismus. — Ursprung des Mithrasdienstes. — Glaubenslehre. — Einweihungsriten. — Thammuz.

Auf den Stamm der so überaus geistig gearteten, götzendienstfeindlichen Religion Zoroasters — welche ikonoklastische Streifzüge nach Babylonien, Assyrien, Syrien und Lybien unternahm, mittels des Schwertes Kambyses das ägyptische Priestertum ausrottete, die griechischen Götter und Tempel vernichtete, den Hebräern die Pharisäer gab und einen so einfachen und reinen Gottesdienst hatte, dafs man die Parsi die Puritaner des Altertums und Kyros den Gesalbten des Herrn nennen konnte — wurden nachträglich götzendienerische Zweige gepfropft, vor allem der Mithrasdienst, dessen Entstehung Dupuis in die Zeit 4500 vor Christus verweist.

Mithras ist ein heilbringender, die Sonne beherrschender Genius, der mächtigste der 28 izạds oder Lichtgeister, der vornehmste Vermittler zwischen Oromazes und den Menschen. Ursprünglich wurde er nicht mit der Sonne verwechselt, sondern neben ihr verehrt; aber im Lauf der Zeit wurde die Vorstellung von ihm korrumpiert und schliefslich nahm er göttliche Attribute an. Solche Beförderungen kleinerer Gottheiten zu höheren kommen in der Götterlehre durchaus nicht selten vor; es sei nur an Siwa und Wischnu in der indischen, an Serapis in der ägyptischen, an Jupiter in der griechischen Mythologie erinnert. Erleichtert wurden die Fälschungen durch die Verwechslung des Sinnbildes mit der versinnbildlichten Sache, des Genius der Sonne mit der Sonne selbst, welche allein in der Sprache verblieb; das neupersische Wort für „Sonne“ (mihr) ist nämlich die regelrichtige Abänderung des zendischen Wortes „Mithras“.

Der persische Mithras darf nicht mit dem indischen verwechselt werden, der unstreitig seit den ältesten Zeiten den Gegenstand eines eigenen geheimnisvollen Gottesdienstes bildete und den Eingeweihten als die Sonne galt. Ziehen wir den Zahlenwert der Buchstaben des griechischen Wortes „Meithras" in Betracht, so erhalten wir 365, die Zahl der Tage des Sonnenjahres. Den gleichen Ziffernwert hat „Abraxas", der der Gottheit durch Basilides beigelegte Name, sowie „Belenos", welchen Namen die Sonne in Gallien führte.

Die mithraischen Denkmäler enthalten Darstellungen der Sonnenkugel, der Keule und des Stiers, die Sinnbilder der höchsten Wahrheit, der höchsten Schöpferthätigkeit und der höchsten Lebenskraft. Diese Dreifaltigkeit stimmt überein mit der des Plato (= der Höchste Gott, das Wort, die Weltseele), mit der des Hermes Trismegistus (Licht, Verstand, Seele) und der des Porphyrius (der Vater, das Wort, die Höchste Seele). Nach Herodot machten die Babylonier und Assyrer aus Mithras Mylitta bezw. Venus, die Fruchtbarkeitsgöttin, der ein obscöner Dienst gewidmet wurde, welcher sich auf das weibliche Schöpfungsprinzip bezog. Vielleicht ist auch die armenische Göttin Anaitis mit Mithras identisch. Die Anbetung des persischen Mithras (= Apollo) verbreitete sich über Italien,*) Gallien, Germanien und Britannien. In Rom überwand sie die griechischen und römischen Götter und die zu Ende gehende Vielgötterei setzte der Sonne Christus die Sonne Mithras entgegen.

Die Heiligtümer des Mithrasdienstes befanden sich stets unter der Erde und in jedem derselben gab es eine siebensprossige Leiter, auf der man die „Wohnsitze der Glückseligkeit" erklomm. Die Einweihungsriten ähnelten denen der Magier, waren aber so streng und langwierig, dafs nur wenige Bewerber bis zum Schlufs ausdauerten, der allein die vollkommene Kenntnis der Mysterien sicherte. Der erste Grad wurde durch allerlei Reinigungen und Läuterungen eingeleitet; während der Kandidat dem Gott einen Laib Brodes und eine Schale Wassers opferte, trug er auf der Stirn ein gewisses geheimes Zeichen; sodann reichte man ihm auf der Spitze eines Schwertes eine Krone, die er sich aufs Haupt setzte, wobei er sagen mufste: „Mithras ist meine Krone." Im zweiten Grad legte er eine Rüstung an, um gegen Riesen und Ungeheuer gewappnet zu sein. In den unterirdischen Höhlen entwickelte sich eine wilde Jagd. Die Priester und Funktionäre des Tempels verkleideten sich als Löwen, Tiger, Leoparden, Bären,

*) Vor einigen Jahren wurde in Rom unterhalb der Klemenskirche ein überraschend gut erhaltener Mithrastempel entdeckt, sodafs an einer und derselben Stelle die Sonnen- oder Lichtgottheit oben und unten vertreten ist. 1886 entdeckte man in Ostia einen ebenfalls vorzüglich erhaltenen Mithrastempel, der Mosaikarbeiten aufweist, welche alle Sinnbilder des persischen Sonnengottesdienstes darstellen.

Wölfe und andere Raubtiere und überfielen den Kandidaten unter furchtbarem Geheul. In diesen Scheinkämpfen lief er grofse Gefahr. Übrigens sollen auch die Angreifer manchmal schlecht angekommen sein; so wird z. B. erzählt, dafs Kaiser Kommodus den Scherz so weit trieb, einen der ihn während seiner Einweihungszeremonien überfallenden Raubtierpriester zu erschlagen.

Im dritten Grad hüllte der Neuling sich in einen Mantel, auf dem sich die gemalten Zeichen des Tierkreises befanden. Sodann wurde ein Vorhang zurückgezogen und er sah sich von scheufslichen Greifen umgeben. Nach einigen anderen Erprobungen begrüfste man ihn, falls er nicht vorzeitig den Mut verlor, als einen „Löwen des Mithras“ – eine Anspielung auf das Tierkreiszeichen, in welchem die Sonne ihre gröfste Kraft entfaltet. (Derselbe Gedanke liegt in der Freimaurerei dem Grad eines „Meisters“ – 3. Grad – zu Grunde.) Hierauf wurde er in das grofse Geheimnis eingeweiht. Die Natur des letzteren kennt man nicht mehr genau; doch läfst sich annehmen, dafs es in den verläfslichsten priesterlichen Überlieferungen, den beglaubigtesten Weltschöpfungslehren und den Attributen, Vollkommenheiten und Leistungen des Oromazes bestand. Thatsächlich stellen die Mithras-Mysterien das Fortschreiten von der Finsternis zum Licht vor. Nach Guignault bedeutet Mithras die Liebe. In Bezug auf das Ewige ist er der Sohn der Barmherzigkeit, in Bezug auf Oromazes und Ahriman das Feuer der Liebe.

Eine andere Phase der Sonnenanbetung bestand in den mit der Verehrung des chaldäischen Sonnengottes Thammuz verbundenen Zeremonien. Lenormant war der erste Forscher, der aus den assyrischen Tafeln nachwies, dafs Thammuz das Urbild des Adonis und sämtlicher später in verschiedenen Ländern unter allerlei Namen angebetenen Sonnengötter war. Diese Tafeln belehren auch über die Geschichte der Istar, das Urbild der Astarte, der Isis und der übrigen weiblichen Gottheiten, welche nachträglich kosmisch das weibliche Prinzip und astronomisch den Mond vertraten. Das grofse Thammuzfest wurde um die Zeit der Sommersonnenwende gefeiert. (Noch jetzt heifst der Hauptmonat des Sommers im jüdischen Kalender Tammuz.) Es dauerte sechs Tage und die jedem dieser Tage zugeschriebenen Obliegenheiten weisen eine seltsame Übereinstimmung mit den entsprechenden Eigenschaften der Natur auf. Der erste Tag galt als Tag der Ruhe, der Bewegungslosigkeit und Unthätigkeit. Am zweiten und dritten feierte man den Kampf des gefangen gehaltenen Lebens um die Befreiung; das waren also Tage der Trauer und des Leidens. Den vierten widmete man der Überwindung der Löwen und Schlangen; d. h. das Feuer, die vierte

Eigenschaft der Natur, begann, die drei ersten – dunkeln – Eigenschaften zu überwinden. Am fünften wurde der heilsame Einflufs des wiedererstandenen Lichtes (Sonne) bereits wahrnehmbar und man nahm daher Opferungen vor. Der sechste Tag galt der Feier – durch Freudengesänge – der Vereinigung der Sonne (Sol) mit Istar. Das achte Kapitel des biblischen Buches Ezechiel umfafst den Tag der Trauer um Thammuz und den Tag seines Wiedererstehens (Auferstehung).

Interessant ist, dafs die Chinesen Thammuz „Tomos“ nennen und dafs auf diesem Umstand die Sage beruht, der Heilige Thomas sei in China und Indien gewesen. Die ersten römisch-katholischen China-Missionäre glaubten, als sie von „Tomos“ hörten, St. Thomas habe in jenen Ländern das Evangelium gepredigt. Daher nannten sich die ersten dortigen Christen „Christen des Heiligen Thomas“; sie dichteten diesem allerlei Wunderthaten an und erzählten, er sei von den Brahminen, weil er ihnen ins Handwerk gepfuscht, umgebracht worden.

Brahminen und Gymnosophisten.

Die indische Volksreligion. – Geheimlehre. – Die Schöpfungslehre der Hindus. – Der Buddhismus und seine Lehren. – Askese. – Gymnosophie. – Einweihungsorte und -Riten. – Der unaussprechliche Name Aum. – Lingam. – Der Lotus. – Die Dschains.

Ob wir die indische Religion nun als eine Verfälschung des Magismus oder als den gemeinsamen Stamm aller asiatischen Theosophien betrachten, jedenfalls ist ihr Reichtum an Gottheiten weit gröfser als der jeder andern Religion. Dieser Reichtum bildet ein sicheres Zeichen der Armut und Dummheit des Volkes, das die Naturgesetze nicht kennt, vor den Naturerscheinungen Angst hegt und hinter allem Unbekannten übernatürliche Wesen vermutet. Die 300 000 Götter der Brahminen haben das Leben der Indier zu einem knechtischen und stillstehenden gemacht, die Kasteneinteilung und die Unwissenheit aufrecht erhalten und das Dasein des betrogenen Volkes gramvoll und unerträglich gestaltet.

Für die Eingeweihten jedoch giebt es keine Götzen; sie wissen, dafs es sich bei den dem Volk unerklärlichen Erscheinungen nicht um die Leistungen oder Launen zahlloser Gottheiten, sondern lediglich um äufserliche Kundgebungen der Ersten Ursache handelt.

Jene Phantasiegebilde wurden von den Brahminen für das Volk ersonnen, weil sie es nicht für fähig hielten, die Geistesreligion in ihrer Reinheit zu erfassen und zu bewahren. Darum auch verschleierten sie ihre Naturerkenntnis nach Möglichkeit und erfanden auch eine der Menge unverständliche Sprache, die uns durch grofse Forscher verständlich gemacht worden ist, sodafs wir genau wissen, dafs die indische Religion eine der reinsten aller Zeiten war. Wir lesen z. B. im zweiten Kapitel des ersten Teiles des „Wischnu Purana“: „Gott hat keine Gestalt, keinen Beinamen, keine Erklärung. Er kann nicht beschrieben werden. Er ist frei von Mängeln und unfähig, vernichtet oder verändert zu werden, Kummer oder Schmerz zu fühlen. Wir können nur sagen, dafs er – d. h. das Ewige Wesen – Gott ist. Gewöhnliche Menschen glauben, Gott sei im Wasser; aufgeklärtere Leute versetzen ihn in Himmelskörper, die Unwissenden in Holz und Stein; die Weisen jedoch wissen, dafs er sich im Weltgeist befindet.“ In der „Mahanirwana“ heifst es: „Zahlreiche Gestalten, die der Beschaffenheit verschiedener Kräfte und Gewalten entsprechen, wurden für jene erfunden, denen es am nötigen Verständnis fehlt. . . . Wir haben keine Vorstellung davon, wie das Ewige Wesen geschildert werden könnte; dieses steht über allem, was der Geist erfassen kann, über der Natur. . . Jener Einzige, den keine Sprache je zu umschreiben vermocht hat, ist das Höchste Wesen. . . Dieses Wesen erstreckt sich über alles Vorhandene. Es ist blofser Geist ohne Körpergestalt, ohne mefsbare Ausdehnung, organlos, eindruckslos, rein, vollkommen, allwissend, allgegenwärtig, der Lenker des Verstandes, die Seele des ganzen Weltalls.“

Die Schöpfungslehre der Hindus ist die älteste aller auf uns gekommenen Kosmogonien. Die dieselbe enthaltenden Gesetze des Menu wurden vor Mosis Geburt geschrieben; wir lesen in ihnen:

„Dieses Weltall war vorerst nur in den göttlichen Urgedanken vorhanden, unentwickelt, gleichsam in Dunkel gehüllt. Dann erschien die einzige von und durch sich selber bestehende Macht in unvermindertem Glanz und breitete ihre Gedanken aus. . . Er hatte sich entschlossen, verschiedene Wesen aus seiner eigenen göttlichen Wesenheit heraus zu erschaffen; zuerst erschuf er die Gewässer. . . Aus dem Seienden, der ersten Ursache, wurde das Göttlich-Männliche erzeugt. . . Er gestaltete oben den Himmel, unten die Erde und in die Mitte setzte er den feinen Äther. Er rief alle Geschöpfe ins Leben und gab ihnen auch ihre ersten besonderen Namen. . . Nachdem die Allmacht ihre eigene Wesenheit geteilt hatte, wurde sie halb männlich, halb weiblich. Nach Erschaffung dieses Weltalls löste sie sich wieder in Geist auf, indem sie die Zeit der Thätigkeit mit der Zeit der Ruhe vertauschte.«

Man sieht, wie grofsartig die Äufserungen sind, von denen wir im Buch Genesis einen überaus schwachen Widerhall vernehmen – so schwach, wie wenn ein Kind versuchen wollte, die Lehren eines grofsen Weisen wiederzugeben.

Den Brahminenpriestern, ihren Überlieferungen und ihrer Litteratur erwuchs ein gefährlicher Gegner im Buddhismus. Als Prediger der Gleichheit aller Menschen leugnete Buddha den Wert und die Notwendigkeit des vedischen Systems. Die unter dem Joch der brahminischen Tyrannei seufzenden Menschen begrüfsten freudig das neue Brüderlichkeits- und Barmherzigkeits-Evangelium, welches überdies durch den halblauten Skeptizismus einiger vedischer Philosophieschulen unterstützt wurde. Namentlich im Süden Indiens hiefs man den Buddhismus willkommen und auf Ceylon fand er bereits 240 vor Christus Eingang. Gegenwärtig ist Ceylon der einzige Teil Indiens, in welchem sich der Buddhismus unverändert erhalten hat; im eigentlichen Indien rotteten ihn die Brahminen durch blutige Verfolgungen so ziemlich aus.

Sakiamuni (dies der eigentliche Name, denn „Buddha“ ist nur ein Attribut, und zwar „Weiser“) wurde angeblich im sechsten Jahrhundert vor Christus geboren. Doch ist nicht erwiesen, dafs er wirklich jemals gelebt hat; vielmehr haben die neueren Forschungen ergeben, dafs seine Geschichte ein Sonnenmythos ist, der ursprünglich von Krischna erzählt wurde.*) Die heiligsten buddhistischen Sinnbilder und die häufigsten buddhistischen Gleichnisse haben in der Veda Analogien; der Unterschied ist nur der, dafs die Brahminen das Individuum in einem persönlichen Gott aufgehen lassen, während die Buddhisten es in das allgemeine Nichts (Nirwana) auflösen. Der Buddhismus lehrt nämlich, dafs der Urstoff (prakriti) das einzige durch sich selbst bestehende Göttliche sei und dafs dieser Materie zwei Kräfte innewohnen, aus denen zwei verschiedene Zustände hervorgehen: die Ruhe und die Thätigkeit. In dem einen Zustand verharrt

---

*) Auch die vor kurzem erfolgte Führersche Entdeckung beweist nicht, dafs Buddha thatsächlich gelebt habe. Der genannte Forscher entdeckte den Lumbini-Garten, den angeblichen Geburtsort Buddhas, und in demselben eine Steinsäule mit der Inschrift: „Hier wurde der Anbetungswürdige geboren.“ Die Überlieferung besagt, dafs Sakiamuni dort zur Welt gekommen sei und dafs mehrere Jahrhunderte später ein König zur Verewigung dieses Ereignisses eine Steinsäule aufstellen liefs. Führer hat also nicht die Thatsache der Geburt nachgewiesen, sondern nur die in der Überlieferung angedeutete Örtlichkeit festgestellt. Immerhin bleibt seine Entdeckung – das Ergebnis gründlicher, geistreicher Untersuchungen – wichtig, scharfsinnig und lichtvoll.

der Urstoff mit bewufster Ruhe in völlig unthätiger Leere (Nichtigkeit); das ist der Glückseligkeitszustand des Urnichts. In dem zweiten Zustand geht die Materie infolge ihrer Thätigkeit aus sich selbst heraus und nimmt begrenzte Gestalten oder Formen an. Dabei verliert sie ihre Bewufstheit, doch gewinnt sie dieselbe bei ihrer Menschwerdung zurück. Es giebt somit eine ursprüngliche und eine erzeugte Bewufstheit. Das Ziel des Menschen ist, die ursprüngliche Bewufstheit wieder hervorzurufen. Sobald er diese erlangt, erfährt er, dafs es aufser der Urmaterie nichts Wirkliches giebt; dann wird sein Geist identisch mit dem bewufsten Urnichts, d. h. seine persönliche Seele, von ihrem leiblichen Kerker befreit, kehrt zur Weltseele zurück, wie das in einem Stück Holz eingekerkerte Sonnenlicht nach Verbrennung des Holzes ins allgemeine Lichtmeer zurückkehrt.

Auf diese Lehre wurden später gepfropft der Irrglaube an die Seelenwanderung und jene menschenfeindliche Selbstverleugnung, die in Indien zur Selbstfolterung zahlreicher Fakire und andrer Fanatiker führte und in christlichen Gemeinwesen zur Askese durch Fasten, Bufsen, Kasteiungen, Einsamkeit, Geifselung und die sonstigen wahnsinnigen Übungen von Mönchen, Einsiedlern und anderen Religionseiferern.

Diese Askese beruht, wie gesagt, auf der Vorstellung, dafs das Absolute (das All) das wirkliche Dasein, die persönlichen Erscheinungen jedoch – namentlich alles Stoffliche, Körperliche – lediglich Hirngespinnste seien, die möglichst vermieden werden sollen, weil sie die Entfernung vom Absoluten vergröfsern, und dafs durch Kasteiung des Leibes das Aufgehen in der Gottheit schon hienieden erlangt werden könne. Noch heute ist die Askese in Indien verbreitet, aber nicht mehr so sehr wie früher. In zehntausenden von Fällen wurde sie durch das Suchen des Todes auf die Spitze getrieben. Während des Festes der furchtbaren Göttin Bhowani – der Gemahlin Siwas – warfen sich jedesmal zahlreiche Fanatiker unter Freudengeheul vor die mit Schneiden versehenen Räder des Wagens, auf dem das schwere Götzenbild ans Ufer des Ganges gefahren wurde. Beim Klange von Trompeten liefsen sie sich von den Rädern freiwillig in Stücke schneiden. Anderwärts rief die Askese andere seltsame Auswüchse hervor.

Von den sogenannten Gymnosophisten, den Magiern des Brahminismus, wissen wir nur sehr wenig. Sie waren die strengsten Wächter der Naturerkenntnis und ursprünglich am freiesten von Betrügerei. Sie verbreiteten sich auch über Afrika. In Äthiopien lebten sie als Einsiedler und an den Nil-Ufern erneuerten sie viele Phasen der asiatischen Theosophie; zahlreiche Spuren davon finden sich in den Lehren der Derwische. Als fahrende Priester sollen sie eine Geheimlehre gehabt haben, als deren Früchte und äufsere Kundgebung die Einfachheit ihrer Lebensweise und die Reinheit ihrer Sitten betrachtet werden können; in späteren Zeiten freilich arteten sie zu einer der ausschweifendsten und unsittlichsten Sekten Indiens aus.

Die Gymnosophisten gingen fast nackt (ihr Name bedeutet „nackte Weise") und lebten von Kräutern, waren jedoch gegen Menschen von geringerer Mäfsigkeit und Einfachheit nicht unduldsam. Sie glaubten an nur Einen Gott, an die Unsterblichkeit der Seele und an die Seelenwanderung. Wenn sie durch Krankheit oder Alter litten, bestiegen sie den Scheiterhaufen, denn sie betrachteten solche Leiden für verächtlich. Alexander der Grofse sah einen von ihnen sein Leben in dieser Weise beschliefsen.

Die Priesterschaften von Äthiopien und Ägypten standen mit einander in lebhafter Verbindung. Osiris ist eigentlich eine äthiopische Gottheit. Alljährlich kamen beide Priesterschaften an den Grenzen der zwei Länder zusammen, um Ammon – ein anderer Name für Jupiter – Opfer darzubringen und das sogenannte Sonnentafelfest, das die Griechen „heliotrapeza" nannten, zu feiern. Angesichts des Fetischismus, der in Afrika vorherrschte – und zwar teils infolge des Klimas, teils infolge derselben Umstände, aus denen der indische Fetischismus hervorging – gebührt Bewunderung den Gymnosophisten, jener Niederlassung von Denkern, die den Fortschritten des Despotismus lange Widerstand leisteten und deren Vernichtung das Rachewerk der Unduldsamkeit und der Gewaltherrschaft war.

Die Mysterien wurden, wie anderwärts, in unterirdischen Höhlen gefeiert. In Indien waren die letzteren in die Naturfelsen gehauen und sie übertreffen an Grofsartigkeit der Anlage und Vollkommenheit der Ausführung alles sonstwo Vorhandene. Besonders herrlich sind die Felsentempel zu Elephanta, Ellora und Salsette, die aus grofsen Sälen, Palästen, Kapellen, Pagoden und aus Zellen für tausende von Priestern und Pilgern bestehen, – alles mit Säulen, Obelisken, Basreliefs, ungeheuren Götterstandbildern, Elefanten und anderen heiligen Tieren vollgemeifselt.

Die Zeit der Einweihungszeremonien richtete sich nach dem Stande des Mondes. Die Geheimnisse waren in vier Grade geteilt, in deren ersten man schon nach Ablauf des achten Lebensjahres eingeweiht werden konnte. Ein Brahmine bereitete den Bewerber auf den zweiten Grad vor, dessen Erprobungen hauptsächlich darin bestanden, dafs der Kandidat seine Zeit fast gänzlich mit Gebeten, Waschungen, Fasten und dem Studium der Himmelskunde zubringen mufste. Er mufste im Sommer, während die Sonne heifs herniederbrannte, zwischen vier lodernden Feuern sitzen, im Winter nasse Kleider tragen, im Regen barhaupt gehen.

Seine Reinigung wurde durch allerlei mit dem Grab der Sonne (Finsternis, Hölle, Sarg des Hiram, lauter Sinnbilder der ersten drei Eigenschaften der Natur) zusammenhängende Proben vollendet und schliefslich brachte man ihn nächtlicherweile in die glänzend erleuchtete Einweihungshöhle, an deren Ost-, West- und Südseiten die drei Oberpriester safsen, die die Götter Brahma (als Vertreter der Materie rot bemalt), Wischnu (als Vertreter des Raumes blau bemalt) und Siwa (im Gegensatz zur schwarzen Nacht der Ewigkeit weifs bemalt) darstellten und von angemessen gekleideten Mystagogen (Mysterien-Erteilern) umgeben waren. Die Riten begannen mit einer Anrufung der Sonne, die hier „purush" genannt wurde, worunter man die „Lebensseele" verstand, einen Bestandteil von Brahms Allgeist. Nach einigen ferneren Zeremonien mufste der Novize die Höhle dreimal umwandern und nun wurde er durch sieben dunkle Gewölbe geleitet, wobei Eingeweihte die Klagen des Gottes Mahadewa um den Verlust Siwas durch düsteres Geheul darstellten und den Kandidaten durch Blitze, Geheul und scheufsliche Ungeheuer zu erschrecken und zu verwirren trachteten. Nach Erreichung der letzten Höhle ertönte die heilige Muscheltrompete, eine Flügelthüre öffnete sich und der Neuling betrat ein von blendendem Licht und herrlichen Düften erfülltes Gemach, das mit Bildsäulen und allegorischen Gestalten, die mit Kleinoden beladen waren, geschmückt war. Dieses Allerheiligste vertrat das Paradies und führte im Tempel von Ellora auch wirklich diesen Namen. Man sagte dem Novizen, er müsse, die Augen unentwegt auf den Altar gerichtet, das Herabsteigen der Gottheit in das pyramidenförmige Feuer, das auf demselben loderte, erwarten; von Begeisterung oder Schwärmerei erfafst, mochte er vielleicht wirklich glauben, Brahm*) auf dem Lotus sitzend zu erblicken, den Zirkel und das Feuer – die Sinnbilder der Ewigkeit und der Macht – in den Händen haltend. Das Einweihungssymbol war eine aus sieben dreimal geknüpften Fäden bestehende Schnur.

Der nunmehr für wiedergeboren geltende Novize durfte eine Tiara, ein weifses Gewand und einen heiligen Gürtel anlegen. Auf seine Stirne wurde ein gewöhnliches Kreuz (+), auf seine Brust ein Antoniuskreuz (Tau T, crux ansata) gezeichnet. Dann übergab man ihm den Schlangenstein als Gegengift gegen Schlangenbisse und das zur Erlangung der Vollkommenheit Wischnus dienende Salagramma (schwarzer Stein). Schliefslich

*) Wir sprechen manchmal von Brahm, manchmal von Brahma. Der erstere ist das Ewige Leben, der letztere dessen Verkörperung. Die beiden Worte entsprechen der Bodenlosen Gottheit und der Jungfrau Sophia der christlichen Theosophie.

vertraute man ihm den heiligen Namen des Sonnenfeuers an, der auch das grofse Trimurti umfafste, d. h. das vereinigte Prinzip, das dem Bestand aller Dinge zu Grunde liegt (= die indische Dreieinigkeit). Dieses Wort war OM oder AUM; in der letzteren Gestalt vertrat es die erschaffende, erhaltende und zerstörende Gewalt der Gottheit, personifiziert durch Brahma, Wischnu und Siwa. Diesem Namen, dessen Sinnbild ein gleichseitiges Dreieck ist, schrieben die Eingeweihten die wunderbarsten Fähigkeiten zu, gerade wie die Royal-Arch-Freimaurer dem Worte Jabulon. Man durfte es nur still denken, nicht aussprechen, denn sein Aussprechen – so glaubte man – würde Himmel und Erde erbeben lassen und sogar den Engeln Furcht einjagen. Dem Neu-Eingeweihten wurden noch die verschiedenen Abzeichen und Aporeme der Mysterien erläutert; auch sagte man ihm, dafs die Kenntnis des OM ihn mit der Gottheit vereinige. Bei den Persern bedeutete die Silbe HOM den Lebensbaum (Mann und Baum in Einem), den Wohnsitz der Seele Zoroasters; gleich den Indiern, bestraften sie die Enthüllung des Wortes mit dem Tode. (Das „Jahwe“ der Hebräer durfte bekanntlich ebenfalls nicht ausgesprochen werden.) Dieser „heilige Name“, der die Verwerfung der Vielgötterei in sich schliefst, bildet den goldenen Faden, der die alten Geheimgesellschaften mit den modernen verbindet.

Zu den im Allerheiligsten sichtbaren Sinnbildern und Abzeichen gehörte der Lingam (Phallus), der das männliche Prinzip, die Schöpferkraft des höchsten Wesens darstellte. Er fand und findet sich an den Wänden der meisten Hindutempel und sein Dienst verpflanzte sich von Indien nach Ägypten, Griechenland, Skandinavien und anderen Ländern. Ein solcher Kultus mufste zu grofsen Mifsbräuchen führen; ganz besonders war dies bei den Gymnosophisten der Fall.

Die Schaffenskraft der höchsten Gottheit wurde in Indien aufserdem noch durch den Lotus versinnbildlicht. Der auch in Ägypten heilig gehaltene Lotus, die Lilie des Nils, bildete das grofse pflanzliche Amulett der Völker des Ostens. Die Hindus dachten sich ihre Götter stets auf dem Lotus sitzend. Er bedeutete auch die Freiheit der Seele nach der Befreiung aus ihrem irdischen Schrein, dem Körper, denn er wurzelt in dem Schlamm des Flufsbettes, entwickelt sich vom Keim zu einer vollkommenen Pflanze, wächst über den Wasserspiegel hinaus und schwebt frei in der Luft, unabhängig von jeder äufseren Stütze. Als Symbol Siwas ruht er auf einem goldenen Tisch auf dem Gipfel des Berges Meru, des heiligen Berges, den die Hindus, die Tataren, die Mandschuren und die Mongolen als den Mittelpunkt der Erde verehren. Man vermutet ihn im Norden Indiens und schreibt ihm drei Gipfel zu – einen goldenen, einen sibernen und einen eisernen – auf denen die Dreieinigkeit Brahma, Wischnu und Siwa ruht. Es handelt sich offenbar um die tatarische Hochebene, die im Süden vom Himalajagebirge begrenzt ist. Auch die Juden pflegten Berge mit drei Spitzen heilig zu halten; der Ölberg bei Jerusalem z. B. galt ihnen als Wohnsitz der Gottheit. Im Buche Zachariä lesen wir, dafs während der drohenden Zerstörung Jerusalems der Allmächtige seine Füfse auf die beiden äufseren Gipfel des Ölberges setzte und dafs der mittlere sich von Ost nach West spaltete, ein grofses Thal erzeugend.

Bevor wir dieses Kapitel schliefsen, müssen wir von den Dschains sprechen, einer buddhistischen Sekte, die mit den eigentlichen Buddhisten die Göttlichkeit der Vedas leugnet, die Kasteneinteilung jedoch beibehält. Sie kennt vier Kasten; obenan steht die Priesterkaste (die Brahminen). Man weifs, dafs deren Mitglieder sich einem Einweihungszeremoniell (upanajana) unterziehen; aber man weifs nicht, worin es besteht. „Dschain“ (oder „dschina“) bedeutet „Eroberer“; während jedoch bei den eigentlichen Buddhisten der Mensch durch Betrachtungen zum „Eroberer“ wird, wird er es bei den Dschains durch Enthaltsamkeit. Auf dem Berge Abu (in Radschputana) besitzen sie den prachtvollsten Tempel von ganz Indien. Er ist ein herrlicher Marmorbau in Kreuzform und soll nicht weniger als 360 Millionen Mark (? !) gekostet haben. Er bildet das Hauptziel der Wallfahrten der Dschains, die übrigens in Karlih (Präsidentschaft Bombay) ein zweites grofses Heiligtum haben, einen Felsentempel.

Die ägyptischen Mysterien.

Hohes Alter der ägyptischen Kultur. — Altägyptische Tempel. — Ägyptische Priester und Könige. — Exoterische und esoterische Lehren. — Ägyptische Götterlehre. — Der Phönix. — Das Kreuz. — Einweihungsörtlichkeiten. — Einweihungsverfahren. — Serapis-Mysterien. — Osiris-Mysterien. — Isis.

Ein langer, schmaler Streifen Landes, durch ungeheure Überschwemmungen bewässert, von ausgedehnten Einöden umgeben, durch hohe, steile Felsen vor den Einfällen der Nomadenstämme geschützt, erfreute das alte Ägypten sich einer der ältesten und glanzvollsten Kulturen. Ein Thal, ein Flufs und eine Rasse genügten dort zur Hervorbringung einer Welt von Wundern zu einer Zeit, da es in Europa noch Menschen gab, die nackt gingen und sich die Haut färbten, wie z. B. die alten

Bretonen, oder die – wie die Griechen – mit Pfeil und Bogen ein Nomadenleben führten. Viele Tausende von Jahren vor dem trojanischen Krieg hatten die Ägypter das Schreiben erfunden, wie uns der jetzt im Berliner Museum aufbewahrte, aus der Zeit Rhamses des Zweiten stammende hieratische Papyrus beweist, welcher Vorschriften für die Behandlung zahlreicher Krankheiten enthält. Die Ägypter kannten auch bereits viele der Bequemlichkeiten, die unser Stolz modern nennt. Die griechischen Schriftsteller, von den ägyptischen Priestern „Kinder“ genannt, füllen ihre Werke mit Erinnerungen an jenes geheimnisvolle Land; sie sprechen vom Vater Nil, vom hundertthorigen Theben, vom Labyrinth, vom Meroë-See, von den Pyramiden, der Sphinx und der die aufgehende Sonne begrüſsenden Memnonssäule.

Die ägyptische Chronologie, das Muster und Vorbild aller anderen, ist in unvergängliche Denkmäler eingegraben. Aber lange blieb alles für uns Geheimnis: die wegen ihrer flammenähnlichen Form der Sonne heiligen Obelisken, die Labyrinthe, die die denkende Seele vorstellenden menschenköpfigen Vögel, die die Schaffenskraft andeutenden heiligen Pillenkäfer, die die Kraft vertretenden Sphinxe, die das Leben und die Ewigkeit versinnbildlichenden Schlangen, die Hieroglyphen u. s. w. u. s. w. Vielleicht blieben all diese Dinge ein ewiges Geheimnis auch für das ägyptische Volk, welches in Furcht und Schweigsamkeit die Pyramiden errichtete. Die Gesamtheit dieser Symbole bildete die Sprache einer der umfassendsten und ausgedehntesten Geheimgesellschaften aller Zeiten.

Beim Durchwandern jener gigantischen Tempel, beim Durchschreiten jener Kreuzgänge, die nach vielen Windungen ins Allerheiligste führen, muſs man unwillkürlich an die Stille und Einsamkeit denken, die stets in diesen Räumen geherrscht hat, welche nur die Auserwählten betreten durften, während heutzutage jeder weltliche Fuſs Zutritt hat. Der Tempel von Luxor ist der gröſste auf der ganzen Erde. Er hat sechs Vorhallen mit langen Reihen von Säulen, Kolossen, Obelisken und Sphinxen, sowie sechs Kreuzgänge. Siebzig Jahrhunderte hindurch fügte jedes neue Königsgeschlecht einen neuen Teil hinzu, sodaſs die Gläubigen sich vom Sitz der Gottheit immer weiter entfernt sahen und das Wunder wie das Geheimnis immer gröſser wurde. Die sechste Säulenhalle blieb unvollendet – ein Geschichtsbruchstück, das nie vollendet werden wird. Die Wände und die Säulen der Tempel sind mit religiösen und astronomischen Darstellungen bedeckt. Daraus, daſs viele der letzteren menschliche Wesen in verschiedenen Leidens- und Folterungsstadien zeigen, schloſs man auf die Grausamkeit der ägyptischen Riten, bis man sich durch spätere Forschungen überzeugte, es handle sich da nur um die den Sündern angeblich im Jenseits drohenden Strafen.

Da Wissen Macht ist, herrschte die Priesterkaste zuerst und allein, denn nur sie war im Besitz des gesamten Wissens. Zu ihrem eigenen Schutz bewaffnete sie einen Teil der Bevölkerung, während sie die grofse Menge durch Aberglauben und Korruption im Schach hielt. Allmählich jedoch lehnte sich der Wehrstand gegen den Lehrstand auf, das Militär knickte die Alleinherrschaft der Geistlichkeit und neben den Hohepriestern begannen Könige zu regieren. Doch behielten die ersteren die Oberhand. Die Pfaffen hatten den Nil entlang festungsartige Tempel, die zugleich herrliche Wohnpaläste waren und auch als landwirtschaftliche Anstalten, Handelsemporien und Karawanenstationen dienten. Sie ernannten und beherrschten die Könige und regelten aufs genaueste deren Thun und Lassen. Ihnen gehörten die höchsten Ämter; als Gelehrte, Richter und Ärzte genossen sie die höchsten Ehren. Ihre bedeutendsten Schulen befanden sich in Theben, Memphis, Heliopolis und Sais. Sie besafsen einen grofsen Teil des Bodens, hoben Zehnten ein und zahlten keine Steuern. Sie bildeten die auserwählte, bevorrechtete und einzig freie Klasse der Bevölkerung.

Sie waren keine Anhänger des Götzenglaubens des Volkes; doch betrachteten sie es als für sich selbst zu gefährlich, das Volk aufzuklären. Sie unterliefsen dies daher und hielten ihre Anschauungen von der Einheit Gottes geheim. Nur Jene, die sich nach vielen Erprobungen dessen würdig erwiesen, wurden in die Mysterien eingeweiht. Wie die Priesterschaften anderer Länder, hatte also auch die ägyptische eine exoterische und eine esoterische Lehre, ein Evangelium für die „dumme Menge“ und ein anderes für den eigenen Gebrauch. Die Mysterien selbst zerfielen in zwei Gruppen: die „kleineren“ oder Isis- und die „gröfseren“ oder Osiris- und Serapis-Geheimnisse. Die der Isis wurden zur Zeit der Frühlings-Tag- und Nachtgleiche gefeiert, die des Serapis während der Sommersonnenwende und die des Osiris um die herbstliche Tag- und Nachtgleiche.

Nun einiges über die ägyptische Götterlehre, doch nur soweit zum Verständnis der Mysterien unerläfslich. Wie bereits in der „Einleitung“ dargethan, hatten alle Sinnbilder und Zeremonien sämtlicher alten Religionen ursprünglich eine tiefe und allgemeine kosmische Bedeutung; doch war diese in der Blütezeit der Mysterien schon vielfach verloren gegangen und hatte, wie auch aus dem Nachstehenden hervorgehen wird, einer blofs astronomischen Platz gemacht.

Osiris versinnbildlicht die Sonne. In Ägypten wurde er als ein von einem Auge überragtes Scepter dargestellt, weil die

Sonne alles sieht und beherrscht. Das Wort „Osiris“ stammt offenbar von „Iswara“, einem der Beinamen Brahmas. Es bedeutet „Höchster Herr“ und ist somit kein Eigenname, sondern ein Titel. Dieselben Abenteuer, welche die Hindus von Brahma erzählten, schrieben die Ägypter Osiris zu. Dieser wird von Typhon getötet, einer aus dem Nilschlamm erzeugten Schlange. Typhon ist aber nur eine Umstellung von Python, das von dem griechischen πύθω herkommt (= faulen, verwesen, modern) und auf die schädlichen Ausdünstungen deutet, die von dampfendem Schlamm aufsteigen und die Sonne verbergen. Deshalb heifst es z. B. in der griechischen Götterlehre, Apollo – ebenfalls ein Symbol der Sonne – habe mit seinen Pfeilen Python erschlagen, d. h. die Nebeldünste mit seinen Strahlen zerstreut. Der Tötung Osiris durch Typhon wohnt die weitere Bedeutung des vermeintlichen Verschwindens der Sonne zur Winterszeit inne. Nach Osiris' Tod begiebt sich seine Gattin Isis (= der Mond) auf die Suche nach ihm und schliefslich findet sie seine Leiche in 14 Stücke zerschnitten, was auf die vierzehn Tage zwischen Vollmond und Neumond hinweist. Sie sammelt die Stücke, mit einer Ausnahme, die sie durch ein anderes ersetzt, den Phallus, der zu einem Kultus führte, welcher dem indischen Lingamdienst ähnelte. Die Bewohner von Sidon nannten Isis Aschtarot (= Astarte). Dieses Wort besagt „Herden“, „Reichtümer“, bildlich den Überflufs der Erde, während unter „ashera“ (wörtlich „Säule“) der Phallus verstanden wurde, der „Mast des Isisschiffes“.

Galt der Menge Isis nur als der Mond, so war sie für die Eingeweihten die Allmutter Hathor, die Urharmonie und Urschönheit Jophis (griechisch Sophia). Zu Sais wurde ihr Abbild als „verschleierte Isis“ verehrt; die Inschrift lautete: „Ich bin alles Gewesene, alles Vorhandene und alles Zukünftige, und kein Sterblicher hat je meinen Schleier gelüftet.“ Kosmisch bedeutet die Göttin Hathor die Finsternis, aus der das Licht hervorgeht – die Nacht, welche die Sonne gebiert, das Urbild der Schwarzen Jungfrauen des römischen Katholizismus.

Der Stier (Apis) bildete in der ganzen alten Welt einen Gegenstand der Verehrung, weil einst das Tierkreiszeichen des Stiers die Frühlings-Tag- und Nachtgleiche eröffnete.

Das ägyptische Jahr begann mit dem Aufstieg des Hundssterns (Sirius). Da nun auf den jährlichen Überschufs von einem Vierteltag keine Rücksicht genommen wurde, fing jedes vierte Jahr um einen Tag zu früh an. Demgemäfs begann das Jahr immer an einem anderen Tag: der Reihe nach an jedem Tag des Jahres während eines Zeitraums von $4 \times 365 = 1460$ Jahren. Die Ägypter glaubten, es müsse allen Jahreszeiten zum Segen gereichen, wenn das Isisfest ein so bewegliches sei. Dasselbe wurde zusammen mit dem Siriusfest gefeiert, obwohl es vom Hundsstern zeitlich oft sehr entfernt war. Daher gingen Abbildungen von Hunden oder auch lebende Hunde vor dem Wagen der Isis einher. Wenn dann im 1461. Jahr das Isisfest wieder mit dem Aufgang des Sirius zusammenfiel, so erwartete das Volk ein fruchtbares Jahr, das durch einen wunderschönen Vogel dargestellt wurde, den es Phönix („deliciis abundans") nannte; es glaubte, derselbe sterbe auf dem Altar der Sonne und aus seiner Asche entstehe ein kleiner Wurm, der einen dem verbrannten Vogel vollkommen gleichenden zur Welt bringe.

Von den astronomischen Zeichen sprechend, müssen wir das Kreuz erwähnen. Dafs es eigentlich das Feuer bedeutet, wissen wir bereits; in Ägypten jedoch kannte man es lediglich als Nilmesser, dessen Querbalken je nach dem Stande des Flusses hinauf oder hinunter geschoben wurde. Da man nun den Austritt des Nils als die Rettung Ägyptens betrachtete, zollte man dem Kreuzzeichen bald Verehrung und schrieb ihm geheime Tugenden zu, u. a. die Macht, Böses abzuwenden, weshalb es in kleinem Format (Form T = Antoniuskreuz, Tau) Kindern und Kranken um den Hals gehängt, wie auch auf den zur Einhüllung der Mumien dienenden Schnüren oder Streifen angebracht wurde. Kurz, das Kreuzzeichen galt als Amulett, wie später bei anderen Völkern und noch jetzt bei den katholischen Christen. In den ägyptischen Mysterien galt das Tau als Sinnbild des ewigen Lebens, anderwärts aber wurde es als ein astronomisches Zeichen verehrt. In Indien wurde der Novize durch das Zeichen des Kreuzes geheiligt. Bei den meisten Völkern des Altertums bedeutete es, weil es auf die vier Himmelsrichtungen hinweist, das Weltall. Die Errichtung von Tempeln in Kreuzesform ist so alt wie die Baukunst überhaupt – das beweisen schon die grofsen Pagoden zu Benares und Mathura. Aber der ältere und tiefere Sinn des Kreuzes bezieht sich, wie gesagt, auf das Feuer und das Doppelwesen der Natur, ihren Dualismus, ihre Gegensätzlichkeit. Das dreifache Tau ist das Abzeichen der Royal-Arch-Freimaurer.

In Ägypten (wie auch in Indien, Medien, Persien und Mexiko) war die Einweihungsstätte eine über unterirdischen Höhlen errichtete Pyramide. Angesichts ihrer Gröfse, Form und Stärke können die Pyramiden als künstliche Berge betrachtet werden. Ihre Gestalt versinnbildlichte nicht nur die aufsteigende Flamme, sie hatte einen tieferen Ursprung in der konischen Form – der Urform aller natürlichen Produkte. Und die Grofse Pyramide – das Grab Osiris' – wurde in solcher Lage und Höhe errichtet, dafs während der Tag- und Nachtgleichen des

Herbstes und des Frühlings die Sonne genau zu Mittag auf dem Gipfel zu ruhen schien.

Der Einweihungsbewerber wurde von seinem Führer zu einem in der Pyramide angebrachten tiefen, dunkeln Schacht geführt, in den er, mit einer Fackel versehen, auf einer Leiter hinabstieg, die sich an einer Innenwand befand. Unten angelangt, sah er zwei Thüren, deren eine er verriegelt fand, während er die andere leicht öffnen konnte. Die Schwelle überschreitend, hörte er die Thür mit gewaltigem Getöse zufallen und erblickte einen geschlängelten Gang, an dessen Mauern er Inschriften nach Art der folgenden las: „Wer diesen Weg allein zurücklegt, ohne nach rückwärts zu schauen, wird durch Wasser, Feuer und Luft gereinigt werden. Die Todesfurcht überwindend, wird er aus den Eingeweiden der Erde ans Tageslicht emporsteigen, um seine Seele zum Empfang der Isismysterien vorzubereiten.“ Fortschreitend, gelangte der Kandidat zu einem von drei bewaffneten Männern bewachten eisernen Thor; die drei Männer, deren glänzende Helme von sinnbildlichen Tieren überragt waren, entsprechen dem Cerberus des Orpheus. Jetzt bot sich ihm die letzte Gelegenheit zur Umkehr, falls er umkehren wollte. Entschied er sich für die Fortsetzung des Weges, so hatte er zunächst die Feuerprobe zu bestehen, indem er eine Halle durchschreiten mufste, die mit allerlei brennenden Stoffen erfüllt war; den Fufsboden bedeckte ein Gitterwerk von rotglühenden Eisenstangen mit engen Zwischenräumen, die der Neuling sorgfältig benutzen mufste, wenn er sich nicht die Füfse verbrennen wollte. Nach Überwindung dieses Hindernisses kommt die Wasserprobe an die Reihe. Der Pilger mufs, sein Lämpchen auf dem Kopf, einen breiten, dunkeln Kanal, der vom Nil gespeist wird, durchschwimmen. Jenseits erwartet ihn die schwere Luftprobe. Er landet auf einer Terrasse, die zu einer Elfenbeinthüre führt, welche sich zwischen zwei kupfernen Wänden befindet, in deren jede ein ungeheures Kupferrad eingefügt ist. Nach einem vergeblichen Versuch, die Thüre zu öffnen, erspäht er an ihr zwei grofse Eisenringe; kaum hat er diese ergriffen, versinkt die Terrasse unter seinen Füfsen, ein eisiger Windstofs verlöscht sein Lämpchen, die beiden Räder drehen sich mit furchtbarer Geschwindigkeit und betäubendem Lärm, während er an den Ringen über einem tiefen Abgrund hängt. Ehe er jedoch erschöpft ist, kehrt die Terrasse zurück, die Elfenbeinthüre öffnet sich und er erblickt einen herrlichen, glänzend erleuchteten Tempel voll Isispriester mit den geheimnisvollen Abzeichen ihrer Verrichtungen, an der Spitze der Oberpriester. Nunmehr hat er eine lange Reihe von Fasttagen durchzumachen, zuletzt neunmal neun Tage umfassend. Während der ganzen Zeit mufs er die strengste Schweigsamkeit beobachten; erst nach dem Bestehen dieser letzten Erprobung wird er in die vollen Isismysterien eingeweiht. Vor der dreifachen Statue von Isis, Osiris und Horus (Horus bedeutet ebenfalls die Sonne) schwört er, die im Allerheiligsten empfangenen Geheimlehren nicht zu verraten. Dann trinkt er das ihm vom Oberpriester dargereichte Lethewasser, um alles zu vergessen, was er in seinem früheren – ungeheiligten – Zustand jemals gehört. Nachher trinkt er vom Wasser der Mnemosyne (= Gedächtnis), um alle neuen Weisheitslehren gut zu behalten. Ferner wird er in den geheimsten Teil des heiligen Gebäudes geführt, wo ein Priester ihm die Anwendung der daselbst befindlichen Symbole erläutert. Endlich verkündet man öffentlich seine erfolgte Einweihung in die Isis-Mysterien, die den ersten Grad der ägyptischen Riten bildeten.

Der zweite Grad waren die Serapis-Mysterien, von denen wir nur wenig wissen. Als Theodosius den Serapis-Tempel zerstörte, wurden unter der Erde Gänge und in ihnen Vorrichtungen entdeckt, mittels deren die Priester die Einweihungskandidaten erprobten. Geringfügige Anspielungen finden sich bei Apulejus, Porphyrius und Herodot.

Der dritte Grad der ägyptischen Laieneinweihung bestand in den Osiris-Mysterien, in denen die Legende von der Ermordung Osiris durch Typhon dargestellt wurde. Der Kandidat hatte den Gott zu verpersönlichen. (Dieses Verfahren wird von den Freimaurern bei der Verleihung ihres dritten Grades, des Meistergrades, genau nachgeahmt; nur tritt an Osiris' Stelle Hiram Abiff, einer der drei Grofsmeister beim Bau des Tempels Salomonis.) Der vollkommen eingeweihte Novize hiefs „Al-om-dschak" und die Lehre von der Einheit Gottes bildete das hauptsächlichste der ihm anvertrauten Geheimnisse. Wie grofs und gefährlich dieses Geheimnis war, läfst sich an dem Umstand ermessen, dafs nach Ablauf von mehreren Jahrhunderten seit Einführung der Mysterien Sokrates die Verkündigung derselben Lehre mit dem Tode büfste. Nach Jamblichus starben die in die höchsten Geheimlehren Eingeweihten für ihr eigenes Ich gleichsam ab; sie gingen in der Gottheit auf und wurden verklärt. Weder Feuer noch Eisen konnte ihnen etwas anhaben, kein Naturhindernis hemmte ihren Schritt, der Hauch des göttlichen Geistes umwehte sie. Wir haben es bei diesen heidnischen Einbildungen offenbar mit den vermeintlichen Vorrechten der späteren christlichen Mystiker und den angeblichen Verzückungen der römisch-katholischen Heiligen zu thun.

Isis führte nicht nur viele Namen, sie wurde auch mit zahlreichen Abzeichen und Sinnbildern dargestellt, welche ihre vielfachen Eigenschaften vertraten. Das leuchtende Rund, die Schlange, die Kornähren und das Rassel-Instrument Sistrum bedeuteten die Titelgottheiten der Mysterien der Hekate, des Bacchus und der eleusinischen wie jonischen Geheimnisse, d. h. die mystischen Riten überhaupt, um derentwillen die Allegorie ersonnen wurde. Die schwarze Palla, in welche die Göttin gehüllt ist, weist mit ihrer Mond- und Sternen-Stickerei darauf hin, dafs die Riten in der Nacht gefeiert wurden. Ihre Namen finden wir in dem folgenden Ausspruch, den Apulejus ihr in seinem „Goldenen Esel" in den Mund legt:

„Sieh, Lucius, von deinen Bitten bewegt, bin ich bei dir – ich, die ich die Natur bin, der Ursprung aller Dinge, die Königin aller Elemente, die Ur-Erzeugerin der Zeitalter, die höchste der Gottheiten, die Beherrscherin der Geister der Toten, das erste der himmlischen Wesen, der Universalstoff, die einheitliche und doch vielförmige Gestalt der unerschaffenen Wesenheit. Ich beherrsche mit meinem Wink die leuchtenden Berggipfel, die Winde des Meeres, die Stille der unteren Reiche. Der ganze Erdball betet meine Eingöttlichkeit an – in mannigfaltiger Weise, mit verschiedenen Riten und unter allerlei Namen. Die Phrygier nennen mich Pessinuntika, die Mutter der Götter; die Eingeborenen von Attika: die kekropische Minerva; die schwimmenden Kyprer: die Venus von Paphos; die pfeiltragenden Kreter: Diana Dictynna; die dreizüngigen Sizilier: stygische Proserpina; die Eleusinier: die alte Göttin Ceres. Noch andere nennen mich Juno oder Bellona oder Hekate oder Rhamnusia. Die Äthiopier, Arier und Ägypter, die in der alten Gelehrsamkeit bewandert sind, legen mir meinen wahren Namen bei: Königin Isis."

Wir sehen also klar, dafs Isis den Eingeweihten nicht blofs den Mond bedeutete. Im Allerheiligsten wurden die vielfältigen Formen auf eine Einheit zurückgeführt; all die zahlreichen Götzen verschwanden und machten Einer Gottheit Platz – der Urmacht, dem Urgeist.

Krata Repoa.

Vorbereitung. – Erster Grad. – Zweiter Grad. – Das Thor des Todes. – Die Schattenschlacht. – Balahate. – Der sechste Grad. – Der höchste Grad.

„Krata Repoa" hiefsen die höheren und geheimeren Grade der ägyptischen Mysterien. Nur die Könige und Priester des Landes konnten derselben teilhaftig werden und man bedurfte behufs Zulassung zur Bewerbung der besonderen Empfehlung eines bereits Eingeweihten. Gewöhnlich ging die Empfehlung vom König selbst aus. Die Priester von Heliopolis wiesen den Bewerber an die von Memphis, von dort schickte man ihn nach Theben, sodann wurde er beschnitten, worauf er sich verpflichten mufste, keinen Wein zu trinken und entweder keine Hülsenfrüchte oder keine Fische zu essen. Ferner blieb er monatelang in einer unterirdischen Höhle sich selbst überlassen und man lud ihn ein, seine während dieser Zeit angestellten Betrachtungen niederzuschreiben. Dann wurde er in eine Galerie gebracht, wo er die auf den dortigen Hermessäulen eingemeifselten Sittensprüche auswendig lernen mufste. Sobald er sie erlernt hatte, erschien sein Thesmophor (Einführer), in der Hand eine dicke Peitsche, die den Zweck hatte, profane Zuschauer von dem Thor fernzuhalten, durch das der Kandidat gehen mufste. Schliefslich verband man ihm die Augen mit einem Tuch und fesselte ihm die Hände mit Stricken.

Nach diesen Vorbereitungen wurde er zum „Thor der Menschen" geführt, wo der Thesmophor die Schulter eines das Thor bewachenden Portophors (Lehrlings) berührte, auf dessen Klopfen hin das Thor sich öffnete. Nun sah der Neuling sich dem Oberpriester gegenüber, dem er verschiedene Fragen beantworten mufste. Demnächst wurde er bei einem künstlichen Unwetter mit Sturm, Regen, Donner und Blitz umhergeführt. Legte er hierbei keine Furcht an den Tag, so erklärte Menies (der Erläuterer) ihm die Gesetze der Krata Repoa, mit denen er sein Einverständnis kundgeben mufste. Sodann kniete er, wieder vor den Oberpriester gebracht, vor diesem nieder – wobei die Kniee nackt sein mufsten – und schwor, während ihm die Spitze eines Schwertes an die Kehle gesetzt wurde, Treue und Verschwiegenheit; als Eideszeugen rief er Sonne, Mond und Sterne an. Jetzt nahm man ihm die Binde von den Augen und stellte ihn zwischen zwei Betilien (schlanke Säulen oder Pfeiler), neben denen eine siebensprossige Leiter lag, die zu acht Thüren aus verschiedenen Metallen führte, deren jedes reiner war als das vorhergehende. Der Oberpriester redete die Anwesenden als „Kinder der Arbeit der Himmelserforschung" an und ermahnte sie, ihre Leidenschaften zu zügeln und ihre Gedanken auf Gott gerichtet zu halten. Der Kandidat erfuhr nun, dafs die Leiter, die er zu erklimmen hatte, das Sinnbild der Wanderungen der Seele sei. Man teilte ihm die Ursachen von Wind, Donner und Blitz mit und unterrichtete ihn in der Anatomie, der Heilkunde, der symbolischen Sprache und der gewöhnlichen Hieroglyphenschrift. Der Oberpriester vertraute ihm das Losungswort an („amoun" = Verschwiegenheit), mittels dessen die Eingeweihten einander erkannten, sowie eine pyramidenförmige Kappe und eine besondere, Xylon genannte Schürze. Um den Hals trug der Novize ein kragenartiges Kleidungsstück, das die Brust eng umspannte. Er hatte als Portophor (Lehrling) die Pflicht, das „Thor der Menschen“ zu bewachen, so oft ihn die Reihe traf.

Bewährte sich der Portophor, so wurde er nach einer langen Fastenzeit in eine dunkle Zelle oder Kammer („Endimion“ = Einladungsgrotte) gebracht und mit dem zweiten Grad, dem eines Neokoris, bekleidet. Die schönen Gattinnen der Priester reichten ihm Leckerbissen und suchten seine Liebe zu erregen. Widerstand er den Versuchungen, so erschien sein Thesmophor, katechisierte ihn und führte ihn in die Versammlung. Dort begofs ihn der Wasserträger (stolista) mit Wasser, worauf der Thesmophor eine lebende Schlange auf ihn warf, um sie dann unter seiner – des Neokoris – Schürze wieder hervorzuziehen. Behufs Erprobung seines Mutes war der ganze Raum von Schlangen erfüllt. Demnächst geleitete man ihn zu zwei Säulen, zwischen denen ein Greif ein Rad vor sich her rollte. Die Säulen bedeuteten Ost und West, der Greif die Sonne, die vier Radspeichen die Jahreszeiten. Nun wurde der Neokoris im Gebrauch des Richtscheits, in der Baukunst und der Geometrie unterwiesen, mit einem schlangenumwundenen Stab versehen, in das Losungswort „Heve“ (= Schlange) eingeweiht und mit der Geschichte des Sündenfalls vertraut gemacht. Er hatte die Verpflichtung, die Säulen zu waschen. Das Erkennungszeichen bestand im Kreuzen der Arme über der Brust.

Beim Aufrücken in den dritten Grad erhielt der Neokoris den Namen Melanophor. Er wurde in eine Vorhalle geführt, über deren Eingang die Inschrift „Thor des Todes“ zu lesen war. Die Wände dieser Vorhalle waren mit Darstellungen von Särgen und einbalsamierten Leichen bemalt. Dieser Raum diente zur Aufnahme der zu secierenden und einbalsamierenden Leichen. In der Mitte stand der Sarg des Osiris. Befragt, ob er an der Ermordung des Gottes teilgenommen, antwortete er selbstverständlich mit „Nein“, worauf zwei Tapixeiten (= Totengräber) ihn in einen Saal führten, in welchem er zahlreiche andere Melanophoren in schwarzer Kleidung erblickte. Der bei solchen Anlässen ebenfalls stets anwesende König sprach den Kandidaten freundlich an und bat ihn, er möge für den Fall, dafs ihm der Mut fehle, sich der nächsten Probe zu unterziehen, die goldene Krone annehmen, die er – der König – ihm anbot. Aber einer ihm vorher erteilten Weisung gemäfs warf er die Krone zu Boden und trat sie mit Füfsen. Da rief der König: „Beleidigung! Rache!“ und berührte mit seiner Opfer-Axt flüchtig den Kopf des Prüflings. Sofort warfen die zwei Tapixeiten diesen nieder, worauf die Pariskisten (Sektoren) ihn wie eine Mumie einschnürten. Während alle Anwesenden in Thränen ausbrachen, wurde er zu einem Thor geführt, dessen Inschrift lautete: „Heiligtum der Geister.“ Beim Öffnen des Thores empfingen ihn Donner und Blitz. Der Höllenfährmann Charon nahm den scheinbar Toten in sein Boot auf und führte ihn vor die Richter der Unterwelt. Er sah Pluto, von Rhadamanthus, Minos, Orpheus, Arthon, Nykreus und Alaster umgeben, auf dem Richterstuhl thronen. Hier wurden sehr strenge Fragen bezüglich seines Erdenlebens an ihn gestellt und das Urteil lautete stets dahin, daſs er in der vermeintlichen Unterwelt zu verbleiben habe. Man nahm ihm die Mumien-Umhüllung ab und lehrte ihn, nie blutdürstig zu sein, nie eine Leiche unbegraben zu lassen, sowie an die Auferstehung der Toten und an ein Jüngstes Gericht zu glauben. Er muſste malen lernen, um Särge verzieren zu können. Auch erhielt er Unterricht in der sogenannten „hierogrammatischen“ Priester-Geheimschrift, in der die Geschichte Ägyptens und verschiedene astronomische und kosmographische Werke geschrieben waren. Das Erkennungszeichen war eine besondere Art von Umarmung, welche die Macht des Todes andeuten sollte. Das Losungswort lautete: „Ich zähle die Tage des Zornes“ („monarch karon mini“).

Der unterirdische Aufenthalt dauerte, bis der Melanophor eines höheren Grades würdig erachtet wurde, in der Regel anderthalb Jahre. Der Thesmophor erschien nach Ablauf der „Tage des Zornes“, gab ihm ein Schwert und einen Schild und führte ihn durch allerlei finstere Gänge, bis sie einigen gräſslich aussehenden Personen mit Fackeln und Schlangen in den Händen begegneten und von ihnen angefallen wurden, wobei die Angreifer „Panis!“ schrieen. Der Führer ermunterte den Melanophor, sich tapfer zu verteidigen. Aber die Unholde nahmen ihn schlieſslich gefangen, verbanden ihm die Augen, legten ihm einen Strick um den Hals, schleppten ihn in die zur Einweihung in den vierten Grad der Krata Repoa dienende Halle und verschwanden. Angesichts der Versammlung nahm man ihm die Binde von den Augen und er erblickte an den Wänden der prachtvollen Halle zahlreiche schöne Gemälde. Der König und der höchste Funktionär (demiurgos) waren ebenfalls gegenwärtig. Alle Anwesenden trugen den „Orden der Wahrheit“, ein Abzeichen aus Saphiren. Den König umgaben der Schriftführer, der Schatzmeister, der Zeremonienmeister u. s. w. Der „odos“ (= Redner) hielt an den Christophor – dies der Name der Inhaber des vierten Grades – eine Ansprache, in der er ihn zu seinem Mut beglückwünschte. Der Neuling muſste nun eine Schale „Kyke“ (ein aus Haferschleim, Wasser, Wein und Milch oder auch Honig gemischtes Getränk) bis zur Neige leeren, worauf er den Schild der Isis erhielt, die Schuhe Anubis' anzog, den Orkus-Mantel umnahm und die Orkusmütze aufsetzte. Nun gab man ihm ein Schwert in die Hand, mit dem er einer Person, die er in einer Höhle antreffen werde, das Haupt abschlagen sollte, um es dem König zu überbringen. Alle Anwesenden riefen aus: „Niobe, dort ist die Höhle der Feindin!"

In der betreffenden Höhle sah der Christophor ein aufserordentlich schönes Weib, das zu leben schien, in Wirklichkeit aber aus schönen Hautstücken kunstvoll zusammengestellt war. Er ergriff es bei den Haaren, köpfte es und brachte das Haupt dem König, der ihn ob seiner Kühnheit pries und ihm eröffnete, er habe Gorgona getötet, die Gemahlin Typhons, die Ursache des Todes Osiris'. Er erhielt die Genehmigung, die ihm geschenkten Gewänder jederzeit zu tragen, sein Name wurde in das Verzeichnis der Richter eingeschrieben, er durfte fortan ungehindert mit dem König verkehren und wurde aus der Hofküche verköstigt. Auch wurde ihm der erwähnte Wahrheitsorden – Isis als Eule darstellend – verliehen, der jedoch nur anläfslich der Einweihung eines Christophors getragen werden durfte. Ferner vertraute man ihm an, dafs der „grofse Gesetzgeber" Joa heifse, welches Wort zugleich als Losungswort diente. Endlich mufste er das Ammonitische (die Geheimsprache) lernen, da er bald in die höchsten Mysterien eingeweiht werden sollte. Die Christophoren hielten Kapitel ab, welche Pyxon hiefsen und bei denen der Name Sasychis – ein ägyptischer Priester der grauen Vorzeit – das Losungswort bildete.

Zu dem fünften Grad (balahate) war jeder Christophor eo ipso berechtigt; derselbe konnte keinem versagt werden. Er wurde in einen Saal geführt, wo er der einzige Zuschauer einer Art von Theatervorstellung war. Mehrere Balahaten, an der Spitze der „Orus", gingen umher, als ob sie etwas suchten. Plötzlich zog der Orus sein Schwert und der Kandidat sah Typhon, von Flammen umgeben, in einer Höhle sitzen. Der Orus näherte sich dem aufstehenden Typhon und erschlug ihn trotz seiner hundert Köpfe, seiner aufserordentlich langen Arme und seines schuppenbedeckten Leibes. Der neue Balahate empfing nun die Belehrung, dafs Typhon eigentlich das Feuer bedeute, eines der furchtbarsten Elemente, ohne welches jedoch das Leben auf der Erde unmöglich wäre. Auch wurde er in der Chemie unterwiesen, wie denn auch das Losungswort der Balahaten „Chymia" lautete.

Beim Aufrücken in den sechsten Grad wurde der Balahate nach dem Betreten des Versammlungssaales mit Stricken oder Ketten gefesselt. Dann brachte der Thesmophor ihn zum Thor des Todes zurück, von welchem viele Stufen zu einer von Wasser erfüllten Höhle führten, in der er die Leichen zahlreicher Verräter der Mysterien schwimmen sah. Sein Begleiter sagte ihm, dafs ihm für den Fall eines Verrates das gleiche Schicksal drohe, und führte ihn zurück, damit er seinen Verschwiegenheitseid erneuere. Darauf erhielt er Unterricht in der Astronomie und wurde vor der Astrologie und der Horoskopie gewarnt, den verabscheuenswerten Quellen jedes Götzendienstes und Aberglaubens. Zum „Thor der Götter" geleitet, sah er, nachdem dieses sich geöffnet hatte, an den Wänden des betreffenden Saales die Bildnisse aller Götter, deren Geschichte der Demiurgos ihm erzählte. Endlich lehrte man ihn einen priesterlichen Tanz, der den Lauf der Himmelskörper nachahmen sollte. Das Losungswort war Ibis, das Sinnbild der Wachsamkeit.

Der siebente und höchste Grad der Krata Repoa umfafste den Rest der Geheimnisse und konnte nur mit Zustimmung des Königs und aller Inhaber dieses Grades verliehen werden. Nach Abhaltung öffentlicher Umzüge (Pamylach genannt, d. h. die Beschneidung der Zunge) verliefsen die Mitglieder des Ordens nächtlicherweile insgeheim die Stadt und zogen sich in einige aufserhalb derselben auf einem Viereck erbaute Häuser zurück, die im Volksmunde „maneras" hiefsen, weil man glaubte, dafs die Manen abgeschiedener Menschen in ihnen umgingen. Diese Häuser waren von Säulen umgeben, neben denen abwechselnd Schilde und Särge lagen. Beim Eintreffen erhielt der neue „Prophet" – dies der Titel der Inhaber des siebenten Grades, oder auch „Saphenat Panka", d. h. ein Mann, der alle Geheimnisse kennt – eine Schale Oimellas (wahrscheinlich eine Mischung von Wein und Honig) und die Versicherung, dafs alle Prüfungen vorüber seien. Auch händigte man ihm ein Kreuz von eigentümlicher Geheimbedeutung ein, das er fortan stets tragen sollte, und bekleidete ihn mit einem weiten, weifsgestreiften Gewande, das die Bezeichnung „etangi" führte. Dann wurde ihm das Haupthaar abrasiert und er mufste stets eine viereckige Kappe tragen. Er durfte alle in ammonitischer Sprache geschriebenen heiligen Bücher lesen, und er konnte es, weil er den, „königlicher Strahl" genannten Schlüssel zu dieser Sprache besafs. Sein gröfstes Vorrecht bestand in seiner Stimmberechtigung bei der Königswahl. Das Losungswort war „adon", das Erkennungszeichen das Kreuzen der Arme innerhalb der weiten Ärmel des etangi.

Was die Worte „Krata Repoa" bedeuten, ist unbekannt. Der Orden selbst scheint erst im Jahre 1785 bekannt geworden zu sein, und zwar durch eine deutsche Broschüre, auf deren Titelblatt weder ein Verfasser noch ein Drucker oder Verlagsort genannt war. Der französische Freimaurer Razon, der 1821 eine Übersetzung dieser Broschüre herausgab, hält die Krata Repoa für eine deutsche Erdichtung, die alles zusammenzufassen scheine, was sich bei Schriftstellern des Altertums über Einweihungsriten und dergleichen findet. Der Anonymus von 1785 giebt als Quellen für seine Angaben denn auch die folgenden alten Autoren an: Porphyrius, Herodot, Jamblichus, Apulejus, Cicero, Plutarch, Eusebius, Arnobius, Diodor von Sizilien, Tertullian, Heliodor, Lucian, Rufinus.

Wandlungen der Isis-Legende.

Ausbreitung der ägyptischen Mysterien. — Dyonisische (bacchische) Mysterien. — Sabazische Mysterien. — Kabirische Mysterien. — Eleusinische Mysterien. — Altjukatanische Mysterien. — Horn- und Elfenbeinthüren. — Unterdrückung der eleusinischen Geheimnisse. — Die Thesmophorien. — Der Zweck der griechischen Mysterien mehr sittlich als religiös. — Der orphische Bund.

Die Ausstrahlungen der ägyptischen Geheimlehren erleuchteten und belebten die Geheimlehren von Phönizien, Kleinasien, Griechenland und Italien. Wie in Ägypten Isis und Osiris, waren sie auf Samothrake der Mutter der Götter, in Böotien dem Bacchus, auf Cypern der Venus, auf Kreta dem Jupiter, in Athen der Ceres und der Proserpina, auf Lemnos dem Vulkan, in Amphissa Kastor und Pollux gewidmet und anderwärts anderen. Ihr Zweck war aber überall der gleiche: der Glaube an nur Einen Gott und an ein Jenseits.

Die dyonisischen oder bacchischen Mysterien zerfielen in „grofse“ und „kleine“. Die letzteren wurden alljährlich um die herbstliche Tag- und Nachtgleiche gefeiert und zu ihnen hatten auch weibliche Personen Zutritt. Man opferte und verzehrte ein unreines Tier, worauf die Kandidaten nebst den Eingeweihten sich unter heiligen Tänzen zum Tempel begaben. Den Kanephoren, welche goldene Gefäfse voll der auserlesensten Früchte trugen, folgten die mit langen Stangen versehenen Träger des Abzeichens der Schaffenskraft — ein Abzeichen, das die anwesenden Frauen ebenfalls, und zwar um den Hals, tragen mufsten. Den Trägern, die mit Epheu (der dem Bacchus heilig war) bekränzt waren, folgten als Weiber verkleidete Männer, die sich wie betrunken zu benehmen hatten. In der nächsten Nacht wurden die Einweihungsfeierlichkeiten begangen, bei denen man die Sage von Bacchus' Tötung durch die Titanen scenisch darstellte; den Bacchus spielte der Aufnahmebewerber.

Die Feier der „grofsen“ Geheimnisse erfolgte nur in jedem dritten Jahr, und zwar zur Zeit der Frühlings-Tag- und Nachtgleiche in der Umgebung eines Sumpfes, wie das Saisfest der Ägypter. In der Nacht vor der Einweihung opferte die Gattin des Oberpriesters einen Widder, wobei sie die Gemahlin des Bacchus vorstellte; während sie sich in dieser Eigenschaft auf den Thron setzte, riefen die Priester und die Eingeweihten (auch die weiblichen): „Heil, Gattin! Heil, neues Licht!“ Nun wurde der Kandidat durch allerlei schwierige Feuer-, Wasser- und Luftproben gereinigt, um schliefslich, myrtenbekränzt und in ein Rehkalbfell gehüllt, ins Allerheiligste eingeführt zu werden.

Es gab Bacchus zu Ehren noch andere Mysterien: die sabazischen. Sabazius, einer der Namen Bacchus', war vermutlich von Siwa abgeleitet, der in astronomischer Hinsicht das Planetensystem mit seinen zahllosen Gestirnen bedeutete. Diese nachts abgehaltenen Geheimnisse bildeten eine Darstellung der Liebschaft zwischen Proserpina und Jupiter, der Schlangengestalt angenommen hat. Dem Kandidaten wurde eine Schlange (nach einigen Quellen eine goldene, nach anderen eine lebende) in den Busen geworfen und er mufste ausrufen: „Evoë! Sabai! Bacchis! Anes! Attes! Hues!“ In den meisten Sprachen des Altertums bedeutete „Evoë“ oder „Eva“ sowohl „Leben“ als auch „Schlange“; daher der Name des Weibes des ersten biblischen Menschen. Hierin ist auch der Ursprung des Schlangendienstes der alten Welt zu suchen. Als Moses den betrübten Hebräern in der Wüste eine eherne Schlange zeigte, wufsten sie, dafs sie erhalten bleiben werden. Wie Sabai (Sabazius), waren auch „Hues“ und „Attes“ andere Namen des Bacchus. Diese Mysterien erhielten sich bis zum vollständigen Verschwinden des Heidentums; unter Domitian gab es in Rom allein rund siebentausend Eingeweihte.

Wir gelangen nun zu den kabirischen Mysterien. Das Wort „Kabiri“ (so nannte man die auf einigen griechischen Inseln verehrten Naturgottheiten) bedeutet „mächtig“ und kam ursprünglich aus Phönizien. Es gab vier Kabiri: Aschieros, Achiochersus, Achiochersa, Kaschmala; sie entsprachen dem Pluto, dem Kamillus, der Ceres und der Proserpina der Griechen. Kamillus wurde von seinen drei Brüdern erschlagen, die seine Zeugungsorgane wegtrugen; dieser allegorische Mord kam in den geheimen Riten zum Ausdruck. Kamillus war identisch mit Osiris, Adonis u. s. w., die alle die gleiche Verstümmelung erleiden und dadurch andeuten, dafs die Sonne im Winter ihre Schaffenskraft verliert. Diese Mysterien wurden namentlich auf Samothrake und Lemnos gefeiert. Die Priester hiefsen Korybanten. Über die ganze Sache herrscht Unklarheit, denn diese Mysterien sollen angeblich auch zu Ehren Atys', des Sohnes der Kybele, eingeführt worden sein. Da Atys die Sonne vertrat und die Geheimnisse um die Frühlings-Tag- und Nachtgleiche gefeiert wurden, erscheint es als zweifellos, dafs sie, gleich allen übrigen Mysterien in der Zeit ihres Verfalls, den rätselhaften Tod der Sonne im Winter und ihre Auferstehung im Frühling darstellten. Die Feierlichkeiten dauerten drei Tage, deren erster der Trauer galt; an ihm fällte man eine kreuzförmige Fichte, an die man ein Bildnis Atys' befestigt hatte, denn der verstümmelte Leichnam Atys' war unter einer solchen Fichte entdeckt worden. Am zweiten Tag wurden Trompeten geblasen, damit der Gott aus seinem Todesschlaf erwache; am dritten feierte man unter grofsen Freudenbezeugungen seine Auferstehung.

Was die eleusinischen Geheimnisse betrifft, so waren sie Ceres geweiht, der griechischen Isis. An Osiris' Stelle trat Proserpina; Osiris' Tod und Proserpinens Entführung in die Unterwelt bedeuten einerlei, nämlich das Verschwinden der Sonne im Winter. Ursprünglich blofs in der attischen Stadt Eleusis im Schwang, verpflanzten diese Mysterien sich später nach Italien und sogar nach England. Auch sie bestanden aus gröfseren und geringeren; die letzteren dauerten, wie die dyonisischen und kabirischen, neun Tage und waren aus Reinigungen und Opfern zusammengesetzt, also lediglich vorbereitender Art. Die Einweihungsriten der „gröfseren" Geheimnisse begannen damit, dafs der Herold ausrief: „Ziehet euch zurück, ihr Profanen!" Gleichzeitig wurde ein langes, schmales Stück Holz oder ein Rad in der Luft so kräftig herumgewirbelt, dafs es einen grofsen Lärm machte. Bei der Vorstellung erschien der Einweihungsbewerber nackt, womit seine vollständige Hilflosigkeit und seine Abhängigkeit von der Vorsehung angedeutet werden sollte. Mit einem Kalbfell bekleidet, mufste er den Verschwiegenheitseid leisten. Auf die Frage: „Hast du Brod gegessen?" antwortete er: „Nein; ich habe den heiligen Trank getrunken, bin aus dem Korb der Ceres genährt worden, habe gearbeitet und bin ins Bett gestiegen." Unter „Bett" ist das Pastos (Ort der Wiedergeburt) zu verstehen, in dem er während der Prüfungszeit eingemauert war. Nun mufste er sich einer Reihe von Erprobungen unterziehen, die denen der anderen Mysterien mehr oder minder ähnelten. Schliefslich gelangte er ins Innerste des Tempels, wo er die Bildsäule der Ceres von blendendem Licht umgeben erblickte. War er bisher ein „Novize" (mystes) gewesen, so erhielt er jetzt den Beinamen „epoptes" (= Augenzeuge) und wurde in die Geheimlehre eingeweiht. Der Oberpriester schlofs dann die Versammlung mit den aus dem Sanskrit korrumpierten Worten

„Konx om pax". Nach den Mitteilungen des Kapitäns Wilford werden die sanskritischen Originalworte „Kamscha om pakscha" noch jetzt bei den religiösen Versammlungen und Feierlichkeiten der Brahminen gesprochen – ein Beweis mehr für den östlichen Ursprung der Mysterien. „Kamscha" bedeutet den Gegenstand unserer glühendsten Wünsche; „om" = „Amen"; „pakscha" = Wechsel oder Glück. – Auch in den alt-jukatanischen Mysterien, von denen wir übrigens sehr wenig wissen, kam eine ähnliche Redewendung vor, indem die Priester ihre geheimen Versammlungen mit den Worten „Kon-ex omon pault!" schlossen; doch sollen dieselben bei ihnen so viel bedeutet haben, wie „Fremdlinge, entfernt euch!"

Apulejus' „Goldner Esel" und das sechste Buch von Vergils „Aeneide" enthalten Schilderungen der Vorgänge bei der Abhaltung der eleusinischen Mysterien. Vergil läſst Aeneas und seinen Führer nach Beendigung ihres Rundganges durch die Unterwelt zum elfenbeinernen Thor der Träume hinausgehen. Auſserdem gab es ein Hornthor, durch das der Einweihungskandidat eintrat. Alle Einweihungshöhlen hatten zwei Thore: den „Abstieg zur Hölle" und den „Aufstieg der Gerechten." Die alten Dichter sagten, daſs aus dem Hornthor wirkliche, aus dem elfenbeinernen trügerische Erscheinungen hervorgingen. Da nun Aeneas und sein Führer die Hölle durch das Elfenbeinthor verlieſsen, glaubten manche Kritiker, daſs Vergil damit andeuten wollte, alles, was er über die Unterwelt mitgeteilt habe, sei Erfindung. Dies aber konnte der Dichter nicht gut haben andeuten wollen; was er meinte, war, daſs es thatsächlich ein Jenseits gebe, daſs jedoch die Darstellungen desselben in den Mysterien nur Schatten waren. Das Elfenbeinthor selbst war nichts anderes als die Prunkthüre des Tempels, durch welche die Eingeweihten nach Schluſs der Feierlichkeit herauskamen.

Die eleusinischen Mysterien überlebten alle übrigen; sie behaupteten sich noch in ihrem vollen Glanz, als die kabirischen und die ägyptischen bereits verschwunden waren. Unterdrückt wurden sie erst 396 n. Chr. Geb. durch Theodosius den Groſsen, der in seinem christlichen Fanatismus gegen Andersgläubige die gröſsten Grausamkeiten beging.

Wir müssen hier noch die Thesmophorien erwähnen. Dieser Ausdruck bedeutet ein Gesetzgebungsfest und bezieht sich im besondern auf die sinnbildlichen Riten, welche einen Bestandteil des Ceresfestes bildeten. Von Ceres glaubte man nämlich, daſs sie den Griechen gute Eigentums- und Landwirtschaftsgesetze gegeben habe. Zur Erinnerung hieran trugen auserwählte Frauen bei den mit den Thesmophorien verbundenen feierlichen Umzügen (zu Eleusis) die Tafeln, auf denen jene Gesetze verzeichnet waren.

Von diesen Feierlichkeiten wissen wir nicht viel; aus den „Thesmophoriasuzae“ des Aristophanes erfahren wir, dafs sie im Oktober stattfanden und drei bis vier Tage dauerten. Nur weibliche Personen durften an ihnen teilnehmen; den Männern war die Betretung des Tempels bei Todesstrafe verboten. Jeder athenische Stamm wählte zwei ehelich geborene, verheiratete und durch Tugendhaftigkeit hervorragende Frauen. Die Besitzer eines Vermögens von mindestens drei Talenten hatten die Pflicht, ihren Gattinnen das zur Bestreitung der Kosten des Festes erforderliche Geld zu geben. Da die Thesmophorien nicht nur die Landwirtschaft (das Säen) und die Gesetzgebung, sondern auch die engsten Beziehungen zwischen Gatte und Gattin betrafen, mufsten sich alle Ehepaare neun Tage lang gänzlicher Enthaltsamkeit befleifsigen. So wie Ceres (= die Erde) die Abwesenheit Proserpinens (d. h. der Sonne) betrauerte, betrauerte während der Thesmophorien die athenische Frauenwelt die Abwesenheit des Lichtes der Liebe.

Der Zweck der Einweihung in die griechischen Mysterien war mehr ein sittlicher als ein religiöser – im Gegensatz zu den indischen und ägyptischen Geheimnissen, die mehr religiöser, wissenschaftlicher und politischer Natur waren. Dies rührt daher, dafs zur Zeit der Einführung der Mysterien in Griechenland die Wissenschaft nicht mehr ein Vorrecht weniger bildete und das politische Leben des Volkes dieses bereits zum thatkräftigen Baumeister der eigenen Gröfse gemacht hatte. Wir erblicken in den griechischen Mysterien schon die Morgenröte einer neuen Zeit, den Verfall der alten Naturverehrung und eine Hinneigung der Menschen zu dem Bestreben, die Natur zu überwinden, also den geraden Gegensatz zum Geiste des Altertums, der die vollständige Unterordnung des Individuums unter die Einflüsse des Alls bevorzugte. Einer der ersten Vertreter der neuen Richtung war Pythagoras, der seine Jünger in Exoteriker und Esoteriker teilte. Die letzteren schlossen sich nach seinem Tode dem „orphischen Bund“ an, dessen Name sich von dem sagenhaften Sänger Orpheus herleitete. Die diesem zugeschriebenen Hymnen waren vermutlich Werke des Onomakritos, der im sechsten Jahrhundert vor Christi Geburt lebte, und zeugten von Frömmelei. Die fahrenden Priester dieses Bundes, die „Orpheothelesten“, wurden als Quacksalber und Betrüger berüchtigt.

Chinesische und japanische Mysterien.

Chinesische Metaphysik. — Einführung der chinesischen Mysterien. — Vergleichung zwischen Buddhismus und Christentum. — Lao-tse. — Japanische Mysterien. — Japanische Lehren. — Der tibetanische Grofs-Lama.

In der chinesischen Schöpfungslehre finden wir Spuren der einst allgemein verbreiteten Kenntnis der Eigenschaften der ewigen Natur. Die Materie — das erste stoffliche Prinzip — verfährt aus sich selbst heraus und bringt die dualistischen (zweiheitlichen, gegensätzlichen) Kräfte der Natur hervor. Dieses erste stoffliche Prinzip, „tai-keik" genannt, galt für das erste Glied in der Kette der Ursagen, die äufserste Grenze inmitten der Unbegrenzbarkeit, obgleich es inmitten des Nichts stets ein unendliches „Le" (Prinzip der Ordnung) gegeben habe. Das Le wurde als unendlich bezeichnet, weil es sich durch keinerlei Gestalt darstellen läfst, da es das „Ewige Nichts" ist. Diese fragmentarische Überlieferung des ältesten metaphysischen Systems der Welt hat den Spott vieler moderner Schriftsteller hervorgerufen; bei Licht besehen aber ist sie trotz ihrer Unvollkommenheit oder Unbeholfenheit im Ausdruck nichts andres als die Lehre der Theosophen. Besonders auffallend macht sie sich in der Verehrung geltend, die die Chinesen der Siebenzahl zollen — der Zahl des Todes, der Zerstörung — als dem stofflichen Ende und dem himmlischen Anfang.

Die Chinesen übten bis zu einigen Jahrhunderten vor Christus den Buddhismus in seiner einfachsten Form und beteten einen unsichtbaren Gott an. Aus den Lehren des Confucius, der im fünften Jahrhundert vor unsrer Zeitrechnung lebte, geht hervor, dafs es zu seiner Zeit keine Mysterien gab. Diese wurden erst notwendig, als die Chinesen Götzendiener geworden. Das Hauptziel der Einweihung war das Aufgehen in der Gottheit O-mi-to Fo. „O-mi-to" stammte von dem sanskritischen armida (= unmefsbar); „Fo" war einer der Namen Buddhas. Der Buchstabe Y stellte den dreieinigen Gott vor und galt für ebenso unaussprechlich wie die Tetraktys des Pythagoras oder das Tetragramm der Juden. In den chinesischen Mysterien spielte der Regenbogen eine grofse Rolle als Symbol des Wiedererscheinens der Sonne. Dies war übrigens auch in Mexiko der Fall.

Die allgemeine Ähnlichkeit zwischen dem Buddhismus und dem römischen Katholizismus ist so grofs, dafs sie von den Katholiken selbst anerkannt wird; nur schreiben diese sie dem

Umstand zu, daſs Satan die wahre Religion gefälscht und nachgemacht habe. Die Ähnlichkeit erstreckt sich, wie wir sehen werden, sogar auf manche kleinen Einzelheiten.

Nach der Legende stieg Buddha vom Himmel herab, um als Mensch geboren zu werden, und zwar zu dem ausgesprochenen Zweck, allem Fleisch Frieden und Ruhe zu sichern, die Erde von Kummer und Trauer zu befreien und die Wahrheit zu predigen. Zur Zeit seiner Geburt erleuchtete ein helles Licht das Weltall und die seinen Eintritt in die Welt ankündigenden Gottheiten begrüſsten seine Mutter mit den Worten: „Hohe Freude dir, Königin Maja! Juble und frohlocke, denn das Kind, welches du geboren hast, ist heilig!“ Maja war, gleich Maria, eine Jungfrau. Simons Anbetung im Tempel erinnert lebhaft an die Anbetung des Kindleins Buddha durch den ehrwürdigen Axiten. Wie die buddhistische, hat auch die römische Kirche ein Oberhaupt, und zwar ein unfehlbares, ferner die Ehelosigkeit der Priester, Gebete in einer dem Volk unbekannten Sprache, Mönchs- und Nonnenklöster, die Anbetung von Heiligen und anderen Vermittlern zwischen Himmel und Erde, namentlich einer Jungfrau mit einem Kind, sodann Gebete für die Toten, die häufige Wiederholung eines Gebetes mit Hilfe des Rosenkranzes, „überflüssige“ Wohlthaten und gute Werke, Selbstkasteiungen, Geiſselungen, einen zeremoniösen täglichen Gottesdienst mit Gesängen, brennenden Kerzen, Weihwasserbesprengungen, Verneigungen und Niederknieen, ferner Fast- und Festtage, Prozessionen, göttliche Bildnisse, Heiligenbilder, Wunderlegenden, die Reliquienverehrung, das Fegefeuer, das Sakrament der Beichte. Der römische Katholizismus und einige andere Glaubensbekenntnisse sind nichts andres als modernisierter Buddhismus. Die Überlieferung vom „Priester Johannes“ („Prester John“) hat ihren Ursprung in der groſsen Übereinstimmung zwischen dem Buddhismus und einem durch Aberglauben arg entstellten Christentum. Im zwölften Jahrhundert gab es nämlich in China einen groſsen Mongolenstamm, der sich zum Buddhismus bekannte, den Reisende irrigerweise für eine orientalische Sekte des Christentums hielten; die unter den Mongolen lebenden nestorianischen Christen nannten das Haupt der vermeintlichen Sekte „Priester Johannes“; so entstand die Überlieferung, es gebe im Herzen Asiens eine christliche Kirche, deren Päpste „Priester Johannes“ heiſsen.

Während Confucius der Religions-Gesetzgeber Chinas war, war Lao-tse der groſse Philosoph der Chinesen und er übertraf jenen an Tiefe und Selbständigkeit des Denkens. „Lao“ (= „Le“) wird von den Chinesen mit „ein unbestimmbares, ungreifbares, aber dennoch Formen aufweisendes Ding“ wiedergegeben, während Lao-tse selbst darunter „Verstand, Verständnis“ zu verstehen scheint. Seine Philosophie ist friedlich und liebevoll – Punkte, in denen sie der christlichen Lehre vielfach ähnelt.

Was die alten Japaner betrifft, so glaubten sie, dafs die Welt vor ihrer Erschaffung in einem Riesen-Ei eingeschlossen war, bis dieses von einem Stier zerschlagen wurde. Das ist eine Abart der bei so vielen alten Völkern vorkommenden Allegorie, die sich auf den Stier des Tierkreises bezieht, welcher dereinst das Jahr eröffnete, die Frühlings-Tag- und Nachtgleiche. Es ist das derselbe Stier, den die Ägypter als Apis verehrten, den die Israeliten in der Wüste als goldenes Kalb anbeteten und der in den mitraitischen Mysterien geopfert wurde, um mit seinem Blute die Erde zu befruchten. Die Japaner verehrten eine von ihnen „Sohn des unbekannten Gottes" genannte Gottheit (Tensio-dai-sin), die sie als den Schöpfer der Sonne und des Mondes betrachteten. Die Einweihungsbewerber wurden durch künstliche Sphären geleitet, die aus beweglichen Kreisen bestanden und die Umdrehungen der Planeten darstellen sollten. Ein Spiegel bildete das bedeutsame Sinnbild des allsehenden Auges der Hauptgottheit. Der Schlufs der Vorbereitungszeremonien bestand darin, dafs der Kandidat ins Pastos (= Ort der Wiedergeburt) eingesperrt wurde, dessen Thor vermeintlich eine furchtbare Gottheit mit gezücktem Schwert bewachte. Mancher Bewerber verfiel im Lauf seiner Erprobung in einen so hohen Grad von Schwärmerei, dafs er das Pastos durchaus nicht verlassen wollte und darin blieb, bis er einfach verhungerte. Für ein solches Martyrium war ewige himmlische Glückseligkeit in Aussicht gestellt. Wir haben es da nur mit einer Abart des Buddhismus zu thun. Als Xavier sah, wie sehr die Riten der Japaner denen der römischen Katholiken glichen, rief er aus: „Der Teufel äfft die Kirche Christi nach!" Wie der chinesische und tibetanische Buddhismus, ähnelt der japanische Gottesdienst thatsächlich so sehr dem römisch-katholischen, dafs man den Ausruf Xaviers, der weder ein Gelehrter noch ein Philosoph war, ganz gut begreifen kann.

Die Japaner glaubten und glauben, dafs der Gott Tensio-dai-sin zwölf Apostel habe und die Sonne – der Planetenheld – mit Ungeheuern und den Elementen kämpfe. Die Priester des Sonnentempels tragen feuerfarbene Mäntel und feiern alljährlich vier Feste: den dritten Tag des dritten Monats, den fünften des fünften, den siebenten des siebenten, den neunten Tag des neunten Monats. Bei einem dieser Feste wird eine dem Adonismythos ähnliche Sage zur Darstellung gebracht, wobei die Natur von einem vielfarbig gekleideten Priester verpersönlicht wird. Die „Jammabos", d. h. die in die japanischen Mysterien Eingeweihten, müssen sich für die Einführung durch längere Enthaltsamkeit vom Fleischgenufs und durch vielerlei Reinigungen und Läuterungen vorbereiten.

Die Gottheit der Tibetaner – Dalai-Lama – nimmt, wie die Priester dem Volk einreden, Menschengestalt an. Die wahre Religion jedoch – identisch mit der Schöpfungslehre – wird nur in den fast unzugänglichen Mysterien gelehrt. Der Oberpriester, d. h. die jeweilige Verkörperung des Gottes, wird derartig verehrt, dafs das Volk Pillen, die aus seinem Unrat gedreht werden, ifst, weil es sie für heilig hält! Diese scheufsliche Übung ist ein Ausflufs des Glaubens an die Seelenwanderung – die der indischen Lehre von der Verwesung und Wiedererzeugung entspricht – und soll in Wirklichkeit bedeuten, dafs sämtliche Teile des Weltalls unablässig absorbiert werden, um in einander überzugehen. Das ist die Schlange, die ihren eigenen Schweif verzehrt. Die Lamawürde stammt aus dem dreizehnten Jahrhundert; im vierzehnten vollzog ein Teil der Geistlichkeit eine Spaltung und bildete eine eigene Sekte. Die beiden rivalisierenden Religionsgesellschaften werden nach der Kopfbedeckung ihrer Anhänger „Rote Quasten“ und „Gelbe Mützen“ genannt.

Mexikanische und peruvianische Mysterien.

Die Eingeborenen von Amerika. – Mexikanische Gottheiten. – Grausamkeit des mexikanischen Gottesdienstes. – Einweihung in die mexikanischen Mysterien. – Die höheren Geheimnisse. – Menschenopfer. – Blutige Häute als Gewandung. – Peruvianische Mysterien. – Die Einweihung bei den Quiches.

Die Ethnologen wissen uns bis jetzt noch nichts über den Ursprung der Urbewohner des amerikanischen Festlandes zu sagen. Wir wissen aber, dafs eine dieser Völkerschaften in vorgeschichtlichen Zeiten eine hochentwickelte Kulturnation war. Das geht aus den in Zentral-Amerika entdeckten Trümmern schöner Städte hervor. Auch beweisen alle archäologischen Überbleibsel, dafs die Religion von Mexiko und Peru im grofsen und ganzen dieselbe war wie die der asiatischen Völker – ganz naturgemäfs, denn die moralischen und physischen Gesetze des Weltalls sind überall die gleichen und in der gleichen Weise wirksam, weshalb sie auch die gleichen Ergebnisse haben müssen, nur dafs diese durch klimatische und andere örtliche Verhältnisse mehr oder minder abgeändert werden.

Das Religionssystem der Mexikaner war von sehr düsterer Strenge. Die hauptsächlichsten der vielen Gottheiten, die sie verehrten, waren: Teotl, das unsichtbare höchste Wesen; Virococha, der Schöpfer; Vitzliputzli oder Heritsilopochtli, der Gott der Barmherzigkeit (ihm wurden die blutigsten Opfer dargebracht – ein Beweis dafür, dafs die mexikanischen Priester in dieser Beziehung ebenso inkonsequent waren wie die fanatischen Pfaffen Europas, die im Namen des Gottes der Barmherzigkeit Mitmenschen wegen Andersgläubigkeit folterten und verbrannten); Teskalipuka, der Gott der Rache; Quetsalkoatl (= „mit grünen Federn bekleidete Schlange“), der mexikanische Merkur; Miktlaneiheratl, die Göttin der Hölle; Tlalok-teatli (= Neptun); Ixciana (= Venus). Vitzliputzli, dessen Name sich auf die Sonne bezog, schrieb man die Erneuerung der Welt zu. Man glaubte, er sei von einer Jungfrau geboren, deren Befruchtung durch ein ihr vom Himmel in den Schofs gefallenes Federbüschel erfolgt sei, welches in allen Regenbogenfarben geprangt habe. Er wurde in der Gestalt eines Furcht einflöfsenden Mannes dargestellt und safs auf einer azurblauen Kugel über einem geräumigen Altar, der während der mit der Feier der Mysterien verbundenen Umzüge auf einer himmelblauen Sänfte umhergetragen wurde. Er hatte eine blaue Stirne und auf der Nase einen blauen Streifen. Bekanntlich bildete auch in den Zelten der alten Juden Blau die vorherrschende Farbe. Hier wie dort besafs diese eine astronomische Bedeutung. Auch Wischnu war, wie wir bereits wissen, blau bemalt. In der rechten Hand hielt Vitzliputzli eine Schlange, das Sinnbild des Lebens. Darstellungen dieses Reptils finden sich auf sämtlichen Tempeln Mexikos und Perus. Spuren des Schlangendienstes der abendländischen Welt begegnen wir auch in den nordamerikanischen Staaten Ohio und Jowa, wo es tausend Fufs lange und noch längere künstliche Schlangenhügel aus Erde giebt. – Von Teskalipuka glaubte man, er bestrafe die Sünden der Menschen mit Pest, Hungersnot u. dgl. und sein Zorn könne nur durch Menschenopfer besänftigt werden, weshalb ihm zu Ehren nicht selten Tausende an einem Tag hingeschlachtet wurden.

Die mexikanischen Tempel waren voll schrecklicher Götzen, die durchweg in Menschenblut gebadet waren. Die Kapelle Vitzliputzlis wurde mit den Schädeln der ihm geopferten Menschen geschmückt; die Wände und der Fufsboden waren zollhoch mit Blut bedeckt; vor dem Götzenbild konnte man häufig die noch zuckenden Herzen der getöteten Opfer sehen. Die Haut der letzteren diente den Priestern als Kleidung. Dieser widerliche Gebrauch rührte nach der Legende von dem Umstand her, dafs Tosi, „die grofse Mutter“, menschlichen Ursprungs war; Vitzliputzli schärfte, um ihr göttliche Ehren zu verschaffen, den Mexikanern ein, sie zu ihrer Königin zu machen, sie dann zu töten, ihr die Haut abzuziehen und mit dieser einen jungen Mann zu bedecken; so ihres Menschentums entledigt, wurde sie unter die Götter versetzt. Eine andere empörende Unsitte, die ebenfalls eine Folge dieser Sage war, werden wir später erwähnen.

Der Einweihungskandidat mufste sich ähnlichen, aber gröfseren Schrecken, Leiden und Bufsen unterziehen wie den im Morgenland üblichen. Er wurde mit Knotenstricken gegeifselt, man schnitt ihm mit Messern ins Fleisch und steckte Schilfrohr in die Wunden, damit das Blut rascher fliefse oder man brannte die Wunden mit glutroter Asche – Erprobungen, unter denen viele zu Grunde gingen. Die „Reinigungen" erfolgten nicht mit Wasser, sondern mit Blut und des Bewerbers Gewand war schwarz statt weifs. Vor der Einweihung erhielt er ein Getränk, das angeblich die Furcht bannen sollte, in Wirklichkeit aber nicht selten geistesstörend wirkte. Sodann wurde der Kandidat in die finsteren Einweihungshöhlen geführt, die sich unter dem Fundament des mächtigen pyramidenförmigen Vitzliputzlitempels zu Mexiko befanden und die Bezeichnung „Pfad der Toten" führten. Die Mysterien, die er nun mitmachte, versinnbildlichten die Wanderungen der Götter, d. h. den Lauf der Sonne durch die Zeichen des Tierkreises. Alles, was die Einbildungskraft erschrecken und den Mut erproben konnte, liefs man den Kandidaten erblicken und hören. Er vernahm das Geschrei Verzweifelter und das Ächzen Sterbender. Er kam an den Kerkern vorbei, in denen die Unglücklichen vor ihrer Opferung gemästet wurden, und durch Höhlen mit von halbgeronnenem Blut schlüpfrig gewordenem Fufsboden. Bald sah er den zuckenden Körper eines Sterbenden, dem soeben das Herz ausgerissen worden, um dem blutdürstigen Gotte der Barmherzigkeit dargebracht zu werden; bald erblickte er im Dach die Öffnung, durch welche die Opfer vom Altar hinabgestürzt wurden. Schliefslich gelangte er am Ende der schier grenzenlosen Höhlenreihe zu einer engen Steinspalte, durch die er geschoben wurde, um von einer lauten Menge als ein wiedergeborener Mensch begrüfst zu werden. Die weiblichen Personen entkleideten sich hierauf, tanzten in nacktem Zustande dreimal einen bacchantischen Tanz und gaben sich dann den zügellosesten Ausschweifungen hin.

Wie die morgenländischen Völker, hatten auch die Mexikaner, aufser der exoterischen Lehre für die niedrigeren Eingeweihten, eine esoterische, die nur den Priestern zugänglich war und auch diesen erst nach Darbringung eines Menschenopfers. Die geheimsten Kenntnisse wurden ihnen um Mitternacht beigebracht, und zwar unter Auferlegung äufserst strenger Verpflichtungen, deren Verletzung unbarmherzig mit dem Tode bestraft wurde. Die eigentliche Lehre war astronomischer Natur, indem, wie bei den übrigen alten Völkern, bei den grofsen Festen das Verschwinden der Sonne beklagt und schliefslich bei dem „Fest des neuen Feuers“ ihr Wiedererscheinen freudig gefeiert wurde. Nach dem Auslöschen alles Feuers, selbst des heiligen im Tempel, begab sich die ganze Bevölkerung der Stadt Mexiko unter Anführung der Priesterschaft zu einem nahen Hügel. Dort wartete man, bis die Plejaden in der Mitte des Himmels standen, worauf ein Menschenopfer dargebracht wurde. Das zum Anzünden des neuen Feuers durch die Priester benutzte Werkzeug legte man auf die, dem zur Opferung bestimmten Gefangenen beigebrachte Brustwunde; nach dem Anzünden des Feuers warf man den Bedauernswerten auf den schon bereitstehenden ungeheuren Scheiterhaufen und setzte diesen in Brand. Das mit Freudengeschrei empfangene neue Feuer wurde von Dorf zu Dorf getragen, dort in den Tempeln aufbewahrt und von hier aus in die Wohnungen der Bevölkerung verteilt. Bei Sonnenaufgang erneute sich das Jubelgeschrei.

Den gänzlich eingeweihten Priestern wurde ferner beigebracht die Lehre von der Unsterblichkeit, von einer dreieinigen Gottheit und von der Urbevölkerung, welche sich unter Anführung Vitzliputzlis, der mit einem schlangenförmigen Stab in der Hand in einem quadratischen Kasten safs, schliefslich auf einem lotusreichen See niederliefs, auf dem sie ihr Allerheiligstes errichtete. Es war dies der See, in dessen Mitte die inselartige Stadt Mexiko ursprünglich stand.

Dafs kein Priester ohne vorherige Opferung eines Menschen Esoteriker werden konnte, haben wir bereits erwähnt. Diese schreckliche Zeremonie mufsten die spanischen Eroberer oft an ihren gefangen genommenen Landsleuten vollziehen sehen. Der Oberpriester trug ein langes, scharfes Feuersteinmesser, ein anderer Priester einen Holzkragen und vier Priester umstanden einen pyramidenförmigen Opferstein, dessen oberes Ende runderhaben war, so dafs der mit dem Rücken darauf gelegte Mann derart gekrümmt wurde, dafs der Magen beim ersten Einschnitt des Messers losgetrennt werden konnte. Zwei Priester hielten dem Unglücklichen die Füfse, zwei die Hände fest, der fünfte legte ihm den Holzkragen um; sodann trennte der Oberpriester ihm den Magen los und rifs ihm das Herz aus, welches er zuerst gegen die Sonne emporhielt und nachher einem der Götzen vorwarf, während der Körper des Geopferten die Stiege hinab gestürzt wurde, die sich um das ganze riesige pyramidenförmige Gebäude wand. In dieser entsetzlichen Weise opferte man binnen wenigen Stunden vierzig bis fünfzig Menschenleben. Häftlinge von hohem Rang oder bewährtem Mut genossen das Vorrecht, diesem grausamen Tode zu entgehen und sogar ihre Freiheit zu erlangen, falls es ihnen glückte, sechs mexikanische Krieger der Reihe nach zu bekämpfen; gelang ihnen das nicht, so wurden sie hingeopfert.

Die bereits erwähnte Benutzung der Haut der Opfer als Hülle fand auch noch bei anderen Gelegenheiten statt. Bei gewissen Festen kleidete man einen Mann in die noch rauchende Haut des Opfers. Auch Könige und Grofswürdenträger hielten es nicht unter ihrer Würde, sich so zu verkleiden und dann in den Strafsen um Almosen für wohlthätige Zwecke zu betteln, und zwar so lange bis die Haut zu verwesen begann. An einem gewissen Feiertag wurde ein Weib getötet und mit der Haut ein Mann bekleidet, der in diesem Zustand zwei Tage lang mit seinen Mitbürgern herumtanzte.

Die Inkas, die Beherrscher von Peru, rühmten sich, von der Sonne und dem Mond abzustammen, die daher angebetet wurden. Der Hauptgott der Peruvianer war jedoch Pacha-Kamak (= „Der dem Weltall Leben Gebende"), dessen Name für so heilig galt, dafs er nur den Eingeweihten mitgeteilt wurde. Dieser Gottheit errichteten sie keine Tempel. Sie hatten auch einen Götzen namens Tangatango (= „Einer in drei und drei in Einem"). Ihre Mysterien, von denen wir fast gar nichts wissen, wurden am ersten September-Mondtag gefeiert; man blieb die ganze Nacht wach und öffnete bei Sonnenaufgang die östlichen Thore des grofsen Tempels zu Cuzco, so dafs die Sonnenstrahlen das dort angebrachte goldene Abbild der Sonne beleuchten konnten. Decke und Wände dieses Tempels waren vollständig mit Goldplatten bedeckt und das aus einem runden, von Strahlen und Flammen umgebenen Gesicht bestehende Bildnis des grofsen Tagesgestirns nahm fast eine ganze Wand ein. Sodann umwanderten die „Sonnenjungfrauen" — welchen, gleich den römischen Vestalinnen, das heilige Feuer anvertraut war und die sich ewiger Keuschheit befleifsigen mufsten — den Altar, während die Priester den Versammelten die milden und gerechten Gesetze von Peru erläuterten. Im Gegensatz zur Gottesverehrung ihrer Nachbarn, der Mexikaner, war die der Peruvianer unblutig. Immerhin aber kam es bei ganz besonderen Anlässen auch bei ihnen vor, dafs ein Kind oder ein junges Mädchen geopfert wurde; doch waren das seltene Ausnahmen.

Wir haben in einem früheren Kapitel bemerkt, dafs die die Maja-Sprache redenden Völker Mysterien hatten. Einer dieser Stämme, die Quiches von Xibalba, der im Herzen des Gebirges von Guatemala lebte, besafs seine eigenen Einweihungsriten. Das heilige Buch der Quiches, „Popol-wuh" genannt, sagt, dafs der Kandidat zwei Flüsse zu passieren hatte — einen aus Blut, einen aus Morast — um die vier Strafsen zu erreichen, an deren Ende ihn ein Priester erwartete. Dieser hiefs ihn niedersetzen, aber der Sitz war glühend heiſs. Nun verbrachte er die Nacht im „Dunklen Hause“, wo er zwei Erprobungen bestand; die dritte machte er im „Speerhause“ durch, wo er mit Speeren bewaffnete Männer bekämpfen muſste, die vierte im „Eishause“, die fünfte im „Tigerhause“, die sechste im „Feuerhause“, die siebente im „Fledermaushause“; hier erschien der Gott der Fledermäuse, Kamasotz, dem Kandidaten und enthauptete ihn, falls er nicht auf seiner Hut war.

Die Druiden.

Etymologisches. — Tempel. — Einweihungsorte. — Riten. — Lehren. — Politische und richterliche Macht. — Priesterinnen. — Verfall und Ende.

Die Geheimlehren der Druiden ähnelten vielfach denen der morgenländischen Priester des Altertums und zerfielen in exoterische und esoterische. Sowohl in Gallien als auch in Britannien geübt, erlangten die druidischen Riten ihre gröſste Ausbildung in dem letzteren Lande, wo die Insel Anglesey als ihr Hauptsitz galt. Gewöhnlich wird das Wort „Druiden“ vom griechischen δρῦς (= Eiche) abgeleitet, einem Baum, der als besonders heilig verehrt wurde; doch läſst es sich auch vom gälischen „druidh“ ableiten, das einen „weisen Mann“ oder „Zauberer“ bedeutet.

Die Tempel, in denen die Druiden ihr heiliges Feuer aufbewahrten, standen zumeist auf Anhöhen und in dichten Eichenhainen. Ihre Bauart war entweder kreuzförmig, weil das Kreuz als das Sinnbild der Wiedergeburt betrachtet wurde, oder kreisrund, weil der Kreis das Weltall bedeutete, oder flügelförmig, um die Bewegung des göttlichen Geistes anzudeuten, oder schlangenartig, weil die Schlange das Symbol des druidischen Osiris — Hu — bildete, oder eirund, um an das Welt-Ei zu erinnern, aus dem nach der Überlieferung vieler Völker das Weltall, nach anderen Überlieferungen das erste Menschenpaar hervorging. Der Bau wurde aus unbehauenen Steinen aufgeführt, deren Zahl sich nach gewissen astronomischen Berechnungen richtete. Der Mittelstein war gröſser als alle übrigen und genoſs als Vertreter der Gottheit hohe Ehren. Besonders hervorragend waren die Steintempel von Stonehenge, Abury und Shap in England. Wo kein Steinmaterial zur Verfügung stand, traten an dessen Stelle rohe Erdaufschüttungen; in solchen Fällen bestand der Tempel aus einem von Gräben umgebenen hohen Wall. An die Herstellung dieser Tempelhügel wandte man eine Riesenarbeit; so

z. B. würde heutzutage nach Stukeleys Berechnung das Aufwerfen eines Hügels wie der Silbury-Hill etwa zwanzigtausend Pfund Sterling kosten.

Das Allerheiligste der Mysterien nannte man einen Kromlech oder Dolmen. Es wurde als Pastos (Ort der Einweihung oder Wiedergeburt) benutzt und bestand aus drei aufrecht stehenden Steinen, auf denen ein flacher Querstein lag, so dafs eine Art Zelle entstand. Doch bildeten diese Kromlechs oder Dolmens nur einen kleinen Teil der ausgedehnten Räume, die zum Einweihungs-Apparat notwendig waren. Der Gesamtsitz der Mysterien hiefs Coer Sidi und umfafste eine lange Reihe von an den eigentlichen Tempel angebauten Gebäuden mit zahlreichen Gemächern, Zellen, Gewölben, Bädern, kunstvollen Gängen u. s. w., die mit den in allen Mysterien üblichen Vorrichtungen zur Erschreckung und Erprobung der Einweihungskandidaten versehen und in der Regel unterirdisch waren.

Der Druidismus umfafste alle zu seiner Zeit in jenen Ländern bekannten religiösen und philosophischen Studien. Die Riten bezogen sich unzweifelhaft auf astronomische Thatsachen. Die Hauptgottheiten lassen sich in zwei zusammenfassen: eine männliche und eine weibliche, den grofsen Vater und die grofse Mutter: Hu und Ceridwen, die in jeder Hinsicht Osiris und Isis oder Bacchus und Ceres etc. entsprechen. Die Einweihungsfeierlichkeiten fanden vierteljährlich statt; die genaue Zeit hing vom Lauf der Sonne ab, namentlich vom Eintritt der Wenden und der Gleichen. Das Jahresfest wurde am Vorabend des 1. Mai abgehalten und mit dem Anzünden von Freudenfeuern auf sämtlichen Steinhügeln und Kromlechs des ganzen Landes eingeleitet. Dieselben brannten die Nacht hindurch und um sie herum wurden zu Ehren der Sonne, die damals vermeintlich aus dem Grabe stieg, Tänze mit Chorgesang aufgeführt. Das ausgelassene Fest fand seine Fortsetzung bis zur Mittagszeit des ersten Mai; sobald das Tagesgestirn im Zenith stand, zogen sich Priester und Publikum in die Wälder zurück, um sich den schlimmsten Orgien hinzugeben.

Die feierliche Einweihung von Kandidaten erfolgte um Mitternacht und umfafste drei Grade: die Eubaten, die Barden und die Druiden. Der Aufnahmebewerber wurde in einen Sarg gelegt, womit der Tod Hu's – d. h. der Sonne – angedeutet werden sollte, während seine Auferstehung im dritten Grade das Wiedererscheinen der Sonne versinnbildlichte. Die Erprobungen seines Mutes ähnelten den bei den anderen Mysterien des Altertums üblich gewesenen.

Das Fest des 25. Dezember wurde mit dem Anzünden grofser Hügelfeuer behufs Verkündigung des Geburtstages des

Sonnengottes gefeiert. An diesem Tage – so glaubte man – begann er, nach der vermuteten Wintersonnwende, zu wachsen und allmählich aufzusteigen. Dieses Fest begingen nicht nur die Druiden, sondern die ganze alte Welt. Die Feuer stellten die Kraft und Glut der Sonne dar, während das benutzte Immergrün die Einwirkung der erneuten Macht des Tagesgestirns auf die Vegetation darstellte. Die Feier der Sommersonnwende fand am 24. Juni statt. Auch die christliche Kirche hat diese heidnischen Festtage übernommen, den einen als Weihnachtstag, den andern als Sankt-Johannistag, nur dafs an die Stelle der einstigen astronomischen Bedeutung eine theologische getreten ist. Der Gebrauch von Immergrün in christlichen Kirchen zur Weihnachtszeit bildet eine Fortsetzung der gleichen Sitte der Druiden.

Die Hauptlehren der Druiden betrafen ein einziges höchstes Wesen, ein Jenseits mit Belohnungen und Strafen, die Unsterblichkeit der Seele und die Seelenwanderung. Ferner glaubten sie, dafs das Wasser das eigentliche Urprinzip sei und vor der Schöpfung in unbefleckter Reinheit vorhanden war. Diese Ansicht stand offenbar im Widerspruch mit einer anderen ihrer Lehren: dafs nämlich der Tag aus der Nacht hervorging, weil die letztere (= das Chaos) vor der Erschaffung des ersteren bestand. Sie hegten auch die Anschauung, dafs die Zeit nur ein aufgefangenes Bruchstück der Ewigkeit sei und dafs es eine endlose Reihe von Welten gebe. Im grofsen Ganzen glichen ihre Lehren denen der Pythagoräer. Hohe Verehrung zollten sie den Zahlen 3, 7, 19 (= der Mondcyklus) und 147 – der letzteren, weil sie das Ergebnis der Multiplikation der zweiten Potenz von 7 (49) mit 3 ist. Auch auf das Wahrsagen hielten sie grofse Stücke; sie bedienten sich dabei des Vogelfluges, der Menschenopfer, der weifsen Pferde, des Kreiseziehens des Wassers, sowie des Loseziehens. Doch besafsen sie auch beträchtliche wissenschaftliche Kenntnisse.

Die Macht der Druiden überstieg häufig die der Herrscher. Sie waren die einzigen Ausleger der Religion und hatten die Aufsicht über alle Opferungen; ohne ihre Genehmigung durfte keine Privatperson ein Opfer darbringen. Sie besafsen das Recht, die Exkommunikation zu verhängen – die furchtbarste Strafe nächst der Todesstrafe – von deren Folgen nicht einmal die höchsten obrigkeitlichen Personen ausgenommen waren. Ohne Zustimmung der Druiden konnte der grofse Reichsrat weder Krieg erklären noch Frieden schliefsen. Sie schlichteten alle Streitigkeiten durch unabänderliche Entscheidungen und durften auch zum Tode verurteilen. Ihre Altäre schwammen in Menschenblut. Zuweilen brachten sie ganze Mengen von Männern, Frauen und Kindern, die in grofse Türme aus Flechtwerk gesperrt waren, als Brandopfer dar, die zugleich zur Erhöhung des Ansehens dieser ehrsüchtigen und blutdürstigen Priesterschaft dienten. Sie zogen es – weil angeblich den Göttern angenehmer – vor, Verbrecher zu opfern; mangelte es jedoch an solchen, so „begnügten“ sie sich mit Unschuldigen. Solche Opfer wurden insbesondere am Vorabend eines Krieges oder zu Zeiten eines grofsen nationalen Unglücks oder zur Erlangung der Genesung gefährlich erkrankter hochstehender Persönlichkeiten dargebracht.

Die weifsgekleideten Priesterinnen, die einen Metallgürtel trugen, weissagten die Zukunft aus der Beobachtung der Naturerscheinungen, noch lieber aber aus den Menschenopfern. Zu ihren Aufgaben gehörte die Tötung der Kriegsgefangenen und der von den Druiden zum Tode verurteilten Personen; aus den rauchenden Eingeweiden der Umgebrachten und aus der Art, in der das Blut aus den Wunden flofs, zogen sie ihre prophetischen Schlüsse. Viele von ihnen führten ein Leben ewiger Keuschheit, während andere sich der gröfsten Zügellosigkeit hingaben. Sie wohnten auf einsamen, meerumspülten Felsen, und ihre Wohnungen wurden von den Seeleuten für Tempel voll unnennbarer Wunder gehalten. Manche dieser Priesterinnen wahrsagten den Schiffern, die ihnen alle erdenklichen Kräfte zuschrieben; dies gilt namentlich von den neun Priesterinnen, die auf der Insel Sena oder Liambis – nach der Sage der Geburtsort Merlins – lebten. Die in der Nähe der Loire-Mündung wohnenden Druidenpriesterinnen pflegten alljährlich ihren Tempel zu zerstören und einen neuen zu bauen; passierte es nun einer, dafs sie etwas von dem neuen „heiligen“ Baumaterial fallen liefs, so stürzten sich die übrigen unter gellendem Geschrei auf sie, um sie in Stücke zu zerreifsen und ihre blutigen Glieder umherzustreuen.

Je weiter die Römer vordrangen, desto mehr verfiel die Macht der Druiden. Schliefslich wurden sie 61 n. Chr. in ihrer Hauptveste auf der Insel Anglesey von Suetonius Paulinus – der unter Nero Gouverneur von Britannien war – angegriffen, gründlich geschlagen und in grofsen Mengen auf den Scheiterhaufen verbrannt, welche sie selbst für die Römer vorbereitet hatten, die sie gefangen zu nehmen gedachten. In Gallien erhielten sie sich – namentlich auf dem Kap Finisterre und in der Nähe der Insel Sena – um etwa zweihundert Jahre länger, bis das Überhandnehmen des Christentums sie endgültig verdrängte. War aber der Druidismus als solcher auch beseitigt, so blieben viele ihrer Religionsgebräuche doch noch lange bestehen; in Britannien z. B. erwies es sich noch unter Kanut (11. Jahrhundert) als notwendig, dem Volk die Anbetung der Sonne, des Mondes und des Feuers zu verbieten. In der Freimaurerei leben noch jetzt manche druidischen Übungen fort; dieselbe ist im Grunde nichts anderes als Gestirnverehrung und einzelne Fachschriftsteller wollen beweisen, daſs die Freimaurerei bald nach dem Edikt Kanuts und infolge desselben gegründet wurde, sowie daſs der Grund der überaus strengen Geheimhaltung eben in dem gänzlichen Verbot des Druidismus zu suchen ist.

Skandinavische Mysterien.

Die Drotten. — Ihre Ausrottung. — Das Rituale. — Astronomische Auslegung. — Das Julefest.

Die altskandinavische Priesterschaft hieſs die „Drotten“ und wurde von Sigge ins Leben gerufen, einem skythischen Prinzen, der nach der Legende später den Namen Odin angenommen haben soll. Diese Körperschaft bestand aus zwölf Personen, die übrigens auch das Richteramt versahen; hierin ist der Ursprung der zuerst in England, später in vielen anderen Ländern aufgekommenen zwölfgliedrigen Geschwornengerichte zu suchen. Ihre Macht war so groſs, daſs sie die zur Opferung bestimmten Menschen nach Belieben auswählen durften — sogar den Herrscher, wenn es ihnen paſste. Hieraus ergab sich das allseitige Bestreben, sich mit diesen allmächtigen Priestern auf guten Fuſs zu stellen; und da der Orden auf eine einzige Familie beschränkt blieb, wurde er ungeheuer reich. Seine Willkürwirtschaft überstieg schlieſslich alle Grenzen und nur darum, weil es derselben ein Ende zu machen versprach, wurde das Christentum in Skandinavien mit groſser Begeisterung aufgenommen. Vom Durst nach Rache für die angehäufte Unbill, die sie erlitten, angetrieben, tötete die Bevölkerung die Drotten, riſs ihre Paläste und Tempel nieder, zerbrach die Standbilder ihrer Götzen und zerstörte alles drum und dran des gotischen Aberglaubens. Nur was der Vernichtung durch Menschenhand widerstand, blieb bestehen: einige Kromlechs, einige groſsartige Rohstein-Denkmäler, mehrere in Naturfelsen gehauene Höhlenreihen und eine kleine Anzahl natürlicher Grotten, welche Einweihungszwecken gedient hatten.

Das ganze Rituale hatte eine astronomische Bedeutung. Die Einweihungsstätten waren, wie bei den meisten übrigen Mysterien, natürliche oder auch künstliche Höhlen und der Aufnahmebewerber muſste sich den schrecklichsten Erprobungen unterziehen; diese recht grausam zu gestalten, lieſsen sich die Priester angelegen sein. Der Kandidat hatte aber – im Gegensatz zu den morgenländischen Mysterien – nicht sieben, sondern neun (neun ist die Quadratzahl der geheimnisvollen Dreizahl) unterirdische Räume zu durchwandern. Er empfing die Weisung, den Leichnam Baldrs, des skandinavischen Osiris, zu suchen, der von Loki, dem Fürsten der Finsternis, getötet worden war; und er hatte die Aufgabe, den toten Sonnengott mit Aufbietung aller Mittel ins Leben zurückzurufen. Dies gelang ihm denn auch gewöhnlich, worauf er im Allerheiligsten auf ein nacktes Schwert einen feierlichen Verschwiegenheitseid leisten und denselben durch das Trinken von Met aus einem Menschenschädel bekräftigen mufste. Schliefslich wurde ihm das auch von den Skandinaviern heiliggehaltene Kreuzzeichen aufgedrückt und ein Zauberring – das Geschenk Baldrs des Guten – übergeben.

Im ersten Gesang der „Edda", offenbar eine Schilderung der mit der Einweihung in die Mysterien verbundenen Zeremonien, heifst es, dafs der Kandidat bestrebt sei, die im Besitz der Götter (Asen) befindlichen Kenntnisse zu erlangen. Er entdeckt einen Palast, dessen unermefslich grofses Dach mit goldenen Schilden bedeckt ist. Sodann begegnet er einem Mann, der damit beschäftigt ist, sieben Blumen aufwärts zu schleudern. Der Palast bedeutet die Welt, das Dach den Himmel, die goldenen Schilde sind die Sterne, die sieben Blumen sind die sieben Planeten. Nach seinem Namen gefragt, antwortet der Kandidat: „Gangler", d. h. Wanderer, hier jemand, der rings umher geht, um der Menschheit Lebensbedürfnisse zu spenden. Damit ist die Sonne gemeint, die der Einweihungsbewerber darstellt. Der Palast ist der des Königs; so nannten die alten Mystagogen das Tagesgestirn. Der Wanderer erblickt alsbald drei Sitze; auf dem niedrigsten thront Har, der „erhabene König", auf dem mittleren Jafuhar, „der dem Erhabenen Gleiche", auf dem höchsten Sitze die Dreizahl. Diese drei Sitzenden entsprechen den von den Neulingen der eleusinischen Geheimnisse erblickten Persönlichkeiten: dem Hierophanten, dem Fackelträger (Daduchus) und dem Altarpriester (Epibomit); sie entsprechen auch dem Meister und dem ersten und zweiten Aufseher der Freimaurerei – sinnbildlichen Vertretern der Sonne, des Mondes und des grofsen Weltenbaumeisters (Demiurgos). Aber die skandinavische Dreieinigkeit wird gewöhnlich durch den Obergott Odin, dessen erstgebornen Sohn Thor (den Vermittler zwischen Odin und den Menschen, den Besitzer unbegrenzter Macht über das Weltall, weshalb sein Haupt von zwölf Sternen umgeben dargestellt wurde) und den Hermaphrodit Freya vertreten, welch letztere man mit allerlei Abzeichen der Herrschaft über Liebe und Ehe ausstattete.

Die dem Neophyten erteilten Weisungen enthielten auch die Belehrung, der gröſste und älteste Gott heiſse „alfader“ (= Allvater) und habe zwölf Beinamen. Diese erinnern an die zwölf Attribute der Sonne, die zwölf Konstellationen und die zwölf höchsten Gottheiten Ägyptens, Griechenlands und Roms. Zu den Göttern der skandinavischen Mythologie gehörte Baldr der Gute, dessen Geschichte, wie schon erwähnt, den Gegenstand der Einweihungszeremonien bildete. Baldr entspricht dem orientalischen Mithras, dem Geliebten der Sonne. Er sieht die ihm drohende Gefahr vorher, denn er träumt davon. Die anderen Götter der Walhalla – des Olymps der alten Skandinavier – denen er seine Furcht mitteilt, beruhigen ihn und lassen, damit ihm nichts geschehen könne, alle Dinge der Natur den Eid leisten, daſs sie ihm nichts zuleide thun werden; nur die Mispel wird wegen ihrer auſserordentlichen Harmlosigkeit nicht zum Schwur herangezogen. Zum Zeitvertreib bewerfen die Götter Baldr mit allerlei gefährlichen Dingen, ohne ihn zu verletzen. Höder der Blinde (= das Schicksal) beteiligt sich anfänglich nicht an der Unterhaltung; aber Loki der Böse (= die Finsternis, der Winter) giebt ihm einen Mispelzweig in die Hand und beredet ihn, denselben zu schleudern. Die Folge ist, daſs Baldr tot niederfällt. Deshalb pflegten die Druiden Skandinaviens, Galliens und Britanniens um die Wintersonnwende Mispelzweige zu sammeln; sie schnitten dieselben mit einem gebogenen Messer ab, um den Abschnitt des Tierkreises anzudeuten, unter dessen Walten die Ermordung Baldrs stattfand. In Snorros Edda findet sich eine andere Sage, wonach Odin getötet wurde und Freya, die skandinavische Isis oder Venus, ausging, um seinen Leichnam zu suchen – genau dieselbe Legende, welche die Ägypter von Osiris und Isis, die Griechen von Ceres und Proserpina erzählten; auch die astronomische Bedeutung ist die gleiche.

Einer der Hauptfeiertage der Skandinavier, wie der Druiden, war das Fest der Wintersonnwende. Da es sich hier um die längste Nacht des Jahres handelte, schrieb man ihr die Erschaffung der Welt aus der Urfinsternis heraus zu und nannte sie „Mutter-Nacht“. Dieses Fest hieſs „Jule“ (aus Helios = Sonne verdorben) und wurde mit Freudenbezeigungen gefeiert. In England und Schottland gebraucht man für Weihnachten noch heute das Wort „yule“ fast ebenso häufig wie das Wort „christmas“.

ZWEITES BUCH.

EMANATIONISTEN.

Die Kabbala.

Ursprung. — Hauptwerke. — Das Buch der Schöpfung. — Verschiedene Arten der Kabbala. — Ezechiels Visionen. — Die Erschaffung aus dem Nichts. — Das Wiederaufleben kabbalistischer Lehren. — Rabbi Löb und Jakob Franck. — Ein Urteil über die Kabbala.

Das Wort „Kabbala“ ist von dem Namen des Hindus Kapila, des Urhebers der Philosophie der Zahlen, abgeleitet. Die Kabbala bildet das Gesamtergebnis der Bestrebungen der judäischen Sekten und beschäftigt sich mit der mystischen Auslegung der Heiligen Schrift, sowie mit metaphysischen Grübeleien über Gott und die sichtbaren und unsichtbaren Welten. Die Juden glaubten, die Kabbala sei Moses von Gott selbst mitgeteilt worden. Nun ist es zwar nicht ausgeschlossen und nicht einmal unwahrscheinlich, dafs der Schriftsteller, der unter dem Namen Moses geschichtlich wurde, seinen Nachfolgern irgendwelche geheime Lehren hinterliefs; allein die phantastischen Anschauungen der Kabbalisten über Engel (gutes Prinzip) und Dämonen (böses Prinzip) sind rein chaldäisch; erst in Babylon pfropften die Israeliten die Lehre von diesen zwei Prinzipien auf ihren Monotheismus. Der Magier-Oberpriester Daniel, der zugleich ein Prophet der Juden war, kann als der Hauptgründer der Kabbala gelten, die zu Babylon entstand und als „die verbotene Frucht des fremden Weibes“ betrachtet wurde. Die alten Juden hatten zwar Vorstellungen von Engeln, aber nur unbestimmte; sie schrieben den Engeln keine bestimmten Obliegenheiten zu, wenngleich sie jedem ihrer Patriarchen einen eigenen „vertrauten“ Geist zuwiesen. Die alexandrinische Schule schmückte jene chaldäischen Kenntnisse der Israeliten in erheblichem Mafse weiter aus — Philo ergänzte Daniel. Namentlich der spekulative Teil der Kabbala, der auf der Emanationslehre beruht, wurde in der genannten Schule ausgebaut. Man verquickte die philosophischen Systeme des Pythagoras und des Plato mit der morgenländischen Philosophie; hieraus gingen später der Gnostizismus und der Neoplatonismus hervor.

Die ersten beglaubigten Äufserungen der Kabbala fanden ungefähr in der Zeit zwischen dem ersten Jahrhundert vor und dem ersten Halbjahrhundert nach Christi Geburt statt. Einerseits die höhere Kultur der Juden, anderseits die Spitzfindigkeit der Rabbinen und die grofse Tyrannei, die der Buchstabe des Gesetzes ausübte, erwiesen sich der Ausbreitung theologischer Geheimlehren förderlich. Die in Betracht kommenden Hauptwerke waren: das Buch der Schöpfung („sefer jezira"), wahrscheinlich von Akiba verfafst, und das Buch des Lichtes (zohar), das dem Rabbi Simon ben Jochai, einem Jünger Akibas, zugeschrieben wird und aus phantastischen Erläuterungen der Bücher Mosis besteht.

Zur Beurteilung des im „zohar" enthaltenen verworrenen Zeugs genügt die Beschreibung des Aussehens Gottes. Dieser wird als ein uralter Greis mit 1000007000 Locken aus weifser Wolle und mit einem bis zum Nabel reichenden, schneeweifsem Bart dargestellt, welcher dreizehn Abteilungen habe, deren jede die tiefsten Geheimnisse umfasse.

Der Mischnalehrer Akiba wurde 135 n. Chr. wegen seiner Beteiligung an dem Aufstande Barkochbas (= „Sohn des Sternes") hingerichtet. Sein „Buch der Schöpfung" bildet einen Monolog Adams über die Geheimnisse des Weltalls. Adam untersucht die Kräfte und Fähigkeiten des Verstandes, der sich bemüht, das gemeinsame Prinzip zu ergründen, welches alle Grundlagen der Dinge verbindet. Hierbei wendet er eine der mosaischen entgegengesetzte Methode an, indem er nicht von Gott zur Schöpfung hinab steigt, sondern nach Betrachtung des Universums die Einheit in der Vielfältigkeit, das Gesetz in der Erscheinung sucht und so von der Schöpfung zu Gott hinaufsteigt. Diese Methode war sehr ergebnis- und sinnreich, verleitete die Kabbalisten jedoch zu phantastischen Vergleichen zwischen Himmel und Erde, zwischen höheren und untergeordneten Mächten, zwischen den Dingen und Gedankenzeichen. All dies führte zu mancherlei Weissagungs- und Beschwörungskünsten und zu sonstigen höchst widersinnigen Auswüchsen des Aberglaubens. Nach der kabbalistischen Auffassung ist das Weltall, das von Pythagoras als ein Sinnbild der geheimnisvollen Kräfte der Zahlen betrachtet wurde, lediglich ein wundervolles Blatt, auf das der Schöpfer alles Bestehende mittels der ersten zehn Ziffern und der 22 Buchstaben des hebräischen Alphabets geschrieben habe. Die zehn abstrakten Ziffern seien die allgemeinen Formen der Dinge, „die höchsten Gedankenkategorien". So z. B. vertrete 1 den Geist des lebendigen Gottes, die allgemeine Schöpferkraft, 2 den Atem des belebenden Geistes, 3 das Prinzip des Wassers, 4 das des Feuers. Der Aufdruck der Buchstaben auf dem Universum sei unauslöschlich und nur mit Hilfe dieses Aufdrucks lasse sich die höchste Ursache entdecken und der Name Gottes, der der Welt aufs Antlitz geschrieben sei, zusammenstellen. Nicht alle Buchstaben haben gleiche Kräfte. Drei von ihnen — „die Mütter“ genannt — geniefsen Vorrang; sie beziehen sich auf die in verschiedenen physischen und geistigen Verhältnissen vorhandenen Dreiheiten. Sieben andere heifsen „doppelte“, weil aus ihnen jene Dinge entstehen, die einander ewig entgegengesetzt sind. Die zwölf übrigen, die „einfachen“, vertreten die „zwölf Attribute“ des Menschen.

Es giebt zweierlei Kabbala: die theoretische und die praktische. Die letztere befafst sich mit der Zusammensetzung von Talismanen und Amuletten, ist folglich schwindelhaft und daher nicht würdig, hier näher behandelt zu werden. Doch sei die interessante Thatsache angeführt, dafs die praktische Kabbala frühzeitig zur Hervorbringung der allgemein für modern gehaltenen spiritistischen Erscheinungen benutzt wurde; wie wir aus der „Apologie“ wissen, waren in Tertullians Zeit Zaubertische mit Schreibvorrichtung etwas Gewöhnliches. Friedrich Brentz, ein i. J. 1610 getaufter Jude, setzte in einem gegen seine früheren Glaubensgenossen gerichteten Buch auseinander, in welcher Weise dieselben Tische hoben, die mit mehreren Zentnern belastet waren.

Was die theoretische Kabbala betrifft, so zerfällt sie in die der Buchstaben und die der Dogmen. Während diese eine Zusammenfassung der von den Kabbala-Gelehrten gehegten metaphysischen Anschauungen bildet, ist jene bemüht, die heiligen Dinge in mystischer Weise durch eigentümliche Buchstabendeutungen zu erklären. Die Buchstaben-Kabbala oder Mischna wird in drei Zweige geteilt. Der erste („Gematrie“) prüft die Worte auf den Zahlenwert ihrer Buchstaben; so z. B. ist der Zahlenwert von „Mithras“ — der Name des indischen Sonnengottes — 365, was der Anzahl der Tage des Sonnenjahres entspricht. Der zweite Zweig („Notarikon“) setzt einzelne Worte aus den Anfangs- oder Endbuchstaben mehrerer oder vieler anderer zusammen, während der dritte die Umstellung oder Versetzung der Buchstaben — wir kennen das aus den modernen Anagrammen — ins Auge fafst.

Die kabbalistischen Ausdrucksweisen und Erdichtungen wurden — namentlich sofern sie, was zuweilen der Fall war, poetische Gedanken enthielten — von den Mystikern, Sektierern und Alchymisten, wie begreiflich, gierig aufgegriffen. Zur Beurteilung des Reichtums der Kabbala an phantastischer und mythologischer Legendenbildung (ihr betreffender Zweig wird „Markawa“ genannt) wird es genügen, die kabbalistische Schilderung der Visionen des Propheten Ezechiel flüchtig anzuführen.

Ezechiel sieht Gott auf einem Thron sitzen, umgeben von seltsamen geflügelten Gestalten: dem Mann, dem Stier, dem Löwen und dem Adler – vier Zeichen des Tierkreises, „gleich dem Glanz, den er am Flusse Chebar sah“, d. h. bei den wegen ihrer astronomischen Kenntnisse berühmten Chaldäern. Die Rabbinen nannten diese Visionen die Schilderung des himmlischen Wagens und glaubten in ihnen tiefe Geheimnisse zu entdecken; Maimonides führte sie auf die astronomischen Vorstellungen seiner Zeit zurück; die Kabbala umgab sie mit unzählbaren Engelscharen. Aufser mit den Engeln, die sie den Sternen, den Elementen, den Tugenden, Lastern und Leidenschaften zuteilte, bevölkerte die Kabbala die Welt mit Genien beider Geschlechter – Wesen, die Mittelgeschöpfe zwischen Engeln und Menschen sind und etwa den Naturgeistern der Rosenkreuzer entsprechen. Die guten Engel stehen unter dem Oberbefehl Metatrons, der auch Sarhapanim („Gottes Angesicht“) heifst, während die bösen von Samual (Samiel, Satan, Engel des Todes) beherrscht werden. Aufser der indischen Seelenwanderung kennen die Kabbalisten noch eine andere, die sie „Impregnation“ nennen und die in einer Vereinigung mehrerer Seelen in einem Körper besteht; dieselbe findet statt, wenn eine Seele zur Erlangung der Verklärung des Beistandes anderer Seelen bedarf.

In der Kabbala heifst das Urwesen „der Alte der Tage“ (der alte Ring des Lichtes); es ist unfafsbar, unendlich, ewig, ein geschlossenes Auge. Vor seiner Selbstoffenbarung war alles nachher Geschaffene in ihm; damals war es „das Nichts“, „die Nullwelt“. Vor der Erschaffung der Welt erfüllte das Urlicht Gottes alles, sodafs es keine Leere gab. Als nun das höchste Wesen beschlofs, seine Vollkommenheiten zu offenbaren, zog es sich in sich selbst zurück und vollbrachte die erste Emanation, indem es einen Lichtstrahl ausschickte, der alles Vorhandenen Ursache und Anfang war und die gesamten Schöpfungs- und Vorstellungskräfte in sich vereinigte. Zunächst liefs Gott einen nicht wahrnehmbaren Punkt entstehen: die Punktwelt, und mit Hilfe dieses Gedankens schuf er eine heilige, geheimnisvolle Form: das Weltall, das er in ein reiches Gewand hüllte. Aus den Schöpfungs- und Vorstellungskräften ging der Erstgeborene Gottes hervor: die Universalform, der Schöpfer und Erhalter, das belebende Weltprinzip, Adam Kadmon, „Makrokosmos“ zubenannt. Aus diesem entstand der „Mikrokosmos“, d. h. der Mensch, der alles in sich begreift, was der himmlische Ur-Mann potentiell umfafst. Doch ehe „Ehn-sof“ (der Endlose) sich in der Form des Ur-Mannes offenbarte, waren andere Emanationen, andere Welten einander gefolgt, die sogenannten „Funken“, die desto schwächer wurden, je entfernter sie vom Mittelpunkt der

Emanation waren. Um Adam Kadmon herum entstanden die zahllosen Kreise der nachmaligen Emanationen, welche keine Wesen mit eigenem Leben sind, sondern Attribute Gottes, Gefäſse der Allmacht, Typen der Schöpfung. Die zehn Emanationen, die von Adam Kadmon ausgingen, heiſsen „sefirot“; es sind die „Kräfte“ Philos und die „Aeonen“ der Gnostiker.

Wie die Apokalypse unter den Christen, hat die Kabbala unter den Juden jederzeit einzelne eifrige Anhänger gehabt. Ein solcher war der berühmte, 1609 verstorbene Hohe Rabbi Löb von Prag. Er galt für so heilig, daſs kein weibgebornes Wesen würdig erachtet wurde, ihn zu bedienen; er lieſs sich von einem Homunkulus bedienen, den er mit Hilfe seiner Zauberkünste selber aus Lehm erzeugte. Mit allen Geheimnissen der Kabbala aufs innigste vertraut, besaſs er vermeintlich überirdische Kräfte; aber er war klug genug, seine Kenntnisse für sich zu behalten und nicht einmal Schüler anzunehmen. Um die Mitte des achtzehnten Jahrhunderts scharte Jakob Franck, ursprünglich ein Schnapsbrenner in Polen, in Podolien zahlreiche jüdische Anhänger um sich, die sich dem rabbinischen Dogmatismus abwandten und zu den mystischen Lehren der Kabbala bekannten. Da sie sich hauptsächlich an das weiter oben erwähnte Buch Zohar hielten, nannte man sie die Zohariten, d. h. die Erleuchteten. Anfänglich wurden sie von der römisch-katholischen Geistlichkeit, die in ihren Lehren eine Annäherung ans Christentum erblickte, beschützt; allein nach dem Tode des Bischofs von Podolien erlitten sie seitens der Rabbinen so arge Verfolgungen, daſs ihr Bund der Auflösung verfiel. Franck selbst wurde eingekerkert und erst 1773 von den Russen in Freiheit gesetzt. Nunmehr lieſs er sich in Wien nieder, von wo man ihn jedoch bald auswies. Er begab sich dann nach Offenbach, wo er viele Anhänger gewann, von den Juden reiche Gaben erhielt und auf groſsem Fuſse lebte. Nach seinem 1791 erfolgten Tode löste sich der Orden auf; doch findet man noch heute in Polen einzelne Zohariten, die jetzt aber „christliche Juden“ genannt werden, gewisse jüdische Riten üben und mystischen Lehren anhängen, die sie geheimhalten.

Im Jahre 1740 gründete der podolische Jude Israel eine andere kabbalistische Sekte, die „neuen Heiligen“, die durch die Benutzung des kabbalistischen Namens Jehovas Wunder vollbringen zu können glaubten. Israels Anhang war so groſs, daſs er bei seinem Tode nicht weniger als vierzigtausend Bundesmitglieder hinterlieſs.

Friedrich Bahrdt in seiner „Einleitung“ zu Cornelius Agrippas „Kabbala“ und C. Friedrich Nicolai in seinen „Reisen durch Deutschland und die Schweiz“ (1781) erwähnen die lateinisch geschriebene Kabbala des Kapuzinerpaters Tertius von Regensburg; er benutzte sie zu Wahrsagungszwecken. Eine ähnliche Kabbala wurde um 1790 in dem wahrscheinlich von Professor Kanne herausgegebenen „Delphischen Orakel“ veröffentlicht.

Mit vollem Recht bezeichnete der Jesuit Pererius (1535–1610) in seinem Buche „De Magica“ die Kabbala als ein „unwissenschaftliches, unsinniges, lächerliches System“. Dennoch konnte noch im letzten Viertel des neunzehnten Jahrhunderts ein gewisser Alphonse Louis Constant, der unter dem Pseudonym Eliphas Levi Zahed eine Anzahl von Büchern schrieb, die von den jetzigen „Okkultisten“ sehr geschätzt werden, mit seiner feierlichen kabbalistischen Heraufbeschwörung des Apollonius von Tyana das Interesse hervorragender Persönlichkeiten in so hohem Grade erwecken, dafs Lord Lytton ihn zu sich nach Knebworth einlud. Manche Formen des Aberglaubens sterben eben sehr schwer aus!

Die Söhne der Witwe.

Ursprung der Religion der Liebe. — Manes. — Der Manichäismus. — Manes' Laufbahn. — Verbreitung des Bundes. — Lehren. — Ausläufer.

Dreihundert Jahre nach dem Auftreten Christi, zu einer Zeit, da der Orientalismus bereits im Begriffe war, aus dem Abendland zu verschwinden, ersann ein persischer Sklave mit mächtiger Einbildungskraft eine zwar trostlose, aber höchst originelle und abwechslungsreiche Religionslehre, die den Einflufs Asiens auf Europa erneute und mit Hilfe der Kreuzzüge die katholische Welt mit Zwiespalt und Auflehnung erfüllte. Dieser rebellische Jünger Zoroasters und Erneuerer der alten Magierreligion in einer eigenartigen Vermischung mit christlichen Formen und gnostischen Sinnbildern entwickelte eine Thätigkeit von solcher Ausdehnung, dafs sie von der modernen Kritik im Kern der Philosophie eines grofsen Teils der im Schofs des Katholizismus entstandenen Sekten erkannt wird. An der Spitze dieser gewaltigen Verstandes- und Gewissensbewegung, die sich, um das römische Joch abzuschütteln, zu den sonderbarsten Kundgebungen des Aberglaubens hergab, standen der Gnostizismus und der Manichäismus — orientalische Sekten, die letzten ruhmreichen Ausläufer einer Theogonie, die angesichts des Abfalls eines so grofsen Teiles der Erdenbewohner den Versuch machte, die Andersgläubigen mit Hilfe von Geheimnissen und dichterischen Hirngespinsten zu gewinnen.

Durch eine reiche persische Witwe von der Knechtschaft losgekauft, erhielt Manes den Beinamen „Sohn der Witwe", während seine Anhänger „Söhne der Witwe" hiefsen. Manes, der ein einnehmendes Äufsere besafs, war in der alexandrinischen Philosophie bewandert, in die Mysterien des Mithrasdienstes eingeweiht, hatte Indien bereist, China berührt und die Lehren der Evangelisten kennen gelernt. Jedes der Religionssysteme, mit denen er vertraut war, gewährte ihm einige Aufklärung und Erleuchtung, aber keines befriedigte ihn gänzlich. Seine Eigenschaften befähigten ihn, die günstige Zeit, in der er lebte, für schwierige Unternehmungen und phantastische Pläne auszunutzen. Mit grofsem Scharfsinn und unbeugsamem Willen begabt, erfafste er die Ausdehnungsfähigkeit des Christentums und machte sie sich zu nutze, indem er gnostische und kabbalistische Ideen in den Mantel christlicher Namen und Riten hüllte. Er bezeichnete sich als den von Christus seinen Jüngern angekündigten „Tröster" (Paraklet), schrieb sich eine grofse Überlegenheit über die Apostel zu, verwarf das Alte Testament und mafs den Weisen der Heiden eine viel höhere Weltweisheit bei als dem Judentum. (270 n. Chr.)

Die Hauptlehren des Manichäismus beziehen sich auf düstere Vorstellungen von einem absolutesten Dualismus, von der Ewigkeit und vollständigen Bösartigkeit der Materie, von der Nicht-Auferstehung des Leibes und von der Endlosigkeit des bösen Prinzips. Im übrigen verquickt der Manichäismus Mithras mit Christus, das Evangelium mit der Zend-Avesta, das Magiertum mit dem Judentum. Manes verwirft Zoroasters unbekannten Vater (das Endlose Wesen) gänzlich und teilt das Weltall in zwei Gebiete, die mit einander unversöhnlich sind und von denen eins dem andern überlegen ist: das des Lichts und das der Finsternis. Das letztere überwindet das erstere, ohne es jedoch zu unterdrücken oder zu überzeugen. Der Gott des Lichts gebietet über zahllose Legionen von Kämpfern (Aeonen), welche von zwölf „höheren" Engeln befehligt werden, die den zwölf Zeichen des Tierkreises entsprechen. Die satanische Materie ist von ähnlichen Heerscharen umgeben, welche, vom Zauber des Lichts verlockt, dieses zu überwinden trachten – eine Gefahr, die das Oberhaupt des Himmelreichs veranlafst, einer neuen Macht Leben einzuflöfsen und die Bewachung der Himmelsgrenzen anzuvertrauen. Diese neue Macht heifst „Mutter des Lebens" und ist die Weltseele, der göttliche Urgedanke des höchsten Wesens, die himmlische Sophia der Gnostiker. Als unmittelbarer Ausflufs des Ewigen ist sie zu rein, um sich mit Stofflichem zu vermengen; aber ihr wird ein Sohn geboren, der erste Mensch, und dieser unternimmt den grofsen Kampf gegen die bösen Geister; als er zu unterliegen droht, kommt ihm der „Lebendige Geist“ zu Hilfe, führt ihn ins Reich des Lichtes zurück und erhebt über die Welt hinaus den nicht durch Berührung mit den Dämonen befleckten Teil der himmlischen Seele – eine vollkommen reine Seele, identisch mit dem Erlöser, mit Christus, der das Licht und die Seele des ersten Menschen an sich zieht und von der Materie befreit. Hinter diesen abstrusen Lehren verbirgt sich die mithraitische Sonnenanbetung.

Die Manichäer zerfielen in „Auserwählte“ und „Zuhörer“. Erstere mufsten auf alle materiellen Genüsse verzichten, die geeignet sind, das himmlische Licht im Menschen zu verdunkeln, während die „Zuhörer“ sich minder streng halten durften. Beide Gruppen konnten mittels Reinigung in einem grofsen See, der im Monde lag (d. h. Taufe mit himmlischem Wasser) und mittels Heiligung durch das Sonnenfeuer (d. h. Taufe mit himmlischem Feuer) die Unsterblichkeit erlangen. Das Sonnenfeuer wurde für den Wohnsitz des Erlösers und der seligen Geister gehalten.

Manes hatte eine sehr bewegte Laufbahn – gleichsam ein Spiegel der Stürme, die sich gegen die von ihm gegründete Sekte erheben sollten. Er errang nach seinem Loskauf die wandelbare Gunst des Hofes und den Ruhm eines bedeutenden Arztes. Als es ihm einmal nicht gelang, einem erkrankten Sohn des Herrschers das Leben zu retten, wurde er verbannt, worauf er Turkestan, Hindostan u. s. w. durchstreifte. Ein Jahr lang lebte er als Einsiedler in einer Höhle und nährte sich von Kräutern. Seine Anhänger, die ohne jedes Lebenszeichen von ihm blieben, erklärten, dafs er zum Himmel aufgestiegen sei und fanden damit auch beim Volke Glauben. Schliefslich rief ihn der neue Herrscher an den Hof zurück, errichtete ihm einen prachtvollen Palast, überschüttete ihn mit Ehren und zog ihn in allen Staatsgeschäften zu Rate. Allein der nächstfolgende Fürst, Barahm, verurteilte ihn auf Anstiften der Magier zum Tode und liefs ihn lebendig martern.

Das Ableben des Urhebers der Sekte that ihrem Bestand keinen Abbruch. Vielmehr wurde sie samt ihren Graden, Erkennungszeichen, Losungsworten und Einweihungsriten von schlauen Lenkern weitergeführt, die dadurch, dafs sie rechtgläubige Redensarten im Munde führten und die Wiederherstellung der ursprünglichen Reinheit des Christentums als ihr Ziel ausgaben, immer mehr Christen anlockten. Aber die Sekte war, weil von dem rivalisierenden Persien ausgegangen, der römischen Kirche ein Dorn im Auge. Darum war sie zweihundert Jahre lang im oströmischen Reich verpönt und der theodosische Kodex enthält viele Gesetze gegen sie. Dafür breitete sie sich am Ende des vierten Jahrhunderts in Afrika und Spanien aus. Unter der Herrschaft der Mutter des Kaisers Anastasius (491 – 518) blühte sie ungestört, doch erneute Justinian die Verfolgungen und im neunten Jahrhundert liefs die teuflische Theodora, die Gemahlin des Kaisers Theophil, über hunderttausend Manichäer niedermetzeln. Unter anderen Namen (Patarini, Katharen, Albigenser etc.) und mit anderer Bildersprache breitete sich der Manichäismus nunmehr in Bulgarien, Frankreich, der Lombardei u. s. w. aus; im Verein mit den Sarazenen bekriegten die Manichäer ganz offen den oströmischen Kaiser, wobei ihrer Tausende auf dem Schlachtfeld oder auf dem Scheiterhaufen ums Leben kamen.

Aus dem weltlichen Stamm der „Religion der Liebe“ gingen die sogenannten Ketzereien der Hussiten und Wycliffiten hervor, die dem Protestantismus den Weg bahnten. Überhaupt erstanden im finstern Mittelalter zahllose Legionen von Sektierern, die durch ein gemeinsames Band verbunden waren und von deren verborgenem Dasein wir eigentlich nur durch die Thatsache ihrer Verfolgung oder Ausrottung Kenntnis erlangt haben. Einen nicht geringen Teil ihres Rituals erbten zweifellos die Freimaurer durch die Templer. Es gab ihrer viele an allen Höfen und sogar zu Sankt Peter in Rom.

Die heilige Sprache der Manichäer war glutvoll und beruhte auf jenem Einklang von Stimmen und Gedanken, den die Pythagoräer „Sphärenharmonie“ nannten. Diese stellte zwischen den mystischen Graden und den vermeintlichen Sphären mittels verabredeter Ausdrücke und bildlicher Redensarten eine Verbindung her; auch von den Albigensern und den Patarini weifs man, dafs sie einander durch Zeichen erkannten. Ein provençalischer Patarino, der i. J. 1240 nach Italien geflohen war, fand dadurch, dafs er sich den „Brüdern“ mit Hilfe von Losungsworten zu erkennen gab, überall freundliche Aufnahme; er fand die Sekte allerorten trefflich organisiert – mit Kirchen, Bischöfen und Aposteln, die in Frankreich, Deutschland und England eine sehr thätige Propaganda entfalteten. Die Sprechweise der Manichäer war zwar asketisch und liebevoll, also christlich; allein die Bekehrten entfremdeten sich in ihrem Eifer immer mehr der päpstlichen Kirche.

Die manichäischen Mysterien hatten zwei Hauptziele: zuerst die früheren Neigungen und Anschauungen des Neulings unmerklich umzugestalten, also ihn gleichsam ohne sein Wissen zu lenken, und dann ihn allmählich in die verabredete Sprache einzuweihen, was wegen ihrer Verwickeltheit und Mannigfaltigkeit sehr mühsam und zeitraubend war. Übrigens wurden nicht alle Anhänger zu den höchsten Graden zugelassen. Wer rückfällig wurde oder seinem früheren Ideenkreise nicht entsagen konnte, blieb dauernd in der Kirche und gelangte nie ins Allerheiligste; sie blieben eben Christen und aufrichtige „Zuhörer", die in ihrem Neuerungseifer nicht selten den Tod erlitten, wie z. B. die Domherren von Orléans, die König Robert i. J. 1022 zum Scheiterhaufen verurteilte. Wer jedoch nicht zurückfiel, wurde in alles eingeweiht, was den eigentlichsten Mitgliedern der Sekte zu wissen frommte. Der Hauptzweck der letzteren richtete sich auf die Zerstörung Roms und die Errichtung des in der Apokalypse erwähnten himmlischen Jerusalem.

Die „Religion der Liebe" endete weder mit dem Niedermetzeln der Albigenser, noch mit den Gesängen der Troubadours. Vielmehr begegnen wir ihren Spuren noch 1550 in einer deutschen Sekte, welche vorgab, vom heiligen Geist eine übernatürliche Erleuchtung zu empfangen, und fünf Jahre später entstand in Holland eine christliche Sekte, die sich „Familie der Liebe" nannte und ihren Ursprung von einem gewissen Heinrich Nikolaus aus Westfalen herleitete. Dieser Mann lehrte, das Wesentliche der Religion bestehe im Empfinden der göttlichen Liebe, die Vereinigung der Seele mit Christus verwandle dieselbe in die Wesenheit der Gottheit und die Bibel sei allegorisch auszulegen. Obgleich diese „Ketzereien" nicht sehr bedenklich waren, wurde die Sekte bei ihrem Auftauchen in England (um 1580) verboten und ihre Schriften wurden öffentlich verbrannt.

Die Gnostiker.

Beschaffenheit des Gnostizismus. — Gnostische Lehren. — Geschichte und Entwicklung. — Geist des Gnostizismus. — Erkennungszeichen.

Den Grundideen des Platonismus begegnen wir auch in den Lehrmeinungen der Gnostiker (= „die Wissenden"), die im zweiten und dritten Jahrhundert unserer Zeitrechnung die Schulen fortsetzten, welche zwischen dem Volksaberglauben und der geheimen Philosophie Schranken zogen. Von diesem Gesichtspunkt ist der Gnostizismus die verbreitetste aller Ketzereien und der Vater vieler späterer Ketzereien, sogar des Arianismus; auch in den Anschauungen der Alchymisten, der Mystiker und der modernen transcendentalen Philosophen kehrt er wieder.

Die Gnostiker glaubten an ein unendliches, unsichtbares Wesen, einen Abgrund der Finsternis, der in seiner Unfähigkeit, unthätig zu bleiben, sich in Emanationen ausbreitete, welche desto unvollkommener waren, je entfernter sie sich vom Mittelpunkt ihres Urhebers befanden. Die Dreieinigkeit der Gnostiker besteht aus der Materie, dem Demiurg und dem Erlöser. Die höheren Emanationen, die „Äonen“, haben teil an den Attributen der göttlichen Wesenheit und sind mit Hilfe symbolischer Zahlen in Klassen geteilt. In ihrer Gesamtheit bilden sie das „Lichtmeer“ (pleroma), d. h. die vollkommene Erkenntnis. Eine der zwei grofsen Hauptgruppen, in welche die Gnostiker zerfallen, hielt den Demiurg für die letzte und unvollkommenste Emanation, für ein Gemisch von Licht und Finsternis, von Stärke und Schwäche, und glaubten, dafs er ohne die Mitwirkung des unbekannten Vaters diese Welt erschaffen habe, um in ihr die Seelen gefangen zu halten, denn er sei das dem Ur-Guten entgegengesetzte Ur-Böse. Er behafte die Seele mit dem Stofflichen, von welchem sie durch Christus erlöst worden, einer der erhabensten Mächte des Lichtmeeres, identisch mit dem göttlichen Gedanken und Geist. Die Menschheit habe die Bestimmung, sich vom stofflichen wieder zum ätherischen Leben emporzuschwingen, sich von der Natur loszumachen und diese zu beherrschen, um abermals ein Leben voll unsterblicher Schönheit zu führen.

Nach der Ansicht der andern Gnostiker-Hauptgruppe ist der Demiurg der Vertreter und das Werkzeug des höchsten Gottes, den der göttliche Wille als „Jehovah“ speziell über die Juden gesetzt hatte. Die Menschheit zerfalle in drei Klassen: die eigentlichen Erdenbewohner, die an die Materie gekettet sind; die ätherischen Pneumatiker, die sich zum göttlichen Licht aufschwingen; die Psychiker, die blofs bis zum Demiurg emporsteigen können. Die von Jehovah abhängigen Juden seien Psychiker, die Heiden Erdmenschen, die „wahren“ Christen (d. h. die Gnostiker) Pneumatiker.

Simon Magus, sein Nachfolger Menander, der Millenniums-Apostel Cerinthes und einige andere Männer des ersten Jahrhunderts gelten als die Stifter des Gnostizismus, der sich bald in so viele Sekten zersplitterte wie er Apostel hatte. Das war die nebelhafte Zeit des Gnostizismus. Bestimmtere Gestalt nahm er an durch die im Anfang des zweiten Jahrhunderts entstandene Sekte des Basilides von Alexandrien, die mehrere Mittelpunkte in Ägypten, Syrien, Rom, Spanien u. s. w. hatte. Basilides, der den Gnostizismus mit indischen und ägyptischen Phantastereien verquickte, nahm 365 Aeonen oder Schöpfungscyklen an, die er unter dem Gesamtnamen Abraxas zusammenfafste –

ein Wort, dessen Buchstaben im Griechischen einen Zahlenwert von 365 ergeben. „Abraxas" bedeutete in seinem tieferen Sinn den höchsten Gott; auch die Worte „Mithras" und „Belenus" bedeuten gleichzeitig 365 und den höchsten Gott, d. h. die Sonne.

Die Grundlehren des berühmten Gnostikers Valentinus gingen dahin, dafs alle Menschen in ihren Urzustand der Vollkommenheit werden zurückversetzt werden, dafs – was übrigens auch Zoroaster lehrte – die Materie, der Sitz alles Übels, durch Feuer vernichtet werden wird und dafs die wieder vollkommen gewordenen Geister zum Lichtmeer aufsteigen werden, um daselbst die ganze Seligkeit einer vollständigen Vereinigung mit ihren Genossen zu geniefsen. Auf den Valentinianern fufsten die Ophiten – ein Name, der von der Schlange herrührte, die durch die Versuchung Evas der Welt die Segnungen der Erkenntnis schenkte – und die Kainiten, welche behaupteten, Kain sei – im Gegensatz zu dem blindgläubigen Abel – der erste Gnostiker gewesen und aus diesem Grunde vom Demiurg Jehovah verfolgt worden – ein Gedanke, auf welchem die Tempellegende der Freimaurer beruht.

Von den übrigen gnostischen Sekten sind erwähnenswert: die Antitakten (Gegner des Gesetzes), welche Hafs gegen alle positiven Religionen und Staatsgesetze predigten (also Vorläufer der modernen Edel-Anarchisten); die Adamiten, welche die Ehe für ein Ergebnis der Sünde hielten, die Abschaffung jeder Bekleidung befürworteten, ihre schlüpfrigen Einweihungsriten „Paradies" nannten und alle fleischlichen Genüsse als erlaubt erklärten; die Pepuzianer, welche ihre Mysterien mit Hilfe von Geistererscheinungen abwechslungsreicher gestalteten, unter denen sich ein Weib befand, das mit der Sonne und mit zwölf Sternen gekrönt war und den Mond unter den Füfsen hatte – die Isis der Ägypter und die Ceres der Griechen. Die Pepuzianer entnahmen ihre ganze Einweihungsredeweise der Apokalypse. In dem berühmten Werk des Jesuiten Laurent Chifflet, der im 17. Jahrhundert lebte, ist ein gnostischer Stein mit sieben gleichgrofsen kleinen Sternen und darüber einem gröfseren Stern abgebildet; wahrscheinlich sollen das die sieben Planeten mit der Sonne sein. Auf dem Stein sieht man auch zwei Kompasse, ein Winkelmafs und andere geometrische Sinnbilder. So sind denn alle religiösen Mysterien mehr oder minder auf Astronomie und Naturerscheinungen zurückzuführen.

Die heterogensten Grundzüge der Vielgötterei, des Pantheismus, des Monotheismus, die philosophischen Systeme Platos, Pythagoras und Heraklits, der Mystizismus und Dämonenglaube der Kabbala – aus alledem wurde der Gnostizismus zusammengewürfelt. Und wenn die beispiellos mächtige und zahlreiche

Geistesaristokratie der ersten Jahrhunderte unserer Zeitrechnung diesen neuen Glauben annahm, so konnte sie sich nicht entschliefsen, denselben vollständig mit den „Niedrigen und Geistesarmen“, den befreiten und unbefreiten Sklaven zu teilen. Neben der Anziehungskraft seiner Lehren verdankte der Gnostizismus zweifellos gerade seiner Ausschliefslichkeit – wegen welcher er von den Kirchenvätern aufs heftigste als verdammenswerte Ketzerei verfolgt wurde – seine schnelle Ausbreitung nicht nur, sondern auch seinen dauernden Einflufs auf die modernen Religionssysteme.

Es heifst – bestimmt weifs man es nicht – dafs die Gnostiker einander daran erkannten, dafs sie beim Händeschütteln die Handfläche schwach kitzelten.

Die Essener.

Verbindung zwischen Judentum und Gnostizismus. – Essener und Therapeuten. – Lehren und Sitten. – Sekten-Unterschiede.

Die Zerstreuung der Juden im Herzen Asiens gab Anlafs zu Versuchen, zwischen den Lehren des chinesischen Philosophen Lao-tse und denen der Hebräer Ähnlichkeiten zu entdecken. Es ist in der That unleugbar, dafs die Juden, während sie einerseits ihre Glaubensartikel mit denen Zoroasters verquickten, anderseits gnostische und kabbalistische Ideen auf der Erde verbreiteten. Und Lao-tse ist von manchen Forschern als ein Vorläufer des Gnostizismus betrachtet worden. Eine Stelle in den Schriften dieses berühmten Religionsstifters lautet: „Vor dem Chaos, das dem Entstehen des Weltalls vorherging, gab es ein einziges Wesen – unbegrenzt, schweigsam, unveränderlich und doch immer thätig – das man die „Mutter des Universums“ nennen könnte. Ich kenne dessen wirklichen Namen nicht, möchte es aber als „höchsten Geist“ (Intelligenz) bezeichnen. Der Mensch hat sein Vorbild in der Erde, die Erde im Himmel, der Himmel im höchsten Geist und dieser in sich selbst.“

Nach ihrer Rückkehr nach Palästina zersplitterten sich die Juden in mehrere Sekten: Pharisäer (ein wahrscheinlich von „Parsi“ abgeleitetes Wort) und Sadduzäer, Chasidim und Zadikim etc. Hinsichtlich des mosaischen Gesetzes waren die Pharisäer Chasidim („Frömmler“), die Samaritaner, Essener und Sadduzäer aber Zadikim („Gerechte“). Die ersteren zerfielen später in Talmudisten, Rabbinisten und Kabbalisten. Allein diejenigen Judensekten, bei denen das orientalische Element sich am ausgeprägtesten zeigte, waren die Essener und die Therapeuten, die oft mit einander verwechselt worden sind. Man hat vielfach geglaubt, dafs der Therapeutismus nichts andres gewesen sei als der höchste Grad des Essenismus; die beiden waren jedoch in Wirklichkeit zwei grundverschiedene Sekten, die lediglich die Moralvorschriften gemein hatten. Ihre Übungen waren keineswegs ausschliefslich orientalisch, vielmehr durch die alexandrinische Schule auch mit abendländischen Überlieferungen, insbesondere den Lehren des Pythagoras verknüpft. Die Essener näherten sich mehr der zoroastrischen Lehre, dafs die Seele nach Möglichkeit von stofflichen Einflüssen befreit werden müsse; darum übten sie sich im Fasten und im Selbstkasteien. Die Therapeuten, die vorwiegend in Ägypten lebten, strebten nach der Vereinbarkeit der orientalischen Lehren mit den alten Überlieferungen Griechenlands; deshalb wimmelt die Schilderung, welche der ihnen sehr gewogene Philo von ihrer Gesellschaft entwarf, von morgenländischen und pythagoräischen Ideen. Übrigens ist es zweifelhaft, ob das Philo zugeschriebene Werk wirklich von Philo herrührt; viele halten es für eine Lobpreisung des asketischen Mönchtums durch einen christlichen Klosterbruder.

Einige Schriftsteller haben versucht, die Essener von der ephesischen Priesterschaft abzuleiten; sie fanden Spuren von Ähnlichkeit zwischen den thrakischen Orphikern, den kretischen Kureten und den ephesischen Priestern und vermuteten den Bestand einer gemeinsamen alten Lehre, für deren kräftigsten Ableger sie Griechenland hielten. Es dürfte aber ganz sicher sein, dafs gerade der essenische Ritus von griechischen Beimischungen ziemlich frei war, während der therapeutische zahlreiche griechische Elemente hatte. Viel wahrscheinlicher kamen die Essener von den Chasidäern her (vergl. Makkabäer, 1. Buch, 2. Kap., 42. Vers), die infolge des Verrates des Alcimus ihre Verbindung mit dem Tempel lösten. Die Chasidäer (wörtlich „Altgläubige“) waren nicht, wie vermutet worden ist, Krieger; sie suchten – im Gegenteil – vor allem den Frieden (Makkabäer I., VII., 13), denn sie bildeten kein militärisches, sondern ein religiöses Gemeinwesen.

Die Essener zeichneten sich durch einen sittlichen und tugendhaften Lebenswandel aus. Sie mieden die Städte, wohnten in Dörfern, trieben Ackerbau, übten Gütergemeinschaft und hielten keine Sklaven. Ohne geradezu die Ehelosigkeit zu geloben, unterliefsen doch die meisten die Verheiratung – aus Furcht vor der Flatterhaftigkeit und Untreue des weiblichen Geschlechts. Sie verlegten sich aufs Studium der Naturwissenschaften, namentlich der Heilkunde. Wer Essener werden wollte, mufste allmählich eine Reihe von Erprobungen bestehen, die sich auf mehrere Jahre verteilten. Eine Geheimgesellschaft mufsten sie sein, weil sie Gegner der jüdischen Priesterschaft zu einer Zeit waren, da diese Gegnerschaft wegen der Allmacht der Priester für äufserst gefährlich galt. Da nun die essenischen Lehren notwendigerweise den hebräischen zuwiderliefen, mufsten die Essener trachten, der Verfolgung durch das Pfaffentum zu entgehen. Daher legten sie sich einen unverdächtigen Namen bei („Essener“ rührt von „Essen“ her, dem Brustschild des jüdischen Hohepriesters) und gebrauchten jede mögliche Vorsicht bei der Aufnahme neuer Mitglieder. Ihr Geheimbund hatte vier Grade; aber das Einweihungsverfahren war so eingerichtet, dafs die in den dritten Grad Eingeweihten nur dann den vierten erlangen konnten, wenn sie sich als vollkommen vertrauenswürdig erwiesen; andernfalls hatten sie keine Ahnung von der wirklichen Natur des höchsten Grades und hielten dessen Inhaber nur für die im Rang Höchsten, nicht aber für Träger einer geheimsten Lehre. Ebenso halten es die Freimaurer noch heute; die Brüder der ersten drei Grade wissen nichts von dem „grofsen“ Geheimnis.

Die Mitglieder der vier essenischen Grade hiefsen: 1. die Treuen, 2. die Erleuchteten, 3. die Eingeweihten, 4. die Vollkommenen. Die „Treuen“ erhielten bei ihrer Aufnahme einen neuen Namen, der nebst einem geheimen Zeichen auf einen weifsen Stein graviert war, den der Neuling als Beweis seiner Bundesgenossenschaft aufbewahrte. (Wahrscheinlich ist dies der in der Offenbarung Johannis, II, 17, erwähnte Stein; dieses Buch war — wohlgemerkt! — nicht christlichen Ursprungs.) Das gebräuchlichste Zeichen war das Kreuz, doch benutzte man auch andere Zeichen.

Die Therapeuten neigten mehr zur Betrachtung als zur Arbeit. Sie waren gegen das weibliche Geschlecht minder eingenommen als die Essener und gestatteten den Frauen auch, an den an einigen Feiertagen aufgeführten Tänzen teilzunehmen. Dagegen verbannten sie den Wein von ihren sämtlichen Mahlzeiten — Bacchus und Venus zusammen scheinen sie sich nicht zugetraut zu haben! Sie glaubten, den Schlüssel zur richtigen Auslegung der Bücher Mosis und die wahre Kenntnis der Kabbala allein zu besitzen. Nach ihrer Überlieferung war Christus der Sohn von Mitgliedern dieser Sekte, die das Kind zu der Rolle erzogen, welche es nachmals spielen sollte.

Die Essener und die Therapeuten wohnten vornehmlich in Ägypten und in der Gegend des Toten Meeres. Sie erhielten sich bis ins vierte Jahrhundert unserer Zeitrechnung hinein.

DRITTES BUCH.

CHRISTLICHE MYSTERIEN.

Die Mysterien.

Verchristlichung der Horusmythe. — Christliche Mysterien. — Ähnlichkeit der christlichen Riten mit heidnischen. — Entnahme christlicher Symbole aus heidnischen. — Feier der Mysterien. — Astronomische Bedeutung des Christentums. — Der gefesselte Prometheus. — Beseitigung der Mysterien.

Kaum war die ägyptische Horussage infolge einer Verkettung von Umständen in Alexandrien zur Christussage umgearbeitet, wurde diese mit Mysterien und entsprechenden Einweihungsriten ausgestattet. Spuren davon finden sich bei allen Evangelisten, namentlich bei Paulus. Manche glauben, Lukas XIV enthalte die Erprobungen der christlichen Einweihung; andere sind der Ansicht, Matthäus XVII bilde eine vollständige Erklärung der Mysterien. Wenn diese Ausleger Recht haben sollen, so mufs man sagen, dafs die Sprache der betreffenden Kapitel ebenso rätselhaft ist wie die der Alchemisten. Aber die Geschichte von der Verklärung auf dem Ölberg ist eine unvollkommene Schilderung der Abhaltung einer quasi-maurerischen Logenversammlung des höchsten Grades.

Je gröfser — hauptsächlich infolge der ehrgeizigen Bestrebungen des Cerinthus — die Verbreitung des Geheimbundes wurde, desto mehr solcher Einweihungen gab es und so entstand in der Kirche allmählich die geheime Disziplin. Cerinthus — ironisch auch „Merinthus“ (= „Seil“) genannt — war in Wirklichkeit ein Gnostiker und der heilige Johannes verabscheute ihn so sehr, dafs er zu Ephesus nicht mit ihm zusammen baden wollte, weil er fürchtete, das Dach könnte über dem Ketzer einstürzen. Die Urkirche glaubte, das Evangelium Johannis sei gegen Cerinthus gerichtet gewesen, wofür dieser sich dadurch rächte, dafs er Johannes die Apokalypse zuschrieb.

In den Schriften der Kirchenväter finden sich geheime Bezeichnungen und Unterscheidungen häufiger erwähnt. Der heilige Augustin führt für die Anwendung der geheimen Disziplin seitens der neuen Gläubigen drei Gründe an: Erstens sollten die Mysterien und deren einfache Riten von den nicht gänzlich Eingeweihten und den Ungläubigen nicht verspottet werden; zweitens wollte man diesen Riten gröſsere Verehrung sichern; drittens erschien es zweckmäſsig, die „heilige Neugier“ der Katechumenen (Neulinge) soweit zu erregen, daſs sie Neigung verspüren, in die Geheimnisse vollends einzudringen.

Im Morgen- und im Abendland wurden wenigstens zwanzig verschiedene menschgewordene Götter angebetet, denen durchweg eine ganz ähnliche Geschichte angedichtet wurde wie dem Erlöser der Christenheit, und zwar sollen all diese Gottheiten oder Religionsstifter lange vor Christus auf die Erde gekommen sein. Die dem letzteren zugeschriebenen Wunder finden sich in Tempeln bildlich dargestellt, die zur Zeit der Geburt Christi bereits uralt waren. Wir haben im ersten Buch gesehen, daſs in sämtlichen alten Mysterien der Tod des Sonnengottes (d. h. der Sonne im Winter) die Hauptrolle spielte. Nach einigen Quellen wurde die Darstellung dieses Todes in den christlichen Mysterien durch das Töten eines Kindes nachgeahmt, was in den niedrigeren Graden selbstverständlich den Tod Christi bedeutete. Die uralte Gewohnheit, den Anhängern einer neuen Religion die grausamsten Bräuche zuzuschreiben, hatten auch die Römer; sie behaupteten, daſs jeder Bewerber um die Aufnahme in den Schoſs des Christentums ein ihm vorgelegtes, in Mehl gehülltes männliches Kind mit Wunden bedecken muſste, bis es tot war, worauf die Versammelten das Blut gierig aufsaugten, den Leichnam in Stücke rissen und verzehrten; dadurch seien sie zu gegenseitiger Verschwiegenheit verpflichtet gewesen. Die Eingeweihten zerfielen in drei Gruppen: Hörer, Katechumenen, Getreue. Die „Hörer“ bildeten ein Noviziat, sie wurden auf den Unterricht in den christlichen Dogmen vorbereitet. Einen Teil dieser Dogmen verheimlichte man übrigens auch noch den Katechumenen; die letzteren wurden erst nach den vorgeschriebenen Reinigungen getauft, galten dann für „Diener des Glaubens“, hatten Zutritt zu den Tempeln und erkannten einander am Kreuzeszeichen. Bei allen Einweihungen vollzog man feierliche Tänze; der Ausdruck „vom Ball kommen“, den der Rhetoriker Aelius Aristides ca. 150 Jahre n. Chr. G. gebraucht, bedeutet so viel wie „die Geheimnisse verraten.“

Die meisten Hieroglyphen und Sinnbilder des Heidentums behielt das Christentum bei. Die Rebe und ihre Verwandlung in Wein spielten in den Bacchusriten eine groſse Rolle; die ersten Christen benutzten sie als Symbole für die Arbeit im Weinberg des Glaubens. Die Kornähre der Ceres vertrat das Brot, welches Christus unter seine Jünger verteilte. Die Palme und die Krone, die bei den Heiden weltliche Siege andeuteten, waren bei den Christen Abzeichen geistlicher Triumphe. Die Flügel der Tauben wurden den Engeln und Cherubim verliehen. Aus der Taube der Venus machte man den heiligen Geist, aus

Dianas Hirsch das Schmachten der Seele nach dem lebendigen Wasser, aus Junos Pfau die Seele nach der Auferstehung. Der Sphinx, dem Greif und der Chimäre der Mythologie dichteten die Christen dieselbe Macht, böse Geister und Untreue abzuwenden, an, die früher dem Haupt der Gorgona zugeschrieben worden war. Die Janusschlüssel drückten bei Petrus die Macht aus, zu binden und zu lösen. Ursprünglich trug der Oberpriester einen Gürtel, von dem sieben Schlüssel und sieben Siegel herabhingen – die Abzeichen der Geheimnisse, die er in Verwahrung hielt. Das Kreuz war anfänglich ein nicht offen zur Schau getragenes Symbol und erst im sechsten Jahrhundert kamen die Kruzifixe auf. Auch der Fisch, den die Christen als Sinnbild des Erlösers betrachteten, war ein altes heidnisches und auch jüdisches Symbol: Isis und der chaldäische Oannes wurden mit dem Fisch in Zusammenhang gebracht, Wischnus erste Fleischwerdungsform war die des Fisches, Joschua war der Sohn Nuns „des Fisches" etc.

Die Mysterien zerfielen in zwei Teile. Der erste hiefs: „die Messe der Katechumenen", weil die letzteren dabei sein durften; er umfafste den Gottesdienst vom Anfang bis zum apostolischen Glaubensbekenntnis. Den zweiten nannte man „Messe der Getreuen"; er bestand aus der Vorbereitung fürs Opfer, aus dem Opfer selbst und aus dem Dankgebet. Sobald dieser Teil der Messe begann, mufsten die Katechumenen hinausgehen und die unter sich gebliebenen „Getreuen" sprachen zunächst das apostolische Glaubensbekenntnis, worauf der Gebrauch aller blumenreichen und rätselhaften Redensarten als überflüssig unterblieb und die wahren Mysterien enthüllt wurden: die astronomische Bedeutung des Christentums, die derjenigen der Mysterien des Altertums sehr ähnelte. Hier sind uns nur einige Andeutungen möglich, die jedoch vollauf genügen werden. Die sieben Kirchen Asiens waren in den Augen der Urchristen die sieben Monate März, April, Mai, Juni, Juli, August und September; Christus stellte die Sonne dar und sein erstes Wunder, die Verwandlung von Wasser in Wein, wird von dem grofsen Tagesgestirn alljährlich vollbracht. Sein Todeskampf zu Gethsemane stellte das Keltern der Reben vor, seine Höllenfahrt das Verschwinden der Sonne im Winter; seine Kreuzigung auf dem Kalvarienberg (calvus = kahl = der Strahlen beraubt) bedeutete das Kreuzen des Äquators durch die Sonne im Herbst, seine Kreuzigung in Ägypten ihre Äquatorkreuzung im Frühling. Die Enthauptung Johannis des Täufers wurde dahin ausgelegt, dafs dem Janus (Johannes, Aquarius) am 29. August – dies ist der Johannistag – durch die Horizontlinie der Kopf abgeschnitten wird. Die „Getreuen" wufsten, dafs die heilige Jungfrau mit der Jungfrau des Tierkreises identisch sei und auch mit der Göttin

Ceres, die dem Mann (Adam) das Ernteergebnis überreicht. Die Vermählung der Jungfrau Maria mit Josef entspricht der astronomischen Thatsache, dafs das Sternbild des Bärenhüters stets zusammen mit dem Sternbild der Jungfrau aufgeht und untergeht.

Ein halbes Jahrtausend vor unserer Zeitrechnung warf die Christussage ihre Schatten voraus in Aeschylos' Tragödie „Der gefesselte Prometheus.“ Die Kenntnis dieses Trauerspiels seitens der Griechen macht es erklärlich, dafs die Athener sich weigerten, an einen Jesus zu glauben, der unter den erstaunlichsten irdischen und himmlischen Erscheinungen gekreuzigt worden sein sollte – Erscheinungen, die von den Verbreitern der neuen Religion einfach erdichtet worden waren. Sowohl Christus als auch Prometheus sterben auf einem Hügel; beide unterwerfen sich dem Befehl eines andern Gottes, um die Menschheit zu retten; beiden wird die rechte Seite durchbohrt; im Sterben geben beide Sühnopfer den gleichen Gefühlen Ausdruck, d. h. die Evangelien legen Christus dieselben Worte in den Mund, die Aeschylos fünfhundert Jahre vorher dem Prometheus zugeschrieben hat. Der letztere hatte ferner einen Freund Oceanus oder Piereus (= Petrus), der ihn in dem Augenblick verleugnete, da er ein Opfer der Sünden der Menschheit wurde; der heilige Petrus that unter den gleichen Umständen dasselbe. Man sieht also, aus welcher Quelle ein Teil des Jesusmythos entnommen worden ist.

Die Mysterien hörten als überflüssig auf, als die Christenverfolgungen aufhörten. Als im siebenten Jahrhundert die Zahl der „Getreuen“ sehr grofs geworden war, stiftete die Kirche die kleineren Orden, darunter die „Thürsteher“, welche an die Stelle der Diakone traten. 692 wurde die Bestimmung getroffen, dafs künftig jedermann zum öffentlichen christlichen Gottesdienst Zutritt haben solle. Gleichzeitig erfolgte die gänzliche Abschaffung der Geheimlehre. Aus der Kosmologie und Astronomie des Ur-Christentums machte man ein Pantheon voll Götter und Heiliger. Von den Mysterien blieb nichts übrig als der Brauch, den Mefskanon leise zu murmeln. In der griechischen Kirche ist auch noch der Rest vorhanden, dafs der Priester den Gottesdienst hinter einem Vorhang verrichtet; dieser wird während der Erhebung der Hostie zur Seite gezogen, aber es wird angenommen, dafs die Betenden das heilige Sakrament nicht sehen, weil sie sich in dem betreffenden Augenblick niederwerfen.

Die Apokalypse.

Früher allgemein für rein christlichen Ursprungs gehalten, wird dieses Buch seit einiger Zeit von mafsgebenden Forschern zum allergröfsten Teil als eine jüdische Schrift betrachtet oder eigentlich als eine jüdische Apokalypse, die nach dem Fall Jerusalems (70 n. Chr. G.) in ein christliches Gewand gehüllt wurde. Die ersten drei Kapitel sind echt christlich, aber im vierten beginnt das Buch von neuem und von hier bis zum Schlufs ist es – mit Ausnahme einiger eingeschobenen Stellen – rein jüdisch oder vielmehr ein Mischmasch abendländischer, judäischer und sektiererischer Lehren. Der gröfste Teil des Ganzen bildet eine Beschreibung der heidnischen Mysterien, welche der christliche Bearbeiter in die der christlichen Sagen verwandelt hat; für die letzteren leistet das Werk dasselbe, was Apulejus' „Goldner Esel" und das sechste Buch von Vergils „Aeneide" für die heidnischen Mysterien leisten, denen jene, wie gesagt, vollständig entlehnt sind. Das mit der Sonne bekleidete, auf dem Mond stehende Weib, das die wahre Kirche versinnbildlicht, ist die ägyptische Isis. Der durch die Aufsaugung des Wassers durch die Erde vereitelte Angriff der überschwemmenden Schlange auf das Weib und dessen Spröfslinge entspricht vollkommen dem Überfall der diluvianischen Schlange Python auf Osiris (Latona, Horus) und der Tötung dieses Untiers. Die auf den Wässern schwimmende oder auf einem Ungeheuer reitende falsche Kirche – worunter die heidnischen Mysterien zu verstehen sind – und deren schliefsliche Versenkung in den Höllensee ist der Grofsen Mutter des Heidentums nachgebildet, die auf dem Rücken des Löwen übers Meer reitet und während der ihr zu Ehren gefeierten Mysterien in den heiligen Hades-See versinkt.

Paulus selbst stellt einen Einweihungskandidaten vor und demgemäfs ähneln die seinem geistigen Auge vorschwebenden Bilder gar sehr den Schaustellungen der Mysterien. Der Prophet erblickt vor allem eine zum prachtvollen Himmelstempel führende Thüre und der Darsteller des Hierophanten ladet ihn zum Eintritt ein. Er wohnt nun der Entsiegelung des heiligen Buches bei, wird aber sodann unverzüglich von einer Schar scheufslicher Erscheinungen überfallen, unter denen sich am meisten bemerkbar machen eine gewaltige Schlange – das wohlbekannte Sinnbild des Grofsen Vaters – und zwei wilde Tiere, deren eines dem Meere entsteigt, während das andere aus der Erde kommt. Dieses Heer von Schreckensgestalten erinnert lebhaft an die Hundeerscheinungen der Orgien und die vielförmigen Abbildungen des Heldengottes, den man allgemein für einen Spröfsling des Meeres hielt. Nachdem er den Ungeheuern glücklich entronnen, wird der Prophet von dem ihn geleitenden Engel (Hierophant) vor ein weibliches Wesen geführt, welches – gleich der dem Meere entsteigenden und sich dem Kandidaten Apulejus zeigenden Isis – auf dem Rücken eines wilden Seetieres über die Oberfläche vieler Gewässer dahinzuschweben scheint. Ebenso wie die Grofse Mutter das erklärte weibliche Prinzip der Fruchtbarkeit war und häufig durch systematische, vorschriftsmäfsige Hurerei versöhnlich gestimmt wurde, gilt auch die in Rede stehende weibliche Gottheit für eine regelrechte Hure, die die Könige der Erde mit dem goldenen Becher ihrer Prostituierung berauscht, was wieder daran erinnert, dafs die heidnischen Eingeweihten aus einem heiligen Becher einen Trunk thun mufsten. Auf ihrer Stirne ist das Wort „Geheimnis“ zu lesen, dessen Bedeutung zu erläutern der Engel-Hierophant unternimmt.

Dem aus dem Meer geborenen Grofsen Vater wurde ein dreifacher Zustand zugeschrieben: er lebte, er starb und er erstand wieder. Diese Wandlungen gelangten in den Mysterien zur Darstellung. Dem dem Meer entsteigenden wilden Tier mifst die Apokalypse dieselben drei Stadien bei; im toten Zustand liegt es – wie Horus, Osiris, Siwa, Wischnu – schwimmend auf dem gewaltigen Ozean; bei seiner Auferstehung erhebt es sich von den Gewässern; ob lebend oder tot, stets hat es sieben Köpfe und zehn Hörner – Ziffern, deren Urbilder wir aus den Mysterien kennen. (Vergl. „Einleitung“). Und wie die Anbeter des Grofsen Vaters sein besonderes Zeichen trugen und an seinem Namen erkannt wurden, trugen auch die Anbeter des wilden Seetieres dessen Zeichen und Namen.

Endlich geht der erste, düstere Teil dieser heiligen Mysterien zur Neige und der zweite, freudige naht heran. Nachdem der Prophet die Feinde Gottes in einen schrecklichen Feuersee versinken gesehen, der dem Höllensee der ägyptischen Mysterien entspricht, wird er in eine glänzend erleuchtete Region gebracht, die in genau derselben Weise ausgeschmückt ist wie das „Paradies“, welches das Endziel der Bewerber um die Aufnahme in die Mysterien des Altertums war, während die profane Menge – die Zauberer, Mörder, Wollüstlinge, Götzendiener, Lügner u. s. w. – draufsen bleiben mufs. Manche modernen Forscher können in der Apokalypse weder Sinn noch Zweck erblicken.

Die Ausbreitung des Christentums zeitigte diesem auch viele Gegner – offene und geheime. Die letzteren wollten statt des Christentums ein reformiertes, mit christlichen Elementen verquicktes Heidentum. Damals blühte der Weizen gewandter Betrüger, indem infolge der Leichtgläubigkeit der Menschen zahllose Sekten entstanden. Zu den erfolgreichsten Sektengründern gehörten Apollonius von Tyana und Alexander aus Abonoteichos, deren Lehren, Zeremonien und geheimnisthuerische Kniffe zum grofsen Teil auf der religiösen und philosophischen Quacksalberei des Pythagoras beruhten.

VIERTES BUCH.

ISCHMAELITEN.

Die Weisheitsloge.

Die Mahdilegende. — Abdallah. — Ursprung der Quarmatiten. — Entstehung der Fatimiten-Dynastie. — Die Loge von Kairo. — Ausbreitung der Lehren.

Die Araber hatten Persien unterjocht, doch trug dieses Land das fremde Joch nur sehr unwillig. In der Spaltung, die Mohammeds Anhänger nach dessen Tod entzweite, stellten die Perser sich auf die Seite Alis, des Schwiegersohnes und Nachfolgers des Propheten. Am Ende des achten Jahrhunderts waren die beiden Hauptsekten des Islams bereits in zahllose Untersekten zersplittert; aber ihnen allen war der Glaube an einen künftigen Messias (Mahdi, Führer) gemeinsam. Die überspannte Sekte der Ghulat hatte die nachträglich auch von anderen Sekten angenommene Lehre ausgebrütet, dafs Ismael der letzte sichtbare Imam (geistliches Oberhaupt) gewesen sei. Die Anhänger dieses Unsinns hiefsen „Ischmaeliten". Andere behaupteten, der zwölfte Imam, Askerih, sei — Ali als den ersten angenommen — der letzte sichtbare gewesen und er sei verschwunden, um in einer Höhle zu Hilla am Euphrat unsichtbar das Ende der Welt abzuwarten und dann als Mahdi wiederzuerscheinen. Auf diesen noch gröfseren Unsinn baute ein kühner Abenteurer, Abdallah, den Plan auf, Persien zu befreien und selber zur Macht zu gelangen; und auf dem gleichen Glauben beruht die Macht der verschiedenen jetzigen Mahdis.

Abdallah, ein Enkel Harun-al-Raschids, wendete sich an die sehr zahlreichen persischen Ischmaeliten und redete ihnen ein, Ismaels Sohn Mohammed sei ein Prophet gewesen und habe eine neue Religion gestiftet, welche die Lehren Ismaels bekräftige und ihren Anhängern die Weltherrschaft sichern werde. Er fügte hinzu, dafs es seit Erschaffung der Welt sechs Religions-Epochen gegeben habe, deren jede sich durch die Menschwerdung eines Propheten kennzeichne; die sechs Propheten seien Adam, Noah, Abraham, Moses, Jesus und Mohammed gewesen, die die Aufgabe gehabt hätten, die Menschen zu immer grösserer religiöser Vollkommenheit emporzuführen. Die sieben Imams, die auf Ali gefolgt seien, waren die Ausleger des verborgenen Sinnes von Mohammeds Religion und die Vorläufer der vollkommensten Lehre, deren Sieg bevorstehe – derjenigen Mohammeds, des Sohnes Ismaels. Und so wie Mohammed und jedem der fünf früheren Propheten sieben Imams gefolgt seien, werde es auch nach Mohammed sieben Imams geben. Der Imam habe die Aufgabe, den Eingeweihten auseinander zu setzen, dass jede Religion zweierlei Auslegungen zulasse: eine offenkundige für die Menge und eine geheime – die einzig wahre – für die Eingeweihten. Sich selbst gab Abdallah für den ersten der Imams Mohammeds ben Ismael aus.

Der reiche persische Patriot Mohammed ben Hosain, der den Beinamen Zaidan führte, war von Abdallahs Plänen so begeistert, dass er ihm zwei Millionen Goldstücke schenkte. Aber der Gouverneur von Susiana verfolgte Abdallah, der deshalb nach Syrien entfloh, wo einer seiner Missionäre um 887 herum den damals unter dem Beinamen Quarmat berühmt gewesenen Hamdan bekehrte, der alsbald die Ischmaelitensekte der Quarmatiten bildete, deren sich rasch entwickelnde Macht die Kalifen zweihundert Jahre lang mit Angst erfüllte.

Nach Abdallahs Tod folgte ihm sein Sohn Seid im Amte des geistlichen Oberhauptes. Dieser Imam behauptete, der erwartete fatimitische Messias, der Mahdi, zu sein. Als man ihm mitteilte, dass zahlreiche Gläubige in Afrika ihn sehnsüchtig erwarteten, begab er sich unter dem Namen Obaid Allah dahin, stürzte die über Tripolis und Tunis herrschende Aghlabiten-Dynastie und gründete (909) die berühmte Dynastie der Fatimiten. Sein Grossenkel Moizz-li-dinillah vertrieb die Bagdader Kalifen aus Ägypten und gründete Kairo, das er zu seiner Hauptstadt machte. Dort rief er die „Loge von Kairo“ ins Leben, die eigentlich eine Universität mit vielen Büchern und wissenschaftlichen Instrumenten war; allein obgleich als ihr offenkundiger Zweck der wissenschaftliche Unterricht galt, hatte sie in Wirklichkeit eine ganz andere Aufgabe.

Der Lehrplan umfasste neun Grade. Im ersten wurden dem Schüler Zweifel eingeflösst, zugleich aber auch das Vertrauen, dass der Lehrer sie lösen werde. Zu diesem Zweck stellte der Lehrer spitzfindige und verfängliche Fragen, welche die Widersinnigkeit der buchstäblichen Auslegung des Korans beweisen sollten; auch deutete er dunkel an, dass in dieser Schale ein süsser, nahrhafter Kern verborgen sei. Wer zu dem letzteren gelangen wollte, musste sich unter furchtbaren Eidschwüren dem Lehrer gegenüber zu blindem Glauben und Gehorsam verpflichten.

Der zweite Grad lehrte die Anerkennung der Imams als gottgesandte Quellen aller Weisheit und Kenntnis. Im dritten erfuhr der Schüler, daſs die Zahl der heiligen Imams der geheimnisvollen Ziffer sieben entspricht; im vierten, daſs Gott die Welt mit sieben Gesetzgebern („Sprecher“ genannt) beglückt habe, deren jedem sieben Gehilfen („Stumme“ genannt) zur Seite standen; im fünften, daſs jeder dieser Gehilfen zwölf Apostel hatte. Der sechste Grad führte dem Schüler die Vorschriften des Korans vor Augen nebst der Lehre, daſs alle Religionsdogmen den Regeln der Philosophie untergeordnet sein sollten; auch empfing er Unterweisung in den Lehren des Plato und des Aristoteles. Der siebente Grad beschäftigte sich mit dem mystischen Pantheismus. Im achten lernte der Eingeweihte die Gebote des Koran nach ihrem wahren Wert beurteilen und im neunten wurde ihm beigebracht, daſs an nichts geglaubt werden solle und daſs alles erlaubt sei.

Die Ziele der Weisheitsloge von Kairo waren: die Beseitigung der menschlichen Verantwortlichkeit und Würde; die Umgebung des Fatimitenthrones mit einer furchtbaren Leibwache, einer Mördertruppe; die Errichtung einer geheimnisvollen Miliz, die den Ruhm und die Macht des Kalifats von Kairo weit verbreiten und den verhaſsten Thron von Bagdad stürzen helfen sollte. Viele Missionäre wurden ausgesandt, deren einige in Arabien und Syrien Anhänger gewannen, denen zwar die Pläne des Bundes unbekannt waren, die aber unter schrecklichen Eiden blinden Gehorsam schworen. Die Minierarbeit der Loge dauerte ein Jahrhundert und ihre Lehren, die auf das Leugnen aller Wahrheit, Sittlichkeit und Gerechtigkeit hinausliefen, muſsten etwas Auſserordentliches zum Ergebnis haben. Wir werden im nächsten Kapitel sehen, daſs der entsetzliche Schlag, den die Loge von Kairo dem menschlichen Gewissen versetzte, zu einer ungemein blutigen Erscheinung führte. Hier sei nur noch bemerkt, daſs Hakem Biamrillah, der Stifter der Drusensekte, die wir ebenfalls in diesem Buch behandeln werden, ursprünglich ein Mitglied der Weisheitsloge war.

Die Assassinen.

Ursprung des Bundes. — Hassan Sabbahs Ansehen. — Die sieben Grade. — Blinde Ergebenheit der Mitglieder. — Konrad von Montferrat und Raschid-ad-din. — Das vorgeschwindelte Paradies. — Hassans Blutdurst. — Sein Nachfolger. — Ermordung des Gesandten Raschid-ad-dins. — Die Unterdrückung der Assassinen. — Moderne Assassinen. — Aga Chan und die Chodschas. — Die Benutzung der Assassinen seitens christlicher Herrscher.

Nur Arabien und Syrien konnten der Schauplatz der düsteren Thaten des „Alten Mannes“ oder „Herrn des Berges“ sein. Einer der days (Missionäre) der Weisheitsloge, Hassan Sabbah, ein von Abenteurergeist erfüllter Mann, zeichnete sich so sehr aus, dafs er grofses Ansehen errang. Das erregte den Neid von Nebenbuhlern, die es denn auch durchsetzten, dafs er verbannt wurde. Das Schiff, an dessen Bord er aufser Landes gebracht wurde, machte während der Fahrt einen so furchtbaren Sturm durch, dafs die ganze Mannschaft sich verloren gab. Da rief Hassan mit feierlicher Miene: „Der Herr hat mir versprochen, dafs mir nichts Schlimmes widerfahren werde.“ Der Sturm liefs nach, die Matrosen schrieen: „Ein Wunder!“ und wurden die ersten Anhänger des gottbegnadeten Mannes. Hassan bereiste Persien als Prediger, gewann zahlreiche Anhänger, eroberte i. J. 1090 Alamut und begründete dort seine Schreckensherrschaft.

Die Geschichte jener Zeit ist erfüllt von Hassans Namen. Seine Macht reichte so weit, dafs sogar westeuropäische Könige vor ihr zitterten. Philipp August von Frankreich hatte vor dem „Alten Mann“ so grofse Angst, dafs er keinen Schritt ohne seine Leibwache zu machen wagte; und vielleicht vergab ihm der sonst Unerbittliche wegen dieser aufsergewöhnlichen Furcht. Anfänglich legte Hassan keine andere Absicht an den Tag als die der Vergröfserung der Macht des Kalifats von Kairo. Bald jedoch warf er die Maske ab, denn bei seinem wilden Charakter konnte er nicht lange heucheln und sich verstellen. Er setzte die neun Grade der Weisheitsloge auf sieben herab und stellte sich selber als „Sidna“ (so viel wie „Cid“) an die Spitze. Zumeist leitet man das Wort „Assassinen“ (Mörder) von Haschisch (Hanf) ab, mit dessen bekanntem Absud die Bundesgenossen berauscht wurden, wenn sie etwas Kühnes unternehmen sollten. Doch dürfte diese Ableitung kaum zutreffen, denn den Haschischgenufs hatten alle orientalischen Völker mit einander gemein. Vielleicht rührt der Ausdruck vom arabischen „hass“ (umbringen, vernichten) her. Nach dem jüdischen Autor Benjamin (1173) stammt die Bezeichnung „Assassinen“ von „asasa“ (= Fallen legen) ab, und dies halten wir für am wahrscheinlichsten.

Hassan regelte den Inhalt der sieben Grade durch einen Katechismus, den er selbst verfaſste. Im ersten Grad wurde dem Missionär empfohlen, die Eigenschaften des Kandidaten vor dessen Aufnahme in den Bund aufmerksam zu beobachten; im zweiten wurde ihm eingeschärft, das Vertrauen des Kandidaten dadurch zu erringen, daſs er dessen Neigungen und Leidenschaften schmeichle; im dritten, ihm durch Darlegung der Widersinnigkeit des Korans Zweifel einzuflöſsen; im vierten, ihm sowohl das Versprechen, die Zweifel dem Lehrer vorzulegen, als auch einen feierlichen Eid der Treue und des Gehorsams abzunehmen. Im fünften Grad sollte der days dem Neuling mitteilen, daſs die hervorragendsten Männer in Staat und Kirche dem Geheimbund angehören; im sechsten sollte er ihn bezüglich des gesamten Inhalts des bisherigen Unterrichts prüfen und die ihm beigebrachten Kenntnisse befestigen. Im siebenten Grad erfolgte die „Darlegung der Allegorie", d. h. die Enthüllung der eigentlichen Geheimnisse des Bundes.

Die Assassinen zerfielen in zwei Hauptgruppen: die „Selbstaufopfernden" und die „Kandidaten". Die ersteren miſsachteten Strapazen, Foltern und Gefahren und gaben freudig das Leben hin, falls es dem „Herrn vom Berge" beliebte, dies von ihnen zu verlangen – sei es zu seinem eigenen Schutz, sei es behufs Ausführung seiner Mordbefehle. In weiſse Tuniken mit roten Schärpen gekleidet – die Farben der Unschuld und des Blutes – gingen die Getreuen ohne Rücksicht auf Beschwerden oder Entfernung auf die Tötung der ihnen bezeichneten Opfer aus. Nur selten verfehlten ihre Dolche das Ziel, denn sie nahmen stets die günstigsten Gelegenheiten wahr. Konrad von Montferrat hatte mit einem der Nachfolger Hassans, Raschid-ad-din, Streit gehabt, und als er überdies eine Anzahl gefangener Muselmanen niedermetzeln lieſs, ersuchte Sultan Saladdin den aufgebrachten Raschid-ad-din, Konrad umbringen zu lassen. Zu diesem Zweck lieſsen sich zwei Assassinen taufen und beteten dann fortwährend in seiner Umgebung, bis sich eine gute Gelegenheit bot, ihn zu erdolchen. Einer der Mörder flüchtete sich in eine Kirche; als er jedoch erfuhr, daſs Konrad noch nicht ganz tot sei, wuſste er es so einzurichten, daſs er Gelegenheit fand, ihm den Todesstoſs zu geben, worauf er sich ruhig verhaften lieſs, um unter gräſslichen Qualen zu Tode gemartert zu werden.

In welcher Weise ein so hoher Grad von blinder Ergebenheit erzielt wurde, darüber erzählt Marco Polo das nachstehende. Bedurfte der Alte Mann eines Anhängers zur Ausführung einer besonders kühnen That, wandte er eine interessante Kriegslist an. In dem wegen seiner auſserordentlichen Schönheit berühmten persischen Mulebat-Thal (in der jetzigen Provinz Sigistan) besaſs er seinen Palast. Von den das Thal umgebenden hohen und steilen Felsklippen aus war dasselbe völlig unzugänglich und die vorhandenen Zugänge waren durch starke Festungen geschützt. Das Thal enthielt die prachtvollsten Gärten, in denen sich herrlich eingerichtete Pavillons befanden, die von den reizendsten Mädchen bewohnt waren. Der zur Vollbringung des geplanten Unternehmens ausersehene Assassine wurde berauscht gemacht, in diesem Zustande ins Mulebat-Thal gebracht und dort völlig sich selbst überlassen. Zu sich kommend, bewunderte er die grofsartige Landschaft und die ihn reichlich bewirtenden und ihm schön thuenden Weiber, die ihm einredeten, er befinde sich im Paradies. Ehe Übersättigung eintreten konnte, wurde er neuerdings in einen Rausch versetzt und in seine Wohnung zurückgebracht. Bald darauf liefs der „Herr vom Berge“ ihn vor sich kommen, um ihm zu sagen, er habe ihn das Elysium kosten lassen und wolle ihm den ewigen Aufenthalt daselbst gestatten, falls er die betreffende That vollführe. In dem Glauben an die unbegrenzte Macht seines Gebieters erklärte der Assassine sich dann zu allen Schandthaten bereit.

In jenem unnahbaren Horst war die Geierseele Hassans mit ihrem Ehrgeiz allein. Diese Einsamkeit bildete seine Hauptstärke, aber sie scheint ihm manchmal denn doch zu grofs gewesen zu sein, denn es heifst, er habe theologische Werke geschrieben und sich viel mit religiösen Übungen abgegeben. Er liefs mit Berechnung morden, teils um Ruhm und Macht zu gewinnen, teils um Furcht einzuflöfsen und Erfolge zu erringen. Er unterhielt eine geheime Taubenpost, die ihn oft mit überraschender Schnelligkeit von Ereignissen in grofser Entfernung in Kenntnis setzte; seinen Anhängern aber schwindelte er vor, er habe die Gabe, entfernte Vorgänge zu sehen. Ein persischer Kalif beabsichtigte, den Assassinenbund zu bekriegen und auszurotten; da fand er in seinem Bett auf dem Kissen einen Dolch und dazu eine Zeile von Hassan: „Was du neben deinem Kopf findest, kann auch in dein Herz versenkt werden.“ Er blieb bis zu seinem Tode blutdürstig; eigenhändig tötete er seine beiden Söhne – den einen wegen der Ermordung eines Missionärs (days), den andern wegen Weingenusses. Offenbar wollte er nicht eine Dynastie gründen, sondern einen Geheimbund.

Mit Hassans Tode hörte der blinde Gehorsam der Assassinen nicht auf; auch seine Nachfolger konnten auf denselben zählen. Als Heinrich, der Graf der Champagne, in der Nähe des Gebietes des „Alten Mannes“ zu thun hatte, wurde er von dem bereits erwähnten Raschid-ad-din eingeladen, die Befestigungen zu besuchen und er nahm die Einladung an. Inmitten der Besichtigung gab Raschid zwei Getreuen ein Zeichen, worauf sie sich ins Herz stachen und tot zu den Füſsen des erschreckten Gastes niederfielen. „Du brauchst es nur zu wünschen“, sagte der „Meister“ kühl, „und sie alle werden sich auf einen Wink von mir in deiner Gegenwart erdolchen.“ Eines Tages lieſs der Sultan den Alten Mann durch einen Abgesandten auffordern, sich mitsamt seinen rebellischen Assassinen zu unterwerfen. Da sagte der „Meister“ in Anwesenheit des Abgesandten zu einem Getreuen: „Erstich dich!“ und dieser that es; zu einem andern sagte er: „Stürze dich vom Turm hinab!“ und es geschah. Nun wandte der Alte Mann sich an seinen Gast: „Siebzigtausend Anhänger gehorchen mir ebenso blind – das ist meine Antwort für deinen Herrn.“ Übrigens war diese Ziffer wahrscheinlich übertrieben; die Zahl der Assassinen wurde nie höher geschätzt als vierzigtausend und viele von diesen waren keine „Selbstaufopferer“, sondern bloſs Kandidaten.

Den in der Nähe des Assassinengebietes begüterten Tempelrittern war es – wann, ist ungewiſs – gelungen, sich den Geheimbund mit zweitausend Dukaten jährlich tributpflichtig zu machen. Raschid-ad-din, dem alle Religionen gleichgültig waren, gedachte sich von dieser lästigen Abgabe dadurch zu befreien, daſs er samt allen seinen Anhängern zum Christentum übertrete. Er sandte daher i. J. 1172 einen Vertreter zu Amalrich, dem König von Jerusalem, mit dem Anerbieten des Übertritts für den Fall, daſs er – der König – die Templer zum Verzicht auf den Tribut bewege. Amalrich erklärte sich einverstanden und erteilte den Tempelherren die Versicherung, er selbst werde ihnen die zweitausend Dukaten alljährlich bezahlen. Sie erhoben keine Einwendung, aber der ischmaelitische Abgeordnete wurde auf dem Heimwege von einigen Templern ermordet, und zwar im Auftrag ihrer Vorgesetzten, denen das Versprechen des Königs kein genügender Ersatz für den Tribut dünken mochte. Als der über diese Niedertracht empörte König die strenge Bestrafung der Verbrecher forderte, begnügte sich der Meister des Tempels mit der Erklärung, er habe ihnen Buſsen auferlegt. Der aufgebrachte Amalrich bemächtigte sich jedoch des Rädelsführers Du Mesnil und warf ihn ins Gefängnis; da er jedoch bald darauf starb, erlangte Du Mesnil seine Freiheit wieder. Mit dem Übertritt der Ischmaeliten zum Christentum war's aber selbstverständlich vorbei.

Raschid-ad-din starb 1192. Da seine Nachfolger weder seine Begabung hatten, noch sein Ansehen genossen, geriet die Sekte in Verfall. 1256 fiel Hulagu, der Bruder Mongus, des Groſs-Chans der Mongolei, in Persien ein und vertilgte alle Assassinen, deren er habhaft werden konnte. Er lieſs den letzten Herrn von Alamut, Rokn-ad-din, hinrichten und bemächtigte sich des gröfsten Teiles seiner Festungen. Zwar erhielten, als vier Jahre später der Mameluckensultan von Ägypten die Mongolen besiegte, die Ischmaeliten ihre Festungen zurück, allein nur auf eine Galgenfrist. Nach fünf Jahren mufsten sie dem ägyptischen Sultan Tribut zu zahlen beginnen, 1270 erlitt das damalige Assassinen-Oberhaupt Sarim bei dem Versuch, das ägyptische Joch abzuschütteln, eine Niederlage und 1273 lieferten die Assassinen all ihre Befestigungen dem Sultan Baibars I. aus. Diesem fiel es nicht ein, sie ausrotten zu wollen; er zog es vielmehr vor, sie auszunutzen. Ein halbes Jahrhundert später fand der Reisende Ibn-Batuta sie in ihren alten Städten und Festungen wohnen als „des Sultans Pfeile, mittels welcher er seine Feinde trifft“. Aus einer anderen Quelle, die aus derselben Zeit stammt (Abu Tiras' Sammlung von Anekdoten über Raschid-ad-din, 1324), erfahren wir, dafs es den Assassinen gestattet war, ihre Lehren auch fürder offen zu bekennen.

Genau genommen, besteht die Sekte noch heute, und zwar in Persien und Syrien. Die persischen Ischmaeliten wohnen zumeist in Rudbar, doch findet man sie über den ganzen Orient verstreut; als Handelsleute dringen sie sogar bis zum Ganges vor. In A. Drummonds „Reisen durch verschiedene Teile Asiens“ (London 1754) heifst es: „Manche Schriftsteller behaupten, die Assassinen seien im 13. Jahrhundert von den Tataren gänzlich ausgerottet worden. Aber ich habe so lange an diesem höllischen Ort (Aleppo) gelebt, dafs ich wohl behaupten darf, ihre Brut sei noch jetzt in den Gebirgen der Umgebung vorhanden. Nichts ist diesen verfluchten Gourdins zu grausam, barbarisch und verabscheuungswert.“ Als Rousseau, französischer Konsul zu Aleppo, i. J. 1810 Persien bereiste, erfuhr er, dafs die Assassinen damals Schah Chalilullah als ihr Oberhaupt anerkannten. Er wohnte in Chek, einem kleinen Dorf zwischen Ispahan und Teheran, war angeblich ein Nachkomme Alis und erfreute sich einer gottähnlichen Anbetung, sowie des Ansehens eines Wunderthäters. Der Reisende Fraser erzählte von diesem Imam, dafs, wenn er sich die Nägel schnitt, seine Anhänger sich um die Abschnitzel balgten und dafs das Wasser, in welchem er sich wusch, für heilig galt. Chalilullah fiel bei einem Aufstand gegen den Gouverneur von Jesd und sein Sohn wurde sein Nachfolger.

1866 kam in Bombay ein seltsamer Rechtsstreit zur Entscheidung. In dieser Stadt giebt es eine handeltreibende Gemeinde – die Chodschas. Der Perser Aga Chan aus Mehelat (bei Chek) hatte von den Chodschas 10000 Pfund Sterling gefordert als Tribut, der ihm von ihnen alljährlich gebühre. Da sie die Zahlung verweigerten, brachte Aga Chan die Sache vor Gericht, bewies diesem, dafs er in gerader Linie von dem vierten Grofsmeister von Alamut abstamme und führte auch den Nachweis, dafs die Chodschas der Assassinensekte angehören, zu welcher sie etwa vierhundert Jahre vorher durch einen Ischmaeliten-Missionär bekehrt wurden, der ein Buch schrieb, das die heilige Schrift der Chodschas geblieben ist. Jetzt empfängt Aga Chan, der den Prozefs gewann, von den Chodschas jährlich angeblich sogar 20000 Pfund Sterling und lebt abwechselnd in den indischen Städten Bombay, Puna und Bangalore; als der Prinz von Wales vor etwa einem Vierteljahrhundert Indien bereiste, machte er Aga Chan einen Besuch, weil dessen Vorfahr Raschid-ad din dereinst seinem Vorfahr Richard Löwenherz das Leben geschenkt hatte.

Mehrere christliche Herrscher sollen sich der Konnivenz mit den Unthaten der Assassinen schuldig gemacht haben, darunter Richard Löwenherz, der angeblich Hassan bewegen wollte, den König von Frankreich umbringen zu lassen; dafs er an der Ermordung Konrads von Montferrat, die man ihm früher ebenfalls in die Schuhe zu schieben pflegte, unschuldig war, ist erwiesen. Der Neffe Barbarossas wurde von Papst Innozenz II. exkommuniziert, weil er den Herzog von Bayern durch Assassinen hatte töten lassen. In einem Brief an den König von Böhmen klagte Friedrich II. über den Herzog von Österreich, der ihm ebenfalls durch Assassinen habe ans Leben wollen. Einige Geschichtschreiber erwähnen ferner, dafs 1158 während der Belagerung von Mailand im kaiserlichen Lager ein Araber ertappt worden sei, als er im Begriffe stand, den Kaiser zu erdolchen. Man weifs nicht, wer der Anstifter dieses Attentats war; aber man weifs, dafs damals unter den europäischen Fürsten grofses Mifstrauen herrschte und dafs infolgedessen die Macht der Assassinen einen hohen Aufschwung nahm.

Die Roschenia.

Auch diese Sekte war ischmaelitischen Ursprungs. Gegründet wurde sie von Bajesid Ansari, dem Sohn des Ulemas Abdullah vom afghanischen Stamme der Wurmuder. Von seinem Vater ebenfalls zum Geistlichen bestimmt, zog er es vor, Pferdehändler zu werden. Als er einmal geschäftlich im Bezirk Kalindschir verweilte, lernte er einen Ischmaeliten kennen, der ihn mit neuen religiösen Ideen erfüllte. Nach seiner Rückkehr begann Bajesid, die neue Lehre zu predigen; da er damit jedoch weder bei seinem Vater noch bei seinen Mitbürgern Anklang fand, begab er sich zum Sultan von Ningaschar (Afghanistan), der ihn freundlich aufnahm. Allein dessen Unterthanen wollten von seiner Propaganda nichts wissen. Weit leichter fiel es ihm, bei den in der Gegend von Peschawr lebenden Gharihel-Afghanen Proselyten zu machen.

Bajesid teilte seine Anhänger in acht Chilwats (Klassen) und brachte ihnen acht Sekers (Kenntnis-Grade) bei. Die Afghanen unterrichtete er in afghanischer, die Hindus in indischer, die Perser in persischer Sprache – so vielseitig war er! – und für alle verfaſste er Schriften, die selbst von seinen Gegnern als sehr anziehend geschrieben bezeichnet wurden. Hatte ein Jünger den achten Grad erlangt, so teilte Bajesid ihm mit, er habe die Vollkommenheit erreicht und brauche sich um die Vorschriften und Verbote des Gesetzes nicht mehr zu kümmern. Als sein Anhang bereits ein beträchtlicher war, nahm er die bewährtesten Jünger mit sich und lieſs sich mit ihnen in den unwirtlichsten Gebirgen Afghanistans nieder, um Kaufleute zu plündern, Brandschatzungen zu verüben und seine Religion mit Waffengewalt zu verbreiten.

Seine eifrigsten Schüler sollen dem weiblichen Geschlecht angehört haben. Die jungen Frauenspersonen benutzte er zur Anlockung junger Männer. In den ersten Einweihungsgraden blieben die Geschlechter gesondert, während sie den höheren Unterricht gemeinschaftlich erhielten. Je mehr Bajesids Ansehen stieg, desto kühner verkündete er seine Lehren. Er leugnete jedes Fortleben nach dem Tode, lieſs die vollkommen Eingeweihten ihren Lüsten und Neigungen rückhaltlos fröhnen und gewährte ihnen das unumschränkte Recht der Verfügung über Leben und Eigentum aller Nichtmitglieder des Bundes. Im Laufe der Zeit verlegte er sein Hauptquartier in den Bezirk Haschtnagar, den die Afghanen für den Schauplatz ihrer ersten Ansiedlung in Afghanistan halten. Dort gründete er eine Stadt und nahm den Titel „Pir roschan“ an (= „Vater des Lichts“); hiervon rührt der Name der Sekte her: Roschenia, d. h. die Erleuchteten.

Als die Ausbreitung der neuen Religion die Regierung des Moguls beunruhigte, machte Mahsan Chan Ghasi, ein hervorragender Offizier, damals Gouverneur von Kabul, einen Einfall in das Gebiet der Roschenia, nahm Bajesid gefangen und lieſs ihn nach Kabul bringen, wo er ihn mit halbrasiertem Kopf der Neugier und dem Spotte der Volksmenge aussetzte. Durch Bestechung gelang es dem Häftling, zu entkommen, worauf er sich mit seinem Anhang in das fast unzugängliche Hügelland von Tirah zurückzog und, um die erlittene Schmach wettzumachen, die Bekehrungsarbeit mit solchem Eifer und Geschick betrieb, dafs die Roschenia einen nationalen Charakter anzunehmen begann und die neue Lehre fast als die Religion der Afghanen betrachtet wurde. Der übermütig werdende „Vater des Lichts" kündigte die Absicht an, Chorassan und Hindustan zu erobern. Als er jedoch zu diesem Zweck in der Ebene von Ningaschar erschien, stiefs er abermals mit Mahsan Chan Ghasi zusammen, der die ungeschulten Roscheniatruppen aufs Haupt schlug. Bajesid selbst entfloh zwar, starb aber schon nach wenigen Tagen an den Folgen der nach der Flucht erlittenen Strapazen.

Nach seinem Tode wandte sich sein ältester Sohn an die ebenso zahlreichen wie begeisterten Bundesangehörigen mit der folgenden Ansprache: „Folget mir, meine Freunde! Euer Pir ist nicht tot, er hat nur seinen Platz seinem Sohn Scheich Omar eingeräumt und ihm wie dessen Anhängern die Herrschaft über die Welt übertragen." Kurz darauf fiel Omar in einer Schlacht mit den Jusefzei, dem mächtigsten und tapfersten aller Afghanenstämme. Nur der jüngste der fünf Brüder, Dschellal-ed-din, blieb am Leben, aber er fiel nach einiger Zeit dem Schwerte eines Hasara-Soldaten zum Opfer. Ihm folgte sein Sohn Ahdad, der bei der Belagerung seiner Veste Meaghae durch die Moguls umkam (um 1650 n. Chr. G.). Die Afghanen zogen sich mit seinem Sohn Abd-el-kader in die Berge zurück, während die Tochter, die nicht hatte entkommen können, sich beim Einzug der kaiserlichen Truppen das Leben nahm, um diesen nicht in die Hände zu fallen. Ahdads Nachkommen standen an der Spitze der Sekte bis etwa zum Jahre 1700, um welche Zeit Cerimdad sich dem Chan von Jrachan ergab, der ihn hinrichten liefs. Damit hatte der Bund der Roschenia zu bestehen aufgehört.

Die Drusen.

Entstehung der Sekte. — Hakem und Darasi. — Die Religionsbücher. — Hakems Ermordung und angebliches Verschwinden. — Sein Nachfolger Ali. — Die Lehren der Drusen. — Einrichtungen, Bräuche, Eigenschaften. — Losungsworte und Zeichen. — Ausbreitung. — Die Maroniten. — Die Ansairih.

In manchen islamitischen Sekten begegnen wir noch heute den ägyptischen und syrischen Ischmaeliten. Es sind nur noch geringe Spuren ihrer einstigen Beschaffenheit vorhanden, aber ihr Profil zeigt sich in den Charakterzügen einiger der Ketzergruppen, die in der Wüste oder im Libanongebirge leben — die türkische

Regierung beunruhigend, die Reisenden in Erstaunen setzend und der Wissenschaft als Gegenstand des Studiums dienend. Die bemerkenswerteste dieser Gruppen ist die Sekte der Drusen, die in Nord-Syrien lebt und seit dem Jahre 1020 unserer Zeitrechnung besteht. Damals liefs Hakem Biamr-Illah, der sechste Kalif von Ägypten, in Kairo öffentlich verkünden, er sei ein menschgewordener Gott. Sein Beichtvater Darasi begünstigte diesen Betrug sehr, stiefs aber auf so lebhaften Widerstand, dafs er sich gezwungen sah, in die Libanonwüsten zu fliehen, wo er, von Hakem freigebig unterstützt, viele Araber bekehrte. Angeblich soll er wegen des Predigens seiner Lehre getötet und so der erste Märtyrer der neuen Religion geworden sein. Nach ihm nannte man deren Anhänger „Drusen“; sie selbst aber nannten und nennen sich „Unitarier“. Hakems Vezier, der persische Mystiker Hamsé, der vom Anfang an eifrig für die Göttlichkeit seines Herrn eingetreten war, trat mit an die Spitze der von Darasi eingeleiteten Bewegung und vor Ablauf von zehn Jahren waren fast alle Araberstämme des Libanon zum Drusentum bekehrt.

Das letztere wurde also von dem Fatimiten-Kalifen Hakem, dem Perser Hamsé und dem Türken Darasi gegründet; Hakem war der politische Urheber, Hamsé der geistige Ausgestalter, Darasi der Erläuterer und Apostel. Hamsé umgab sich mit vier Gehilfen, denen er hochtrabende Namen beilegte. Sich selbst nannte er bescheiden „Allgemeine Vernunft“, „Mittelpunkt“, „Messias der Völker“, „Jesus“, „der (mit dem Gott Hakem auf immer) Vereinigte“. 159 Jünger sandte er als Missionäre aus.

Die Drusen bezeichnen ihre Religionsbücher als „die Sitzungen der Herrschenden und ihrer gelehrten Männer“; dieselben zerfallen in sechs Bände: 1. „Das Diplom“, 2. „Die Widerlegung“, 3. „Das Erwachen“, 4. „Der erste der sieben Teile“, 5. „Die Treppe“, 6. „Die Vorwürfe“. Im Jahre 1817 erhielten sie eine siebente Schrift, „Das Buch der Griechen“, von einem Christen, der vorgab, sie in einer ägyptischen Schule gefunden zu haben.

Hakem gehörte zu den schlimmsten Ungeheuern der Weltgeschichte. Er schwelgte im Blutvergiefsen und in den grausamsten Verfolgungen. In Ägypten erbitterte seine Ketzerei die Rechtgläubigen und seine Roheit das ganze Volk. Seine eigene Schwester, Sitt-el-Mulk, stand an der Spitze der Unzufriedenen und liefs ihn durch verläfsliche Meuchelmörder erdolchen, als er seinen gewohnten Spazierritt auf einem weifsen Esel machte. Da Sitt-el-Mulk aber nicht den Glauben an Hakems Göttlichkeit zerstören wollte, mufsten die Mörder den Leichnam entkleiden und spurlos beseitigen, die Kleider aber so anordnen, als wenn Hakem noch in ihnen steckte. Als der Kalif nicht zurückkehrte und man Boten nach ihm aussandte, kamen diese mit der Meldung zurück, dafs sie nur die Gewänder gefunden. Da wurde das Märchen in Umlauf gesetzt, die Gottheit habe sich, um die Treue ihrer Anhänger zu prüfen, unsichtbar gemacht und werde die Abtrünnigen nach ihrer Rückkehr bestrafen. Die Drusen erklären das Wunder damit, dafs der Leib aus einem Stoff bestanden habe, zart genug, um ohne Öffnung oder Zerreifsung der Kleider aus diesen fahren zu können. Die in den Gewändern bemerkbaren Dolchstiche werden für geheimnisvolle Andeutungen der Gottheit gehalten.

Hakem hinterliefs zwei Söhne, die jedoch von der Sekte nicht als solche anerkannt wurden. Ali Efs Sahir, der seinem Vater im Kalifat folgte, soll zu Hamsé gesagt haben: „Verehre mich, wie du meinen Vater verehrt hast.“ Die Antwort soll gelautet haben: „Unser Herr ist weder gezeugt worden, noch hat er gezeugt.“ – „Dann sind ich und mein Bruder illegitim?“ – „Du sagst es selbst.“ – In seinem Zorn liefs Ali die ägyptischen Drusen massenhaft niedermetzeln, falls sie sich weigerten, zum Islam zurückzutreten. Viele entflohen nach Syrien zu ihren Religionsgenossen. Um das über Hakems Willkürherrschaft empörte Volk zu versöhnen, gab Ali jeden Anspruch auf Göttlichkeit und die damit zusammenhängenden „Rechte“ auf.

Die Drusen anerkennen Hakem als ihren „Propheten“ und glauben an die Seelenwanderung; doch dürfte das bei ihnen, wie einst bei den Pythagoräern, nur eine Redewendung sein. Sie haben sieben religiöse und sittliche Gebote, deren erstes die Wahrheitsliebe betrifft. Hierunter versteht man die Liebe zum Unitarismus und die Verabscheuung der Vielgötterei. Den Religionsgenossen schuldet man Wahrhaftigkeit und Vertrauen, Andersgläubigen gegenüber darf und soll man falsch sein. Es bestehen drei Grade: die Profanen, die Kandidaten, die Weisen. Wer dem zweiten angehört, kann auf Wunsch zum ersten zurückkehren, darf indes bei Todesstrafe keine Enthüllungen machen. Es wird vielfach geglaubt, dafs die Drusen in ihren geheimen Versammlungen einen Kalbskopf anbeten; in Wirklichkeit ist der Kalbskopf bei ihnen wahrscheinlich kein Anbetungsgegenstand, sondern das Sinnbild des bösen und falschen Prinzips Iblis, des Nebenbuhlers und Feindes Hakems, denn ihre heiligen Schriften sprechen sich an vielen Stellen scharf gegen jeden Götzendienst aus, und da in ihnen überdies das Judentum, das Christentum und der Mohammedanismus mit einem Kalb verglichen wird, kann von Verehrung des Kalbskopfes wohl keine Rede sein. Die Drusen sind auch beschuldigt worden, zügellose Orgien zu feiern und sogar ihre eigenen Töchter zu heiraten. Allein unter ihnen lebende Christen haben bezeugt, dafs der „Unitarier“ nach seiner Einweihung alle ausschweifenden Gewohnheiten aufgiebt. Die „Weisen“ (Eingeweihten) werden „Ockals“ genannt und bilden eine Art Priesterschaft; sie führen oft ein Einsiedlerleben, wodurch sie grofse Verehrung und hohes Ansehen erlangen.

Die Drusen haben die Überlieferung, dafs zur Zeit des Erscheinens Gottes in der Gestalt Hakems die Welt 3430 Millionen Jahre alt war. Sie glauben, gleich den englischen und amerikanischen Chiliasten, an das nahe Bevorstehen des goldenen Zeitalters. Sprechen sie mit Mohammedanern, so geben sie sich für Mohammedaner aus; im Gespräch mit Christen geben sie sich als Christen. Sie erklären diese Täuschung damit, dafs es ihnen verboten sei, irgend etwas von ihrer Religion einem „Schwarzen“ – so nennen sie die Ungläubigen – zu verraten. Aus diesem Grunde haben sie Erkennungszeichen und Losungsworte angenommen. Im Zweifelsfall frägt der Druse: „Säet das Volk in deiner Landesgegend Balsamsamen?“ Lautet die Antwort: „Ja, er wird in die Herzen der Getreuen gesäet“, so ist der betreffende ein Glaubensgenosse; aus den Antworten auf weitere Fragen ergiebt sich dann, ob es sich blofs um einen Kandidaten oder um einen Eingeweihten handelt. Die Zeichen und Erkennungsphrasen mufsten wiederholt abgeändert werden, weil ihre Bedeutung den „Schwarzen“ bekannt geworden war – insbesondre als 1838 das grofse Einsiedlerdorf Badschada (bei Chasbaja) von den Truppen Ibrahim Paschas zerstört wurde, wobei die heiligen Schriften dem Feind in die Hände fielen, was ihr vielfaches Bekanntwerden zur Folge hatte.

Jedes Dorf hat Versammlungsräume, in denen die „Weisen“ – Männer und Frauen – jeden Donnerstagabend behufs Besprechung religiöser und politischer Angelegenheiten zusammenkommen. Die gefafsten Beschlüsse werden den im Hauptort jedes Bezirks abgehaltenen Bezirksversammlungen mitgeteilt, welche ihrerseits an die allgemeine Versammlung berichten, die in der Libanonstadt Baklin stattfindet. Die auf dieser Versammlung anwesenden Vertreter der Dörfer verkünden bei ihrer Rückkehr die erzielten Entschliefsungen und Entscheidungen. Wir haben es da mit einer Art Familienrat zu thun, nur dafs an demselben blofs die Eingeweihten teilnehmen können, während die übrige Bevölkerung nichts dreinzureden hat. Die bürgerliche Verwaltung ruht in den Händen der Scheiks, die allesamt dem Emir des Libanon unterstehen. Die Drusen sind kriegerisch und dennoch arbeitsam. Sie liefern niemand aus, der bei ihnen Zuflucht sucht. Interessant und löblich ist ihre Verachtung des Cylinderhutes, den sie wegen seiner Ähnlichkeit mit einem Kochtopf verlachen. Nach Burckhardt („Reisen in Syrien und Palästina“) lautet einer ihrer Flüche: „Möge Gott dir einen Hut aufsetzen!“

Ihre Zahl überschreitet nicht fünfzig- oder sechzigtausend. Im Libanon besitzen sie rund vierzig Städte und Dörfer, im Anti-Libanon etwa achtzig Dörfer mit ausschliefslich drusischer Bevölkerung; aufserdem giebt es im Libanon fast 230 Dörfer, in denen Christen und Drusen vermischt wohnen.

Die Drusen haben oft mit der christlichen Nachbarsekte der Maroniten Krieg geführt. Nach ihrem Stifter Maro (etwa 400 n. Chr. G.) so benannt, waren die Mitglieder dieser Sekte ursprünglich monothelitische Flüchtlinge, die sich nach der Thronbesteigung Anastasius II. im Libanongebiet niedergelassen hatten; Anastasius verfolgte sie so lange, als die türkische Regierung die Drusen begünstigte. Obgleich die Drusen weniger kriegerisch sind, besiegten sie doch gewöhnlich die Maroniten; als jedoch der herrschende Emir Bence-Schihab nebst seinen Angehörigen vom Mohammedanismus zum Maronismus übertrat, gewannen die Maroniten die Oberhand. Als diese 1860 im Interesse der Verbreitung des Christentums den Drusen den Krieg erklärten, leistete die Türkei den letzteren Beistand. Nachträglich freilich stellte die Pforte sich auf die Seite der Maroniten, teils, weil Europa auf den Schutz der Christen drang, teils, weil die Maroniten bereits so geschwächt waren, dafs die Pforte gern die günstige Gelegenheit ergriff, um die Macht der Drusen ebenfalls nach Möglichkeit zu brechen. Seither unterstehen die Drusen einem türkischen Gouverneur, doch lehnen sie sich zuweilen gegen ihn auf.

Es giebt noch eine syrische Sekte: die Ansairih oder Nuseirijeh. Ihr mystischer Name lautet „Ams“ und besteht aus den Anfangsbuchstaben der von ihr angebeteten geheimnisvollen Dreifaltigkeit Ali, Mohammed und Selman-el-Farsi. (Der letztere war ein Jugendgenosse des Propheten.) Diese Dreiheit löst sich schliefslich in Licht (Himmel), Sonne und Mond auf; das Licht ist unbegrenzt, die Sonne geht aus dem Himmel (Licht) hervor, während der Mond aus beiden hervorgeht. Die Religion der Ams besteht zum grofsen Teil aus christlichen, jüdischen und mohammedanischen Elementen, vermischt mit altsabäischen Überbleibseln. Manche ihrer Lehren befürworten die ausschweifendsten Bräuche, insbesondre im Verkehr zwischen den Priestern und den weiblichen Gläubigen. Ihrer Gottheit verleihen sie in den Gebeten seltsame Namen, wie „Löwe“, „Bienenfürst“ oder „Ende der Enden“. Näheres und Verläfsliches über ihre Religion zu erfahren, ist sehr schwer, da dieselbe ebenso geheim wie nebelhaft ist und von den wenigsten ihrer Bekenner verstanden wird. Doch teilt Burckhardt einige interessante, freilich hier nicht gut wiederzugebende Einzelheiten mit. Die Zahl der Nuseirijeh beträgt etwa zweimalhunderttausend; ihr Name rührt von dem Sektierer Nusairi her.

Die Derwische.

Die Derwische oder Fakire bilden einen islamitischen Mönchsorden. Zwar untersagte Mohammed das Mönchswesen, aber dennoch traten schon dreifsig Jahre nach seinem Tode Mönche auf und jetzt soll es nicht weniger als 72 Orden geben; freilich sind zwölf von diesen älter als der Mohammedanismus. Die vier Hauptorden sind:

1. Die Rifadscheh, die schwarze Fahnen und schwarze oder dunkelbraune Turbans tragen und sich mit Gaukelei (Schlangenbändigen, Feuerfressen, Dolchverschlucken u. dgl.) beschäftigen. 2. Die Haderidscheh – meist Fischer – mit weifsen Fahnen und Turbans. 3. Die Seid Bidani, gestiftet von Seid Achmed el Bidani, dem bedeutendsten Heiligen der ägyptischen Moslims; sie sind in mehrere Sekten zersplittert und ihr Beruf ist der von Komikern oder Spafsmachern. Sie tragen eine absonderliche Tracht und ihre Farben sind rot-weifs. 4. Die Seid Ibrahim, die grüne Fahnen und Turbans tragen; alles, was man sonst noch von ihnen weifs, ist, dafs sie in Alexandrien ein Kloster haben.

Die ägyptischen Derwische sind Schiiten, die türkischen dagegen Sunniten. Bemerkenswert ist, dafs rechtgläubige Männer von hoher Stellung und grofser Intelligenz Derwische werden, trotzdem die Ulemas Gegner der von ihnen für Ketzer gehaltenen Derwische sind. Die einzige Erklärung hierfür läge darin, dafs diese angesehenen Personen die persischen Sufih-Dichter lesen, deren Lehre mit der der Derwische übereinstimmt: jene Form des Spiritualismus, die auf den Pantheismus hinausläuft und lehrt, dafs Gott in allen spirituellen Dingen ist – eine Annäherung an den buddhistischen Materialismus.

Die Derwische haben ihre „Pfade“, die zumeist von zwölf Offizieren geleitet werden, wobei der älteste „Hof“ die übrigen überwacht. Der Herr des Hofes heifst „Scheik“ und er hat seine Vertreter und Kalifen. Der ganze Orden besteht aus vier Graden, „Säulen“ genannt. Der erste heifst „Menschheit“ und setzt „Auflösung in den Scheik“ voraus. Im zweiten – dem „Pfad“ – erlangt der Anhänger die „Selbstvernichtung im Gründer des Pfades“, im dritten („Kenntnis“) das „Aufgehen in den Propheten“, d. h. die Inspiration. Der vierte Grad führt den Eingeweihten zu Gott, d. h. er wird ein Teil der Gottheit und erblickt diese in allen Dingen. Schliefslich kann der Scheik ihm noch den Ehrentitel „Kalif“ verleihen. Die im Orient weitverbreitete Meinung, dafs die Derwische mit den Freimaurern in geheimer Verbindung stehen, ist selbstverständlich unsinnig.

FÜNFTES BUCH.

KETZER UND RITTER.

Ketzer.

Übergang von den alten zu den neueren Einweihungen. — Geist der alten und der neueren Geheimgesellschaften. — Die Adamiten. — Die Circumcellier. — Die Albigenser, ihre Ziele und Glaubensartikel. — Die Katharer. — Ihre Lehren und Anschauungen. — Ihre Verfolgung. — Die Waldenser. — Die Luziferianer. — Ursprung der Teufelsanbetung. — Verschiedene Sekten. — Die Religion der Troubadours. — Schwierigkeit des Verständnisses der Troubadours. — Grade und Liebeshöfe.

Bisher haben wir gesehen, daſs die Geheimnisse der Geheimgesellschaften und Geheimlehren nur den höheren Klassen zugänglich waren, während den Massen die Wahrheiten vorenthalten wurden, deren Enthüllung die Herrschaft der Herrschenden geschädigt oder gefährdet haben würde. Unten bemerkten wir Vielgötterei und Aberglauben, oben Theismus, Rationalismus, abstrakte Philosophie. Nunmehr gelangen wir zur Betrachtung eines Zustandes des Übergangs von den alten zu den neueren Einweihungen. Wir haben es da mit einer auffallenden sozialen Erscheinung zu thun, die sich von allem, was uns im Altertum begegnet ist, so sehr unterscheidet, daſs sie geradezu einen neuen Ausgangspunkt bildet.

Die Geheimgesellschaften des Altertums waren theologischer Natur und die Theologie lehrte oft Aberglauben; aber im Innersten des Allerheiligsten belächelte sie das hintergangene Volk und zog die besseren Geister, die sich gegen das Joch der Angst auflehnten, an sich, um sie in einen, freier Männer würdigen Glauben einzuweihen. Da jene Theologie einerseits nicht grausam war und andererseits Kunst und Wissenschaft förderte, mag man ihr manches vergeben und hinter dem Fernhalten der wahren Erkenntnis vom Volke nicht niedrige Berechnung suchen, sondern ehrliche Überzeugung oder höchstens kluge Vorsicht. Die höheren Schichten der neueren Zeit haben keine religiösen und politischen Geheimnisse, denn sie besitzen kein Wissensvorrecht mehr, auch keine Einweihungsmysterien, die den Kenntnisreicheren das Recht verleihen würden, sich zu den Machthabern zu zählen. Daher sind die Geheimbünde der Übergangszeit volkstümlich und religiös – natürlich nicht im Sinne der offiziellen, sondern einer aufrührerischen und sektiererischen Kirche. Da nun zu einer Zeit, in welcher das Ansehen der Kirche alles überstrahlt und alle Adern des Staates mit Religion durchsetzt sind, kein Wechsel ohne Ketzerei herbeigeführt werden kann, mufs die Ketzerei notwendig den Grundzug jeder politischen oder geistigen Auflehnung bilden. Die Ketzer bedienen sich des Leugnens oder Verwerfens offizieller Glaubensartikel, um die verhafste Pfaffenherrschaft zu stürzen und der bürgerlichen Freiheit die Wege zu ebnen.

Die erste Wiege der neuen Verschwörer war naturgemäfs das Papsttum, aus dem sie schon sehr frühzeitig hervorgingen. Im zweiten Jahrhundert erregten die Adamiten Aufsehen. Sie behaupteten, durch den Tod Christi den Unschuldszustand erlangt zu haben, in welchem Adam sich vor dem Sündenfall befand, und sie wurden beschuldigt, bei ihren Versammlungen ganz nackt zu beten. (Diese Sekte wurde im 15. Jahrhundert von dem Vlämen Picard wieder ins Leben gerufen.) Mehr Bedeutung hatten die Circumcellier, Ableger der Donatisten, d. h. der Anhänger Donati, des schismatischen Bischofs von Karthago, der bereits um 311 gegen die Verderbtheit der römischen Kirche predigte. Die unerbittlichen Verfolgungen, welche die Anhänger Donati zu erdulden hatten, machten viele derselben zu Fanatikern, die bandenweise im Lande umherzogen (circum cellas), um Reformen zu predigen, allerlei Unbill gutzumachen, Sklaven zu befreien, Schuldforderungen zu erlassen u. s. w. – alles ohne Vorwissen der Meistbeteiligten. Manche dieser Fanatiker wollten durchaus Märtyrer sein und nahmen sich daher das Leben, indem sie ins Feuer sprangen, sich die Kehle durchschnitten oder sich in tiefe Abgründe stürzten. Nach dreizehn- bis vierzehnjährigem Bestand wurde die Sekte von den weltlichen Behörden unterdrückt. Im 12. und 13. Jahrhundert gab es in Deutschland eine Ketzersekte gleichen Namens, welche die Autorität der Päpste, Bischöfe und Priester, sowie die Gültigkeit und Berechtigung des Kirchenbannes leugnete.

Eine der ausgebreitetsten und thatkräftigsten Ketzersekten war die der Albigenser, so genannt nach ihrem Hauptsitz, der Stadt Albi, von wo aus sie sich über ganz Südfrankreich verbreitete. Ein Sprofs des Manichäismus, befruchtete sie ihrerseits die Keime der Templer, der Rosenkreuzer und aller Vereinigungen, die den Kampf gegen kirchliche oder staatliche Bedrückung fortsetzten. Doch wich ihr Ziel von dem aller nachmaligen Sekten insofern ab, als sie ihre Streiche ausschliefslich gegen das päpstliche Rom richtete, wie denn auch die an ihr mit Hilfe des

Staates genommene Rache echt päpstlich war in ihrer pfäffischen Wut. Die Albigenser, die man die Ghibellinen Frankreichs nennen kann, verbanden sich mit allen romfeindlichen Elementen – namentlich mit Friedrich II. und den Arragoniern – zur Verfechtung der Rechte der weltlichen Herrscher gegen die Überhebungen des heiligen Stuhles. Dante, der von ihren kaiserfreundlichen Lehren angekränkelt war, bildete demgemäſs einen Gegenstand des welfischen Hasses.

Toulouse war das Rom der Albigenserkirche, die genau so wie die offizielle ihre Seelenhirten, Bischöfe, Provinzial- und Generalversammlungen hatte und um ihr Banner die Dissidenten eines groſsen Teiles Europas scharte, die alle den Untergang Roms und die Wiederherstellung des jerusalemitischen Reiches anstrebten. Die Erhebung in der Provence wurde durch die Umstände und Verhältnisse, unter denen sie stattfand, beträchtlich begünstigt. Die Kreuzzügler hatten den morgenländischen Manichäismus neubelebt und Europa in unmittelbare Berührung gebracht mit dem verkünstelten Griechenland wie mit dem mohammedanischen und pantheistischen Asien. Der Osten steuerte überdies Aristoteles und dessen arabische Erläuterer, sowie die Spitzfindigkeiten der Kabbala bei. Die Philosophie, der Republikanismus und die Gewerbe griffen den päpstlichen Stuhl an. Mehrere vereinzelte Aufstände hatten den allgemein herrschenden Geist geoffenbart und Massenschlächtereien hatten ihn nicht kirre gemacht. Der Rationalismus der Waldenser – auf die wir alsbald zu sprechen kommen – verband sich mit dem deutschen Mystizismus des Rheins und Hollands, wo die Arbeiter sich gegen die Grafen und die Bischöfe erhoben. Thatsächlich fand jeder Apostel, der Sittenreinheit, Geistesreligion und Urchristentum predigte, Anhänger und das Jahrhundert des heiligen Ludwig (Ludwig IX., 1226–70) war die Hauptzeit des Unglaubens im Schoſs der römischen Kirche.

Das albigensische Ketzertum machte an den Küsten des Mittelländischen Meeres so groſse Fortschritte, daſs es von den Kaisern und Fürsten offen begünstigt wurde und daſs mehrere Länder sich von Rom lossagen zu wollen schienen. Nicht zufrieden damit, Rom bereits als gestürzt zu betrachten, wandten sich die Albigenser plötzlich den Kreuzfahrern zu – in der Hoffnung, Jerusalem in einen glanzvollen, mächtigen Nebenbuhler Roms zu verwandeln, es zum Hauptsitz der Sekte zu machen, das Urchristentum an seiner Urstätte wiederherzustellen und auf Erden das himmlische Jerusalem zu errichten, mit Gottfried von Bouillon als König. Denn es war Gottfried, der Rom mit Feuer und Schwert überzogen, den „von Priestern gewählten“ Gegenkaiser Rudolf erschlagen und den Papst aus der heiligen Stadt vertrieben hatte, wofür ihn die Troubadours mit allen Attributen der Reinheit, Frömmigkeit und Keuschheit überhäuften.

Obgleich – oder eigentlich weil – von Rom überwacht, unterstützte Italien die neuen Lehren. Ein Hauptherd der Katharer (= „die Reinen") war Mailand, das 1166 in seiner Bevölkerung mehr Ketzer als Katholiken zählte. Um 1150 gab es auch in Florenz schon Katharer und insbesondere das weibliche Geschlecht verschaffte der Sekte durch überaus eifrige Propaganda in dieser Stadt eine so grofse Macht, dafs sie eine Umwälzung zu Gunsten der Ghibellinen bewirken konnte. In Orvieto (1163), Verona, Ferrara, Modena etc. erlitten die Katharer arge Verfolgungen. 1224 sammelten sich sehr zahlreiche Katharer in Kalabrien, Neapel und selbst Rom an, aber am verbreitetsten war die Sekte jedenfalls in Toskana und der Lombardei. 1307 verfolgte die Inquisition Dolcino, das Oberhaupt der katharistischen Sekte der „Apostoliker" (so genannt, weil sie das Christentum der Apostel wiederherstellen wollten und den Sturz des damals höchst angefaulten Papsttums vorhersagten). Er flüchtete sich mit 1400 Anhängern auf einen Hügel im Bezirk Vercelli; aber sie wurden gefangen und getötet. Die Inquisition liefs Dolcino Glied für Glied in Stücke reifsen und die Stücke nachher vom Henker öffentlich verbrennen. Gegen diejenigen Apostoliker, welche entwischt waren, ordnete der Papst eine Art Kreuzzug an, dessen Teilnehmern er einen vollständigen Ablafs gewährte. Fünfzehn Jahre später wurden dreifsig Apostoliker zu Padua auf dem Marktplatz lebendig verbrannt.

Da die Katharer ihre Lehren streng geheim hielten – die eigentlichen Ziele sogar den in die geringeren Grade Eingeweihten gegenüber – wissen wir darüber nicht viel. Sie ähnelten, so weit man sie kennt, teils denen der Manichäer, teils denen der Albigenser. Sie glaubten an die Seelenwanderung, und zwar sollten behufs Erlangung des „Lichtes" sieben Wandlungen erforderlich sein; doch dürfte das nur eine allegorische Redewendung für ihre sieben Grade und das Ziel der Einweihung gewesen sein. Die Entstehung der sichtbaren und der unsichtbaren Welt schrieben sie zwei verschiedenen Schöpfern zu; die sichtbare sei das Werk des bösen Geistes – weshalb sie die biblische Schöpfungsgeschichte, den Glauben an die Menschwerdung Christi, das Fegefeuer, die Hölle u. s. w. verwerfen mufsten. Sie neigten dem Kommunismus zu, waren Gegner der Ehe, führten ein arbeit- und sparsames Leben, übten Wohlthätigkeit, gründeten Schulen und Krankenhäuser, machten zu Bekehrungszwecken weite Land- und Seereisen, sprachen den Behörden das Recht zur Verhängung der Todesstrafe ab und mifsbilligten den Selbstmord durchaus nicht. In der Mifsachtung des Kreuzes gingen sie den

Tempelrittern voran; sie konnten nicht begreifen, wie Christen es über sich bringen können, den Todesbehelf ihres Erlösers zu verehren, und sie hielten das Kreuz für das Sinnbild des bösen Tieres der Apokalypse. Ihren Gottesdienst hielten sie in Wäldern, Höhlen oder versteckten Thälern ab. Gegen sie erhob man, wie im Lauf der Zeiten gegen die Mithraiten, die Urchristen, die Gnostiker, die Juden, die irischen Katholiken, die christlichen Missionäre in China etc., die Beschuldigung des Ritualmordes; es hiefs, dafs sie Kinder verbrennen, die Sterbenden erdrosseln oder aushungern und dergleichen Unsinn mehr. Sie besafsen vier Sakramente und die „Tröstung“ bestand im Auflegen der Hände oder in der Taufe durch den heiligen Geist, welche von den Sünden lossprach und ewige Seligkeit sicherte. In Zeiten der Verfolgung wurden die Feierlichkeiten abgekürzt und nachts an verborgenen Plätzen abgehalten, wobei die brennenden Fackeln die Feuertaufe versinnbildlichten. Zu den Einweihungsriten gehörte das Vorlesen der ersten achtzehn Verse des Evangeliums Johannis. Zur Erinnerung an seine Einweihung erhielt der männliche Neuling ein unter dem Hemd zu tragendes Kleidungsstück aus Leinen oder Schafwolle, der weibliche einen Gürtel, der ebenfalls auf dem blofsen Leibe getragen wurde.

Die bereits erwähnte Sekte der Waldenser (Vaudois) entstand im zwölften Jahrhundert und verdankte ihre Gründung dem reichen Lyoner Bürger Peter Waldo (oder Waldus), einem Abkömmling jenes Lyoner Thomas Waldus, der zu den ersten gehörte, die die Lehren der römischen Kirche öffentlich verwarfen. Ihre Bestrebungen glichen vielfach denen der Albigenser. Von der offiziellen Kirche verfolgt, breitete sie sich über einen grofsen Teil von Europa aus. Im dreizehnten Jahrhundert hetzte der Papst ihr einen Kreuzzug an den Hals – vergeblich. Zur Zeit der Reformation rechnete man die Waldenser zu den Protestanten; doch unterschieden und unterscheiden sie sich von diesen in vielen Glaubenspunkten und bilden noch heute eine besondere Sekte. Es giebt ihrer in vielen Teilen Europas; im Königreich Sardinien wurde ihnen erst 1848 die Gleichberechtigung mit den Katholiken gewährt. Nach Rulman Merswin (1370–80) gab es zu seiner Zeit eine in den Schweizer Bergen verborgen lebende Waldensergemeinde, die sich „Gottes Freunde“ nannte. Auch die Anabaptisten, die Lollarden, die Begharden und die Beguinen waren Ableger oder Ausläufer der Waldenser.

Aus den Katharen gingen die Luziferianer hervor, die „Teufelsanbeter“ (nicht zu verwechseln mit der gleichnamigen Sekte, die unter Theodosius dem Grofsen vom Bischof von Cagliari, Luzifer, gegründet wurde und kurze Zeit bestand). Diese ostfriesländische Sekte, welche im zwölften oder dreizehnten Jahrhundert ins Leben trat, entstand dadurch, dafs die Ostfriesländer, als sie sich weigerten, dem Bischof von Bremen Zehnten zu zahlen, einfach für Ketzer erklärt wurden. Der ob seiner Heuchelei und Grausamkeit berüchtigte Konrad von Marburg ergriff die Partei der Kirche und schickte dem Papst einen blödsinnigen Bericht, den Gregor IX. für bare Münze nahm und zum Gegenstand seiner Bulle von 1233 machte. Wir lassen hier den wesentlichsten Inhalt des in der Bulle wiedergegebenen Berichts folgen:

Bei der Einweihung eines Kandidaten liefsen ihm die Luziferianer zunächst einen Frosch oder eine Kröte – manchmal so grofs wie eine Gans, noch öfter wie ein Backofen!! – erscheinen, dessen Zunge und Speichel er mit dem Munde aufsaugen mufste. Sodann erschien ihm ein bleicher Mann aus Haut und Knochen; er mufste ihn küssen, wodurch er jede Erinnerung an den katholischen Glauben verlor. Ferner kam aus einer Bildsäule heraus ein schwarzer Kater, dessen Hintern alle Anwesenden küfsten. Nunmehr wurden die Lichter ausgelöscht und die schlimmsten Ausschweifungen begangen. Nach dem Wiederanzünden der Kerzen erschien ein Mann, dessen Oberleib die Sonne an Glanz übertraf, während der Unterleib dem einer Katze glich. Dieser Mann empfing ein abgerissenes Stück der Kleidung des Neueingeweihten als Unterpfand dafür, dafs derselbe fürder ihm angehöre. Diese Sekte huldigte der Ansicht, dafs Gott Luzifer ungerechterweise in die Hölle verbannt habe und dafs der Satan schliefslich wieder in seinen einstigen Zustand der Glorie und des Ruhmes werde eingesetzt werden.

Es ist Thatsache, dafs im dunklen Mittelalter die von weltlichen und kirchlichen Unterdrückern grausam gequälten, planmäfsig an Aberglauben gewöhnten Massen, wenn sie sich von den Göttern und den Heiligen verlassen sahen, sich in ihrer Verzweiflung manchmal um Schutz an den Teufel wandten und dafs so allmählich eine Art Teufelsanbetung entstand. Wie die frommen „Ewigen Evangelisten“, glaubten denn auch die Luziferianer an die dereinstige Wiedereinsetzung des Teufels; alles andere aber ist Unsinn – ersonnen, um die Sekte zu schädigen.

Soviel man weifs, hatten die Luziferianer Erkennungszeichen und Losungsphrasen. Sie pflegten einander mit den Worten zu begrüfsen: „Luzifer, dem Unrecht geschah, grüfst dich.“ Um von ihren Versammlungen Uneingeweihte fernzuhalten, fragten sie jeden Eintretenden: „Stechen die Dornen heute?“ Natürlich konnten nur die Eingeweihten die richtige Antwort geben. Die Zusammenkunftsorte hiefsen „Keller der Reue“. Schon am Ende des dreizehnten Jahrhunderts war es der römischen Kirche gelungen, die Sekte gänzlich auszurotten.

Es gab noch viele andere Ketzersekten, deren Namen entweder von dem ihrer Stifter oder von dem ihrer Entstehungsorte herrührten: die Messalianer, die Bogumilen, die Kainianer, die Enkrafiten u. s. w.; doch spielten sie keine besondere Rolle. Sie alle lieferten jahrhundertelang der offiziellen Kirche, namentlich der Inquisition, zahlreiche Opfer für Scheiterhaufen und Folterkammer. Mit der Beschuldigung der Ketzerei wurde sehr oft die der Hexerei verbunden. Thomas Stapleton, der unter Königin Elisabeth nach Holland auswanderte, um der Verfolgung durch die Katholiken zu entgehen, schrieb ein Buch über die auffallend grofse gleichzeitige Zunahme der Geistlichkeit und des Hexenwesens und nannte diese beiden „Übel“ die „Zwillingskinder des Teufels“. Lange galt es für verdammenswerte Ketzerei, nicht an Hexerei und Zauberei zu glauben.

Die ohnehin vorhandene Freundschaft zwischen den Albigensern und den Troubadours wurde durch die Verfolgungen nur noch gekräftigt. Sie sangen und kämpften für einander und ihr Gesang erstickte auf den flammenden Holzstöfsen. Wir gehen wahrscheinlich nicht fehl, wenn wir die Troubadours als die Organisatoren jener ausgedehnten Verschwörung gegen die römische Kirche betrachten — als die Bahnbrecher einer Erhebung, die nicht auf schnöden Ehrgeiz und materielle Interessen, sondern auf eine Religion der Liebe gerichtet war. Die provençalischen Troubadours sind uns heute allerdings fast unverständlich und wir wissen die ihnen gewidmeten Lobpreisungen Dantes, Petrarcas und Chaucers nicht mehr zu würdigen; aber es sei fern von uns, ihre Begeisterung für Wahnsinn zu halten oder ihnen die Erfolge abzusprechen, die sie zweifellos errangen. Wir thun wohl am besten, anzunehmen, dafs diese Ketzerpioniere, an dem klaren Ausdruck ihrer Gedanken verhindert, dieselben in dunkler, versteckter Weise zur Darstellung brachten, wie denn wohl auch die prunkvollen und feierlichen Liebeshöfe darauf berechnet waren, das wachsame Auge der päpstlichen Inquisition über die „Logen“ der Albigenser hinwegzutäuschen. Derlei ist auch zu politischen Zwecken wiederholt geschehen. Immerhin gab es auch Troubadours und Minnesänger, die offen gegen die Mifsbräuche der Kirche und den sittenlosen Lebenswandel der Geistlichkeit auftraten; so z. B. Walther von der Vogelweide, Peter Cardinal u. a. Die Ergüsse der Troubadours waren stets an eine Dame gerichtet, die aber nie genannt wurde; doch war das Geheimnis nur ein scheinbares, denn die angerufene Geliebte war, wie Dantes Beatrice, nur das Sinnbild der gereinigten Religion der Liebe, als Jungfrau Sophia personifiziert.

Die Troubadours hatten vier Grade, aber der „Roman der Rose“ spricht von drei und vier Graden, was abermals die geheimnisvolle Siebenzahl ergiebt. Die soeben genannte Dichtung schildert ein Schloſs mit siebenfachen Mauern und zahlreichen sinnbildlichen Gestalten, deren Bedeutung man erklären können muſste, um ins Schloſs eingelassen zu werden. Die Troubadours hatten ihre geheimen Erkennungszeichen. Was die vorhin bereits erwähnten Liebeshöfe betrifft, so waren die darin unter umständlichen Zeremonien zuerkannten Grade leichtfertiger und unsittlicher Natur, folglich mit den reinen Sitten der Albigenser unvereinbar. Wir dürfen deshalb wohl annehmen, daſs sich hinter diesen galanten Spielereien weit ernstere Dinge verbargen. Ist es nicht bemerkenswert, daſs diese Liebeshöfe und die Troubadours überhaupt gleichzeitig mit den Albigensern verschwanden?

Militär und Religion.

Die Gralsritter gaben vor, das Gefäſs der Wahrheit zu suchen, welches einst das Blut des Erlösers enthielt. Das war nur ein bildlicher Ausdruck für das Bestreben, der christlichen Kirche wieder ihre apostolische Gestalt zu verleihen und die treue Befolgung der Vorschriften des Evangeliums herbeizuführen. Die Ritter saſsen an einem runden Tisch (Tafelrunde), an dem es keinen ersten und keinen letzten gab. Ihre Zulassung erfolgte erst nach vielen schweren Erprobungen. Die Zahl ihrer Grade betrug zuerst drei, später sieben und nach der vermutlichen Verschmelzung mit den Albigensern, Templern und Ghibellinen dreiunddreiſsig. Die Hauptgrade waren: Page, Schildknappe, Ritter, und als die drei wichtigsten militärisch-religiösen Orden jener Zeit müssen die Tempelherren, die Johanniter (Malteser) und die Deutschen Ritter bezeichnet werden.

Die Ordensritter waren die militärischen Apostel und Missionäre der Religion der Liebe, stolze soldatische Troubadours, die, um das Banner des Rechts und der Gerechtigkeit geschart, gegen die ungeheuerlichen Miſsbräuche der Pfaffenwirtschaft kämpften, die „Witwe“ (die gnostische Kirche?) trösteten, die „Söhne der Witwe“ – d. h. die Anhänger Manes' – beschützten, sowie Riesen, Drachen, Inquisitoren und Kirchenmänner besiegten. Die gewaltige Stimme des rasenden Roland, welche den Granitfelsen der Berge Sprünge beibrachte, ist die Stimme jener sogenannten Ketzerei, die ihren Weg nach Spanien fand und dem Ausspruch Ludwigs XIV., daſs es keine Pyrenäen mehr gebe, zuvorkam.

Selbstverständlich sprechen wir hier nicht von dem Rittertum der Feudalzeiten, sondern von dem romfeindlichen Rittertum, das aus dem Schofse des Manichäismus und Katharismus hervorging. Aber schon zu jener Zeit handelte die römische Kirche nach dem Grundsatz, zu lenken, was sie nicht unterdrücken konnte; und da sie vor dem Spiritualismus - dem ritterlichen ebenso wie dem mystischen oder dem platonischen – mit Recht grofse Furcht hatte, leitete sie seinen Strom, statt gegen ihn schwimmen zu wollen, mit viel Schlauheit in Betten, in denen er dem Papsttum nicht nur nicht schadete, sondern geradezu aufserordentlich nützte.

Die Dichter der Tafelrunde- und Grals-Romantik waren wohlvertraut mit den gallischen Dreiheiten, den keltischen Sagen und den Geheimnissen der theologischen Lehren der Barden. Diese Romantik hatte ihren Ursprung in den Erscheinungen der natürlichen Welt und der heilige Gral war nur eine verkleinerte Arche Noäh. Die Geliebte der Ritter war in der Anfangszeit des Rittertums die Jungfrau Sophia, d. h. die personifizierte Philosophie. Die bei den Einweihungsriten gebrauchten Redewendungen und geleisteten religiösen Gelübde, das Haarschneiden der Ritter und viele andere Umstände beweisen die Irrigkeit der Annahme, die „Liebe" des Rittertums sei eine irdische – wenngleich noch so edle und vergeistigte – gewesen.

Ganz besonders gilt dies von dem Orden der Freiwilligen Ritter, dessen Satzungen gar sehr denen der Templer und Johanniter ähnelten. Das war der religiöseste aller Ritterorden; seine Mitglieder afsen nur zweimal täglich, tranken blofs Wasser und führten überhaupt einen streng soliden Lebenswandel. Ihre Kleidung war dreifarbig und die Farben waren dieselben, die Dante an Beatricens Kleidung bemerkte. Abgesehen von ihren besonderen Pflichten, waren sie allen Regeln des Rittertums unterworfen; sie mufsten die Schwachen gegen die Starken schützen, Ruhestörungen wettmachen und die apostolische Religion verteidigen. Es heifst, dafs sie sich ein Abzeichen ihrer Verbrüderung auf den rechten Arm einbrannten; doch ist das vielleicht blofs eine Versinnbildlichung der Taufe durch das Feuer und den heiligen Geist, die zu den wesentlichsten Riten der Religion der Liebe gehörte.

Die Tempelherren.

Stiftung des Ordens. — Seine Eide und Gelübde. — Seine Anfänge. — Sein Banner. — Sein Reichtum. — Die Komtureien. — Der Pariser Temple. — Beschuldigungen und Angriffe. — Hinterlistiges Verfahren dem Grofsmeister gegenüber. — Einkerkerungen und Anklagen. — Verbrennung zahlreicher Ritter. — Jacob von Molay. — Geheimnisse der Templer. — Einweihung. — Erklärung des Verfluchens und Bespeiens des Kreuzes. — Angebliche Ausschweifungen. —Die Templer Gegner der römischen Kirche. — Baphomet. — Unterdrückung des Ordens und Verwendung seines Vermögens.

Die Gründung des Templerordens erfolgte 1118 und zwar baute man ihn teilweise auf einen älteren Orden auf, wie aus einer in der Louvre-Bibliothek befindlichen Handschrift hervorgeht, die den Titel führt: „Nostes sur les frères mages, ecristes par un contemporain des Chevaliers Templiers qui en estes.“ In dem genannten Jahr traten neun tapfere und fromme Ritter zur Bildung eines Bundes zusammen, der die Merkmale des Mönchs- mit denen des Ritterwesens vereinigen sollte. Sie wählten zur Schutzherrin „die süfse Mutter Gottes“, verpflichteten sich, nach den Regeln des heiligen Augustin zu leben und schworen, ihre Arme, ihre Schwerter, ihr ganzes Leben der Verteidigung der Geheimnisse des christlichen Glaubens zu weihen, dem Grofsmeister unbedingten Gehorsam zu leisten, um Christi willen nötigenfalls jederzeit sich jeder Gefahr auszusetzen und selbst einer dreifachen feindlichen (ungläubigen) Übermacht nicht zu weichen. Sie gelobten ferner Keuschheit und Armut und versprachen, weder zu einem andern Orden überzugehen, noch einen fufsbreit Landes abzutreten. König Balduin II. wies ihnen einen Teil seines Palastes in der Nähe der Tempelkirche an, deren Abt ihnen einen die beiden Gebäude verbindenden Weg überliefs. Demgemäfs nannten sie sich „Tempelmilitär“.

Während der ersten neun Jahre lebten sie in so grofser Armut, dafs die zwei eigentlichen Stifter, Hugo von Payens und Gottfried von Saint-Omer, zusammen blofs ein Schlachtrofs besafsen — ein Umstand, der auf dem Ordenssiegel durch die Darstellung zweier auf einem Streitrofs sitzenden Ritter verewigt erschien. Bald bestätigte Papst Honorius den Orden, als dessen Hauptkleidungsstück er einen weifsen Mantel vorschrieb, dessen Brustteil später auf Anordnung Eugens III. mit einem roten Kreuz versehen wurde. Das Ordensbanner — aus schwarz und weifs gestreiftem Tuch — hiefs „beauséant“ (= die altfranzösische Bezeichnung für „Schecken“) und dieses Wort wurde zum Kriegsruf der Templer. Auf dem Banner erschien nebst einem Kreuz die lateinische Inschrift: „Nicht uns, o Herr, gieb Ruhm, sondern Deinem eigenen Namen.“

Der Orden breitete sich immer mehr aus und zahlreiche mächtige Fürsten schenkten ihm grofse Besitzungen und sonstiges beträchtliches Eigentum. König Alfons von Arragon und Navarra machte die Templer sogar zu seinen Erben, doch verweigerte das Land die Bestätigung dieser Schenkung. Es dauerte nicht lange und der Orden war die reichste Körperschaft Europas; er brachte es in Asien, Afrika und Europa auf rund neuntausend Komtureien mit dem für jene Zeit geradezu ungeheuerlichen Jahreseinkommen von 112 Millionen Francs. Morgenländische Komtureien gab es in Jerusalem, Tripolis, Antiochien und auf Cypern, abendländische in Portugal, Kastilien, Leon, Arragonien, Frankreich, Flandern, den Niederlanden, England, Schottland, Irland, Deutschland, Italien und Sicilien.

Solange Jerusalem in den Händen der Christen war, blieb diese Stadt der Hauptsitz des Ordens; später wurde derselbe nach Paris verlegt und zwar in den eigens erbauten historischen „Temple.“ Dort fand Philipp der Schöne i. J. 1306 Zuflucht und Schutz, als ein Volksaufstand gegen ihn ausgebrochen war; der habsüchtige König erwies sich, wie wir alsbald sehen werden, den Rittern gegenüber undankbar, die unvorsichtig genug gewesen sein sollen, ihm ihre unermefslichen Schätze zu zeigen. Bekanntlich diente derselbe Riesenbau während der grofsen Revolution als Gefängnis für Ludwig XVI. Erst vor kurzer Zeit wurde der „Temple“ niedergerissen.

Am Ende des 12. Jahrhunderts zählte der Orden etwa dreifsigtausend Mitglieder, zumeist Franzosen, weshalb denn auch der Grofsmeister gewöhnlich ein Franzose war. Die Templerflotte monopolisierte den Levantehandel und dem Orden standen im Orient überall grofse Streitkräfte zur Verfügung. Von der ursprünglichen Armut und Demut war keine Rede mehr. Palästina war für die Christen verloren, ohne dafs die Templer sich um die Wiedereroberung bemühten; dagegen zogen sie ihre nur für den Dienst Gottes bestimmten Schwerter häufig in den Fehden und Feldzügen der Länder, die sie bewohnten. An die Stelle der Frömmigkeit traten bei ihnen Stolz und Anmafsung. Der sterbende Richard Löwenherz sagte: „Ich überlasse die Habgier den Cisterciensern, den Luxus den Bettelmönchen, den Stolz den Tempelrittern.“ Vielleicht war es übrigens weniger Stolz als Machtbewufstsein, zuweilen wohl auch nur berechtigtes Selbstgefühl. Die englischen Templer hatten zu Heinrich III. gesagt: „Du wirst König bleiben, solange Du gerecht sein wirst.“ In Kastilien verbanden sie sich mit den Johanniter-Rittern gegen den König. Ob sie aber wirklich, wie es heifst, die Errichtung eines grofsen abendländischen Reichs oder gar eine Weltherrschaft anstrebten — wie der deutsche Ritterorden, die Malteser-Ritter oder die Jesuiten von Paraguay — ist sehr zweifelhaft, da sie (die Templer) zu sehr verstreut waren, um sich mehr als eines einzelnen Staates bemächtigen zu können; wie hätte der Orden eine Aufgabe bewältigen sollen, für welche nicht einmal die Truppenmacht Karls des Grofsen genügte? Begründeter waren die Beschuldigungen, dafs der Orden durch seinen Wettkampf mit den Johannitern das Königreich Palästina gefährdete, mit Ungläubigen Bündnisse schlofs, Cypern und Antiochia bekriegte, König Heinrich II. von Jerusalem entthronte, Griechenland und Thrakien verwüstete, jeden Beitrag zum Lösegeld für den heiligen Ludwig verweigerte, sich für Arragon und gegen Anjou erklärte (in den Augen des Königs von Frankreich ein unverzeihliches Verbrechen!) u. s. w. In den Augen dieses Königs war jedoch das gröfste Verbrechen des Ordens sein grofser Reichtum und deshalb sann er auf dessen Untergang.

Philipp der Schöne brauchte nämlich dringend Geld, und zwar viel, sehr viel Geld. Der Sieg von Mons war ärger gewesen als eine Niederlage, ein wahrer Pyrrhussieg, denn er hatte ihn zu Grunde gerichtet. Der König mufste Guyana wieder abtreten und stand im Begriff, Flandern zu verlieren. Wegen einer neuen Steuer war in der Normandie ein Aufstand ausgebrochen, sodafs er sie aufheben gemufst. Die Bevölkerung der Hauptstadt hegte gegen die Regierung eine so feindselige Gesinnung, dafs Versammlungen von mehr als fünf Personen verboten wurden. Philipp zerbrach sich den Kopf darüber, wie unter solch schwierigen Verhältnissen Geld zu beschaffen wäre. Bei den Juden war nichts mehr zu holen, denn mittels Kerkers, Geldstrafen und Folterungen hatte man ihnen bereits alles erprefst. Da konnte nur irgend eine umfassende Güter-Einziehung helfen; aber es mufste eine sein, welche die Klassen, von denen die Macht des Königs abhing, nicht nur nicht vor den Kopf stofsen, sondern sie auch noch in den Glauben versetzen sollte, es handle sich lediglich um die Bestrafung von Übelthätern gegen die Gesetze des Staates und die Gebote der Religion — beileibe nicht um schnöde Geldsucht. So veranlafste denn Philipp der Schöne die Verleumdung der Tempelherren durch Schriften, in denen ihnen Ketzerei, Ungläubigkeit und allerlei schwere Verbrechen vorgeworfen wurden. Grofse Wichtigkeit mafs man den Beschuldigungen bei, welche zwei Renegaten erhoben, deren einer als Templer vom Grofsmeister wegen vieler Missethaten zu lebenslänglichem Kerker verurteilt worden war, aber die Flucht ergriffen hatte.

Jetzt forderte Philipp den Papst (Klemens V.), dem er zum

heiligen Stuhl verholfen hatte, auf, die fünfte der Bedingungen zu erfüllen, unter denen er dies gethan. Die ersten vier Bedingungen hatte der König sofort genannt, die Nennung der fünften aber hatte er sich für eine geeignete Zeit vorbehalten, und zweifellos dachte er hierbei an die Ausrottung des Templerordens. Der erste Schritt des heiligen Vaters war, den Grofsmeister, Jakob von Molay, nach Paris zu locken, und zwar durch die Vorspiegelung, dafs es sich um eine Beratung über Mafsregeln zur Wiedererlangung Palästinas handle. Der Grofsmeister kam thatsächlich 1307 aus Cypern in Begleitung von sechzig Rittern nach Paris und brachte 150000 Goldgulden und zwölf Pferdeladungen Silber mit sich. Diesen Schatz verwahrte er im „Temple". Der tückische König wiegte ihn in Sicherheit, indem er ihn mit der ausgesuchtesten Aufmerksamkeit behandelte, ihn zum Taufpaten eines seiner Söhne machte und ihn bei der Leichenfeier seiner Schwägerin einen Zipfel des Bahrtuches tragen liefs. Aber sehr bald liefs er ihn und sein ganzes Gefolge verhaften und sandte an die mafsgebenden Provinzialbehörden den geheimen Befehl, am 13. Oktober 1307 alle Tempelherren im ganzen Lande zu ergreifen und ihr Eigentum einzuziehen. Demgemäfs wurden Tausende von Rittern eingekerkert.

In dem Verfahren, welches man gegen den Orden einleitete, erhob man die folgenden Anklagen: Verleugnung Christi, der Mutter Gottes und der Heiligen; Anspeien und mit Füfsen treten des Kreuzes; Anbetung – in einer finstern Höhle – eines Götzen in Gestalt eines, mit einer alten Menschenhaut bedeckten Mannes mit zwei glänzend leuchtenden Karfunkeln statt der Augen; Salbung dieses Götzen mit dem Fett gerösteter Kinder; Verehrung desselben als des höchsten Gottes; Anbetung des Teufels in Gestalt einer Katze; Verbrennung der Leichen der Ordensritter und Verabreichung der Asche – mit Speisen und Getränken vermengt – an die jüngeren Templer. Ferner wurden die Ritter mancherlei widernatürlicher Verbrechen, furchtbarer Ausschweifungen und abergläubischer Scheufslichkeiten beschuldigt, die nur von Tollhäuslern begangen werden könnten und die nur in unwissenden, blöden Hirnen Raum finden. Behufs Erzielung von Geständnissen wurden die Unglücklichen gefoltert, und zwar nicht nur in Frankreich, sondern auch in England, denn Eduard II. vereinigte sich mit Philipp zur Vernichtung des Ordens. Viele Ritter machten, um nicht länger gemartert zu werden, Scheingeständnisse, zahllose andere starben unter der Folter, ohne etwas zu gestehen, während noch andere sich im Gefängnis das Leben nahmen oder selbst aushungerten.

Der schändliche Prozefs dauerte jahrelang und die Verfolgung erstreckte sich bald auch auf andere Länder. Auf

Cypern, in Deutschland und Spanien wurde der Orden gänzlich freigesprochen. In Italien, England und Frankreich schien er eine Zeit lang günstige Aussichten zu haben, denn der Papst begann, sich auf seine Seite zu stellen, weil es den Anschein hatte, als wollten Philipp der Schöne und Eduard II., die den gesamten französischen und englischen Besitz der Templer an sich gerissen hatten, den heiligen Vater um seinen Anteil an dem Raub betrügen. Da die Könige ihm jedoch nachträglich wieder Zugeständnisse machten, liefs er die Templer im Stich. Freilich beklagte er sich schliefslich darüber, dafs sein Anteil zu gering ausgefallen sei.

Eine grofse Anzahl von Rittern wurde hingerichtet. Eines Tages führte man ihrer 59 auf die Felder hinter dem Pariser Antoniuskloster, wo Scheiterhaufen errichtet worden waren. Man bot den Bedauernswerten die Begnadigung an für den Fall, dafs sie gestehen sollten; aber kein einziger gestand und so wurden sie alle langsam geröstet. In Senlis wurden neun Templer verbrannt, anderwärts ebenfalls viele. Der Grofsmeister blieb $5^1/_2$ Jahre lang eingekerkert – zweifellos unterwarf man ihn wiederholt der Tortur – bis er schliefslich am 18. März 1313 nebst dem Grofs-Präzeptor des Ordens, Guy, den Feuertod erlitt; beide beteuerten bis zum letzten Augenblick die Falschheit der gegen die Templer erhobenen Beschuldigungen.

Selbtverständlich legen wir wenig Gewicht auf gewaltsam erprefste Geständnisse und auf Anklagen aus Rache, Habgier oder Unterwürfigkeit; aber dafs die Satzungen, Glaubenslehren und Riten des Templerordens gewisse Geheimnisse und Besonderheiten aufwiesen, die sie von den Anschauungen, Dogmen und Zeremonien der anderen religiös-militärischen Vereinigungen beträchtlich unterschieden, liegt auf der Hand. Der lange Aufenthalt in Palästina, das von aus Konstantinopel vertriebenen schismatischen Griechen und Ketzern wimmelte; der Wettkampf mit den Johannitern; die Berührung mit den Sarazenen; der Verlust des heiligen Landes, der die Templer zum Müfsiggang verurteilte und ihnen in den Augen der Welt schadete; all dies und noch manches andere trug zur Umgestaltung des Ordens in einer Weise bei, die mit seiner ursprünglichen Verfassung im Widerspruch stand. So vermengten sich im Lauf der Zeit mit den anfänglichen Ideen und Bräuchen neue, die im Widerspruch standen mit der strenggläubigen Denkungsart, welcher diese militärische Religionsbrüderschaft ihre Entstehung und Stärke zu verdanken hatte.

Während die „Kirche“ das Haus Christi genannt werden kann, war der „Tempel“ das Haus des heiligen Geistes. Die Templer erbten ihre Religion von den Manichäern, den Albigensern und anderen Sekten mit ritterlichem Charakter. Ihre Einweihungsbräuche, ihre Denkmäler u. s. w. bewiesen das Vorherrschen der Religion des Geistes in den Geheimlehren des Tempels. Was die Art der Einweihung betrifft, so ist oft behauptet worden, sie habe nächtlicherweile in Gegenwart des Ordenskapitels unter strengem Ausschlufs aller Laien stattgefunden, sei von zügellosen Riten begleitet gewesen und der Aufnahmebewerber habe das Kreuz – für das so viele Templer ihr Leben gelassen hatten – verleugnen, verfluchen und anspeien müssen. Höchst wahrscheinlich war die letztere Beschuldigung einigermafsen begründet, doch giebt es für diesen Brauch eine Erklärung, und zwar die folgende.

Eine solche Mifshandlung des Kreuzes darf nicht Wunder nehmen in einem Zeitalter, in welchem man Kirchen in Theater verwandelte, heilige Dinge durch groteske Darstellungen entweihte und die Mysterien des Altertums Christus und den Heiligen zu Ehren nachahmte. Man denke auch an die erstaunlichen Scenen, die nachmals in den Heiligenschauspielen dargestellt wurden. Nun denn, der Bewerber um den Templergrad wurde zuerst als ein Sünder, ein schlechter Christ, ein Abtrünniger eingeführt, der seine scheinbare Schlechtigkeit, seine Verleugnung Christi u. s. w. häufig dadurch bekundete, dafs er das Kreuz anspie. Der Orden nahm es auf sich, den Sünder zu bessern und ihn desto höher zu erheben, je tiefer sein Fall gewesen. So simulierte beim Fest der Idioten der Kandidat einen Zustand der Blödheit und der Erniedrigung, aus dem ihn die Kirche befreien sollte. Anfangs richtig aufgefafst, wurden diese Komödien später falsch ausgelegt und erregten Anstofs bei den Gläubigen, denen der Schlüssel des Rätsels fehlte. Die Templer hatten bei sich ähnliche Zeremonien eingeführt. Sie waren Sprossen der Katharer und der Manichäer. Die Katharer aber mifsachteten das Kreuz und hielten es für ein Verdienst, dasselbe mit Füfsen zu treten. Bei den Templern war dieser Brauch, wie aus ihrem grofsen Prozefs hervorging, nur eine Versinnbildlichung des dreimal wiederholten Verrates des heiligen Petrus.

Was die Beschuldigung lasterhafter Übungen im Ritus betrifft, so ist sie entweder gänzlich unwahr oder nur von einzelnen Örtlichkeiten und Graden wahr. Aus den Gerichtsverhandlungen ergab sich, dafs viele Ritter von den Bräuchen, deren man sie beschuldigte, nicht einmal gehört, die Baphometbüste (vgl. weiter unten) niemals gesehen hatten und nie aufgefordert worden waren, sich an Zügellosigkeiten zu beteiligen. Wenn vereinzelte Ritter Ausschreitungen verübten, so durfte man diese nicht dem ganzen Orden zur Last legen. Übrigens waren in jenen Zeiten widernatürliche Verbrechen so verbreitet, dafs selbst die wirkliche Verübung solcher durch die Templer hätte milde beurteilt werden müssen. Mufste doch z. B. damals jeder Bewerber um einen Bischofssitz beschwören, sich weder der Nonnenverführung, noch der Sodomie, noch der „Bestialität“ schuldig gemacht zu haben. Alle gegen die Templer erhobenen Anklagen waren vorher gegen die Katharer, die Albigenser und die Johanniter erhoben worden, und Papst Klemens V. erliefs vier Tage nach der Bulle, mittels welcher er den Templerorden unterdrückte, eine andere, in der er zugab, dafs das ganze Beweismaterial gegen den letzteren lediglich auf Verdächtigungen hinausgelaufen sei.

Übrigens mag die eventuelle Mifshandlung des Kreuzes und die dadurch bewirkte Verewigung des Verrates Petri noch einen ganz besonderen Grund gehabt haben. Die gnostischen und kabbalistischen Sinnbilder, die auf und in Templergrabstätten entdeckt worden sind, bekräftigen die Thatsache, dafs der Orden sich während und infolge seines langen Aufenthalts im Orient den Lehren der Gnostiker und Manichäer näherte, welche ihm minder arg erschienen als die der päpstlichen Kirche. Auch kannte er den Mifserfolg, den die Verkündigung der Kreuzigung Christi in Athen hatte (und zwar wegen des Aeschylosschen Trauerspiels „Der besiegte Prometheus“; vergl. den Abschnitt „Christliche Mysterien“). So mochte er denn auf den Gedanken gekommen sein, dafs Christus, gleich den übrigen ähnlichen Gottheiten, nur ein von der Kirche vielfach mifsbrauchtes religiöses und dichterisches Sinnbild der Sonne sei, und daher mochte er Peter verleugnet und sich an Johannes gehalten haben — ein geheimes Schisma, das nach einigen Schriftstellern ebenso sehr wie der grofse Reichtum des Ordens zu dessen Verbot durch den heiligen Stuhl geführt haben soll.

Diese Erklärung liefert auch einen Schlüssel zu der Bedeutung und dem Namen des Götzen, den die Tempelherren angeblich anbeteten. Es war das ein Mann mit langem, weifsem Bart. Man nannte ihn „Baphomet“ und dieser Name hat den Scharfsinn vieler Kritiker auf die Probe gestellt, aber die einzige erwähnenswerte Erklärung seiner Bedeutung ist die Nicolaische, wonach das Wort aus dem griechischen βαφὴ μήτις (= „Taufe der Weisheit“) entstand und das Bildnis Gott darstellte, den „allgemeinen Vater“. Was die Bedeutung des Kopfes betrifft, so war er sicherlich eines der gnostisch-kabbalistischen Symbole, die die Templer angenommen hatten. Die Kabbalisten pflegten Gott an und für sich durch ein bartloses, den schöpferischen Gott durch ein bärtiges Haupt darzustellen; jenes versinnbildlichte die Unveränderlichkeit, dieses das stetige Wachstum. Den Templern symbolisierte die Büste den einzigen Gott; wenn der Hierophant sie den Neueingeweihten zeigte, sprach er das arabische Wort „jalla“ aus (= „das Licht Gottes“) und der Neuling wurde als „Freund Gottes“ angesprochen. Da nun aber damals das Leugnen der Dreifaltigkeit mit Folterung und Verbrennung bestraft wurde, behandelten die Templer die Sache begreiflicherweise äuſserst geheim.

Durch eine vom 6. Mai 1312 datierte päpstliche Bulle wurde der Templerorden unterdrückt. König Philipp und Klemens V. rissen das bewegliche Vermögen der Tempelritter in ihren Staaten an sich. Den übrigen französischen und italienischen Besitz erhielten die Johanniter – sehr wider den Willen Philipps, der sich aber schadlos hielt, indem er ihnen so hohe Abgaben und Strafgelder auferlegte, daſs sie fast ganz verarmten. Ein Teil der deutschen Besitzungen wurde dem deutschen Ritterorden zugewiesen, die spanischen (17 Städte und Schlösser) benutzte der König zur Gründung des Ordens unsrer lieben Frau von Montesa, der den Zweck hatte, die Mauren zu bekämpfen. Der König von Portugal unterdrückte den Orden nicht, sondern änderte seinen Namen in „Christusorden“ ab. Dieser besteht noch heute und hat seit 1789 drei Klassen: Groſskreuz, Komtur und Ritter.

SECHSTES BUCH.

GEHEIMGERICHTE.

Die heilige Feme.

Entstehung und Zweck. — Gerichtsstellen. — Einrichtungen und Benennungen. — Sprache und Vorschriften. — Gerichtsverfahren. — Vollstreckung der Urteile. — Verfall des Bundes. — Das Küssen der Marienstatue.

Die unter dem Gesamtnamen „Heilige Feme" bekannten westfälischen Geheimgerichte entstanden in der von Gewaltthätigkeit und Zügellosigkeit erfüllten Zeit, welche Deutschland nach der Ächtung Heinrichs des Löwen durchmachte, also etwa um die Mitte des dreizehnten Jahrhunderts. Die Macht des Kaisers war tief gesunken, die kaiserlichen Gerichte funktionierten nicht mehr, das Recht war der Gewalt gewichen, die Feudalherren bedrückten das Volk aufs ärgste. Die Ergreifung der Schuldigen ohne Ansehen der Person und ihre Bestrafung ohne vorherige Verständigung von dem ihnen drohenden Schicksal — das war Zweck und Daseinsgrund der Heiligen Feme. Dieser Geheimbund betrachtete sich als ein Werkzeug der öffentlichen Rache behufs Züchtigung von Verbrechern und erfreute sich der gröſsten Achtung seitens des leidenden Volkes. Auf dieser Achtung beruhte das Ansehen der gerichtlichen Gesellschaft.

Romanschreiber haben die Feme mit Dunkel, Geheimnis und Entsetzen umgeben; gewiſs ist denn auch, daſs sie später ent- und ausartete. Anfänglich jedoch bildete sie, wie eine unbefangene Forschung lehrt, lange den besten, vielleicht den einzigen guten Gerichtshof des Landes, und ihre einzige Heimlichkeit bestand in der Schnelligkeit, mit der sie Verbrechen entdeckte und ihre Urteile vollzog. Ihre Verhandlungen wurden viel häufiger unter freiem Himmel abgehalten als in unterirdischen Gewölben oder trüb erleuchteten Höhlen. In Dortmund gingen sie sogar auf dem Marktplatz, in Nordkirchen auf dem Kirchhof vor sich. Mit Vorliebe hielt man sie unter Bäumen oder in nächster Nähe von Bäumen ab. Sie fanden nicht nachts, sondern morgens bald nach Tagesanbruch statt.

Das Thätigkeitsgebiet der Feme beschränkte sich auf Westfalen, welches damals das ganze Land zwischen dem Rhein und der Weser, zwischen Hessen und Friesland umfaſste. Das Wort „Vehm“ oder „Feme“ stammt nach Leibniz von „fama“ (das auf der Volksstimme beruhende Recht). Aber das eigentliche Wurzelwort dürfte das altdeutsche „fem“ (= Verurteilung) sein. Dazu kommt, daſs das altdeutsche „Fem“ eine geschlossene Gesellschaft oder etwas Abgesondertes bedeutete; so z. B. hieſsen die behufs Mästung beiseite gethanen Schweine „Femschweine“ und das ihnen aufgedrückte Unterscheidungszeichen nannte man „Femmal“. Um sich nun von anderen Gesellschaften zu unterscheiden, legte sich der Bund der Freien Richter den Namen „Heilige Feme“ bei. Seine Gerichtshöfe hieſsen auch „Femdinge“, „Freistühle“, „heimliche Gerichte“, „heimliche Achten“, „heimlich beschlossene Achten“, „verbotene Gerichte“.

Jedermann hatte das Recht, eingeweiht zu werden. Ein in Dortmund entdeckter Femkodex, dessen Lektüre den Uneingeweihten bei Todesstrafe verboten war, spricht von drei Graden: „Stuhlherren“, „Schöppen“ und „Fronboten“. Es gab zweierlei Verhandlungen: das „offenbare Ding“ und die „heimliche Acht.“ Um etwaige Warnungen von in contumaciam Verurteilten durch Unbefugte zu verhüten, hängte man jeden bei einer geheimen Verhandlung betroffenen Uneingeweihten sofort. Die Bundesmitglieder nannten sich „Wissende“. Die Feme bestrafte Vergehen gegen den christlichen Glauben, das Evangelium und die Zehn Gebote. Von ihrer Gerichtsbarkeit ausgeschlossen waren Weiber, Kinder, Geistliche, der Hochadel, Juden und Heiden.

Die Bundesgenossen hatten vermutlich eine Geheimsprache; wir dürfen das aus den Anfangsbuchstaben S.S.S.G.G. schlieſsen, welche sich in den im Herforder Archiv aufbewahrten Femschriften finden und denen von einigen Gelehrten die Bedeutung „Stock, Stein, Strick, Gras, Grein“ zugeschrieben wird. Bei Mahlzeiten sollen die Mitglieder sich dadurch zu erkennen gegeben haben, daſs sie die Spitze ihres Messers dem Rand und die Zinken der Gabel der Mitte des Tisches zukehrten. Die Eidschwüre glichen an Furchtbarkeit denen der höheren Grade der Freimaurerei, und Genossen, die sich als falsch erwiesen, erlitten einen schrecklichen Tod. Jeder Eingeweihte muſste u. a. beschwören, die Feme vor allem zu beschützen, was von der Sonne beschienen oder vom Regen durchnäſst oder zwischen Himmel und Erde gefunden wird; keinen Verurteilten von der über ihn verhängten Strafe zu verständigen; nötigenfalls selbst die eigenen Eltern und andere Verwandte zur Anzeige zu bringen; sich bei Eidbruch dem Fluch aller aussetzen und sich sieben Fuſs höher als üblich hängen lassen zu wollen. Eine Eidesformel, die man aus dem Dortmunder Stadtarchiv kennt und die der Kandidat barhaupt, knieend und mit zwei Fingern der rechten Hand auf dem Schwerte des Vorsitzenden aussprechen mufste, lautete wie folgt: „Dafs ich nunmehr will die Fem bewahren, hüten und halten für mich, für Wasser und Feuer, vor Sonn, vor Mond, vor Stern, vor Laub, vor allen Kreaturen, und vor alle dem, das Gott zwischen Himmel und Erden je hat werden lassen... Und das er soll fürbringen für diesen freien Stuhl, will er nicht lassen, weder durch Lieb noch um Leid, noch um Gold und Silber und Edelgestein, um Vater, Mutter, noch um Schwester, Bruder, noch um keinerlei Ding, das Gott hat lassen werden, und will füro stärken die Fem und das Gericht und diese vorbenannte Punkten alle nach meiner Macht und möge halten, dafs mir Gott helfe und alle Heiligen."

Was das Gerichtsverfahren betrifft, so wurde es mit der von einem Freischöppen vorgebrachten Anklage eingeleitet. Sodann erfolgte die Vorladung des Angeschuldigten; wehe dem Ungehorsamen! Bundesgenossen wurden sofort in geheimer Verhandlung abgeurteilt, während Uneingeweihte zunächst vors offene Gericht kamen, welches sie dann dem geheimen überwies. Die Vorladungen mufsten auf Pergament geschrieben und mit mindestens sieben Siegeln versehen sein. Der ersten und dritten Vorladung mufste man binnen sechs Wochen und drei Tagen, der zweiten binnen sechs Wochen nachkommen. War der Aufenthaltsort eines Angeklagten unbekannt, so wurde die Vorladung an einem Kreuzweg angebracht oder am Fufs eines Heiligenstandbildes oder an einer Armenbüchse in der Nähe eines Kruzifixes oder einer Kapelle an der Landstrafse befestigt. Handelte es sich um einen, sein eignes befestigtes Schlofs bewohnenden Ritter, so sollten die betr. Schöppen unter irgend einem Vorwand in das geheimste Gemach der Burg dringen und die Vorladung an den Mann bringen; nötigenfalls genügte es jedoch, wenn sie sie ans Thor befestigten, die Schildwache hiervon verständigten und vom Thor drei Spähne abhauten, die ihnen dem Freigrafen gegenüber als Beweis für die Erfüllung ihrer Aufgabe dienten.

Wer keiner der drei Vorladungen nachkommen konnte oder wollte, wurde auf Grund der Vorschriften des „Sachsenspiegels" in contumaciam verurteilt. Jeder Ankläger hatte sieben Zeugen mitzubringen, die aber nicht über den Thatbestand, sondern über die Glaubwürdigkeit des Anklägers aussagen mufsten. Eine solche gleichmäfsige Aussage von sieben Personen genügte zur sofortigen Verurteilung des Angeschuldigten zur Reichsacht und zum Tode.

Der Hals des Verurteilten wurde zum Halfter, sein Leib

zum Verzehrtwerden durch Vögel oder Raubtiere verdammt, sein Hab und Gut für verfallen, sein Weib als Witwe, seine Kinder als Waisen erklärt. Er selbst war nunmehr „fembar“, d. h. durch die Feme strafbar, und wenn drei Eingeweihte ihm wo immer begegneten, hatten sie das Recht und die Pflicht, ihn an den nächsten Baum zu knüpfen. Dem Gerichtshof safs der Freigraf vor, auf dessen Tisch ein entblöfstes Schwert und ein Halfter aus Weidenzweigen lag. – Erschien jedoch ein Angeklagter, so durfte er, ebenso wie sein Ankläger, dreifsig Zeugen stellen; beide konnten sich durch Sachwalter vertreten lassen und nötigenfalls an das allgemeine Kapitel des Geheimgerichts der Reichskammer zu Dortmund Berufung einlegen. Jedem endgültigen Todesurteil folgte die Hinrichtung durch Aufknüpfung auf dem Fufse. Nach der Verurteilung übergab der Freigraf dem Ankläger ein mit seinem Siegel versehenes Schriftstück, dessen er sich bedienen konnte, wenn er zur Vollstreckung des Urteils der Hilfe anderer bedurfte; jeder „Genosse“ mufste ihm dann beistehen, und wäre es selbst gegen die eigenen Eltern. Der Umstand, dafs die Verurteilung durch die Feme erfolgt war, wurde dadurch bekundet, dafs man in den Baum, an den der Angeklagte gehängt worden, ein Messer steckte. Leistete das Opfer Widerstand, so erstach man es mit Dolchen und liefs einen Dolch im Körper stecken.

Den in contumaciam Verurteilten spürten ohne deren Kenntnis mindestens hunderttausend Eingeweihte nach. Niemand durfte das Urteil verraten; wer es that, beging Hochverrat und verwirkte das Leben. Nur der Kaiser war des Geheimnisses entbunden. Schon durch die Andeutung, „auch anderswo sei gutes Brot zu haben“, setzte man sich der Todesstrafe aus. Kein Wunder, dafs die Feme grofsen Schrecken verbreitete. Ihre Vorladungen waren gefürchteter als selbst die des Kaisers. 1470 wurde sogar auch der letztere von drei Freigrafen vorgeladen; er erschien zwar nicht, trat aber auch nicht gegen die Kühnen auf. Allmählich hörte die Feme auf, ein guter Ersatz für öffentliche Unbill zu sein. Durch die Zulassung ungeeigneter Elemente zur Mitgliedschaft und durch den Mifsbrauch des Vorladungsrechtes verfiel der Bund der Entartung. Später durch Ruprecht und die Arensberger Reformen umgestaltet und durch die Osnabrücker Vorschriften in ihrer Macht beschränkt, bestand die Feme noch längere Zeit mit geringer gewordenen Mifsbräuchen weiter; allein die vortrefflichen bürgerlichen Einrichtungen Maximilians und Karls V., das Schwinden des Geistes der Zügellosigkeit, die Einführung des römischen Rechts und die Ausbreitung des Protestantismus trugen dazu bei, die Bevölkerung mit Abneigung gegen die ihr jetzt im Lichte der Barbarei erscheinende Gerichtsbarkeit der Heiligen Feme zu erfüllen.[1]) So starb diese langsam ab und ihre letzte Verhandlung fand 1568 zu Celle statt. Doch blieben noch Spuren zurück, bis endlich 1811 die französisch-westfälische Gesetzgebung den letzten Freistuhl (den von Gemen) aufhob.

Einer Überlieferung zufolge wurden viele der von der Feme zum Tod verurteilten Personen durch das „Küssen der Marienstatue“ hingerichtet. Das Gericht beauftragte das Opfer, das in einem Kellergewölbe untergebrachte bronzene Standbild der Heiligen Jungfrau zu küssen. Bei der ersten Berührung öffnete sich die riesige Statue mittels einer Flügelthür und der Unglückliche wurde durch einen Mechanismus hineingeschoben, worauf sich die Thür wieder schlofs. Das enge Innere war mit scharfen, spitzen Pflöcken, Nägeln und Klingen besät, die den Verurteilten zerstachen und zerschnitten, während eine Vorrichtung an der Thür ihm die Augen zerstörte. Nach kurzer Zeit öffnete sich eine Fallthür, durch welche er in eine cylindrische Vorrichtung fiel, in der er von scharfen Messern noch ärger zugerichtet wurde. Dann fiel er in noch zwei, immer engere Cylinderpaare, die ihn in kleine Stückchen zerhackten, welche schliefslich in einen Bach fielen, der sie wegschwemmte.

Die Beati Paoli.

Diese sicilianische Gesellschaft hüllte sich in so dichtes Geheimnis, dafs wir nur äufserst wenig von ihr wissen. Nicht nur auf Sicilien erregte sie Schrecken, sondern auch in Kalabrien, wo sie zuerst entdeckt und von den Lehnsmännern, die ihre Macht durch sie bedroht sahen, in grausamer Weise unterdrückt wurde. Der beim Volk sehr beliebte Bund, welcher den Übergriffen des Königtums und des Adels entgegenarbeitete, vergafs sich zuweilen, verlor die Selbstbeherrschung und machte sich verwerflicher Handlungen schuldig – ganz wie die Heilige Feme,

---

[1]) Was die Mifsbräuche betrifft, so findet man das Beste darüber in Theodor Lindners erschöpfendem Buch, das nicht weniger als 670 engbedruckte Seiten umfafst. Er hebt namentlich hervor, dafs hochstehende oder einflufsreiche Verurteilte es in ihrer Macht hatten, das Femurteil durch einen andern Freistuhl aufheben zu lassen, und dafs der Bestand der Feme vielen Schurken Gelegenheit gab, ehrliche Menschen ins Unglück zu stürzen. An der Hand amtlicher Urkunden weist Lindner nach, dafs es zur Blütezeit der Feme mit der öffentlichen Ordnung am allerärgsten bestellt war. Er meint, dafs die Feme später die Rechtsprechung nur noch mehr verwirrte, statt sie zu verbessern und zu klären.

mit der er auch in Verbindung stand. Aber obgleich seine Satzungen denen der westfälischen Vereinigung ähnelten, ist sein eigentlicher Ursprung in jener geistig-religiösen Bewegung zu suchen, die wir im V. Buch geschildert haben und aus welcher die romfeindliche Thätigkeit der Albigenser und vieler anderen Ketzersekten hervorging. Einer jener Ketzer war der Abt Gioachimo oder Giovacchino, dessen Weissagungen und seltsame Aussprüche sich in Johannes von Parmas Buch „Das ewige Evangelium“ wiederfinden, an welches sich die sicilianischen Geheimrichter zu halten pflegten. Dieses Sammelsurium von gnostischen und kabbalistischen Absonderlichkeiten[1]) wurde von den Beati Paoli dem Alten und dem Neuen Testament vorgezogen. Statt an den Dualismus Gott-Teufel zu glauben, machten sie Gott zum Schöpfer des Übels und des Todes – des Übels, weil er den geheimnisvollen Apfel in den mystischen Garten (Paradies) gelangen liefs; des Todes, weil er die Sintflut anordnete und Sodom und Gomorrha zerstörte.

Fast alles, was wir über die Beati Paoli wissen, verdanken wir dem im Jahre 1840 veröffentlichten und noch wenig bekannt gewordenen Bericht eines sicilianischen Schriftstellers. Derselbe ist sehr interessant und sei hier auszugsweise mitgeteilt:

„Anno 1185, bei der Hochzeitsfeier der Prinzessin Konstanze von Sicilien, die den nachmaligen Kaiser Heinrich VI. heiratete, wurde das Dasein einer neuen, lästerlichen Sekte entdeckt, die sich „Rächer“ nannte und in ihren nächtlichen Versammlungen jedes unter dem Vorwande des Gemeinwohls begangene Verbrechen guthiefs. Der König ordnete eine strenge Untersuchung an; das Oberhaupt, ein gewisser Arnulf aus Ponte Corvo, wurde verhaftet und nebst seinen Hauptmitschuldigen zum Henkertod verurteilt, während die minder Schuldigen mit Brandmarkung davonkamen. Das gemeine Volk glaubt, dieser geheime Rächerbund bestehe noch heute auf Sicilien und anderwärts, und zwar unter dem Namen „Beati Paoli“. Einige Elende gehen selbst soweit, diese frevelhafte Gesellschaft zu lobpreisen. Besonders viele Mitglieder hatte sie in Palermo, darunter den am 17. Dezember 1704 gehenkten Josef Amatore und den am

---

[1]) Johannes von Parma lebte im 12. Jahrhundert und sein genanntes Buch wurde 1258 auf Anordnung Papst Alexanders IV. öffentlich verbrannt. – Der Cistercienserabt Gioachimo genofs den Ruf eines grofsen Propheten; Richard I. jedoch, der seine Bekanntschaft gesucht hatte, erklärte ihn nach längerem Gespräch für einen „müfsigen Schwätzer“ und keine seiner Weissagungen in betreff der Ereignisse im Heiligen Land ging in Erfüllung. Doch scheint er nicht unbegabt gewesen zu sein. Er schrieb viele theologische Werke und Dante erwähnt ihn im 12. Gesang des „Paradieses“.

27. April 1725 hingerichteten Rechnungsrevisor Girolamo Ammirata. Die meisten Mitglieder endeten böse: entweder durch die Hand der Gerechtigkeit oder durch die Dolche ihrer eigenen Bundesgenossen. Das letzte Mitglied war der berüchtigte palermitanische Fuhrmann Vito Vituzzo, der dem Galgen entging, weil er rechtzeitig vom Übelthun abliefs und nachmals den ganzen Tag in einer Kirche verbrachte, was ihm den Spitznamen „Kirchenmaus“ eintrug. Die Lehrmeister der schändlichen Beati Paoli waren abtrünnige Ketzer, die da behaupteten, dafs die Macht des Hohepriestertums ihnen durch die Offenbarung eines Engels übertragen worden sei. Das Haus, in welchem sie ihre Versammlungen abhielten, steht noch jetzt in der Canceddistrafse, und ich habe es besucht. Durch einen Thorweg gelangt man in einen Hof, unterhalb dessen sich das einstige Zusammenkunftsgewölbe befindet, welches durch ein im Pflaster angebrachtes Gitter das Tageslicht empfängt. Am Fufse der Treppe sieht man einen Steinaltar, neben diesem eine kleine, finstere Kammer mit einem steinernen Tisch, auf dem die mörderischen Richter ihre Urteile ausfertigten. Die ziemlich grofse Haupthöhle ist mit steinernen Wandbänken und mit Verschlägen für die Waffen versehen. Die Versammlungen wurden nachts bei Kerzenlicht abgehalten. Die Ableitung des Namens „Beati Paoli“ [wörtlich „gesegnete Paulusse“] ist unbekannt. Wahrscheinlich hiefs der Gründer der Sekte Paul oder er nahm diesen Namen als den eines Heiligen an, der vor seiner Bekehrung ein Mann des Schwertes war“.

Trotz der schlimmen Meinung, die der Verfasser dieses Berichtes von dem Geheimbund hat, scheint dieser dereinst eine nützliche Thätigkeit entfaltet zu haben, denn noch jetzt hört man nicht selten einen Sicilianer, der eine Unbill erlitten hat, wegen welcher er sich nicht an die ordentlichen Gerichte wenden kann, ausrufen: „Ja, wenn die Beati Paoli noch bestünden!“

Die Inquisition.

Hohes Alter der geistigen Inquisition. — Gründung der formalen Inquisition. — Das Konzil von Tours. — Dominique de Guzman. — Die „Miliz Christi.“ — Ausbreitung der Inquisition. — Torquemada. — Umfang der Thätigkeit. — Gerichtsverfahren. — Beschaffenheit der Kerker. — Nicht-Öffentlichkeit der Verhandlungen. — Folterung ohne Blutvergiefsen. — Der Inquisitionspalast. — Die Folterkammer. — Allerlei Folterungsarten. — Verurteilung und Hinrichtung. — Autodafé-Umzug. — Peter Arbues. — Die Judenaustreibung. — Die Nachfolger Torquemadas. — Philipp II. und die Inquisition. — Die Inquisition unter Philipp III., Philipp IV. und Karl II. — Aufhebung der Inquisition durch Napoleon I. — Ihre Wiedereinführung. — Ihre endgültige Beseitigung. — Der falsche Nuntius in Portugal. — Reinwaschungsversuche.

Zwar nicht der Form, wohl aber dem Geiste nach bestand die Inquisition seit den ältesten Zeiten des Christentums. Die sogen. Kirchenväter hörten nicht auf, das Gift ihres Fanatismus gegen Andersgläubige zu verspritzen. Nicht selten lagen sie sich auch gegenseitig in den Haaren und manchmal würden sie, wenn es in ihrer Macht gestanden hätte, gewifs mit Vergnügen Ketzerverbrennungen vorgenommen haben. Als Konstantin „der Grofse“ (!) die christliche Kirche allmächtig gemacht hatte, begann die Ketzerriecherei Triumphe zu feiern, indem es zu wirklichen Hinrichtungen kam; der Gnostiker Priscillian wurde z. B. auf Anstiften des Heiligen Augustinus im Jahre 385 in Trier vom Leben zum Tode befördert. Die nächsten sechs Jahrhunderte waren zu sehr mit Kriegen und politischen Ränken erfüllt, als dafs man Zeit gehabt hätte, sich um die „Ketzer“ zu kümmern. Vom 8. bis zum 11. Jahrhundert gab es übrigens wohl überhaupt keine. Als jedoch Hildebrands päpstliches System zur vollen Ausgestaltung gelangte und sich unterfing, alles religiöse Denken beherrschen zu wollen, erhob sich viel Widerspruch, d. h. „Ketzerei“ und damit begannen die Ketzerverfolgungen von neuem. Die Entscheidung Papst Urbans II., dafs die Ermordung einer mit dem Kirchenbann behafteten Person kein Verbrechen bilde, wurde zum bürgerlichen Gesetz erhoben; desgleichen die Lehre des Heiligen Augustin, dafs die Ausrottung der Ketzer der Kirche gegenüber Pflicht und an den Ketzern selber ein gutes Werk sei. Der „engelgleiche Doktor,“ Thomas von Aquino (1224—74), legte die Worte des Apostels, dafs man den Umgang mit zweimal ermahnten Ketzern meiden solle, dahin aus, die beste Art der Vermeidung bestehe in der Verbrennung! Diese Lehren fanden bei den Königen und der Geistlichkeit so viel Anklang, dafs die Zahl der lebendig Verbrannten eine immer gröfsere wurde.

1163 tagte zu Tours ein Konzil, das der Inquisition greifbare Gestalt verlieh, um „die verfluchte Ketzerei, die sich in der Umgebung von Tours zeigte, mit aller Strenge der Kirchengesetze zu unterdrücken – eine Pflicht der Bischöfe.“ 35 Jahre später schickte Innocenz III. die ersten Wander-Inquisitoren nach Frankreich mit der Vollmacht, über Ketzer zu Gericht zu sitzen. Weltliche und kirchliche Fürsten sollten diesen Richtern dazu verhelfen, „die Füchse (Waldenser, Katharer, Patarini) einzufangen, die der Satan zur Verwüstung des Weinberges des Herrn ausgesandt hat.“ Die „Hilfe“ war eine ungemein kräftige und die beiden Inquisitoren konnten daher eine umfassende Thätigkeit als Ketzerverbrenner entfalten. Aber nicht nur in Frankreich, sondern überall, wo die Hand der Päpste sie erreichen konnte, wurden Ketzer verfolgt, namentlich in Italien, wo z. B. der berühmte Arnold von Brescia im Gefängnis erdrosselt und dann öffentlich verbrannt wurde, weil er gegen die Verbrechen des Heiligen Stuhls gepredigt hatte.

Den Anstofs zur Einrichtung der eigentlichen („Heiligen“) Inquisition gab die Ermordung Peters von Castelnau durch die Albigenser, gegen die er predigte. Sobald sein Tod ruchbar wurde, sprach man ihn heilig und das vierte lateranische Konzil (1228) genehmigte und organisierte auf Vorschlag Honorius' II. die Inquisition, deren Grundgedanke von Dominique de Guzman, dem Stifter des Dominikanerordens, herrührte. Das Konzil befahl, dafs jeder Ketzer dem Arm der Gerechtigkeit ausgeliefert und sein Vermögen zu Gunsten der Kirche eingezogen werde. Der Papst forderte die Monarchen auf, alle Ketzer aus ihren Staaten zu vertreiben, widrigenfalls er die letzteren jedem beliebigen Eroberer überantworten werde. Wer Ketzer irgendwie begünstigte oder in sein Haus aufnahm, sollte in Bann gethan und ehrlos erklärt werden, nicht erben können und kein christliches Begräbnis erhalten. Guzman, der sich auf seine Dominikaner wegen ihres allzu gewaltthätigen und daher leicht schädlichen Fanatismus nicht genügend verlassen zu können glaubte, richtete eine besondere „Miliz Christi“ ein, eine Art Religionspolizei, die sich aus allen Gesellschaftsklassen vom Hochadel bis zum Strafsenräuber zusammensetzte. Diese unsichtbar wirkende Denunziantenbande, in der Narren und Verbrecher die Hauptrollen spielten, bildete das geheime Element der Inquisition und sie leistete Entsetzliches.

Zunächst hauptsächlich in Spanien thätig (seit 1233), machte die Inquisition bald auch in Italien und Deutschland Fortschritte. Anno 1308 verfolgte sie den Templerorden aufs grausamste.

1415 verbrannte sie in Konstanz Johannes Hufs. Überhaupt gab es immer mehr öffentliche Verbrennungen, namentlich in Spanien. Hier blieb sie lange auf Arragonien beschränkt. Aber Ferdinand führte sie 1481 auch in Kastilien und allmählich in allen seinen Staaten ein. Er hatte guten Grund, sie zu begünstigen. War er doch immer geldbedürftig und die Inquisition bot ihm ein Drittel des Erlöses alles eingezogenen Eigentums an; auch versprach sie ihm einen grofsen Teil der Reichtümer der spanischen Juden. Dazu kam, dafs sie ihn insgeheim von vielen der jederzeit gegen ihn verschwornen arragonischen und kastilischen Adeligen befreite und dafs er – Ferdinand – durch die Unterdrückung der Ketzerei dem Himmel zu dienen glaubte. Auch Isabella war der Inquisition wohlgeneigt – so sehr, dafs sie den Papst bewog, die in Spanien gefällten Urteile inappellabel zu erklären.

Sixtus IV. ernannte 1483 den bösartigen Fanatiker Thomas de Torquemada zum ersten Grofs-Inquisitor von Spanien. Dieser berüchtigte Mann, der achtzehn Jahre im Amt blieb, verurteilte alljährlich durchschnittlich zehntausend Personen zum Hunger-, Feuer- oder Foltertod. In den ersten sechs Monaten seiner mörderischen Thätigkeit liefs er in Sevilla allein fast dreihundert „Marranos“ (getaufte Juden oder Mauren) verbrennen und siebzig auf Lebenszeit einkerkern. In derselben kurzen Zeit wurden im übrigen Spanien zweitausend Marranos lebendig verbrannt. Die Zahl seiner sonstigen Opfer im ersten Halbjahr betrug 17000!! Er war so verabscheut, dafs er sich beim Ausgehen stets von 250 Vertrauten begleiten liefs und aus Furcht vor Vergiftung immer das Horn eines Einhorns auf seinem Tisch liegen hatte, weil dasselbe nach einem maurischen Aberglauben die Eigenschaft besitzen sollte, Gifte zu entdecken und unwirksam zu machen. Seine Grausamkeiten hatten so viele Klagen im Gefolge, dafs selbst der Papst überrascht war und ihn dreimal zur Rechtfertigung verhielt. Unter seinem Walten fanden besonders in Sevilla so zahlreiche Hinrichtungen statt, dafs der dortige Präfekt behufs leichterer Bewältigung des „Dienstes“ auf den Gedanken kam, aufserhalb der Stadt ein ständiges Steingerüst errichten zu lassen, auf dem sich vier Riesenstandbilder aus Gips befanden, die innen hohl waren und die Bestimmung hatten, die Verurteilten aufzunehmen; diese wurden hier wie in einer Darre langsam zu Tode geröstet! Die Trümmer dieses Gerüstes, welches „quemadero“ (= Krematorium) hiefs, wurden noch 1823 gezeigt.

Was das sogenannte Gerichtsverfahren betrifft, so begann es mit einer mündlichen oder schriftlichen Angeberei, wobei gleichgiltig war, aus welch immer unreinen Quelle dieselbe stammte. Alljährlich am dritten Fastensonntag wurde in den Kirchen das

„Denunziations-Edikt“ verlesen, das den Gläubigen an die Seele band, der Inquisition binnen sechs Tagen bei Strafe des grofsen Bannes alle zu ihrer Kenntnis gelangten, dem reinen Glauben zuwiderlaufenden Thatsachen mitzuteilen. Die Angeber blieben nicht unbelohnt. Wer ein so guter Christ war, dafs er seinen Vater, Sohn oder Bruder oder einen anderen nahen Verwandten anzeigte, erhielt von den Päpsten einen vollständigen Ablafs. Karl V. gewährte jedem, der entweder zehn Ketzer denunziert hatte oder ein Familiaris der Inquisition – die sich „Heiliges Amt“ nannte – geworden war, Befreiung von allen Steuern und Fronarbeiten. Wegen der unglaublichsten Nichtigkeiten wurde man der Ketzerei verdächtigt. Wer am Samstag ein frisches Tischtuch auflegen liefs, galt für einen Judenfreund; legte man eins am Freitag auf, setzte man sich dem Verdacht aus, zum Mohammedanismus hinzuneigen. Wer bei Juden speiste oder – nach jüdischem Brauch – am Vorabend einer Reise in Gesellschaft von Freunden zu Abend afs oder wer ein Horoskop stellte, konnte leicht verurteilt werden. Der Sevillaner Bürger Wilhelm Franco wagte nicht, dagegen aufzutreten, dafs ein Priester seine Gattin verführt hatte; er äufserte nur, sein Weib sei im Fegefeuer, aber das genügte, um ihm die lebenslängliche Einkerkerung im Inquisitionsgefängnis einzutragen.

Die Verhaftungen erfolgten gewöhnlich nachts und die Opfer wurden in Wagen davongeführt, deren Räder mit Lederreifen versehen waren, während die vorgespannten Maultiere Schnürschuhe anhatten, deren aus Tauwerk und dickem Leder bestehende Sohlen das Herannahen des Gespanns unhörbar machten. Diese Schuhe waren eine Erfindung Dezas, des zweiten Grofsinquisitors, und eine Anzahl derselben fand sich im Inquisitions-Arsenal zu Malaga vor, als es 1820 gewaltsam geöffnet wurde. Der Gefangene gelangte zumeist sofort in die unterirdischen Kerker der Inquisition und sein Besitz unter Sequester. Sehr selten erhielt er etwas zurück oder wurde er selbst wieder in Freiheit gesetzt. Allerdings schrieben die Satzungen des „Heiligen Amtes“ die Entlassung eines Angeklagten für den Fall vor, dafs zwölf Zeugen von rein katholischem Blut zu seinen Gunsten aussagten; aber es gelang nur ganz ausnahmsweise, zwölf solche Zeugen zusammen zu bringen, denn wer sich für einen Verdächtigen einsetzte, lief Gefahr, selber für einen Ketzer gehalten oder doch als ein solcher angeschuldigt zu werden.

Die Zellen befanden sich zuweilen dreifsig Fufs unter der Erde, mafsen weniger als hundert Quadratfufs und beherbergten zuweilen je acht bis zehn Häftlinge! Die ganze Einrichtung bestand aus einer Lattenpritsche und einem Unratgefäfs, das nur ein- bis zweimal wöchentlich geleert wurde. Niemand durfte sich beschweren, wenn er nicht geknebelt und gepeitscht werden wollte. Unter solchen Umständen kamen begreiflicherweise viele Selbstmorde vor. Noch 1819 nahmen sich zu Valencia die sechs Insassen einer Zelle das Leben, indem sie einander erdrosselten, während der letzte sich durch das Einatmen der giftigen Ausdünstungen des Unratgefässes umbrachte. Manche Häftlinge liefs man verhungern; andere blieben jahrelang in einer Zelle, ohne dafs es zu einer Verhandlung gegen sie kam. Wenn jemand verschwand, mutmafsten seine Verwandten und Freunde, er sei der Inquisition in die Hände gefallen.

Kam aber ein Häftling vor die Inquisitoren, so mufste er in ihrer Gegenwart auf der scharfen Kante eines von zwei X getragenen dreieckigen Holzstückes sitzen. Die Verhandlungen waren angeblich öffentlich; in Wirklichkeit war das Publikum ein eingeladenes und bestand aus verläfslichen, „guten“ Katholiken. Wie schwindelhaft die satzungsmäfsige Öffentlichkeit war, geht aus dem Umstand hervor, dafs die Marranos dem König Ferdinand vergeblich 600 000 Dukaten dafür anboten, dafs er die Verhandlungen wirklich öffentlich sein lasse; der Grofsinquisitor Ximenes bewirkte die Ablehnung des Anerbietens und später – unter Karl V. – auch die Zurückweisung des erhöhten Angebots von 800 000 Dukaten, für jene Zeit eine ungeheure Summe.

Das Empörendste ist, dafs der Gefangene ermahnt wurde, zu gestehen, ohne dafs man ihm mitteilte, wessen er beschuldigt war! Wufste er nicht, was er bekennen sollte oder stimmte sein Geständnis nicht mit der gegen ihn erstatteten Anzeige überein, so brachte man ihn, um ihm das gewünschte Geständnis zu erpressen, in die Folterkammer. Da die Inquisitoren zu „fromm“ waren, um Christi Verbot des Blutvergiefsens zu mifsachten, ersannen sie die höllischsten Martern, bei denen kein Blut flofs, die Gefolterten aber dennoch beinahe – und oft wirklich – umkamen. Die Inquisitoren leugneten nicht, dafs auch Unschuldige unter der Folter sterben können; aber sie meinten, das schade nicht, denn ein wirklich guter Katholik komme ja doch sofort ins Himmelreich!

Der „Inquisitionspalast“ umfafste den Gerichtssaal, die Beamtenbureaux, die Kerkerzellen, die sogen. Barmherzigkeits- oder Bufszellen, die Folterkammern, endlich die Wohnung des Grofsinquisitors. War ein Gefangener reich, so wurde er zuerst in eine der Barmherzigkeitszellen gebracht, die im ersten Stockwerk lagen. Verstand er sich dazu, sein ganzes Vermögen der Inquisition zu überlassen, so entliefs man ihn nach mehrmonatlicher Haft, arm an Mammon, aber reich an geistlicher Gnade. Liefs er sich nicht so leicht „bekehren“, so kam er in eine

Bufszelle (unter dem Dach des Palastes), die nur sehr wenig Licht hatte und deren ganze Einrichtung in einem Rollbett und einem Schemel bestand. Blieb eine längere Einzelhaft ohne den gewünschten Erfolg, so wurde der Unglückliche in eine unterirdische, fast ganz finstere Kerkerzelle mit Doppelthüren und fünf Fufs dicken Mauern gebracht. Das Unratgefäfs leerte man nur jeden vierten Tag. Wie die Nahrung beschaffen war, läfst sich an der Thatsache ermessen, dafs für jeden Häftling kaum 8 Pfennig pro Tag ausgesetzt waren, worin überdies der Gewinn des Kerkermeisters mit inbegriffen sein mufste!

Was die Folterkammern betrifft, so war besonders die des päpstlichen Palastes zu Avignon mit teuflischem Scharfsinn eingerichtet. Das Jammern und Stöhnen der Gemarterten wurde durch allerlei sinnreiche Einrichtungen nach aufsen hin unhörbar gemacht, und die Verbrennung der Verurteilten erfolgte in einem grofsen Rundsaal, der einem Glasofen ähnelte und oben in einen engen, trichterförmigen Schornstein auslief. Dieser Bau wurde bis zum Jahre 1850 den durchreisenden Fremden gezeigt, seither aber auf Befehl der Kirchenbehörden gesperrt. Mit Recht, denn er zeigte die Kirche in einem allzu häfslichen Licht.

Die Inquisition wendete in der Regel eine Gruppe von dreierlei Foltern an: die Strick-, die Wasser- und die Feuerfolter. Bei der ersteren wurden dem Opfer die Arme nach hinten gebunden, und zwar mittels des einen Endes eines langen Seils, das über eine an der Decke angebrachte Riemenscheibe lief. Nun hob ihn das Seil hoch in die Höhe, wodurch die Arme über dem Kopf zusammengekrümmt und die Schultergelenke ausgerenkt wurden. Plötzlich gab der Strick nach und der Gemarterte fiel bis etwa einen Schuh vom Boden, was die Gelenkpfannen fast ausrifs und den ganzen Körper furchtbar erschütterte. Zuweilen erfolgte eine Verschärfung dieser Qualen dadurch, dafs während des Aufzugs der Rücken des Opfers mit einer, mit scharfen Spitzen besetzten Walze in Berührung kam und dadurch schrecklich zerfleischt wurde. In Spanien dauerte die Strickfolter eine ganze, in Rom eine halbe Stunde. Eine andere Art derselben bestand darin, dafs man den Gefangenen auf einem hölzernen Lager befestigte, ihm Arme und Beine mit dünnen Seilen umwand und dann diese mit Hilfe von Winden so stramm anzog, dafs sie tief ins Fleisch schnitten.

Wer trotz der Strickfolter standhaft blieb, wurde der Wasserfolter unterworfen, und zwar gewöhnlich noch in der Strickfolterstellung! Man bedeckte ihm Nase und Mund mit einem dicken Tuch, auf welches ein Dominikaner durch einen Trichter langsam Wasser schüttete. Das Opfer erstickte langsam, das Blut trat ihm aus den Augen und der Nase und dabei ermahnte ihn sein satanischer Peiniger fleifsig, „dem Gekreuzigten zuliebe zu gestehen.“ Gänzlich ersticken liefs er es freilich nicht; vielmehr wurde bald zur Feuerfolter geschritten. Nachdem man den Häftling auf den Boden gelegt und wehrlos gemacht hatte, entblöfste man seine Sohlen, rieb sie mit Öl oder Fett ein und hielt eine tragbare Flamme dagegen. Erklärte er sich infolge seiner entsetzlichen Schmerzen zu einem Geständnis bereit, so wurde das Feuer entfernt; fiel das Geständnis nicht befriedigend aus, so wurde es wieder angelegt und marterte den Unglücklichen noch mehr. Der Inquisitor Juan de Roma wendete eine andere Feuerfolter an: er liefs die Beine der Angeklagten in mit kochendem Talg gefüllte Stiefel stecken.

Zu den schuftigsten Erfindungen der Inquisition gehörte die Art, wie sie die Vorschrift umging, dafs niemand mehr als einmal gefoltert werden dürfe. Wenn man sah, dafs bei andauernder Fortsetzung der Tortur das Opfer voraussichtlich sterben würde, hielt man einfach inne und erklärte, die Folterung in der Schwebe zu lassen. Sie wurde begonnen, aber nicht beendet, sondern nur „unterbrochen“ und von Zeit zu Zeit nach Belieben „fortgesetzt“. Auch weibliche Personen wurden gefoltert — ohne Rücksicht auf ihre Schwäche oder ihr Schamgefühl. Dominikaner pflegten nackte Frauen wegen des geringsten Disciplinarvergehens zu schänden und nachher zu peitschen! Der verhältnismäfsig milde Grofsinquisitor Ximenes Cisneros (1507—17) — der übrigens trotz seiner „Milde“ jährlich über 250 Personen lebendig verbrennen liefs — verbot diese Niederträchtigkeiten bei Todesstrafe.

Von je zweitausend Angeklagten entging nur einer (also $^1/_{20}$ $^0/_0$!) der Verurteilung zum Tode oder zu lebenslänglichem Kerker. Diese „Glücklichsten“ — man nannte sie die „Versöhnten“ — mufsten barhaupt, einen Strick um den Hals, einen grünen Wachsstock in der Hand und in ein Sanbenito (ein sackartiges, häfsliches Gewand mit schwarzen, gelben und weifsen Streifen) gekleidet, im Gerichtssaal oder in der Kirche erscheinen, um die ihnen zugeschriebenen Ketzereien abzuschwören. Sie mufsten das Sanbenito sehr lange tragen und sich mehreren anderen erniedrigenden, drückenden Bedingungen unterwerfen; auch wurde ihr Vermögen unfehlbar ganz oder gröfstenteils eingezogen. Den zum Tode Verurteilten legte man ein noch abscheulicheres Sanbenito an, das mit dem von Flammen umzüngelten und von Teufeln umtanzten Bildnis des Opfers bemalt war; sie wurden dann von Mönchen auf den Richtplatz geführt und in Gegenwart des Grofsinquisitors — oft auch des Hofes — der Inquisitionsbeamten und einer Volksmenge lebendig verbrannt, wenigstens diejenigen, welche ihre Unschuld bis zuletzt behaupteten, während die Reuigen unmittelbar vor dem Verbrennen „gnadenhalber“ erdrosselt wurden. Die öffentlichen Ketzerverbrennungen kamen schliefslich so sehr in Mode, dafs man in Spanien und Portugal die festlichsten Anlässe – Thronbesteigungen, Heiraten von Königen oder Königskindern, Prinzengeburten etc. – am liebsten durch möglichst grofse Autodafés feierte.

In der Nacht vor einem Autodafé begab sich eine Prozession von Holzhauern, Dominikanern und „Vertrauten“ vom Inquisitionsgebäude zum Richtplatz. Dort wurden Scheiterhaufen errichtet und neben dem bereits vorhandenen Altar ein grünes Kreuz aufgepflanzt und mit schwarzem Krepp verhüllt. Das Kreuz versinnbildlichte die Trauer der Kirche um die zu verbrennenden Ketzer. Nach seiner Aufstellung kehrte die Prozession zurück; nur die Dominikaner blieben, um zu beten und Psalmen zu singen. Früh morgens erschien der Autodafé-Umzug, in welchem sich der Reihe nach befanden: Lanzenträger, Priester, Träger der zu verbrennenden Bildnisse von flüchtig gewordenen Ketzern, Träger von Särgen mit den zu verbrennenden Gebeinen oder Leichen der im Gefängnis verstorbenen Angeklagten, die reuigen Ketzer, die „verstockten“ Opfer, alle in Sanbenitos, die „Vertrauten“, die Inquisitoren, endlich der Träger des Inquisitionsbanners. Verurteilte, von denen zu befürchten stand, dafs sie die Menge ansprechen könnten, wurden geknebelt. Jeder „Ketzer“ trug eine Wachskerze und war von zwei Mönchen begleitet, die – je nachdem – ihm entweder Trost zusprachen oder ihn zur Reue ermahnten. Nach Ankunft des Zuges wurden die Unglücklichen auf die Scheiterhaufen gehoben und an die in der Mitte der letzteren errichteten Pfähle gekettet. Das Volk schrie nun: „Machet den Hunden Bärte!“ Das geschah, indem die Henker den Opfern so lange mit brennendem Heidekraut umwundene Holzstäbchen ins Gesicht warfen, bis dieses schwarz und versengt war. Unter Karl V. wurden auf seinen Befehl auch weibliche Ketzer lebend verbrannt.

Die Inquisitoren begnügten sich nicht immer mit der blofsen Verbrennung, sondern verschärften dieselbe zuweilen durch teuflische Qualen. Manchem Verurteilten wurde vor dem Verbrennen die Zunge ausgerissen oder in einen angemessen gespaltenen Knebel eingezwickt. Andere wurden zuerst lebendig geschunden, dann mit Salz und Bimssteinpulver bestreut und schliefslich, in Ketten schwebend, über glühenden Kohlen langsam geröstet. Im Jahre 1535 gewährten die Inquisitoren Franz dem Ersten, König von Frankreich, an einem einzigen Tag sechsmal den Hochgenufs, Ketzer über Flammen in Ketten hin und her schaukeln zu sehen, bis der verkohlte Leichnam in die Flammen fiel.

Doch kehren wir zur Geschichte der Inquisition zurück. Die Bevölkerung von Arragonien hatte sich der Einführung des „Heiligen Amtes“ von allem Anfang an heftig widersetzt und war aufs höchste erbittert ob der Massenverbrennungen. Um die Inquisitoren abzuschrecken, ermordete man den ärgsten von ihnen, Peter Arbuès, am Altar. Sofort versetzte ihn die Kirche unter ihre Märtyrer, Königin Isabella errichtete ihm ein Standbild, sein Leichnam wurde als wunderthätig erklärt und im 19. Jahrhundert sprach Pius IX. ihn heilig. Statt abschreckend zu wirken, zog die Mordthat eine Verschärfung der Verfolgungen der Inquisition nach sich. Den verhafteten Mördern des grausamen Bedrückers haute man, ehe sie gehenkt wurden, die Hände ab; die Leichen schnitt man in Stücke, welche an den Landstrafsen zur Ausstellung gelangten. Der nächste Schritt Torquemadas war, das Königspaar zur Vertreibung der Juden aufzufordern. Diese boten, um die Gefahr abzuwenden, dem König 30000 Dukaten als Beitrag zu den Kosten des Krieges mit Granada an. Ferdinand und Isabella waren bereit, hierauf einzugehen; da erschien der fanatische Grofsinquisitor mit einem Kruzifix in der Hand und sagte zu den Majestäten: „Judas verriet seinen Herrn für dreifsig Silberlinge, Eure Hoheiten wollen ihn jetzt für dreifsig Goldstücke zum zweitenmal verkaufen. Hier haben Sie ihn, nehmen Sie ihn hin und schliefsen Sie das Geschäft rasch ab!“ Die Folge war das Dekret vom 31. März 1492, welches verfügte, dafs alle Juden bei Todesstrafe und Vermögensverlust die Staaten des edlen Paares bis zum 31. Juli desselben Jahres verlassen müssen. Etwa 800000 Juden mufsten fast mittellos auswandern, da die Frist zu kurz war, um den Besitz angemessen verwerten zu können. Tausende von Männern, Frauen und Kindern gingen unterwegs an Entbehrungen und Strapazen zu Grunde. Die bald nachher erfolgte Eroberung Granadas wurde als ein Zeichen betrachtet, dafs der Himmel die Vertreibung der Juden billige und belohne. Daher beging Ferdinand zur Feier des Sieges allerlei Grausamkeiten.

Torquemadas Nachfolger Deza führte die Inquisition in Granada, Neapel und Sicilien ein. In den neun Jahren seiner Amtsführung liefs er 2592 Personen lebendig und 829 in effigie verbrennen; 32000 verurteilte er zur Einkerkerung oder zu den Galeeren und zur Gütereinziehung. Unter dem Grofsinquisitor Adrian Boeijeus und dessen Nachfolgern gab die Reformation Anlafs zu zahllosen Ketzerverbrennungen in Spanien, Neapel, Venedig, Flandern, auf Malta und Sardinien. In den amerikanischen Kolonien Spaniens wurden tausende von Indianern hingerichtet, weil sie sich weigerten, die „milde“ Religion ihrer Unterdrücker und Aussauger anzunehmen oder weil sie nach ihrer Taufe verdächtig waren, wieder rückfällig geworden zu sein. Unter Valdès, dem achten Grofsinquisitor, wurde eine sehr reiche Greisin von neunzig Jahren verhaftet, weil ein Diener sie beschuldigt hatte, gesagt zu haben: „Es giebt Christen, die weder den Glauben noch das Gesetz achten.“ Wegen Mangel an Beweisen verblieb sie fünf Jahre lang in den unterirdischen Kerkern der Inquisition; dann unterwarf man sie der Folter durch Stricke, Wasser und Feuer. Sie starb während der Folterung, worauf ihre Leiche verbrannt, ihr ganzes Vermögen eingezogen, ihre Kinder enterbt und ehrlos erklärt wurden. Sogar Karl V., der die Inquisition so schr gefördert hatte, wurde von ihr nach seinem Tode als Ketzer verurteilt und sein Beichtvater erlitt den Feuertod.

Philipp II. dehnte die Gerichtsbarkeit des „Heiligen Amtes“ auf die ganzen Niederlande aus. Trotz des Widerstandes der Bevölkerung konnte der Herzog von Alba innerhalb fünf Jahren 18000 „Ketzer“ verbrennen oder henken lassen. Als der Druck unerträglich wurde, erhob sich das Land und schüttelte das spanische Joch auf immer ab. Als Philipp erfuhr (1559), dafs in einer entlegenen Stadt bei einem Autodafé dreifsig Personen verbrannt worden waren, bat er die Inquisitoren, ihm doch auch den Genufs eines solchen Schauspiels zu verschaffen; man suchte nun nach Ketzern mit solchem Eifer, dafs der König schon nach wenigen Wochen in Valladolid sogar vierzig Unterthanen zu seiner Freude auf einmal verbrennen sehen konnte. Eines der Opfer, eine hervorragende Persönlichkeit, flehte ihn auf dem Weg zum Marterpfahl um Gnade an. „Nein!“ lautete die Antwort. „Selbst meinen eigenen Sohn würde ich den Flammen überliefern, wenn er bei der Ketzerei beharrte.“ Während der langen Regierungszeit dieser gekrönten Hyäne amtierten sechs Grofsinquisitoren, einer ärger als der andere. Eines Tages wurden in Sevilla 800 Anhänger Luthers — wirkliche oder angebliche -- auf einmal verhaftet. Auch in Peru, Mexiko, Cartagena, in der spanischen Flotte, im Heer und sogar unter den Zollbeamten gelangte die Inquisition zur Einführung. 1680 wurde zu Ehren der Hochzeit Karls II. mit einer Nichte Ludwigs XIV. in Madrid ein Autodafé abgehalten, dem das neuvermählte Paar beiwohnte und bei welchem 118 Opfer hingerichtet wurden; davon fanden 21 den Feuertod bei lebendigem Leib. Die „Feier“ dauerte bis halb zehn Uhr abends und hatte 290 Holzhauern Arbeit gegeben!!!

Für die Macht der Inquisition in Spanien sei ein interessantes Beispiel angeführt. Als sie Philipp III. im Beginn seiner Regierungszeit nötigte, einem Autodafé beizuwohnen, konnte er sich der Thränen nicht erwehren beim Anblick einer jungen Jüdin und einer jungen Maurin, die blofs des Glaubens ihrer Väter wegen verbrannt wurden. Dieses Mitleid erklärten die Inquisitoren für ein Verbrechen, das nur durch Blut gesühnt werden könne. Der König mufste sich einem Aderlafs unterziehen und der Henker verbrannte das Blut! Dafs die Inquisition über dem König stand, geht auch daraus hervor, dafs bei den Autodafés der Thron des Grofsinquisitors höher war als der des Herrschers. Der Inquisitor Tabera liefs den Erzpriester von Malaga auf zwei Jahre einkerkern, weil dieser, als er mit der Wegzehrung zu einem Sterbenden eilte, nicht stehen blieb, um den zufällig daherkommenden Inquisitor vorbeigehen zu lassen!

Allmählich jedoch machte selbst in Spanien die Aufklärung solche Fortschritte, dafs der Umfang und die Grausamkeit der Thätigkeit der Inquisition immer mehr abnahmen; unter Ferdinand VI., Karl III. und Karl IV. erfolgten insgesamt blofs 245 Verurteilungen – hauptsächlich von Freimaurern und Jansenisten – und darunter nur 14 zum Tode. Endlich schlug sogar die Stunde der Beseitigung der schändlichen Einrichtung in Spanien; in den meisten anderen Ländern war sie schon früher abgeschafft worden. Am 4. Dezember 1808 forderte Napoleon I. die Behörden von Madrid zur Unterwerfung auf. Als der Grofsinquisitor ablehnte, gab der Kaiser den schriftlichen Befehl: „Die Inquisitoren sind einzukerkern, das Heilige Amt hat zu bestehen aufgehört und sein Einkommen ist einzuziehen.“ Oberst Lumanuski erhielt den Auftrag, vom Madrider Inquisitionspalast Besitz zu ergreifen. Da die Patres die Aufforderung zur Übergabe mifsachteten und überdies den Herold der Franzosen erschossen, schritten diese zum Angriff und betraten nach langem Kampf das Gebäude. Es kostete grofse Mühe, den unterirdischen Teil desselben zu entdecken: den Gerichtssaal, die Zellen, die Folterkammern u. s. w. In manchen Zellen fand man die verwesten Leichen von in der Einzelhaft verhungerten Gefangenen, in anderen rund hundert völlig nackte Häftlinge: Männer, Frauen, Kinder, die selbstverständlich sofort bekleidet und in Freiheit gesetzt wurden. Beim Anblick der Folterwerkzeuge gerieten die napoleonischen Soldaten in solche Wut, dafs sie eine Anzahl der Mönche den ärgsten Torturen unterwarfen. 1814 stellte der mit Hilfe Englands wieder auf den Thron gesetzte Ferdinand VII. die Inquisition wieder her und ernannte einen Grofsinquisitor (den 45.), der die Gefängnisse, Galeeren und Strafansiedelungen mit „Ketzern“ – insbesondere Freimaurern – füllte. Aber die Herrlichkeit dauerte nicht lange, denn schon nach sechs Jahren vereinigten sich alle spanischen Provinzen zu einem allgemeinen Aufstand, brachen die Macht der Gewaltherrschaft, besiegten die Inquisition, befreiten ihre Gefangenen, rissen ihre Gebäude nieder und verbrannten ihre Folterwerkzeuge. Zwar trat 1823 – nach der Wiedereinsetzung Ferdinands mit Hilfe französischer Truppen – abermals ein Rückschlag ein, allein derselbe war angesichts des Volkswillens und der englischen Drohungen nicht von langer Dauer; die Inquisition konnte sich nur bis 1826 behaupten und ihren Wirkungskreis blofs auf ganz vereinzelte Opfer erstrecken.

Interessant ist die Art der Einführung der Inquisition in Portugal. Im Jahre 1539 tauchte in Lissabon ein päpstlicher Abgesandter auf, der gekommen zu sein erklärte, um Portugal mit der Inquisition zu beglücken. Er brachte dem König einen Brief des Papstes und überreichte umfassende Vollmachten hinsichtlich der Ernennung eines Grofsinquisitors und der anderen Beamten des Geheimgerichts. Der Mann war ein geriebener Schwindler namens Juan Perès aus Saavedra, ein Fachmann im Fälschen von Unterschriften und Siegeln. Zur Bestreitung seines Hofstaates – sein Gefolge zählte über hundert Personen – hatte er zu Sevilla im Namen der päpstlichen Kammer riesige Beträge geborgt. Es wunderte und reizte den König, dafs der Papst ihm von der Entsendung eines Nuntius nicht vorher Mitteilung gemacht hatte, allein er liefs sich von dem Hochstapler beruhigen, der denn auch sofort die Inquisition einrichtete, einen Grofsinquisitor ernannte und an die Sammlung eines Stammvermögens schritt. Ehe aus Rom Nachrichten eintreffen konnten, hatte Perès mehr als 200000 Dukaten beisammen. Bevor er jedoch zu fliehen vermochte, platzte die Bombe; er wurde gepeitscht und zu zehn Jahren Galeerenstrafe verurteilt. Das Schönste aber ist, dafs der wackere Papst nachträglich die Gründung des Spitzbuben guthiefs und anordnete, dafs das Heilige Amt in Portugal bestehen bleibe; über die Art der Einführung tröstete er den König mit der Erklärung hinweg, dafs dieselbe die Wirksamkeit und das Wesen der segensreichen Einrichtung nicht beeinträchtigen könne.

Einige allzu parteiische Autoren haben die Inquisition reinzuwaschen versucht. Sie behaupten, dieselbe sei einst zur Reinhaltung der Religion erforderlich gewesen. Unsinn! Als ob irgend ein Mensch oder eine Körperschaft sich das Recht anmafsen dürfte, irgend jemand wegen seines Glaubens zur Rechenschaft zu ziehen! Als ob irgend ein Gericht das Recht hätte, sich in Gewissensfragen zu mengen! Auch die beschönigende Behauptung, dafs die Inquisitoren mehr grausam als fanatisch waren, ist falsch. Sie waren überhaupt nicht fanatisch, sondern lediglich grausame, habgierige Heuchler. Fanatiker sind gewöhnlich von tadelloser Sittlichkeit, während diese Leute, wie überhaupt das ganze spanische Pfaffentum, der ärgsten Sittenverderbnis huldigten – so sehr, dafs Papst Paul IV. infolge der vielen Beschwerden eine Untersuchung anstellen liefs, die freilich von der Inquisition wegen des allzu grofsen drohenden Skandals niedergeschlagen wurde. Fast möchten wir Hoffmann, dem neuesten Geschichtschreiber der Inquisition, Recht geben, wenn er meint, dafs die modernen Entschuldiger des Heiligen Amtes noch grausamer sein müssen als die Inquisitoren waren, denn während die Unmenschlichkeit der letzteren durch den wilden Religionsfanatismus jener Zeiten einigermafsen begreiflich erscheine, zeuge deren Verteidigung heutzutage von einer wahren Tigernatur!

Der Ku-Klux-Klan.

Der wohlbekannte moderne Geheimbund dieses Namens entstand kurz nach dem nordamerikanischen Bürgerkrieg und verbreitete sich mit erstaunlicher Geschwindigkeit in den Südstaaten der Union. Nach der Niederlage der Südstaaten bildeten die befreiten Neger ein Element der Unordnung und Unruhe, so dafs die Weifsen von einer ihrem Leben und Eigentum, ihrer Ehre und Tugend gefährlichen Anarchie bedroht waren. Zahlreiche Schwarze wollten unter keinen Umständen arbeiten, streiften vielmehr hungrig und bewaffnet umher, während man in den Nordstaaten mit grofsem Eifer daran dachte, die Neger in jeder Hinsicht zur herrschenden Klasse des Südens zu machen. Agitatoren unterstützten die Zügellosigkeit der Schwarzen, der Umfang des Verbrechertums nahm immer mehr zu, die Gesetze erwiesen sich als unwirksam und die Regierungen der Südstaaten waren diesen heillosen Zuständen nicht gewachsen. Der unter den Weifsen herrschenden Angst machte der Bund (Klan) der Ku-Klux ein Ende, indem er eine umfassende Lynchjustiz organisierte.

Die Mitglieder trugen Anzüge („Leichentücher“ genannt) aus schwarzem Baumwollstoff. Dieser wurde insgeheim in die Wohnungen der Weifsen geschickt, deren Frauen und Töchter die nötige Schneiderarbeit besorgten und die fertigen Kleider dem geheimen Boten übergaben, der sich durch ein eigenartiges Klopfen ans Thor zu erkennen gab. Die weibliche Bevölkerung hegte Vertrauen in den Willen und die Fähigkeit der Ku-Klux, sie zu beschützen. Im „Dienst“ trugen die Mitglieder auch einen hohen, spitz zulaufenden Hut mit übers Gesicht gezogenem schwarzen Schleier. Für ihre langen nächtlichen Ritte borgten sie sich von den Landwirten Pferde, welche sie am nächsten Tag zurückstellten. Das Geheimnis der Mitgliedschaft wurde so unverbrüchlich gehütet, dafs es niemals gelungen sein soll, ein Mitglied mit Erfolg vor Gericht anzuklagen, obgleich die Bundesregierung gegen die Gesellschaft ein besonderes Gesetz schuf, auf Grund dessen Präsident Grant im Oktober 1871 zwei Proklamationen erliefs, und obgleich in neun Grafschaften von Süd-Karolina wegen des „Klan" die Habeas-Corpus-Akte aufgehoben wurde. Wenn in kleinen Städten zur Bundesgarnison gehörige Soldaten sich laut über Mafsregeln gegen die Ku-Klux unterhielten, erschienen am Abend vor dem Wachhause Leichentuchträger in so grofser Anzahl, dafs die kleine Garnison künftig schwieg. Die Thätigkeit der Ku-Klux bestand gröfstenteils im Entwaffnen gemeingefährlicher Neger, im Lynchen berüchtigter Übelthäter – kurz, darin, dafs sie die eine Schreckenswirtschaft durch eine andere lahmzulegen suchten. Ganz besonders verlegten sie sich auf die Bestrafung der Dieberei, die bei den Negern aufserordentlich gäng und gäbe war; auch mit den Hehlern hatten sie kein Erbarmen.

Allmählich hörte der Daseinsgrund des „Klan" auf, aber die Gesellschaft bestand weiter und zwar, wie das in solchen Fällen oft vorkommt, in einer entarteten Form – als Deckmantel für raub- und rachsüchtige Lumpen und Schurken oder für geheimnis- und schreckenliebende Abenteurer. Damit hörte auch die strenge Geheimhaltung auf und so kam es, dafs z. B. im November 1883 sieben Ku-Klux, deren Rädelsführer ziemlich reich waren, von einem Bundesgericht des Staates Georgia zu längeren Gefängnisstrafen verurteilt wurden, weil sie eine Anzahl von Negern, die bei den Kongrefswahlen für einen Gegenkandidaten gestimmt hatten, grausam mifshandelten und anschossen.

SIEBENTES BUCH.

MYSTIKER.

Die Alchimisten.

Die Astrologie eine geheime Ketzerei. – Entartung der Astrologie. – Interesse und wissenschaftliche Bedeutung der Alchimie. – Die Tinktur. – Ziele der Alchimie. – Geschichte der Alchimie. – Alchimistische Geheimgesellschaften. – Niedergang der Alchimie. – Dunkelheit der Ausdrucksweise. – Persönliches Schicksal der Adepten.

Die mystische Astronomie der alten Völker rief die Schicksals-Astrologie hervor, die uns heute lächerlich abergläubisch erscheint, im Mittelalter jedoch einen Hauptgegenstand des Studiums bildete und ursprünglich einen weitverbreiteten Rückschlag gegen die römische Kirche bedeutete, weshalb ihre Anhänger von Rom aufs heftigste befehdet wurden. Sie fand die eifrigste Pflege bei den Juden und erfreute sich des Schutzes der der päpstlichen Oberhoheit abgeneigten Fürsten. Die Kirche verbrannte nicht nur die betreffenden Bücher, sondern auch deren Verfasser mit besonderer Vorliebe. Im Laufe der Zeit trat bei der Astrologie, wie bei so vielen anderen Dingen, eine kindische Entartung und Fälschung ein, indem spätere Geschlechter die einstigen Sinnbilder für bare Münze nahmen und die früheren Anspielungen buchstäblich auffafsten. Hermes Trismegistos, der Gesetzgeber Ägyptens – von dem in den samothrakischen Mysterien die Rede war und der oft mit einem Widder an der Seite dargestellt wurde, welcher den neuen Lauf der Äquinoktialsonne, des Eroberers der Finsternis, einleitete – lebte in der Astrologie wieder auf. Viele von christlichen Gnostikern und Neoplatonisten verfafste astrologische Werke wurden ihm zugeschrieben und man hielt ihn für den Vater der nach ihm benannten „Hermetik“, welche die Grundzüge der Astrologie und der Alchimie umfafste – zweier „Künste“, die grofsenteils auf Schwindel beruhten, aber dennoch die Vorläufer zweier glänzender, moderner Wissenschaften geworden sind: der Astronomie und der Chemie.

Zwar ist die Prophezeiung des Göttinger Doktors Girtanner, dafs im 19. Jahrhundert die Umwandlung der unedlen Metalle in edle allgemein bekannt und im Schwang sein werde, nicht in Erfüllung gegangen; allein die Alchimie ist noch immer geeignet, die Neugier anzuregen und die Einbildungskraft zu reizen. Der Schein des Wunderbaren, der ihre Lehren umgiebt, ihre Mischung aus Wahrheit und Täuschung, aus Wirklichkeit und Phantasterei, der eigenartige Ruf ihrer Adepten – all dies wird die Geister stets mächtig anziehen. Übrigens beruhte sie, gleich so vielen anderen Schwärmereien von groſser und anhaltender Verbreitung, nicht auf Falschheiten, sondern auf miſsverstandenen Wahrheiten. Die Forschungen der Alchimisten nach den Mitteln, unedle Metalle in edle zu verwandeln, beruhten naturgemäſs auf den einfachsten metallurgischen Experimenten; sehr wahrscheinlich glaubte der erste Messing-Erzeuger anfänglich, es sei ihm gelungen, unvollkommenes Gold zu erzeugen.

Die ersehnte Umwandlung hätte durch die Umwandlungstinktur erfolgen sollen. Den Menschen gelang es niemals, diese zu entdecken, obgleich sie in der Natur von jeher vorhanden war, und zwar als die Kraft, welche einen grünen Halm in eine goldene Kornähre verwandelt, einen sauren, unreifen Apfel mit Süſsigkeit und aromatischem Saft erfüllt oder aus Holzkohle Diamanten macht. Könnte man der in der Natur allenthalben verbreiteten „Tinktur“ habhaft werden und mit ihrer Hilfe die in den Metallen gefangen gehaltene Tinktur in Bewegung setzen bezw. loslösen, so lieſse sich die Umwandlung in Gold – d. h. die Offenbarung des verborgenen Lebens, der Urkräfte der Natur (vgl. „Einleitung“) – wohl bewirken. Da sich jedoch diese Tinktur oder Geheimkraft der Natur wegen ihrer Immaterialität nicht fassen läſst, suchten die Alchimisten nach etwas Unerreichbarem.

Die Bestrebungen der Alchimie hatten drei Ziele: die Suche nach dem Stein der Weisen behufs Goldmacherei; die Entdeckung einer Panacee (= Lebenselixir); die Erfindung eines allgemeinen Lösemittels zur Vermehrung der Fruchtbarkeit jedes Samens. Diese Zwecke glaubten die Alchimisten durch die „Tinktur“ erreichen zu können, in der sie eine elektrische Lebenskraft erblickten. Folglich kann die Alchimie in ihren Anfängen als ein Behelf zur Erforschung von Mitteln gelten, die Materie wieder zu ihrem Urzustand zurückzuführen, von dem sie sich vermeintlich entfernt hatte. Was der Äther des achten Himmels für das Seelische, das galt den Alchimisten das Gold hinsichtlich des Stofflichen, und die damals bekannten sieben Metalle, welche die Namen der „sieben Planeten“ führten (Sonne = Gold, Mond = Silber, Saturn = Blei, Venus oder Jupiter = Zinn, Merkur oder Mars = Eisen, Mars oder Merkur = Legirung, Jupiter oder Venus = Kupfer), bildeten die aufsteigende Reinigungsleiter, welche den sieben Höhlen oder Stufen der alten Mysterien entsprach.

Die Alchimie war somit entweder eine physische Einweihung oder eine geistliche; die erstere diente oft nur zur Verschleierung der letzteren, d. h., wo man anscheinend lediglich metallurgische Kunststücke zu machen suchte, beschäftigte man sich in Wirklichkeit sinnbildlich nicht selten mit philosophischen Problemen, reinigte man blofs Leidenschaften, liefs man den menschlichen Geist durch die Retorte gehen, um ihn zu läutern.

Die Alchimie blühte in Ägypten schon sehr frühzeitig. Angeblich soll auch der weise Salomo sich mit ihr beschäftigt haben. Ihre Hauptblüte begann jedoch erst zur Zeit der Vernichtung der alexandrinischen Bibliothek. Die leichtgläubigen Sarazenen, die sehr viel von Talismanen und Himmelseinflüssen hielten, griffen die Wunder der Alchimie gierig auf, deren Ausüber daher an den glänzenden Höfen Almansors und Harun-al-Raschids Schutz, Schüler und Entlohnung fanden. Dennoch gab es bis zum 11. Jahrhundert nur einen berühmten Alchimisten: den Araber Abu Mussah Dschafar al Sofi, genannt Geber. Seine Umwandlungsversuche brachten ihn auf mehrere chemische und medizinische Entdeckungen; auch als Astronom war er bedeutend. Nach Europa kam die Goldmacherkunst durch die Kreuzfahrer und im 13. Jahrhundert wurde sie durch Albertus Magnus, Roger Bacon und Raimundus Lullus erneut. In England liefs Eduard III. sich von den Alchimisten Le Rouse und De Dalby Experimente vormachen. Heinrich VI. ermunterte Adelige, Ärzte, Gelehrte und Priester, den Stein der Weisen zu suchen. Diesen zu besitzen, behauptete später namentlich der hochberühmte Paracelsus – eigentlich „Philippus Aureolus Theophrastus von Hohenheim genannt Bombastus“ – den seine Anhänger „Fürst der Ärzte, Philosoph des Feuers, Trismegistos der Schweiz, Reformator der alchimistischen Philosophie, getreuer Geheimschreiber der Natur, Meister des Lebenselixirs und des Steins der Weisen, grofser Monarch der chemischen Geheimnisse“ nannten. Er führte für das gesuchte All-Lösemittel die Bezeichnung „alcahest“ ein (vielleicht aus „Allgeist“ verdorben?).

Auch die Rosenkreuzer, von denen wir bald sprechen werden, befafsten sich mit alchimistischen Geheimnissen und sie waren thatsächlich Nachfahren der Alchimisten. Aus diesem Grund haben wir die letzteren hier eingereiht, obgleich sie keine eigentliche Geheimgesellschaft waren. Doch gab es immerhin auch alchimistische geheime Vereinigungen. So lesen wir in der dem grofsen Werk „Thesaurinella chymica-aurea tripartita“ von Benedictus Figulus vorangehenden Widmung an Kaiser Rudolf II.: „Gegeben in der Reichsstadt Hagenau im Jahre des Heils 1607 und im 197. Jahre der Regierung des wahren Beherrschers des Olymps, Angelus Hagith.“ Auch ist in der

Widmung ein Graf Bernhard erwähnt – offenbar eines der Häupter des Ordens – der in Italien in einen aus 14–15 Mitgliedern bestehenden Alchimistenverein eingeführt worden sei. Ferner wird Paracelsus als der „Monarch" dieses Ordens bezeichnet, der, wie sich aus dem Datum 197 (anno 1607) ergiebt, im Jahre 1410 gestiftet worden sein mufs und nach Figulus gerade um 1607 mit dem Rosenkreuzer-Orden verschmolzen wurde. Ob es derselbe war, den Raimundus Lullus in seinem „Theatrum Chymicum" erwähnt, weifs man nicht; dieser soll schon vor 1400 bestanden und sein Oberhaupt „König der Physiker" genannt haben.

In England verlor man alles Vertrauen zur Hermetik, als der Gelehrte James Price sein Versprechen, in Gegenwart der Mitglieder der Wissenschaftlichen Gesellschaft Gold zu machen, nicht halten konnte und daher Selbstmord beging (1783). Dreizehn Jahre später waren in Deutschland Gerüchte verbreitet vom Vorhandensein einer grofsen „Hermetischen Gesellschaft"; in Wirklichkeit bestand diese aber nur – abgesehen von einer gröfseren Anzahl von „Ehrenmitgliedern" – aus zwei Personen: einem gewissen Bährens und dem Verfasser der „Jobsiade", K. A. Kortüm. Die napoleonischen Kriege, die Europa verwüsteten, liefsen das Interesse an der Alchimie erlahmen und blofs die höheren Kreise von Karlsruhe unterhielten sich bis 1812 insgeheim mit der Goldmacherspielerei.

Paracelsus teilte die Alchimisten in zwei Klassen: Leute, die nützlichen Studien obliegen und solche, die sich mit Phantastereien abgeben und mystischen Schund schreiben, den sie dann Hermes Trismegistos, Aristoteles, Albertus Magnus und anderen Koryphäen in die Schuhe schieben. Die Ausdrucksweise dieser Bücher ist heute völlig unverständlich, wie das folgende Beispiel zeigen wird. Die Umwandlungskraft, genannt „der grüne Löwe", sei in nachstehender Weise zu erlangen: „Im Bette des grünen Löwen werden die Sonne und der Mond geboren, die einander ehelichen und einen König zeugen. Dieser nährt sich von des Löwen Blute, welches der Vater und die Mutter des Königs ist, die gleichzeitig sein Bruder und seine Schwester sind. Ich fürchte das Geheimnis zu verraten, das vor jedem, der das Philosophenfeuer nicht zu beherrschen weifs, zu bewahren ich meinem Meister versprochen habe." So dunkel der Rede Sinn auch sei, die Adepten, für die allein eine solche Sprache berechnet war, verstanden sie. Dasselbe gilt auch von anderen Wissenszweigen. Wenn z. B. in einer Abhandlung, welche dem Hermes Trismegistos zugeschrieben wird, dem Forscher die Weisung gegeben wurde, den fliegenden Vogel zu fangen und zu ertränken, damit er nicht mehr fliege, so war damit die Fixierung des Quecksilbers durch Vermischung mit Gold gemeint.

Obwohl die Alchimisten der Chemie durch ihre Forschungen grofse Dienste leisteten, führten sie ein trauriges, buntbewegtes Dasein und starben gewöhnlich in gröfster Armut, wenn es ihnen nicht noch schlimmer erging, selbst falls sie rechtschaffen waren. Gerecht war aber das Geschick, welches einen der berühmtesten Hermetiker ereilte, Bragadino, der vor dreihundert Jahren lebte und sich als arger Schwindler erwies. Er gab den Teufel für seinen Sklaven und seine beiden wilden schwarzen Hunde für Dämonen aus, lockte mehreren Machthabern für sein angebliches Umwandlungsgeheimnis grofse Summen heraus und wurde, als man hinter seine Schliche gekommen war, in München gehenkt.

Jakob Böhme.

Wesen und Aufgabe des Mystizismus. – Böhmes Verdienste. – Sein Einflufs auf die Wissenschaft. – Sein Leben. – Die Philadelphier.

Die Mystiker sind gewissermafsen die Fortführer der antiken Mysterien, welche für viele Völker die einzige Weltweisheit, Wissenschaft und Freiheit bildeten. Sie sind die Priester der Unendlichkeit, die Rationalisten des Gebets. In ihrer Sanftmut huldigen sie der weitestgehenden Duldsamkeit; sie bemitleiden und begreifen alle Welt, sie verzeihen sogar dem Teufel. Mittels Synthesen und Verzückungen gelangen sie zu einem reinen und einfachen Verständnis des sogenannten „Übernatürlichen“, das sie mehr mit dem Herzen und der Einbildungskraft verehren als mit den gelehrten Trugschlüssen der Theologie. Darum ähneln die Mystiker aller Glaubensbekenntnisse einander so sehr.

Der Fürst der Mystiker war fraglos Jakob Böhme – so sehr, dafs ihm gegenüber alle anderen recht unbedeutend erscheinen: als blofse Schwärmer, deren Überschwenglichkeiten manchmal dichterisch, aber stets phantastisch waren und der Welt niemals nützten, weil sie nicht auf den Wahrheiten der Ewigen Natur beruhten. Freilich war auch Böhme ein Schwärmer, aber einer von der Art des Kolumbus, denn er vermochte mit dem geistigen Auge eine verborgene Welt zu erblicken, die Welt der Eigenschaften der Ewigen Natur, und das grofse Geheimnis der Erde und des Weltalls zu lösen. Er war entschieden ein Mittelpunktsphilosoph, der von seinem Standpunkt die ganze Sphäre von innen und aufsen übersehen konnte, nicht blofs ein Segment ihres Äufsern. Er erkannte daher nicht nur die Wirkungen, sondern auch die Ursachen der Dinge. Zweifellos enthalten seine Schriften viel Falsches und Unhaltbares, Vieles, was als alchimistische und kabbalistische Träumerei bezeichnet werden mufs; namentlich die Schriften des Paracelsus scheint er gut gekannt zu haben. Sind aber seine Schlufsfolgerungen oft schief, so trifft er doch in grundlegenden Dingen immer das Richtige. Nach Ausscheidung alles Zweifelhaften und Irrigen bleibt noch so vieles übrig, das von der Wissenschaft und der Praxis als unumstöfslich wahr dargethan ist, dafs man kaum glauben sollte, all dies sei von einem Mann erdacht und verkündet worden, der völlig ungelehrt war und niemals ein Experiment machte – und noch dazu in einer Zeit, da keine seiner wissenschaftlichen Wahrheiten irgend einem Mann der Wissenschaft auch nur aufgedämmert war.

Hätte Böhme die Welt auch mit nichts anderem vertraut gemacht als mit den sieben Eigenschaften der Natur (vgl. „Einleitung"), diesem Schlüssel zu allen Naturgeheimnissen, so würde er schon deshalb für immer zu den gröfsten Leuchten der Wissenschaft zählen. Wie ein ungebildeter Schuhmacher zu solcher Erkenntnis kam, ist schier unfafsbar. Er war der erste, der diese Dinge vorbrachte, und vor ihm gab es kein Werk, aus dem er hätte schöpfen können. Nirgends eine Spur früherer Kenntnis der sieben Eigenschaften; nur die von jeher allgemeine Verehrung der Siebenzahl war bekannt. Böhme mufs entweder eine aufserordentliche Intuition besessen haben oder ein grofses Genie gewesen sein. Die heutige Wissenschaft verlacht ihn als einen verrückten Träumer, wie die Königliche Gesellschaft (die englische Akademie der Wissenschaften) über die elektrischen Entdeckungen Benjamin Franklins lachte; weil dieser ein ausübender Buchdrucker war, könne er nichts von Elektrizität wissen und noch weniger ein Problem lösen, dem nicht einmal die gelehrtesten Akademiker gewachsen gewesen waren. Auch das grofse Intuitivgenie Priefsnitz, ein Bauer, der kaum schreiben konnte, wurde ob seiner Wasserheilkünste verhöhnt. Was könnte ein ungebildeter Schuster unsere heutigen Gelehrten lehren?! In Wirklichkeit aber bergen die Schriften Böhmes die Keime aller bisherigen und wohl auch künftigen Entdeckungen auf dem Gebiete der Naturwissenschaften.

Denjenigen, die etwa geneigt sein sollten, uns wegen unsrer hohen Verehrung für Böhme zu verspotten, möchten wir nahelegen, seine Schriften doch einmal so genau zu studieren wie wir es gethan; dann werden sie das Spotten unterlassen. Dazu kommt, dafs wir uns der Gunst erfreut haben, beim Studium Böhmes von dem bedeutendsten Böhmeforscher unsrer Zeit angeleitet zu werden. Wir haben daher ein gewisses Recht auf Beachtung unsrer hohen Meinung von Böhme, dessen Einfluſs auf die moderne Wissenschaft übrigens ein tiefgehender und anhaltender, wenngleich nur mittelbarer war. Selbst Newton hatte dem einfachen Schuster viel zu verdanken, aus dessen Schriften er eigenhändig umfangreiche Auszüge machte. Der groſse Engländer lernte von dem deutschen Mystiker, daſs die Anziehungskraft das oberste Naturgesetz sei — das Gesetz, dessen wissenschaftliche Ausgestaltung er bekanntlich bewerkstelligte. Er stellte sogar Öfen auf, mit deren Hilfe er monatelang eifrig an der Erfindung der „Tinktur“ arbeitetete, von der in Böhmes Schriften so viel die Rede ist. Ein besonders groſser Einfluſs Böhmes macht sich bemerkbar in den Werken des modernen deutschen Physikers Franz Xaver v. Baader, dessen Forschungen auf den Offenbarungen unseres Mystikers beruhten, die der genannte Gelehrte freilich keineswegs vollkommen verstand. Die gröſsten Denker des 18. und des 19. Jahrhunderts haben aus Böhmes Büchern geschöpft; die philosophischen Systeme von Leibniz, Schelling, Laplace, Hegel, Fichte u. a. tragen deutlich seinen Geistesstempel. Da aber keiner dieser Weltweisen ihn genügend erfaſste, sind ihre Systeme durchweg unbefriedigend geblieben. Goethe war in den Böhmeschen Schriften wohlbewandert und aus diesen lassen sich viele Anspielungen in des Altmeisters Werken leicht erklären, während die landläufige Goethekritik entweder mit ihnen gar nichts anzufangen weiſs oder sich zu den lächerlichsten Erläuterungen versteigt. Nur ein Beispiel. Was haben die „Kommentatoren“ nicht alles versucht, um die Bedeutung der „Mütter“ plausibel zu machen, zu denen Faust auf der Suche nach Helena hinabsteigen soll! Diese „Mütter“ sind aber nichts anderes als die drei ersten Eigenschaften der Natur (vgl. „Einleitung“), und die Weisungen, welche Faust vor seinem Abstieg in die Unterwelt von Mephisto empfängt, bilden eine poetisch-philosophische Schilderung jener Eigenschaften. Jammerschade, daſs die heutigen Gelehrten Böhme nicht studieren! Thäten sie es, so würden die Darwins, Tyndalls, Huxleys u. s. w. manche ihrer Theorien und Hypothesen unausgesprochen gelassen haben. In Bezug auf Biologie sollten sie namentlich das herrliche Kapitel lesen, das mit den Worten anfängt: „Wir sehen und befinden, daſs ein jedes Leben essentialisch ist, und dann befinden wir, daſs es im Willen steht, denn der Wille ist das Treiben der Essentien.“ („Sechs Punkte“, I. 1.) Ganz besonders könnte die Theologie über alle ihre Hauptfragen bei Böhme gründlichste Belehrung finden. Da er aber keinen akademischen Grad hatte und nicht einmal Professor war, stöſst er bei den Gelehrten auf mehr Geringschätzung als selbst der Spiritismus!

1575 in Görlitz geboren, mufste er in seiner Kindheit Vieh hüten. In seiner Einsamkeit befafste er sich mit stetiger Naturbetrachtung. Bald fühlte er sich als Dichter und glaubte zu grofsem bestimmt zu sein. Er legte allen Naturstimmen eine geheime Bedeutung bei, hörte in ihnen die Stimme Gottes und meinte, Gott selbst offenbare sich ihm mittels der Natur. Mit 15 oder 16 Jahren kam er zu einem Görlitzer Schuhmacher in die Lehre. Die sitzende Lebensweise förderte seinen Hang zum Mystizismus. Infolge seiner grofsen Sittenstrenge und Verschlossenheit wurde er teils für stolz, teils für verrückt gehalten. Da er keinerlei Unterricht genossen hatte, waren seine Ideen begreiflicherweise verworren, unklar, unzusammenhängend. 1594 verheiratete er sich. Er war ein guter Gatte und Vater, blieb jedoch ein Träumer. Schliefslich liefs er sich durch häufige Traumerscheinungen, welche er der Einwirkung des Heiligen Geistes zuschrieb, zum Niederschreiben seiner Gedanken bewegen. Sein erstes und bekanntestes, aber inhaltlich wie stilistisch schwächstes Werk hiefs „Aurora“. Es zog ihm die Gegnerschaft der Geistlichkeit zu, welche die Obrigkeit veranlafste, ihm das Weiterschreiben zu verbieten. Viele Jahre hindurch fügte er sich dem Verbot, dann aber packte ihn sein Denken so gewaltig, dafs er nicht länger widerstehen konnte und die letzten sechs Lebensjahre ausschliefslich der Niederschrift von Büchern widmete, unter denen besondere Hervorhebung verdienen: „Das dreifache Leben“, „Von sechs Punkten“, „Göttliche Beschaulichkeit“, „Das übersinnliche Leben“, „Das grofse Geheimnis“ und „Signatura Rerum“. In allen stofsen wir neben vielem Wunderlichen, Unstichhaltigen und Unverständlichen auf grofsartige Stellen von erstaunlich tiefer Erkenntnis, allumfassender Tragweite und grundlegender wissenschaftlicher Bedeutung. Manche poetischen Schönheiten Böhmes sind so grofs, manche seiner Anschauungen von Gott und Natur so erhaben, dafs sie von keinem noch so berühmten Dichter irgend einer Zeit übertroffen worden sind, und das will viel heifsen.

Zu seinen Lebzeiten waren seine – durchweg deutsch geschriebenen – Werke nur handschriftlich im Umlauf. Lange vor der ersten gedruckten deutschen Ausgabe, die übrigens höchst fehlerhaft war (1682), erschienen Übersetzungen ins Holländische und Englische. Einige der Bücher wurden von Saint-Martin, dem „unbekannten Philosophen“, ins Französische übertragen. Der beste Erläuterer Böhmes war der Deutsche Dionys Andreas Freher, der aber zumeist englisch schrieb; seine blofs handschriftlich vorhandenen Werke befinden sich teils im Britischen Museum, teils in der Bibliothek des Dr. Williams in London.

Böhme starb 1624. Seine letzten Worte waren: „Jetzt gehe

ich ins Paradies ein.“ Er gründete weder eine Sekte noch einen Geheimbund; dazu war er zu sehr in sich gekehrt und zu weltabgeschieden. Statt Schüler um sich zu scharen und an die Erwerbung von Ruhm zu denken, liefs er, gleich der Sonne, sein Licht unbewufst leuchten, unbekümmert darum, ob es fruchtbaren oder unfruchtbaren Boden beschien. Aber eine Engländerin namens Jane Lead stiftete am Ende des 17. Jahrhunderts die „Philadelphier“ („Engelsbrüder“), eine Gesellschaft, die auf Böhmes Lehren fufste, sich jedoch mehr mit leeren Visionen abgab und weder wissenschaftliche noch religiöse Ergebnisse zeitigte. Diese Vereinigung bestand blofs etwa sieben Jahre und ihre Mitglieder hatten nur sehr nebelhafte Vorstellungen von der Tragweite und dem wahren Sinn der Schriften ihres grofsen Leitsterns.

Emanuel Swedenborg.

Sein Lebenslauf. — Finanzmann und Mystiker. — Schriften und Lehren. — Die Übereinstimmungen. — Swedenborgianische Sekten. — Neu-Jerusalem, Avignoner Illuminaten, Erleuchtete Theosophen, Philosophischer Schottenritus, Wahrheitsforscher, Philadelphier, Swedenborg-Ritus, Allgemeine Aurora.

Der schwedische Mystiker, von dem wir im Nachstehenden sprechen, hat die Aufmerksamkeit der Welt in viel höherem Grad erregt als Böhme, obgleich er an Bedeutung hinter diesem weit zurücksteht. Während der grofse Deutsche uns greifbare und wertvolle, auf aufserordentlicher Naturerkenntnis beruhende wissenschaftliche Kenntnisse hinterliefs, haben wir dem Schweden nichts zu verdanken als einige dichterische Ideen und eine Fülle von verrücktem Unsinn. Immerhin war Swedenborg ein hochbegabter Mensch, denn er vereinigte in sich die einander eigentlich entgegengesetzten Merkmale des Dichters, des Träumers und des Mannes der Wissenschaft.

Sein Wissensdurst war so grofs, dafs er sich die gesamten Kenntniszweige seiner Zeit aneignete und im Alter von 28 Jahren zu den allergelehrtesten Männern seines Landes gehörte. 1716–17 besuchte er englische, holländische, französische und deutsche Universitäten, 1718 besorgte er für Karl XII. die Landbeförderung einer Anzahl von Schiffen von einer Küste zur andern. Drei Jahre später besuchte er viele europäische Bergwerke und beschrieb sie dann in seinem umfangreichen Werk „Daedalus Hyperboreus“. Nachher befafste er sich eingehend mit Theologie, um plötzlich

Mystiker zu werden, als welcher er die Theologie oft bekämpfte. Als er Einkehr in sich hielt und die Wunder der Gedankenwelt zu entdecken begann, war er bereits 55 Jahre alt. Statt irdischer Bergwerke, erforschte er fortan die Tiefen der Seele. Seine „Offenbarungen“ zogen ihm die Feindschaft der Geistlichkeit zu, doch konnte diese ihm, weil er sehr angesehen und geachtet war, nichts anhaben. 1751 erklärte Graf Hopken im Reichstag, die wertvollsten Schriften über Finanzwesen seien die Swedenborgschen. Ein mystischer Finanzmann oder finanzieller Mystiker — das war gewifs noch nicht dagewesen! Doch haben wir im 19. Jahrhundert eine ähnliche Erscheinung erlebt: den hervorragenden schottischen Mystiker Lawrence Oliphant, der zugleich ein gewiegter Geschäfts- und kluger Weltmann war. Swedenborg lebte viel in London, wo er auch starb (1772 im 85. Lebensjahr) und wo es eine reiche „Swedenborg-Gesellschaft“ giebt, die seine, etwa fünfzig Bände umfassenden Werke herausgiebt und verbreitet und dem Mystiker in England noch heute zahlreiche Anhänger gewinnt. Ihm waren übrigens auch viele astronomische, chemische und medizinische Entdeckungen zu verdanken und hinsichtlich der Schädellehre mufs er als Vorläufer Galls gelten.

So widersinnig der gröfste Teil seiner Schriften auch sei, so läfst sich in ihnen doch ein gewisses System entdecken; „ist es auch Unsinn, hat es doch Methode.“ Wer z. B. „Neu-Jerusalem“ oder „Reise zur Sternenwelt“ aufmerksam liest, mufs erkennen, dafs der abstrusen Sprache eine verborgene Bedeutung innewohnt. Ein Mann von seiner hohen Bildung kann eine so illusorische Ausdrucksweise nicht anwenden, ohne ihr einen Sinn unterzulegen, umsoweniger als er so viel von „Übereinstimmungen“ sprach, in denen er selbst der geringsten Kleinigkeit eine geheime Bedeutung zuschrieb. Er bekannte sich zur Religion der Menschenfreundlichkeit und nannte daher die abstrakte Vorstellung vom vollkommenen Menschen „Menschgott“ oder „Jesus Christus“; jene die Vollkommenheit anstrebenden Wesen bezeichnete er als Engel und Geister, ihre Vereinigung als Himmel, das Gegenteil als Hölle.

Einen seiner Hauptgedanken hat Swedenborg in seinem „Neu-Jerusalem“ niedergelegt: das Göttliche im Herzen jedes Menschen, verdolmetscht durch die Menschlichkeit. „Das Rechte ohne Eigennutz wollen oder thun, heifst den Himmel im eignen Innern aufrichten und in der Gesellschaft von Engeln leben. Das Gewissen jedes Einzelnen ist sein Himmelskompendium; da ist alles vorhanden: die Erfassung und Heiligung aller Pflichten und Rechte.“ Über das mystische oder sektiererische Leben sagt er: „Zwischen Gut und Böse besteht derselbe Unterschied wie zwischen Himmel und Hölle. Wer in Übel und Irrtum verharrt, gleicht der Hölle und die Liebe zur Hölle ist der Gegensatz der Liebe zum Himmel. Die eine Liebe haſst und bekämpft die andere bis zum Tode. Die Bestimmung des Menschen ist, mit der Seele in der geistigen, mit dem Leib in der natürlichen Welt zu leben. Jedem Menschen wohnen daher zwei Individualitäten inne: eine geistige oder innerliche und eine natürliche oder äuſserliche. Der innerliche Mensch befindet sich recht eigentlich im Himmel und im Verkehr mit himmlischen Geistern schon während seines irdischen Daseins, das kein wahres, sondern nur ein fingiertes Leben bildet. Da der Mensch ein zwiefältiges Wesen ist, hat er eine zwiefältige Gedankenwelt — eine höhere und eine niedrigere — sowie zweierlei Sprache und zweierlei Liebe. Darum ist der natürliche Mensch heuchlerisch und falsch, denn er ist doppelt, während der spirituelle Mensch notwendig aufrichtig und wahr ist, weil er einfach und eins ist; in ihm hat der Geist das natürliche Element erhöht und angezogen, das Äuſserliche sich mit dem Innerlichen identifiziert. Diese Erhöhung wurde von den Alten erreicht, die in irdischen Dingen auf deren himmlische Übereinstimmungen achteten."

Zur Wissenschaft von den „Übereinstimmungen" kehrt Swedenborg immer wieder zurück. Er spielt damit auf die Einweihungsmysterien der Alten an, auf das „wahre" Leben, welches dem fingierten Einweihungstod folgt, auf den mystischen Himmel, der in den Augen der Ägypter und Griechen nichts anderes war als der Tempel. „Die Wissenschaft der Übereinstimmungen war die höchste Wissenschaft der Alten. Die Asiaten und die Ägypter drückten dieselbe in Hieroglyphen aus, welche, als sie unverständlich wurden, Götzendienst hervorriefen. Nur die Übereinstimmungen können die geistigen Augen öffnen, die spirituelle Welt entschleiern und zum Erfassen des Übersinnlichen führen." An einer anderen Stelle heiſst es: „Wollt ihr wissen, was der Glaube und das Erbarmen eigentlich sind, so denket euch statt dieser Begriffe die Begriffe Wärme und Licht und ihr werdet alles verstehen. Der Kern des Glaubens ist die Wahrheit, d. h. die Weisheit; der Grundzug des Erbarmens ist die Zuneigung, d. h. die Liebe. Liebe und Weisheit oder Erbarmen und Glaube oder das Gute und das Wahre bilden das göttliche Leben im Menschen." In der Schilderung der Himmelsgefilde kommt eine Stelle vor, in welcher der Swedenborg geleitende Engel (vielleicht der Logenaufseher?) sagt, daſs alle Dinge ringsumher „Übereinstimmungen der Engelswissenschaft" seien, daſs die Pflanzen, die Früchte, die Steine etc. einander entsprechen, d. h. mit einander übereinstimmen. Wie es im Leben drei Grade gebe, gebe es auch drei Himmel und die Daseinsbedingungen ihrer respektiven Insassen stimmen mit denen der in die drei maurerischen Grade Eingeweihten überein.

„Neu-Jerusalem“ kann übrigens auch noch als ein Protest gegen die Herrschaft des Papstes gelten, die von Swedenborg, wie von allen Sektierern, verabscheut wurde. Gleich den Albigensern, suchte er ihr Schicksal in der Apokalypse. Er erklärte, die verderbte römische Geistlichkeit müsse einer besseren Priesterschaft weichen, die verfallene und götzendienerische Kirche einem neuen Tempel Platz machen. Um das Gewicht seiner Worte zu erhöhen, fügte er hinzu: „Was ich euch sage, habe ich im Himmel erfahren,“ womit er wahrscheinlich den Einweihungshimmel meinte. Unsere wenigen Auszüge werden zur Kennzeichnung des Geistes der Swedenborgschen Schriften genügen. Aus ihnen geht hervor, dafs man den geheimen Sinn der meisten Riten, Abzeichen und Geheimgesellschaften nur dann ergründen kann, wenn man die doppelte und oft sogar dreifache Bedeutung der betreffenden Figuren etc. kennt und beachtet. Jedes Sinnbild ist ein Mysterium; alle in geheimen Versammlungen vorkommenden Namen, Formeln, Gegenstände u. s. w. deuten auf verborgene Wahrheiten hin, deren Enthüllung wahrscheinlich gefährlich wäre, weshalb sie eben doppelt und dreifach verschleiert werden.

Die hauptsächlichste der Sekten, die auf Grund der mystischen Werke unseres Schweden entstanden sind, ist die „Neue Kirche des himmlischen Jerusalem“. Ihre Mitglieder glauben an des Meisters wunderbare Weissagungen, an dessen Gespräche mit Engeln, an die seraphischen Heiraten der Auserwählten, und sie halten sich für die „wahren“ Jünger Christi, weil Swedenborg die „Sonne der Barmherzigkeit“, welche das ganze Weltall erleuchtet und erwärmt, die „Welterlöserin“ nennt. Die gröfste Verbreitung hat diese „Kirche“ in England. Einige andere Sekten rühmen sich, in die tiefsten Geheimnisse ihres Leitsterns eingedrungen zu sein. Am bemerkenswertesten ist die der „Illuminaten von Avignon“. Der Benediktinermönch Pernetti und der polnische Edelmann Gabrianca, ein Freimaurer, waren die Ersten, welche die Schwärmereien Swedenborgs mit seltsamen Riten und Zeremonien verquickten. Die von ihnen gegründete Illuminatengesellschaft (nicht zu verwechseln mit der baierischen, von der wir im 9. Buch sprechen werden) hatte ihren Hauptsitz in der provençalischen Päpstestadt und Zweiglogen in den gröfsten Städten Frankreichs. Die Mitglieder befafsten sich mit Philosophie, Astronomie und Sozialwissenschaft.

Damit Paris sich nicht mit einem Zweig des Avignoner Bundes begnügen müsse, sondern einen eigenen Swedenborgianischen Ritus habe, rief der Freimaurer Chartanier, damals Meister vom Stuhle der Pariser Loge „Sokrates“, 1766 unter Abänderung des Avignoner Ritus den Orden der „Erleuchteten Theosophen“ ins Leben. Nach Entfaltung einer eifrigen Propaganda in Frankreich errichtete er auch in London eine Loge, welche jedoch nicht lange bestand, obgleich sie anfänglich viel Anklang fand. Ein anderer Ausläufer des Avignoner Ritus war der ebenfalls von Pernetti, der ein Alchimist war, geschaffene „hermetische“ Ritus, der, weit mehr alchimistischer als freimaurerischer Natur, später von dem Pariser Arzt Boileau, einem Anhänger Pernettis, in ausschliefslich maurerischer Richtung umgestaltet wurde und dann die Bezeichnung „Philosophischer Schottenritus“ führte. Diese beiden Ritenvarianten wurden nachmals zu zwölf Graden vereinigt, deren letzter, „Erhabener Meister des leuchtenden Ringes“ genannt, sich rühmte, von Pythagoras abzustammen. 1780 entstand in Frankreich eine „Akademie der erhabenen Meister des leuchtenden Ringes“, deren Einweihungslehren den angeblichen Philosophemen des Weisen von Samos entsprachen.

Eine andere Swedenborgianische Vereinigung maurerischer Natur war die Pariser Loge „Die vereinigten Freunde“, deren Mitglieder, zu denen u. a. auch Condorcet gehörte, sich „Philaletiker“ (Wahrheitssucher) nannten. Der Gründer war der königliche Schatzmeister Lavalette de Langes. Dieser Orden hatte zwölf Grade („Klassen“ oder „Kammern“); die ersten sechs hiefsen Niedrige, die übrigen Hohe Maurerei. Wie alle maurerischen Gesellschaften, wollten auch die Wahrheitsforscher die Menschen zu ihrer ursprünglichen Tugend und Freiheit zurückführen. In ihrer Logenbücherei besafsen sie eine reiche Fülle von Werken und Handschriften über Geheimbünde; auch hatten sie ein grofses chemisches Laboratorium und ein naturgeschichtliches Museum. Nach dem Tode de Langes' (1788) löste sich der Bund auf. Eine ähnliche Loge entstand 1780 in Narbonne. Die Mitglieder nannten sich „Philadelphier“ (nicht zu verwechseln mit den Londoner Philadelphiern der Jane Lead; vgl. „Jakob Böhme“) und zerfielen in drei „Tempel“ und zehn „Klassen“ oder „Zirkel“. Nach den drei ersten maurerischen Graden kamen: der vierte, welcher die „vollkommenen Meister“, die „Auserwählten“ und die „Architekten“ umfafste; der fünfte (die „erhabenen Schotten“); der sechste „(Ritter des Ostens“ und „Fürsten von Jerusalem“); die übrigen vier Grade führten die Bezeichnung „1. bis 4. Kapitel des Rosenkreuzes“ und waren von phlosophisch-physikalischer Maurerwissenschaft, sowie von allerlei mystischen Kenntnissen erfüllt, die für geeignet gehalten wurden, den menschlichen Geist zu stärken und zu erbauen.

Der eigentliche „Swedenborg-Ritus“ war eine Abart des Avignonischen. Gestiftet wurde er 1783 vom Marquis de Thome, welche die „wahre“ Bedeutung der Lehren des nordischen Mystikers erfaſst zu haben glaubte. Dieser Ritus hat jetzt noch mehrere Logen im Norden Europas. Seine sechs Grade sind: Lehrling, Genosse, Meister-Theosoph, Erleuchteter Theosoph, Blauer Bruder, Roter Bruder. In demselben Jahre (1783) trat zu Paris der Orden „Allgemeine Aurora“ ins Leben, der sich in erster Reihe mit Mesmerismus befaſste und in welchem Cagliostro eine groſse Rolle spielte.

Der Martinismus.

Bei keiner mystischen Vereinigung seit Böhmes Zeit war der Einfluſs seiner Schriften ein so auffallender wie beim Martinismus. Dieser Orden wurde von dem portugiesischen Juden Martinez Paschalis gestiftet und von dem sogenannten „unbekannten Philosophen“, dem Marquis de Saint-Martin, reformiert. Paschalis, der zum gnostischen Christentum übergetreten war, begann 1754 seine Propaganda damit, daſs er in mehreren französischen Städten — insbesondere Marseille, Bordeaux, Toulouse und Lyon — Jünger um sich scharte. Zwar legten alle für ihn die gröſste Verehrung und Ergebenheit an den Tag, aber kein einziger wurde ein Epopt, d. h. niemand drang in seine eigentlichen Geheimnisse ein. Seine Geheimlehre scheint ein verworrenes Gemisch von Gnostizismus mit christlichem Judentum und Kabbala gewesen zu sein. Übrigens schoben ihm seine Jünger, weil sie ihn nicht verstanden, viele Ansichten in die Schuhe, die er nicht hegte. Sehr groſses Gewicht legte er auf die von Böhme gründlich nachgewiesene Allmacht des Willens. Gleich dem Görlitzer Schuster lehrte Paschalis, daſs Verstand und Wille die einzigen wirklich thätigen Naturkräfte seien, daſs der Mensch die Naturerscheinungen durch energisches Wollen meistern und sich mittels eines genügend festen Willens sogar bis zur Erkenntnis des höchsten Wesens (ens) aufschwingen könne. Martinez verwarf grundsätzlich alle auf Gewalt gegründeten Staaten und jede auf Übereinkommen und Herkommen beruhende Gesellschaft; sein Ideal war die Wiederkehr der patriarchalischen Zeiten.

Wie seine Lehre, war auch sein Leben lückenhaft und geheimnisvoll. Heute tauchte er plötzlich irgendwo auf, ohne daſs jemand ahnte, woher er kam. Morgen verschwand er wieder und man wuſste nicht wohin. Oft erschien er gerade dort, wo man ihn am allerwenigsten erwartete. Von 1768 bis 1778 lebte er abwechselnd in Paris oder Lyon. Plötzlich machte er eine überseeische Reise, um schon 1779 auf San Domingo zu sterben. Vielleicht hielt er diese unberechenbaren Bewegungen für notwendig zur Erhaltung oder Steigerung seines Ansehens. De Maître teilt mit, dafs der Martinistenorden eigentlich „Ritus der erwählten Priester oder Kahanim“ hiefs und dafs von dessen höheren Graden die in die niedrigeren Grade Eingeweihten keine Ahnung hatten. Man kennt die Namen – aber nicht das Rituale – von neun Graden: Lehrling, Geselle, Meister, Grofserwählter, Kahen-Lehrling, Kahen-Geselle, Kahen-Meister, Grofs-Architekt, Komturritter. Der Eifer mehrerer Mitglieder – unter denen sich Saint-Martin, Holbach und Duchamteau befanden – hielt den Bund noch einige Zeit nach dem Tode Paschalis' aufrecht.

Der mehrerwähnte Saint-Martin, der auch ein gründlicher Böhmeforscher war (vgl. „Jakob Böhme“), gestaltete den Martinismus um und teilte ihn in zwei „Tempel“ mit zusammen zehn Graden. Der erste „Tempel“ umfafste die Lehrlinge, die Gesellen, die Meister, die Altmeister, die Erwählten, die Grofsarchitekten und die Meister des Geheimnisses, der zweite die Fürsten von Jerusalem, die Palästinaritter und die Kadoschritter. Unter Saint-Martin verbreitete sich die Vereinigung von Lyon aus über die gröfsten Städte Frankreichs, Deutschlands und Rufslands. In letzterem Land war der berühmte Fürst Repnin (1734–1801) sein Protektor. Gegenwärtig ist der Martinismus ausgestorben.

Rosenkreuzer.

Verdienste der Rosenkreuzer. – Zweifelhaftigkeit ihres Ursprungs. – Christian Rosenkreuz. – Fachlitteratur. – Zwecke und Ergebnisse der Andreäschen Schriften. – „Gaukeleien“. – Rituale und Zeremonien. – Die mystische Tafel. – Englische Rosenkreuzer. – Fludd. – Heydon. – Ableitung des Bundesnamens. – Die Rolle der Rose in Mysterien. – Behauptungen und Vorschriften. – Die Poesie im Rosenkreuzertum und das Rosenkreuzertum in der Poesie. – Die Haager Loge. – Eine rosenkreuzerische Handschrift. – Eine neue Rosenkreuzerverfassung. – Herzog Ernst August. – Schroepfer, Bischofswerder, Wöllner, Pianco. – Rosenkreuzer auf Mauritius. – Moderne englische Rosenkreuzer.

Ein poetischer Glorienschein umgiebt den Rosenkreuzerorden. Zauberische Phantasielichter umspielen seine anmutigen Trugbilder, und das Geheimnis, mit dem er sich zu umgeben wufste, erhöht den Reiz seiner Geschichte. Aber sein Glanz war der eines Meteors. Er durchblitzte das Reich der Phantasie und des Geistes vorübergehend, um alsbald auf immer zu verschwinden, allerdings nicht ohne einige dauernde und liebliche Spuren seiner Laufbahn zu hinterlassen. Die Dichtkunst und die Belletristik verdanken ihm viele fesselnde Schöpfungen. Die meisten europäischen Litteraturen enthalten hunderte von angenehmen oder prächtigen Werken, welche auf der Philosophie der Rosenkreuzer beruhen, der man nicht bestreiten kann, dafs viele ihrer Ideen ungemein geistreich waren und sich an spekulativer Geisteshöhe mit den Leistungen der indischen Sophisten messen konnten. Die Alchimie war im grofsen Ganzen zu einer unwürdigen Täuschung herabgesunken; sie suchte lediglich weltlichen Gewinn und befafste sich fast nur mit irdischen Schlacken. Die Rosenkreuzer vergeistigten und verfeinerten sie, indem sie der aussichtslosen Suche nach dem Stein der Weisen ein edleres Ziel steckten als die Erlangung von Reichtum: nämlich das Öffnen der geistigen Augen, damit der Mensch befähigt werde, die übersinnliche Welt zu erblicken und sich mit innerlicher Erleuchtung zu erfüllen, die zu wahrer Erkenntnis führen würde. Die Rosenkreuzer betrachteten die Umwandlung der Metalle als eine Analogie der Zurückleitung des Menschen zum reinen Urzustand. Die echten Rosenkreuzer kann man daher als Geistes-Alchimisten oder Theosophen bezeichnen.

Der Ursprung des Bundes ist sehr zweifelhaft. Nach manchen Quellen stammt er von einer seit dem 14. Jahrhundert bestandenen Vereinigung von Physikern und Alchimisten her, die den Stein der Weisen suchten. In der That bereiste ein gewisser Niccolo Barnaud Deutschland und Frankreich behufs Gründung einer hermetischen Gesellschaft, und aus der Vorrede zu dem Buch „Echo des Vereins vom Rosenkreuz“ ist zu entnehmen, dafs im Jahre 1597 Versammlungen zur Gründung eines alchimistischen Geheimbundes stattfanden. Dafs eine solche Gesellschaft wirklich bestand, geht aus einem andern Werk hervor, welches 1605 unter dem Titel „Wiederaufbau des verfallenen Pallas-Tempels“ erschien und eine Rosenkreuzer-„Verfassung“ wiedergab. Fünf Jahre später behauptete der Notarius Haselmeyer in einer Handschrift die, sämtliche Satzungen des Ordens enthaltende „Fama fraternitatis“ gelesen zu haben. Diese „Fama“ erschien 1614 gedruckt in dem Büchlein „Allgemeine Umgestaltung der Welt“, welches berichtet, im 14. Jahrhundert habe der Deutsche Christian Rosenkreuz, nach Erlernung der „erhabenen Wissenschaft“ im Morgenlande, eine solche Gesellschaft ins Leben gerufen. Dort wird von ihm ferner erzählt, dafs, als er 1378 Arabien bereiste, einige Philosophen, die er nie gesehen hatte, ihn mit seinem Namen ansprachen und ihn viele geheime Künste lehrten, darunter die der Verlängerung des Lebens. Nach seiner Rückkehr soll er einen groſsen Anhang gehabt und später im Alter von 150 Jahren aus Lebensüberdruſs einen Selbstmord begangen haben. 1604 lieſs ein Rosenkreuzer sein Grab öffnen, in welchem sich seltsame Inschriften und eine Handschrift in Goldbuchstaben vorfanden. Die Grotte, in der dieses Grab gefunden wurde, scheint nach der davon entworfenen Schilderung eine mithraitische Höhle gewesen zu sein.

Das 1615 veröffentlichte Werk „Confessio fraternitatis rosae crucis“ enthält eine Darlegung der Zwecke und des Geistes des Ordens. Auch die „Thesaurinella chymica-aurea“ des Figulus (vgl. „Die Alchimisten“) dürfte ein rosenkreuzerisches Buch gewesen sein. Michael Meyers „Themis aurea, hoc est, de legibus fraternitatis rosae crucis“ (Köln 1615) gab sich als eine Sammlung aller Satzungen und Bestimmungen des Bundes. Die ein Jahr später in Straſsburg veröffentlichte deutsche Schrift „Die chymische Hochzeit Christiani Rosenkreuz“, ein komischer Roman, bildet eine Satire auf die alchimistischen Luftschlösser jener Zeit. Der Verfasser war Johann Valentin Andreä, lutheranischer Pastor zu Herrenberg bei Tübingen. Das Publikum nahm Andreäs satirische Erdichtungen für bare Münze, so daſs zahlreiche billigende und verurteilende Flugschriften und offene Briefe über die ersonnene Brüderschaft erschienen. Andreä selbst verwarf in späteren Veröffentlichungen das Rosenkreuzertum. Allerhand Betrüger gaben vor, zum Bund zu gehören und „enthüllten“ dessen angebliche Geheimnisse in Druckschriften, deren litterarischer Wert kaum gröſser war als der wissenschaftliche.

In Andreäs rosenkreuzerischen Schriften verbargen sich politische Zwecke, insbesondere die Förderung der lutherischen Religion, zu der sich auch die Rosenkreuzer selbst bekannten. Andreä machte zwei Reisen nach Österreich: 1612 zur Zeit der Thronbesteigung des Kaisers Matthias und 1619 kurz nach dessen Tod. In Linz hatte er Unterredungen mit mehreren lutherischen Adeligen, mit deren Hilfe er behufs Förderung des Protestantismus einige Rosenkreuzerlogen stiftete; doch erhielten allmählich so viele Katholiken Zutritt, daſs die Tendenz nachgerade in die gegenteilige umschlug, was Andreä veranlaſste, dem Rosenkreuzertum den Rücken zu kehren und sich, wie gesagt, gegen dasselbe auszusprechen. In Österreich hatte er übrigens auch die „Brüderschaft Christi“ gegründet, zu der viele Mitglieder des protestantischen Adels gehörten, die jedoch nach dreijährigem Bestand von der Regierung verboten wurde; den Todesstoſs erhielt sie dann durch den mit Genehmigung des Papstes geschaffenen katholischen Orden vom „blauen Kreuz“.

Nicht mehr von Andreä beeinfluſst, zersplitterten sich die

Rosenkreuzer bald in eine Anzahl unabhängiger Logen, die aber meist nur kurze Zeit bestanden, weil sie rasch zu Fallen für den Fang bemittelter Gimpel entarteten. Allein unter Kaiser Joseph II. erlebten die Rosenkreuzer, gleich anderen Geheimgesellschaften, eine neue Blüte. Die Freimaurerei kam so sehr in Mode, dafs die Damen maurerische Abzeichen als Amulette trugen, wie auch Müffe, die den Maurerschürzen nachgebildet waren. Schliefslich unterdrückte der Kaiser alle Geheimbünde mit Ausnahme der Freimaurerei. Das Patent, welches er ihr 1785 gewährte, begann folgendermafsen: „Wir halten es für nötig, zu erklären, dafs die sogenannten Maurerischen Gesellschaften, deren Geheimnisse uns unbekannt sind, weil wir niemals genug neugierig waren, um ihren Gaukeleien nachzuforschen . . . “ Die Unterdrückung aller anderen Orden führte viele derselben — auch die Rosenkreuzer — in die Arme der Freimaurerei.

Die „Gaukeleien“ der Rosenkreuzer waren die der „Verfassung“ von 1763. Wir lassen eine kurze Beschreibung folgen. In dem Versammlungssaal, in welchem die „Einweihung“ stattfand, befand sich die „tabella mystica“ (= „geheimnisvolle Tafel“), die wir sofort eingehender behandeln werden. Den Fufsboden bedeckte ein grüner Teppich, auf dem die folgenden Gegenstände standen oder lagen: eine auf einem siebenstufigen Gestell schwebende Glaskugel, in zwei Teile — Licht und Finsternis bedeutend — geteilt; drei Armleuchter, zu einem Dreieck zusammengestellt; neun Gläser als Sinnbilder der männlichen und der weiblichen Eigenschaften; eine Kohlenpfanne, ein Zirkel, eine Serviette u. a. m. Der Kandidat wurde von einem Mitgliede eingeführt, das ihn in ein Zimmer brachte, auf dessen Tisch sich Kerzen, Federn, Tinte, Papier, Siegellack, zwei rote Stricke und ein nacktes Schwert befanden. Der Aufnahmebewerber wurde gefragt, ob er fest entschlossen sei, ein Jünger der wahren Weisheit zu werden; er antwortete bejahend, legte Hut und Degen ab und bezahlte die Aufnahmegebühren. Nun wurden ihm die Hände gefesselt, die Augen verbunden und ein roter Strick um den Hals geworfen, an dem er zur Logenthür geleitet wurde, an die sein Einführer neunmal leise anklopfte. Dann öffnete der Thürhüter und fragte:

„Wer ist da?“

„Ein irdischer Leib,“ erwiderte der Einführer, „welcher seinen Geistmenschen in der Unwissenheit gefangen hält.“

Thürhüter: Was willst du, dafs man ihm thun soll?

Einführer: Seinen Leib töten und den Geist reinigen.

Thürhüter: So bringe ihn herein an den Ort der Gerechtigkeit.

Die Beiden treten ein und stellen sich vor dem Kreis auf. Der Kandidat läfst sich auf ein Knie nieder; zu seiner Rechten steht der Meister mit einem weifsen Stab, zu seiner Linken der Einführer mit einem Schwert. Diese beiden haben ihre Schürzen angelegt. Es entwickelt sich folgendes Gespräch.

Meister: Menschenkind, ich beschwöre dich durch alle Grade der profanen Freimaurerei und bei dem unendlichen Zirkel, welcher alle Kreaturen und die höchste Weisheit in sich fafst, dafs du mir sagest, zu was Ziel und Ende du anhero gekommen bist.

Kandidat: Um Weisheit, Kunst und Tugend zu erlangen.

Meister: So lebe! Doch dein Geist soll von neuem über deinen Körper herrschen. Du hast Gnade gefunden; steh' auf und sei frei!

Der Neuling wird entfesselt; betritt den Kreis und legt drei Finger auf den Stab und das Schwert, die von dem Meister und dem Einführer kreuzweise gehalten werden. So spricht er den ihm vorgesprochenen Eid nach, durch den er sich verpflichtet, ein tugendhaftes Leben zu führen und vor den Bundesbrüdern keine Geheimnisse zu haben. Sodann macht man ihn mit dem Siegel, dem Losungswort und dem Erkennungszeichen des Ordens bekannt, verleiht ihm dessen Hut und Degen und erläutert ihm den Inhalt der „geheimnisvollen Tafel." Auf die „Arbeit" folgt, wie bei den Freimaurern, die „Erfrischung."

Die „tabella mystica" enthielt neun senkrechte und dreizehn wagerechte Abteilungen. Die erste Abteilung zeigte die Zahlen, die zweite die Namen der Ordensgrade. Dem niedrigsten Grad gehörten die „Juniores" an, die fast nichts wufsten, dem höchsten die „Magi", denen gar nichts verborgen war und die – gleich Moses, Hermes, Hiram – alle Dinge in der Gewalt hatten. Ihr Kleinod war ein gleichseitiges Dreieck. Die Tafel besagte auch, dafs die „Magi" sich in jedem zehnten Jahr zu Smyrna versammelten, die „Magistri" (die Inhaber des achten Grades) alle neun Jahre in Camra (Polen) oder Paris, die „Juniores" jedes zweite Jahr an einem jedesmal festzusetzenden Orte. Was die Aufnahmegebühren betrifft, so bezahlte jeder „Junior" drei, jeder „Magus" neunundneunzig Mark Goldes; die „Minores", welche „die philosophische Sonne kannten" und „Wunderkuren vollbrachten", entrichteten beliebige Beträge.

In England erregten Andreäs Schriften grofse Aufmerksamkeit. Dort war Robert Fludd der Hauptkämpe des Rosenkreuzertums; er schrieb zwei einschlägige lateinische Werke (1616 und 1617). Sein Nachfolger war der 1629 geborene Heydon; in einem seiner rosenkreuzerischen Bücher („An apologue for an epilogue") kommt die folgende verrückte Stelle vor: „Moses war der Vater der Rosenkreuzer. Manche sagen, dafs diese dem Orden des Elias oder des Ezechiel angehören, während andere sie für die Offiziere des Generalissimus der Welt halten. Sie sind die Augen und Ohren des grofsen Königs; sie sehen und hören alles, denn sie sind – wie es Moses war – seraphisch erleuchtet: Erde zu Wasser geläutert, Wasser zu Luft, Luft zu Feuer.“ Solchen Blödsinn konnte man damals der Lesewelt zumuten! In einem anderen Werk behauptete Heydon, es sei ein Verbrechen, zu essen (er selbst hütete sich freilich, nicht zu essen), da die Luft eine zur Ernährung der Menschen vollkommen hinreichende „zarte Fettigkeit“ enthalte, und es selbst bei den gefräfsigsten Personen genügen würde, einen Umschlag von gekochtem Fleisch auf die Magengegend zu legen!!! Man sieht, dafs es wirklich nichts Neues unter der Sonne giebt, denn Heydon war im Punkte des Essens der Vorläufer des „Animismus“ des Breslauer Professors und „wirklichen Geheimrates“ Dr. Lucian v. Pusch, der seine „Freiländer“ nach längerer Trainierung schliefslich von Äther leben läfst! Anno 1646 entstand in London eine rosenkreuzerische Vereinigung behufs Ausführung des in Baco's „Nova Atlantis“ dargelegten Planes, d. h. der Errichtung des Hauses Salomonis. Der Teppich in der Loge dieses Bundes stellte die Säulen des Hermes vor; sieben Stufen – von denen vier die vier Elemente, drei das Salz, den Schwefel und das Quecksilber versinnbildlichten – führten zu einer Art Bühne, auf der die Symbole der sechstägigen Weltschöpfung zu sehen waren. Einige der „Brüder“ waren Freimaurer, aber sie hielten aufser den Erkennungszeichen nichts geheim.

Das Wort „Rosenkreuzer“ wird gewöhnlich von dem mutmafslichen Stifter des Ordens, Rosenkreuz, abgeleitet. Manche Forscher leiten es jedoch von dem Wappen der Familie Andreä ab: ein Kreuz und vier Rosen. Andere Schriftsteller, und zwar neuere, behaupten, es sei aus „ros“ (= Tau) und „crux“ (= Kreuz) zusammengesetzt, wobei „crux“ für „lux“ (= Licht) stehe, das Licht aber nach Ansicht der Rosenkreuzer Gold erzeuge, während der Tau von den Alchimisten als ein kräftiges Lösemittel betrachtet wurde. Dagegen wendet Waite in seiner „Wahren Geschichte der Rosenkreuzer“ (London 1887) in einleuchtender Weise ein, dafs die Rosenkreuzer die Rose und das Kreuz deshalb als Abzeichen wählten, weil sie eifrige Protestanten waren und Luther fast vergötterten, Luthers Siegel aber ein kreuzgekröntes, aus der Mitte einer Rose emporragendes Herz war. Indessen dürfen wir bei aller Plausibilität dieser Erklärung nicht vergessen, dafs Kreuz und Rose von jeher in den mystischen Systemen der Welt Sinnbilder von hoher Wichtigkeit waren. Wir begegnen ihnen schon in der frühesten indischen Götterlehre, indem Lakschemi, die Gattin Wischnus, in einer Rose mit 108 Blättern gefunden wurde (daher 108 als Zahl der Perlen des indischen Rosenkranzes!) und die Hindus das Kreuz als das Sinnbild der Schöpfung betrachteten. Auch in den eleusinischen Mysterien und bei Apulejus spielte die Rose eine hervorragende Rolle. Ganz klar ist der Ursprung des Wortes „Rosenkreuzer“ also nicht.

Dafs das Rosenkreuzertum einigermafsen mit den ritterlichen Orden der Troubadours und der Albigenser zusammenhing, läfst sich nicht leugnen. Wie diese, hafsten auch die Rosenkreuzer das Papsttum und nannten den Katholizismus die Religion des Hasses; den Papst selbst hielten sie für den Antichrist. Im übrigen waren sie ziemlich ruhmredig, denn sie behaupteten, weder Hunger noch Durst zu fühlen, weder Krankheiten noch dem Alter unterworfen zu sein, wohl aber sich unsichtbar machen zu können, Geister zu befehligen und für Perlen und Edelsteine Anziehungskraft zu besitzen; auch erklärten sie, dafs ihr Bund den Zweck verfolge, alle Wissenschaften – namentlich die Medizin – aufzufrischen und durch Geheimkünste genügende Reichtümer zu erlangen, um die Könige und sonstigen Machthaber mit den zur notwendigen Umgestaltung der menschlichen Gesellschaft erforderlichen Mitteln versehen zu können. Ihre fünf hauptsächlichsten Pflichten waren: Kranke unentgeltlich zu heilen, öffentlich die Tracht ihres Aufenthaltslandes zu tragen, den Jahresversammlungen des Ordens beizuwohnen, das Bundesgeheimnis hundert Jahre lang zu bewahren und auf dem Sterbebett einen Nachfolger zu ernennen.

Der Mailänder Giuseppe Francesco Borri – derselbe, der wegen seines Auftretens gegen die Mifsbräuche des Papsttums von der römischen Inquisition auf Lebenszeit eingekerkert wurde und anno 1695 im Gefängnis starb – schrieb ein Buch, „Schlüssel zum Kabinett Borris“, dem wir viel verdanken von unserer Kenntnis des „dichterischen Glanzes, der den Orden umgab.“ Aus diesem Werk erfahren wir, dafs die Rosenkreuzer allem Aberglauben von Zauberei, Hexerei und Teufelsverkehr kräftig entgegentraten, das Vorhandensein von Dämonen, Kobolden und anderen Ausgeburten des Mönchswahns leugneten und dagegen erklärten, dafs der Mensch von zahllosen schönen und wohlthätigen Wesen umgeben sei, die durchweg den Wunsch hegen, sich ihm nützlich zu erweisen. Es seien dies die Elementar- oder Naturgeister. Die Luft sei von Sylphiden, das Wasser von Undinen oder Najaden, die Erde von Gnomen, das Feuer von Salamandern erfüllt. All diese „Geister“ könne der Rosenkreuzer sich dienstbar machen, einkerkern (und zwar in Ringe, Spiegel oder Steine), nach Belieben herbeirufen und zur Beantwortung seiner beliebigen Fragen zwingen. So grofs die Macht dieser Geschöpfe auch sei und so wenig sie durch Raum oder Stoff beschränkt seien, habe der Mensch doch etwas vor ihnen voraus:

die unsterbliche Seele; aber wenn es einem solchen Wesen gelinge, die Liebe eines Menschen zu erringen, könne es ebenfalls unsterblich werden. (Auf diesen und ähnlichen poetischen Phantastereien der Rosenkreuzer beruhen u. a. Fouqués „Undine“ und Popes „Lockenraub“.) Da die Naturgeister aus nur einem Element bestehen, und noch dazu blofs aus dessen reinsten Bestandteilen, können sie Tausende von Jahren leben. Die Rosenkreuzer glaubten ferner an die „signatura rerum“, d. h. an die Lehre, dafs alles Sichtbare äufserlich den Stempel seiner innerlichen – spirituellen – Wesenheit trage. Auch meinten sie, dafs der Mensch durch grofse Tugendhaftigkeit schon auf Erden einen Blick in die spirituelle Welt thun und den Stein der Weisen finden könne, der „mit der himmlischen Wesenheit in engem Zusammenhang steht“. Ihr „heiliges Wort“ war INRI; diese vier Buchstaben bedeuteten nach ihrer Angabe nicht „Jesus Nazarenus Rex Judaeorum“, sondern „Igne Natura Regenerando Integrat.“

1622 wurde Ludwig Conrad aus Bingen als Rosenkreuzer, „Montanus“ genannt, aus einer Haager Rosenkreuzerloge vertrieben, die im Haag einen prächtigen Palast besafs, aber auch in Amsterdam, Danzig, Nürnberg, Hamburg, Mantua, Venedig und anderen grofsen Städten Zusammenkünfte abhielt. Der Meister wurde „Imperator“ genannt. Die Mitglieder trugen öffentlich eine schwarze Schnur, in den Versammlungen jedoch ein goldnes Band, an dem ein goldnes Kreuz und eine goldne Rose befestigt waren. Die Mitgliedskarte bestand in einem Pergament mit vielen Siegeln, deren Anlegung mit grofsen Umständlichkeiten verbunden war. Bei öffentlichen Umzügen wurde eine kleine grüne Fahne getragen. Der erwähnte Montanus erzählte in seinem Buch „Einführung in die Hermetik“, er habe sein und seiner Gattin Vermögen, insgesamt 11 000 Thaler (für jene Zeit eine gewaltige Summe), den Interessen jener Loge geopfert, sei nach seiner gänzlichen Verarmung ausgestofsen worden und habe versprechen müssen, die Geheimnisse zu hüten. „Dies habe ich gethan, denn es gab nichts zu enthüllen.“ Die angeblichen Geheimnisse sollen in einem Büchlein enthalten gewesen sein, das sich ebenso angeblich „Sinceri Renati Theophilosophia theoretico-practica“ betitelt und kaum zu beschaffen ist. Die Haager Loge soll sich im Anfang des 18. Jahrhunderts aufgelöst haben.

Aus einer Bemerkung zu schliefsen, welche Dr. v. Harless in seinem Werke „Jakob Böhme und die Alchimisten“ (2. Auflage: Leipzig 1882) macht, mufs um 1641 in Deutschland eine rosenkreuzerische Vereinigung bestanden haben. Der Genannte schreibt: „Seitdem ist es mir gelungen, Einsicht in ein, meines

Wissens bisher unbekanntes rosenkreuzerisches Manuskript zu bekommen. Dasselbe wurde in den 60er Jahren des 18. Jahrhunderts zu Leipzig gefertigt. Es enthält abschriftlich einen Statutenentwurf der Rosenkreuzer unter der Aufschrift: „Testamentum“. Das Original mufs aus der zweiten Hälfte des 17. Jahrhunderts stammen. Dies ergiebt sich daraus, dafs in den Statuten die Pflicht der Verschwiegenheit namentlich gegen katholische Ordensleute durch Hinweisung auf einen Vorfall eingeschärft wird, welcher infolge zu grofser Vertraulichkeit und Offenherzigkeit im Jahre 1641 zwei rosenkreuzerischen Brüdern in Österreich grofses Unheil gebracht habe. Das Manuskript enthält teils die Statuten oder Regeln der Verbrüderung, teils Anweisung zu alchimistischen Operationen. Aus dem ersten Teil hebe ich hervor, dafs nach diesem „Testamentum“ der Orden unter einem Obersten mit dem Titel „Imperator“ stand, als Hauptsitze oder Zentralpunkte des Ordens Ancona, Nürnberg, Hamburg und Amsterdam genannt werden, übrigens nur wenige Mitglieder an einem Orte beisammen wohnen durften, den Wohnsitz alle zehn Jahre ändern und sich auch in Bezug auf ihre Existenz der gröfsten Geheimhaltung befleifsigen sollten. Die Lehrzeit dauerte sieben Jahre. Grufs und Erkennungszeichen bestand in folgender Formel: Anrede: „Ave frater!“ Antwort: „roseae et aureae“. Der Erste: „crucis“. Dann beide aufeinander: „Benedictus deus qui dedit nobis signum“. Hierauf gegenseitige Vorzeigung des „signum“, bestehend in einem in Metall gravierten Siegel, von welchem ein Exemplar mir ebenfalls zu Gesicht kam.“

Da Dr. v. Harless inzwischen gestorben ist und in seinem Buch den Aufbewahrungsort des Manuskripts nicht angegeben hat, konnten wir der Sache nicht weiter nachgehen. Doch scheint die in Rede stehende Gesellschaft mit der in der „Thesaurinella“ erwähnten (vgl. „Die Alchimisten“) identisch gewesen zu sein.

Anno 1714, also etwa hundert Jahre nach den Veröffentlichungen Andreaes, erschien eine neue Rosenkreuzer-Verfassung unter dem Titel „Die wahre und vollkommene Bereitung des Steines der Weisen der Brüderschaft vom Gold- und Rosenkreuz, von Sincero Renato, Breslau.“ Dieses Werk zerfällt in zwei Teile: „practica ordinis minoris“ und „practica ordinis majoris“. Hieraus geht hervor, dafs der Orden in zwei Brüderschaften gesondert war. Die höhere hiefs „Brüderschaft vom Goldkreuz“ und ihr Abzeichen war ein rotes Kreuz, während das der niedrigeren, die sich „Brüderschaft vom Rosenkreuz“ nannte, ein grünes Kreuz bildete. Aus diesen Daten zu schliefsen, war der Orden eigentlich ein alchimistischer. Wie in der Haager Loge und bei den Illuminaten (vgl. „Gesellschaftliche Wiedergeburt“, Abschnitt „Illuminaten“), nahm auch hier jeder Eingeweihte einen fingierten

Bundesnamen an. Nur unverheiratete Männer wurden aufgenommen. Wollte ein Mitglied heiraten, so durfte er es nur unter der Bedingung thun, dafs er mit seiner Frau blofs „philosophisch“ lebe. Auch schrieben die Satzungen vor, dafs Eingeweihte, die den Machthabern in die Hände fallen, eher den Tod erleiden als die Bundesgeheimnisse verraten sollten.

Der erste moderne Schriftsteller, der sich offen als Rosenkreuzer bekannte, war Herzog Ernst August von Sachsen-Weimar, der 1742 sein Büchlein „Theosophische Andachtsübungen“ in rotem Maroquineinband in kleiner Auflage veröffentlichte. Die Schlufsvignette deutet an, dafs die „letzte grofse Vereinigung von Brüdern“, von der der Herzog spricht, die Rosenkreuzer waren. Die „Allgemeine Verfassung“ eines von Freimaurern gestifteten neueren deutschen Rosenkreuzerordens wurde im Jahre 1763 festgestellt. Sie beruhte auf der „Themis aurea“ des Michael Maier, des gewesenen Leibarztes und Alchimisten des Kaisers Rudolf. Aus diesem Wiederaufleben des Rosenkreuzertums suchten viele Abenteurer Vorteil zu ziehen. Der Nürnberger Kaffeesieder Johann Georg Schroepfer z. B. errichtete in seinem Hause eine Loge (1777) und wufste sich einen so grofsen Anschein ausschliefslicher Geheimkenntnisse zu geben, dafs die Herzoge von Braunschweig und Kurland – welch letzterer ihn einst hatte peitschen lassen – ihn nach Dresden beriefen und dort offen begünstigten. Er hinterging seine Gönner mit angeblichem Geisterspuk und allerlei Zaubererscheinungen, die er in Wirklichkeit mittels Zauberlaternen und Konkavspiegeln hervorrief. Als man ihm hinter seine Schliche kam und ihm daher jede weitere Geldunterstützung entzog, erschofs er sich in der Nähe von Leipzig.

Dieser ganz gewöhnliche Betrüger hinterliefs Nachfolger. Der Major und nachmalige preufsische Kriegsminister Johann Rudolf Bischofswerder (1741–1803) und der Geistliche Johann Christoph Wöllner (1732–1800), später als preufsischer Kultusminister sehr bekannt geworden, waren die Nachfolger Schroepfers. Unter dem Schutz des Kronprinzen Friedrich Wilhelm errichteten sie in Berlin eine Rosenkreuzerloge. Die Folge war, dafs die freisinnigen Regierungsgrundsätze Friedrichs des Grofsen unter dessen Nachfolger bald einem „religiösen“ Verfolgungsgeist wichen. Während die beiden sonderbaren Minister den König mit dem Vorführen von Gespenstererscheinungen und mit Trinkgelagen unterhielten, bewogen sie ihn zum Erlassen des berüchtigten Religionsedikts von 1788, welches sich gegen das Überhandnehmen der „gottlosen“ Bahrdtschen Illuminatenbewegung richtete und die Press-Zensur wieder einführte. Das von einem Ex-Mitglied der in Rede stehenden Loge, „Meister Pianco“, verfafste

Buch „Der Rosenkreuzer in seiner Nacktheit“ (1782) bildete einen mit Enthüllungen verbundenen heftigen Angriff auf die Rosenkreuzer, allein der Betrug erhielt sich noch einige Zeit aufrecht.

Über den soeben genannten Pianco finden sich in dem anonymen Werk „Das Ganze aller geheimnisvollen Ordensverbindungen“ (Leipzig 1805), dessen Verfasser offenbar ein gründlich Eingeweihter war, die folgenden Mitteilungen: „Er war lange ein Freimaurer, ehe er ein Rosenkreuzer wurde. Sein Oberhaupt war halb Mensch, halb wildes Tier. Kein rechtschaffener Christ konnte mit ihm zu thun haben, ohne fürchten zu müssen, bei lebendigem Leib geschunden zu werden. Wurden Zweifel geäufsert, so stiefs er Lästerungen aus, deren sich selbst der ärgste Bösewicht geschämt haben würde. Pianco schüttelte den Staub der Kammer dieser Person von seinen Füfsen und entzog sich der Gesellschaft solcher Heiden.“ Derlei spricht nicht gerade für eine günstige Zusammensetzung der Rosenkreuzerbrüderschaft, „deren Bär angeblich nur nach den sanftesten Melodien zu tanzen pflegte“.

Waite berichtet über eine Rosenkreuzergesellschaft, die um 1794 auf der Insel Mauritius bestand. Er sagt, dafs seine Quelle eine wörtliche Abschrift der „Aufnahme des Dr. Bacstrom“ in jene Vereinigung durch den Grafen v. Chazal giebt. „In diesem Schriftstück verspricht Dr. Bacstrom u. a., die ihm mitzuteilenden geheimen Kenntnisse nie zu verraten, würdige Personen einzuführen (auch Frauen hatten Zutritt und sie hiefsen „Kreuzschwestern“), das „grofse Werk möglichst bald zu beginnen“, ferner, „der Kirche nichts zu schenken“ und das „gegorene metallische Umwandlungsmittel“ niemand zu geben, es sei denn einem Rosenkreuzer.“ Die Urkunde trägt das „philosophische“ Siegel der Gesellschaft. Dieses zeigt einen Kreis, in welchem sich ein Quadrat befindet, das ein Dreieck einschliefst, in dem ein Mann aufrecht steht, neben dessen Haupt und Füfsen allerlei kabbalistische Zeichen angebracht sind.

Waite verdanken wir auch die Mitteilung, dafs in England vor 1836 eine pseudo-rosenkreuzerische Vereinigung bestand. Die jetzige Londoner Rosenkreuzergesellschaft wurde vor etwa dreifsig Jahren umgestaltet und seither können nur Freimaurer Aufnahme finden. „Die Funktionäre sollen sein: drei Magi, ein Obermeister, ein Generalschatzmeister, ein Generalsekretär, sieben Älteste, ein Organist, ein Fackelträger, ein Herold, ein Tempelhüter und ein Medailleur. Die Mitglieder sollen alljährlich viermal zusammenkommen und einmal gemeinsam speisen. Jeder Neuling hat einen lateinischen Merkspruch anzunehmen, den er seiner Unterschrift im schriftlichen Verkehr mit dem Orden hinzufügen mufs.“ Das Geschmeide des höchsten Magus ist ein Ebenholzkreuz mit goldenen Rosen, überragt von einer goldenen Krone; es wird an einem karmesinroten Sammtband um den Hals getragen. Das Geschmeide der anderen Funktionäre besteht in einem rautenförmigen, weifs emaillierten Goldplättchen, in dessen Mitte das Rosenkreuz sichtbar ist, welches von einer goldenen Mitra überragt wird, auf deren Krempe das Wort LUX in rosenroten Schmelzbuchstaben leuchtet, während die Mitte (der Mitra) ein kleines rosenrotes Kreuz aufweist. Dasselbe Geschmeide, jedoch ohne Mitra und ohne das gestickte Kreuz, wird von den gewöhnlichen „Brüdern“ an einem zollbreiten grünen Band getragen. 1871 teilte der Bund seinen Mitgliedern mit, sein Ziel sei lediglich, litterarische Untersuchungen und Altertumsforschungen anzustellen. Er umfafste damals 134 „fratres“; die meisten wohnten in London, die anderen verteilten sich auf Bristol, Manchester, Edinburgh etc. Die Seele des Ganzen war Robert Wentworth Little und als Grofsschutzherr fungierte Lord Lytton. Dafs die Mitglieder keinerlei „rosenkreuzerische“ Wissenschaft treiben, geben sie selbst zu. Von 1868 bis 1879 gab der Orden eine kleine geheime Vierteljahrsschrift, den „Rosenkreuzer“, heraus; dieselbe war Waites Quelle und auf sie seien jene Leser verwiesen, die sich für den Gegenstand etwa näher interessieren.

Asiatische Brüder.

Entstehung. — Lehren. — Markus ben Bind. — Einteilung. — Einweihung. — „Ritter und eingeweihte Brüder.“ — „Weise Meister.“ — Die „königlichen Priester.“ — Organisation des Ordens. — Rosenkreuzerische Abenteurer. — Fraxinus und Gordianus. — Der betrogene Schulmeister. — „Theoretische Brüder.“

Der Orden der Asiatischen Brüder entstand wahrscheinlich um 1780. Seine Oberhäupter wurden erst 1788 bekannt, doch vermutete man schon früher, dafs Baron Ecker und Eckhofen zu ihnen gehörte. Dieser Mann, der zuerst in Wien und später in Schleswig lebte, erwarb sich durch seine Schriften einen grofsen Ruf; allein die Abergläubischen verschrieen ihn als einen furchtbar bösen Zauberer. Von Italien aus verbreitete sich der Geheimbund nach Rufsland. Ohne das Rosenkreuzertum zu lehren, beruhte er auf rosenkreuzerischer Grundlage und nannte die Inhaber seines dritten Hauptgrades „wahre Rosenkreuzer.“

Seine Versammlungen führten die Bezeichnung „Melchisedek-Logen“ und seine „Meister“ hiefsen „die verehrungswürdigen Häupter der sieben Kirchen Asiens“. Der Orden, dessen Titel eigentlich „Orden der Ritter und Brüder des Heiligen Johannes des Evangelisten aus Asien in Europa“ lautete, nahm auch Juden, Türken, Perser und Armenier auf.

Die Lehren des Bundes zerfielen in moralische (Anweisung, durch das Lösen der sieben Siegel die Geister zu beherrschen) und physikalische; die letzteren betrafen die Goldmacherei und die Bereitung von wunderwirkenden Geheimmitteln. Kabbalistischer Unsinn spielte in seinem Hausrat eine beträchtliche Rolle. Die Namen der Grade waren dem Hebräischen entnommen und versinnbildlichten deren Merkmale. Die Ergebnisse der wissenschaftlichen Forschungen der „Meister“ wurden den „Aspiranten“ nicht mitgeteilt; diese mufsten selber alles zu ergründen trachten. In Wirklichkeit scheinen die Meister überhaupt nichts dergleichen mitzuteilen gehabt zu haben; ihre „Geheimnisse“ waren offenbar nur in der Einbildungskraft leichtgläubiger Uneingeweihter vorhanden. Allerdings wäre es nicht gut angegangen, dies offen einzugestehen. . . .

Blicken wir den Asiatischen Brüdern hinter die Kulissen, so bleibt von ihrem Scheinglanz nichts übrig. Trotz des hochtrabenden Bundestitels waren ihre Lenker recht armselige Kerle. Am thätigsten in der Förderung der Ordensinteressen erwies sich ein Mitglied, das den Namen „Markus ben Bind“ angenommen hatte. Er führte allerlei Phantastereien ein, und die meisten Papiere des Bundes waren sein Privateigentum, bis die Oberhäupter ihm sie herauslockten. Die einzige Entschädigung, welche sie ihm für die Papiere gewährten, war die Ernennung zum Archivar; als er sich hierüber beklagte, wurde er bestraft. Sie anerkannten und bewunderten seine „hohe Weisheit“ (die freilich in erster Reihe in der Bereicherung des Ritus durch kabbalistische und hebräische Redensarten bestand) und nutzten ihn aus, ohne jedoch die goldnen Berge zu halten, die sie ihm versprachen. Verlangte er Geld, so wiesen sie ihn ab; brauchten sie doch selber sehr viel! Schliefslich lehnte er sich auf, trat aus und ergötzte die Aufsenwelt durch Enthüllungen.

Die Zahl der Grade betrug fünf; zwei davon waren „Erprobungs“- und drei „Haupt“-Grade. Der erste Probegrad, „Sucher“ genannt, zählte nie über 10 Mitglieder. Die Probezeit dauerte vierzehn Monate. Zweimal monatlich wurden den „Suchern“ Vorträge gehalten. Die Tracht, die sie bei den Zusammenkünften trugen, bestand aus einem runden schwarzen Hut mit schwarzen Federn, einem schwarzen Mantel, einer schwarzen Schärpe mit drei rosenförmigen Knöpfen, einem Schwert mit schwarzer Troddel, weifsen Handschuhen und einem schwarzen Band, an welchem ein Doppel-Dreieck hing. Auf der linken Seite des Mantels war ebenfalls ein Doppel-Dreieck eingestickt. Auch der zweite Erprobungsgrad („Die Leidenden") hatte blofs zehn Inhaber. Die Probefrist dauerte nur sieben Monate. Waren die „Sucher" lediglich Theoretiker, Lernende, so erwartete man von den „Leidenden" praktische naturwissenschaftliche Untersuchungen. Sie trugen schwarze Rundhüte mit schwarzen und weifsen Federn, schwarze Mäntel mit weifsem Futter und Kragen sowie goldgestickten Doppel-Dreiecken, schwarze Schärpen mit weifsem Rand und drei Rosen, weifse Handschuhe, endlich Degen mit schwarzen und weifsen Quasten.

Die Inhaber des ersten Hauptgrades („Ritter und eingeweihte Brüder aus Asien in Europa") hatten auf dem Kopf einen schwarzen Rundhut mit weifsen, schwarzen, gelben und grünen Federn. Der schwarze Mantel, dessen Futter und Kragen weifs waren, wies goldne Spitzen und auf der linken Brust ein gesticktes rotes Kreuz mit vier grünen Rosen auf; inmitten jeder Rose befand sich ein kleines grünes Schild mit einem aus den Buchstaben M und A bestehenden Monogramm. Die gleichen Abzeichen, aber in emailliertem Gold, wurden an einem roten Band getragen. Den Anzug vervollständigten: eine rosenrote Schärpe mit grünem Rand und drei roten Rosetten; weifse, mit einem roten Kreuz und vier grünen Rosen bestickte Handschuhe; ein Schwert mit weifsen, schwarzen, gelben und roten Troddeln.

Die Einweihung in diesen ersten Hauptgrad erfolgte in einem schwarzverhängten Saal, dessen Fufsboden und Einrichtung mit schwarzem Tuch bedeckt waren. Zur Beleuchtung dienten sieben Armleuchter; sechs hatten je fünf Arme, während der in der Mitte stehende siebente einen weifsgekleideten Mann mit goldenem Gürtel darstellte. Der Stuhl des Meisters stand unter einem schwarzen Baldachin auf einer die Mitte des Saales einnehmenden Estrade, zu der drei Stufen hinanführten. Ein Stück der Hinterwand war offen, aber durch sieben Quasten zusammengehalten, sodafs das dahinter befindliche „Allerheiligste" dem Blick verborgen blieb. Dieses Allerheiligste bestand in einer zehnsäuligen Balustrade, in der sich ein Abbild der Sonne innerhalb eines vom göttlichen Feuer umflammten Dreiecks befand. Unter dem mannförmigen Leuchter lag der Teppich der drei maurerischen Grade, umgeben von 9 Lichtern; ein zehntes Licht war in einiger Entfernung am Fufse des Meisterstuhles sichtbar. Auf der rechten Seite stand ein Tischchen, auf dem das Buch der Satzungen, ein grüner Stab, an beiden Enden rot, und ein flammendes Schwert mit der eingravierten Ziffer 56 lagen.

Der in einem Nebenraum wartende „Leidende" wurde zunächst dreimal gefragt, ob er eingeweiht zu werden wünsche. Auf die bejahende Antwort hin befahl der Grofsmeister, ihn hereinzubringen. Der Kandidat las auf einem roten Schild über der Thür in Goldbuchstaben die Worte: „Dies ist die Thür des Ewigen; die Gerechten treten hier ein.“ Der Einführer klingelte zweimal, der Grofsmeister einmal, die Thür öffnete sich, der „Leidende“ schritt bis zum Tisch vor und machte dreimal das Meisterzeichen. Er empfing nun die Mitteilung, dafs er aufgenommen sei und mufste eine Erklärung unterzeichnen, die ihn verpflichtete, die Kapitelgeheimnisse niemals zu enthüllen. Nach einigen kindischen Förmlichkeiten wurde er zum „Reinigungstisch“ geleitet, auf welchem drei Säulen standen, deren jede ein Licht trug. Das eine Licht hatte die Gestalt eines Mannes mit dem Dreieck, das andere die eines Weibes mit dem umgekehrten Dreieck, das mittlere die eines Mannes mit dem Doppeldreieck. Auf dem Tische befanden sich ferner: eine Schale mit Salzwasser, eine andere mit trockenem Salz, ein Löffel, ein mit Ysop und roter und grüner Seide umwundenes Zedernholzbündel.

Vor dem „Reinigungstisch“ wird dem Kandidaten Rock und Weste ausgezogen, der Hemdkragen geöffnet und der rechte Arm entblöfst. Nun kniet er nieder und der Grofsmeister besprengt ihm den Hals dreimal mit dem Salzwasser, dabei sagend: „Möge der Allerbarmer dir die Kenntnis deiner Waffen, deiner Lanze und der Vierzahl verleihen!“ Sodann berührt er ihm den rechten Arm und spricht: „Möge der Allmächtige dir in der Schlacht Kraft verleihen!“ Bei der Berührung der Brust sagt er: „Möge der Allgerechte dich als Eroberer im Mittelpunkt ruhen lassen!“ Nachdem der „Leidende“ wieder angekleidet worden ist und der Grofsmeister das Allerheiligste geöffnet hat, erfolgt die Eidesleistung und schliefslich wird der Neuling zum Ritter geschlagen. Der Grofsmeister berührt ihm die rechte Schulter und sagt: „Möge der Unendliche dir für den Kampf Stärke, Schönheit und Weisheit verleihen!“ Bei der Berührung der linken Schulter spricht er: „Im Namen der hochwürdigsten und weisesten sieben Väter und Beherrscher der sieben unbekannten Kirchen Asiens nehmen wir dich als Ritter und eingeweihten Bruder auf.“ Schliefslich berührt er den Kopf und fügt hinzu: „Möge der Ewige dir das Licht der Vierzahl gewähren, damit du vom ewigen Tod befreit werdest!“ Nach allseitiger Umarmung und einigen abschliefsenden Worten des Grofsmeisters servieren die Diener Brot, Salz, Wein, Lammfleisch und – als Sinnbild des alten und des neuen Bundes Gottes mit den Menschen – – Schweinebraten!

Den zweiten Hauptgrad – „Weise Meister“ genannt – konnte nur die höchste Autorität des Ordens, das Sanhedrim, verleihen, denn in diesem Grad begann die Offenbarung der Geheimnisse. Worin diese bestanden, hat kein „Laie“ je erfahren; wohl aber wissen wir, wie die merkwürdig bunte Tracht der „weisen Meister“ aussah: grüner Hut mit weifsen, schwarzen, gelben und roten Streifen; roter Mantel mit grünem Kreuz und grünem, mit einem auf rotem Grund in Gold gestickten Monogramm der Buchstaben J und C versehenen Rosen; grünes, rotgerändertes Band mit drei grünen Rosetten und einem Anhängsel in Gestalt eines goldenen Kreuzes mit weifsem, schwarzem, gelbem und rotem Schmelz; weifse Handschuhe, innen und aufsen mit roten Kreuzen und grünen Rosen verziert; Degen mit grünen und roten Quasten.

Auch der dritte Hauptgrad („königliche Priester“ oder „wahre Rosenkreuzer“ oder „Melchisedekgrad“) konnte nur vom Sanhedrim verliehen werden. Die Zahl der Inhaber war auf 72 beschränkt. Die Prunkhaftigkeit ihrer Gewandung übertraf alles Dagewesene. Die Farben des Hutes waren: grün, rosa, gold; die vorn aufgeschlagene Krempe wies das Wort „Jehova“ in Goldstickerei auf; die Federn waren weifs, rot, gelb, schwarz und grün. Ein eng anliegendes rosafarbenes Unterkleid mit vielfarbigen Manschetten wurde durch eine um die Hüfte gewundene Schärpe ergänzt, die mit Rosetten in weifs, rot und anderen Farben bestickt war. Schuhe und Strümpfe waren aus rosa Seide. Auf der linken Brust des grüngefütterten Mantels befand sich ein Punkt, von dem viele Strahlen ausgingen. Den Hals schmückte eine goldene Kette, deren gewöhnliche Glieder stellenweise mit Schildchen abwechselten, auf denen aufser den Monogrammen M und A sowie J und C ein Baum eingraviert war, an dessen rechter Seite ein Mann, auf der linken ein Weib stand, mit der einen Hand die Schamteile bedeckend, mit der anderen den Baum berührend. Am Ende der Kette hingen die Urim und Thummim. Weifse Handschuhe, innen und aufsen mit grünen und roten Rosen ausgestickt, vervollständigten die bunte Tracht.

Das Sanhedrim durfte seine Geschäfte von, aus seinem Schofs heraus gewählten Ausschüssen führen lassen. Die nächsthohe leitende Stelle war das Hauptkapitel, dann kamen die Provinzialkapitel. Jede dieser „Behörden“ hatte eigene Beamte mit hochtrabenden Titeln freimaurerischen Gepräges. Die Mitgliedschaft kostete viel Geld, denn der Orden war eine Gebührenfalle ersten Ranges. Bei der Einweihung mufste man zwei Dukaten zahlen, bei der Gründung einer Meisterloge sieben Dukaten für das Recht, zwei Dukaten für den Teppich, zehn Kreuzer für jeden Bogen der Satzungen, bei der Errichtung einer höheren Meisterloge zwölf Dukaten. Ein Provinzialkapitel kostete 25, ein

Hauptkapitel 50 Dukaten. Jeder Bruder zahlte dem höheren Meister einen Monatsbeitrag von 30 Kreuzern, aufserdem eine seinen Mitteln entsprechende Gebühr für aufserordentliche Ausgaben. Über die Verwendung all der vielen Gelder ist nichts Näheres bekannt.

1781 erschien in Wien eine „Ansprache an die Rosenkreuzer alten Systems“. Der Orden scheint von einem, sich Fraxinus nennenden Provinzial-Grofsmeister der vier vereinigten Hamburger Freimaurerlogen erneut worden zu sein. Wie sehr dieser Mann sich auf die Schafschur verstand, ergiebt sich aus den Mitteilungen des Maurers „Cedrinus“, der für seine Einweihung in die Rosenkreuzergrade allmählich nicht weniger als 150 Thaler zu entrichten hatte. Als Cedrinus seine Unzufriedenheit mit den häufigen Erpressungen zu äufsern begann, beschwichtigte ihn Fraxinus mit der Ernennung zum Grofssiegelbewahrer der Logen. Dadurch erlangte er Einblick in die seltsamen Geheimnisse der Grade-Fabrikation und in die Logenkorruption. Er zerschlug sich mit Fraxinus, stellte dessen Treiben öffentlich blofs und wurde dafür als meineidig ausgestofsen.

Ein anderer rosenkreuzerischer Abenteurer, der um dieselbe Zeit von sich reden machte, war der Tübinger „Bruder“ Gordianus, der ohne ersichtliche Erwerbsmittel ein Wohlleben führte und daher für einen Alchimisten gehalten wurde. Ein Schulmeister, dessen unbekannt gebliebener Name mit L. anfing, wünschte Rosenkreuzer zu werden und wendete sich dieserhalb an Gordianus, der ihm sagte, dafs der Orden den Zweck habe, die Ideen J. V. Andreäs auszuführen und dafs die Aufnahmebedingungen folgende seien: ewige Verschwiegenheit bezüglich der Bundesgeheimnisse, Einführung eines neuen Mitgliedes binnen sechs Wochen (als Beweis der Fähigkeit, das Vertrauen der Mitmenschen zu erringen) und Entrichtung einer Einweihungsgebühr von 50 Thalern. Der arme Teufel brachte das Geld mit Mühe auf und empfing eine sonderbare lateinische Quittung (gedruckt). Alsbald schlug Gordianus ihm vor, hermetische und magische Schriften aus dem Lateinischen ins Deutsche zu übersetzen. L. that dies, erhielt aber keine Entschädigung für seine Arbeiten, die Gordianus in einer von ihm herausgegebenen Zeitschrift veröffentlichte; dagegen gab G. ihm das Versprechen, ihn bald mit den Oberhäuptern des Ordens bekannt zu machen, die ihm grofse und wertvolle Geheimnisse anvertrauen würden. Der Schulmeister wurde ungeduldig, zog Erkundigungen ein und erfuhr, dafs G. sich einmal gerühmt habe, eine Gesellschaft von Betrügern und Betrogenen gründen zu wollen. Die Vorwürfe L.s beantwortete er mit einem schriftlichen Rechtfertigungsversuch, doch verschwand er bald aus Tübingen, worauf L. die ganze Geschichte zur Warnung anderer veröffentlichte.

Ableger der Asiatischen Brüder waren die Theoretischen Brüder, deren Rituale einem 1785 erschienenen Buch zufolge das Nachstehende war. Der Kandidat mufste bereits in den schottischen Ritus eingeweiht sein. Er wurde in einen durch Armleuchter beleuchteten Saal geführt, an dessen oberem Ende sich eine viereckige Erhöhung befand, mit einem schwarzen Tuch bedeckt, auf dem eine Bibel, eine schwarze gestickte Schürze und die Bundessatzungen lagen. Auf dem Teppich lag eine von zwei Ringen umgebene Kugel. Aus dem einen Ring brachen Strahlen hervor, welche ein Gewölke erhellten, in dem die sieben Planeten sichtbar waren. Die Kugel bedeutete die Loge, die beiden Ringe vertraten das männliche (agens) und das weibliche Prinzip (patiens). Der Eid beschränkte sich auf Treue und Verschwiegenheit hinsichtlich des Ordens sowie Beschäftigung mit dem Studium der Natur. Die Schürze war weifs und gestickt, ihr Futter schwarz. Das Geschmeide – aus vergoldetem Messing – bestand in zwei strahlenden Dreiecken mit dem Namen „Jehovah“ in hebräischen Buchstaben auf der Vorder- und den Zeichen ⊖ ♀ ☿ auf der Rückseite; es war an einem schwarzen Band befestigt. Als Erkennungszeichen diente das Erheben der rechten Hand mit ausgestrecktem Daumen und Zeigefinger; das Gegenzeichen war, dafs man die ersten drei Finger aufs Herz legte. An die Stelle des Händedrucks trat das Umfassen der Taille des „Bruders“ mit dem rechten Arm. Das Losungswort war „Chaos“. In Hamburg betrug die Eintrittsgebühr 40 Mark Goldes, der Monatsbeitrag 18 Schillinge. Es gab neun Grade. Die Einweihung in den letzten kostete zwar volle 99 Mark Goldes; dafür wurde man aber auch ein echter „Magus“, d. h. man kannte alle Geheimnisse der Natur, hatte alle Engel, Teufel und Menschen in der Gewalt und der Stein der Weisen war die geringste der Errungenschaften, deren man sich rühmen durfte. Dieser Orden soll nach seiner Angabe Logen unterhalten haben in Hamburg, Wien, Berlin, Königsberg, Stettin, Danzig, Breslau, Leipzig, Nürnberg, Augsburg, Innsbruck, Prag, Paris, Venedig, Neapel, Malta, Lissabon, Bergen-op-Zoom, Krakau, Warschau, Basel, Zürich, Smyrna und Ispahan.

ACHTES BUCH.

GESELLSCHAFTSFEINDLICHE VEREINIGUNGEN.*)

*) Hierher gehören auch einige der im 4. Buch behandelten Vereinigungen, namentlich der Assassinenbund und die Derwische. Wegen des Zusammenhangs ihres Ursprungs mit den im 4. Buch geschilderten Religionssystemen haben wir sie, um diesen Zusammenhang nicht zu zerreifsen, lieber dort untergebracht als im 8. Buch.

Die Thugs.

Name und Ursprung. — Vorfahren und Kultus. — Überlieferungen. — Einweihung. — Von der Ermordung befreite Personen. — Märtyrer. — Unterdrückung. — Ein moderner Fall von Thagismus.

Kurz nach der Eroberung von Seringapatam (1799) wurden in dieser indischen Provinz etwa hundert „Phansigars“ (Räuber) ergriffen. Damals wuſste man noch nicht, daſs dieselben einem in verschiedenen Teilen Indiens verbreiteten Geheimbund erblicher Mörder und Plünderer angehörten. Erst als im Jahre 1807 zwischen Tschittur und Arkot mehrere Phansigars gefangen genommen wurden, erlangten die Behörden Kenntnis von dem Vorhandensein und bald auch von dem Wesen und Treiben der seither so berüchtigt gewordenen „Thugs“ oder „Thags“, die aber, wie gesagt, auch als „Phansigars“ (wörtlich: Schlingenmenschen) bekannt waren. Thug oder Thag soll von thaga (hintergehen) abgeleitet sein, weil die Thugs sich ihrer Opfer dadurch bemächtigen, daſs sie sie hinterlistig in falsche Sicherheit wiegen. Besonders zahlreich waren sie früher in Mysore und den Balaghat-Bezirken, im Karnatik und in der Gegend von Tschittur. Sleeman glaubt, daſs sie von den Überbleibseln der Armee des Xerxes, welche in Griechenland einfiel, abstammen; wahrscheinlich aber ist ihr Ursprung in Wirklichkeit ein viel späterer. Sie selbst behaupten, zuerst nach der Ausrottung der Assassinen von Alamut nach Indien gekommen zu sein. Es ist denn auch nicht unwahrscheinlich, daſs einzelne der den Schwertern der Moguls entronnenen Flüchtlinge nach Indien kamen. Das Vorhandensein von Ischmaeliten in Indien — sie nannten sich Bohras — war bekannt, ehe der Bestand der Thug-Organisation entdeckt wurde. In ihrem Jargon — dem Ramasch — nennen sich die Thugs noch jetzt stets „Bohras“; sie thun dies vermutlich, um ihre eigentliche Thätigkeit zu verhüllen, denn in Hindostan giebt es eine sehr ausgebreitete, hauptsächlich aus friedliebenden Handeltreibenden bestehende Sekte gleichen Namens. Eine der Thug-Sekten nennt sich „Aulen“.

Eine bei den Thugs besonders beliebte Art, junge Männer, die Wertsachen mit sich führen, anzulocken, geht dahin, dafs eine hübsche junge Frauensperson scheinbar sehr bekümmert am Rande der Landstrafse sitzt und durch eine erdichtete Leidensgeschichte das Mitleid ihres Opfers erregt, das ihr dann in den Dschungel folgt, wo es von der im Hinterhalt lauernden Bande sofort erdrosselt wird. Eine Bande besteht aus 10 bis 50 Mann und beobachtet ihr Opfer nötigenfalls tagelang scharf, um eine für den Mord geeignete, sicheres Gelingen versprechende Gelegenheit abzuwarten. Nach jedem Mord wird eine „Tupaunih“ genannte religiöse Feier abgehalten. Die Verteilung der Beute ist durch alte, feste Vorschriften geregelt: der Rumal (Schlingenwerfer) erhält den gröfsten, der Schumsia (der die Hände des Opfers haltende Mann) den zweitgröfsten Anteil u. s. w. Doch giebt es auch Banden, welche Gütergemeinschaft üben.

Der Thagismus begeht seine schweren Verbrechen infolge seiner hohen Verehrung der menschenfeindlichen Göttin Bhowani oder Kali (von „kala“ = Zeit), die ihr einziges Vergnügen in möglichst vielen Menschenopfern findet. Es ist dies dieselbe furchtbare Gottheit, an deren Jahresfest in Indien Tausende von Fanatikern sich von ihrem schweren Wagen freiwillig unter verzücktem Geschrei zu Tode rädern lassen. Nach der indischen Legende entsprang sie, wie Minerva dem Haupte Jupiters, dem brennenden Auge auf der Stirn Schiwas, eines Teiles der brahminischen Dreifaltigkeit. Sie vertritt das böse Prinzip, schwelgt in Menschenblut, ist die Herrin der Pest, lenkt die Stürme und Orkane und denkt stets nur ans Zerstören und Vernichten. Die lebhafte indische Phantasie stellt sich diese Schreckensgestalt folgendermafsen vor: azurblaues, gelbgestreiftes Gesicht; wilder, grausamer Blick; borstiges, aufgelöstes, pfauenschweifartig aufgerädertes Haupthaar mit hineinverflochtenen grünen Schlangen; um den Hals ein bis nahe zu den Knieen reichender Kragen aus goldenen Schädeln; Blut ausströmende Lippen; rüsselartige Zähne, die über die Unterlippen hinunterreichen; acht bis zehn Arme; in jeder der acht bis zehn Hände eine Mordwaffe oder ein bluttriefender Menschenkopf; ein Fufs steht auf einer menschlichen Leiche. Das Volk opfert ihr in ihren Tempeln Hähne und Stiere; aber ihre eigentlichen Priester, die Thugs, die „Söhne des Todes“, stillen den Hunger dieses Vampyrs mit Menschenopfern.

Nach der thagistischen Überlieferung wollte Kali ursprünglich das ganze Menschengeschlecht mit Ausnahme ihrer eigenen Anbeter vertilgen; daher befahl sie den letzteren, alle in ihre Gewalt fallenden Menschen umzubringen. Anfänglich wurden die Opfer mit dem Schwert getötet, und zwar so massenhaft, dafs die Erde bald gänzlich entvölkert worden sein würde, wenn es der „Erhalter“ Wischnu nicht rechtzeitig verhindert hätte, indem er aus dem Blute der Gemordeten immer wieder neue Menschen schuf und dadurch die böse Absicht Bhowanis vereitelte. Der Gegenschachzug der Göttin bestand darin, dafs sie ihren Anhängern verbot, fürder mit dem Schwert zu töten und sie anleitete, dies durch Erdrosselung zu thun, also ohne Blutvergiefsen. Auch verlieh sie ihnen grofse Schlauheit und hohen Mut, damit ihnen ihr Vorhaben stets bestimmt glücke. Und um sie vor der Entdeckung durch die Obrigkeit zu schützen, versprach sie, die Opfer selber zu begraben und jede Spur zu verwischen. Sie hielt denn auch Wort, bis ihr einmal ein Thug in frevelhafter Neugier nachspürte, um zu erfahren, was sie mit den Leichen anfange. Sie erwischte ihn beim Spionieren und sagte zu ihm: „Niemand kann am Leben bleiben, nachdem er eine Göttin von Angesicht zu Angesicht gesehen; aber ich will dir das Leben schenken und dich, sowie alle deine Bundesgenossen damit bestrafen, dafs ich euch nicht mehr beschützen werde. Künftig will ich die Leichen der von euch Umgebrachten nicht mehr begraben und verbergen, sondern es euch überlassen, die zu eurer Sicherheit nötigen Schritte zu thun. Und obgleich ich euch den heiligen Spaten zum Aufwerfen der Gräber überlasse, werdet ihr nicht immer davonkommen; vielmehr werdet ihr zuweilen der weltlichen Gerechtigkeit in die Hände fallen — und das soll eure ewige Strafe sein. Nur die euch von mir verliehene höhere Klugheit und Geschicklichkeit soll euch verbleiben. Von nun an werde ich euch nur durch Anzeichen leiten, die ihr eifrig zu Rate ziehen müsset.“

Hiervon rührt der ausgeprägte Vorbedeutungs-Aberglaube der Thugs her. Diese weissagen aus dem Vogelflug, aus dem Geheul des Schakals und besonders aus der Art, wie das Beil, das sie werfen, fällt; ihr Weg richtet sich nach der Fallrichtung des Beils. Steht eine Bande im Begriff aufzubrechen, und sieht sie dabei welches Tier immer von links nach rechts über den Weg laufen, so gilt dies für ein so ungünstiges Anzeichen, dafs der Streifzug an dem betreffenden Tag unterlassen wird.

Der erste Mord, den eine Bande auf einem Streifzug begeht, heifst sonoka, das vom Anführer gegebene Zeichen zur Erdrosselung jhirnih, der Begräbnisplatz beïl. Geht die Erdrosselung leicht von statten, so wird sie ku-sul genannt; bietet sie Schwierigkeiten, heifst sie bi-sul; wird gleichzeitig ein Paar getötet, so nennt man dieses bhitrih. Mit dem Namen bunguhs bezeichnet man die Flufs-Thugs, die in ihren Booten den Ganges auf und nieder segeln und, sich für Besucher heiliger Wallfahrtsorte ausgebend, ihr Opfer aufs Boot locken, um es nach der

Erdrosselung durch die eigens zu diesem Zweck an den Seiten des Fahrzeuges angebrachten Öffnungen ins Wasser gleiten zu lassen; um für den Fall eines Scheintodes das Wiedererwachen unmöglich zu machen, wird dem Umgebrachten zur Vorsicht noch das Rückgrat gebrochen.

Wer in diese fürchterliche Sekte aufgenommen werden wollte, mufste ein langwieriges, strenges Noviziat durchmachen, in dessen Verlauf er überzeugende Beweise seiner „Würdigkeit“ zu liefern hatte. War die Zustimmung zu seiner Zulassung einmal erfolgt, so wurde er von dem Mitglied, das ihn eingeführt und empfohlen hatte, zu einer mystischen Taufe geleitet, bei welcher Gelegenheit man ihn in ein weifses Gewand hüllte und ihm die Stirn mit Blumen bekränzte. Sein Pate stellte ihn nun dem geistlichen Oberhaupt (gurhu) vor, das ihn in einen Festraum führte, wo ihn zahlreiche Bandenhäuptlinge erwarteten, welche die Frage, ob sie den Bewerber in den Geheimbund aufnehmen wollen, bejahend beantworteten. Jetzt begaben sich alle ins Freie, wo die Häuptlinge rings um den Gurhu und den Neuling niederknieten, um zu beten. Aufstehend, erhob der Gurhu seine Hände gen Himmel und sagte: „O Bhowany, Mutter der Welt! Nimm du, deren Anbeter wir sind, deinen neuen Diener auf, gewähre ihm deinen Schutz und sende uns ein Zeichen deiner Zustimmung!“ Sobald sie in den Bewegungen eines Vogels, eines Säugetiers oder einer Wolke ein solches Zeichen zu erkennen glaubten, erhoben sich die Versammelten und begaben sich in den Festraum zurück, wo sie in Gemeinschaft mit dem Neuaufgenommenen eine Mahlzeit einnahmen. Damit waren die Einweihungsfeierlichkeiten zu Ende.

Der Novize, der von nun an ein „sahib-zada“ ist, beginnt seine thagistische Laufbahn entweder als Totengräber (lugha) oder als Ausforscher (bhil) von geeigneten Plätzen zu geplanten Erdrosselungen. Hat er sich einige Jahre hindurch als tüchtig und treu bewährt, so kann er zum Erdrossler (bhuttota) aufrücken. Dieses Aufrücken ist ebenfalls mit allerlei Zeremonien verbunden. An dem für diese bestimmten Tag begiebt der Kandidat sich unter Führung seines Gurhu in einen in den Sand vertieften, von geheimnisvollen Hieroglyphen umgebenen Kreis, um Kali anzubeten. Dort verweilen sie vier Tage, während welcher Zeit der Kandidat nur Milch geniefsen darf. Am fünften Tag übergiebt ihm der Priester die in heiligem Wasser gewaschene und mit Öl gesalbte Erdrosselungsschlinge und erklärt ihn nach einigen religiösen Zeremonien für einen bhuttota. Dieser leistet einen furchtbaren Verschwiegenheitseid und schwört ferner, unablässig an der Zerstörung des Menschengeschlechts mitwirken zu wollen.

Übrigens sind viele Personen vor den Überfällen der Thugs sicher. Bei der Einweihung sagt der Gurhu zum Neuling: „Mein Sohn, du hast den ältesten und der Gottheit wohlgefälligsten Beruf erwählt. Du hast geschworen, jedes menschliche Wesen, welches dir das Schicksal in die Hände liefert, umzubringen. Aber es giebt auch Menschen, die von unseren Gesetzen ausgenommen sind und deren Tötung unsrer Gottheit mifsfallen würde.“ Es sind dies die Angehörigen bestimmter Kasten und Stämme, ferner alle Lahmen, Schielenden und Verunstalteten, sodann die Wäscherinnen und alle ohne männliche Begleitung reisenden weiblichen Personen. Die letzteren, weil Kali eine weibliche Gottheit ist; dennoch wurden in späteren Zeiten viele Frauen erdrosselt. Die strenggläubigeren Thugs pflegten den Verfall des Thagismus von der ersten Ermordung eines Weibes zu datieren und die eingerissene Praxis zu mifsbilligen.

Die Thugs hatten Heilige und Märtyrer; die hervorragendsten und am meisten verehrten waren Thora und Kudull. Die von den Engländern zum Tode verurteilten Thugs starben für ihre blutdürstige Göttin mit derselben Begeisterung, mit der sie ihr zu Ehren andere umgebracht hatten – umsomehr als sie überzeugt waren, unmittelbar nach ihrer Hinrichtung ins Paradies einzugehen. Sie erbaten sich nur die Gunst, gehenkt oder erdrosselt zu werden, statt durch das Schwert oder das Beil zu sterben, denn sie hegten gegen das Blutvergiefsen den gröfsten Abscheu.

Als die anglo-indische Regierung das Wesen des Thagismus genau kennen gelernt hatte, traf sie strenge Mafsregeln zu seiner Unterdrückung. Sie schuf zu diesem Zweck eine eigene Behörde, liefs zahlreiche Thugs hinrichten oder einkerkern und errichtete in Verbindung mit dem Lahorer Gefängnis eine thagistische Arbeitsschule. 1882 wurde diese geschlossen und die Insassen bei Stellung unter Polizeiaufsicht freigelassen. Manche dieser Fanatiker hatten unglaublich viele Mordthaten vollbracht. Einer, der 1825 zu Lucknow gehenkt wurde, war der Erdrosselung von etwa sechshundert Personen überführt worden. Ein anderer, der achtzig Jahre alt war, bekannte, es auf 999 Opfer gebracht zu haben und nur deshalb nicht auf 1000, weil eine runde Zahl bei den Thugs nicht zum guten Ton gehöre. Allein trotz aller Strenge ist die Ausrottung noch immer nicht gänzlich gelungen; religiöse Geheimgesellschaften haben eben eine zähere Lebenskraft als politische. Es giebt noch immer Thugs, wenngleich sie nicht mehr sehr zahlreich sind und ihre Opfer nicht mehr zu erdrosseln, sondern zu vergiften pflegen. Der Thagismus hat sich jederzeit des geheimen Schutzes einzelner eingeborener Herrscher erfreut, die dafür einen Teil der Beute erhielten, und dem mag wohl noch immer so sein.

Ein Thug, der während des indischen Aufstandes zum Denunzianten seiner Bundesbrüder wurde, gestand, drei Frauen und nahezu hundert Männer erdrosselt zu haben. Und doch hatte dieser Kerl ein einnehmendes Äufsere und liebenswürdige Manieren. Nur wenn er von seinen Blutthaten erzählte, geriet er in dieselbe Begeisterung, mit der ergraute Krieger von ihren blutigen Heldenstücken sprechen. (Der Unterschied zwischen diesen und jenen ist, bei Licht besehen, nicht sehr grofs; hier wie dort überflüssiges Töten einem Aberglauben zu liebe!) Das verhinderte ihn aber nicht, den Behörden zweihundert seiner Religionsgenossen in die Hände zu liefern. Als der jetzige Prinz von Wales 1876 die thagistische Abteilung des Lahorer Kerkers besuchte, rühmte sich ihm gegenüber ein Greis namens Soba Singh ganz stolz, 36 Menschen umgebracht zu haben und zwei andere Sträflinge zeigten ihm das Erdrosselungsverfahren. Am 6. Januar 1882 wurde im Pendschab ein gewisser Scharfu – auch Scharif-ad-din genannt – gehenkt, der 1867 ein Thug geworden war und dann bis 1879 nach seinem eigenen Geständnis 96 Personen vergiftet hatte. Die örtliche Polizei veröffentlichte seine Biographie, um die Verhaftung der übrigen Mitglieder seiner Bande zu erleichtern.

Die Brenner.

Ursprung und Organisation der Gesellschaft. – Rechtspflege. – Gottesdienst. – Eheschliefsung. – Die Grofsmeister. – Vernichtung der Gesellschaft. – Tod eines alten Brenners.

Die „Chauffeurs" (Brenner) bildeten eine französische Geheimgesellschaft, der erst am Schlufs des achtzehnten Jahrhunderts ein Ende gemacht wurde und die auf Raub und Mord beruhte. Ihre Entstehung geht auf die Zeit der Religionskriege zurück, die Frankreich unter Heinrich III., Heinrich IV. und Katharina von Medici verwüsteten. Katholische Forscher haben die Vermutung aufgestellt, dafs die ursprünglichen Mitglieder die besiegten Hugenotten waren, die sich einem Räuberleben hingaben, um an ihren Überwindern Rache zu nehmen. Dieser Annahme widerspricht aber schon die eine Thatsache sehr, dafs das geheime Rituale der Gesellschaft eine Art Messe umfafste. Viel wahrscheinlicher ist, dafs, wie so manche andere in anarchischen Zeiten entstandene ähnliche Brüderschaft, auch diese aus allerlei

Verbrechern, Armen, Opfern der Ungerechtigkeit und verschiedenen sonstigen Unzufriedenen bestand.

Die Brenner waren eine von einem einzigen Oberhaupt geleitete kompakte Körperschaft. Sie hatten eine eigene Religion und einen mündlich vererbten Kodex von Civil- und Kriminalgesetzen, die streng gehandhabt und eingehalten wurden. Jeder Aufnahmewerber fand Aufnahme in den Bund; aber den Vorzug erhielten Kandidaten, die sich bereits durch grofse Verbrechen ausgezeichnet hatten. Die Mitglieder zerfielen in drei Grade, deren jeder in Dekurien mit je einem „guapo" (Haupt) eingeteilt war. Die „Spione" gehörten nur lose zur Vereinigung, „eingeweiht" waren sie nicht.

Gleich den Jesuiten, liebten es die Chauffeurs, Genossen durch Erziehung von Jugend auf heranzubilden. Ganze Familien gehörten dem Bunde an und die Kinder empfingen frühzeitig Unterricht im Auskundschaften sowie im Begehen kleiner Diebstähle und ähnlicher Verbrechen, die dann je nach Kühnheit und Geschick belohnt wurden, während jedem Mifserfolg eine angemessene Strafe folgte, namentlich körperliche Züchtigung. Diese war oft sehr hart und hatte auch noch den Nebenzweck, die Knaben an das Ertragen von Schmerzen zu gewöhnen. Man könnte fast glauben, dafs jene Banditengesellschaft sich die Gesetze des Lykurg zum Vorbild genommen hatte. Im Alter von vierzehn oder fünfzehn Jahren wurde der Knabe in den ersten Grad eingeweiht. Unter allerlei religiösen Feierlichkeiten leistete er einen Eid, mittels dessen er „den Blitz und Zorn des Himmels" auf sich herabrief für den Fall, dafs er seine Pflichten gegen den Bund jemals vernachlässigen sollte. Sodann nahm er das Schwert entgegen, das er künftig zur eigenen Verteidigung und zu der seiner Genossen benutzen sollte.

Die Macht des „Grofsmeisters" war fast unbegrenzt. Er verwaltete das Gesellschaftsvermögen, verteilte die Beute nach Gutdünken und verfügte über die Beförderungen wie über Lohn und Strafe. Jeder „Profane" – d. h. Nicht-Genosse – durfte bestohlen oder beraubt werden; davon lebte man ja. Aber wehe dem, der sich gegen einen Bundesbruder verging! Das erstemal wurde er mit dem dreifachen Wert des Gestohlenen bestraft, im Wiederholungsfall schwerer, schliefslich zuweilen sogar mit dem Tode. In Gefahr mufste man einander beistehen, die Ehre der Gattinen der Brüder mufste geachtet werden, uneheliche Verbindungen jeder Art – Konkubinat und Prostitution – waren bei strengen Strafen verboten.

Die Handhabung der Rechtspflege war eine recht summarische. Der Angeschuldigte wurde vor eine Volksversammlung der Mitglieder geladen, von der gegen ihn erhobenen Klage in Kenntnis gesetzt, den Zeugen gegenübergestellt und dann freigesprochen oder verurteilt. Letzterenfalls mufste er, je nach der verhängten Strafe, sofort die Strafsumme erlegen oder die Tracht Prügel in Empfang nehmen oder ohne weitere Umstände sich an dem nächsten Baum aufknüpfen lassen.

Der Gottesdienst der Brenner war eine Art Karikatur des kirchlichen und erinnert in manchen Punkten an die Gebräuche der englischen Erdarbeiter. An den Feiertagen lasen ihre Priester die Messe und flehten den Segen des Himmels herab auf die Ziele und Pläne der Gesellschaft. Ihre Predigten bestanden hauptsächlich in Weisungen bezüglich der besten Arten, den Zweck des Bundes zu erreichen und den Verfolgungen der „Profanen“ zu entgehen. Seltsam war die Hochzeitszeremonie. Am Hochzeitstage erschienen Braut und Bräutigam in Begleitung des Brautführers und einer Brautjungfer vor dem Priester, der zuerst irgend einen haarsträubenden Unsinn aus einem schmutzigen alten Buche las und dann einen Stock mit Weihwasser besprengte, den er zwei Hauptzeugen anvertraute, die ihn zusammen in die Höhe hielten. Auf Geheifs des Priesters mufste der Bräutigam über den Stock springen; jenseits erwartete ihn die Braut, die ihn umarmte und emporhob, um dann ihrerseits über den Stock in die Arme des Bräutigams zu springen und von ihm möglichst lange in die Höhe gehoben zu werden. Von der Zahl der Sekunden, während der die Braut den Bräutigam hochhalten konnte, zog man Schlüsse auf das künftige Eheglück und den voraussichtlichen Kindersegen des jungen Paares. Während dieser Mutmafsungen safs das letztere auf dem Stock und der Priester steckte der Braut den Ehering an den Finger. Fast genau in der gleichen Weise geht die Vermählung der englischen Erdarbeiter noch heute vor sich.

Was die Scheidung betrifft, so konnte sie nicht nur wegen Untreue, sondern vernünftigerweise auch wegen Unverträglichkeit erfolgen. Der Priester bemühte sich nach Kräften, eine Aussöhnung zu vermitteln; gelang ihm dies nicht, so sprach er öffentlich die Scheidung aus, während er den Stock, der bei der Eheschliefsung des Paares benutzt worden war, über dem Kopf des Weibes entzweibrach. Darnach durfte sich jeder Teil beliebig bald anderweit verheiraten.

Die Gesellschaft, welche über einen grofsen Teil des nordwestlichen Frankreich verbreitet war, bediente sich eines eigenen, nur den Eingeweihten verständlichen Jargons und hatte, wie alle geheimen Vereinigungen, ihre Abzeichen, Losungsworte und Händedrücke, an denen die Genossen einander erkannten. Sie zählte viele Tausende von Mitgliedern. In die Öffentlichkeit drang die Kenntnis von ihrem Bestehen zuerst durch das gegen sie im letzten Jahrzehnt des vorigen Jahrhunderts vom Gerichtshof zu Chartres eingeleitete Strafverfahren, welches zahlreiche rätselhafte Morde, Brandlegungen und Räubereien als Thaten von chauffeurs feststellte. Der damalige Grofsmeister des Bundes hiefs Franz der Schöne, so genannt wegen seiner aufsergewöhnlichen Schönheit. Vor seiner Einweihung war er wegen gewaltthätigen Raubes eingesperrt worden, aber aus dem Kerker entflohen; der Bund wufste ihn für sich zu gewinnen und machte ihn nach dem Tode des Grofsmeisters, Johannes des Zieglers, einstimmig zu dessen Nachfolger. Zur Zeit jenes grofsen Prozesses wurde er abermals verhaftet, ergriff jedoch wieder die Flucht – wahrscheinlich hatte er das Gefängnispersonal bestochen – und seither hat man nie mehr von ihm gehört. Damals ging das Gerücht, er habe sich den Chouans (d. h. der Cottereauschen Schleichhändlerbande) angeschlossen und sei schliefslich den Folgen seiner Ausschweifungen erlegen. In Chartres wurden Hunderte von Brennern hingerichtet; die meisten entkamen indessen und gingen zu den Chouans über.

Am ärgsten hausten die Chauffeurs während der Schreckensherrschaft, jenem düstersten Zeitabschnitt der französischen Revolution. Nächtlicherweile drangen sie in gröfseren Banden in einzelstehende Häuser und in Adelsschlösser, unterschiedslos Arm und Reich beraubend. – Tagsüber erschienen Kinder und alte Weiber in allerlei Verkleidungen und unter den verschiedensten Vorwänden an Örtlichkeiten, wo raubenswerte Gegenstände vermutet wurden, um zu spionieren, und auf Grund ihrer Berichte ging man dann vor. Zuweilen verkleideten Brenner sich als Nationalgardisten und verlangten im Namen des Gesetzes Zutritt. Stiefsen die Eindringlinge auf Widerstand, so wendeten sie Gewalt an; andernfalls begnügten sie sich mit dem Plündern. Hegten sie den Verdacht, dafs die Beraubten ihnen noch vorhandene Schätze verheimlichten, so banden sie ihnen die Hände auf dem Rücken zusammen, brachten ihnen Messerschnitte oder Dolchstiche bei oder schlitzten ihnen den Bauch auf, warfen sie zu Boden und machten unter ihren Füssen Feuer an (daher der Name „Chauffeurs“ oder Brenner), bis sie unter furchtbaren Qualen starben oder das Versteck der Schätze verrieten; wer nicht starb, pflegte infolge der Mifshandlungen lebenslänglich ein Krüppel zu bleiben.

Interessant ist die Art und Weise, wie die Gesellschaft unschädlich gemacht wurde. Ein junger Mann, der von einer Brennerbande gemartert worden war, beschlofs, sich an dem Geheimbund zu rächen, indem er denselben an die Obrigkeit verriet. Er verständigte sich mit der Polizei von Chartres über einen Plan. Zunächst beging er, um die Aufmerksamkeit der

Chauffeurs auf sich zu lenken, am helllichten Tage auf dem Marktplatz von Chartres einen abgekarteten Taschendiebstahl an einem Gendarmen. Dieser that, seiner Weisung gemäfs, als bemerkte er nichts; wohl aber gingen die gerade anwesenden Brenner – stets streiften einige umher – in die Falle, indem sie ihrem Grofsmeister die scheinbar kühne That – Beraubung eines Sicherheitsorgans! – hinterbrachten. Ein so waghalsiger und gewandter Dieb mufste dem Geheimbund angehören; er wurde daher aufgesucht und empfing vorteilhafte Anerbietungen für den Fall seines Eintritts. Anfänglich schien er sehr abgeneigt, schliefslich aber gab er nach und alsbald entfaltete er den bei Neulingen üblichen Eifer. Er fehlte bei keiner Versammlung und machte sich schleunig mit allen Geheimnissen, Zeichen, Losungsworten, Verstecken, Verfahren u. s. w. bekannt; endlich erfuhr er auch von dem sichersten Zufluchtsort der Mitglieder – einem wilden Gehölz bei Chartres, das zugleich als Beute-Niederlage diente. Kaum war zur Beratung über einen grofsen Streifzugsplan eine Vollversammlung für einen bestimmten Tag angesetzt worden, eilte der falsche „Bruder" nach Chartres, um die Polizei-Behörde zu verständigen, die während der Versammlung das Gehölz von einer zahlreichen Mannschaft umzingeln liefs. Die überfallenen Bundesgenossen fielen entweder im Kampf oder sie wurden gefangen genommen. Dies geschah im Jahre 1799. Immerhin entwischte eine Anzahl und sie setzten ihre verbrecherische Thätigkeit jenseits des Rheins unter Führung des berüchtigten Schinderhannes fort, bis die Bande 1803 erwischt und samt ihrem Hauptmann zu Mainz hingerichtet wurde. Das war der letzte Todesstofs, den die Brenner erhielten.

Der letzte ehemalige Chauffeur starb 1883 bei Cannes (Südfrankreich). Er hiefs Yves Conédie und erreichte ein Alter von 105 Jahren. Die letzten Jahrzehnte seines Lebens verbrachte er, wie die Zeitungen nach seinem Tode berichteten, „in achtbarer Zurückgezogenheit"; in seiner Jugend aber war er ein gar wilder Geselle gewesen. Einmal – so erzählte er selbst – schund er seine eigene Gattin bei lebendigem Leib, weil sie ihm mit seinem ganzen Gelde durchgegangen war. Ein andermal entführte er einen Regierungskommissar, der seinen (Conédies) guapo – dessen Nachfolger übrigens er selber wurde – hatte guillotinieren lassen, und liefs ihn erst nach Zahlung eines schweren Lösegeldes frei.

Die Garduna.

Ursprung der Gesellschaft. — Organisation. — Geist des Bundes. — Erkennungszeichen und Losungsworte. — Entstehungs-Legende. — Unterdrückung der Garduna. — Reisenden-Versicherung durch Räuber. — Die Garduna in Südamerika.

Ferdinand der Katholische gehörte zu den abergläubischten und bigottesten Tyrannen, die je gelebt. Unter ihm wurde die Inquisition in Spanien allmächtig; er war es, der Kolumbus in schändlicher Undankbarkeit in Ketten heimbringen liefs. Er hielt sich für einen klugen Diplomaten, war aber stets nur das Werkzeug einer habgierigen, blutdürstigen Geistlichkeit. Als dieses Ungeheuer beschlofs, seine civilisiertesten Unterthanen — die Mauren — und seine arbeitsamsten — die Juden — auszurotten, hiefs es alle Landstreicher und das ganze Gesindel zur Teilnahme an diesem „heiligen" Krieg willkommen, der angeblich den einzigen Zweck hatte, die Ketzerei auszumerzen und den „echten" Glauben zu fördern. Übrigens hatten schon lange vor Ferdinands Regierungszeit Übelthäterbanden Spanien durchstreift und mit der geheimen Unterstützung der katholischen Geistlichkeit, die einen Teil der Beute erhielt, die Häuser zahlloser Mauren und Juden geplündert, wobei sie zuweilen einem Widerstand leistenden „Ketzer" das Haus über dem Kopf anzündeten — zur gröfseren Ehre der Kirche und des Staates. Gehörten doch die spanischen Juden einem „verfluchten Geschlecht" an! Und waren die Mauren, die das Land auf eine höhere Stufe gebracht hatten, nicht „Feinde"? Folglich konnte die Kirche es nur billigen, dafs der Staat die Mauren und Juden aus dem Weg schaffen wollte.

Unter Ferdinand, wie gesagt, schlossen die Räuber sich nur zu gern diesem „verdienstlichen" Kreuzzug an. Da die Räuber einerseits gute Soldaten zu sein pflegen, anderseits gewöhnlich fromme und gehorsame Kinder der Kirche sind, ist es leicht begreiflich, dafs sie bei Ferdinand in hoher Gunst standen. Als dieser jedoch seinen Hauptzweck erreicht und die Macht der Mauren in Spanien gebrochen hatte, überliefs er die Freibeuter sich selbst und sie kehrten zu ihrer früheren Beschäftigung, der blofsen Räuberei zurück. Obgleich nun unter Ferdinand und der ebenfalls von den Pfaffen beherrschten Isabella fast zwei Millionen Mauren und Juden aus dem Lande vertrieben wurden, verblieben ihrer noch sehr viele. Diese liefsen sich, um bleiben zu dürfen, taufen, wurden jedoch von den „echten“ spanischen Christen mit der gröfsten Geringschätzung behandelt und stets nur „marranos“ (= Schweine) genannt, obgleich viele von ihnen Oberhäupter oder Mitglieder reicher und angesehener Familien waren. Nun denn, der König und die Inquisitoren gingen mit Vorliebe darauf aus, solche Personen des Rückfalls in die Ketzerei anzuklagen, damit sie verbannt und ihr Vermögen eingezogen werden könne. Da die Räuber das genau wufsten, verlegten sie sich auf die Plünderung der Häuser von Marranos; und so lange der König und die Kirche einen Teil der Beute erhielten, drückte Themis beide Augen zu. Als jedoch die Räuber den Tribut zu verweigern begannen, öffnete Themis beide Augen und hielt es für ihre Pflicht, auf die Ausrottung jener Missethäter hinzuarbeiten, die sich erfrechten, dem König und der Inquisition den Raubanteil vorzuenthalten, der ihnen ja doch „von rechtswegen“ als Belohnung für die strenge Unterdrückung der Ketzerei gebührte.

Als behufs Vertreibung oder Verhaftung der Räuberbanden im ganzen Lande Polizei und Militär in Bewegung gesetzt wurden, beschlossen die bislang vereinzelten Banden, sich zum Zwecke gegenseitigen Schutzes zu einem Geheimbund zu vereinigen. Es war dies die „Garduna“ (= Marder; in Spanien nennt man einen besonders gewandten Dieb einen „garduno“) und sie stattete sich alsbald mit dem ganzen erforderlichen Apparat geheimer Zeichen, Losungsworte, Einweihungsriten u. s. w. aus. Ihre Beziehungen zur Inquisition nahmen einen rein geschäftlichen Charakter an, blieben aber selbstverständlich geheim; es war eine Art stiller Teilhaberschaft. Der Hauptsitz der Gesellschaft befand sich in Sevilla, wo alle gröfseren Raub-, Brand- und Mord-Streifzüge geplant und vorbereitet wurden. Angesichts der hohen Protektion, deren sich der Bund bei Hofe und seitens der Kirche erfreute, ist es leicht erklärlich, dafs er bald Tausende von Mitgliedern zählte.

Die Garduna war in drei Klassen mit insgesamt neun Graden geteilt. Zur untersten Klasse gehörten die Neulinge („chivatos“ = Ziegen genannt), die die niedrigsten Arbeiten zu verrichten hatten: das Tragen der Beute, das Auskundschaften, das Wachestehen u. s. w. Stand einer von ihnen während einer „Operation“ seiner Vorgesetzten Wache, so ahmte er, falls Gefahr drohte, eine Tierstimme nach: nachts die Eule, den Frosch, die Grille oder die Katze, tagsüber den Hund. Ferner die „coberteras“ (= Decken), zügellose Weiber, die sich entweder in Privathäuser schlichen, um Diebsgelegenheiten auszuspionieren, oder die die Aufgabe hatten, Männer an abgelegene Orte zu locken, wo sie dann beraubt und oft auch ermordet wurden. Gewöhnlich jedoch verwendete die Garduna als Lockvögel junge, schöne

Weiber, meist die Maitressen hervorragender Mitglieder. Zur ersten Klasse zählten schliefslich die „fuelles" (= Blasebälge), alte Männer von ehrwürdigem Aussehen, die ebenfalls als Spione dienen. Sie geberdeten sich sehr fromm, sprachen stets salbungsvoll, zeigten sich fleifsig in der Kirche, kurz: sie waren scheinheilig und schmeichelten sich dadurch bei vielen Familien ein, deren Geheimnisse sie dann zu Gunsten der Garduna ausbeuteten. Auch dienten sie der Inquisition als Vertraute.

In der zweiten Klasse finden wir zunächst die „floreadores" (= Athleten), äufserst lasterhafte Kerle, zumeist entlassene oder entsprungene Galeerensträflinge oder durch den Henker gebrandmarkte Verbrecher. Ihre Sache war es, Reisende auf der Landstrafse anzufallen und zu berauben. Ferner sind zu nennen die ob ihrer grofsen Treffsicherheit stolzen „ponteadores" (= „Niederstecher"), ungemein gewandte Schwertkämpfer. Über ihnen standen die „guapos" (= Oberhäupter), tüchtige Fechter, die zur Anführung und Ausführung schwieriger oder wichtiger Unternehmungen berufen waren. Zur höchsten Klasse gehörten die Magister (Priester), die die Einweihungen leiteten und für die Aufrechthaltung der Satzungen, Gebräuche und Überlieferungen des Bundes sorgten. Die „capatazes" (= Befehlshaber) wohnten in den Provinzen, in welchen die Garduna verbreitet war, als Vertreter des Grofsmeisters („hermano mayor", wörtlich „gröfster Bruder"), der nicht selten ein hervorragender Höfling war und kraft seiner unumschränkten Gewalt den Bund mit eiserner Strenge zu lenken pflegte. Ist es nicht sonderbar, dafs zahllose Menschen, die sich gegen die gesetzlichen Gewalten auflehnen, sich von einer einzelnen Person willig tyrannisieren lassen? Aber wahrscheinlich könnten gesellschaftsfeindliche Vereinigungen – Räuberbanden, Assassinen, Thugs, Chauffeurs u. dgl. – ohne diese knechtische Disziplin nicht bestehen.

Die Garduna lernte von der Heiligen Inquisition jedes Verbrechen verüben, das Aussicht auf Gewinn bot. Die Magister des Bundes hatten einen regelrechten Tarif, zu dessen Sätzen eine beliebige Anzahl von Mitgliedern für irgendwelche Schandthat gemietet werden konnte: Raub, Mord, Verstümmelung, Meineid, Urkundenfälschung, Mädchenentführung, Gefangennahme persönlicher Gegner und Verkauf derselben als Sklaven in überseeischen Ländern. All dies war auf Bestellung zu haben und die Mitglieder der Garduna erwiesen sich in der Ausführung solcher Aufträge stets als höchst gewissenhaft. Der bedungene Preis wurde zur Hälfte bei Erteilung des Auftrags, zur Hälfte nach dessen Ausführung bezahlt. Diese Mietgelder flossen nur zu einem Drittel in die Taschen der gedungenen Personen; der Rest wurde halb in die Bundeskasse, halb in die Handkasse für laufende Ausgaben eingezahlt. Dafs die Garduna vorzügliche Geschäfte machte, geht schon aus der einen Thatsache hervor, dafs sie bei Hofe hochstehende Personen reichlich subventionieren konnte, damit dieselben die Bundesinteressen schützten und förderten. Auch unter den Richtern, Kerkergouverneuren u. s. w. hatte die Garduna geheime Verbündete, denen die Aufgabe zufiel, verhafteten oder verurteilten Genossen die Flucht zu ermöglichen oder zu erleichtern.

Wollte ein Mitglied der Garduna sich in Gesellschaft Unbekannter vergewissern, ob ein „Bruder“ anwesend sei, so legte er wie zufällig den rechten Daumen auf das linke Nasenloch; daraufhin meldete sich ein etwa gegenwärtiger Genosse, indem er sich ihm näherte und ihm das Erkennungswort ins Ohr flüsterte. Der andere antwortete mit dem Gegen-Losungswort und schliefslich wurde der Sicherheit halber noch der geheime Händedruck ausgetauscht. Nun konnten sich die beiden beliebig in einem für jeden Nichtbruder unverständlichen Jargon unterhalten. Was die Religion der Garduna, die sich für eine Religionsgesellschaft hielt oder ausgab, betrifft, so waren ihre Riten die der päpstlichen Kirche, und wie die letztere auf zahlreichen Legenden beruht, hatte die Garduna ebenfalls ihre Legende, und zwar die folgende.

Als die „Söhne Beelzebubs“ – so nannten die frommen Spanier die Mauren – zum erstenmal in Spanien einfielen, flüchtete sich die wunderthätige Madonna von Cordova ins Christenlager; dennoch gewährte Gott, um „sein“ Volk für dessen Sünden zu züchtigen, den Fremdlingen den Sieg über die Rechtgläubigen und gestattete ihnen über die Christen zu herrschen, die sich in die asturischen Berge zurückzogen, um nach bestem Können den Kampf gegen die „Feinde Gottes und Bedrücker des Landes“ fortzusetzen. Die täglich und stündlich angeflehte Madonna liefs ihre Getreuen einige Waffenerfolge erringen, sodafs sie nicht, wie es der Himmel eigentlich gewollt, gänzlich vernichtet wurden. Sie vermochten zwar nicht, die Mauren aus Spanien zu vertreiben, konnten aber ihre Freiheit und ihre Religion aufrechthalten. Damals nun lebte in den Einöden der Sierra Morena ein alter Einsiedler namens Apollinare, auch Cal Polinario genannt, ein Mann von strengstem Lebenswandel und grofser Heiligkeit, ein ganz besonders inniger Anbeter der Mutter Gottes, die ihm eines Morgens erschien und ihn folgendermafsen ansprach:

„Du weifst, wie viel Böses die Mauren deinem Vaterland und der Religion meines Sohnes zufügen. Die Sünden der Spanier haben durch ihre Gröfse den Zorn des Allerhöchsten so sehr erregt, dafs er euch von den Mauren besiegen liefs.

Als jedoch mein Sohn die Erde betrachtete, hatte ich den glücklichen Einfall, ihm von deinen zahlreichen Tugenden zu erzählen; seine Stirn wurde sofort klarer und ich benutzte den günstigen Augenblick, um ihn anzuflehen, Spanien durch dich von seinen grofsen Leiden zu befreien. Er erhörte meine Bitte und ich komme, um dir meine Befehle zu erteilen. Schare die Tapferen und die Vaterlandsliebenden um dich, führe sie in meinem Namen gegen den Feind und gieb ihnen die Versicherung, dafs ich stets an ihrer Seite sein werde. Und da sie für die gute Sache des Glaubens zu kämpfen haben, sage ihnen, dafs sie schon hiernieden ihren Lohn finden werden, denn sie dürfen sich nach Recht und Billigkeit den gesamten Besitz der Mauren aneignen -- gleichviel in welcher Weise. In den Händen der Feinde Gottes könnten Reichtümer zur Unterdrückung der Religion dienen, während sie von den Rechtgläubigen nur zur Verherrlichung der Religion benutzt werden würden. Auf, Apollinare! Organisiere und lenke den grofsen Kreuzzug! Ich gebe dir volle Gewalt und salbe dich mit Himmelsöl. Nimm diesen Knopf, den ich selber vom Mantel meines himmlischen Sohnes abgetrennt habe; er hat die Eigenschaft, sich zu vervielfältigen und endlose Wunder zu wirken. Wer einen solchen Knopf um den Hals trägt, ist gefeit gegen die Waffen der Mauren, die Wut der Ketzer und plötzlichen Tod.“

Die Heilige Jungfrau verschwand, nachdem sie den Einsiedler gesalbt, unter Zurücklassung eines köstlichen Duftes. Cal Polinario gründete nun die „Heilige“ Garduna, die, wie wir gesehen, von Himmels wegen das Recht hatte, zu rauben und zu morden. Daher wurde auch kein gröfserer Streifzug ohne die vorherige Abhaltung religiöser Feierlichkeiten unternommen; und war man sich nicht klar, in welcher Weise ein Reisender anzufallen war oder dergleichen, so holte man sich aus der Bibel Rat.

Wie die meisten anderen Geheimgesellschaften, schrieb auch die Garduna ihre Satzungen etc. nicht nieder, sondern pflanzte sie mündlich fort; dagegen führte sie über ihre Thätigkeit eine Art kurzer Chronik. Dieses Buch wurde, als Don Manuel de Cuendias 1821 mit seinen Bergjägern die Garduna ausrottete, nebst anderen Schriftstücken im Hause des Grofsmeisters Francis Cortina beschlagnahmt und bildete die Hauptgrundlage des gegen den Geheimbund angestrengten grofsen Prozesses. Aus dieser Chronik, welche im Sevillaer Gerichtsarchiv aufbewahrt wird, ging hervor, dafs die Garduna in Toledo, Cordova, Barcelona und vielen anderen Städten des Landes Zweigniederlassungen hatte und dafs ihre Verbindung mit der Inquisition bis tief ins 17. Jahrhundert hinein eine sehr innige war. In den 147 Jahren von 1520 bis 1667 erteilten die Inquisitoren ihr 1986 Aufträge, für deren Ausführung fast 200000 Frank bezahlt wurden – für damals gewaltig viel Geld! Aus den in Rede stehenden Aufzeichnungen erfuhr man, dafs rund ein Drittel der Verbrechen des Bundes in Entführungen von Frauenspersonen – hauptsächlich auf „Bestellung" seitens der Inquisition – ein Drittel in Mordthaten und der Rest in Raub, Plünderung, falschem Zeugnis und anderen Verbrechen bestand. Auf Grund der Chronik konnten die Behörden auch viele Mitglieder der Gesellschaft verhaften; sie wurden sofort vor Gericht gestellt und am 25. November 1822 erfolgte die Hinrichtung des letzten Grofsmeisters und von siebzehn Rädelsführern auf dem Marktplatz von Sevilla.

Die Garduna war somit unterdrückt, doch gab es in den spanischen Bergen auch weiter – und giebt es sogar noch heute – Räuberbanden. Diese hatten, gleich der Garduna, in allen Städten und in den meisten Landstrafsen-Einkehrhäusern Versicherungsagenten, die den Reisenden für mäfsige Beträge Freiheit von Erpressungen oder Überfällen seitens anderer Räuber gewährleisteten. Im Jahre 1823 z. B. brauchten Reisende von Madrid nach Cadiz, wenn sie unterwegs ungeschoren bleiben wollten, nur die Wagen eines gewissen Pedro Ruiz zu benutzen; der Fahrpreis war dreimal so hoch als der der gewöhnlichen Fuhrwerke, aber die Passagiere waren vor jedem Überfall sicher. Der Wirt zu den „Drei Kreuzen" in Merida (Estremadura) verkaufte für 40 Frank ein schützendes Losungswort. Der vorhin erwähnte Don Manuel de Cuendias erzählt in seiner Bearbeitung von Féréals „Geschichte der Inquisition", er habe im Jahre 1822 dem Pater Alexis für das Losungswort „Vade retro!" (= Geh' zurück!) 40 Frank gezahlt. Als er nun bei dem sogenannten „Beichtstuhl" ankam – einem Platz, auf dem ein Reisender umgebracht werden konnte, ohne seine Mörder auch nur zu sehen – erschienen vier Räuber; allein kaum hatte er sie mit den Worten „Vade retro!" angesprochen, machten sie kehrt und schlugen sich ins Gebüsch.

Später wurde in Südamerika eine Garduna gegründet; 1846 bestand sie nachweislich in Brasilien, Peru, Argentinien und Mexiko. In diesen Ländern konnte man sich jedes Feindes für wenige Dollars entledigen; die Ansprüche der gedungenen Meuchelmörder waren nicht hoch.

Die Camorra.

Ursprung. — Ableitung des Namens. — Verschiedene Klassen. — Grade. — Einweihungsriten. — Mittelpunkte. — Jargon. — Ungeschriebene Vorschriften. — Die Gefängnis-Camorra. — Die Strafsen-Camorra. — Allerlei camorristische Erpressungen. — Soziale Ursachen der Camorra. — Die politische Camorra. — Unterdrückungsversuche und Verfolgungen. — Camorristische Mordthaten.

Die neapolitanische Camorra, wohl die unheilvollste Vereinigung, die es in Europa je gegeben, war und ist ein Sammelsurium von Gaunern, Schwindlern, Dieben, Erpressern und Übelthätern jeder Art. Über die Herkunft des Namens ist man im Dunkeln, doch dürfte er ziemlich sicher spanischen Ursprungs sein. Das spanische Wort „camorra“ bedeutet so viel wie Zank oder Streit und mit „camorrista“ bezeichnet der Spanier eine streitsüchtige, zänkische Person. Da nun diese Worte in Italien vor der spanischen Usurpation unbekannt waren, läfst sich annehmen, dafs sie, wie auch die durch sie bezeichneten Zustände, von Spaniern im Neapolitanischen eingeführt wurden. Überdies wissen wir ja, dafs es verwandte Gesellschaften in Spanien sehr lange vor der Entstehung der neapolitanischen Camorra gegeben hat. Hier ein Beispiel aus dem „Don Quijote“. In dem Bericht über Sancho Pansas Abenteuer auf der Insel Barataria lesen wir, dafs er eines Nachts zwei kämpfenden Männern begegnete und auf seine Frage nach der Ursache des Streites die Auskunft erhielt, dafs der eine Mann in einer Spielhölle viel Geld gewonnen, der andere aber zugesehen, in mehreren Zweifelsfällen zu seinen Gunsten gesprochen — „obgleich er es eigentlich nicht mit seinem Gewissen vereinbaren konnte“ — und nunmehr ein Geschenk von acht Realen gefordert hatte, während der Gewinner ihm nur vier bewilligen wollte. Die neapolitanischen Spielhöllen-Camorristen machen regelmäfsig Anspruch auf ein solches Geschenk, das sie „barattolo“ nennen; in Spanien hiefs es „barato“.

Beachtung verdient auch eine andere Ableitung des Wortes „Camorra“, nämlich die von „gamurra“ (spanisch „chamarra“), das im altneapolitanischen Dialekt eine Bluse bedeutet; damit soll wohl angedeutet werden, dafs die Mitglieder Blusenträger, d. h. Proletarier sind. Über die Entstehung des Bundes weifs man nichts; die Überlieferung verlegt die Zeit ins Jahr 1820.

Was die Organisation betrifft, so giebt es vielerlei Camorristen. Z. B. die „eleganten“, die, wie schon erwähnt, die Spieler brandschatzen; ferner jene, die die Ladenbesitzer, Droschkenkutscher, Kahnführer u. s. w. schröpfen; sodann die Gefängnis-Camorristen, die an den Häftlingen Erpressungen verüben. Früher gab es auch eine politische Camorra und eine Mordthaten begehende.

Die Kerker lieferten dem Geheimbund zahlreiche Mitglieder. Der junge Häftling, der ein Camorrist werden wollte, begann seine Lehrzeit im Gefängnis, wo er für die eingesperrten Camorristen die erniedrigendsten Dienste thun mufste. Gab er im Laufe der Zeit Beweise von Mut und Eifer, so rückte er zum „picciotto di sgarro“ auf. „Picciotto“ bedeutet „Bursche“; was aber „sgarro“ bedeutet, wissen nicht einmal die Bundesgenossen selber. Vielleicht ist das Wort von sgarare („den Sieg erringen“) oder von „sgarrare“ (mifsverstehen) abgeleitet. Übrigens hatten die Grade nicht überall die gleichen Namen, bezw. dieselben Namen bezeichneten nicht immer die gleichen Grade. An manchen Orten hiefs der Neuling „tamurro“, der Inhaber des zweiten Grades „picciotto d'onore“ und erst der des dritten „picciotto di sgarro“. In den Glanzzeiten der Gesellschaft mufste der Bewerber um den Sgarro-Grad besondere Hingebung an den Tag legen. Er mufste um die Erlaubnis bitten, jemand zu verstümmeln oder nötigenfalls umzubringen. War gerade kein solcher Auftrag zu vergeben, durfte der Kandidat sein Messer gegen einen durch das Los bestimmten „Bruder“ ziehen; für den letzteren war die Sache nicht sehr gefährlich, denn die Camorristen waren zumeist geübte Fechter, da es in Neapel und sogar in den Gefängnissen geheime Schulen gab, in denen die Bundesgenossen einander im Gebrauch des Dolches unterwiesen. Überdies handelte es sich da blofs um ein Scheingefecht, bei welchem der Bewerber nur den Arm seines Gegners ritzen sollte, worauf die Kämpfenden einander umarmten und die Einweihung des Kandidaten erfolgte.

In den ersten Zeiten der Camorra war die Erprobung eine viel schwierigere. Die „Genossen“ umstanden eine auf dem Fufsboden liegende Münze und auf ein gegebenes Zeichen bückten sich alle gleichzeitig, um mit ihren Messern auf die Münze loszustechen, welche der Kandidat aufheben mufste. Dabei wurde ihm oft die Hand zerstochen, aber er wurde zum „picciotto di sgarro“ gemacht. Sein Noviziat dauerte drei bis sechs Jahre, während welcher Zeit er nur Pflichten, aber keine Rechte hatte. Gewöhnlich teilte man ihn einem „Bruder“ zu, der ihn mit den schwierigsten Aufgaben betraute und ihn nur selten mit einer Hand voll Kupferstücke belohnte. Der Picciotto mufste stets heran, wenn es sich darum handelte, Blut zu vergiefsen oder einen Todesstreich zu führen, und er übernahm derlei gern, weil er rascher aufzurücken hoffte. Der durch das Los bestimmte Picciotto erhielt, wenn er sich von der Polizei erwischen liefs, sechs bis zwanzig Jahre Galeeren, aber er wurde ein vollwertiger

Camorrist. Solche Mordthaten beging man nicht für Geld, sondern „der Ehre halber“, denn die Neapolitaner verehrten den Dolch, wie die „höhere“ Kulturwelt das Schwert verehrt.

Anläſslich der Aufnahme des Picciotto in den Camorristengrad versammelten sich die gerade anwesenden „Brüder“ um einen Tisch, auf dem ein Dolch, eine geladene Pistole, ein Glas mit scheinbar vergiftetem Wein oder Wasser und eine Lanzette lagen bezw. standen. Der Picciotto wurde in Begleitung eines Barbiers eingelassen, der ihm eine Ader öffnete. Der Kandidat tauchte seine Rechte ins eigene Blut, streckte sie dann aus und schwor, die Geheimnisse der Gesellschaft bewahren und ihre Aufträge getreulich ausführen zu wollen. Ferner ergriff er den Dolch, stieſs ihn in den Tisch, spannte den Hahn der Pistole und führte das Glas an die Lippen, um anzudeuten, er sei, falls der Meister es befehle, bereit, sich umzubringen. Der Meister hielt ihn vom Trinken zurück, hieſs ihn niederknieen, legte ihm die Rechte auf den Kopf, feuerte mit der Linken die Pistole in die Luft ab, zerschmetterte das Glas mit dem Scheingift, zog den Dolch aus dem Tisch und schenkte ihn dem neuen Camorristen, den er schlieſslich umarmte – ein Beispiel, das von allen Anwesenden befolgt wurde. Nunmehr hatte der Eingeweihte Anspruch auf alle Rechte, Vorteile und Begünstigungen des Bundes und seine Aufnahme wurde sämtlichen Sektionen mitgeteilt. Übrigens trat an die Stelle der soeben geschilderten umständlichen Einweihungsfeier oft die viel einfachere, daſs der Neuling bloſs bei zwei gekreuzten Dolchen einen Treuschwur leistete. Auf die Einweihung pflegte eine Mahlzeit auf dem Lande zu folgen; fand die Einweihung unter Häftlingen statt, so wurde die Bewirtung im Gefängnis selbst veranstaltet.

Die Camorristen sind in „Mittelpunkte“ geteilt, deren es in Neapel zwölf giebt. Jeder „Mittelpunkt“ zerfällt in mehrere Unterabteilungen („paranze“), deren jede selbständig vorgehen kann; allerdings gab es eine Zeit, in welcher sämtliche „Mittelpunkte“, deren jeder ein Haupt hat, den Lenker des „Mittelpunktes“ von Vicaria als Oberhaupt anerkannten. Das letzte dieser Oberhäupter war ein gewisser Aniello Ausiello, der eines Tages verschwand, ohne daſs die Polizei seiner jemals hätte habhaft werden können. Das Haupt jedes „Mittelpunktes“ wird von den Mitgliedern des letzteren gewählt und ohne sie kann es keine wichtigere Maſsregel treffen. Alle Einnahmen des „Mittelpunktes“ flieſsen in seine Kasse, denn er hat das Recht der Verfügung über sämtliche Ausgaben; hierbei stehen ihm ein Rechnungsführer („contarulo“), ein Schatzmeister („capo carusiello“) und ein Schriftführer („segretario“) zur Seite. Auſser diesen Beamten giebt es noch einen Proviantmeister („capo stanze“) und einen „Rufer“

(chiamatore), dem die Pflicht oblag, die Gefangenen, mit denen man sprechen wollte, in den Sprechraum des Gefängnisses zu rufen. – Die Verteilung der Spielgeschenke (barattolo) erfolgte allsonntäglich und das Haupt des „Mittelpunktes“ behielt selbstverständlich den Löwenanteil für sich.

Es wird von Interesse sein, einige der wichtigeren Ausdrücke des camorristischen Jargons kennen zu lernen. Der Leiter eines „Mittelpunktes“ heifst „masto“ (Meister) oder „sì masto“ (Herr Meister). Trifft ein Bundesgenosse seinen Vorgesetzten auf der Strafse, so salutiert er und fragt: „Masto, volete niente“? („Meister, wollet ihr nichts?“) Die gewöhnlichen Genossen werden mit „sì“ (Abkürzung von „signore“) angesprochen. Ein Auftrag wird mit „ubbidienza“ (= Gehorsam) bezeichnet, töten mit „freddare“ („kaltmachen“), eine Leiche mit „dormente“ (= Schläfer), ein Beraubter mit „agnello“ (Lamm) oder „soggetto“ (Unterthan), der gestohlene Gegenstand mit „morto“ (= der Tote). Ein Messer nennt man „punta“ (= Spitze), oder „misericordia“ (Mitleid), ein ganz flaches zweischneidiges „sfarziglia“, eine Kanone „bocca“ (Mund), einen Revolver „tictac“ oder „bobotta“, die Patrouille „gatti neri“ (schwarze Katzen) oder „sorci“ (Mäuse), den Polizeikommissär „capo lasagna“ (unter „lasagne“ versteht man eine Art langer, flacher Maccaroni), den Polizeisergeanten „lasagnaro“ (Lasagnehändler), den gewöhnlichen Schutzmann „asparago“ (Spargel), einen Spion „palo“ (Stange), einen Piaster „serpentina“. Nimmt ein Picciotto das Verbrechen eines andern auf sich, so sagt man: „l'accollava“ (= er hat ihn umarmt). „Guappo“ (= ein Unbekannter) bedeutet einen den niedrigsten Volksschichten angehörigen Camorristen, „chirurgo“ (Wundarzt) einen camorristischen Taschendieb, der sich durch gewaltsames Strecken oder durch eine entsprechende Maschine den Zeigefinger behufs Erleichterung des „Geschäfts“ derart verlängern läfst, dafs er die Länge des Mittelfingers erreicht.

Es ist nicht wahrscheinlich, dafs die Camorra jemals geschriebene Satzungen hatte; wohl aber hat sie mündlich überlieferte, die aus 24 Artikeln bestehen. Die wichtigsten mögen hier auszugsweise Platz finden. Kein Angehöriger der Polizei darf Mitglied werden. Dagegen dürfen Bundesgenossen Polizisten werden, um den Bund von etwa gegen ihn geplanten Mafsregeln verständigen zu können. Vergehen gegen den Bund sind vom Grofsmeister und von sechs „camorristi proprietarii“ (d. h. solchen Genossen, denen andre unterstehen) abzuurteilen. Genossen, die ihren Verschwiegenheitseid brechen, werden hingerichtet. Das gleiche Schicksal trifft jeden, der durch Handlungen oder Unterlassungen die Sicherheit der Geheimgesellschaft gefährdet; Sünder dieser Art darf jedes beliebige Bundesmitglied umbringen, doch nur in Gegenwart zweier Genossen als Zeugen. Wer den Versuch macht, den Grofsmeister persönlich kennen zu lernen, wird mit dem Tod bestraft. Camorristen, die das 50. bis 60. Lebensjahr erreicht oder im „Dienst" Verletzungen erlitten haben, sind zu vorübergehender oder dauernder Unterstützung berechtigt; unter Umständen erhalten auch die Witwen Pensionen. Verhaftete Genossen werden während ihrer Gefangenschaft reichlich mit Geld, Waffen usw. versehen.

Die Mitglieder der „camorra elegante" kleiden sich zumeist alle gleichmäfsig, tragen ihre Hüte in der gleichen Weise und halten ihre Spazierstöcke wagrecht zwischen zwei Fingern der rechten Hand. Wer einen „eleganten" Camorristen beleidigt, gilt als Beleidiger aller Angehörigen dieser Klasse, deren jeder an dem Beleidiger Rache üben darf. – Das Stehlen ist gestattet, doch müssen die betr. Gegenstände einigermafsen wertvoll sein, da die Camorra sonst blamiert sein würde.

Wir haben bereits erwähnt, dafs die Camorra wenigstens früher allgegenwärtig war. Zur Zeit der Bourbonen war sie sogar in den Gefängnissen stark vertreten. Jeder neue Häftling wurde von einem Camorristen um eine Spende für die Lampe der Madonna gebeten und mufste nachher von allem, was er afs, trank und rauchte, sowie von jedem Geldgeschenk, das er von Freunden erhielt, der Camorra Tribut zahlen. Weigerte er sich, so lief er Gefahr, zu Tode geprügelt zu werden. Wurde ein „besserer" Häftling in die Vicaria gebracht, so erhielt er nicht selten von der Camorra ein Messer zu seiner persönlichen Verteidigung. In jedem Kerker gab es ein camorristisches Waffenlager „pianta" (Pflanze) genannt, das von den Behörden nie entdeckt wurde. Man darf annehmen, dafs die Gefängnis-Camorra ursprünglich blofs den Zweck hatte, unter der schmählichen Herrschaft der Bourbonen die von den Beamten entsetzlich mifshandelten Häftlinge zu beschützen. Thatsächlich pflegten die Camorristen in den Strafhäusern einigermafsen Ordnung zu schaffen und die Kerkermeister nahmen oft ihre Hilfe in Anspruch, wenn es sich darum handelte, aufrührerische Sträflinge zur Vernunft zu bringen.

Anfänglich gab es überhaupt nur eine Gefängnis-Camorra; erst durch entlassene Häftlinge entstand in den ersten dreifsiger Jahren die Strafsen-Camorra. Diese arbeitete dann gruppen- oder bandenweise. Beim Herannahen der Patrouille wurde katzenartig gemiaut, beim Auftauchen eines nächtlichen Fufsgängers hahnmäfsig gekräht; waren der Passanten mehrere beisammen, erfolgte ein langer Seufzer; ein Niesen, wenn ein Überfall nicht lohnend schien. Schien dagegen die Beraubung vielversprechend, wurde ein Ave Maria gesungen; ein Gloria Patri ertönte, wenn ein erwartetes Opfer auftauchte. Betrat ein Camorrist einen ihm fremden Versammlungsort des Bundes, so deuteten seine etwaigen Bekannten die Thatsache der Bekanntschaft den Anwesenden dadurch an, dafs sie die Augenlider mehrmals aufschlugen, die Hände in die Hosentaschen steckten und zur Decke emporblickten.

Die Stadt-Camorra drang früher in die höchsten Kreise. Königliche Hoheiten standen in Verbindung mit Schmugglern und bezogen einen Teil des Gewinns. Bestochene Minister beschützten die Camorra. Bischöfe, Leiter von Wohlthätigkeitsanstalten, zahlreiche Regierungsbeamte etc. waren in die Schandwirtschaft dieses Geheimbundes verwickelt. Marc-Monnier erwähnt einen Camorristen, den er in Neapel gekannt hatte und der, obgleich ein Falschspieler und Hochstapler, bei Hofe empfangen wurde, weil er als guter Fechter gefürchtet war. Das Gros der Camorristen jedoch verlegte und verlegt sich auf die Aussaugung der unteren Schichten. Zu einer Zeit konnte kein Strafsenbettler auf seinem Posten bleiben, ohne der Camorra Steuer zu zahlen. In den niedrigsten Spelunken Neapels, wo zerlumpte Bettler Tag und Nacht Karten spielen, sahen Camorristen zu und erhoben auf jede Partie einen Zoll von 10% des Gewinnes. Mit welchem Recht – das weifs man nicht; aber das Recht ist nie bestritten worden.

Wurde bekannt, dafs ein reicher Mann im Begriff stehe, sich an der Versteigerung eines Hauses zu beteiligen, so erhielt er den Besuch eines Camorristen, der ihm unter der Androhung sonstiger Überbietung durch den Geheimbund eine angemessene Summe erprefste. Die Schmuggler und die Besitzer von Freudenhäusern lieferten an die Camorra einen beträchtlichen Teil ihres Einkommens ab. Angesichts der elenden Beschaffenheit der Polizei betrauten die hervorragenderen Kaufleute Camorristen mit der Überwachung des Lade- und Löschverkehrs. An jedem Stadtthor, auf jedem Zollamt, Verzehrungssteueramt und Bahnhof sah man Camorristen die Kutscher und Träger tributpflichtig machen. Die Obst zur Stadt bringenden Handelsgärtner mufsten für jeden Korb einen Soldo entrichten. Auch mit dem Halten gesetzwidriger Lotteriebureaus verdiente die Gesellschaft viel Geld. Kurz, der Geheimbund spekulierte auf alle menschlichen Laster und Schwächen. Unter den Bourbonen steckte er sogar die neapolitanische Armee an; als er versuchte, sich auch an das italienische Heer heranzumachen, wurden die betreffenden Mitglieder mit einem das Wort „Camorrist“ tragenden Plakat öffentlich an den Pranger gestellt.

Der Hauptdaseinsgrund der Camorra liegt in dem entsetzlich knechtischen Zustand, in welchem das Volk von Neapel unter den Bourbonen schmachtete, die gemeine Verbrecher beschützten, um sich ihre Dienste zu sichern, während die intelligenten Kreise, welche freisinnige Einrichtungen forderten, aufs niederträchtigste verfolgt wurden. Die Geistlichkeit sorgte dafür, dafs die Massen tief in Aberglauben und Unwissenheit stecken blieben, und die geistig höher Stehenden wagten nicht, energisch aufzutreten. Unter solchen Umständen konnte eine Vereinigung wie die Camorra nur zu leicht entstehen, und da sie gut organisiert war, mufste sie mächtig werden und blühen. In Sumpfboden gedeihen naturgemäfs Sumpfpflanzen.

Da die Camorra vor 1848 die Politik gänzlich aus dem Spiele liefs, legte ihr die Regierung nichts in den Weg. Im Gegenteil: die Polizei bediente sich ihrer geradezu und das Haupt jedes der zwölf neapolitanischen „Mittelpunkte" erhielt von der Geheimpolizei monatlich hundert Dukaten, wogegen die höheren Polizeibeamten zusammen ein Drittel der auf Schwindel beruhenden Einnahmen der Gesellschaft bekamen. Zuweilen gelang der letzteren die Entdeckung von Verbrechen, die der Polizei entgangen waren. – In dem bourbonischen Polizeigesetze von 1822 hiefs es, dafs die Mitglieder geheimer oder halbgeheimer Vereinigungen bis zum dritten Grad zur Einkerkerung in Ketten, die Lenker aber zum Galgentod und zu Geldstrafen von 1000 bis 4000 Dukaten zu verurteilen seien; und ein Gesetz von 1828 besagt, „das Zusammenkommen von zwei Personen genüge zur Annahme der Geheimbündelei." Trotz alledem wurde der Camorra kein Haar gekrümmt.

Nach 1848 trieb die Camorra auch Politik. Als die Verschwörer gegen die Regierung in ihrer Unfähigkeit, das Volk aufzurütteln, den Versuch machten, die Camorra für ihre Ziele zu erwärmen, erreichten sie lediglich, dafs der Geheimbund sie tüchtig brandschatzte. Als jedoch die Polizei einige Camorristen, die ihr Brot auf ehrlichem Wege verdienen wollten, einsperrte, wandte die Gesellschaft sich der Politik zu. Nach der erzwungenen Bewilligung einer Verfassung durch Franz II. im Juni 1860 erfolgte eine Amnestie, welche zahlreichen Camorristen die Kerkerthore öffnete. Das erste, was sie thaten, war, die Polizeikommissäre zu überfallen, ihre Papiere zu verbrennen und die Gendarmen mit Knütteln totzuschlagen. Die Sanfedisten – d. h. der für den König und das Gottesgnadentum eingenommene Teil des Pöbels – drohten die Stadt zu plündern und sie hatten bereits Niederlagen behufs Aufbewahrung der Beute gemietet. Da verbündete sich der neue Polizeipräfekt Liborio, um Neapel vor der Plünderung zu bewahren, mit der Camorra und er erreichte sein Ziel, indem die Camorristen in Gestalt einer Bürgergarde die Ordnung bis zur Ankunft Garibaldis aufrecht hielten. Aber sie blieben Camorristen. Eines Tages bemächtigten sie sich der Verzehrungssteuer, sodaſs der Regierung im ganzen nur 25 Soldi abgeliefert wurden. Da lieſs die Regierung neunzig Camorristen verhaften und am nächsten Tage gingen an den Stadtthoren 3400 Lire ein. Als der 1848er Patriot Silvio Spaventa Polizeiminister wurde, lieſs er bei dem ersten gröſseren Disciplinarvergehen der Bürgergarde über hundert Camorristen einsperren, schaffte die seltsame Bürgergarde ab und ersetzte sie durch eine regelrechte Sicherheitswache.

Auch sonst trat Spaventa kräftig gegen die Camorra auf; doch glückte es ihm nicht, sie auszurotten, denn sie war der Bevölkerung schon zu sehr in Fleisch und Blut übergegangen und wurzelte bereits tief in den Landessitten. Zwar wurden die Häupter der „Mittelpunkte“ beseitigt, allein die Gesellschaft behielt ihre Organisation unter anderen Leitern bei. Im Laufe der Zeit kamen die eingesperrten „Genossen“ aus dem Gefängnis und nahmen ihre gesellschaftsfeindliche Thätigkeit wieder auf. Zur Verbannung auf Mittelmeer-Inseln verurteilt, entflohen viele, kehrten nach Neapel zurück und verursachten Unruhen, bei denen sie schrieen: „Nieder mit Spaventa!“ Bei den Wahlen maſsten sie sich einen groſsen Einfluſs an, indem sie mit ihren Keulen die Religion und Politik der Wähler lenkten. Allnächtlich wurden in den Straſsen Neapels Personen überfallen und ausgeraubt; auch die Zahl der Einbrüche stieg in besorgniserregender Weise. Das war 1862 – bis zur Verhängung des Belagerungszustandes über die südlichen Provinzen. La Marmora und Aveta beschlossen, diese Gelegenheit zur Vernichtung der Camorra zu benutzen. Im September lieſsen sie etwa dreihundert der schlimmsten Camorristen einkerkern – teils im Florentiner Zellengefängnis, teils auf den Tremiti-Inseln. Aber das nützte nicht viel, denn wenn der Geheimbund sich auch zuweilen ruhig verhält, so tritt er doch von Zeit zu Zeit mit erneuter Kraft auf – auch seit der Begründung der Einheit Italiens.

Im September 1877 machte die neue italienische Regierung einen angestrengten Versuch, die Camorra zu unterdrücken. Als Angelpunkt wählte sie den Marktplatz von Santa Anna della Paluda, wo kein Bauer seine Gartenfrüchte verkaufen konnte, ohne von der Camorra besteuert zu werden. Eines Tages lieſsen die Behörden den Markt und dessen Umgebung von Detektivs, Schutzmännern und Militär umzingeln und plötzlich gleichzeitig sämtliche Ausgänge schlieſsen. Als von Flucht oder Widerstand keine Rede mehr sein konnte, wurden 57 Camorristen ergriffen, mit langen Seilen zusammengebunden und zur Polizei gebracht, um baldigst verurteilt und in Partien von je zehn eingesperrt zu werden. Eine ähnliche Razzia, die einige Tage später auf dem Fischmarkt abgehalten wurde, führte zur Dingfestmachung von 59 der berüchtigtsten „Genossen“. Aber der Bund hing mit solcher Zähigkeit an seinen „Rechten“, daſs schon am zweiten Tag nach der ersten Razzia wieder Camorristen auf dem erwähnten Obst- und Gemüsemarkt erschienen und die alten Ansprüche erhoben; freilich erhielten sie nichts und wurden verhaftet. Als dann ihre Gattinnen auftraten, um im Namen der Gefangenen den Tribut zu fordern, muſsten auch sie unverrichteter Dinge ins Strafhaus wandern. Doch gelang es nicht, die Camorra gänzlich zu unterdrücken; vielmehr erregte sie noch mehrmals groſses Aufsehen.

Im August 1877 wurde in der Nähe von Neapel ein hervorragender Camorrist namens Vincenzo Borelli von Bundes wegen ermordet, weil er im Verdacht stand, im Dienste der Polizei Spionage zu treiben. Sechs „Genossen“ waren in einer Weinstube zusammengekommen, um zu losen, wer die That vollbringen solle. Das Los traf einen gewissen Rafael Esposito (= „Findling“), der ohnehin auf Borelli wegen eines Streites zwischen den beiden nicht gut zu sprechen war. Esposito erschoſs Borelli aus dem Hinterhalt und wurde von einigen Soldaten ergriffen, jedoch von einer ihm günstig gesinnten Menge befreit. Diese begleitete die Leiche des Ermordeten unter Schmähungen ins Totenhaus, miſshandelte sie, machte Esposito zum Helden des Tages, sammelte für ihn Geld und verbarg ihn. Da die Polizei aber gar sehr hinter ihm her war, stellte er sich ihr nach drei Tagen selber. Zahlreiche „Verehrer“ gaben ihm, den Weg mit Blumen bestreuend und ihm Geld und Zigarren aufdrängend, das Geleite zum Gefängnis. Damals wurden noch 78 andere Camorristen verhaftet und als Mitschuldige Rafaels vor Gericht gestellt; allein die Camorra bedrohte die Richter und die Geschworenen mit ihrer Rache und so wurden denn „mildernde Umstände“ in Betracht gezogen, auf Grund welcher die Verbrecher mit leichten Strafen davonkamen. Im April 1885 führte die Angeberei eines „Genossen“ abermals zu einer Gerichtsverhandlung gegen zahlreiche Camorristen. Eine Anzahl derselben wurde auf Ischia interniert und dort war ihre erste Sorge, einen „innern Kreis der Camorra“ zu bilden, dessen Vorsitzender Anspruch auf alles Gestohlene hatte — der Dieb erhielt nur einen Anteil — und gegen Entrichtung eines Teiles der Gewinnste das Hazardspielen gestattete. Wir sehen, daſs die Regierung des geeinigten Italien das Wiederaufleben der bourbonischen Gefängnis-Camorra nicht zu verhindern vermochte. Überhaupt fehlt noch immer viel zur gänzlichen Ausrottung des Geheimbundes, der einen so bösartigen Krebsschaden des neapolitanischen Lebens bildet.

Die Mala Vita.

Dieser Geheimbund scheint ein Ableger der Camorra zu sein, denn der zweite und dritte Grad heifsen „Picciotto“ und „Camorrist“. Der erste ist der der „giovanotti“ (= Neuling). Die Mitglieder des dritten Grades nennt man „Onkel“, dessen Haupt „Weiser Meister“. Jeder Grad hat sein eigenes Haupt und seine eigene Rechnungsführung. Im April 1891 machte die Gesellschaft zum erstenmal öffentlich von sich reden; damals wurden in Bari 179 Mitglieder verhaftet und vor Gericht gestellt, und zwar infolge der Angebereien und Enthüllungen von neun „Genossen“. Seinen Namen („Mala Vita“ = „Böses Leben“) soll der Bund dem Titel eines aufserordentlich beliebten Romans von Degia Como entnommen haben. Die Aufnahme eines Mitgliedes ist mit grofsen Vorbereitungen und Schwierigkeiten verbunden. Man mufs dem Oberhaupt durch einen „Genossen“ empfohlen sein und ein andrer Genosse stellt über die „Würdigkeit“ des Bewerbers eingehende Nachforschungen an. Die betreffenden Unterhandlungen werden in einer Art Diebesjargon geführt.

Hat sich die Verwaltung des Bundes für die Zulassung eines Kandidaten entschieden, so wird eine Versammlung einberufen. In dieser erfolgt zunächst eine formelle Abstimmung und dann tritt der Neuling ein, um im Bundesjargon Red' und Antwort zu stehen und schliefslich in sehr geheimnisvoller Weise eingeschworen zu werden. Mit einem Fufs in einem offenen Grab stehend, mit dem andern angekettet, mufs er beschwören, Vater, Mutter, Gattin, Kinder, kurz: alles, was ihm teuer, zu verlassen, sich gänzlich den Zielen der Mala Vita zu widmen, Demut und Selbstverleugnung zu üben. Nach der Einweihung hält das Haupt eine phantastische Ansprache, darauf berechnet, dem Novizen einen Begriff beizubringen von den furchtbaren Strafen, die er erleiden würde, falls er die Geheimnisse und Interessen der Gesellschaft verriete. Niemand, der einmal Gendarm, Polizist oder Zollbeamter war, kann Mitglied werden.

Der Hauptzweck der Mala Vita scheint Räuberei zu sein. Die auf den Raubzügen erzielte Beute und die für gefangene Reisende bezahlten Lösegelder fliefsen gröfstenteils in die allgemeine Kasse behufs Verteilung unter alle Genossen, während der Rest den Mitgliedern des dritten Grades zufällt, wobei das Haupt den Löwenanteil erhält. Die Verletzung der Satzungen oder die Nichtbefolgung von Befehlen wird mit Folterung oder Tod bestraft. Das Urteil wird in einer Vollversammlung erbracht, die auch die Henker und zwar durch das Los bestimmt. Wer sich weigert, die über den Schuldigen verhängte Strafe zu vollstrecken, erleidet wegen Ungehorsams dieselbe Strafe. Jeder Bundesgenosse mufs sich bestimmte Zeichen auf den Leib tättowieren lassen, an denen er nötigenfalls erkannt werden kann. Zu diesen Zeichen gehören: Engel, Teufel, Schlangen, tanzende Weiber, das Bildnis Garibaldis, der Löwe von San Marco u. s. w.

Bei dem erwähnten Prozefs (1891) erläuterten die Angeber, in welcher Weise sie als Gefangene im Auftrag der Bundesleitung anderen eingesperrten „Genossen“ Briefe oder Geld zukommen liefsen und die gegen Kerkermeister, „sitzende“ Nichtmitglieder und andere Personen gerichteten Mifshandlungsbefehle den für deren Ausführung in Aussicht genommenen Häftlingen überbrachten. Das Beweisverfahren enthüllte ein wohlorganisiertes System gewaltthätigen und erpresserischen Vorgehens gegen ganz unschuldige Menschen, sowie eine umfassende Racheübung gegenüber Leuten, die des Verkehrs mit der Polizei verdächtig erschienen. Die meisten Angeklagten wurden vom Gericht zu schweren Kerkerstrafen verurteilt. Dafs die Gesellschaft trotzdem fortbestand, geht schon aus der Thatsache hervor, dafs bereits im Mai 1892 abermals etwa 160 junge Leute im Alter von zwanzig bis dreifsig Jahren wegen Zugehörigkeit zur Mala Vita verhaftet wurden; sie hatten sich durchweg Räubereien, Überfälle und andere Gewaltthätigkeiten zu schulden kommen lassen und ihr Anführer hatte rund fünfundzwanzig Jahre auf den Galeeren zugebracht. Auch diese Bande wurde streng bestraft, aber die Mala Vita besteht trotzdem weiter.

Die Mafia.

Ein Ehrenkodex. – Verbreitung und Entstehung der Gesellschaft. – Mano fraterna. – Ursprung des Wortes „Mafia“. – Die Mafia in den Vereinigten Staaten.

Auch dieser sicilianische Geheimbund ist eine Art Camorra. Sein Zweck und sein Verhalten ähneln denen der Camorra gar sehr; doch haben sie eine starke Beimischung von Räuberei und Blutdurst. Sein Ehrenkodex – die „Omerta“ – zwingt jedes Mitglied, ein ihm oder seinen Angehörigen zugefügtes Unrecht selber zu rächen, statt es vor Gericht zu bringen. Man ist also zur Vendetta verpflichtet. Auch darf kein Mafiuso vor Gericht gegen einen Verbrecher zeugen; vielmehr mufs er ihn möglichst verbergen und beschützen. Ohne Erprobung im Zweikampf wird niemand in den Bund aufgenommen; auch niemand, der sich einer ehrlosen Handlung schuldig macht. Hierunter versteht die Mafia: Taschendiebstahl, Feigheit, polizeiliche Angeberei, Zeugenschaft vor Gericht und dergleichen. Die Mafiusi nennen sich „ehrenhafte Jünglinge" (giovani d'onore) und zerfallen in Schutzbefohlene und Thätige. Nur die letzteren empfangen einen Anteil am Erlös des Schmuggels und des Brandschatzens von Landwirten und Grundherren. Es ist der Gesellschaft bislang gelungen, ihre geheimen Erkennungszeichen, Losungsworte u. s. w. vor der Aufsenwelt zu verbergen. Sie hat Mitglieder in allen Bevölkerungsschichten vom Stutzer bis zum Kuppler, Fälscher und Zuhälter.

Sehr oft empfängt nach der Verhaftung eines Mörders oder Einbrechers der Gefängnisdirektor einen Wink, dafs der Schuldige ein Mafiuso ist, und fortan wird er recht rücksichtsvoll behandelt. Nachher weigern sich die Geschworenen gewöhnlich, ihn zu verurteilen und er wird dann wegen Mangel an Beweisen freigesprochen. Als 1885 das Treiben der Mafia im italienischen Parlament zur Sprache kam, wurde nachgewiesen, dafs sie sogar im Vorzimmer des Generalprokurators von Palermo vertreten sei, und gegen den Befehlshaber der zu ihrer Ausrottung entsendeten königlichen Truppen erhob man geradezu die Beschuldigung, er stecke mit dem Geheimbund unter einer Decke, falls er nicht gar ein Mitglied desselben sei. Das Ergebnis der stürmischen Debatten war, dafs die Mafia ungeschoren blieb.

Der Ursprung der Gesellschaft mufs in den früheren politischen Verhältnissen der Insel Sicilien gesucht werden. Seit ihrer Vereinigung mit Neapel als „Königreich beider Sicilien" um die Mitte des 18. Jahrhunderts war sie von Statthaltern mifsregiert worden. Eine Ausnahme bildete nur die Zeit der ersten französischen Republik und des ersten Kaiserreichs. Damals lebte der von Napoleon vertriebene neapolitanische Hof auf der unglücklichen Insel unter dem Schutz englischer Truppen und Schiffe. Die Verfassung, welche der König auf Wunsch Englands erliefs, machte die Abschaffung aller Feudalrechte nötig. Demgemäfs mufsten die zahlreichen Lehnsmänner und Anhänger, die im Dienste des Adels, der Geistlichkeit und der Grofsgrundbesitzer standen, entlassen werden und sie wurden einfach Räuber. Da der bourbonische König diesen waghalsigen, tollkühnen Kerlen nicht beikommen konnte, nahm er ihre Rädelsführer in seine Dienste und schuf mit ihrer Hilfe, um die Sicherheit einigermafsen wieder herzustellen, eine ländliche Gendarmerie. Freilich beging diese die Räubereien und Erpressungen, die sie hätte verhindern sollen, selber. Um nicht Schlimmeres zu erfahren, liefs die Bevölkerung sich die Brandschatzungen ruhig gefallen. Aus der den Bock als Gärtner spielenden Gendarmerie entwickelte sich allmählich die Mafia, welche immer mächtiger wurde. Die niedrigeren Klassen hielten sie bald für eine furchtbare Gewalt, die der Regierungsgewalt überlegen sei und betrachteten es schliefslich als nützlich und ehrenvoll, ihr anzugehören. Dafs sie noch heute besteht, liegt an den Zuständen in den Schwefelgruben und an den landwirtschaftlichen Verhältnissen Siciliens. In den Minen leisten zahllose Kinder, Männer und Weiber in schrecklichstem Elend eine äufserst anstrengende Arbeit. In der Landwirtschaft werden die Bauern durch die „Mittelsmänner“ zu Grunde gerichtet, die die Güter pachten und in kleinen Parzellen zu ungeheuren Preisen an die Bauern weiterverpachten. Die letzteren werden durch die Not dem Verbrechen in die Arme getrieben.

Die Mafia hat ihren Hauptherd in der Umgebung von Palermo. Niemand kann jenseits der Stadtthore zwei Kilometer weit wandern, ohne Gefahr zu laufen, beraubt oder ermordet zu werden. Der 1883 auf Sicilien entdeckte Geheimbund „Mano fraterna“ (= Bruderhand) war ein Ableger der Mafia; ihre Mitglieder nannten sich „Werkzeuge der allgemeinen Rache“ und leugneten, Räuber oder Erpresser zu sein.

Was bedeutet das Wort „mafia“ und woher stammt es? Man schreibt dessen Erfindung Guiseppi Mazzini zu und thatsächlich war es vor dem Erscheinen des berühmten Agitators auf Sicilien unbekannt. Die einzigen Klassen, zu denen er Vertrauen hatte, waren die untersten und er scheint in der That die die ganze Insel unsicher machenden Diebe und Strolche zu einer Geheimgesellschaft vereinigt zu haben, die angeblich „Oblonika“ geheifsen haben soll — eine Bezeichnung, welche Mazzini aus den lateinischen Worten „obelus (= Spiefs) und „nico“ (= ich winke) zusammensetzte. „Oblonika“ würde also besagen: „Ich winke mit dem Spiefs“, eine Umschreibung für „Ich drohe mit dem Dolch“. Die Mafia soll ursprünglich ein geheimerer, innerer Kreis der Oblonika gewesen sein und ihr Name sich aus den Anfangsbuchstaben der Worte des Satzes „**M**azzini **a**utorizza **f**urti, **i**ncendi, **a**vvelenamenti“ (= „M. gestattet Diebstähle, Brandlegungen, Vergiftungen“) zusammengesetzt haben. Ob dem aber wirklich so ist, weifs man nicht bestimmt. Die Mafiusi nennen ihre Verbrechen ihr Brot („pavi“), weil sie von denselben leben.

Im Oktober 1890 wurde David Hennessy, der Polizeichef von New-Orleans, ermordet, und zwar durch Mitglieder der Mafia, die gegen das Ende der sechziger Jahre in die genannte amerikanische Grofsstadt verpflanzt wurde. Im Mai 1890 hatte eine Bande von dort ansässigen Italienern eine andre Bande von Landsleuten, genannt „Stoppaghera“, aus einem Hinterhalt überfallen und sechs Personen getötet oder verwundet. Es handelte sich um einen Racheakt und die Polizei beschlofs, mit der Vendetta, welche unter den Italienern von New-Orleans bereits über vierzig Mordthaten gezeitigt hatte, gründlich aufzuräumen. Man verhaftete sechs Personen und klagte sie an, aber während des Prozesses wurden sämtliche Zeugen ermordet. Dennoch erfolgte die Verurteilung der Angeklagten, allein die Verteidigung erwirkte die Anordnung einer neuen Untersuchung und diese schwebte noch, als Hennessy umgebracht wurde, weil er das Treiben der Mafia eingehend erforscht hatte und dadurch zur Kenntnis von Thatsachen gelangt war, deren Enthüllung wahrscheinlich zur Verurteilung der sicilianischen Gurgelabschneider geführt haben würde. Der Polizeileiter war längst vor einem drohenden Attentat gewarnt worden und hatte sich daher mit einer ständigen Eskorte umgeben; da indessen nichts Böses geschah, entliefs er dieselbe eines Sonntags und am nächsten Mittwoch wurde er um Mitternacht auf der Strafse erschossen. Elf Sicilianer wanderten als verdächtig ins Untersuchungsgefängnis und einer von ihnen gestand, dafs in einer geheimen Versammlung zehn Mafiusi durch das Los zur Begehung des Attentats bestimmt worden waren. Die durch Todesdrohungen eingeschüchterten Geschworenen sprachen sechs Angeklagte trotz überwältigender Schuldbeweise frei. Doch erfolgte eine neue Anklage und daher die Rücksendung der Missethäter ins Grafschaftsgefängnis. Da wurde das letztere eines Tages nach Aufreizung durch einen gewissen Parkerson von einer grofsen bewaffneten Volksmenge erstürmt, in der sich jedoch auch hervorragende Kaufleute, Professoren, Beamte, Redakteure etc. befanden. Dieselbe schleppte die Sicilianer heraus und hängte oder erschofs sie. Diese That wurde tags darauf in vielen Versammlungen öffentlicher Körperschaften zwar bedauert, aber gleichzeitig als notwendig gebilligt. Der Vorfall führte zu einer vorübergehenden diplomatischen Spannung zwischen Italien und den Vereinigten Staaten.

Seither hat es die Mafia von New-Orleans nicht wieder gewagt, die öffentliche Aufmerksamkeit zu erregen; doch übt sie ihre schlimme Thätigkeit zweifellos im geheimen weiter aus. Vor den Ereignissen von 1890 wufste sie die Bürgerschaft derart zu tyrannisieren, dafs diese sie viel mehr fürchtete als sie selbst die Gesetze fürchtete. Die meisten dortigen Mafiusi lebten ausschliefslich von Verbrechen und die übrigen hielten sich Geschäftskonkurrenten durch Todesdrohungen vom Halse. Jedesmal, wenn ein Mafiuso vor Gericht stand, erhielten einzelne Geschworene schriftliche und versiegelte Warnungen, durch welche sie sich nicht selten zur Freisprechung verleiten liefsen.

Bettler, Strolche und Diebe.

Innerhalb dieser Gattungen von Müſsiggängern und Übelthätern bildeten sich zuweilen Vereinigungen, die durch geheime Zeichen und Redensarten zusammengehalten wurden, welche einem gemeinsamen Zweck dienten, wie das gegenwärtig die Jesuiten und Räuber zu thun pflegen und wie es früher die Garduna (vgl. weiter oben „Die Garduna“) oder die Banden des Schinderhannes thaten. Im Mittelalter wurde Frankreich von den „truands“ durchstreift, einer Bande fahrender Bettler, die einen eigenen König, ein eigenes Gesetzbuch und eine eigene Sprache hatten, welche man in späteren Zeiten „argot“ nannte. Wahrscheinlich stammt diese Bezeichnung von dem griechischen Wort ἀργος = Müſsiggänger, träger Kerl; die truands hieſsen dann später auch „argotiers“. Der berüchtigte Cartouche vereinigte seine Räuberbande zu einem Bund mit eigener Sprache und eigenen Gesetzen. Der Dialekt der englischen Bettler und Diebe wird als „Cant“ oder „Hausierer-Französisch“ bezeichnet. Die Kesselflicker haben ein besonderes Rotwelsch von keltischem Gepräge, „schelta“ genannt und bei den meisten berufsmäſsigen Landstreichern im Gebrauch. In den betreffenden Kreisen Italiens wird „gergo“, in Spanien „Germania“, in Böhmen „hantyrka“, in Portugal „calao“ gesprochen. Die Dialekte der cirkassischen Diebe und Räuber heiſsen „schakopse“ und „forschipse“. In Asien ist ein als „balaibalan“ bekanntes Rotwelsch — hauptsächlich aus verderbten arabischen, persischen und türkischen Worten zusammengesetzt — sehr verbreitet. Sogar die hottentottischen Vagabunden haben einen besonderen Jargon: das „Cuze-cat“. Der wohlbekannte levantinische Jargon „lingua franca“ ist ein Gemisch aus italienischen, neugriechischen, deutschen, spanischen, türkischen und französischen Brocken, während die europäischen Diebs- und Bettlersprachen aus verdrehten und andere Bedeutungen habenden Worten der betreffenden Landessprachen in seltsamer Mischung mit hebräischen und zigeunerischen Ausdrücken gebildet sind. Die Redewendungen der unterschiedlichen Rotwelsche bestehen meistens aus Metaphern und phantastischen Anspielungen, die oft einen sehr witzigen und manchmal sogar einen recht poetischen Anstrich haben.

Gewisse Formen des Aberglaubens haben die Vagabunden selbst der von einander entferntesten Länder gemein. Vieles von diesem Aberglauben ist ebenso seltsam wie empörend. Diebe und Bettler erkennen einander an gewissen Zeichen, so z. B. halten sie, wenn sie einen Berufsgenossen vor sich zu haben glauben, die Finger derart, daſs sie den Buchstaben C des Taubstummenalphabets bilden, oder sie schlieſsen ein Auge und schielen mit dem zweiten. Fechtbrüder belehren ihre „Kollegen“ über die geschäftlichen Aussichten des Bettelns in bestimmten Dörfern oder Häusern dadurch, dafs sie geheime Zeichen mit Kreide an Mauern oder Thore schreiben oder in Baumrinden schneiden oder mit dem Stock in den Schnee graben. Die Bettler verehren den heiligen Martin (geb. um 316) als ihren Schutzherrn, und zwar weil er, ehe er Priester wurde, als Soldat in Amiens bekanntlich seinen Mantel entzweischnitt, um die Hälfte einem frierenden Bettler zu schenken. Jene Bettler jedoch, die Krüppel sind oder sich für solche ausgeben, haben einen andern Schutzpatron: den heiligen Ägidius. Dafs die Diebe nicht gern in Gruppen „arbeiten“, sondern allein oder höchstens zu zweien, ist bekannt. Manche ihrer bildlichen Redensarten sind urkomisch, namentlich was das Londoner Diebsrotwelsch betrifft. „Die Katze und die Kätzchen stehlen“ heifst so viel wie Quart- und Pint-Trinkgefäfse stehlen; „den Wagen umschwirren“ bedeutet den Taschendiebstahl im Omnibus; den Taschendieb nennt man „Taucher“, die Tretmühle „Maikäfer“; unter „flummux“ (= stecken bleiben oder in Verlegenheit bringen) versteht man „eines Monats Gefängnisstrafe sicher sein“.

Von den heutigen vereinigungsartig verbundenen Räuberbanden sind die italienischen wohl die bekanntesten, weil sie auch im Ausland nicht selten von sich reden machen. Die Schinderhannesbande, welche an der Scheide des 18. und des 19. Jahrhunderts an beiden Ufern des Oberrheins ihr Unwesen trieb, hörte nach der Hinrichtung ihres Hauptmanns und von achtzehn Mitgliedern (1803) zu bestehen auf. Um dieselbe Zeit versetzte eine sehr zahlreiche Räuberbande die Gegend von Aachen in Schrecken; es waren dies die berüchtigten „Ziegenreiter von Mersen“ – so genannt, weil der Volksaberglaube meinte, dafs sie während ihrer Streifzüge auf Ziegen ritten, die man für verkleidete Teufel hielt. Ihr geheimes Haupt war ein gewisser Kirchhof, Arzt und Ökonom des Herzogenroder Klosters, der um 1804 verhaftet, im Kloster gerichtlich behandelt wurde und unter der Folter starb, während 32 seiner Banditen teils in Frankreich und Holland, teils in Deutschland selbst, hingerichtet wurden. Kirchhof verpflichtete seine Leute durch förmliche Verträge zur strengsten Verschwiegenheit, widrigenfalls ihnen ein grausamer Martertod drohte. Und das war keine leere Drohung, wie eines von vielen Beispielen darthun möge. Ein gewisser Hannickel zerschmetterte einem des Verrates beschuldigten Genossen alle Knochen, schnitt ihm Nase und Oberlippe ab und übergofs ihn aufserdem mit Mistjauche, um seine Qualen zu vergröfsern.

Die Jesuiten.

Wieso sind die Jesuiten gesellschaftsfeindlich und ein Geheimbund? — Geheime „Kongregationen“. — Einweihungs-Erprobungen. — Der Eid. — Das Segnen des Mörderdolches. — Billigung des Tyrannenmordes. — Geheime Vorschriften. — Die „secreta monita“ authentisch. — Jesuitenmoral. — Ein verloster Beichtvater.

Zu den Geheimbünden gehört der Jesuitenorden schon deshalb, weil er in Ländern, die ihm verboten sind, unter falschen Namen verbleibt oder sich in dieselben einschleicht, oder weil er sich mit wirklichen, eigentlichen Geheimgesellschaften verbündet oder auch weil er in fast allen Ländern der Erde zahlreiche Helfer oder Vertreter hatte und vielfach noch hat, die, ohne offenkundig zu ihm zu gehören, seine Grundsätze verbreiten und seine Interessen wahrnehmen; es sind dies die sogenannten „jésuites de robe courte.“ Und was seine Gesellschaftsfeindlichkeit betrifft, so besteht sie in seiner Gegnerschaft gegen die bürgerliche und Religionsfreiheit, in seiner Sucht nach Selbsterhöhung und in seinem Bestreben, jeden Fortschritt in Litteratur und Wissenschaft zu bekämpfen. Die Jesuiten begnügten sich nicht mit dem beispiellosen Einfluſs, den sie durch ihre Thätigkeit als Beichtväter, Prediger und Schullehrer erlangt hatten; vielmehr gründeten sie in Italien und Frankreich um 1563 auch noch einige geheime „Kongregationen“, die sich in unterirdischen Kapellen oder an anderen verborgenen Plätzen versammelten und eigene Katechismen etc. hatten, die jedes Mitglied vor seinem Tode zurückgeben muſste. Näheres findet sich in der in der Pariser Nationalbibliothek aufbewahrten französischen Handschrift „Geschichte der jesuitischen Kongregationen und Brüderschaften von 1563 bis zur Gegenwart“ (1709).

Allmählich war es den Jesuiten gelungen, in den meisten katholischen Staaten den Jugend-Unterricht in die Hände zu bekommen. Dadurch kamen sie in die Lage, die Ausbildung der jungen Geister ihren geheimen Zwecken anzupassen. Diejenigen Zöglinge nun, welche sich nach vielen Jahren als blinde Fanatiker und ebenso „fromme“ wie mutige Männer bewährten, wurden „eingeweiht“. Die Probezeit dauerte nur vierundzwanzig Stunden, war aber schrecklich. Ihr ging langes und strenges Fasten voraus, das den Körper schwächte, die Einbildungskraft jedoch entflammte, und unmittelbar vor der Erprobung wurde dem Kandidaten ein sehr starkes Getränk verabreicht. Die Prüfungserscheinungen ähnelten denen der antiken Mysterien; sie bestanden nämlich in Höllenspuk, Totenbeschwörungen, Teufelserscheinungen, künstlichem Donner und Blitz, wandelnden Skeletten und dergleichen mehr. Der Neophyt wurde scharf beobachtet. Zeigte er Furcht oder gar Schrecken, so blieb er auf immer beim ersten Grad stecken. Dieser umfaſste die „coadjutores temporales", die bloſs niedrige, untergeordnete Arbeiten zu verrichten hatten. Im ganzen gab es vier Grade; der zweite war der der „Scholastiker" und aus seiner Mitte wurden die Jugendbildner genommen; die Inhaber des dritten hieſsen „coadjutores spirituales". Nur die Mitglieder des vierten Grades, die „Professi", erlangten Kenntnis von allen Geheimnissen des Ordens.

Bestand der Kandidat die Erprobungen des ersten Grades gut, d. h. ohne Zeichen von Angst, so wurde er zu geeigneter Zeit in den zweiten eingeweiht. Hier waren die Prüfungen von der gleichen Art, aber ihr Maſsstab war ein gröſserer. Nach langem Fasten wurde er mit verbundenen Augen in eine geräumige Höhle geführt, in der er wildes Geheul und Gebrüll hörte. Er durchschritt sie unter Gebeten, die für diesen Anlaſs geschrieben waren, und muſste an ihrem Ende durch eine enge Öffnung kriechen. Während er dies that, nahm ihm eine unsichtbare Hand die Binde von den Augen und er sah sich dann in einem viereckigen unterirdischen Gelaſs, dessen Boden mit einem Leichentuch bedeckt war, auf dem drei Lämpchen standen, welche die umherliegenden und stehenden Todtenschädel und Skelette trüb beleuchteten. Es war dies eine „Beschwörungshöhle" oder „Schwarze Kammer", deren Vorhandensein durch Untersuchungen weltlicher Gerichte wiederholt erwiesen worden ist. Dort verbrachte er längere Zeit im Gebet, wobei er, ohne es zu wissen, aufmerksam beobachtet wurde. War man mit ihm zufrieden, so standen plötzlich – er wuſste nicht, wieso, wahrscheinlich mit Hilfe einer verborgenen und gut geölten Fallthür – zwei Jesuiten vor ihm, die Erzengel darstellten und ihm, ohne ein Wort zu sprechen, ein blutgetränktes, mit Hieroglyphen bedecktes weiſses Band um die Stirn banden; auch hängten sie ihm ein kleines Kruzifix und ein angeblich Reliquien enthaltendes Täschchen um den Hals. Schlieſslich entkleideten sie ihn, warfen seine Kleider auf einen in einer Ecke vorbereiteten kleinen Scheiterhaufen und malten ihm mit Blut zahlreiche Kreuze auf den Leib.

Jetzt trat der Hierophant mit seinen Gehilfen ein. Die letzteren, in blutbefleckte Gewänder gekleidet, banden ihm ein rotes Tuch um die Hüften, stellten sich neben ihn und hielten ihre Dolche bogenförmig über seinen Kopf. Alle knieten auf einen eigens ausgebreiteten Teppich nieder, um eine Stunde lang zu beten, wonach der Scheiterhaufen in Brand gesetzt wurde. Nun öffnete sich eine Wand und unter bald heiteren, bald düsteren Musikklängen zog an dem Kandidaten eine lange Reihe von Gespenstern, Geistern, Engeln und Dämonen vorbei. Während dieses schauerlichen Umzuges legte er folgenden Eid ab:

„Im Namen des gekreuzigten Christus schwöre ich, die Bande zu lösen, die mich annoch mit Vater, Mutter, Brüdern und Schwestern, Verwandten und Freunden verknüpfen oder mit dem König, den Behörden und jeder Obrigkeit, der ich jemals Treue, Gehorsam, Dankbarkeit oder Dienstbereitschaft geschworen haben mag. Ich sage mich vom Ort meiner Geburt los, um künftig in einem andern Kreise zu leben. Ich schwöre, meinem neuen Vorgesetzten . . . alles zu offenbaren, was ich gethan, gedacht, gelesen, erfahren, beobachtet oder entdeckt haben werde. . . . Ich schwöre, meinem Vorgesetzten so ganz anzugehören, als wäre ich eine leb- und willenlose Leiche. Endlich schwöre ich, den Versuchungen aus dem Wege zu gehen und alles, was zu meiner Kenntnis gelangt, mitzuteilen, wohl wissend, dafs der Dolch mich überall, wo ich auch sein möge, ebenso schnell treffen kann wie der Blitz."

Nach Ablegung dieses Eides nahm der Novize in einem benachbarten Gemach ein Bad, worauf er mit einem neuen weifsen Leinenanzug bekleidet wurde, um schliefslich mit einer üppigen Mahlzeit bewirtet zu werden, bei der er sich zur Entschädigung für den ausgestandenen Schrecken und das lange Fasten nach Herzenslust gütlich thun konnte.

Bezeichnend war die Feierlichkeit des Dolchsegnens, welche vorgenommen wurde, wenn der Jesuitenorden es für angezeigt hielt, einen König oder irgend eine andre hervorragende Persönlichkeit umbringen zu lassen. Neben der Finstern (Schwarzen) Kammer lag in der Regel eine sogenannte, „Meditations-Zelle", in deren Mitte ein kleiner Altar mit einem verschleierten Gemälde stand, umgeben von scharlachrot brennenden Fackeln und Lampen. Hier nahm der zur Vollbringung des Meuchelmordes ausersehene Ordensbruder die nötigen Weisungen entgegen. Auf einem Tisch befand sich ein mit seltsamen Hieroglyphen und auf dem Deckel mit einer Darstellung des Lammes bemaltes Kästchen, das den für die Blutthat bestimmten Dolch enthielt. Dieser wurde von einem der Funktionäre der Gesellschaft Jesu aus dem Kästchen genommen, von seiner Leinenhülle befreit und dem Hierophanten übergeben, der ihn küfste, mit Weihwasser besprengte und einem Diakon reichte. Der letztere befestigte ihn an einem Rosenkranz, den er dem Betreffenden um den Hals hängte, wobei er ihm sagte, er sei „von Gott auserwählt", diese oder jene Persönlichkeit zu töten. Nun beteten die Anwesenden folgendermafsen für das Gelingen des geplanten Attentats:

„Und du, unbesiegbarer und furchtbarer Gott, der du beschlossen hast, unsern Erwählten, deinen Diener, mit der Vernichtung des Tyrannen und Ketzers . . . . . . zu betrauen, gieb ihm die nötige Kraft und verleihe ihm die vollkommene Weihe, indem du seine That mit Erfolg krönst. O Gott, vermehre seine Stärke hundertfach, damit ihm das edle Unternehmen gelinge. Schütze ihn mit der mächtigen und göttlichen Rüstung deines Sohnes und deiner Heiligen. Flöſse ihm den Wagemut ein, der jede Furcht miſsachtet, und stähle seinen Leib in Gefahr wie auch angesichts des Todes!"

Nach diesem äuſserst charakteristischen Gebet, das keines Kommentars bedarf, wurde das Altarbild entschleiert und der „Auserwählte" erblickte das Bildnis des Dominikaners Clement, wie ihn eine Engelschar auf ihren Flügeln zu himmlischem Glanz emporträgt. Der Diakon setzte dem Zukunftsmörder eine Krone – Symbol der Himmelskrone – aufs Haupt mit den Worten: „Habe, o Herr der Heerscharen, die Gnade, mit wohlwollenden Augen herabzublicken auf den Diener, den du als deinen Arm erkoren hast, die hohen Befehle deiner ewigen Gerechtigkeit auszuführen. Amen!" Dieser schamlosen Blasphemie folgten neuerliche Wandelbilder von Geistern, Gespenstern, Skeletten, Dämonen u. s. w., dann war die freche Komödie zu Ende.

Handelte es sich um „Tyrannen", die gegen die Jesuiten waren, so bekannten sich diese offen als Anhänger des Tyrannenmordes. Das that sogar der berühmte Erzbischof Bellarmin, Jesuit und Inquisitor, obgleich er nicht einmal Ungeziefer zu vertilgen erlaubte, weil dessen Erdenleben sein einziges Dasein bilde! Gegen das Töten von Ketzern hatte er freilich nichts einzuwenden; er schrieb vielmehr ein Buch, in welchem er ihre Ausrottung empfahl.

Was das berühmte oder vielmehr berüchtigte Buch der „secreta monita" betrifft, so enthält die Vorrede die Mahnung, es nicht Fremden in die Hände fallen zu lassen, da sonst leicht eine ungünstige Meinung von dem Orden entstehen könnte. Die Titel der einzelnen Kapitel sprechen für sich: 1. Verfahren bei Errichtung einer neuen Anstalt. – 2. Wie die Ordensbrüder sich die Freundschaft von Fürsten und anderen hochstehenden Personen erwerben und bewahren können. – 3. Verhalten der Gesellschaft Jesu gegenüber Persönlichkeiten von hohem Einfluſs im Staat. – 4. Winke für Prediger und Beichtväter von Königen und anderen Groſsen. – 5. Verhalten gegen die Geistlichkeit und gegen Klosterorden. – 6. Wie reiche Witwen zu gewinnen sind. – 7. Wie man Witwen fesselt und über ihr Vermögen verfügt. – 8. Wie man die Kinder von Witwen bewegt, sich einem Leben religiöser Einsamkeit zu weihen. – 9. Die Vermehrung des Anstaltsbesitzes. – 10. Von der strengen Manneszucht des Ordens. – 11. Verhalten der Brüder gegen die aus der Gesellschaft Entlassenen. – 12. Von denen, die man im Orden behalten und hochstellen soll. – 13. Die Wahl junger Leute, die in den Orden aufgenommen werden sollen, und wie man sie an ihn fesselt. – 14. Von den Entlassungsgründen. – 15. Verhalten gegenüber Nonnen und frommen Frauen. – 16. Wie man vorschützt, irdische Güter zu mifsachten. – 17. Allgemeine Mittel zur Förderung der Ordensinteressen.

Die Jesuiten haben versucht, die Authenticität der „geheimen Vorschriften“ zu leugnen; es ist aber nie gelungen, die Geschichte der Entdeckung dieses Buches zu entkräften. Als Papst Clemens XIV. die Gesellschaft Jesu im Jahre 1773 aufhob, besafs diese in den Niederlanden u. a. auch eine Niederlassung zu Roermond. Die holländische Regierung hatte einen Liquidierungsausschufs eingesetzt, welcher den Staatsrat Zuytgens mit der Aufnahme des Inventars betraute. Dieser Mann erregte bald den Verdacht, zu Gunsten des Ordens gewisse Urkunden etc. beiseite geschafft zu haben; darum erhielt er den strengen Befehl, sämtliche Papiere einzusenden. Nun denn, unter ihnen befand sich eine Niederschrift der „secreta monita“. Diese Thatsache wird erhärtet durch das im Brüsseler Archiv aufbewahrte „Protokoll der Verhandlungen des infolge der Aufhebung der Gesellschaft Jesu entsandten Ausschusses.“ Das erwähnte Manuskript stimmt sowohl mit der von Pater Berthier – dem letzten Pariser Jesuitenbibliothekar vor der Revolution – hinterlassenen lateinischen Handschrift, als auch mit der im Jahre 1661 zu Paderborn gedruckten Ausgabe der „Monita“ überein.

Aber selbst wenn die „geheimen Vorschriften“ nicht von einem Jesuiten verfafst sein sollten, bilden sie doch eine vortreffliche Verkörperung der Grundsätze, nach denen die Jesuiten sich jederzeit thatsächlich gerichtet haben. Stets hat bei ihnen der Zweck die Mittel geheiligt und zu ihren Mitteln gehörte jede Art der Täuschung und des Verbrechens „ad majorem Dei gloriam“. Als infolge des Fallissements des Jesuiten Lavalette (1760) der Orden seine „Konstitutionen“ ausliefern mufste, entdeckte man in ihnen Lehren wie z. B. die folgenden: Nach dem Jesuitenpater Taberna ist es „wahrscheinlich, dafs ein Richter, der behufs Fällung eines ungerechten Urteils bestochen wird, das Geld behalten darf, denn 58 Jesuitendoktoren sind dieser Ansicht.“ Wann ein Mönch sein Ordenskleid daheimlassen darf, ohne dem Kirchenbann zu verfallen? „Wenn er in demselben Anstofs erregen würde, z. B. wenn er unerkannt ein Haus der Schande besuchen will.“ Emanuel Sa lehrt: „Versprechen sind nicht bindend, wenn man sie ohne die Absicht macht, sie zu halten.“ (Reservatio mentalis!) „Christenkinder dürfen ihre Eltern,“ sagt Fagundez, „der Ketzerei selbst dann anklagen, wenn sie wissen, die Eltern würden verbrannt werden.“ Doch genug von der planmäfsigen Niedertracht!

Wir wollen mit einem pikanten modernen Beispiel von Jesuitenmoral schliefsen. Als 1852 das Geld zum Bau der Jesuitenkirche in der Pariser Rue Sèvres nicht mehr ausreichte und alle Mittel zur Erlangung des noch nötigen Betrages erschöpft waren, erbot sich der jüngste Ordensbruder – zugleich der beliebteste Beichtvater und Prediger des adeligen Viertels – als Treffer einer zu veranstaltenden Lotterie. Er schrieb hundert Lose für weibliche Beichtkinder und liefs in vertraulicher Weise verlauten, dafs die Gewinnerin des Treffers drei Tage lang nach Belieben über ihn – Pater Lefèvre – verfügen könne! Die Damen rissen sich förmlich um die Lose! Die Skeptiker lachten und die Ketzer spöttelten, aber – die Kirche konnte vollendet werden. Ja, ja, der Zweck heiligt die Mittel . . . .

Die Skopzen.

Verrückte russische Geheimsekten: die Selbstverbrenner, die Selbstopferer, die Flagellanten. — Dr. Pelikan und die Skopzen. — Anfängliche Geschichte der Skopzen. — Die Seliwanow-Legende und ihr historischer Untergrund. — Ausbreitung der Sekte. — Ihre weitere Geschichte. — Eine Entdeckung in Morschansk. — Glaubenslehre und Gottesdienst. — Die Feuertaufe. — Nutzlosigkeit der Verfolgung.

In Rufsland hat nicht nur die politische, sondern auch die religiöse Geheimbündelei von jeher eine grofse Rolle gespielt. Zu den wahnwitzigsten unter den jetzigen Sekten gehören die in Sibirien sehr zahlreichen „soschigateli“, die den freiwilligen Feuertod für das Mittel halten, sich von der Unreinheit und Sündhaftigkeit dieser Welt zu befreien. Sie pflegen sich – Männer und Weiber – in Gruppen von 15 bis 100 in grofsen, mit Reisig gefüllten Gruben oder Scheunen zu verbrennen. In der Gegend von Tjumen sollen i. J. 1867 nicht weniger als 1700 Personen diesen Tod gewählt haben. Die „morelstschiki“ (= Selbstopferer) ziehen dem Feuer das Eisen vor und halten es für heilige Pflicht, einander zu töten. 1868 brachten auf einem Landgut an der Wolga 47 Männer und Weiber einander mit Dolchen um. Nicht minder verrückt sind die „Flagellanten“, die zuweilen auch den Nichtbrüdern gefährlich werden, wie z. B. im Sommer 1869 einmal im Gouvernement Saratow. Die Flagellanten des dortigen Städtchens Balaschow, mehrere hunderte an Zahl, griffen bei der Rückkehr von einer ihrer fanatischen Übungen plötzlich die Zuschauer an, sie mit ihren Geifseln und Knotenstricken derart bearbeitend, dafs mehrere das Leben einbüfsten; andere wurden auf offener Strafse verbrannt, ohne entfliehen zu können. Aber keine russische Sekte hat in neuerer Zeit so viel von sich reden gemacht wie die der Skopzen (oder Kastraten). Und während die vorstehend erwähnten Sekten fast gänzlich aus ebenso unwissenden wie wilden Fanatikern bestehen, gehören zu den Skopzen, wie wir alsbald sehen werden, auch Männer aus den „besseren" Klassen, reiche und nicht ungebildete Leute.

Dafs das Leben seltsamere Blüten treibt als die Einbildungskraft, geht aus den Thatsachen hervor, welche sich durch die wiederholten gerichtlichen Verfolgungen der Skopzen in verschiedenen Teilen Rufslands ergeben haben. Unsere nachstehenden Mitteilungen fufsen gröfstenteils auf den betreffenden amtlichen Berichten, deren Kern der russische Geheimrat Dr. E. Pelikan, Vorsitzender des Medizinalrates, veröffentlichte, der viele Skopzen persönlich gekannt und untersucht hatte. Sein Buch bildet textlich und illustrativ eine erstaunliche Sammlung von Schrecknissen, welche man kaum für möglich halten würde, wenn sie nicht gerichtlich erhärtet wären. Wir dürfen nicht daran denken, uns hier auf die Mitteilung von näheren Einzelheiten einzulassen.

Aus dem Schofs der Flagellantensekte, die in Rufsland seit 1733 besteht, gingen um 1757 die Anfänge des Skopzentums hervor. Von diesem erlangte die Regierung im Jahre 1771 die erste Kenntnis. Die erste Entdeckung geschah im jetzigen Gouvernement Orlow, wo der Bauer Andrei Iwanow überführt wurde, dreizehn andere Bauern zur Selbstverstümmelung überredet zu haben und zwar unter Mitwirkung des Bauern Kondratji Seliwanow aus Stolbowo (Gouvernement Orel). Auf Grund einer in St. Petersburg vorgenommenen gerichtlichen Untersuchung erhielt Iwanow die Knute und wurde dann nach Sibirien verbannt, wo er vermutlich starb. Seliwanow entfloh und verbreitete mit Hilfe eines gewissen Alexander Schilow seine Lehre in der Gegend von Tambow. 1775 ergriffen, wurde er zur Knute und zur Verbannung nach Sibirien verurteilt. Mehrere seiner Anhänger liefs man verhaften, peitschen und ins Zuchthaus stecken. Das nützte nichts, das Skopzentum nahm vielmehr zu. Seliwanow entkam aus Sibirien, wurde jedoch 1797 erwischt und nach Petersburg gebracht, wo der Kaiser mit ihm eine Unterredung hatte, nach welcher er ihn als verrückt in ein Irrenhaus sperren liefs. Allein Pauls mystisch angelegter Nachfolger Alexander I. liefs sich von der Baronin Krüdner, die Seliwanow für einen Heiligen hielt, bereden, den sonderbaren Schwärmer freizulassen, der nunmehr einige Jahre des Glanzes und Ansehens in den Häusern seiner Bewunderer verlebte und insbesondere vom Staatsrat Alexei Michailow Jelanski beschützt wurde, einem einstigen polnischen Hofkämmerer, der insgeheim selber ein Skopze war.

Das Haus, welches Seliwanow mit Vorliebe bewohnte, wurde von seinen Anhängern „Haus Gottes", „himmlisches Zion" und „Neu-Jerusalem" genannt, weil sie glaubten, er sei der wiedergekehrte Christus. Gleichzeitig hielten sie ihn für den Zar Peter III., der von der unbefleckten Jungfrau geboren sei, die als Kaiserin Elisabeth Petrowna den Thron bestiegen habe. Nach der Skopzenlegende regierte Elisabeth nur zwei Jahre und übertrug dann die Herrschaft einer ihr sehr ähnelnden Hofdame, um sich in die Einsamkeit zurückzuziehen, und zwar zuerst ins Haus des Skopzensehers Filimon im Gouvernement Orel und später nach Bjelogrod (Provinz Kursk), wo sie unsichtbar – hinter einer Gartenwand – bis 1865 die Anbetung ihrer Getreuen entgegennahm. Von dem „Erlöser“, wie Seliwanow auch genannt wird, glaubt man, er sei in Holstein geboren worden, habe sich bei Erreichung der Mannbarkeit kastriert, dieselbe Operation an vielen anderen vollzogen und zahlreiche Wunder gewirkt. Auf den Thron gesetzt, habe er heiraten müssen, allein seine Gemahlin, Katharina II., verachtete ihn wegen seiner „Feuertaufe“ und wollte ihn umbringen lassen. Rechtzeitig gewarnt, entfloh er in der Uniform einer Schildwache, die denn auch statt seiner ermordet wurde. Obgleich die Kaiserin den Irrtum kannte, liefs sie die Schildwache mit kaiserlichen Ehren begraben. Der verschwundene Zar erschien nach einiger Zeit als der Bauer Seliwanow wieder, als welcher er seine Bekehrungsthätigkeit fortsetzte, wobei ihm der „Vorläufer des Erlösers“ – der vorhin erwähnte Schilow – an die Hand ging. Schliefslich sei er auf Befehl der Regierung gepeitscht und nach Sibirien verschickt worden; doch habe Paul I. bei seiner Thronbesteigung ihn, da er in ihm seinen Vater sah, nach Rufsland zurückbringen lassen, um ihm die Krone wiederzugeben. Als Seliwanow jedoch sagte, er könne Paul nur dann als seinen Sohn anerkennen, wenn dieser sich der Selbstkastrierung unterziehe, geriet der Zar in Zorn und liefs den „Erlöser“ in die Festung Schlüsselburg sperren. Unter Alexander I. sei Seliwanow freigelassen worden und das Zarenpaar habe sich zu seinem Glauben bekehrt. Der Skopze Sladownikow räumte ihm eine prächtige Wohnung ein und es gelang ihm, viele zu überzeugen, dafs er Christus sei, „der wahre Gott“. Später sei er, weil die Regierung dem übermäfsigen Überhandnehmen des Kastratentums steuern wollte, im Kloster von Suzdal interniert worden. Die Skopzen glauben, dafs er noch lebe und zu geeigneter Zeit wieder den russischen Thron besteigen werde, nach welchem Ereignis die „Feuertaufe“ allgemein werden würde. Da aber nach christlicher Anschauung dem Wiedererscheinen Christi das Auftauchen des Antichrist vorhergehen mufs, behaupten die Skopzen, dieser sei bereits erschienen und zwar in der Person Napoleons, den sie für einen Bastard Katharinens II. und des Teufels halten und der ihrer Meinung nach jetzt in der Türkei lebt, sich aber dereinst ebenfalls zum Skopzentum bekehren und dann nach Rufsland zurückkommen werde!!!

Wie erklärt es sich, dafs die Skopzen Peter III. für den Erlöser halten? Peter III. – ein Enkel Peters des Grofsen und Sohn von dessen Tochter Anna Petrowna, die mit Herzog Karl Friedrich von Holstein vermählt war – bestieg den Thron im Jahre 1762. Unter seinen Vorgängern waren die „Leute Gottes", namentlich die Flagellanten, grausam verfolgt und hingerichtet worden; man liefs ihnen die Zunge ausreifsen und verbrannte sie lebendig. Peter III. jedoch begnadigte sie unmittelbar nach seiner Thronbesteigung und gewährte ihnen vollständige Religionsfreiheit. Dies der Grund, aus welchem sie ihn als ihren Erlöser betrachteten, und da er in ihren Augen Christus ist, halten sie ihn für unsterblich. Die geschichtlich wahre Ursache seiner Ermordung – bereits ein halbes Jahr nach dem Regierungsantritt – war die Unzufriedenheit der Kaiserin mit den von ihm eingeführten freisinnigen Neuerungen. Die vorhin erwähnte Akulina Iwanowna, die sich für die Zarin Elisabeth ausgab, war das Kind armer Eltern in Lebedschan (Provinz Tambow) und hiefs in Wirklichkeit Katassanowa. Seliwanow selbst starb 1832 hochbetagt im Kloster von Spasso-Eufemius, wohin er zwölf Jahre vorher aus Suzdal gebracht worden war. Damals (1820) wurden viele überfanatische Skopzen im Kloster von Solowetz interniert, darunter Sossonovitsch, der sich später vom Skopzentum lossagte und dem Archimandriten dieses Klosters die strengsten Geheimnisse der Sekte enthüllte.

Aus den Verbreitungskarten Pelikans geht hervor, dafs die letztere von 1805 bis 1839 in den meisten Teilen Rufslands verbreitet war, ganz besonders in Petersburg, in Kursk und am Schwarzen Meer. Um 1822 nahm sie in Cherson und der Krim beträchtlich zu; in der Hauptstadt gehörten ihr damals namentlich viele Gold- und Silberschmiede an. Zwischen 1840 und 1856 sank die Zahl ihrer Mitglieder in Petersburg und am Weifsen Meer erheblich. Nikolaus I. verfuhr gegen die Skopzen mit gröfster Strenge; er verbannte sie massenhaft nach Sibirien, andere flohen in die Donaufürstentümer und liefsen sich hauptsächlich in Galatz und Bukarest nieder, vor allem aber in Jassy, wo angeblich sämtliche Droschkenkutscher Skopzen sein sollen. Von 1860 bis 1870 nahm das Kastratentum in Rufsland in hohem Mafse zu und drang in Gegenden, die es vorher kaum gekannt hatten. Die „Getreuen" sind ungemein eifrige Proselytenmacher, doch nehmen sie ausschliefslich Russen auf; oder können Angehörige andrer Völker nicht bewogen werden, sich auf den Wahnwitz der Skopzen einzulassen?

1865 beschwerte sich die russische Uferbevölkerung des Asowschen Meeres lebhaft über die grofse Verbreitung des Skopzentums. Das hatte eine Untersuchung zur Folge, welche die

Verbannung vieler „Getreuen“ — darunter die als Prophetin verehrte Bäuerin Babanin — nach Sibirien herbeiführte. Bald zeigte sich, dafs die Asowschen Brüder nur einen Zweig der Sekte bildeten und dafs diese ihren Hauptsitz in der Stadt Morschansk (Provinz Tambow) hatte. In der letzten Nacht des Jahres 1869 wurde der dortige Polizeileiter, der sich in einer Gesellschaft befand, um Mitternacht hinausgerufen und ein Diener übergab ihm einen Brief des Kaufmanns Ploticyn, der ihm zehntausend Rubel in Banknoten mit der Bitte sandte, drei eingesperrte Frauen auf einige Stunden zu entlassen; am Morgen würden sie ins Gefängnis zurückkehren. Der redliche Mann übergab Brief und Geld dem Strafgerichtshof. Dieser liefs Ploticyn verhaften und bei ihm eine Haussuchung vornehmen. Da stellte sich nun heraus, dafs sein Wohngebäude eigentlich aus einer Gruppe von Häusern bestand, die vier Keller hatten, in denen sich, aufser Bargeld im ungefähren Betrag von zwei Millionen Rubeln, ein umfangreicher Briefwechsel vorfand, welcher viele reiche Kaufleute in verschiedenen Gegenden des Landes blofsstellte. Ploticyn und 31 andre Skopzen wurden zum Verlust aller bürgerlichen Rechte und zur Verschickung nach Sibirien verurteilt; der Bauer Kusnezow, der sich und elf andre Personen verstümmelt hatte, erhielt vier Jahre Strafarbeit in den sibirischen Bergwerken und das Bestechungsgeld flofs in den Staatsschatz. Die auf Grund der Morschansker Entdeckungen eingeleiteten gerichtlichen Verfolgungen erstreckten sich auf viele Landesteile und dauerten bis tief ins Jahr 1872 hinein. Die Veröffentlichung der Verhandlungen wurde der Presse untersagt. Die minder schuldigen Verurteilten kamen mit Kloster-Internierung davon; durch sie erfuhren die Mönche manches Geheimnis der Sekte. Besonders interessant sind in dieser Hinsicht die im Jahre 1875 in einem Buche („Vorträge in der Kaiserlichen Gesellschaft für Geschichte und Altertum“) veröffentlichten Berichte des Klosters von Solowetz.

Die „Feuertaufe“ ist das Thor zur vollkommenen Erlösung, das „Siegel Gottes“. Es giebt eine höhere, die für verdienstlicher gilt: das „grofse Siegel“ (hierunter versteht man die Ausschneidung der gesamten Geschlechtsteile), und eine geringere: das „kleine Siegel“ (die einfache Kastrierung). Die ganz strenggläubigen Skopzen verpönen jeden geschlechtlichen Umgang, auch den zwischen Ehegatten, als sträflich. Sie sagen, dafs Eltern, die einem Kinde das Leben geben, eine „furchtbare Sünde“ begehen. Aus diesem Grunde herrscht in manchen Skopzengemeinden der Brauch, dafs jeder „Getreue“, ehe er (oder sie) in die tiefsten Geheimnisse der Sekte eingeweiht wird, die Namen seiner Eltern auf einen Zettel schreiben und diesen dann mit Füfsen treten mufs. Doch giebt es auch Gemeinden, welche verehelichte

Kandidaten erst nach der Geburt des ersten Kindes aufnehmen; der Bukarester Zweig gestattet vor der „Operation“ sogar zwei Kinder.

Die religiösen Übungen bestehen in Hymnengesang, Stegreif-Ansprachen, Prophezeiungen und wilden Tänzen, welch letztere an die der Derwische erinnern. Wird jedoch ein Neuling eingeführt, so giebt es nichts dergleichen, sondern man beschränkt sich darauf, ihm „rechtgläubige“ Lehren über seine religiösen und sittlichen Pflichten zu erteilen; doch wird die Belehrung immer aufregender, um im Neophyten allmählich die nötige Begeisterung wachzurufen, welche ihn schliefslich dazu führen soll, das schreckliche Verstümmelungsopfer auf sich zu nehmen und das von ihm geforderte Gelübde zu leisten, mittels dessen er erklärt, „freiwillig zum Erlöser gekommen zu sein“ und sich verpflichtet, „alle heiligen Geheimnisse vor dem Zar, den Prinzen, den Eltern, Freunden und Verwandten geheim zu halten und sich lieber foltern, töten oder verbrennen zu lassen, als den Feinden die Geheimnisse zu verraten.“

Die Versammlungen beginnen in der Regel zu später Nachtstunde und dauern bis zum Morgengrauen. Gewöhnlich werden sie in einem der verborgenen Beträume abgehalten, die es in den Häusern sehr vieler Skopzen giebt. Diese Häuser baut man mit Vorliebe in möglichster Entfernung von anderen Wohngebäuden. In der Mitte befindet sich ein Hof, umgeben von Scheunen, Remisen und Wohnräumen, aus denen geheime Thüren auf den Viehhof führen, welcher mit einem dritten Gehege verbunden ist, in dem ein Bienenhaus steht, das mit hohen Pfählen eingezäunt ist. Hier giebt es geheime Öffnungen in den Garten hinein, aus welchem ein Ausgang auf die Felder führt. Während der Versammlung sind an verschiedenen Punkten Wachen aufgestellt, die bei drohender Gefahr oder auch nur verdächtigen Erscheinungen Warnungszeichen geben, die das Auseinandergehen der Anwesenden zur Folge haben, wobei die besonders Furchtsamen durch den Viehhof, das Bienenhaus und den Garten ins Freie flüchten.

Bei den Andachtsübungen tragen die Männer lange, weite, weifse Hemden von seltsamem Schnitt, breite weifse Hosen und um die Hüften einen Gürtel, der das Hemd zusammenhält. Die Frauen sind ebenfalls in weifse Überhemden gekleidet, dazu tragen sie blaue Gewänder (in der Stadt aus Zitz, auf dem Lande aus Nanking); den Kopf bedecken sie mit einem weifsen Tuch. Zumeist tragen beide Geschlechter weifse Strümpfe, doch erscheinen sie bisweilen barfufs. In der Hand halten sie Taschentücher, die sie „Fahnen“ nennen. Die Mitglieder der Sekte werden vor der Kastrierung „Esel“ und “Ziegen“, nach derselben „weifse Lämmer“ und „weifse Tauben“ genannt. Es giebt auch eine Art heiligen Abendmahls, bei welchem „geweihte“ Brotstückchen zur Verteilung kommen. Die Weihe des Brotes erfolgt dadurch, daſs man es auf kurze Zeit in die Öffnungen des Schlüsselburger Schilow-Denkmals legt. Der orthodoxe Priester Iwan Sfergejew, der sich auf Befehl seiner Vorgesetzten in das Vertrauen eines hervorragenden Skopzen eingeschlichen hatte, berichtete über das Bestehen einer menschenfresserischen, empörenden „Fleisch- und Blut-Kommunion“. Diese Beschuldigung ist nicht gerichtlich erwiesen; da es aber feststeht, daſs die Flagellanten eine derartige Kommunion kannten oder kennen, das Skopzentum aber, wie erwähnt, aus dem Geiſslertum hervorgegangen ist, kann es möglich sein, daſs Sfergejews Behauptung auf Wahrheit beruht. Auf einen Wahnwitz mehr oder weniger kommt es den „Getreuen“ vielleicht nicht an.

Nach der skopzischen Glaubenslehre war das Hauptgebot Christi, daſs der Mensch, um „erlöst“ zu werden, sich der „Feuertaufe“ unterziehen, d. h. sich mittels eines glühend heiſsen Eisens kastrieren müsse! Angeblich habe Jesus persönlich das Beispiel gegeben, welches von den Aposteln, den Heiligen und den Urchristen – einschlieſslich Origenes – befolgt worden sei. (Die Malerei der orientalischen Christen stellt bekanntlich die Heiligen stets bartlos dar.) Nur aus Rücksicht auf die Schwäche Vieler habe man später gestattet, das glühende Eisen durch ein scharfes Messer zu ersetzen. Übrigens kommt es den besonders „frommen“ Skopzen durchaus nicht darauf an, welches Werkzeug sie benutzen; daher werden recht oft auch Sensen, Äxte, Glasstücke, Blechstücke und dergleichen mehr verwendet. Die „Operation“ erfolgt an den verschiedensten Plätzen, wie es die Gelegenheit gerade mit sich bringt: zumeist auf dem Felde oder in Bauernhäusern, häufig aber auch auf der Landstraſse, im Badezimmer, im Wasserklosett, in Scheunen, Gefängnissen, Kellern, Booten, Wäldern, Wagenschuppen, sogar auf dem Friedhof und unter Brücken. Seit ungefähr 1815 werden auch weibliche Personen kastriert; auf zehn Männer kommen jetzt etwa vier Frauen. Es giebt sogar ziemlich viele weibliche „Getreue“, die die „Operation“ an anderen vollziehen. Die Zahl der Skopzen läſst sich selbstverständlich nicht feststellen; im Jahre 1874 waren 5444 Personen als solche bekannt, darunter 1465 Weiber. Die Mehrzahl besteht aus Bauern, doch befinden sich unter ihnen auch sehr viele Soldaten, Bürger, Kaufleute, Gutsbesitzer, in geringerer Zahl Staatsbeamte, Priester, Offiziere, Adelige. Die männlichen Mitglieder der Sekte erkennt man an ihrem aufgedunsenen Äuſsern und ihrem runzeligen, bartlosen Gesicht.

So wünschenswert die Ausrottung dieser so scheuſslichen Fanatikersekte auch sein möge, ist es bisher doch durchaus nicht gelungen, ihrer Herr zu werden. Weder die Peitschung noch die Verbannung, weder die Internierung noch die Einkerkerung hat viel genutzt – oft sogar das Gegenteil. Auch die 1850 eingeführte Mafsregel, männliche Skopzen in Trauerkleider zu stecken, ihnen Narrenkappen aufzusetzen und sie so von Polizisten umherführen zu lassen, um sie dem öffentlichen Gespött auszusetzen, hat häufig nur dazu geführt, die Reihen der „Getreuen" zu vermehren, weil man sie eben für Märtyrer hält. Was die Geistlichkeit betrifft, so ist sie in Rufsland zu sehr mifsachtet, um dem Übel mit Erfolg entgegentreten zu können; überdies drücken manche Kirchenfürsten geradezu beide Augen zu, weil reiche Skopzen grofse Summen zur Erbauung oder Ausschmückung orthodoxer Kirchen zu spenden pflegen. Es giebt nur zwei Mittel, dem Überhandnehmen der Sekte wirksam zu steuern. Erstens müfsten alle als Skopzen erkannten Personen in entlegene, dünn bevölkerte Gegenden gebracht werden und bis zum Tode unter strenger Aufsicht stehen, damit sie keine Proselyten machen können. Zweitens müfste durch Einführung beträchtlich verbesserter Volksbildungsmethoden – an Stelle der annoch üblichen planmäfsigen Volksverdummung – auf das Aussterben oder doch Abnehmen des Aberglaubens hingearbeitet werden.

Von den neueren Skopzenprozessen, die zur Kenntnis des Auslandes gelangt sind, verdient besondere Erwähnung der im Dezember 1893 in Petersburg gegen einen sechzigjährigen Bankier und seine Nichte durchgeführte. Er wurde wegen Selbstverstümmelung zu 15 Jahren Zwangsarbeit verurteilt, während sie 10 Jahre Zwangsarbeit erhielt, weil sie sich hatte verstümmeln lassen. An Strenge fehlt es also nicht, aber sie nützt wenig.

Die Mucker.

Diese abstofsende Sekte, ein krankhafter Ableger des Pietismus, tauchte zuerst gegen Ende des 17. Jahrhunderts auf, doch erhielt sie ihren eigentlichen Namen erst nach ihrer, etwa hundert Jahre später erfolgten Erneuerung. Der ursprüngliche Bund wurde von dem Marburger Theologiestudenten Gottfried Justus Winter gestiftet, der einigen sächsischen und hessischen Pietistenzirkeln angehört hatte. Er wurde später mit Eva v. Vesias bekannt und sehr vertraut, was ihren Mann, Johannes v. Vesias in Eisenach, bewog, sich von ihr scheiden zu lassen, worauf Eva wieder ihren Mädchennamen – v. Buttler – annahm und sich zu Winter gesellte, um mit ihm in der Eschweger Anstalt (mit rund zwanzig Insassen) zu leben, die er zum Zweck der freien Ausübung ihrer gemeinsamen „Religion“ gegründet hatte. Bald wurden die Behörden auf die Sekte aufmerksam; ihre Nachforschungen ergaben die unzweifelhafte Unsittlichkeit des Treibens der „Mucker“ und führten zu deren Landesverweisung. Winter und Eva liefsen sich dadurch jedoch nicht abschrecken, sondern wandten sich an den Herzog von Sayn-Wittgenstein, der ihnen auf seinem zum Nassauischen gehörigen, aber unabhängigen Besitz die ungestörte Ausübung ihres Glaubens gestattete und das Gut Safsmannshausen verpachtete. Dort täuschten sie durch Scheinheiligkeit das Publikum über ihre empörenden Ausschweifungen, allein allmählich gelangten diese durch Einschleicher und Abtrünnige zur öffentlichen Kenntnis. Der Herzog sah sich veranlafst, eine Untersuchung anzuordnen, doch führten Bestechungen und die Geschicklichkeit des Sachwalters Dr. Vergenius, der bei der Wetzlarer Reichskammer eine grofse Rolle spielte, zur Freisprechung der „Brüder“ und der Herzog ernannte Winter sogar zu seinem Privatsekretär.

Infolge dieses Triumphs wiegten die Mucker sich allzusehr in Sicherheit und legten sich keinen Zwang mehr auf. Eva geberdete sich wie eine zweite Messalina und brachte den männlichen „Heiligen“ die Lehre bei, dafs die vollkommene Heiligkeit nur durch den geschlechtlichen Verkehr mit ihr selbst erreichbar sei! Die Geburt und der alsbaldige plötzliche Tod eines Kindes in der scheinheiligen Gemeinde – ein Ereignis, das trotz der ebenso grausamen wie abstofsenden Vorsichtsmafsregeln eintrat, die man gegen dessen Eintreten ergriffen hatte – brachte die Blase zum Platzen. Der Herzog liefs die „Heiligen“ durch insgeheim in den Wänden ihrer Wohnräume angebrachte Öffnungen beobachten und so wurden die begangenen argen Ausschweifungen enthüllt. Vor Gericht legten die Schuldigen ein Geständnis ab. Indessen gelang es den meisten Rädelsführern, aus dem Gefängnis zu entkommen und nach Luyde zu fliehen, einem Städtchen in der Nähe von Pyrmont. Dieser vornehme Kurort verhalf den „Brüdern“ zu reichen Proselyten, mit deren Hilfe ein neuer Bund ins Leben gerufen werden konnte. Aber die Herrlichkeit dauerte auch in Luyde nicht lange, denn infolge der umständlichen Anzeige eines gewissen Sebastian Reuter wurden zwanzig Mitglieder verhaftet, darunter Winter und Eva; doch entwischten diese beiden abermals und man weifs nicht, was nachher aus ihnen geworden. Die nicht freigesprochenen Häftlinge wurden zur öffentlichen Peitschung verurteilt.

Einen ähnlich gearteten Bund – „die Theosophen“, vom Publikum jedoch „Mucker“ genannt – entdeckte man 1835 zu Königsberg in Preufsen. Der Stifter war Johann Heinrich Schönherr (geb. 1771 in Memel, gest. 1826 in Königsberg). Zwei seiner Anhänger, die Pastoren Ebel und Diestel, erklärten, seine „dualistisch-gnostische“ Lehre laufe darauf hinaus, dafs das Fleisch durch den geschlechtlichen Verkehr geheiligt werde. Das Treiben dieser Sekte, zu welcher selbstverständlich auch weibliche Personen gehörten, führte schliefslich zu einer gerichtlichen Untersuchung, die aber niedergeschlagen wurde, weil sich herausstellte, dafs viele hochgestellte Personen in die Sache verwickelt waren; doch verloren die zwei erwähnten Pastoren ihre Stellen und Diestel wanderte überdies ins Zuchthaus.

NEUNTES BUCH.

GESELLSCHAFTLICHE WIEDERGEBURT.

Illuminaten.

Verschiedene Illuminatenorden. — Weishaupt und sein Orden. — Organisation der Illuminaten. — Einweihung in den Priester- und den Regentengrad. — Die höheren Mysterien. — Nomenklatur und Geheimschrift. — Geheime Papiere und Briefe. — Widerlegung der gegen den Orden erhobenen Beschuldigungen. — Unterdrückung des Weishauptschen Bundes. — Französische Illuminaten. — Einweihungszeremonien. — Glaubwürdigkeit der Berichte über die Vorgänge in Ermenonville.

Ziemlich viele Sekten oder Geheimbünde haben sich „Illuminaten" genannt. So z. B. am Ende des 16. Jahrhunderts in Spanien die „Alombrados". Zu diesen zu gehören, wurde Ignatius v. Loyola, der Stifter des Jesuitenordens, verdächtigt und daher fast einen Monat lang von den Salamancaer Inquisitoren in Haft gehalten, bis sie sich durch das Lesen seiner „Geistlichen Übungen" von seiner Unschuld überzeugten. Anno 1654 entstanden in Frankreich die „Guerinets", gleich den Alombrados Schwärmer und Geisterseher. Unter dem Namen „Illuminaten" gab es in der zweiten Hälfte des 18. Jahrhunderts eine Mystikervereinigung in Belgien. Hier aber wollen wir nur von dem bekanntesten Bund dieses Namens sprechen, dem eigentlichen „Illuminaten-Orden", dem von Adam Weishaupt, einem Ingolstädter Universitätsstudenten, gestifteten.

Dieser ebenso gelehrte wie ehrgeizige Jüngling besafs einen ausgesprochenen Hang zum Mystischen und fafste die Gründung eines philosophisch-politischen Bundes ins Auge. Mit 22 Jahren wurde er schon Universitätsprofessor für Kirchenrecht zu Ingolstadt. Da der betr. Lehrstuhl vorher zwanzig Jahre lang in den Händen der Jesuiten war, grollten ihm diese und verfolgten ihn nach Kräften. Er blieb ihnen nichts schuldig, hafste sie redlich und schärfte seinen späteren Anhängern ein, ihnen aus dem Weg zu gehen „wie der Pest". Diese Abneigung fand auch vielfachen Ausdruck in den Satzungen des Illuminatenordens, den Weishaupt — der das Pseudonym „Spartacus" annahm — 1776 ins Leben rief. Es dauerte Jahre, bis es ihm gelang, das Rituale und die „Verfassung“ endgültig festzustellen. Um die Sache rascher zu fördern, trat er mit den Freimaurern in Verbindung, indem er der Münchner eklektrischen Loge „Theodor zum Guten Rat“ beitrat. Er wollte das Illuminatentum auf die Freimaurerei pfropfen und veranlafste durch die Beschaffenheit seiner ersten Grade viele Freimaurer, Illuminaten zu werden; doch blieben die meisten wieder aus, als sie sich überzeugten, dafs Weishaupt keine Spielerei, sondern ernste Arbeit erwartete. Ihm schwebte nämlich die Milderung der durch Unwissenheit wie auch durch politische Willkür und kirchliche Tyrannei verursachten Übelstände vor.

Den Orden teilte Weishaupt in drei Klassen, deren jede in mehrere Grade und teilweise auch Untergrade zerfiel, und zwar folgendermafsen:

I. Baumschule oder Kinderstube: 1. Vorbereitungsaufsatz; 2. Noviziat; 3. Minervalis; 4. Illuminatus minor.

II. Maurerei: 1. Symbolische: a. Lehrling; b. Geselle; c. Meister. 2. Schottische: a. Illuminatus major oder schottischer Novize; b. Illuminatus dirigens (= „leitender Erleuchteter“) oder schottischer Ritter.

III. Mysterien: 1. Geringere: a. Epopt oder Priester; b. Prinz oder Regent. 2. Höhere: a. Magus oder Philisoph; b. Rex oder König oder Areopagrichter.

In den beiden ersten Klassen wurde der Kandidat lediglich erprobt und für die dritte vorbereitet. Bewährte er sich nicht als vertrauenswürdig, so rückte er nicht auf. Erwies er sich jedoch als tüchtig, so erfolgte allmählich seine Einweihung in die gesamten höheren Mysterien, die alles in den früheren Klassen Gelernte über den Haufen warfen und von deistischen Lehren und radikalen Plänen erfüllt waren, welchen aber nichts Unsittliches oder Revolutionäres anhaftete; es handelte sich eben nur um Aufklärung radikaler oder eigentlich sehr freisinniger Art.

Dem zur Einweihung in den Priestergrad zugelassenen Kandidaten wurden die Augen verbunden und er dann in einem Wagen, der einen Umweg machte, in das betreffende Gebäude gebracht. In einem bestimmten Gemach befreite man ihn von der Binde und hiefs ihn, die Schürze der schottischen Ritter und das Antoniuskreuz anzulegen, den Hut aufzusetzen, das Schwert in die Hand zu nehmen und vor der ersten Thür auf seine Berufung zu warten. Nach kurzer Zeit ertönte eine feierliche Stimme: „Tritt herein, Verwaiseter, die Väter rufen dich. Tritt herein und verschliefs' die Thür hinter dir!“ Er betrat nun einen prachtvoll erleuchteten Saal, dessen Wände mit schweren roten Tapeten bekleidet waren und in dessen Hintergrund unter einem

Baldachin ein Thron stand. Vor diesem befand sich ein Tisch, auf dem eine Krone, ein Scepter, ein Schwert, Goldketten und andere Wertgegenstände lagen, während auf einem in der Nähe angebrachten roten Kissen die Kleidung der Inhaber des Priestergrades zur Schau gelegt war. Stühle gab's nicht, nur einen einzigen niedrigen Sessel ohne Lehne. Der Kandidat wurde ersucht, zwischen den Dingen auf dem Tisch und den Kleidern auf dem Kissen zu wählen. Entschied er sich wider alles Erwarten für erstere, so war's aus – man jagte ihn davon. Wählte er aber das Gewand, so riefen alle Anwesenden: „Heil, du Edler!“ Dann mufste er sich auf jenen niedrigen Sitz setzen und der Erläuterung seiner künftigen Pflichten lauschen, die hauptsächlich auf die Belehrung der Uneingeweihten hinausliefen.

Nunmehr öffnete sich im Hintergrund eine Thür, durch die der „Einführer“ des Neulings eintrat, in ein Priestergewand gekleidet, welches aus einer bis zu den Füfsen reichenden weifsen Wolltoga bestand, dessen Halsteil und Ärmel mit scharlachroten Seidenbändern eingefafst waren; die Hüften umspannte ein Seidengürtel von derselben Farbe. (Der Diakon trug aufserdem ein etwa fufslanges rotes Kreuz auf der linken Brust.) Jetzt wurde der Kandidat in das innere Zimmer geführt, wo er einen mit rotem Tuch bedeckten Altar erblickte, über dem entweder ein gemaltes oder ein geschnitztes Kruzifix hing, während auf dem Altar selbst eine rotgebundene Bibel, das Buch der Ordensriten, ein Schüsselchen mit Honig und ein Krüglein voll Milch zu sehen waren. Zu beiden Seiten des vor dem Altar stehenden Diakonus, über dessen Haupt ein brennendes Lämpchen hing, safsen die „Priester“ auf rotgepolsterten Bänken. Der Kandidat wurde ermahnt, den Feinden der Menschheit – böse Gelüste, Unterdrückungsgeist, Täuschung – zu entsagen. Nachdem er versprochen, dies zu thun, legte er seine maurerische Kleidung ab. Nach der ferneren Zusicherung, dem Orden treu bleiben zu wollen, hüllte man ihn in das Priestergewand, worauf er den geschlossenen Bund durch den Genufs von etwas Milch und Honig besiegelte. Den Schlufs der Feier bildete ein langer Vortrag wissenschaftlich-sittlicher Art.

Der Händedruck der „Priester“ bestand darin, dafs man eine Faust machte und dabei den Daumen senkrecht in die Höhe hielt, worauf der andere ebenfalls eine Faust machte und mit ihr die des ersten einschliefslich des Daumens umspannte. Das Losungswort war INRI. Als Erkennungszeichen diente das flache Kreuzen beider Hände auf dem eignen Kopf.

Der nächsthohe Grad („Regent“) wurde nur solchen Personen verliehen, die infolge hoher Bildung, bewährter Treue und angesehener gesellschaftlicher Stellung befähigt und geeignet erschienen, die Ziele des Geheimbundes zu fördern. Der Einweihungsort bestand aus drei Gemächern. Im letzten befand sich unter einem Baldachin ein roter, erhöhter, reichverzierter Thron für den Provinzial; rechts davon eine etwa 7' hohe weiſse Säule, die eine auf einem roten Kissen ruhende Krone trug. Von der Säule hingen ein künstlicher Palmzweig und ein Hirtenstab aus weiſsem Holz herab. An der rechten Seite des Thrones stand ein Tisch mit roter Decke; darauf lagen die Gewänder eines „Regenten": weiſslederner Harnisch mit eingesticktem roten Kreuz; weiſser Mantel mit ebenfalls rotem Kreuz, roten Aufschlägen und rotem Kragen; hoher weiſser Hut mit roten Federn; Halbschuhe mit roten Schnüren. (Das Kreuz auf dem Küraſs des Provinzials war von goldenen Strahlen umgeben.) Der Saal war rot verhängt und schön beleuchtet. Vorläufig befand sich darin der auf dem Thron sitzende Provinzial allein, während die anderen „Regenten" im mittleren Raum weilten. Das für die Vorbereitungen bestimmte erste Zimmer war schwarz verhängt und in der Mitte stand auf einer Plattform ein menschliches Skelett, zu dessen Füſsen eine Krone und ein Schwert lagen. Hier wurde der Kandidat mit gefesselten Händen allein gelassen, damit er dem folgenden Zwiegespräch lausche, welches im mittleren Gemach stattfand:

„Wer hat den Sklaven zu uns hereingeführt?"

„Er kam und klopfte an."

„Was will er?"

„Er sucht Freiheit. Er bittet euch, ihn von seinen Banden zu befreien."

„Warum wendet er sich nicht an die, die ihm die Bande angelegt haben?"

„Die wollen ihn nicht befreien, sie ziehen Vorteil aus seiner Sklaverei."

„Wer hat ihn denn in die Knechtschaft gebracht?"

„Die Gesellschaft, der Staat, die falsche Religion."

„Gilt bei ihm Ansehen der Person? Frage ihn, wer der Mann gewesen, dessen Gerippe jetzt vor ihm steht, ob es ein König, Edelmann oder Bettler war."

„Er kennt ihn nicht; nur dieses sieht er, daſs es ein Mensch, einer von uns gewesen. Dieser Charakter, ein Mensch zu sein, ist ihm allein wichtig."

„Gut, führe ihn herein."

Der Kandidat durfte jetzt den mittleren Raum und schlieſslich den letzten Saal betreten, wo ihm nach kurzem Katechisieren die Regentengewandung verliehen wurde. Das Losungswort dieses Grades war „Redemtis"; das Erkennungszeichen bestand darin, daſs man dem anderen beide Arme entgegenstreckte; statt der Hand ergriff man die Ellbogen so, als wolle man den Bundesbruder in die Höhe heben.

Was die höheren Mysterien betrifft, so hat Freiherr v. Knigge seine Absicht und Aufgabe, sie schriftlich auszuarbeiten, nicht verwirklicht. Aus Andeutungen in Weishaupts Schriften wissen wir jedoch, dafs der „Philosophen"-Grad auf dem Spinozismus beruhte (Materiellität alles Vorhandenen; Identität von Gott und Welt; alle Religionen Menschenerfindung) und dafs dem „Königs"-Grad die Lehre vorbehalten blieb, jeder Bauer, Bürger oder Familienvater sei ein Souverän – wie zur Zeit der patriarchalischen Lebensweise, zu der die ganze Menschheit zurückkehren müsse, weshalb jede Staatsautorität abzuschaffen sei. Wie schon bemerkt, wollte Weishaupt mit dem Inhalt dieser zwei höchsten Grade nur die vertrauenswürdigsten Ordensmitglieder bekannt machen; doch ist derselbe durch die Entdeckung seiner Papiere, auf die wir alsbald zurückkommen werden, in die Öffentlichkeit gedrungen.

Nach Weishaupt war die Hauptperson im Bunde der vorhin erwähnte Freiherr v. Knigge, der berühmte Verfasser von „Der Umgang mit Menschen". Innerhalb des Ordens hiefs er „Philo". Alle Genossen nahmen Pseudonyme an; so z. B. nannte sich der Rechtsgelehrte Zwack „Cato", der Buchhändler Nicolai „Lucian" u. s. w. Auch die Städte und Länder, in denen es Genossen gab, erhielten fingierte Namen: Bayern hiefs „Achaia", München „Athen", Heidelberg „Utika", Frankfurt „Theben" etc. Für ihren Briefwechsel unter einander benutzten sie die persische Zeitrechnung, welche mit dem Jahre 632 v. Ch. beginnt. Ihr Jahr fing am 21. März an. Das Wort „Orden" schrieben sie niemals aus, vielmehr ersetzten sie es durch das Zeichen ⊙. Bis zur Einweihung in die höheren Grade korrespondierten sie in der folgenden Chiffernschrift:

a	*b*	*c*	*d*	*e*	*f*	*g*	*h*	*i(j)*	*k*	*l*	*m*	*n*	*o*
12	11	10	9	8	7	6	5	4	3	2	1	13	14

p	*q*	*r*	*s*	*t*	*u(v)*	*w*	*x*	*y*	*z.*
15	16	17	18	19	20	21	22	23	24.

Die in die höheren Grade Eingeweihten bedienten sich statt der Ziffern einer der zwei nachstehenden Geheimschriften:

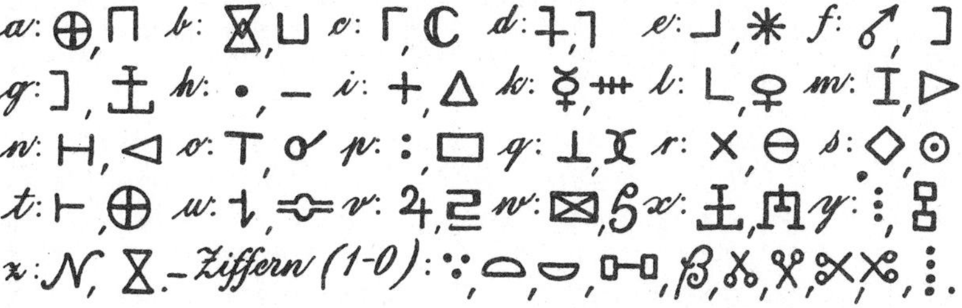

Dem Orden traten Geistliche, Ärzte, Prälaten, Fürsten und Herzöge bei. Zwar wurden gewiſs die wenigsten in die höheren Grade eingeweiht, aber immerhin schien der Bund sich gedeihlich entwickeln zu sollen. Da erlangte der Kurfürst von Bayern durch einige verräterische Mitglieder Kenntnis von den politischen Grundsätzen des Ordens und in seiner Beunruhigung unterdrückte er diesen in seinem ganzen Staatsgebiet. Nun erst drang näheres über die Einweihungsriten und Lehren der Illuminaten in die Öffentlichkeit, und zwar hauptsächlich durch die geheimen Papiere, die man 1786 und 1787 bei den Bundesgenossen Zwack und Baron Bassus fand, deren Wohnungen man gesetzwidrig durchsuchen lieſs. Einem Schriftstück war zu entnehmen, daſs von den leitenden Persönlichkeiten als ein Hauptmittel der Förderung der Ordensinteressen empfohlen wurde, die Frauen für die Sache zu gewinnen – bei einem guten Zweck in der That keine üble Idee. Wir lesen da:

„Durch Weiber wirkt man oft in der Welt am meisten. Bei diesen sich einzuschmeicheln, sie zu gewinnen suchen, sei eines eurer feinsten Studien. Mehr oder weniger werden sie alle durch Eitelkeit, Neugierde, Sinnlichkeit und Hang zur Abwechslung geleitet. Wir sollten sie lehren, wie sich von der Tyrannei der öffentlichen Meinung befreien, wie sich unabhängig machen. Das wird sie anfeuern, mit Eifer für uns zu arbeiten“ etc.

Und ein in dem geheimen Briefwechsel gefundenes Schreiben enthielt die folgenden Stellen, die sich auf einen Antrag eines Genossen bezogen, der im Bunde den Namen Herkules führte:

„Der Vorschlag des „Herkules“, eine Minervalschule für Mädchen anzulegen, verdient alle mögliche Aufmerksamkeit. Die Weiber haben zu viel Einfluſs auf die Männer, als daſs man es hoffen könnte, die Welt zu bessern, wenn sie nicht gebessert sind. Nur die Art, es anzufangen, macht die Schwierigkeit und nie werden es die Eltern, besonders die mit Vorurteilen eingenommenen Mütter zugeben, daſs andere sich mit der Erziehung ihrer Töchter abgeben. Es muſs also mit erwachsenen Mädchen und mit Weibern der Anfang gemacht werden. „Herkules“ schlägt Ptolemai Magi Frau vor, und ich habe nichts dagegen. Ich schlage meine vier Stieftöchter mit vor; sie sind gute Mädchen und besonders die älteste, ein sehr gutes Mädchen von 24 Jahren, die sehr viel Belesenheit hat, über alle Vorurteile hinweg ist. Sie haben viele Bekanntschaften; es wäre bald eine kleine Societät eingerichtet. Keine Mannsperson sollte zugelassen werden; das würde sie anfeuern, und sie werden weiter gehen, als wären wir zugegen. Man überlasse sie sich selbst und sie werden . . . . unsre groſsen Apostel werden . . . . . Aber ich zweifle an einer langen Dauer dieser Societät, denn die Weiber sind launisch und ungeduldig . . . Der Reiz der Neuheit wird bald abgestreift sein . . .“ etc.

Ein gewisser persönlicher Umstand, welcher Weishaupt betraf und durch den geheimen Briefwechsel bekannt wurde, schadete dem Ruf des Ordens sehr, obgleich derselbe mit den von letzterem vertretenen Grundsätzen durchaus nichts zu schaffen hatte. Die Feinde der Illuminaten benutzten noch einen Umstand zu deren Schaden. Es wurden nämlich folgende Schriftstücke in der Handschrift Zwacks aufgefunden: die Beschreibung einer eisernen Kiste, die, wenn gewaltsam geöffnet, explodiert und ihren Inhalt vernichtet; das Rezept einer sympathetischen Tinte; Ratschläge, mit beiden Händen schreiben zu lernen, mehr als Eine Geheimschrift anzuwenden u. s. w.; ein Wink, in welcher Weise Siegelabdrücke abgelöst werden können, damit man sie anderweit nochmals benutze. Dazu eine Sammlung von hunderten solcher Abdrücke, ein Verzeichnis der Eigentümer der betreffenden Siegel und ein Packet mit 85 Bildnissen von Münchner Damen, deren einige zur Aufnahme in die geplante weibliche Illuminatenloge empfohlen wurden.

Robison, der diese Dinge in seinen „Beweisen einer Verschwörung“ vorbringt, unterdrückt die Thatsache, dafs Zwack, der ein Richter und Ratsherr war, in einem offenen Brief alle gegen die Illuminaten vorgebrachten schmählichen Beschuldigungen widerlegte. Zwack wies nach, dafs der Gedanke, den Einflufs der Frauenwelt nutzbar zu machen, einem Essay über die Möpse entnommen war und dafs er (Zwack) die erwähnten Rezepte, Ratschläge etc. aus den Werken des Jesuiten Kircher und anderer geistlichen Autoren abgeschrieben habe; sie hätten lediglich zu seiner Belehrung als Strafrichter und zu seiner privaten Unterhaltung gedient und hätten mit dem Illuminatentum nicht das Geringste zu thun. Die 85 Bildnisse aber seien von der Polizei aus dem Kleiderschrank seiner Gattin gestohlen worden! 1798 erschien in einer Londoner Monatsschrift ein Brief, in welchem Augustus Böttiger aus Weimar Robison beschuldigte, falsche Behauptungen aufgestellt zu haben; er erbot sich, jedem Interessenten in Grofsbritannien auf Wunsch richtige Aufschlüsse zu erteilen. In der That waren die vermeintlichen schrecklichen Folgen der Lehren der Illuminaten Hirngespinste Robisons und anderer Gegner.

Weishaupt verlor seine Professur und wurde aus Bayern verbannt; man wollte ihm zwar ein Ruhegehalt von 800 Gulden gewähren, er lehnte dasselbe jedoch ab. Er ging zunächst nach Regensburg, das damals nicht zu Bayern gehörte; später trat er in den Dienst des Herzogs von Sachsen-Gotha. Zwack, ebenfalls des Landes verwiesen, liefs sich vom Fürsten von Salms anstellen – demselben, der bald darauf bei den Unruhen in Holland eine so grofse Rolle spielte. Der Bestand des Illuminatenordens war ein viel zu kurzer, als dafs er seine Zeit oder gar die Zukunft in nennenswerter Weise – geschweige denn dauernd – hätte beeinflussen können. Überdies wollte er seiner Zeit zu sehr vorauseilen. Aber obgleich eine Frühgeburt, übte er doch einigen Einflufs auf die französische Revolution; vielleicht gab er auch Bahrdt die Grundidee zu seinem „Deutschen Bund“, von dem wir weiter unten sprechen werden.

1782 faſsten Weishaupt und Knigge den Plan, das Illuminatentum in Frankreich einzuführen, wo es bereits eine Anzahl von Anhängern hatte, darunter Mirabeau, der in Berlin „eingeweiht“ worden war, wohin Ludwig XVI. ihn in geheimer Mission geschickt hatte. Nach seiner Rückkehr weihte er seinerseits Talleyrand ein. Der Weimaraner Geheimrat Bode („Amelius“) und Wilhelm Frhr. v. Busch („Bayard“), die bald darauf nach Paris kamen, setzten die Propaganda fort und zogen namentlich Freimaurer heran. Die eifrigsten und zuverlässigsten Proselyten traten zu einem „Geheimen Ausschuſs der Vereinigten Freunde“ zusammen. Das groſse Schloſs zu Ermenonville, in welchem Rousseau seinen Lebensabend zubrachte und wo er auch begraben liegt, soll der Hauptsitz der französischen Illuminaten gewesen sein. Vorsitzender der dortigen Loge war der bekannte Betrüger Saint-Germain.

Ein um 1790 erschienenes Buch stellte die Riten, Eide und Lehren der französischen Illuminaten als ganz fürchterlich hin, wie die nachstehenden kurzen Einzelheiten darthun werden.

Zu Ermenonville wurde der Kandidat am Tage seiner bevorstehenden Einweihung durch einen langen und finstern Gang in einen groſsen, schwarzverhängten Saal geführt, wo er beim schwachen Schein einiger Grablaternen in Leichentücher gehüllte Leichname erblickte. In der Mitte stand ein aus Menschenskeletten erbauter Altar. Gespenster durchzogen den Saal und verschwanden, üble Gerüche hinterlassend. Sodann erschienen zwei als Gespenster verkleidete Männer, händigten dem Aufnahmewerber ein Kreuz ein, hängten ihm ein Amulett um den Hals, banden ihm ein rosafarbenes, mit Blut beschmiertes, mit dem Bildnis unsrer Lieben Frau von Loretto bemaltes Band um die Stirn, legten seine Kleider auf einen vorläufig noch unangezündeten Scheiterhaufen, malten ihm mit Blut Kreuze auf den Leib und umwickelten seine Schamteile mit Bindfaden. Plötzlich stürzten fünf schrecklich anzusehende Gestalten in blutbefleckten Gewändern und mit Dolchen bewaffnet hervor, warfen sich zu seinen Füſsen nieder und beteten. Demnächst zündete man den Scheiterhaufen an und verbrannte die Kleider. Aus den Flammen erhob sich eine halbdurchsichtige Riesengestalt, die fünf Schreckensgestalten verfielen in furchtbare Zuckungen und von der Decke her sprach die Stimme eines unsichtbaren Hierophanten dem Neuling die folgenden Schwüre u. s. w. vor, die er wiederholen muſste:

„Im Namen des Gekreuzigten schwöre ich, alle Bande lösen zu wollen, die mich mit Vater, Mutter, Brüdern, Schwestern, Gattin, Verwandten, Freunden, Herrin, König, Vorgesetzten, Wohlthätern oder irgendwelchen anderen Menschen verknüpfen, denen ich Treue, Gehorsam, Dankbarkeit oder Dienstleistung versprochen habe . . . Ich nenne meinen Geburtsort, um künftig in einer andern Sphäre zu leben, die ich aber nicht erreichen werde, solange ich nicht dieser vergifteten, vom Himmel verfluchten Erde entsagt haben werde. Von heute an will ich meinem neuen Vorgesetzten alles verraten, was ich sehen, hören und entdecken werde. Auch will ich nach Dingen forschen, die mir ohne mein Auskundschaften entgehen könnten. Ich will die Aqua Toffana als ein sicheres, schnell wirkendes und notwendiges Mittel ehren, die Erde von denen zu befreien, die die Wahrheit schmähen oder sie uns entreifsen möchten. Ich will Spanien, Neapel und jedes andre verfluchte Land ebenso vermeiden wie jede Versuchung, das in dieser Stunde Erfahrene nach aufsenhin zu verraten. Der Blitz trifft nicht so rasch wie der Dolch, der mich überall, wo ich auch sein möge, erreichen kann.“

Nach der Beeidigung stellte man vor den Neuling einen siebenarmigen Leuchter mit angezündeten schwarzen Wachskerzen und eine Schüssel Menschenblutes. Er trank von dem Blut ein halbes Glas und wusch sich in dem Rest. Nach dem Losbinden der Schamteile nahm er ein Bad und schliefslich wurde er mit einer Schüssel Wurzeln und Kräuter bewirtet. Die ganze „Feier“ sieht sehr theatralisch aus und war in Wirklichkeit gewifs nicht so schrecklich. Die Geschichte klingt überhaupt wenig glaubwürdig – schon wegen der ungemein auffallenden Ähnlichkeit der angeführten Eidschwüre mit denen der in die einstigen Jesuitenlogen (vgl. „Die Jesuiten“) Eingeweihten. Vielleicht sind die Schilderungen wahr, beziehen sich aber nicht auf wirkliche Illuminaten. Übrigens – wer weifs? Unmöglich ist es nicht, dafs in Ermenonville thatsächlich solch lächerlicher Unfug getrieben wurde. Marquis Jouffroi („Lexikon der sozialen Irrtümer“) behauptet sogar, daselbst seien die gröblichsten Ausschweifungen begangen worden.

Nachschrift des Bearbeiters.

Nachträglich empfange ich von Herrn Leopold Engel in Dresden (Striesenerstrafse 41), der das Illuminatenorgan „Das Wort“ herausgiebt und dem ich das vorstehende Kapitel zur Begutachtung eingeschickt hatte, ein interessantes Schreiben, aus dem einige Stellen anzuführen ich für meine Pflicht halte:

„. . . Der Illuminatenorden nach Weishaupt besteht noch immer und ich bin dessen Kustos. Doch ist er ganz anders organisiert und in seinen Lehren, denen die Weishauptschen nur teilweise zu Grunde liegen, ganz bedeutend erweitert. . . Der Sitz ist Berlin; dort ist unsre rechtskräftige Vertretung, wir stehen unter Gesetzesschutz und erfüllen alle polizeilichen Forderungen, werden auch durchaus nicht als staatsgefährlich betrachtet. . . . Das Ordensblatt vom 15. Dezember 1899 wird alle Klarlegungen enthalten. Ich bin jederzeit bereit, Interessenten, die dem Orden nähertreten wollen, Auskunft zu erteilen und die Mittel an die Hand zu geben, das System zu prüfen. . . .“

Hiernach kann man den heutigen Illuminatenorden höchstens noch einen halbgeheimen Bund nennen.

Die Deutsche Union.

Diese Geheimgesellschaft, die von Robison und Barruel aus Unkenntnis der Verhältnisse in übertrieben schlechtem Lichte dargestellt worden ist, war vermutlich nichts andres als eine kaufmännische Spekulation des Theologen Karl Friedrich Bahrdt, der eine hohe litterarische Begabung besafs, aber nicht nach strengen sittlichen Grundsätzen handelte. In einer Flugschrift „An die Freunde der Vernunft, der Wahrheit und der Tugend!“ behauptete er das Vorhandensein einer Vereinigung von 22 Professoren, Staatsmännern und Privatpersonen behufs Ausbreitung der Naturreligion, Ausrottung des Aberglaubens und Herbeiführung der Freiheit durch die Aufklärung. „Zu diesem Zweck haben wir einen Geheimbund gegründet, welchem beizutreten wir alle Gleichgesinnten einladen, die von der Wichtigkeit jener Ziele durchdrungen sind.“ Die Gesellschaft (d. h. Bahrdt) wollte eigene Zeitschriften und Werke herausgeben. Sie war eine Art Ableger des Illuminatenordens. Ein gewisser Röper, den Bahrdt aus Mitleid als Sekretär angestellt hatte, denunzierte ihn als Verfasser einer Broschüre, welche das 1788 erlassene Wöllnersche „Religionsedikt“ (vgl. „Rosenkreuzer“) verhöhnte. Daraufhin wurde Bahrdt eingesperrt; im Gefängnis schrieb er seine Denkwürdigkeiten,*) die 1790 in vier Bänden erschienen. Der erzreaktionäre Wöllner befehdete die Deutsche Union wegen ihrer freisinnigen Richtung. Bahrdt selbst behauptete, nicht der Verfasser jener Satire zu sein, sondern sie blofs in Druck gelegt zu haben; die Handschrift selbst habe er aus Berlin zugesandt erhalten. Bei Göschen in Leipzig erschien 1789 ein heftiger Angriff auf die Deutsche Union in Gestalt eines anonymen Buches, betitelt „Mehr Anmerkungen als Text“, welches von manchen dem weimarischen Geheimrat J. J. C. Bode, von anderen dem Verleger Göschen selber zugeschrieben wurde.

---

*) „Geschichte und Tagebuch meines Gefängnisses, nebst geheimen Urkunden über die Deutsche Union“. (Berlin, bei Friedrich Vieweg dem ältern.)

Da Bahrdt einem reinen Deismus huldigte und auch in politischer Hinsicht sehr fortschrittlich gesinnt war, hatte er sowohl in den herrschenden Klassen als auch unter dem bigotten Bürgerstand zahlreiche Feinde. Daher verlor er die Anstellungen, die er in verschiedenen Städten erhielt, immer wieder, so dafs er schliefslich genötigt war, in Halle ein Wirtshaus zu errichten. Nach seinem Tode (1793) wurde es von seinem Bund ganz still. Aus des letzteren innerer Geschichte sind einige Einzelheiten erwähnenswert. 1777 war Bahrdt in London, wo er Freimaurer wurde. Nach Deutschland wiedergekehrt, empfing er von einem hochgestellten Funktionär des Wetzlarer Reichskammergerichts, v. Ditfurth, die Anregung, eine Vereinigung zu gründen, welche die wahren Ziele der Freimaurerei (Wiederherstellung der Menschenrechte und freier Gebrauch der Vernunft) verwirklichen sollte. Einige Jahre später (1785) erhielt Bahrdt einen anonymen Brief, enthaltend den Plan zur Deutschen Union und gezeichnet „Einige Maurer, Ihre grofsen Bewunderer.“ In demselben Jahr besuchte ihn ein Engländer, der in ihn drang, eine Loge ins Leben zu rufen, die er dann mit der englischen Maurerei in Verbindung bringen wollte. Bahrdt zeigte ihm den Plan zum Deutschen Bund und derselbe fand seinen vollen Beifall. Bahrdt gründete nun eine Loge, die aber für eine kaufmännische Spekulation gehalten wurde. Dieselbe soll noch nicht die Deutsche Union gewesen sein; diese sollen nach einigen Quellen vielmehr die Schreiber jenes anonymen Briefes 1787 gestiftet haben. Es heifst, dafs sie Bahrdt zum Beitritt einluden und dafs er sich „mit Freuden“ um die Ausbreitung der Gesellschaft bemühte; er soll ihr seine ganze Zeit gewidmet und im Jahre 1788 durch sie sogar einen Verlust von tausend Thalern erlitten haben.

Französische Gesellenverbindungen.

Organisation. — Anlehnung an die Freimaurerei. — Behördliche Verbote. — Überlieferungen. — Namen und Grade. — Gesellenbräuche. — Bräuche der Köhler und Holzhauer. — Bräuche der Sattler, Schuhmacher, Hutmacher und Schneider. — Unruhen und Zwistigkeiten.

Der Ursprung der Handwerkervereinigungen reicht in die Zeit zurück, da die unterdrückten Arbeiter und der vernachlässigte Bürgerstand den Wunsch hegten, der Raubsucht des Feudaladels Widerstand zu leisten, sich den Ertrag der eigenen Arbeit zu sichern, den Umfang des Geschäfts zu vergröfsern und dessen Gewinn zu erhöhen, dabei aber auch freundschaftliche

Beziehungen unter einander herzustellen. Allein während diese alten Körperschaften sich gegen den Geburts- und Geldadel wendeten, blieben sie ihrerseits keineswegs vom Geiste der Oligarchie frei. Einst war der Unterschied zwischen Meister und Geselle kein so ausgeprägter wie später und jetzt. Wie noch heute vielfach in Mitteleuropa, so wohnte in den ersten Jahrhunderten des Mittelalters auch in Frankreich der Geselle bei seinem Meister und afs an dessen Tisch mit ihm zusammen. Konnte der Knappe des Ritters im Lauf der Zeit selber Ritter werden, so durfte der Geselle, sobald er tüchtig geworden, sich als Meister etablieren, wenn er die erforderlichen Mittel besafs. Allmählich aber genügten Kapital und Tüchtigkeit nicht mehr zur Erlangung der Meisterschaft; es wurde auch verlangt, dafs der Geselle zwei bis drei „Wanderjahre“ hinter sich bringe, um sich zu vervollkommnen und die in verschiedenen Gegenden des Landes üblichen verschiedenen Arbeitsweisen seines Handwerks kennen zu lernen. Nach seiner Rückkehr mufste er ein „Meisterstück“ verfertigen; fand dieses den Beifall des Meisterausschusses, so wurde er Meister; andernfalls durfte er nicht auf eigene Rechnung arbeiten, sondern blieb Geselle. So bildeten die Meister eine dem Gros der Arbeiter feindliche Arbeits-Aristokratie mit selbstischen Interessen, die denen der Gesellen entgegengesetzt waren.

Die Folge dieses Zustandes, welcher auch die Absonderung der Meister von den Gesellen mit sich brachte, war ein Rückschlag, der, weil er sich nicht in offener Auflehnung zu äufsern vermochte, die Gestalt geheimer Brüderschaften mit besonderen Rechten und Bräuchen annahm. Dazu kam, dafs der an der Selbständigkeit verhinderte Arbeiter es nicht, wie der Meister, nötig hatte, an der Scholle zu kleben, sondern von Stadt zu Stadt und unter Umständen sogar von Land zu Land ziehen konnte, folglich in die Lage kam, nützliche Erfahrungen zu sammeln, an denen es ihm fehlen mufste, wenn er immer in einer und derselben Werkstätte verblieb. So entwickelte sich der Brauch der langen „Wanderschaften“ in ganz Frankreich, so entstanden die vielen Gesellenverbindungen („compagnonnage“), deren Bestand den ansässigen Arbeitern eine Quelle des Vergnügens war, während sie für den Wanderburschen eine dringende Notwendigkeit bildeten, weil sie ihm die Möglichkeit boten, sich gegen die Ungerechtigkeiten der Gesetzgebung und der Meister zu schützen.

Die französischen Gesellenverbindungen erhielten sehr früh einen freimaurerischen Anstrich. Der „Tempel“ der Maurer spielt auch bei ihnen eine grofse Rolle. Der von dem biblischen Salomo so grundverschiedene Salomo der Sage ist einer ihrer Patriarchen. Wie die maurerischen Zeremonien, haben auch die der Gesellen viel mit der „sittlichen Baukunst“ zu thun, welche der Tugend Tempel, dem Laster Kerker errichten will. Die Umarmungen der „compagnons“ erinnern an die sinnbildlichen Händedrücke der Freimaurer, ihre Küsse an den Bruderkufs des alten Rittertums.

Dafs die „compagnonnage“ schon vor Franz I. bestand, geht aus einem Edikt hervor, welches dieser König – obgleich er der Schutzherr der Carbonari war (vgl. „Die Carbonari“) – gegen die Gesellenverbindungen erliefs, um den Mitgliedern zu verbieten, eidliche Verpflichtungen einzugehen, einen Vorsitzenden zu wählen, sich in Gruppen von mehr als fünf vor den Werkstätten zu versammeln, im Hause der Meister oder in den Strafsen Stöcke oder Degen zu tragen, Versuche zu Erhebungen zu machen und bei Beginn oder Beendigung der Lehrzeit Gelage zu veranstalten. Ein Erlafs vom Jahre 1723 untersagt jede „Vereinigung, Versammlung, Gemeinsamkeit oder Verbrüderung“ von Arbeitern. Ein Parlamentsdekret von 1778 erneuert dieses Verbot und schärft den Schänkenbesitzern ein, weder Ansammlungen von mehr als vier Gesellen zuzulassen, noch die sogenannte „Pflicht“ („devoir“) irgendwie zu begünstigen. Ein Beschlufs der Pariser Geistlichkeit vom Jahre 1655 besagt:

„Die angebliche devoir besteht in den drei Vorschriften, Gott zu ehren, das Eigentum des Meisters zu schützen und den Genossen Hilfe zu leisten. Aber die Genossen entehren Gott, entweihen die Geheimnisse unserer Religion und richten die Meister zu Grunde, indem sie, wenn einzelne Mitglieder der Verbindung sich über ungerechte Behandlung beklagen, die Arbeiter zum Verlassen der Werkstätten bewegen. Die Gottlosigkeiten, die sie begehen, sind in den verschiedenen Gewerben verschieden; aber in allen mufs jedes Mitglied vor seiner Aufnahme auf das Evangelium schwören, weder Vater, noch Mutter, noch Gattin oder Kinder, weder Geistliche noch Laien wissen zu lassen, was es in der Verbindung thun oder erfahren wird. Zu diesem Zweck wählen sie eine Herberge, die sie „Mutter“ nennen und in der sie zwei Stuben haben; in der einen vollziehen sie ihre verabscheuenswerten Riten, in der andern feiern sie ihre Feste.“

Schon früher hatte die Geistlichkeit die Vereinigungen der Schneider- und der Schuhmachergesellen wegen Ketzerei und Ehrlosigkeit bei den Pariser Behörden angezeigt und die theologische Fakultät hatte den Arbeitern bei Strafe des grofsen Kirchenbannes verboten, „verderbliche Versammlungen“ abzuhalten. Um den Verfolgungen des Pfaffentums zu entgehen, versammelten sich die Gesellen in denjenigen Teilen des Tempelviertels, welche Freistätten bildeten; aber ein Erlafs vom 11. September 1651 vertrieb sie auch von dort.

Die „compagnonnage“ zerfiel in zwei grofse Parteien: die Genossen „der Pflicht“ und die „der Freiheit“. Die letzteren nannten sich „Kinder Salomos“, die ersteren waren Anhänger von „Jakob“ und „Soubise“. Die „Genossen der Pflicht“ heifsen nach ihrer Angabe so, weil sie vermeintlich von den Arbeitern abstammen, die zur Zeit der Ermordung Hirams ihrer Pflicht treu blieben. Die andre Partei hinwiederum behauptet, dafs ihre Verbindung von Salomo selbst gegründet worden sei. Nach den recht verworrenen Überlieferungen der französischen compagnonnage baute Salomo den Tempel und war Jakob der Sohn eines berühmten Baumeisters namens Joachim aus Saint-Romily. Jakob habe während einer Reise in Griechenland von Salomos Aufforderung gehört und derselben Folge geleistet. Von Hiram mit der Errichtung zweier Säulen betraut, habe er sich seiner Aufgabe mit so grofsem Eifer und Geschick entledigt, dafs er von Hiram sofort zu seinem Mitmeister gemacht worden sei. Nach Vollendung des Tempels sei er mit Meister Soubise – in Jerusalem sein unzertrennlicher Gefährte – nach Gallien zurückgekehrt. Die auf ihn (Jakob) eifersüchtigen Jünger des Soubise wollten ihn ermorden, doch flüchtete er in einen Sumpf, dessen Schilf ihn verbarg. Indes sei er später von den jungen Leuten wieder entdeckt und umgebracht worden. Soubise, der von dem Mordplan seiner Jünger keine Ahnung gehabt, habe Jakob lange betrauert, später auf dem eigenen Sterbebett die „Genossen“ über ihre „devoir“ belehrt und ihnen aufgetragen, bei ihren Riten zur Erinnerung an Jakob den „Kufs brüderlicher Zuneigung“ einzuführen und ein Schilfrohr aufzubewahren. Das letztere entspricht der Akazie der Freimaurer. Eine Variante dieser Legende besagt, dafs Soubise an der Ermordung seines Freundes Jakob teilgenommen und nachmals aus Verzweiflung einen Selbstmord begangen habe. Es liegt auf der Hand, dafs wir es da mit einer neueren Lesart der Geschichte von Hiram, Osiris und so vielen anderen Helden und Göttern der antiken Welt zu thun haben. Die Tempellegende stellt Salomo als an der Tötung seines Architekten mitschuldig hin.

Die „Kinder Salomos“ bezeichneten und bezeichnen sich mit verschiedenen Namen. So nennen sich die Steinmetze „Wölfe“; sie haben zwei Grade: Gesellen und Jünglinge. Die Zimmerleute und die Grobschmiede heifsen „Gavots“ und sind in drei Grade eingeteilt: aufgenommene Gesellen, fortgeschrittene Gesellen, eingeweihte Gesellen. Sie alle feiern den Gedenktag des Todes Hirams. Die „Söhne des Meisters Jakob“ legen sich ebenfalls mancherlei Namen bei, z. B. „Passants“, „Dévorants“ etc. Die „Söhne des Vaters Soubise“ nennen sich „Drilles“ (lustige Gesellen), „Heitere“, „Füchse“, „Hunde“. Die letztere Bezeichnung soll angeblich an den Hund erinnern, der Hirams Leichnam entdeckte; wahrscheinlicher ist aber, dafs sie vom Hundsstern (Sirius) herrührt und dafs „Soubise" nichts andres ist als eine Korrumpierung des Bacchusnamens „Sabazius" (vgl. „Eleusinische Mysterien"). Je gröfser die Zahl der Gewerbe wurde, die sich der compagnonnage anschlossen, desto mehr Lostrennungen und Absonderungen erfolgten naturgemäfs; so entstanden die „Rebellen", die „Unabhängigen", die „Füchse der Freiheit" etc.

Winkelmafs und Zirkel waren die Symbole der Gesellenverbindungen. Die Mitglieder benannten einander mit den Namen der Gegenden ihrer Herkunft und liefsen sich wechselseitig Hilfe und Gastfreundschaft angedeihen. Die Vereinigung vertrat an den Wanderburschen Mutterstelle; sie gab ihnen im Notfalle Speise, Trank und Obdach und ermöglichte ihnen so, Arbeitslöhne, die hinter den marktläufigen zurückblieben, abzulehnen. Der Einweihungskandidat mufste seine Lehrzeit hinter sich haben; er wurde mit den Erkennungszeichen, Losungsworten und Händedrücken bekannt gemacht, trug ein Band von bestimmter Farbe auf dem Hut und in einem Knopfloch und erhielt einen Stock von bestimmter Länge sowie Ohrringe in Gestalt von Winkelmafs und Zirkel. Auf Arm und Brust wurde er mit einem Erkennungsmal versehen. Beim Antritt der Wanderschaft begleiteten seine Freunde ihn zur Stadt hinaus; einer trug ihm das Ränzel, der zweite sang ein Abschiedslied, dessen Refrain die übrigen mitsangen, mehrere nahmen Bierflaschen und Gläser mit. Beim Abschied wurden die Flaschen leergetrunken und dann mitsamt den Gläsern ins Feld geworfen. In manchen Gewerben befestigte man bei diesem Anlafs eine der leeren Flaschen an einen Baum und alle – mit Ausnahme des Fortziehenden – bewarfen sie mit Steinen. Das sollte den Tod des heiligen Märtyrers Stephanus durch Steinigung versinnbildlichen. Der Wandergeselle sagte: „Freunde, ich verabschiede mich von euch, wie sich die Apostel von Christus verabschiedeten, als sie auszogen, um das Evangelium zu predigen."

Die uralte Verbindung der Köhler, deren Schutzpatron der heilige Theobald ist, hatte früher drei Grade: Aspirant („guêpier"), Meister und Hauer. Für den Aspiranten breitete man auf den Fufsboden ein weifses Tischtuch aus, auf welches ein Salznapf, ein Becher Wassers, eine angezündete Fackel und ein Kruzifix gestellt wurden. Der knieende Kandidat schwor beim Salz und beim Wasser einen Verschwiegenheitseid, worauf man ihn lehrte, wie er die „Brüder" im Walde erkennen und sich ihnen zu erkennen geben könne. Schliefslich wurde ihm die Bedeutung der Symbole erklärt: das Tischtuch war das Leichentuch, in das jeder Mensch einmal gehüllt wird; die Fackeln stellten die am Totenbett brennenden Kerzen vor, das Kruzifix die Erlösung, das Salz die theologischen Tugenden. Dieses düstere Rituale war besonders im Jura, in den Alpen und im Schwarzwald üblich. Der Katechismus der Holzhauer enthält Stellen von rührender Schlichtheit. In den ungeheuren Forsten verstreut und vereinsamt, richten sie den Blick auf den Himmel über sich und auf die Erde unter sich und huldigen einer zärtlich-leidenschaftlichen, sittlich hochstehenden Brüderlichkeit. Hier eine Stelle voll Entsagung und Menschenliebe:

„Woher kommst du, Vetter der Eiche?“
„Aus dem Walde.“
„Wo ist dein Vater?“
„Erhebe deine Augen gen Himmel.“
„Und wo ist deine Mutter?“
„Blicke auf die Erde.“
„Welchen Kultus weihst du deinem Vater?“
„Huldigung und Verehrung.“
„Was gewährst du deiner Mutter?“
„Im Leben meine Pflege und nachher meinen Leib.“
„Wenn ich Hilfe benötige, was wirst du mir geben?“
„Ich werde meinen Tagelohn und mein bitteres Brot mit dir teilen; auch sollst du in meiner Hütte ausruhen und dich an meinem Feuer wärmen.“

Eine Holzhauerverbindung, die sich „Der verlorne Sohn“ nannte, hatte noch düsterere Riten. Drei Thüren eines symbolischen Turmes trugen die Aufschriften: „Die Vergangenheit täuscht mich“, „Die Gegenwart quält mich“, „Die Zukunft schreckt mich.“ Ein Dreieck mit den Initialen: S. J. P. sollte an die Weisheit Salomos (S.), die Geduld Hiobs (J.) und die Reue des verlornen Sohnes (P.) erinnern. Auf der weifsen Schürze war ein schwarzgerändertes Herz abgebildet, über welches eine rote Thräne rann – eine blutige Verzweiflungsthräne. Die Schwere und der Jammer des Lebens wirkte auf die Einbildungskraft dieser armen Waldbewohner bedrückend. Doch glaubten sie an die Heilkraft der Zeit und eines ihrer Sinnbilder trug die Inschrift: „Die Zeit macht allem ein Ende.“ Eine Köhlerverbindung, von der wir nichts Näheres wissen, hiefs „Weniger Teufel als schwarz“, womit wohl gesagt sein sollte, dafs das rufsige Äufsere ein reines Innere nicht ausschliefse.

Die Sattler- und Schuhmacherverbindung hatte besondere Einweihungsfeierlichkeiten. In dem betreffenden Saal oder Gemach stand ein wohlgezimmerter Altar mit Kruzifix, Gebetbuch und den übrigen gottesdienstlichen Behelfen. Nach dem Gottesdienst, in welchen allerlei seltsame Phrasen eingeflochten wurden, empfing der Neuling Unterweisung in den Riten des „devoir“, in den Erkennungszeichen und Losungsworten, sowie in der sinnbildlichen Bedeutung der betreffenden Gegenstände und Geschmeide. Noch näher standen den antiken Einweihungsriten die Aufnahmezeremonien der Hutmacher mit ihren „Reinigungen“ und ihren Totensagen. In einem grofsen Saal sah man auf einer Estrade ein Kreuz, eine Dornenkrone, einen Palmzweig und die sonstigen Behelfe der Leidensgeschichte Christi, wie auch ein grofses Waschbecken voll Wassers. Der Christus darstellende Kandidat machte dessen verschiedene Leidensstationen durch und kniete dann vor dem Becken nieder, um sich zum Zeichen seiner Wiedergeburt durch die Taufe mit dem Wasser übergiefsen zu lassen. Die ersten Urheber dieser Feierlichkeit hegten gewifs die besten Absichten, aber im Lauf der Zeit entartete dieselbe zu einer Bierklubposse. Bei den Schneidern wurde der Aufnahmewerber in ein Gemach geführt, in dessen Mitte ein weifsgedeckter Tisch stand, auf dem ein Brotlaib, ein umgekippter Salznapf, drei Hut Zucker und drei Nadeln lagen. Nachdem er die Leidensstationen Christi zurückgelegt hatte, erfolgte seine Bewirtung in einem andern Raum, wo angeblich sehr pikante Gemälde hingen, die die galanten Abenteuer dreier Schneidergesellen dargestellt haben sollen.

Die Einweihungszeremonien verliehen den Verbindungen und deren einzelnen Mitgliedern eine gewisse Wichtigkeit und trugen viel zur Aufrechthaltung des Gemeingeistes bei. Anderseits fehlte es innerhalb der compagnonnage nicht an Anmafsung, Ausschliefslichkeitssucht, Unduldsamkeit, Eifersüchteleien und heftigen Fehden. Die letzteren führten in Lyon, Marseille und Bordeaux wiederholt zu argen Unruhen. Um die Mitte des 18. Jahrhunderts standen z. B. die Lyoner Steinmetzgesellen einander in zwei feindlichen Parteien gegenüber, deren eine die andre schliefslich aus der Stadt verjagte; der Versuch, zurückzukehren, hatte die furchtbarsten Gewaltthätigkeiten zur Folge, bei denen viel Blut flofs. Auch heutzutage noch kommen Zwistigkeiten innerhalb des einen oder des andern Gewerbes zuweilen vor. Die Pariser Zimmerleute legten ihre alte Fehde erst vor wenigen Jahren bei; sie einigten sich nämlich dahin, dafs die „Genossen der Pflicht“ nur auf dem rechten Seine-Ufer arbeiten dürfen, während das linke den „Genossen der Freiheit“ vorbehalten bleiben soll. Sie halten sich denn auch getreulich an diese Abmachung. Wie sehr die Gesellen der Pflicht und die der Freiheit einander einst hafsten, zeigt ein Liedchen, das bei den ersteren in früheren Zeiten sehr im Schwang war und in welchem es heifst: „All diese infamen Gavots werden in die Hölle kommen und dort wie Teufel in den Flammen brennen!“

Deutsche Gesellenverbindungen.

Jäger-Redensarten. — Einweihung. — Einweihung eines Böttchers. — Merkwürdige Bücher über den Gegenstand. — Daseinsgründe der Gesellenverbindungen. — Die Zünfte. — Kalandsbrüder.

Die Wälder, in denen Räuber hausten, bargen die ersten Keime der deutschen Gesellenverbindungen mit ihren rauhen aber sehr bezeichnenden Sitten. Die Köhler und die Jäger bedurften gegenseitiger Erkennungsbehelfe, um nicht an Feinde zu geraten. In den „Altdeutschen Wäldern" der Gebrüder Grimm finden wir eine Sammlung von über zweihundert waidmännischen Ausdrücken und Redensarten. Die Fragen und Antworten der wandernden Handwerksburschen besitzen eine grofse Ähnlichkeit mit denen der Waidmänner; die Betonung ist dieselbe und beide machen einen ausgedehnten Gebrauch von den sinnbildlichen Zahlen 3 und 7. Die Formeln beziehen sich naturgemäfs auf das Jagdleben; z. B.:

Frage: Lieber Waidmann,
Was wittert dich heut an?
Antwort: Ein edler Hirsch und ein Schwein,
Was kann mir besser geseyn?
Frage: Sag' mir an, mein lieber Waidmann,
Warum wird ein Jäger ein Meisterjäger genannt?
Antwort: Ein gerechter und ein gewisser Jäger hat von Fürsten und Herren die Vergunst,
Er solle genannt werden ein Meister der sieben freien Kunst.
Frage: Sag' mir, mein lieber Waidmann,
Wo hast du das schöne hübsche Jungfräulein lassen stehn?
Antwort: Ich habe sie gelassen zu Holz
Unter einem Baum stolz,
Unter einer grünen Buchen —
Da will ich sie suchen.
Wohlauf einer Jungfrau in einem weifsen Kleid,
Die wünscht mir heute Glück und alle Seligkeit.
Wohl in demselben Thauschlag
Da seh ich allezeit eben nach.
Da ward ich verwundt,
Da macht mich die schöne Jungfrau gesund.
Ich wünsche dem Jäger Glück und Heil,
Dafs ihm werd' ein guter Hirsch zu teil.

Die Handwerksgesellen waren mit einander viel inniger verbunden als die Jäger; daher nahmen sie in ihre Brüderschaft neue Genossen nicht ohne lange und feierliche Erprobungen auf.

Ihre Katechismen sind durchweg vom Geiste brüderlicher Zuneigung und gewissenhafter Pflichterfüllung – in sittlicher wie bürgerlicher Hinsicht – belebt. Sie waren in Grade geteilt, und es ist bemerkenswert, dafs die deutschen Gesellen von jeher mit den Losungsworten, den Erkennungszeichen und dem Händedruck der Freimaurer bekannt waren. Die Maurergesellen zerfielen in „Wortmaurer" und „Schriftmaurer"; die ersteren bewiesen ihre Kenntnis des Handwerks durch ihre Kenntnis der Zeichen und Losungsworte, die anderen durch Vorzeigung schriftlicher Verträge. Es gab Gesetze, welche den Maurermeistern vorschrieben, den Gesellen, die sich mit den richtigen Erkennungszeichen und Losungsworten einführten, Arbeit zu geben. Einzelne Städte besafsen in dieser Beziehung gröfsere Vorrechte als andere; so z. B. berechtigte die Kenntnis des Wetzlarer Losungswortes zur Arbeit im ganzen Deutschen Reich. Drei Wanderjahre waren für den deutschen Gesellen unerläfslich und zumeist trat er die Wanderschaft im Frühling an. Gegenwärtig giebt es infolge der Eisenbahnen, die das Reisen bequemer und billiger machen, in den deutschen Ländern weit weniger reisende Handwerksburschen als früher.

Jedes Handwerk hatte seine eigene Art der Einweihung, doch ähnelten die Riten und Förmlichkeiten einander selbstverständlich vielfach. Wir wollen als ein interessantes Beispiel die mit der Aufnahme in die Gesellenverbindung der Böttcher verknüpften Zeremonien schildern. Vor allem wurde um die Erlaubnis gebeten, den aufzunehmenden Burschen – „Ziegenfellschürze" genannt – in die Versammlung der Genossen einzuführen. Der Einführer sagte ungefähr: „Jemand – ich weifs nicht, wer es ist – folgt mir mit einer Ziegenhaut: ein Fafsdaubenmörder, ein Holzverderber, ein Verräter. Er steht auf der Schwelle und erklärt sich unschuldig. Er tritt herein und verspricht, ein guter Geselle zu werden, nachdem wir ihn roh behauen haben werden." Die Erlaubnis wurde erteilt, der Bewerber setzte sich auf einen auf dem Tisch stehenden Schemel, von dem die Anwesenden ihn hinunterzuwerfen trachteten. Der Einführer hielt ihn jedoch aufrecht und nun folgte die Biertaufe. Sodann wurde der Neuling aufgefordert, sich „einen feinen, kurzen Namen" zu wählen, „der den Mädchen gefällt", sowie sein Scherflein zu den Kosten der Biertaufe beizutragen. Auch erteilte man ihm zahlreiche Weisungen bezüglich seines Verhaltens auf der Wanderschaft. Er sollte sich von den anfänglichen Schwierigkeiten nicht abschrecken lassen. Diese stellte man sich folgendermafsen vor.

Nach Durchquerung eines von Gefahren erfüllten Forstes erreicht der Wanderbursche eine freundliche Wiese, auf der er einen vollbehangenen Birnbaum erblickt. Soll er sich unter diesem niederlegen und warten, bis ihm die verlockenden Früchte in den halbgeöffneten Mund fallen? Soll er auf den Baum steigen? Nein, sonst würde der betreffende Landwirt ihn sehen und durchprügeln. Er soll den Baum schütteln, sich mit der herabfallenden Frucht erfrischen und etwas liegen lassen für einen möglicherweise nachkommenden Genossen, der vielleicht nicht kräftig genug sein würde, den Baum zu schütteln. Weiterwandernd, gelangt er zu einem Strom, dessen Brücke blofs aus einem Baumstamm besteht. Auf diesem begegnet er einem jungen Mädchen mit einer Ziege. Was soll er thun? Das Mädchen und die Ziege ins Wasser stofsen, um seinen Weg fortsetzen zu können? Nein, sondern die Ziege auf die Schulter, das Mädchen auf den Arm nehmen und so die Brücke überschreiten. Später kann er das Mädchen heiraten, die Ziege fürs Hochzeitsmahl schlachten und sich aus ihrem Fell eine Schürze machen lassen. Nach der Ankunft in einer Stadt soll er in der von einem Böttchermeister gehaltenen Herberge einkehren und auf seiner Hut sein, falls das Wirtstöchterlein ihm den Weg zu seinem Schlafzimmer zeigt. Am nächsten Tag soll er auf die Suche nach Arbeit ausgehen. Vielleicht bietet sich solche bei drei Meistern: der erste ist reich an Holz und Reifen, der zweite hat drei hübsche Töchter und bewirtet seine Gesellen reichlich mit Bier und Wein, der dritte aber ist arm. Bei welchem soll der Wanderbursche einstehen? Beim ersten würde er wahrscheinlich ein tüchtiger Böttcher werden; beim zweiten wäre er glücklich, denn er könnte viel trinken und mit den schönen Mädchen tanzen. Aber er solle ebenso bereit sein, für den armen Meister zu arbeiten wie für die anderen.

Nach dem Empfang dieser und vieler ähnlichen Belehrungen läuft der Neuling auf die Strafse und schreit „Feuer!“ Die Genossen halten ihn zurück und begiefsen ihn reichlich mit kaltem Wasser. Den Schlufs der Feierlichkeiten bildet eine Mahlzeit.

Es giebt viele deutsche Bücher über die merkwürdigen Sitten und Bräuche in den verschiedenen Handwerken. Eines betitelt sich:

„Neu verbesserter Müller Ehren-Krantz;
Oder rechtgemessener Urkund
Von dem wahrhaftigen Cirkels Grund.
So dem Mühlhandwerk zu Ehren gethan
Ein Mühlknapp namens Georg Bohrmann.“

Wir geraten da in maurerischen Symbolismus hinein. Ein Holzschnitt zeigt einen Kreis mit mystischen Sätzen, und die Erläuterung besagt, dafs alles aus oder durch den Kreis erschaffen worden sei. Dann folgt die Geschichte der Bäcker auf Grund der Bibel, ferner eine poetische Reiseschilderung mit Beschreibungen der berühmtesten Mühlen von Schlesien, Mähren, Ungarn, Böhmen, der Lausitz etc. Die Namen der angeblich berühmtesten drei Müller, die je gelebt, sind in einem Dreieck wiedergegeben. Das Werk schliefst mit einer Anrufung des Baumeisters des Weltalls. Ein anderes Buch behandelt die „Gebräuche des ehrsamen Bäckergewerbes. Wie Jedermann sich in der Herberge und bei der Arbeit betragen soll. Gedruckt zu Nutz und Frommen der Wanderburschen“. Der Titel eines dritten lautet: „Ursprung, Alter und Ruhm der ehrsamen Kürschnerzunft. Eine genaue Beschreibung aller Formalitäten, die seit undenklichen Zeiten bei den Einweihungen der Meister und den Prüfungen der Gesellen beobachtet wurden. Alles getreulich geschildert von Jakob Wahrmund.“ Sämtliche Zünfte pflegen sich eines hohen Alters zu rühmen, des höchsten jedoch die Kürschner, denn sie sagen, Gott selber sei schon zu Adams Zeiten ein Kürschner gewesen, denn nach der Bibel habe er für Adam und Eva nach dem Sündenfall Fellschürzen gemacht.

Man könnte die Gesellenverbindungen eine Arbeitsritterschaft nennen. Ihre Riten, Symbole und Überlieferungen sind blofs ihre greifbare Form. Einer ihrer Daseinsgründe lag in der Notwendigkeit, dafs die Arbeiter bei Ankunft in einer ihnen noch fremden Stadt gleichsam Freunde finden und eine „Ansprache“ haben, widrigenfalls sie infolge der Ausschliefslichkeit der festgefügten Zünfte auf sich selbst angewiesen gewesen wären. Ein zweiter Daseinsgrund war in der Möglichkeit zu suchen, etwaige Bedrückungen seitens der Meister mit vereinten Kräften zu bekämpfen, überhaupt durch gemeinsames Zusammenwirken ungleiche Kräfte auszugleichen. Aus demselben Grunde entstanden im Mittelalter – in welchem die Regierungen zum Bedrücken gerade genug stark, zum Beschützen aber zu ohnmächtig waren, so dafs der einzelne schutzlos der Willkür preisgegeben blieb – in manchen Ländern geheime Gesellschaften für Recht, Gerechtigkeit und Sicherheit.

Die Zünfte hatten den gleichen Ursprung; doch kann man sie, obwohl sie ihren Einflufs oft insgeheim ausübten, nicht zu den Geheimgesellschaften rechnen. Nicht selten bedienten sich Könige ihrer im Kampf gegen die Aristokratie. So z. B. Ludwig der Fette, der selber einen Verein gründete, die „Volksgemeinde“, welche die Aufgabe hatte, dem feudalen Raubritterwesen zu steuern. Während in England die Einführung des Maschinenbetriebs in die Industrie das Kleingewerbe bereits fast ganz verdrängt hat, wodurch das alte Verhältnis zwischen Meister und Gesellen aufgehört hat, lebt dieses Verhältnis in anderen Ländern

– namentlich in Deutschland und Österreich-Ungarn – noch in ziemlicher Ausdehnung fort.

Im 12. Band von Hermann Rolletts „Neuen Beiträgen zur Chronik der Stadt Baden bei Wien“ (Baden 1899) finden wir den wörtlich folgenden interessanten „Färberbrauch bei Einwanderung fremder Gesellen“, der in Wien an Sonntagen in der Herberge bis 1848 in Übung war:

1. Alt Gesell. Als mit Vergunst, ihr Bursch und du mein lieber Bruder, so wollt ich dich im Namen der ganzen löblichen Brüderschaft befragt haben, ob du und deine Mitgesellen, von mir und meinen Mitgesellen, ein öffentliches Geschenk begehrst, für gut anzunehmen, oder nicht.

Fremder Gesell. Als mit Vergunst, ja freilich, warum nicht.

2. Alt Gesell. Als mit Vergunst, ihr Bursch und du mein lieber Bruder, es ist allzeit allhier in dieser k. k. Residenzstadt Wien der Gebrauch gewesen, wenn fremde Gesellen eingewandert, oder einer von seinen Meister oder Wittfrau Feierabend bekommen oder genommen hat, so ist ihnen allzeit von mir und meinen Mitgesellen ein öffentliches Geschenk, Ehr und Gutthat erzeugt und erwiesen worden; solches habe ich und meine Mitgesellen nicht aufgebracht, solches werde ich und meine Mitgesellen nicht abbringen, wir wollen es beim alten verbleiben lassen. Als mit Vergunst, ihr Bursch und du mein lieber Bruder, so wollt ich dich im Namen der ganzen Brüderschaft befragt haben, wo hast du das Handwerk gelernt.

Fremder Gesell. Als mit Vergunst, ich habe es in Baden bei Wien gelernt.

3. Alt Gesell. Als mit Vergunst, wo hast du das letzte mahl gearbeitet?

Fremder Gesell. Als mit Vergunst, ich habe in Potsdam bei Berlin gearbeitet.

4. Alt Gesell. Als mit Vergunst, was ist dir von Meister und Gesellen anbefohlen worden?

Fremder Gesell. Als mit Vergunst, es ist mir nichts anbefohlen worden, als Liebs und Guts und einen freundlichen Gruſs, habe ich den Einen oder Anderen nicht gebracht, so bin ich ihn noch schuldig zu bringen, darauf wünsch ich Euch Ihr Brüder einen guten Tag, Glück zu wegen des Ehrsammen Handwerk, Meister und Gesellen von Potsdam, lassen Euch Brüder ganz freundlich grüſsen, wegen des Ehrsammen Handwerk.

Gesellen in Arbeit. Wir sagen Meister und Gesellen Dank, dir auch Willkommen wegen des Ehrsammen Handwerk.

15. Alt Gesell. Als mit Vergunst, ihr Bursch und du mein lieber Bruder, so sollt ihr auch wissen, was auf unseren öffentlichen Geschenk für Gewohnheit gehalten werden, es geht vor

den Geschenk eine Umfrage herum, wenn Einer oder der Andere, auf Einen etwas weis, so kann er solches vermelden und anzeigen, weil das öffentliche Geschenk vorhanden, der Willkum [Trinkgefäſs], Bier und Brod, auf den Tisch steht und eine ganze löbliche Brüderschaft bei einander versammelt ist; wofern aber Einer oder der Andere nichts weis, so wollt er stille sein, fröhlich guter Dings zu sein, desgleichen werd ich auch mit Ihm zu sein. Als mit Vergunst, sei gebethen, und beantworte die Anfrage.

Fremder Gesell. Als mit Vergunst, daſs ich meine Anfrage sage, ihr gunsthaftige Burschen, junge und alte zugleich, wie uns der liebe Gott, heutigen Tages, so wunderbarlicher Weise, beieinander versammelt hat, so weis ich auf Einen gut Ehrlichen Gesellen nichts, als Liebs und Guts, was Treu und Ehr zusteht, ist aber ein gut ehrlicher Gesell vorhanden, der etwas wieder mich weis, daſs ich etwas über das ganze löbliche Handwerk gethan oder verbrochen habe, so wollt er solches vermelden, und anzeigen, wofern er aber nichts weis, so wollt er stille sein, fröhlich guter Dings zu sein, desgleichen werd ich auch mit Ihm zu sein; als mit Vergunst, weiter weis ich nichts, als was Treu und Ehr zusteht.

6. Alt Gesell. Als mit Vergunst, hast ausgeredt?

Fremder Gesell. Als mit Vergunst, ja!

Alt Gesell. Als mit Vergunst, setz dich nieder, sollst Ausgeschenkt werden, nach Handwerksgebrauch und Gewohnheit.

7. Alt Gesell. Als mit Vergunst, ihr Bursch und du mein lieber Bruder, so sollst auch wissen, was auf unseren öffentlichen Geschenk für Artikeln verbothen sind. Als mit Vergunst zum 1. mahl, wer den öffentlichen Willkumm ohne Vergunst angreift, aufhebt oder niederstellt, der soll in der Gesellen Straffe sein. Als mit Vergunst zum 2. mahl, wer den öffentlichen Willkum angreift, eh er seinen Groschen erlegt hat, der soll in der Gesellen Straffe sein. Als mit Vergunst zum 3. mahl, wer Gottes Gaben miſsbraucht, der soll in der Gesellen Straffe sein. Als mit Vergunst zum 4. mahl, wer mehr Bier verschüttet, als er mit der Hand verdecken kann, der soll in der Gesellen Straffe sein. Als mit Vergunst zum 5. mahl, wer flucht oder schwört, unter den Geschenk, der soll in der Gesellen Straffe sein. Als mit Vergunst zum 6. mahl, wer ohne Vergunst aufsteht oder gar hinausgeht, der soll in der Gesellen Straffe sein. Als mit Vergunst zum 7. mahl, wer Handschuh oder Blaufarbstab während den Geschenk fallen läſst, der soll in der Gesellen Straffe sein. Als mit Vergunst zum 8. mahl, wer mit Augen winkt, mit Finger zeigt, oder mit Füſsen stoſst, der soll in der Gesellen Straff sein. Als mit Vergunst zum 9. mahl, wer Karten oder Würfeln begehrt, unter den Geschenk, der soll in der Gesellen Straffe sein. Als

mit Vergunst zum 10. mahl, wer von den öffentlichen Willkum einen Schild herunter fallen läſst, der soll in der Gesellen Straffe sein. Als mit Vergunst zum 11. mahl, wer ein Glas Bier unter währenden Geschenk mit Absatz stehen läſst, der soll in der Gesellen Straffe sein. Als mit Vergunst zum 12. mahl, wer unter den Geschenk den Alt Gesellen in die Rede fällt, ein Wochen Lohn ohne Gnad. Als mit Vergunst, ihr Bursch und du mein lieber Bruder, es sind die Artikel so viel, daſs ich nicht alle sagen kann; darnach wirst du dich zu richten wissen, und vor Schaden zu hütten, darauf stell ich dir den öffentlichen Willkum vor, wird dir vorgestellt von mir als Alt Gesell im Namen der ganzen löblichen Brüderschaft, es ist dir auch zu getrunken worden von denjenigen Gesellen, die vor 8 oder 14 Tagen hier ausgeschenkt wurden, und wirst bescheid thun, auf diejenigen Gesellen, die noch auf frischer grünen Haide lauffen; hilf Gott, das Sie möchten herein kommen, damit sie auch aus diesen Willkum einen Trunk daraus bescheid thun, ist es nicht aus diesen, so ist es aus einen Anderen, dann trink ihn aus, trinkst du ihn nicht aus, so erlegst du deinen Groschen, den wir haben unser Bier und Brod nicht zu Verschenken, wir müssen es den Herbergsvater und der Frau Mutter mit baarem Gelde bezahlen.

Fremder Gesell. Als mit Vergunst, ihr Bursch und du mein lieber Bruder Alt Gesell, ich bin ein schwacher Trinker, ich bin den Trunk nicht gewohnt, hier erleg ich meinen Groschen. Als mit Vergunst ergreiffe ich den öffentlichen Willkum und trinke auf das Wohl allen Arbeits Gesellen, so wie auch auf die Gesellen, die noch auf frischer grüner Haide lauffen, Hilf Gott, daſs Sie möchten hereinkommen, damit Sie auch aus diesen Willkum einen Trunk daraus bescheid thun, ist es nicht aus diesen, so ist es aus einen Andern.

8. Alt Gesell. Als mit Vergunst, ihr Bursch und du mein lieber Bruder, laſs dir unser Bier und Brod wohl schmecken, seid Ihr gern bei uns, so sind wir gern bei Euch. Nimm ein bischen Brod, stecks in Salz, und dann im Hals, dann schmeckt der Trunk darauf.

Fremder Gesell. Als mit Vergunst, euer Bier und Brod und eure Weis, gefällt mir wohl, seid Ihr gern bei uns, so sind wir gern bei Euch.

9. Alt Gesell. Als mit Vergunst, deſswegen sollt Ihr groſsen Dank haben, daſs Ihr gerne bei uns seid.

Fremde Gesellen. Als mit Vergunst, deſshalb sind wir auch so stark gelauffen.

10. Alt Gesell. Als mit Vergunst, ihr Bursch und du mein lieber Bruder, so wünschen wir dir und deinen Mitgesellen, viel Glück und Heil auf den Weg. Grüſs Meister und Gesellen, wo

das Handwerk Redlich und Ehrlich ist, wenn es nicht Redlich und Ehrlich ist, hilf es Redlich und Ehrlich machen, hilf Straffen nach billigen Sachen, straff dafs der Beutel kracht, und das Herz im Leibe lacht, gieb aber acht, dafs es dich und deine Mitgesellen nicht schuldig macht.

Im 13. Jahrhundert gab es in ganz Mitteleuropa – insbesondere in Deutschland, Frankreich und Ungarn – „Kalandsbrüder“, die Wohlthätigkeit übten, unentgeltlich Totenmessen lasen und bei ihren Zusammenkünften geselligen Vergnügungen huldigten. Da sie ihre Versammlungen immer am 1. jeden Monats abhielten, nannten sie sich „Kalandsbrüder“, denn bei den Römern hiefs der Monats-Erste „calendae“, woher übrigens auch das Wort „Kalender“ stammt. Männer (auch Priester) und Frauen hatten Zutritt, nur Mönche und Nonnen nicht. Die „Brüder“ waren trotz ihres Messelesens offenbar keine Kostverächter – das geht aus ihren nachstehenden Tischgesetzen hervor:

Der Wirt soll geben zur Not
Gut Bier und gut Brot;
Vier gute Schüsseln zurichten,
Die er mit nichten
Darf gar übermehren.
Kuchen, Käse, Nüsse, Beeren –
Dergleichen reicht man wohl hinterdrein,
Sonst nichts. Auf keinerlei Weis' soll man Wein
Zum Kaland schenken,
Ihn irgendwie durch Willkür kränken.

Doch ist es zweifelhaft, ob diese Enthaltsamkeit auch wirklich stets geübt wurde, denn später erhielten die Kalandsbrüder den Spitznamen „Feuchte Brüder“ und „kalendern“ bedeutete so viel wie reichlich trinken. Noch heute hat die Volkssprache mancher Gegenden für „schmausen“ den Ausdruck „kalendern“. Geistliche, die zur Gesellschaft gehörten, hiefsen „Kalandsherren“. Nach der Reformation starb die Vereinigung allmählich ab. Über ihre Gebräuche und Erkennungszeichen wissen wir nichts Näheres. Das Berliner Bürgergefängnis pflegte man „Kalandshalle“ zu nennen, weil das Gebäude ursprünglich den Kalandsbrüdern als Versammlungsort gedient hatte.

Deutsche Studenten.

Der deutsche „Bursche“ (vom mittelhochdeutschen „burse“, d. h. „bursarii“, da die Schulgebäude „bursae“ hiefsen) betrachtet die Bevölkerung seiner Universitätsstadt als „Philister“

und reibt sich nicht selten an ihr. Es giebt zweierlei Studentenverbindungen: die Burschenschaften, denen Söhne aller Gegenden oder Länder angehören können, und die Landsmannschaften, die nur Söhne einer bestimmten Provinz oder eines bestimmten Staates aufnehmen. Jede Verbindung hat ihre eigenen Satzungen und Funktionäre, sämtliche aber haben einen gemeinsamen Komment. Die Nicht-Korpsstudenten werden von den Korpsstudenten geringgeschätzt und „Kameele“, „Finken“ u. dgl. genannt. Die „Frösche“ (so nennt man die Gymnasiasten) dürfen an den Zusammenkünften der „Burschen“ nicht teilnehmen. Die Neulinge wurden in alten Zeiten „Pennale“ genannt, weil sie den älteren Studenten die Federbüchsen nachtragen mufsten; später erhielten sie wegen ihrer Furchtsamkeit den Scherznamen „Füchse“; hat ein Anfänger vom Hause viel Geld mitgebracht, so heifst er „Goldfuchs“. Im zweiten Semester rückt der „Fuchs“ unter komischen Zeremonien zum „Brandfuchs“ auf, im zweiten Jahrgang zum „Jungbursch“, im dritten zum „Altbursch“; später wird er ein „altes Haus“ oder ein „bemoostes Haupt“. Die Erprobungen beim Aufrücken bestehen hauptsächlich in tüchtigen Trink- und Rauchleistungen; drohender „Katzenjammer“ darf nicht vom Trinken bis zur Sinnlosigkeit abschrecken. Der „Fuchs“ trachtet, ein „flotter Bursch“ zu werden und ist stolz, wenn ein „altes Haus“ ihn zu seinem „Leibfuchs“ macht.

Beleidigt ein „Philister“ einen Korpsstudenten, so kommt er in „Verruf“. Früher traten die Burschenschaften oft zusammen mit ihren „Stiefelwichsern“ gegen die Bürgerschaft auf. Der Ruf „Burschen 'raus!“ pflegte die kleinen deutschen Universitätsstädte in Schrecken zu versetzen. Zuweilen (wie in Göttingen 1823, in Halle 1827, in Heidelberg 1830 etc.) bestraften die Studenten die zum grofsen Teil von ihnen lebende Stadt dadurch, dafs sie streikten, d. h. abreisten und erst nach Erfüllung ihrer Bedingungen zurückkehrten. Die ihnen solchermafsen geleistete Genugthuung war manchmal eine recht ausgiebige. Die Tabakpfeife heifst „Stinktopf“, die Bürgertöchter sind „Geier“, die Freudenmädchen „Besen“, die Gläubiger „Manichäer“. Die Korpsstudenten verbringen einen grofsen Teil ihrer Zeit mit dem Rauchen, dem Kneipen, den Mensuren u. s. w.; das richtet häufig ihre Gesundheit zu Grunde, hindert sie in sehr vielen Fällen jedoch nicht daran, etwas Tüchtiges zu lernen und es im Leben recht weit zu bringen.

Bis tief ins 17. Jahrhundert hinein war die Immatrikulierung mit Bräuchen verbunden, die in vielen Punkten lebhaft an die Einweihungsriten der antiken Mysterien erinnern. Damals nannte man den noch nicht eingeschriebenen Zukunftsstudenten „beanus“ (eine Korruption des französischen Wortes bec jaune oder béjaune = Gelbschnabel). Der beanus stellte sich dem Fakultäts-Dekan mit der Bitte um Aufnahme vor. Sobald eine gewisse Mindestzahl von beani beisammen war, bestimmte der Dekan einen Tag zur Feier der Einschreibung (depositio). An diesem Tag erschien aufser den „Gelbschnäbeln" der „Einschreiber" (depositor) mit seinem Handwerkszeug und einem Amanuensis vor dem Dekan, legte Hanswurstkleider an, hiefs die jungen Leute dasselbe thun und „schmückte" sie dann noch mit Scherzartikeln, namentlich gehörnten Hüten und Kappen. Auch verteilte er unter sie Scheren, Holzkämme, Äxte, Hobel, Beile, Sägen, Rasiermesser, Spiegel, Schemel und andere Gegenstände. Nun stellte er die beani in Reih und Glied auf und marschierte an ihrer Spitze in den Festsaal, wo er an den Dekan und das aus Studenten bestehende „Publikum" eine Ansprache hielt. Darauf schlug er mit einem Kleien- oder Sandsack auf die beani los, die unter komischem Geberdenspiel hin und her sprangen, um den Schlägen zu entgehen. Weiter stellte er ihnen eine Anzahl von Fragen und gab ihnen Rätsel auf; wer nicht rasch antworten konnte, wurde mit dem Sack geprügelt, bis ihm Thränen in die Augen traten. Jetzt gaben sie ihm die vorhin empfangenen Gegenstände zurück und legten sich derart auf den Fufsboden nieder, dafs ihre Köpfe einander fast berührten. Der Einschreiber machte sich nun daran, ihnen im Scherz die Schultern zu hobeln, die Nägel zu feilen, die Füfse abzusägen, die Ziegenhörner abzuhauen, die – früher eigens in den Mund gesteckten – Satyrzähne mit grofsen Zangen auszuziehen u. s. w. u. s. w. Demnächst mufsten sie sich auf lehnenlose, einbeinige Stühle setzen; der Einschreiber band ihnen schmutzige Servietten vor, seifte sie mit Ziegelstaub oder Schuhwichse oder noch unangenehmeren Dingen ein und rasierte sie so scharf, dafs sie oft weinten. Das sodann folgende Kämmen mit den Holzkämmen fiel recht rauh aus und das Haar wurde mit Hobelspänen bestreut. Nach all diesen „Erprobungen" verjagte der Einschreiber die jungen Leute mittels des Kleien- oder Sandsacks aus dem Saal, legte seinen possenhaften Anzug ab, zog seine gewöhnlichen Gewänder an und befahl den beani, das Gleiche zu thun, worauf er sie in den Saal zurückführte, um sie in kurzer lateinischer Rede dem Dekan zu empfehlen, der ebenfalls lateinisch antwortete, mit guten Ratschlägen nicht sparte, jedem einige Salzkörner – als Sinnbild der Weisheit – zu essen gab, ein paar Tropfen Weines über ihre Köpfe sprengte und ihnen endlich das schriftliche Einschreibungszeugnis einhändigte. An der Altdorfer Universität, die 1809 mit der Erlanger vereinigt wurde, soll die „depositio" – wie man diese Zeremonie nannte – sogar noch 1763 vollzogen worden sein.

Diese Studenteneinweihungen, in denen Luther eine symbolische Darstellung der Mifshelligkeiten und des Ungemachs des Menschenlebens erblickte, weisen eine unverkennbare Ähnlichkeit mit den Einweihungen der alten Mysterien und der Freimaurerei auf. Die etwas rohen Verkleidungsspäfse und Erprobungen gleichen in vielen Punkten denen gar mancher Geheimbünde. Wer eine treffliche und köstliche Satire auf das deutsche Studentenleben lesen will, dem seien E. T. A. Hoffmanns „Lebensansichten des Katers Murr“ empfohlen.

ZEHNTES BUCH.

POLITISCHE GEHEIMGESELLSCHAFTEN.

Chinesische Geheimgesellschaften.

Die frühesten geheimen Gesellschaften Chinas. – Die Gelbmützen. – Die Weifse Lilie. – Die Familie der Himmelskönigin. – Der Hung-Bund. – Neuere Gesellschaften. – Der Taeping-Aufstand. – Der Ghi-Hin-Bund. – Logen. – Organisation. – Aufnahme von Mitgliedern. – Siegel des Hung-Bundes. – Ko-lao-Hui. – Tschen-kin Lung. – Ausrottungsversuche.

Der älteste chinesische Geheimbund, von dem wir Kenntnis haben, bestand gegen das Ende der Han-Dynastie (etwa 185 n. Chr.). Drei verbündete Patrioten verteidigten damals den Thron gegen die aufrührerischen „Gelbmützen", einen Geheimbund, dem die Blüte der „Literaten" angehörte. Seither gab diese Gesellschaft nur selten ein Lebenszeichen; aber im Anfang des achtzehnten Jahrhunderts verpflichteten sich fünf Mönche und sieben Laien eidlich, die gegenwärtige tatarische Tsing-Dynastie zu stürzen und die frühere chinesische Ming-Dynastie wieder einzusetzen. Diese Verschwörer besiegelten ihren Eid dadurch, dafs sie ihren eigenen Armen Blut abzapften, es mischten und austranken. Sie gründeten den Bund der Weifsen Lilie (pe-lin-kiao) und bauten auf eine Weissagung, die dahin ging, dafs einer von ihnen Kaiser werden werde. Die Anführer waren ein gewisser Wang-lung und ein Bonze Namens Fan-ui. Der erstere nahm die Stadt Schu-tschang-hien ein, wurde aber bald vertrieben, verhaftet und nebst vielen seiner Anhänger hingerichtet. 1777 tauchte die pe-lin-kiao wieder auf, jedoch nur, um bald eine grofse Niederlage zu erleiden, nach welcher man den Rädelsführern – unter denen sich auch zwei Frauen befanden – die Köpfe abschnitt, die dann in Käfigen öffentlich zur Schau gestellt wurden.

Auch im Jahre 1800 verschworen sich zwei Geheimgesellschaften erfolglos gegen die herrschende Dynastie: die „Wunderbare Vereinigung" und die Tsing-lien-kiao. Die letztere hielt man für eine Fortsetzung der Pe-lin-kiao unter anderem Namen. Während der Regierungszeit des Kaisers Kia-King (1799 – 1820) entstand die „Familie der Himmelskönigin" (Th'ien-hamo-hoi'h), die ihren Sitz im Süden des Reiches hatte und auch in Korea, Siam und Kochinchina verbreitet war. Entdeckt und scheinbar ausgerottet, lebte diese Gesellschaft als der „Grofse Hungbund“ wieder auf. „Hung“ heifst Flut und dieser Name sollte andeuten, dafs der Bund die Erde überschwemmen werde. Damit es den Anschein habe, dafs nicht alle seine Mitglieder zu einer und derselben Vereinigung gehören, erhielten die Zweige verschiedene Namen, darunter diejenigen einiger früherer Geheimgesellschaften — z. B. Dreieinigkeitsverein, Halle des blauen Lotus, Bezirk der goldenen Orchidee u. dgl. m. Diese Ableger erregten bald die Aufmerksamkeit der Regierung, von der sie eine Zeitlang im Schach gehalten wurden.

Um 1826 herum hatte der Hung-Bund ein Oberhaupt namens Kwang San, der sich zumeist in dem Bergwerksbezirk von Lukut aufhielt, wo besonders viele Bundesgenossen lebten. Einmal soll er, um sich in eine wilde Stimmung zu versetzen, die mit Wein vermengte Galle eines Ermordeten ausgetrunken haben.

Die Leitung des Hungbundes lag in den Händen dreier Personen: des eigentlichen Oberhauptes, Koh genannt (= „der Älteste“), und der beiden Hiong Thi (= „jüngere Brüder“). Die auf der Halbinsel Malakka bestandenen Zweigvereine nannten ihre je drei Leiter Tai-koh (= „ältester Bruder“), Ji-koh (= „zweiter Bruder“) und San-Koh (= „dritter Bruder“). Den Verschwiegenheitseid mufste der Aufnahmebewerber vor einem Götzenbild knieend leisten. Während seines Schwures mufsten auch die beiden Hiong Thi niederknieen — der eine zu seiner Rechten, der andre zu seiner Linken — um zwei scharfe Schwerter in der Form eines Dreiecks über sein Haupt zu halten. Der Eid bestand aus 36 Punkten, deren wichtigster der folgende war: „Ich schwöre, dafs ich weder Vater noch Mutter, weder Bruder noch Schwester, weder Gattin noch Kind, sondern ausschliefslich die Brüderschaft kennen werde. Wohin diese führt oder wo diese verfolgt, werde ich folgen oder verfolgen; ihre Feinde werden meine Feinde sein.“ Zur Bekräftigung des Eides schnitt sich der Kandidat in einen Finger und liefs drei Blutstropfen in eine Schale Arrak träufeln; die drei Oberhäupter thaten nun dasselbe und leerten dann die Schale. Zur weiteren Verstärkung des Schwures köpfte der Neuling einen weifsen Hahn, womit angedeutet werden sollte, dafs auch er seinen Kopf verlieren würde, falls er sich als treulos erwiese.

1850 machte der berühmte Rebellenführer Tae-ping-wang einen neuerlichen Versuch, die Ming-Dynastie wieder einzusetzen, von welcher abzustammen er vorgab. Er nannte sich „König des Friedens“ und erklärte, der jüngere Bruder Christi und mit der Aufgabe betraut zu sein, ein „Weltreich der Getreuen“ zu errichten. Er hatte sicherlich keine Kenntnis von den Schwärmereien der europäischen Rosenkreuzer, die in ihrer „Thesaurinella chymica-aurea“ das Erscheinen einer geheimnisvollen Persönlichkeit weissagten — des Elias Artista, der die Herrschaft Christi in einer neuen Welt aufrichten werde; dennoch gab er (Tae-ping-wang) sich für eine ähnliche Persönlichkeit aus.

Nach der Niederlage und dem Tode dieses merkwürdigen Mannes hörte man nichts mehr von der Hung-Liga, bis im Frühling 1863 die Polizei bei einer Haussuchung in Padang auf Sumatra — der betreffende Chinese war eines Diebstahls verdächtig — zufällig ein Packet aufstöberte, das die Satzungen, Eidesformeln, Einweihungsgeheimnisse, Sinnbilder-Erklärungen, geheime Zeichen, die Beschreibung der Fahnen, den Katechismus etc. des Bundes enthielt. So erfuhr man, dafs dieser noch bestehe und 1870 trat er wieder thätig auf. Damals nahm sein Wirken namentlich in Sarawak so bedrohliche Formen an, dafs die Regierung ein Gesetz schuf, welches schon die blofse Thatsache der Mitgliedschaft mit dem Tode bestrafte. Die Unruhen, welche 1872 in Singapore ausbrachen, wurden von den Zweigen der Liga in den Straits-Settlements angezettelt; damals waren die Hauptrebellen die „sam-sings“ (= „kämpfende Männer“), die für die Strafsenhausierer eintraten, gegen die die Behörden äufserst strenge Mafsregeln getroffen hatten. Der Bund, welcher sich stets vieler Morde, Brandlegungen, Folterungen und Verstümmelungen schuldig gemacht hat, entwickelte in den Jahren 1883 und 1885 abermals eine recht lästige Thätigkeit. Namentlich die „Schwarzflaggen“ — Überbleibsel der Tae-pings — und die „Weifsen Lilien“ traten eifrig gegen die Tsing-Dynastie auf. Die Polizeiberichte aus Perak — einem Schutzstaat auf der Halbinsel Malakka — besagten, dafs i. J. 1888 geheime Gesellschaften „endlose Verwirrung und Angst erzeugten“, obgleich ein Jahr vorher vier Mitglieder der Ghi-Hin-Vereinigung wegen ihrer Vertretung der Interessen dieses Bundes zu zwanzig Jahren Gefängnis verurteilt worden waren. Die Hälfte der in Perak lebenden Chinesen gehört geheimen Gesellschaften an.

Die „Straits Times“ vom 17. September 1889 enthielt einen ausführlichen Bericht über die Gerichtsverhandlung gegen eine Gruppe von Mitgliedern des Sarawaker Ghi-Hin-Bundes, auch Sam-Tian genannt. Die sechs Rädelsführer wurden erschossen; elf eifrig thätige Genossen, welche Nichtmitglieder geprügelt, bedroht oder umgebracht hatten, empfingen je 72 Stockstreiche und wanderten auf unbestimmte Zeit in den Kerker, während sieben andere, gegen die nichts Besonderes vorlag, freigesprochen wurden, aber schwören mufsten, jede Verbindung mit dem Geheimbund aufzugeben.

Ende 1895 erhob sich eine Anzahl von Mohammedanern gegen die chinesische Regierung und nahm die Hauptstadt der Provinz Kan-su ein. Ihnen schlossen sich die zentralchinesischen Geheimgesellschaften an. Ihr Erfolg war jedoch von sehr kurzer Dauer; bereits nach wenigen Wochen gelang es, den Aufstand zu unterdrücken und fünfzehn der Anführer zu enthaupten. Die übrigen entkamen, darunter der bekannte Hongkonger Arzt Sun-Jet-Sun, auch Sun Wen genannt. Im Oktober 1896 wurde er in der chinesischen Gesandtschaft zu London gefangen gehalten, bis auf Lord Salisburys Betreiben seine Freilassung erfolgte. Er behauptete, von Angestellten des Gesandten ins Gesandtschaftsgebäude gelockt worden zu sein.

Die politischen Geheimgesellschaften Chinas dürfen trotz ihrer ernsten Fehler nicht gänzlich verurteilt werden. Vielmehr mufs man bedenken, dafs ihre Aufstände sich gegen die Unterdrückung der Chinesen durch Fremdlinge wenden. Die nichtchinesische Mandschudynastie der Tsings beherrscht das ungeheuere „Reich der Mitte“ in einer beispiellos willkürlichen, ungerechten, grausamen Weise mit Hilfe strenger, blutrünstiger Gesetze und eines furchtbar bestechlichen und habgierigen Beamtenstandes.

Einem auf völlig authentischen Quellen fufsenden, 1866 in Batavia veröffentlichten englischen Fachwerk entnehmen wir die nachstehende Schilderung einer Loge des Hungbundes. Die Loge ist quadratisch gebaut und von Mauern umgeben, die in den vier Himmelsrichtungen je ein Thor haben. Die Façaden sind mit Dreiecken geschmückt, dem mystischen Sinnbild der Einigkeit. Der „Saal der Treue und Loyalität“, in welchem die Neulinge eingeschworen werden, enthält den Altar und die neunstöckige Pagode, in der sich die Bildnisse der fünf mönchischen Stifter des Bundes befinden. Nur an entlegenen Orten, die sich der Aufmerksamkeit der Mandarinen entziehen, errichtet man Logen; in den Städten und in verkehrsreichen Gegenden verzichtet man auf Logen und trifft sich im Hause des örtlichen Vorsitzenden. Das Handwerkszeug der Logen besteht aus vielen Dingen; am wichtigsten sind das „Diplom“ und der „Scheffel“, der u. a. den „roten Stab“ enthält, den man gegen Verletzer der Bundessatzungen anwendet. Sodann finden sich vor: zahlreiche Fahnen, eine Schreibtafel, eine Wage, ein Fufsmafs aus Jade, die Schere, mit der dem Neuling das Haar abgeschnitten wird etc.

Die Oberleitung der Grofsen Hung-Liga ist den Grofsmeistern der fünf Hauptlogen anvertraut. Die Angelegenheiten jeder einzelnen Loge werden verwaltet von einem Präsidenten, einem Vizepräsidenten, einem „Meister“, zwei „Einführern“, einem

Finanzbeamten, dreizehn „Räten“, mehreren „Agenten“ („Grasschuhe“, „Eisenplanken“ oder „Nachtbrüder“ genannt) und mehreren untergeordneten, Blumen im Haar tragenden Funktionären.

In Friedenszeiten treten nur Freiwillige dem Bund bei, während dieser, wenn er etwas Ernstes im Schild führt, Drohungen und Gewalt anwendet, um neue Mitglieder zu bekommen. Der Aufnahmebewerber wird, wie in der Royal-Arch-Freimaurerei, in den „Saal der Treue und Loyalität“ unter einer „Schwerterbrücke“ eingeführt, d. h. die „Brüder“ halten ihre Schwerter derart empor, dafs sie einen Bogen bilden. Nach der Eidesleistung folgt die Zopfabschneidung, die jedoch unterbleibt, wenn der Neuling unter Chinesen lebt, die sich der tatarischen Vorschrift des Zopftragens fügen. Sodann wird ihm das Gesicht gewaschen und zum Zeichen der Reinheit und des Beginns eines neuen Lebens ein langes weifses Gewand angezogen. Die Füfse bekleidet man ihm mit Strohschuhen, einem Abzeichen der Trauer. Nunmehr wird er zum Altar geführt, damit er neun Grashalme und eine Weihrauchstange opfere; zwischen jeder Opferung wiederholt er eine angemessene Strophe. Hierauf wird eine rote Kerze angezündet und die Anwesenden beten Himmel und Erde an, wobei sie drei Becher Weines gemeinsam austrinken. Jetzt werden drei Lampen angezündet: die „siebensternige“, die „kostbare Reichslampe“ und die „Hung-Lampe“. Die Versammlung bittet die Götter, die Bundesgenossen zu beschützen. Jeder Anwesende sticht sich in den Mittelfinger und läfst einige Blutstropfen in eine halb mit Wein gefüllte Schale fallen, die dann von den Neuaufgenommenen geleert wird, deren jeder ferner einen weifsen Hahn köpft, um anzudeuten, dafs der gleiche Tod allen ungetreuen Genossen drohe. Jeder Neuling empfängt ein Diplom, zwei Dolche, drei Hung-Medaillen und ein Buch, das den Eid, die Satzungen, die geheimen Zeichen u. s. w. des Bundes enthält. Die Erkennungszeichen sind zahlreich; sie beziehen sich auf die Art, ein Haus zu betreten, seinen Regenschirm niederzulegen, den Hut in der Hand zu halten, seinen Thee zu trinken, die Schuhe zu tragen und vieles andere zu thun.

Henry Pottinger bezog sich wahrscheinlich auf eine Geheimgesellschaft, als er 1843 in einer diplomatischen Depesche an Lord Aberdeen schrieb: „Nach Beendigung dès Gesanges nahm der chinesische Kommissär Ke-dsching von seinem Arm ein goldenes Armband, gab es mir und teilte mir mit, er habe es in seiner Kindheit von seinem Vater empfangen, es enthalte eine geheimnisvolle Inschrift und ich würde in China überall, wo ich es vorwiese, brüderlich aufgenommen werden.“

Jedes Mitglied des Hungbundes ist im Besitz eines farbigen Seiden- oder Baumwoll-Abdrucks des Bundessiegels, dessen

Original das Oberhaupt der Liga aufbewahrt. Es ist immer fünfeckig und hat eine scheinbar sinnlose chinesische Inschrift von vermutlich abgekarteter geheimer Bedeutung. Hier ein Beispiel. Innerhalb des Fünfecks befindet sich ein Achteck mit sechzehn Zeichen, welche in wörtlicher Übersetzung so lauten: „Der älteste Bruder vereinigt Schlachtordnung. Jedermann bereitet sich Zeichen Anführer vor. Angeschwollener Bergstrom breitet sich in Kanälen aus. Heute ist zehntausend Jahre." Viele Mitglieder tragen den Siegelabdruck als Amulett und alle halten seine Bedeutung streng geheim. Als Talisman mag das Siegel gegen Verwundung oder Tod auf dem Schlachtfeld ebenso wirksam sein wie im fünfzehnten Jahrhundert die von einem Passauer Scharfrichter verkauften Waren, als deren Inschrift ein neugieriger Soldat die Worte entdeckte: „Feigling, verteidige dich!"

Heutzutage scheint die mächtigste Geheimgesellschaft Chinas die Ko-lao Hui zu sein, die ursprünglich eine rein militärische Vereinigung war zum wechselseitigen Schutz gegen die Erpressungen und Veruntreuungen der mit der Besoldung und Verpflegung der Truppen betrauten Civilbeamten. Allmählich wurden auch Nichtsoldaten zugelassen. Es heifst, dafs der Neuling bei seiner Aufnahme einen Hahn töten und dessen Blut rein oder mit Wein gemischt trinken mufs. Angeblich benutzt man bei den Versammlungen einen Zirkumferentor, dessen Bewegungen geheimen Einflüssen zugeschrieben werden. Der Mitgliednachweis besteht in einem kleinen rechteckigen Stück Leinwand oder Baumwollstoff, das mit einigen chinesischen Zeichen gestempelt ist; wer im Besitz einer solchen Mitgliedskarte betroffen wird, den lassen die Behörden ohne Umstände hinrichten.

Die Ko-lao Hui ist ausländer- und missionsfeindlich und man vermutet, dafs sie die eigentliche Anstifterin aller neueren chinesischen Angriffe und Überfälle auf Ausländer, insbesondere auf christliche Missionäre sei. Freilich tragen namentlich die letzteren durch unvernünftigeso der rücksichtsloses Verhalten nicht selten selber die Schuld an den bedauernswerten Vorfällen, über welche die Presse seit Jahren leider so oft berichten mufs. Nur zu häufig mifsachten, verletzen oder verhöhnen einzelne fanatische oder unüberlegte Missionäre die berechtigten Empfindungen der Eingeborenen absichtlich oder unabsichtlich und erregen dadurch Zorn und Hafs.*) Oder sie und andre Ausländer vergehen sich gegen die Staatsverträge zwischen China und den Mächten und werden, wenn dann die Bevölkerung Rache übt, von ihren

*) Näheres über diesen ebenso interessanten wie wichtigen Gegenstand findet sich in Leopold Katschers „Was in der Luft liegt" (Leipzig 1899), Abschnitt: „Fremdenhafs und Christenverfolgungen in China", S. 195–213.

heimischen Regierungen gedeckt, obgleich sie im Unrecht sind. Unter solchen Umständen ist die Abneigung der Chinesen gegen die „weifsen Teufel“ begreiflich. Die Ko-lao Hui hat bereits wiederholt Flugschriften unter Titeln wie „Die Teufelslehrer sollten getötet werden“ u. dgl. verteilen lassen, worin die christlichen Missionäre der ärgsten Verbrechen gegen Leben und Sitten beschuldigt wurden – selbstverständlich irrigerweise.

Die Ko-lao Hui ist auch antidynastisch. 1891 liefs sie in mehreren Provinzen aufreizende Plakate ankleben; die Obrigkeit liefs dieselben sofort entfernen, doch prangten sie alsbald wieder an den Strafsenecken. Im September des genannten Jahres organisierte dieser Geheimbund einen Aufstand und zwei Monate später fiel sein berühmtes Oberhaupt Tschen-kin Lung den Behörden in die Hände. Er war in einem Gasthause erwischt, geknebelt und gefesselt worden und wurde an Bord einer bereitstehenden Dampfbarkasse nach Shanghai gebracht, wo eine äufserst geheime Untersuchung gegen ihn stattfand. Aufser einem Dolch mit vergifteter Klinge wurden bei ihm mehrere amtliche Schriftstücke des Bundes gefunden, in denen er als „achter grofser Fürst“ angesprochen war. Bei den Verhören verhielt er sich sehr wortkarg; auch das Foltern bewog ihn nicht zum Verrat. Er sagte blofs: „Ersparet euch die Mühe und mir den Schmerz; seiet überzeugt, dafs es Männer giebt, die bereit sind, ihr Leben zu lassen für eine gute Sache, die diesem Land auf Jahrtausende hinaus Glück bringen wird.“ Sein weiteres Schicksal ist unbekannt.

Die Hui-Liga hat mehrere Ableger; da diese aber eigentlich gegenseitige Hilfsvereine sind, schenkt die Regierung ihnen wenig Aufmerksamkeit. Einer der gröfsten ist die „Goldene Lilie“, die in West-China gut gedeiht und deren Mitglieder sich in vier Abteilungen um die weifse, die schwarze, die rote und die gelbe Fahne scharen.

Nach einem englischen amtlichen Bericht von 1892 ist es mit Hilfe eines drei Jahre vorher erlassenen Gesetzes gelungen, die chinesischen Geheimgesellschaften in den Straits-Settlements gröfstenteils zu unterdrücken. Aber es wird wohl noch hübsch lange dauern, bis das Dreieinigkeits-Element gänzlich ausgerottet sein wird. Namentlich der Hung-Bund schlummert blofs; aus ihm sind viele kleine Gesellschaften hervorgegangen, welche in öffentliche Häuser, Singspielhallen, Kaufläden u. s .w. Strolchgruppen entsenden, die unter Androhung von Überfällen und Geschäftsstörungen Erpressungen verüben müssen. Die „kämpfenden Männer“ dieser Vereine werden von den Leitern in den Logen mit dem Erlös solcher Brandschatzungen erhalten.

Die Comuneros.

Einleitende Bemerkungen. — Älteste spanische Geheimgesellschaften. — Die Freimaurerei in Spanien die Vorläuferin der Comuneros. — Die Comuneros. — Einweihungsriten. — Klerikale Geheimgesellschaften.

Nach einer Phrase der philosophischen Schule der Geschichtschreibung, einem angenehmen historischen Aberglauben, befreite der Sturz Napoleons I. Europa. Allerdings bewirkten die Schlacht bei Belle-Alliance und der Wiener Kongrefs, dafs einige Könige ihre verlorenen Throne wiedererlangten, aber von einer Befreiung Europas zu reden, war lediglich bequeme Selbsttäuschung oder auch Täuschung. An die Stelle des einen Tyrannen traten wieder mehrere — das war der ganze Unterschied. Immerhin hatte der Meteor Bonaparte auf seiner Flugbahn den „beschränkten Unterthanenverstand" der Landesväter-Anbeter in den verschiedenen eroberten Staaten einigermafsen erhellt, so dafs er die „Göttlichkeit" des Herrschertums nicht mehr blindgläubig hinnahm. Die Folge war, dafs in allen Ländern, deren Throne in Wien wieder aufgerichtet wurden, politische Geheimgesellschaften entstanden, also in Spanien, Italien, Österreich, Deutschland, Frankreich. Manche dieser Vereinigungen waren von den betreffenden Fürsten selbst gefördert worden, solange das erstrebte Ziel deren Wiedereinsetzung war; als jedoch nach der Wiedereinsetzung die Geheimgesellschaften, bezw. die von ihnen vertretenen Völker die Forderung stellten, dafs den letzteren verfassungsmäfsige Rechte und Freiheiten gewährt werden, wendeten die Könige sich gegen ihre früheren Helfer und Wohlthäter. Daher mufsten sich dann diese gegen jene wenden.

Was insbesondere Spanien betrifft, so gab es dort schon vor der französischen Revolution Geheimgesellschaften, die teils antimonarchisch, teils zu Gunsten einer Pfaffenherrschaft gesinnt waren. Zu den letzteren gehörte der Bund der „Verteidiger der Unbefleckten Empfängnis" (die „concepcionistas"), der seine glühende Verehrung Ferdinands VII. und der Kirche so weit trieb, die Rückkehr der herrlichen Zeiten der Inquisition herbeizusehnen. Seine Anführer trachteten im eigenen Interesse, die Leitung der Staatsangelegenheiten in die Hände zu bekommen; dafs ihnen dies teilweise leider auch gelang, beweist die traurige Wirtschaft der Bourbonen. Wahrscheinlich aus dem Schofs der concepcionistas gingen die „Beschützer des Glaubens" hervor — verhüllte Jesuiten, die sich 1820 ausbreiteten und für den Thron, die Kirche, aber meistens jedoch für sich selbst wirkten. Unter Ferdinand VII. erstanden auch die „Königsanhänger", die den Herrscher in ihrem eigensten Interesse in seiner rückschrittlichen Politik unterstützten.

Nach der französischen Invasion (1809) war die Freimaurerei in Spanien offen wieder zugelassen und in Madrid ein Grofs-Orient errichtet worden; doch vermied sie das Gebiet der Politik und beschränkte sich auf Volkserziehung und Wohlthätigkeit. Der Sturz des Königs Joseph und die Wiederkehr der Bourbonen machten diesen Bestrebungen ein Ende. 1816 trat eine Anzahl von aus der französischen Gefangenschaft zurückgekommenen spanischen Soldaten und Offizieren zu unabhängigen, ganz geheimen Logen zusammen, die in der Hauptstadt einen Grofs-Orient hatten und mit den wenigen französischen Logen, welche sich mit Politik befafsten, in Verbindung standen. Zu den letzteren gehörte die Pariser Loge der „Anhänger Zoroasters", welche mehrere in Paris wohnhafte spanische Offiziere aufnahm, u. a. den Kapitän Luezada, der nachmals die Flucht des Patrioten Mina begünstigte. Die Erhebung auf Leon war das Werk der wiederhergestellten spanischen Freimaurerei, die die Vorbereitungen dazu von langer Hand getroffen hatte.

Bald nach diesem Sieg brachen Eifersüchteleien aus, in deren Verfolg viele „Brüder" austraten und 1821 den „Bund der Comuneros" ins Leben riefen — ein Name, den sie im Hinblick auf den weltgeschichtlichen Aufstand der Städte wählten, welcher 1520 ausbrach, weil Karl V. den Versuch gemacht hatte, deren alte Freiheiten zu beseitigen. Damals wurden die Comuneros in der Schlacht von Villalar geschlagen und der Aufstand unterdrückt. Die modernen Comuneros fanden beim jungen Spanien so grofsen Anklang, dafs ihre Mitgliederzahl bald auf etwa sechzigtausend anwuchs. Auch Frauen wurden aufgenommen; sie hatten eigene Logen, „Türme" genannt, die von einem „Grofskastellan" geleitet wurden. Dieser Geheimbund hatte den Zweck, die Befreiung der Menschheit zu fördern, die Rechte des spanischen Volkes gegen Mifsbräuche und Übergriffe seitens des König- und Priestertums zu schützen und die Bedürftigen zu unterstützen. Der radikalste Flügel befürwortete die Enthauptung oder mindestens Verbannung des Monarchen, drang damit aber nicht durch.

Der Aufnahmebewerber wurde zuerst in den „Waffensaal" geführt, wo man ihn über die Pflichten der Mitglieder belehrte, worauf man ihn mit verbundenen Augen in einen anderen Raum geleitete. Dort erklärte er, dem Bund beitreten zu wollen. Nun rief ein als „Schildwache" funktionierender Bruder laut: „Lasset ihn vortreten, ich will ihn zum Wachthause des Schlosses begleiten!" Nach der Nachahmung des Herablassens einer Zugbrücke und des Aufziehens eines Fallgatters wurde der Kandidat ins Wachlokal gebracht; hier nahm ihm die „Schildwache" die Binde von den Augen und liefs ihn allein. Er fand die Wände mit Waffen, Trophäen, patriotischen und kriegerischen Inschriften bedeckt. Bald erschien der Gouverneur und redete ihn folgendermaſsen an: „Du stehst jetzt unter dem Schild unseres Obersten Padilla*). Wiederhole nun inbrünstig den Eid, den ich dir vorsprechen werde.“ Durch den Schwur unternahm der Neuling, für eine freiheitliche Verfassung zu kämpfen und jedes dem Vaterland zugefügte Unrecht rächen zu helfen. Der frischgebackene Ritter bedeckte sich mit dem Padillaschild, die anwesenden Mitritter zückten ihre Schwerter auf ihn und der Gouverneur sagte: „Der Schild unseres Schirmherrn Padilla wird dich vor jeder Gefahr schützen, dir das Leben und die Ehre retten; solltest du aber deinen Eid brechen, so werden wir dir diesen Schild entreiſsen und diese Schwerter in die Brust bohren.“

Sowohl die Freimaurer als die Comuneros strebten nach groſsem politischen Einfluſs; allein die ersteren hatten mehr Erfahrung, siegten daher bei den Wahlen und brachten ein Ministerium nach ihrem Sinn zustande. Hieraus entwickelte sich ein Zwist, der das Land erschütterte und die Sache der Freiheit schädigte. 1832 versuchten die Comuneros vergebens, die Freimaurerpartei zu stürzen; dann vereinigten sich die beiden Geheimgesellschaften zum Zweck der Überwindung der Reaktionäre. Es gelang ihnen auch, den von einigen italienischen Flüchtlingen nach Spanien gebrachten Carbonarismus zu unterdrücken. Wie selbstsüchtig diese Gesellschaften übrigens auch sonst bei aller wirklichen oder angeblichen Vaterlandsliebe waren und wie sehr sie ihre eigene Macht im Auge hatten, geht aus der Inkonsequenz hervor, mit der sie in Amerika verfuhren, indem sie – wie es ihnen grade in den Kram paſste – aus Brasilien ein Kaisertum und aus Mexiko eine Republik machten.

Auch die Königspartei gründete geheime Gesellschaften. Auf die von Ferdinand VII. begünstigten Concepcionistas (1823), die wir bereits erwähnt haben und die ebenfalls schon angeführten „Beschützer des Glaubens“ (1825) folgten 1827 die „Zerstörungsengel“, deren Leiter der Minister Calomarde war. Geistliche Schriftsteller haben umsonst zu leugnen versucht, daſs der letztgenannte Bund bestanden habe. Die Thätigkeit dieser klerikalen Vereinigungen bedeckte den ohnehin verächtlichen Herrscher mit Schmach und untergrub den Wohlstand der Bevölkerung, indem sie das Land in Vernichtungskriege stürzte. Im allgemeinen läſst sich sagen, daſs die spanischen Geheimgesellschaften jener Zeit in vier Parteigruppen zerfielen:

1. Die „aristokratische“, die von England her lebhaft

*) Juan Padilla war der Anführer des Comuneros-Aufstandes von 1520.

unterstützt wurde und sowohl die Wiederherstellung der Verfassung als auch einen Dynastiewechsel anstrebte.

2. Die „Mineros“. Vom General Miner angeführt, bestanden sie zumeist aus Militärs. Den „Aristokraten“ nahe verwandt, wurden sie von England freigebig subventioniert und auch von der amerikanischen Regierung begünstigt.

3. Die diesen beiden Parteien entgegengesetzte „republikanische.“

4. Die „Comuneros“, die ebenfalls die Republik wünschten, aber auf andrer Grundlage als die „republikanische“ Partei, die deshalb von ihnen bekämpft wurde.

Die Hetairia.

Ursprung. — Die Hetairia von 1812. — Die Hetairia von 1814. — Erkennungszeichen und Losungsworte. — Galatis' kurze Laufbahn. — Verhalten des Direktoriums. — Ipsilantis Vorgehen. — Seine Verfehlungen. — Fortschritte des Aufstandes. — Vorrücken der Türken. — Ipsilantis Schwierigkeiten. — Sein Sturz, sein Manifest, seine Gefangenschaft und sein Tod. — Schicksal der Hetairisten. — Georgakis Tod. — Farmakis Tod. — Mittelbare Erfolge der Hetairia von 1814. — Die Hetairia von 1894.

Die griechische Hetairia (= „Freundesbund“) gehört, gleich dem italienischen Carbonaribund, zu den wenigen geheimen Gesellschaften, welche, weil eine ganze Nation hinter ihnen stand, ihr Ziel erreichten. Der Ursprung der Hetairiabewegung läſst sich auf den griechischen Dichter Konstantin Rhigas zurückführen, der in der zweiten Hälfte des achtzehnten Jahrhunderts lebte und einen Aufstand gegen die Türken plante. Die österreichische Regierung, in deren Gebiet er reiste, lieferte ihn der Pforte aus, die ihn 1798 in Belgrad hinrichten lieſs. Doch pflanzten sich seine Absichten fort und so entstand 1812 zu Athen der Verein „Hetairia Philomuse“, dessen Hauptzweck zunächst — angesichts der Schiffsladungen von Kunstschätzen, die Lord Elgin nach England schaffen lieſs — der Schutz der griechischen Altertumsdenkmäler bildete. Nebstbei hofften die Mitglieder, durch Anwendung friedlicher Mittel die soziale und politische Lage Griechenlands heben zu können, wobei sie auf fremde Herrscher und auf den Wiener Kongreſs bauten. Den letzteren für die Sache zu gewinnen, lieſs sich Graf Capo d'Istria angelegen sein, der Privatsekretär, Günstling und Vertraute des Zars. Die Kongreſsmitglieder hatten den Kelch der Vergnügungen bis zur Neige geleert und es mochte ihnen eine angenehme Abwechslung dünken, sich für altgriechische Kunst und neugriechischen Fortschritt zu interessieren. Minister, Prinzen und Könige zeigten sich zum Tragen des goldenen oder eisernen Ringes bereit, auf dem das Abzeichen der Philomuse, der alt-attische Obolus, eingraviert war. Kaiser Alexander sowie die Kronprinzen von Bayern und Württemberg traten dem athenischen Verein bei und unterstützten ihn auch materiell.

Da jedoch nicht daran zu denken war, mit Hilfe solcher Männer Griechenland vom türkischen Joch zu befreien – dies war das Ziel der Anhänger des Märtyrers Rhigas geblieben – wurde 1814 zu Odessa, wo sich russische und griechische Interessen zu begegnen pflegten, eine neue, rein politische Hetairia gegründet, ein wirklicher Geheimbund. Die Gründer waren Ikufas aus Arta, ein wenig bekannter Kaufmann, der noch weniger bekannte Freimaurer E. Xanthos aus Patmos und der am wenigsten bekannte Athanas Tsakalow, ebenfalls aus Patmos. Für ihre Freiheitsbestrebungen wählten sie den Schleier des Geheimnisses, um nicht dem Mifsgeschick Rhigas zu verfallen. Hinsichtlich der Äufserlichkeiten und des Formelwesens hatte Xanthos als Freimaurer und Tsakalow als einstiger Gründer eines Pariser Geheimvereins griechischer Studenten einige Erfahrung.

Die Hetairia von 1814 hatte sieben Grade: die Brüder, die Lehrlinge, die Priester von Eleusis, die Schäfer, die Prälaten, die Eingeweihten, die vollkommen Eingeweihten. Die beiden letztgenannten Grade trugen einen militärischen Charakter und ihre Mitglieder sollten in einen etwaigen Freiheitskrieg ziehen. Die Aufnahmebewerber mufsten nachts in einer Kapelle niederknien und vor einem Auferstehungsbild Treue, Verschwiegenheit und Gehorsam schwören. Den „Brüdern“ wurde gesagt, sie mögen ihre Waffen nebst je fünfzig Patronen bereithalten; den „Priestern von Eleusis“, dafs der Zweck des Bundes die Erlangung der Unabhängigkeit Griechenlands sei; sonst wurde beim Aufrücken in einen höheren Grad wenig Positives mitgeteilt – die Hauptsache war ein eindrucksvolles Zeremoniell.

Wie die meisten Geheimgesellschaften, blieb auch die Hetairia nicht frei von Selbstsucht, Falschheit und Humbug. Da die „Priester“ Kandidaten einführen durften, die ihnen gewisse Beträge bezahlen mufsten, war der Priestergrad sehr gesucht. Manchem Kandidaten mochte es sonderbar erscheinen, dafs der Priester ihn einerseits auf das Evangelium schwören liefs und ihm anderseits mitteilte, dafs er ihn auf Grund der ihm vom Hohepriester übertragenen Machtvollkommenheit einweihe. Die Leiter des Bundes entblödeten sich nicht, sich eines geheimen Einverständnisses mit dem russischen Hof zu rühmen; man deutete sogar an, Zar Alexander sei der Grofsmeister. Diese Dinge sind der Hetairia zum Vorwurf gemacht worden, allein da nichts auf Erden vollkommen ist, kann man auch von einem revolutionären Militärbund nicht gut erwarten, dafs er fehlerfrei sei. Wenn den Unterdrückern keine gesetzlichen Mittel zur Verfügung stehen, ist es erklärlich, wenn sie zu Hinterlist und Täuschung greifen.

Einige Erkennungszeichen und Losungsworte waren sämtlichen Graden gemeinsam, während andere blofs den Mitgliedern der höheren Grade bekannt waren. Die „Brüder“ grüfsten durch Berührung der Brust des Anderen mit der rechten Hand unter gleichzeitigem Aussprechen des albanischen Wortes sipsi (= Pfeife); die Antwort des Eingeweihten lautete „sarrukia“ (= Sandalen). Die „Lehrlinge“ sagten „Lon“; war der Angesprochene ein Bundesgenosse, so ergänzte er das Wort mit der Schlufssilbe „don“. In den höheren Graden waren die Formeln verwickelter. Die „Priester“ fragten und antworteten: „Wie befindest du dich?“ — „So gut wie du.“ — „Wie viele hast du?“ — „Ebenso viele wie du.“ Gehörte der Angesprochene bereits dem dritten Grad an, so antwortete er: „Ich habe sechszehn.“ Zur Vorsicht fragte der Erste dann: „Hast du nicht mehr?“ und der Zweite antwortete ebenso vorsichtig: „Sage mir die erste und ich will dir die zweite nennen.“ Nun sprach der eine die erste, der andre die zweite Silbe eines türkischen Wortes aus, welches „Gerechtigkeit“ bedeutet. Das Erkennungszeichen bestand in einer eigenartigen Berührung der rechten Hand unter Knacken der Fingergelenke, nachherigem Falten der Arme und schliefslichem Auswischen der Augen. Die „Prälaten“ drückten einander beim Händeschütteln das Gelenk mit dem Zeigefinger, stützten den Kopf auf die linke Hand und legten die rechte aufs Herz; die Antwort bestand im Reiben der Stirne. Bestand ein Zweifel, so erfolgte der Austausch der vorhin angeführten geheimnisvollen Phrasen der „Priester“ und nachher das gegenseitige Aussprechen der einzelnen Silben des mystischen Wortes va-an-va-da.

Anfänglich war der Bund wenig zahlreich. 1819 bestand die oberste Leitung aus den drei Gründern und vier anderen Personen: Galatis, Komisopulos, A. Sekeris und A. Gasis; später traten noch hinzu: Leventis, Dikäos, Ignatios und Mavrokordato, schliefslich auch Patsimadis und Alexander Ipsilanti. Galatis schädigte die Sache der Hetairia bald so sehr, dafs er ihr beinahe verhängnisvoll geworden wäre. Ob seines Eintritts ins Direktorium ungemein eitel, ging er nach Petersburg und gab sich dort für den Abgesandten der Hellenen aus, was die Polizei zu seiner Verhaftung veranlafste. Die Prüfung seiner Papiere brachte das ganze Geheimnis der Hetairia an den Tag. Der Zar schwankte zwischen seiner Vorliebe für die Griechen und seiner Abneigung gegen Aufstände, doch liefs er sich von Capo d'Istria bewegen,

Galatis in Freiheit zu setzen und ihm sogar Schmerzensgeld zu zahlen. Später, als Skufas den kühnen Gedanken hatte, sich in Konstantinopel niederzulassen, um den Feind gelegentlich an Ort und Stelle angreifen zu können, erregte Galatis den Verdacht, mehr an seinen eigenen Vorteil zu denken als an den des Vaterlandes; er verlangte nämlich immer Geld und stiefs, wenn es ihm verweigert wurde, Drohungen aus, wobei er sich auf seine Vertrautheit mit dem Minister Halet Efendi, den Günstling Mahmuds berief. Die Hetairia beschlofs, sich seiner zu entledigen. Eines Tages beauftragte ihn das Direktorium mit einer Reise und liefs ihn von einigen verläfslichen Bundesmitgliedern begleiten, deren einer ihn unterwegs in einem geeigneten Augenblick erschofs.

Skufas war kurz zuvor gestorben, aber infolge der Blindheit der Pforte blieb Konstantinopel der Sitz der Hetairia. Die oberste Leitung hielt ihre Sitzungen im Hause Xanthos' und setzte eine planmäfsige Agitation ins Werk. In allen Provinzen des Reiches gab es Ober-Aufseher, die, mit Geld und Vollmachten versehen, die Bundessache in ihren Bezirken selbständig fördern durften und nur die allerwichtigsten Angelegenheiten dem Direktorium zu unterbreiten brauchten. Aus Rufsland zurückgekehrte Soldaten wurden nach Morea und Hydra geschickt. Damit die Hetairia den wertvollsten strategischen Platz, Maina, in die Hände bekomme, bewog der eingeweihte Patriarch Gregor den mächtigen Gouverneur desselben, Petros Mavromichalis, zum Verrat. Die Sendlinge des Geheimbundes verstanden es, Stämme, die einander seit Jahrhunderten befehdet hatten, zu versöhnen und für die Sache der Hetairia zu gewinnen. Die Folge von alledem war, dafs die letztere bereits 1820 in allen Teilen des Peloponnes, auf den Cykladen, den Sporaden, den jonischen Inseln, an den Küsten von Klein-Asien und selbst in Jerusalem Anhänger hatte.

Bald stellte sich die Notwendigkeit heraus, der Gesellschaft ein Oberhaupt zu geben. Man hatte nur die Wahl zwischen dem Soldaten Alexander Ipsilanti und dem Diplomaten Capo d'Istria. Der letztere lehnte die offene Unterstützung des Bundes ab, weil Zar Alexander nicht als Schutzherr desselben gelten wollte. So trat denn Ipsilanti an die Spitze, was zur Folge hatte, dafs die Hoffnungen der Verschwörer auf die Unterstützung Rufslands immer höher stiegen. 1820 hielt Ipsilanti es für angezeigt, Petersburg zu verlassen und nach Odessa zu gehen, um mehr inmitten der Bewegung zu sein. Da ihm jedoch die wichtigsten Eigenschaften eines Generals fehlten, liefs er sich von der Begeisterung hinreifsen, der er ringsum begegnete. Obgleich die Geldbeiträge in so geringem Mafse einflossen, dafs er sich privatim Geld borgen mufste, blieb er vertrauensselig. Im Juli ernannte er zwei Oberbefehlshaber: Georgakis für die „Donau-Armee“ und Perrhävos für die „Epirus-Armee“. Er selbst beschlofs, seinen ersten Angriff auf die türkische Macht in die Donau-Fürstentümer zu verlegen, wobei er für den Fall, dafs die Pforte Truppen nach Bukarest senden sollte, auf den Beistand Rufslands rechnete.

Bald wurde seine Lage kritisch. Ein gewisser Asimakis, ein Hetairist, verriet im Verein mit dem Bruder des ermordeten Galatis alle Einzelheiten der Verschwörung an die türkische Polizei. Das aus Petersburg zurückgekehrte Bundesmitglied Kamarinos enthüllte öffentlich die Nichtigkeit der russischen Versprechungen — dafür liefs ihn das Direktorium umbringen. Die Hetairia suchte auch von dem Streit zwischen Ali Pascha und dem Sultan Nutzen zu ziehen. Ali wurde damals in seiner Hauptstadt von den besten Truppen des Sultans belagert und versprach der Hetairia, mit ihr gegen den gemeinsamen Feind zusammenwirken zu wollen. Ipsilanti glaubte nicht länger zögern zu sollen. Im März 1821 verlegte er seinen Wohnsitz nach Jassy, von wo aus er an die Griechen, die Moldauer und die Wallachen pomphafte Proklamationen erliefs. In einem an die in Sachen der neapolitanischen Revolution versammelten Herrscher und Diplomaten gerichteten „Manifest“ lud er Europa, namentlich Rufsland, zur Förderung der griechischen Unabhängigkeit ein. Aber Metternich war ein schroffer Gegner der letzteren und der Zar, der sich soeben kräftig gegen einen Aufstand ausgesprochen hatte, konnte nicht gut für einen andern eintreten. Vielmehr verkündete er — natürlich in Unkenntnis der heimlichen russischen Hilfe-Versprechungen, welche sein Liebling Capo d'Istria der Hetairia gemacht hatte — mit grofsem Nachdruck sein Festhalten an der Heiligen Allianz und seine Abneigung gegen jederlei Revolution. Ipsilantis Thätigkeit wurde streng getadelt und sein Name aus der russischen Armeeliste gestrichen. Die russischen Truppen am Pruth erhielten den Befehl, unter keinen Umständen an den Unruhen in den Donau-Fürstentümern teilzunehmen und der Pforte wurde versichert, dafs die russische Regierung diesen Unruhen vollkommen fernstehe. Capo d'Istria aber mufste an seinen Freund Ipsilanti, den er insgeheim ermutigt hatte, schreiben, er dürfe von Rufsland weder moralische noch materielle Unterstützung erwarten, da Rufsland sich an der Untergrabung des türkischen Reichs durch geheime Gesellschaften nicht beteiligen könne.

Inzwischen hatte Ipsilanti alles vernachlässigt, was seinem Unternehmen hätte den Erfolg sichern können. Statt die Oberleitung zu zentralisieren oder die Truppen zu konzentrieren, beging er einen Schnitzer nach dem andern. Er beschränkte sich darauf, die Donau-Fürstentümer für ein russisches Hauptquartier zu halten und abzuwarten, bis der Zar ihn auf den griechischen

Thron setzen werde. Als ob der Sieg bereits errungen wäre, verteilte er unter die zahlreichen Verwandten und Schmeichler, die ihn umgaben, Zivil- und Militärposten. Häuptlinge von ein paar hundert Abenteurern ernannte er zu Generalen und seine Brüder stellte er an die Spitze seiner imaginären Armeekorps, dabei Persönlichkeiten, die der Revolutionssache von grofsem Nutzen hätten sein können, vernachlässigend und vor den Kopf stofsend, Plünderer begünstigend, die Niedermetzelung friedlicher türkischer Bewohner Jassys ruhig duldend. Auch liefs er einen reichen Bankier unter einem leeren Vorwand verhaften und erst nach Zahlung eines Lösegeldes von sechzigtausend Dukaten in Freiheit setzen – ein Willkürakt, infolge dessen viele Reiche sich auf russisches oder österreichisches Gebiet zurückzogen, denn sie fanden die Mifswirtschaft der „Befreier" noch ärger als die der Türken.

Schliefslich verliefs Ipsilanti an der Spitze von zweitausend Mann – die er aber überall für zehntausend ausgeben liefs – Jassy und begab sich nach Bukarest. Einen Aufruf, den er von Fokschani aus an die „Dazier" erliefs, blieb erfolglos; dagegen erhielt er dort Verstärkungen durch die Arnauten des Karavias und durch die zweihundert Reiter des patriotischen Helden Georgakis. Bald erwuchs ihm auch Hilfe seitens des „Heiligen Bataillons", das aus fünfhundert Jünglingen bestand, die den reichsten und vornehmsten Griechenfamilien angehörten. Diese modernen Thebaner trugen schwarze Gewänder und auf der Brust ein Kreuz mit der Inschrift: „In diesem Zeichen wirst du siegen." Die Mütze „zierte" ein Totenschädel mit gekreuzten Armknochen darunter. Diese kleine Schar übertraf die übrigen Streitkräfte Ipsilantis an Tapferkeit und Manneszucht, doch dämpfte Ipsilanti durch seine Politik der Langsamkeit und des Zauderns ihre Thatkraft. In Bukarest, wohin er erst am 9. April kam, erklärten sich die restlichen Bojaren und die höhere Geistlichkeit zu Gunsten seiner Bestrebungen – in der Hoffnung, dafs die Führer der irregulären Truppen, die sich Ipsilanti angeschlossen hatten, die anarchischen Elemente der Revolution dem allgemeinen Ziel unterordnen werden. Aber nur Georgakis unterstellte sich dem Oberfehl Ipsilantis, während Wladimiresko und Savas dies verweigerten; der letztere soll angeblich insgeheim sogar an der Wiederherstellung der türkischen Oberhoheit gearbeitet haben.

Ipsilanti hatte nichts Dringenderes zu thun als – ein Theater zu errichten, Schauspieler anzustellen und täglich in der prunkvollen Uniform eines russischen Generals spazieren zu gehen. Die Offiziere quälten die reichen Bürger mit willkürlichen Requisitionen und die zuchtlose Mannschaft lebte ebenfalls auf Kosten der Bevölkerung. Nur das Heilige Bataillon enthielt sich jeder Ausschreitung. Bald erliefs der Patriarch gegen Ipsilanti und die

Hetairia den Bannfluch der Kirche, worauf die Geistlichkeit und die Bojaren sich von der griechischen Sache zurückzogen und Savas wie Wladimiresko die letztere offen verleugneten. Im Namen der griechischen Nation richtete Ipsilanti an den Zar und dessen Gesandten in Konstantinopel eine Anzahl von Forderungen, vor deren Erfüllung er seine Stellung nicht niederlegen zu wollen erklärte. Kühne Ratgeber empfahlen ihm, durch Bulgarien nach Epirus zu marschieren, den in Janina belagerten Ali Pascha zu entsetzen und mit dessen Hilfe dann Griechenland zu befreien; aber teils war er nicht der Mann fur solche waghalsige Unternehmungen, teils hielt er diesen Plan für eine Falle, weil Wladimiresko denselben befürwortete. Er wendete sich daher nicht donauwärts, sondern -- fast ohne jede Artillerie – nordwärts gegen die Karpathen und beabsichtigte für den Fall, dafs die Türken ihn ernstlich bedrohen sollten, sich auf österreichisches Gebiet zu flüchten, wobei er hoffte, dafs der russische Gesandte in Konstantinopel ihm und seinen Truppen freien Durchzug verschaffen würde. Mittlerweile mufste er sich auf einen baldigen Zusammenstofs mit den türkischen Truppen gefafst machen, welche mit russischer Erlaubnis in die Donaufürstentümer einrückten, um den Aufstand zu unterdrücken. Er liefs Schanzen aufwerfen und Bajonett-Übungen abhalten, wobei er fortfuhr, seiner „Armee“ einzureden, Rufsland werde ihm bald zu Hilfe kommen.

In der zweiten Maiwoche überschritten die Türken die Donau und am 13. Mai erfolgte vor Galatz das erste Treffen, bei dem die Hetairisten durch ihre Tapferkeit manchen Fehler ihrer Anführer wettmachten. Etwa siebenhundert Aufständische hielten mit zwei Kanonen drei Redouten auf der nach Braila führenden Strafse besetzt. Befehligt waren sie von Athanasios aus Karpenisi, der alles so geschickt anordnete, dafs sie sich längere Zeit gegen eine fünffache Feindeszahl hätten halten können, wenn nicht der gröfste Teil, aus vorübergehend angeworbenem undisziplinierten Gesindel bestehend, bei der ersten Annäherung der Türken davongelaufen wäre, so dafs die Verteidigung der Redouten auf Athanasios mit seiner Handvoll Griechen beschränkt blieb. Die kleine Schar kämpfte wacker bis in die Nacht hinein, und nachdem der Kampf aufgehört hatte, gelang es ihr mittels einer kleinen Kriegslist, unbemerkt zu entkommen. Sie marschierte insgeheim nach Jassy, wo die gröfste Verwirrung herrschte. Fürst Kantakuzeno, dem Ipsilanti die Verteidigung der Stadt anvertraut hatte, konnte sich nur wenige Tage halten; als Mitte Juni die türkischen Truppen heranrückten, zog er sich nach Bessarabien zurück und riet Athanasios, mit seinen Leuten dasselbe zu thun. Sie aber erklärten ihn für einen Feigling und drückten den festen Entschlufs aus, für die griechische Freiheit zu sterben oder zu siegen. Athanasios widerstand denn auch mit vierhundert Mann und acht Kanonen hinter einer schwachen Baumbarrikade bei Skuleni acht Tage lang einer mehrfach überlegenen Feindesschar. Er starb wie ein grofser Patriot und von den Seinigen blieben kaum hundert übrig, die auf das jenseitige Ufer des Pruth entflohen.

Die Moldau war also verloren. Ende Mai hatte inzwischen der Pascha von Silistria Bukarest besetzt und Ipsilanti lagerte hilflos in Tergovist. Seine Truppen, selbst das Heilige Bataillon nicht mehr ausgenommen, waren gründlich demoralisiert und seine Zwistigkeiten mit Savas – der Bukarest ohne Umstände übergeben hatte – und mit Wladimiresko hörten nicht auf. Letzteren, der sich als gefährlicher Ränkeschmid erwies, liefs er übrigens bald erschiefsen. Am 8. Juni stiefs die schleunig vorwärts eilende Vorhut der türkischen Heeresmacht auf eine griechische Abteilung unter Anastasius aus Argyrokastro. Zu dessen Verstärkung entsandte Ipsilanti aus Tergovist eine Abteilung unter dem Befehl Dukas'; allein Dukas lief samt seinen Mannen auf und davon, was im Hauptlager einen so schlimmen Eindruck machte, dafs Ipsilantis Soldaten unter Zurücklassung der Bagage zu fliehen begannen. Nun begab sich Ipsilanti unter grofsen Hindernissen nach Ribnik, um für den Notfall in der Nähe der österreichischen Grenze zu sein. Übrigens verfügte er trotz alledem noch über 7500 Mann und vier Kanonen. Georgakis hielt es für ratsam, den gesunkenen Mut der Truppen durch einen Angriff auf das strategisch hochwichtige Dragatschau zu heben, das die Türken mit zweitausend Mann besetzt hielten. Er ordnete denn auch alles so vortrefflich an, dafs er am 19. Juni (1821) den Feind mit fünftausend Mann umzingelte und einen leichten Sieg erfochten haben würde, wenn nicht einerseits die Türken, um fliehen zu können, das Dorf in Brand gesteckt hätten und anderseits der ebenso unfähige wie schlechte Karavias durch seinen Neid und seine Ehrsucht alles verdorben hätte, indem er das Heilige Bataillon ins Verderben führte. Mit Mühe rettete Georgakis die letzten hundert Mitglieder des Bataillons nebst zwei Kanonen und der Fahne.

Dieser verlorene Tag zerstörte alle Hoffnungen Ipsilantis. Der letztere floh nach Kosia, von wo aus er die österreichische Regierung um die Erlaubnis bat, die Grenze zu überschreiten. Ihm drohte Gefahr von seinen eigenen Leuten, die davon sprachen, ihn den Türken auszuliefern, welche auf seinen Kopf einen Preis ausgesetzt hatten. Von Mannszucht war keine Spur mehr, die Soldaten beraubten und töteten einander. Als der gröfste Ehrenmann erwies sich andauernd Georgakis; er ermöglichte Ipsilanti die Flucht und begab sich dann zu seinem Freund Farmakis nach Adschile, um, seines Eides eingedenk, den Kampf für die Befreiung Griechenlands fortzusetzen, während Ipsilanti fortfuhr, mit Täuschungen zu arbeiten. Er setzte falsche Gerüchte und Briefe in Umlauf, wonach Kaiser Franz der Pforte den Krieg erklärt habe, österreichische Truppen die Donaufürstentümer besetzen würden und er selbst demnächst mit dem kaiserlichen Gouverneur eine Unterredung haben werde. Aber kaum hatte er unter dem Namen „Alexander Komorenos“ ungarisches Gebiet betreten, wurde er verhaftet und in Arad gefangengesetzt. Dort suchte er sich von dem Verschulden, seine Waffengenossen im Stich gelassen zu haben, dadurch reinzuwaschen, daſs er seine Miſserfolge anderen in die Schuhe schob. Auf Grund der betreffenden Verträge zwischen Österreich und der Türkei muſste er, wenn er nicht ausgeliefert werden wollte, sein schriftliches Ehrenwort geben, daſs er keinen Fluchtversuch machen werde. Sodann wurde er in der von Sümpfen umgebenen oberungarischen Festung Munkács eingekerkert und später, als seine Gesundheit sehr litt, in der böhmischen Festung Theresienstadt. 1827 erlangte er infolge des Einschreitens des Zars seine Freiheit und ein Jahr später starb er, nachdem seine Familie zu Grunde gegangen war und das griechische Volk für seine Unabhängigkeit erfolgreicher gekämpft hatte als die Hetairisten der Donaufürstentümer. Übrigens bemächtigte sich des Gefangenen von Munkács die Romantik und schlieſslich gelangten die Griechen dahin, ihn für einen Märtyrer ihrer Freiheit zu halten.

Da der Aufstand mit der Flucht Ipsilantis als beendet betrachtet werden konnte, kämpfte der Rest seiner Mannen nur noch ehrenhalber und wurde von den Türken ziemlich rasch aufgerieben. Wer sich auf Treu und Glauben ergab, wurde erbarmungslos hingerichtet; ebenso der Verräter Savas trotz seines türkenfreundlichen Eifers. Am schwersten und spätesten konnte man mit den zwei besten Männern der Bewegung fertig werden – mit Georgakis und Farmakis, die entschlossen waren, weder dem Schutz Österreichs noch dem Mitleid der Türken zu vertrauen und daher in die Moldau zurückkehrten. Die Zahl der Truppen des kranken Georgakis, der auf einer Sänfte getragen werden muſste, schmolz während des ebenso langen wie mühsamen Marsches auf 350 Mann zusammen. Die Bauern verrieten den Türken jede seiner Bewegungen und daher war er schon vor Erreichung der Moldau auf allen Seiten umgeben. Dazu kam seine Unklugheit, sich in eine Sackgasse zu flüchten, indem er das in einer tiefen Schlucht mit nur einem Ausgang gelegene Kloster Sekko befestigte. Zwar warf er die türkische Vorhut bei ihrem ersten Angriff (17. September) zurück, aber schon drei Tage später überfielen viertausend türkische Soldaten das Kloster und setzten zunächst den Glockenturm in Brand, in den sich Georgakis mit elf Griechen geflüchtet hatte. Georgakis gelang es, den Pulvervorrat anzuzünden, wobei er mit zehn seiner Genossen und einer Anzahl Türken umkam. Farmakis hielt sich mit den letzten zweihundert Griechen noch elf Tage lang gegen eine riesige Übermacht. Als ihm die Lebensmittel und die Munition ausgingen, vereinbarte er unter der Bürgschaft des Paschas von Braila und des österreichischen Konsuls die Übergabe unter ehrenvollem freien Abzug mit den Waffen. Aber unmittelbar vor dem geplanten schriftlichen Abschlufs dieses Übereinkommens entflohen 33 Griechen, die dem Landfrieden nicht trauten, und die übrige Mannschaft wurde niedergemetzelt. Die Offiziere schickte man behufs Hinrichtung nach Silistria, während Farmakis selbst in Konstantinopel grausam gefoltert und dann enthauptet wurde.

Obgleich die Hetairia also eigentlich nichts ausrichtete, stiftete sie doch mittelbar Nutzen. Die von den Türken in den Donaufürstentümern nach Unterdrückung des Aufstandes verübten Schändlichkeiten hatten nämlich den Ausbruch ernster Zwistigkeiten zwischen Petersburg und Konstantinopel zur Folge und schliefslich kam es zum russisch-türkischen Krieg von 1828–29, in welchem das griechische Volk, mit echten Mitteln kämpfend, mehr Glück hatte als die Hetairia mit ihren künstlichen gehabt hatte. Dieser Geheimbund bestand noch, aber nur als schwächliches Kind; er konnte in dem Krieg keine besondere Rolle mehr spielen und mufste mit dem Erlangen der Unabhängigkeit Griechenlands aussterben. Erst 1894 lebte die Hetairia wieder auf und zwar wegen der Kretafrage, die infolge der ewigen Einmischung der Grofsmächte in die Angelegenheiten der Türkei nicht zur Ruhe kommen wollte.

Was diese neueste Hetairia betrifft, so wurde sie im November 1894 von einem jungen Offizier der griechischen Armee nebst vierzehn Waffengenossen gegründet -- zu dem ausgesprochenen Zweck, den „Nationalismus“ (d. h. wohl Chauvinismus) wiederzubeleben und der Befreiung aller dem Sultan noch unterthanen Griechen die Bahn zu ebnen. Die Gründer erklärten ihr Vorgehen mit der angeblichen Vernachlässigung der griechischen Interessen in Macedonien seitens der Athener Regierung. Im Laufe des Jahres 1895 traten dem Geheimbund zahlreiche Offiziere und angesehene Bürgerliche bei. Ein Jahr später entfachte die Gesellschaft in Macedonien eine aufständische Bewegung, schickte Waffen und Munition nach Kreta und drängte den König, das Heer zu reorganisieren. Als 1897 der griechisch-türkische Krieg ausbrach, gehörten der Hetairia viele hochstehende

Staatsdiener, Offiziere, Richter, Professoren u. s. w. an und sie erfreute sich der weitestgehenden Unterstützung des Kabinettchefs Delyannis, durch dessen Vermittlung grofse Waffen- und Mannschaftssendungen erfolgten und der König die Erlaubnis zum Einfall in türkisches Gebiet erteilte. Bekanntlich erlitten in dem Krieg die Griechen eine Niederlage nach der anderen, so dafs der anfangs beträchtliche Mut der Truppen bald gänzlich in die Brüche ging. Die Hetairia, deren Ziel so arg gescheitert war, löste sich auf und ein Ende 1897 eingesetzter Parlaments-Ausschufs ging so weit, diese Geheimgesellschaft verbrecherischer Handlungen zu beschuldigen; doch war der Justizminister schlau genug, das weitere Verfahren in dieser Sache niederzuschlagen.

Die Carbonari.

Vermeintliche Ursprünge und erste Geschichte. — Wirkliche Entstehung. — Die Carboneria. — Die Holzhauer. — Die Vendita. — Einweihungsriten. — Die vier Grade. — Bedeutung der Sinnbilder. — Zeremonien und Vorschriften. — Die ausonische Republik. — Der geheimste Carbonaro-Grad. — Johannes Witts Lebenslauf. — Ein carbonaristischer Plan für England. — Der Carbonarismus und König Murat. — Gerichtsverhandlung gegen die Carbonari. — Die Bourbonen und der Carbonarismus. — Neugründung des Calderaribundes — Des Königs Rache. — Wiederaufleben des Carbonarismus. — Die Carbonari und die Kirche. — Die Carbonari in Ober-Italien, Frankreich, Deutschland und Spanien. — Die Giardiniere.

Die Carbonari (= Köhler) halten ihren Bund für ungemein alt. Manche haben sogar an die Abstammung von Philipp von Macedonien, dem Vater Alexanders des Grofsen, geglaubt und auf diesen sagenhaften Ursprung den hohen Grad der Thebanischen Ritter zu gründen versucht. Andere gehen nur bis zur Zeit des Papstes Alexander III. zurück, da in Deutschland Vereinigungen gegen die Raubritter entstanden und die Köhler in den endlosen deutschen Forsten sich gegen Räuber und Feinde zusammenthaten. Mit Hilfe von Worten und Zeichen, die nur ihnen bekannt waren, leisteten die Köhler einander Beistand. Kunz von Kauffungens Absicht (1455), die sächsischen Prinzen zu entführen, wurde durch einen Köhler vereitelt, dessen Dazwischenkunft allerdings nur eine zufällige war. Im Jahre 1514 zwangen die Köhler den Herzog Ulrich von Württemberg unter Todesdrohungen zur Aufhebung gewisser drückender Waldgesetze. Ähnliche Verbindungen entstanden in vielen gebirgigen Ländern und sie umgaben sich mit grofser Geheimthuerei. Ihre Mitglieder hielten so treu zu einander und zum Geheimbund, dafs in Italien das Sprichwort in Umlauf war: „Auf Carbonaro-Ehre.“

Der Umstand, dafs bei den Festen der Carbonari der Grofsmeister auf den französischen König Franz I. zu toastieren pflegte, rührte von der folgenden Überlieferung her. Während der schottischen Unruhen unter der – übrigens völlig erdichteten – Königin Isabella flüchteten sich zahlreiche hervorragende Personen, um dem Tyrannenjoch zu entgehen, in die Wälder. Um jeden Verdacht einer sträflichen Verbindung von sich abzulenken, beschäftigten sie sich mit Holzhauerei und Köhlerei. Unter dem Vorwand des Verkaufs der Kohle kamen sie in die Dörfer, wo sie leichter mit einander zusammentreffen und Pläne etc. austauschen konnten. Hierbei wandten sie verschiedene Erkennungszeichen und Losungsworte an. Da sie in den Wäldern keine Wohnungen hatten, bauten sie sich aus Baumzweigen rechteckige Hütten. Ihre Wohnungen (vendite) waren in „baracche“ geteilt, deren jede von einem hervorragenden „Guten Vetter“ (Carbonaro) errichtet wurde. In jenem Riesenforst lebte der Einsiedler Theobald, der sich den angeblichen Köhlern anschlofs und ihre Pläne begünstigte, weshalb die Carbonari ihn zum Schutzherrn machten. Nun ereignete es sich eines Tages, dafs Franz I. sich auf der Jagd an den Grenzen seines Reiches in der Nähe von Schottland (!!) plötzlich von seinem Gefolge getrennt sah, den Weg verlor, auf eine der baracche stiefs, in dieser gastfreundlich bewirtet und in den Geheimbund eingeweiht wurde. Nach seiner Rückkehr nach Frankreich habe er sich als dessen Protektor erklärt.

Der Ursprung dieser Sage ist wahrscheinlich in dem Schutze zu suchen, den Ludwig XII. und Franz I. den Waldensern gewährten, die sich in die Dauphiné geflüchtet hatten. Der erwähnte Einsiedler Theobald soll von den ersten Grafen von Brie und der Champagne abgestammt sein. Obgleich reich und hochgestellt, liebte er die Einsamkeit und verliefs das Vaterhaus, um sich mit seinem Freund Gautier in einen schwäbischen Forst zurückzuziehen, wo sie als Einsiedler von gelegentlichen Arbeiten, namentlich aber dem Herstellen von Schmiede-Holzkohle lebten. Nachdem sie mehrere Pilgerfahrten unternommen, liefsen sie sich in der Nähe von Vicenza nieder. Theobald starb 1066, wurde von Papst Alexander III. heilig gesprochen und von den Carbonari zu ihrem Schutzpatron erwählt. Als solchen rufen sie ihn in ihren Hymnen an und man sieht in den vendite gewöhnlich ein Bild hängen, das ihn vor seiner Hütte sitzend darstellt.

Den ersten Spuren eines Köhlerbundes mit politischen Zwecken begegnen wir im zwölften Jahrhundert. Wahrscheinlich bildete er einen Ausflufs der damaligen strengen Waldfrevelgesetze. Um jene Zeit gab es im französischen Departement Jura auch grofse, in ihren Riten den Carbonari ähnliche Verbindungen, die sich „fendeurs“ (= Holzhauer) nannten. Den Nebentitel „gute Vetterschaften“, den sie führten („bons cousinages“), nahmen auch die Carbonari an. Mächtige Grandseigneurs, Mitglieder des verfolgten Templerordens, schlossen mit ihnen geheime Verträge. Es scheint auch, dafs die Fendeurs den ersten und die Carbonari den höheren Grad der Geheimgesellschaft „Carboneria“ bildeten. Mit Hilfe der Genueser „königlichen Carboneria“ dürfte die französische Regierung vor der Grofsen Revolution den Versuch gemacht haben, die alte oligarchische Regierung zu stürzen und Genua für Frankreich zu erobern. Sicher ist, dafs zwischen 1770 und 1790 die meisten Mitglieder der französischen Kammern dem Holzhauerbund angehörten, der auch noch unter Napoleon I. zu bestehen fortfuhr. Nach Süd-Italien gelangte die Carboneria durch zurückgekehrte neapolitanische Flüchtlinge, die in Deutschland und der Schweiz eingeweiht worden waren. Bereits 1807 sprach der neapolitanische Polizeiminister Salicetti von einer carbonaristischen Verschwörung gegen die französische Armee im Neapolitanischen. Vorläufig jedoch war der Bund noch machtlos. Als 1809 der napoleonische Krieg mit Österreich ausbrach und daher ein grofser Teil der französischen Truppen aus Italien zurückgezogen werden mufste, wurde zu Capua die erste Hauptloge (vendita) gegründet.

Diese besteht aus einem scheunenförmigen Raum aus Holz, doch mit Ziegelfufsboden – einer Nachahmung des Mosaikbodens der Freimaurerlogen. Die Stühle haben keine Lehnen. Am Ende des Saales steht auf drei Beinen ein Holzblock (statt eines Tisches), an welchem der Grofsmeister sitzt; an den Seiten stehen zwei gleiche Blöcke für den Redner und den Schriftführer. Auch für die beiden „Gehilfen“ des Grofsmeisters sind solche Blöcke vorhanden. Auf dem Block des Grofsmeisters müssen die folgenden sinnbildlichen Gegenstände liegen oder stehen: ein Leintuch, etwas Wasser, etwas Erde, Salz, Blätter, Stäbe, Feuer, ein Kreuz, eine Weifsdornkrone, eine Leiter, ein Zwirnknäuel, ein blaues, ein rotes und ein schwarzes Band (Rauch, Feuer und Kohle bedeutend), ein leuchtendes Dreieck mit den Anfangsbuchstaben der Losungsworte des zweiten Grades, links davon ein Dreieck mit dem Wappen der Vendita, rechts drei durchsichtige Dreiecke mit den Anfangsbuchstaben der geheimen Worte des ersten Grades. Der Grofsmeister und seine beiden Gehilfen hatten je ein Beil in der Hand. Die Meister sitzen an der einen Wand, die Lehrlinge an der entgegengesetzten. Diese Daten entnehmen wir dem „Carbonari-Codex“, der am eingehendsten in einem Buche

(„Geschichte der süditalienischen Geheimgesellschaften, insbesondere der Carbonari", London 1821) des getauften Juden Baron Bertholdi mitgeteilt ist, der lange russischer Gesandter beim Heiligen Stuhl war.

Das Einweihungszeremoniell der Carbonari ist in seiner seit dem Anfang des neunzehnten Jahrhunderts festgestellten Gestalt das folgende. Der Grofsmeister eröffnet die Loge und fragt:

„Erster Gehilfe, wo wird der erste Grad verliehen?"

Antwort: „In der Hütte eines guten Vetters, in der Loge der Carbonari."

„Wie wird der erste Grad verliehen?"

„Ein Holzblock wird mit einem Tuch bedeckt, auf dem die Grundlagen liegen: Wasser, Feuer, Salz, ein Kruzifix, ein trockener Zweig und ein grüner Zweig. Mindestens drei gute Vettern müssen anwesend sein; der stets von einem Meister begleitete Einführer bleibt draufsen. Der den Einführer begleitende Meister stampft dreimal mit den Füfsen und ruft: „Meister, gute Vettern, ich benötige Beistand." Die guten Vettern umstehen den Holzblock, berühren diesen mit den Stricken, die sie um den Leib tragen, bewegen die rechte Hand von der linken Schulter zur rechten und einer von ihnen ruft aus: „Ich habe die Stimme eines hilfsbedürftigen guten Vetters gehört, vielleicht bringt er Holz zum Speisen der Öfen." Sodann wird der Einführer eingelassen."

Der erste Gehilfe schweigt hier, der Einführer erscheint und es entwickelt sich das folgende Gespräch:

Grofsmeister: „Mein guter Vetter, woher kommst du?"

Einführer: „Aus dem Wald."

G.: „Wohin gehst du?"

E.: „In die Ehrenkammer, um meine Leidenschaften zu beherrschen, meinen Willen zu meistern und carbonaristischen Unterricht zu nehmen."

G.: „Was hast du aus dem Wald gebracht?"

E.: „Holz, Blätter und Erde."

G.: „Was bringst du sonst noch?"

E.: „Glaube, Hoffnung und Barmherzigkeit."

G.: „Wer ist jener, den du hieherführst?"

E.: „Ein im Wald verirrter Mann."

G.: „Was will er?"

E.: „Unserem Orden beitreten."

G.: „Führe ihn herein."

Der Bewerber wird eingelassen, der Grofsmeister stellt ihm mehrere, seinen Lebenswandel und seine Religion betreffende Fragen und läfst ihn den Eid leisten, wobei er knieen und das Kruzifix in der Hand halten mufs:

„Ich verspreche und verpflichte mich auf meine Ehre, die Geheimnisse der guten Vettern nicht zu verraten, mich nicht gegen die Tugend ihrer Frauen und Töchter zu vergehen und jedem hilfsbedürftigen guten Vetter jeden in meiner Macht stehenden Beistand zu leisten. So wahr mir Gott helfe!“

Nun wechseln Grofsmeister und Neuling Frage und Antwort wie folgt:

Was bedeutet der Holzblock? — „Den Himmel und das Erdenrund.“

Was bedeutet das Tuch? — „Dasjenige, was sich bei der Geburt verbirgt.“

Und das Wasser? — „Dasjenige, was zur Reinigung von Ursünde dient.“

Und das Feuer? — „Es zeigt uns unsre höchsten Pflichten.“

Und das Salz? — „Dafs wir Christen sind.“

Und das Kruzifix? — „Es erinnert uns an unsre Erlösung.“

Und der Zwirn? — „An die Mutter Gottes, die ihn gesponnen hat.“

Was bedeutet die Dornenkrone? — „Die Leiden und Kämpfe der guten Vettern.“

Was stellt der Ofen vor? — „Die Schule der guten Vettern.“

Und wie ist es mit dem Baum bewandt, dessen Wurzeln hoch oben in der Luft schweben? — „Wenn alle Bäume so beschaffen wären, würde die Thätigkeit der guten Vettern überflüssig sein.“

In solcher Weise geht es noch längere Zeit weiter bei der Einweihung in den ersten Grad. Die wichtigeren Geheimnisse soll der Neuling erst in den höheren Graden erfahren; zunächst handelt es sich nur darum, seine Einbildungskraft anzuregen und seine Fähigkeiten bezw. Verläfslichkeit zu erproben. Übrigens erklären sich einige der Symbole trotz aller Geheimhaltung gleichsam von selber. So bedeutet der Ofen das gemeinsame Ziel, an welchem der Bund arbeitet. Das brennend erhaltene heilige Feuer ist die Flamme der Freiheit, mit deren Hilfe die Carbonari die Welt erleuchten wollen. Ihr Hauptwahrzeichen, die Kohle, bildet die Quelle des Lichtes und der Wärme, welche die Luft reinigen. Der Wald mit seinen wilden Tieren soll Italien und seine fremden Unterdrücker vorstellen. Der umgekehrte Baum (mit den Wurzeln nach oben) versinnbildlicht die gestürzten Throne. Eine grofse Rolle spielt bei den Carbonari der katholische Mysticismus. Die höchsten Ehren erweisen sie Christo, dem guten Vetter der ganzen Menschheit. Doch bemüht sich der Carbonarismus, die Religion zu vereinfachen und auf ihre Hauptgrundzüge zu beschränken, wie das auch die Freimaurerei thut. Eine weitere Ähnlichkeit mit der letzteren besteht darin, dafs der Kandidat imaginäre Reisen durch Wälder und durch Feuer macht; jede solche Reise hat eine symbolische Bedeutung, doch wird der wahre Sinn im ersten Grad noch nicht enthüllt. Überhaupt mufs man, um die wirklichen Ziele des Bundes kennen zu lernen, in die höheren Grade eingeweiht sein.

Fast der ganze zweite Grad wird von dem Martyrium Christi ausgefüllt – ein Gegenstand, der dem Katechismus etwas sehr Trauriges verleiht. Dies ist darauf berechnet, den Bewerber zu überraschen und zu erschrecken. Die mehrerwähnten Symbole erhalten jetzt neue, ungeahnte Bedeutungen, die sich auf die geringfügigsten Einzelheiten der Kreuzigung Christi beziehen. Die Eingeweihten erlangen die Überzeugung, dafs die ungewöhnlichen, wunderlichen, mit erstaunlicher Künstelei ausgeklügelten Symbole und Auslegungen den Zweck haben, die Feinde des Bundes zu verwirren und ihren Verdacht von dessen eigentlichen Zielen abzulenken. Die beständige Beschäftigung mit den Leiden Christi soll zwei Aufgaben lösen: die erziehliche, den Eingeweihten an den Gedanken der Selbstaufopferung im Notfall zu gewöhnen, und die politische, die abergläubischen und zum Mysticismus neigenden Elemente, die bei aller christlichen Liebe von religiösen Vorurteilen erfüllt sind, für den Bund zu gewinnen. Der Ofen bedeutet hier das heilige Grab, das Rauschen der Blätter die Geifselung des Grofsmeisters des Weltalls u. s. w. Der Kandidat selbst stellt bei den Einweihungserprobungen, denen er sich unterziehen mufs, Jesus dar, während der Grofsmeister den Pilatus, der erste Gehilfe den Kaiphas, der zweite den Herodes „spielt“ und die anwesenden Bundesmitglieder als „Volk“ figurieren. Schliefslich zum Tode am Kreuz verurteilt, wird der Kandidat begnadigt; doch mufs er einen furchtbaren Verschwiegenheitseid leisten und die Verpflichtung eingehen, sich im Falle des Eidbruches zerstückeln und verbrennen zu lassen. Aber auch im zweiten Grad werden die eigentlichen Geheimnisse noch nicht enthüllt.

Der dritte Grad, der des „Grofs-Erwählten“, ist politischer Natur und wird nur unter den gröfsten Vorsichtsmafsregeln und mit der tiefsten Heimlichkeit verliehen, und zwar blofs an solche Bundesgenossen, deren Eifer, Mut, Vorsicht und Bundestreue wohlbewährt ist und die ferner wahre Volksfreunde und als solche bereit sein müssen, die Tyrannen zu bekämpfen. Die Aufnahme erfolgt mittels geheimer Abstimmung; drei schwarze Kugeln genügen zur Ablehnung. Der Kandidat mufs 33 Jahre und 3 Monate alt sein – das Alter Christi an seinem Todestag. Die Einweihung findet in einer an einem entlegenen, nur den „Grofs-Erwählten“ bekannten Ort befindlichen Loge statt, welche dreieckig und an der Ostseite abgestumpft ist. Am Eingang stehen zwei Wächter, nach der Form ihrer Schwerter „Flammen“ genannt. Innen sitzt der Grofsmeister der „Grofs-Erwählten“ auf einem Thron, umgeben von den zwei Gehilfen, hier „Sonne“ und „Mond“ genannt. In den drei Winkeln hängen drei Lampen in Gestalt der Sonne, des Mondes und eines Sternes. Der Bewerber erfährt nun aus dem Katechismus, dafs das eigentliche Ziel des Carbonarismus ein politisches ist, nämlich die Beseitigung der Tyrannen und die Herbeiführung der Freiheit. Die Feierlichkeit schliefst damit, dafs alle Anwesenden niederknieen und ihr Schwert gegen die eigene Brust zücken, während der Grofsmeister den folgenden Eid vorspricht:

„Ich, ein freier Bürger der ausonischen Republik, schwöre vor dem Grofsmeister des Weltalls und dem Grofsmeister der Grofs-Erwählten, mein ganzes Leben dem Sieg der Grundsätze der Freiheit, der Gleichheit und des Fortschrittes widmen zu wollen – Grundsätze, die die Triebfeder aller öffentlichen und geheimen Thätigkeit des Carbonarismus bilden. Ich verspreche, bis zum Tode zu fechten, falls es unmöglich sein sollte, die Freiheit ohne Kampf zu erringen. Für den Fall, dafs ich meinen Eid brechen sollte, gestatte ich meinen guten Vettern, den Grofs-Erwählten, mich umzubringen. Ich will mich in einer Loge nackt und mit einer Dornenkrone auf dem Kopf ans Kreuz schlagen, mir den Bauch aufschlitzen, die Eingeweide und das Herz ausreifsen lassen . . . Schwöret!“

Die Versammelten rufen laut: „Wir schwören!“ Bei diesen Veranstaltungen spielt das theatralische Element eine grofse Rolle; offenbar dachten die Organisatoren daran, dafs auf die Eingeweihten nach Möglichkeit Eindruck hervorgebracht werde.

Der vierte und höchste Grad, der eines Grofsmeisters der Grofs-Erwählten, ist nur jenen Carbonari zugänglich, die die gröfste Intelligenz und Thatkraft an den Tag gelegt haben. Während die guten Vettern in der Loge versammelt sind, wird der Bewerber mit verbundenen Augen hereingeführt. Zwei Mitglieder, die die beiden Schächer des Neuen Testaments vorstellen, bringen Kreuze herbei und befestigen sie im Erdboden. Einer der angeblichen Schächer wird nun als Verräter an der Bundessache angesprochen und zur Kreuzigung verurteilt. Er fügt sich in sein Schicksal, wird mit Seidenstricken ans Kreuz gebunden und stöfst, um den Kandidaten zu täuschen, Weherufe aus. Der Grofsmeister verurteilt auch den andern Dieb zur gleichen Strafe; dieser aber schreit: „Ich fluche euch und tröste mich mit dem Gedanken, dafs ich werde gerächt werden. Fremdlinge werden alle Carbonari bis zum letzten ausrotten. Wisset, dafs ich euer Versteck den Anführern der feindlichen Armee verraten habe und dafs ihr ihnen binnen kurzem in die Hände fallen werdet. Nun machet mit mir, was ihr wollt.“ Jetzt wendet sich der Grofsmeister an den Kandidaten, um ihn auf die schwere Bestrafung der Verräter hinzulenken und ihm zu sagen, dafs auch er, wenn er Grofsmeister der Grofs-Erwählten werden wolle, ans Kreuz gefesselt werden und an seinem Leibe die heiligen Zeichen empfangen müsse, durch die alle Grofsmeister einander erkennen; auch müsse er einen Eid leisten, worauf die Augenbinden entfernt, er vom Kreuz abgenommen und mit den Insignien des vierten Grades bekleidet werden würde. Er wird denn auch wirklich fest ans Kreuz gebunden und dreimal in den rechten, siebenmal in den linken Arm, dreimal unterhalb der linken Brust gestochen. Auf ein Zeichen des Grofsmeisters wird ihm die Augenbinde abgenommen. Sodann umstellen ihn die Versammelten, zücken ihre Dolche und Schwerter gegen ihn und bedrohen ihn für den Fall des Verrats mit einem noch schlimmeren Tod; dabei beobachten sie scharf, ob er Angst verrät. Nun trinken sie siebenmal auf seine Gesundheit und der Grofsmeister erklärt ihm die wahre Bedeutung der Symbole; er mufs versprechen, die Abschrift – gedruckt darf sie nicht werden – eher zu verschlucken oder zu verbrennen, als sie in fremde Hände fallen zu lassen. Schliefslich spricht der Grofsmeister von dem nahen Sieg der bereits begonnenen Revolution und endet mit den Worten: „Sehr bald werden die der Willkür müden Völker über die Tyrannen triumphieren! Sehr bald . . .“

Da unterbricht ihn der verstocktere der beiden Schächer mit dem Ausruf: „Sehr bald werdet ihr alle zu Grunde gehen!“ Und schon hört man aufserhalb der Grotte den Lärm von Kämpfern und das Geräusch von Waffen. Einer der Wächter stürzt herein, um zu melden, dafs man die Thüre einbrechen wolle und sofort werden Schläge gegen dieselbe hörbar. Die guten Vettern eilen zu der hinter den Kreuzen angebrachten und für den Neuling daher unsichtbaren Thüre, der Lärm wird immer gröfser, man hört österreichische Soldaten schreien, die Carbonari kehren in scheinbarer Unordnung – wie von einer Übermacht überwältigt – zurück, sprechen dem noch immer am Kreuz hängenden Neuling Mut zu und verschwinden durch den sich unter ihnen öffnenden Fufsboden. Jetzt treten Mitglieder in der verhafsten Uniform der Fremdlinge ein, thun verwundert ob des Verschwindens der Carbonari und wollen die drei Gekreuzigten töten; sie laden ihre Gewehre und legen zum Schiefsen an; da fliegen plötzlich einige Kugeln herein, die Soldaten fallen scheinbar tot nieder, die guten Vettern erscheinen wieder und rufen: „Sieg! Tod der Tyrannei! Lange lebe die ausonische Republik! Hoch die Freiheit! Es lebe die von den tapferen Carbonari eingesetzte Regierung!" Die scheinbar toten Soldaten und die fingierten Diebe werden schleunigst hinausgeschafft und der Kandidat, vom Kreuz losgemacht, wird vom Grofsmeister unter sieben Axtschlägen als ein Grofsmeister der Grofs-Erwählten ausgerufen. Damit schliefsen die Einweihungsriten.

Die Bedeutung der Symbole im vierten Grad macht das Druckverbot derselben erklärlich. Das Kreuz dient zur Kreuzigung des Tyrannen, die Dornenkrone soll ihm das Haupt zerstechen, an dem Faden – d. h. Strick – soll er zum Gerüst geführt werden, die Leiter dient ihm zum Emporsteigen, die Blätter stellen die ihm Füfse und Hände durchbohrenden Nägel vor, die Spitzhacke wird ihm die Brust zerfleischen und sein unreines Blut vergiefsen, die Axt den Kopf vom Rumpf trennen, das Salz die Verwesung des Kopfes verhindern, damit er als Denkmal der Niedertracht der Willkürherrscher fortdauere. Die Stange soll den Kopf tragen, der Ofen den Leib verbrennen, die Schaufel die Asche in die Winde verstreuen, das Wasser die Hände von dem vergossenen Blut des Verhafsten reinigen, das Leintuch die Flecken wegwischen. Die baracca hat den Zweck, den Tyrannen vor seiner Tötung zu foltern. Der Wald ist der Ort, wo die guten Vettern ihr wichtiges Ziel zu erringen trachten. Diese Einzelheiten entnehmen wir den Berichten über das Gerichtsverfahren in Sachen der neapolitanischen Verschwörung der Carbonari.

Innerhalb des Geheimbundes hatten alle Mitglieder falsche Namen. In einem Buch waren die echten, in einem anderen die angenommenen Namen verzeichnet. Jedes Buch wurde anderswo verborgen gehalten, damit die Polizei, falls sie etwa eins entdeckte, die Leute nicht identifizieren könne. Die höheren Würdenträger hiefsen „grofse Lichter"; darunter befanden sich die „Insinuatoren", die „Censoren", die „Skrutatoren" u. s. w. Die mit den gefährlichsten Aufgaben betrauten „Vettern" nannte man „verlorene Hoffnung"; „Festsitzende" hiefsen jene, die wegen zu geringer Fähigkeiten oder wegen Mangel an Mut nie über den ersten Grad hinauskamen. Die Carbonari hatten eine eigene Zeitrechnung, die mit Franz I. begann. Auch hatten sie Losungsworte und Erkennungszeichen. Die Dekoration bestand im Lehrlingsgrad aus einem schwarzen, einem blauen und einem roten Band, im Meistergrad aus einer Schleife in diesen drei Farben. Wie sehr der Carbonaribund vom Geist der Freiheit und Gerechtigkeit erfüllt war, geht aus einem interessanten carbonaristischen Schriftstück hervor, dessen Entstehungszeit unbekannt ist und das wir hier auszugsweise mitteilen:

„Italien, dem neue Zeiten einen neuen, reinen, klangvollen Namen – Ausonia – geben werden, mufs von seinen drei

Meeren bis zum höchsten Gipfel der Alpen frei sein. Das Gebiet der Republik wird in 21 Provinzen geteilt sein, deren jede einen Vertreter in die Nationalversammlung entsenden soll. Jede Provinz mufs ihre örtliche Volksvertretung haben und jeder Bürger, ob reich oder arm, darf sich um jedes öffentliche Amt bewerben. Die Wahl der Richter ist durch strenge Vorschriften geregelt. Es soll zwei Könige (?) geben: einen fürs Land und einen fürs Meer; die souveräne Nationalversammlung wählt sie auf 21 Jahre. Sämtliche Bürger von Ausonia sind Soldaten. Alle nicht zum Schutz des Landes gegen das Ausland notwendigen Festungen müssen geschleift werden. Längs der Küste wären neue Häfen zu bauen, auch wäre die Flotte zu vergröfsern. Das Christentum soll die Staatsreligion sein, doch soll jedes andre Glaubensbekenntnis geduldet werden. Solange der zur Zeit der Verkündigung dieser Verfassung regierende Papst lebt, kann das Kardinalskollegium im Gebiet der Republik wohnen; nach dem Tode des Papstes wird das Kardinalskollegium aufgehoben. Die erblichen Titel und die Feudalrechte werden abgeschafft. Die Zahl der Krankenhäuser, Wohlthätigkeitsanstalten, Schulen, Kollegien u. s. w. wird erheblich vermehrt werden. Die Todesstrafe darf nur über Mörder verhängt werden; an die Stelle aller übrigen Strafen tritt Deportation auf eine der zur Republik gehörigen Inseln. Die Klöster werden beibehalten; doch kann kein Mann vor dem 45. Lebensjahr ein Mönch, kein Weib vor dem 40. eine Nonne werden, und selbst nach dem Ablegen der Gelübde darf man, wenn man will, in den Schofs der Familie zurückkehren. Das Bettelwesen ist verboten; das Land giebt den arbeitsfähigen Armen Beschäftigung und den Arbeitsunfähigen Unterstützung. Die Gräber hervorragender Männer kommen an die Landstrafse zu stehen; die Ehrung durch Bildsäulen erfolgt durch die souveräne Versammlung. Der Verfassungsvertrag kann nach je 21 Jahren revidiert werden."

Aufser dem vierten Grad („Grofsmeister der Grofs-Erwählten") gab es einen noch höheren, ganz geheimen – genannt „der Siebente" – in den aber nur sehr wenige eingeweiht wurden. Nur diese wenigen kannten das wahre Ziel des Carbonarismus; nur sie wufsten, dafs dasselbe mit dem der Illuminaten identisch sei. Der Eingeweihte Johannes Witt von Döring berichtet in seiner Selbstbiographie, dafs der Aufnahmebewerber jeder Regierung – ob despotisch oder demokratisch – Vernichtung schwören mufste. Nach de Witt „lacht der summo maëstro ob des Eifers der gewöhnlichen Carbonari, die sich für die Freiheit und Unabhängigkeit Italiens opfern. Ihm gilt dies nicht als das Ziel, sondern nur als ein Mittel. Mir wurde bei Verleihung dieses Grades der Name Giulio Alessandro

Jerimundo Werther Domingone gegeben.“ Die Verleihung erfolgte entweder in der Loge oder durch schriftliche Mitteilung; da nun de Witt auf letzterem Wege ernannt wurde und folglich keinen Verschwiegenheitseid geleistet hatte, glaubte er manches über den Gegenstand veröffentlichen zu können. Einiges über den Lebenslauf dieses merkwürdigen Mannes wird unsere Leser lebhaft interessieren, denn er spielte in der Geheimbündelei des neunzehnten Jahrhunderts eine grofse Rolle.

Im Jahre 1800 zu Altona geboren, wurde de Witt frühzeitig von dem Alsener Pastor Meier unterrichtet, der dem Jakobinerklub angehört hatte. Im Alter von 17 Jahren bezog er die Kieler, später die Jenenser Universität. 1818 schlofs er sich der „Burschenschaft“ an und bald ward er von den „Schwarzen Rittern“ aufgenommen, weshalb er nach England fliehen mufste, wo er im Londoner „Morning Chronicle“ zahlreiche skandalerfüllte Artikel über die deutsche Politik und die deutschen Fürsten veröffentlichte. Auf Einladung des Barons Eckstein, der sein Oheim war und im französischen Polizeiministerium die Stelle eines General-Inspektors bekleidete, ging er nach Paris, wo er sich des Schutzes des Justizministers Grafen Serre erfreute, obgleich er mit französischen und italienischen Verschwörern vertrauten Verkehr pflegte. 1821 lebte er in Genf als „General-Inspektor der schweizerischen und deutschen Carbonari.“ Kurz darauf in Savoyen ergriffen, wurde er nach Turin gebracht, dort aber vom österreichischen Oberbefehlshaber, Feldmarschall Bubna, der ein Freimaurer war, mit der gröfsten Hochachtung behandelt, denn in der Freimaurerei bekleidete de Witt einen viel höheren Rang als Bubna. Als die Turiner Gesandten aller Höfe – mit Ausnahme des englischen – de Witts Auslieferung verlangten, gestattete Bubna ihm gegen das Ehrenwort, keinen Fluchtversuch zu machen, nach Mailand zu gehen, wo er im Hause des Polizeidirektors Baron Göhausen mit grofser Auszeichnung empfangen wurde, und frei umhergehen konnte. Bubna hatte sich der österreichischen Regierung gegenüber persönlich für das sichere Gewahrsam de Witts verbürgt; als dieser jedoch sah, dafs die österreichischen Behörden Vorbereitungen für das Gerichtsverfahren gegen ihn trafen, schrieb er an Bubna, er sei zur Flucht entschlossen. Zwar ordneten die Behörden nun seine strenge Gefangenhaltung an, aber innerhalb einer Woche befand er sich im Besitz von 1200 Lire Reisegeldes sowie eines Bundes von Nachschlüsseln zu allen Thüren des Gefängnisses, und der Oberkerkermeister, der ihn allzu scharf überwacht hatte, wurde nach Mantua versetzt. So ward es ihm sehr leicht gemacht, nach Genua zu entfliehen. Von dort wollte er nach Spanien; da er indes alle nach Spanien gehenden Schiffe unter Polizeiaufsicht stehend fand, begab er sich in die Schweiz. Etwa ein Jahr verbrachte er unter allerlei falschen Namen teils daselbst, teils in Deutschland. Sämtliche deutschen Regierungen schrieben für seine Ergreifung hohe Belohnungen aus, aber hochstehende Beamte liefsen ihm anonyme Verständigungen darüber zukommen, dafs ihm die Polizei auf der Spur sei. Trotzdem war er unvorsichtig genug, sich in Bayreuth erwischen zu lassen; allein kaum war er gefangen, besuchten ihn einige hohe Beamte – wahrscheinlich Freimaurer – um ihm Schutz und Freundschaft anzubieten. Aus Berlin hielten ihn die Häupter der preufsischen Freimaurerei insgeheim auf dem Laufenden über die gegen ihn erhobenen Beschuldigungen; infolgedessen wurde er in allen Punkten freigesprochen und erlangte seine Freiheit wieder. Der berühmte italienische Geschichtschreiber Cesare Cantù wirft de Witt vor, er habe sich in alle revolutionären Bewegungen Europas nur darum einweihen lassen, um sie zu verraten und um zwischen ihnen Zwietracht zu säen. Und wenn man de Witts spätere Laufbahn in Betracht zieht, klingt das nicht ganz unwahrscheinlich. 1828 verheiratete er sich mit einer reichen Dame und kaufte in Oberschlesien ein Rittergut, auf dem er bis 1855 lebte, und zwar bekannte er sich zu so rückständigen Grundsätzen, dafs man ihn beschuldigte, ein Ultramontaner zu sein, was ihm viele Angriffe seitens der demokratischen Partei zuzog.

Der folgende Plan soll im Jahre 1813, als Napoleons Stern im Sinken begriffen war, von den italienischen Carbonari der britischen Regierung unterbreitet worden sein; doch bezweifeln wir seine Echtheit: Italien soll frei und unabhängig sein. Seine Grenzen sollen die drei Meere und die Alpen bilden. Korsika, Sardinien, Sicilien, die Sieben Inseln, sowie die Inseln an den Küsten des mittelländischen, des adriatischen und des Ionischen Meeres werden einen integrierenden Bestandteil des römischen Reiches ausmachen. Rom wird die Hauptstadt des Reiches sein. Sobald die Franzosen die Halbinsel geräumt haben, ist der neue Kaiser aus der Herrscherfamilie von Neapel oder Piemont oder England zu wählen. Illyrien hätte ein selbständiges Königreich zu bilden, das dem König von Neapel als Ersatz für den Verlust Siciliens zu verleihen wäre.

Das ungeheure Anwachsen des Geheimbundes begann die italienischen Herrscher zu beunruhigen, insbesondere Murat, den König von Neapel, dessen Furcht durch den Staatsrat Dandolo vergröfsert wurde, der ihm schrieb: „Sire, der Carbonarismus breitet sich in Italien immer mehr aus; wenn möglich, befreien Sie Ihr Königreich davon, denn dieser Geheimbund ist den Thronen feindlich gesinnt.“ Der Genueser Maghella jedoch, Murats Polizeiminister, riet dem König, sich gegen Napoleon offen aufzulehnen, die Unabhängigkeit Italiens auszusprechen und daher die Carbonari zu begünstigen. Allein Murat, zu unentschieden, um sich zu derlei zu entschliefsen, erklärte sich gegen die Carbonari. Die von ihm ergriffenen Mafsregeln hatten aber nur zur Folge, dafs der Bund immer thätiger wurde und die Hoffnungen der verbannten, im benachbarten Sicilien den Gang der Ereignisse beobachtenden Bourbonen sich wieder belebten. Die Carbonari, von Murat proskribiert, wurden von England und den Bourbonen begünstigt. Die nach Palermo entsandten Emissäre einigten sich mit der verbannten Königsfamilie über einen Plan. England — dem es hauptsächlich um den Sturz Napoleons zu thun war — lockte die Carbonari mit dem Versprechen einer freisinnigen Verfassung und zwang die Bourbonen, eine solche für den Fall der Wiedereinsetzung zuzusichern. Murat sandte General Manhès aus, die Carbonari zu vertilgen. Viele ihrer Führer wurden denn auch ergriffen und hingerichtet; dennoch gelang es dem Bund, eine zeitweilige Erhebung zu Gunsten der Bourbonen zustande zu bringen, aber dieselbe wurde von der energischen Königin Karoline in Abwesenheit Murats bald unterdrückt. Um diese Zeit erhoben sich innerhalb der Geheimgesellschaft Meinungsverschiedenheiten. In Erkenntnis der Schwierigkeiten, die Bewegungen einer so umfangreichen Körperschaft zu lenken, beschlossen die führenden Persönlichkeiten, Reformen zu bewirken. Sie führten diesen Entschlufs rasch und insgeheim durch und schlossen zahlreiche unzuverlässige Elemente aus. Diese sollen angeblich den Namen calderari (= Kohlenpfannen) angenommen und die Carbonari furchtbar gehafst haben. Murat schwankte eine Zeitlang zwischen den beiden Gesellschaften und entschied sich schliefslich für die viel zahlreicheren Carbonari, allein es war zu spät, denn sie hatten kein Vertrauen zu ihm und kannten überdies das Verzweifelte seiner Lage. Er kam zu Fall.

Im Jahre 1817 wurde eine umfassende Organisation entdeckt, die den Zweck hatte, alle Carbonari-Verbindungen zu einem grofsen Bunde zu vereinigen. Die Entdeckung geschah infolge eines reinen Zufalls. Bei einem am 24. Juni unternommenen Erhebungsversuch zu Macerata gingen nämlich zwei Musketen vorzeitig los. Viele leitende Carbonari wurden in Rom eingekerkert und im Oktober 1818 auf Anordnung des Papstes vor Gericht gestellt. Fünf traf das Todesurteil, das der Papst jedoch in lebenslängliche Haft verwandelte; drei auf Lebenszeit zu den Galeeren Verurteilte begnadigte der Papst zu zehn Jahren. Durch diesen Prozefs erfuhr man, dafs die „Republikanischen Schutzbrüder" — eine carbonaristische Vereinigung — auf eine Giftphiole und ein rotglühendes Eisen schwören mufsten, „die

Geheimnisse der Gesellschaft niemals zu enthüllen und sich für den Fall des Eidbruchs vergiften und mit einem glühenden Eisen brennen zu lassen.“

König Ferdinand hatte, um wieder ans Ruder zu kommen, die Carbonari begünstigt. Da er jedoch in Wirklichkeit gegen diese wegen ihrer Freiheitsliebe eine Abneigung hatte, wendete er sich gegen sie, nachdem er wieder fest auf dem Throne safs. Sie, die nicht nur den König wieder eingesetzt, sondern in Kalabrien und den Abruzzen auch die öffentliche Sicherheit hergestellt hatten und die so verehrt worden waren, dafs der Papst die Priester und Mönche predigen liefs, jedem Carbonaro stehe ohne weiteres das Thor des Paradieses offen – sie wurden jetzt als Feinde Gottes und der Menschen hingestellt. Der König verweigerte die Einhaltung seiner Zusagen und verbot den Carbonari, sich zu versammeln. Der Fürst von Canosa, der Polizeiminister, beschlofs, sie auszurotten. Zu diesem Zweck vereinigte er die Räuber, die bei den blutigen Ereignissen von 1799 eine Rolle gespielt hatten, zu einem neuen Bund, an dessen Spitze er selbst trat und dem beizutreten er die carbonarifeindlichen Calderari einlud. Er liefs die Mitglieder den folgenden Eid leisten:

„Ich, ... , verspreche und schwöre bei der heiligen Dreifaltigkeit, auf dieses Kreuz und dieses Schwert, das Rachewerkzeug für die Meineidigen, dafs ich als römischer Katholik im apostolischen Glauben leben und sterben werde. Ich schwöre, dafs ich diese Religion und die Gesellschaft der Treuen Freundschaft und der Calderari mit meinem Blut verteidigen werde. Ich schwöre, dafs ich niemals das Leben, die Ehre oder das Eigentum der Kinder der Treuen Freundschaft verletzen werde. Ich schwöre ewigen Hafs aller Freimaurerei und ihren verabscheuenswerten Förderern, sowie allen Jansenisten, Materialisten, Illuminaten etc. Ich schwöre, dafs ich, falls ich aus Schlechtigkeit oder Leichtsinn meineidig werden sollte, mich umbringen und dann verbrennen lassen will.“

Aus der Sache wurde jedoch nichts, da der König den Minister, als er erfuhr, was dieser ohne sein Vorwissen unternommen hatte, entliefs und verbannte. Der Aufstand von Cadiz (1819), infolge dessen Ferdinand VII. von Spanien seinem Volk verfassungsmäfsige Rechte gewähren mufste, ermutigte die italienischen Carbonari wieder, doch waren sie uneinig und so wurden ihrer viele verbannt oder eingekerkert. 1820 gelang es ihnen unter Führung des Abbéo Menichini, eine Verfassung zu erringen, was ihren Einflufs erhöhte und zur Errichtung zahlreicher neuer Logen führte. Das kam so. 1815–1820 waren dem Bunde im Neapolitanischen allein über 200 000 neue Mitglieder aus allen Bevölkerungsschichten beigetreten, darunter viele Priester, Mönche, Politiker und Soldaten. Vergeblich wendete der Polizeichef von Neapel, Giampietro, die grausamsten Mittel an, um den Bund zu unterdrücken. Die Erbitterung des Publikums wurde immer gröfser. Da geschah es am 1. Juli 1820, dafs die Offiziere Morelli und Silvati nebst 120 Mann von ihrem Regiment zu Nola desertierten und in Begleitung Menichinis und mehrerer hervorragenden Carbonari nach Avellino marschierten, wo sich ihnen der Truppenkommandant, Oberstleutnant de Concili – ebenfalls ein Carbonaro – anschlofs. Als diese Ereignisse in Neapel bekannt wurden, eilten viele der dort garnisonierenden Soldaten und die meisten Universitätsstudenten in das Lager de Concilis. Alle Carbonari bereiteten sich darauf vor, ihren aufständischen Genossen Hilfe zu leisten. Der König, der den General Pépé des Freisinns verdächtigte, verwarf den ihm erteilten Rat, diesen General gegen die Aufwiegler zu entsenden und entsandte lieber den General Carrascosa, der am 4. Juli Neapel verliefs. Tags darauf wurden aus Nocera General Nunziante und aus Salerno General Campana gegen die Insurgenten ausgeschickt. Carrascosa wollte es, ehe er zum Blutvergiefsen schritt, mit Unterhandlungen versuchen; allein ehe die letzteren eingeleitet werden konnten, erlitt Campana eine Niederlage, während Nunziantes Truppen sich um die Fahne des Carbonarismus scharten und zu de Concili übergingen.

Nun beabsichtigte Carrascosa mit des Königs Einverständnis, die Führer des Aufstandes mit hohen Geldsummen zu bestechen, damit sie die gute Sache im Stiche lassen und das Land verlassen; doch konnte er seine Absicht nicht ausführen, denn inzwischen hatten sich in Neapel die Bevölkerung und der Rest der Garnison gegen den König erhoben, der in seiner gänzlichen Vereinsamung zum Nachgeben gezwungen war. Der Herzog von Piccotellis begab sich mit fünf anderen Carbonari in den Palast und nötigte Ferdinand zu einer Unterredung, bei der er die unverzügliche Verkündigung einer Verfassung forderte. Zwei Stunden später gab der König die Verfassung, die er bald auch feierlich beschwor. Er lud die Oberhäupter des Bundes an den Hof und sein Sohn, der Herzog von Kalabrien, wurde ein Carbonaro. Durch seine Zulassung schadete die Geheimgesellschaft sich aufserordentlich, denn nun erfuhren Hof und Polizei mühelos alle Zeichen, Losungsworte, Sinnbilder und Geheimnisse der Carbonari. Als Rufsland, Preufsen und Österreich mit Einmischung drohten, beschlossen einige der ältesten Carbonari in einer geheimen Zusammenkunft, den König im Schlofs von St. Eleno zu internieren, aber der Beschlufs wurde nicht ausgeführt. Um den gefährdeten Herrscher zu retten, lud die

Heilige Allianz ihn ein, an dem Kongrefs von Laibach teilzunehmen und das neapolitanische Parlament war so thöricht, ihn ziehen zu lassen. Noch am Bord des Schiffes wiederholte der verräterische Despot die Versicherung, die gewährte Verfassung einhalten zu wollen; aber kaum in Laibach eingetroffen, erklärte er, nur gezwungen eine Verfassung bewilligt zu haben und entschlossen zu sein, dieselbe zu verleugnen und als absoluter Monarch nach Neapel zurückzukehren. Der Papst entband ihn seines Eides und befahl den Priestern in einer feierlichen Enzyklika, das Beichtgeheimnis zu verletzen, so oft dies zu Ungunsten der Carbonari nötig sein sollte. Auf Ersuchen Ferdinands sendete Österreich fünfzigtausend Mann nach Neapel mit einer russischen Armee im Hintergrund. Das Gefolge des Königs trug Kokarden mit der Inschrift: „Es lebe die absolute Macht Ferdinands I.!“ So hielt dieser Tyrann seine Zusicherungen!

Am 23. März 1821 rückten die Österreicher in Neapel ein und nun stillte der Tyrann seinen Rachedurst im Blute seiner Unterthanen in ergiebigster Weise. Alle früheren Gnadenakte wurden widerrufen, täglich fanden Hinrichtungen statt, Tausende angesehener Bürger schmachteten in den entsetzlichen unterirdischen Kerkern von San Stefano, Pantelleria oder der sicilischen Straf-Inseln, während zahlreiche andere sich dem Zorn des Königs durch die Flucht ins Ausland entzogen. Erst nach vier Jahren (1825) wagte sich der Carbonarismus wieder hervor und 1835 verband er sich mit dem Jungen Italien, das die gleichen politischen Ziele verfolgte: die Vertreibung der Fremdlinge und die Einigung Italiens.

Der Herzog von Modena hatte, in der Hoffnung, mit Hilfe der Carbonari die Herrschaft über Sardinien, Venetien, die Lombardei und die kleinen Herzogtümer zu erlangen, mit dem Geheimbund kokettiert und dadurch Menotti, den hervorragendsten Patrioten Mittel-Italiens, ermuntert, bei einem Versuch, die Fremdlinge zu vertreiben, auf seinen Beistand zu rechnen. Als der Herzog jedoch sah, dafs Frankreich, auf dessen Mitwirkung er gezählt hatte, sich ablehnend verhielt, liefs er die Carbonari im Stich und trat gegen sie auf. Dafür zwangen sie ihn zur Flucht nach Mantua; auch Marie Louise, Herzogin von Parma und Witwe Napoleons, trieben sie in die Verbannung. Allein schon nach wenigen Wochen wurden beide durch die Österreicher wieder eingesetzt; der Herzog liefs Menotti hinrichten und überfüllte die Gefängnisse von Modena mit Patrioten. Graf Arrivabene schrieb: „Unbeschreiblich waren die Schrecknisse der modenesischen Kerker, wie ich sie damals sah. Ausgenommen die Schandkäfige in den päpstlichen und den neapolitanischen Staaten, läfst sich nichts damit vergleichen.“

Nun nahm der Carbonarismus den Namen „Italienische Einheit“ an. Die gerichtliche Verfolgung dieser geheimen Gesellschaft zu Neapel im Jahre 1850 brachte ihre Erkennungszeichen und Losungsworte an den Tag.

Die Carbonari des Kirchenstaates strebten die Beseitigung der weltlichen Macht des Papstes an und bereiteten alles für den Augenblick vor, da man den Tod des erkrankten Oberhauptes der Kirche erwartete. In Macerata wurden beträchtliche Vorräte und zahlreiche Truppen angesammelt, aber die unerwartete Genesung des heiligen Vaters verhinderte die Ausführung der Verschwörung. Die Anführer fielen durch Verrat in die Hände der Regierung und wurden schwer bestraft.

Auch in den lombardo-venezianischen Staaten gab es Carbonari-Logen, deren angesehenste der „Italienische Bund“ war. Sie bezweckten die Beseitigung der verhafsten Fremdherrschaft. Aber sie richteten nichts aus und viele ihrer bedeutendsten Mitglieder büfsten ihre Bestrebungen zuerst am Mailänder Pranger und dann in österreichischen Gefängnissen; so z. B. Silvio Pellico, Confalonieri, Torelli, Maroncelli, Castiglia u. a.

In Frankreich wurde der Carbonarismus unter dem Namen „Philadelphier“ (auch „Adelphes“) durch Joubert und Dugied eingeführt, die, 1820 wegen Beteiligung an revolutionären Bewegungen geflüchtet, in Italien Carbonari geworden waren und nach ihrer baldigen Rückkehr dem Carbonarismus Eingang verschafften, und zwar mit so grofsem Erfolg, dafs die Gesellschaft sich rasch ausbreitete; die Universitätsstudenten traten fast alle bei und auch in der Armee wurden Ventas errichtet mit Lafayette als Oberhaupt. Logen gab es in La Rochelle, Poitiers, Bordeaux, Niort, Kolmar, Neu-Breisach und Belfort. In der letztgenannten Stadt wurde noch 1821 ein Aufstandsversuch gemacht, der aber scheiterte, weil die Regierung durch falsche Carbonari von der Sache Wind bekommen hatte. Aus dem gleichen Grund mifsglückten auch die übrigen ähnlichen Versuche. Bei den Vorbereitungen zur Julirevolution (1830) spielte der Geheimbund eine gewisse Rolle; im grofsen ganzen jedoch kann man nicht behaupten, dafs er angesichts seiner hohen Mitgliederzahl und der ihm zur Verfügung gestandenen reichen Mittel auch nur einigermafsen angemessene Ergebnisse erzielt habe.

Auch in Deutschland bestanden viele Carbonari-Logen. Eine derselben, der „Totenbund“, erregte 1849 durch ihre Entdeckung grofses Aufsehen. Damals verhaftete die Bremer Polizei einen gewissen Hobelmann, Erzieher im Hause eines thüringischen Edelmannes, denn er erwies sich als das Oberhaupt des „Totenbundes“, der so hiefs, weil seine Mitglieder jeden Gegner seiner politischen Zwecke umbringen sollten. Die Polizei erwischte die

Satzungen und ein langes Verzeichnis von zum Tode verurteilten Personen. Nach Spanien gelangte der Carbonarismus um 1820 durch Flüchtlinge aus Italien; die gröfste Verbreitung fand er in Katalonien. Anfänglich von wenig Bedeutung, gewann er 1822 eine gröfsere Wichtigkeit dadurch, dafs er sich im Streite zwischen den spanischen Freimaurern und den Comuneros auf die Seite der ersteren stellte. Als sich jedoch die Comuneros mit den Freimaurern aussöhnten (1823), wendeten sich diese beiden Geheimgesellschaften gegen die Carbonari, die demzufolge jedes Ansehen verloren.

Wie die Freimaurer ihre Adoptivlogen hatten, liefsen die Carbonari Frauen zu. Die weiblichen Mitglieder erhielten Blumennamen und führten die Gesamtbezeichnung „giardiniere“ (= Gärtnerinnen). Ihre Haupt-Aufgaben waren: den Feind auszuspionieren und das Los der eingekerkerten Bundesbrüder zu erleichtern. Das letztere war oft nicht schwierig, denn da viele weibliche Mitglieder der „Barmherzigkeitsgesellschaft“ zugleich giardiniere waren, hatten sie in ersterer Eigenschaft freien Zutritt zu den österreichischen Gefängnissen in Piemont und konnten daher in ihrer zweiten Eigenschaft die kärgliche Gefängniskost der Carbonari nach Belieben ergänzen.

Moselklub und Tugendbund.

Um 1737 lebte in Weimar ein Zimmermann namens Vogt, den man, weil er aus Trarbach an der Mosel stammte, den „Moseler“ nannte. Er errichtete eine Wirtschaft, welche besonders von den Studenten stark besucht wurde. Diese gründeten im Lauf der Zeit den „Moselklub“, der sich 1762 in einen politischen Verein verwandelte, dessen Aufgabe die Erhebung Preufsens zur leitenden Macht Deutschlands bildete. Die Mitglieder verpflichteten sich sogar, Friedrich dem Grofsen, der ein Freimaurer war, bewaffnete Hilfe zur Verfügung zu stellen. Neun Jahre später entstand innerhalb des Moselklubs ein engerer Geheimbund, der „Freundschaftsorden“, welchem namentlich Elsässer und Badenser angehörten und dem nur Mitglieder des Moselklubs beitreten konnten. Das Erkennungszeichen bestand in einem eigenartigen Händedruck und im Berühren des Gesichts. Die Genossen trugen ein an einem gelben Band befestigtes Kreuz. 1783 wurde ein Eid der Treue eingeführt, den die Aufnahmebewerber über vier Schwertern schwören mufsten, die auf einem mit vier brennenden Kerzen versehenen Tisch gekreuzt lagen. Die-

Formel lautete: „Sollte ich meinem gegebenen Wort und Versprechen untreu werden, so sollen meine Brüder das Recht haben, die hier liegenden Degen gegen mich zu brauchen und mich für meinen Bundesbruch zu strafen.“ In Jena, Giefsen, Erfurt, Göttingen, Marburg und Erlangen wurden Logen errichtet. Die Studenten lehnten sich gegen die Universitätssatzungen auf, was 1779 zu einer gerichtlichen Untersuchung und zur Auflösung des Ordens führte, der jedoch alsbald unter dem Namen „Schwarzer Orden“ (in Halle „Die Unionisten“) wieder auflebte. Zwar schlief er nach wenigen Jahren ein, allein bis in die Mitte des neunzehnten Jahrhunderts gab es in Deutschland allerlei Geheimgesellschaften, in denen die Universitätsstudenten die Hauptrolle spielten. Besonders zahlreich waren solche Verbindungen zwischen 1819 und 1842; im letztgenannten Jahre bestanden ihrer, wie sich bei den einschlägigen amtlichen Nachforschungen ergab, nicht weniger als 32.

Wie wenig die betreffenden Geheimbündler von den durch den Sturz Napoleons I. wiedereingesetzten Herrschern erbaut waren, geht schon aus der einen Thatsache hervor, dafs das Junge Deutschland den Geburtstag des Königs von Preufsen mit dem Beschiefsen seines Porträts feierte. Die Satzungen behandelten nicht nur den Verrat, sondern schon die blofse Indiskretion mit grofser Strenge. So z. B. schrieb Dr. Breidenstein im Juni 1834 an Mazzini, dafs ein Mitglied des Jungen Deutschland, Strohmayer, zum Tode verurteilt worden sei, obgleich er kein Verräter war; man fürchtete lediglich seine Indiskretion. Im November 1835 fand ein Milchmann im Zürcher Sihlthal die mit 49 Dolchwunden bedeckte Leiche des Studenten Louis Lessing, der wegen – freilich unerwiesenen – Spionageverdachts vom Jungen Deutschland zum Tode verurteilt worden war.

Während Napoleon I. in Deutschland einen aus gefügigen Königen und Fürsten bestehenden Hof bilden konnte, gab es daselbst auch unbestechliche, wahrhaft tugendreiche Männer, die dem Tyrannen Hafs schworen. Freilich hegten diese Personen keine bestimmten Pläne und liefsen sich durch trügerische Hoffnungen verleiten. Ihre Führer stellten die kühneren Elemente in den Vordergrund gleichsam als die zum Untergang bestimmte Vorhut, welche die Aufgabe hat, die die Haupttruppen vom Siege trennende Kluft auszufüllen. Zu dieser Vorhut gehörten vor allem Mosqua, Lehmann, Velhagen, Both, Bardeleben, Baczko und Krug, die im Frühling 1808 in Königsberg mit Genehmigung des Königs von Preufsen den „sittlich-wissenschaftlichen Verein“, gemeiniglich „Tugendbund“ genannt, ins Leben riefen. Die Zwecke waren: Aufrichtung der durch Unglück verzweifelten Gemüter, Linderung physischen und sittlichen Elends, volkstümliche Jugenderziehung, Reorganisierung des Heeres, Pflege von Patriotismus und Königsfreundlichkeit. Diese Aufgaben waren die offenkundigen; das geheime Hauptziel jedoch richtete sich auf die Abschüttlung des französischen Jochs. Während Berlin sich ganz kühl verhielt, fand der Bund in Schlesien und Pommern viel Anklang. Einer grofsen Ausbreitung desselben stand mancherlei im Wege. Viele ängstliche Leiter von Behörden untersagten ihren Angestellten den Beitritt. Auch schadete der Umstand, dafs Preufsen sich nicht schon 1809 der Erhebung Österreichs anschlofs, sowie das Scheitern der Schillschen Unternehmung gegen Jerome Bonaparte, die man irrigerweise dem Tugendbund zuschrieb. Von bedeutenden Menschen traten dem Tugendbund bei: Boyen, Witzleben, Grolmann, v. Thile, v. Ribbentrop, Merkel, Ladenberg, Eichhorn, Manso etc.

Die napoleonische Polizei entdeckte den Bestand des Tugendbundes, den der König auf Andrängen des genialen korsischen Abenteurers am 31. Dezember 1809 auflöste – jedoch nur scheinbar; in Wirklichkeit verbarg der Bund sich nur besser hinter der Freimaurerei. Seine Ziele wurden während Steins Verbannung vom „Turnvater“ Jahn aufgegriffen, der 1811 den berühmten Turnverein gründete, dem die Blüte der Berliner Jugend angehörte. Stein behielt zu Petersburg seine patriotischen Pläne im Auge und blieb mit den Berliner Patriziern in Verbindung. Er und Blücher waren dem Tugendbund günstig gesinnt; dagegen gab es am preufsischen Hof auch eine dem Bund feindselige Partei, an deren Spitze die Generale Bülow und Schuckmann standen, allerdings ohne sich deshalb für Napoleon zu erwärmen. Ganz besonders bundesfreundlich war die Partei des Freiherrn v. Nostitz, der die „Vereinigung der Ritter der Königin von Preufsen“ gründete, welche die dieser Fürstin von Napoleon zugefügten Beleidigungen rächen und die Schmach von Jena auslöschen wollte; namentlich in der letzteren Aufgabe berührte sie sich mit dem Tugendbund.

Eine der Hauptthaten des Tugendbundes war die Entsendung von Hilfstruppen, die Rufsland im Feldzuge von 1813 beistehen sollten. Die Ereignisse hatten Preufsen zum Aufgeben seiner Zauderpolitik gezwungen; Gneisenau, Scharnhorst und Grolmann nahmen die militärischen Pläne des Tugendbundes auf und eine Massenaushebung wurde angeordnet. Aber so rühmenswert die Thätigkeit jener Patrioten auch war, arbeiteten sie gegen Napoleon doch nur, um ihrem Vaterland – freilich gegen ihren Willen – schliefslich eine Regierung zu geben, deren Willkür noch drückender war als die des Franzosenkaisers. Diese Männer kämpften, wie man nur für eine wirklich grofse Sache zu kämpfen pflegt, und die Sterbenden glaubten denn auch die Morgenröte der deutschen Freiheit anbrechen zu sehen, aber die Überlebenden erkannten bald, wie sehr sie sich geirrt hatten. In seinen Hoffnungen getäuscht, wurde der Tugendbund aufgelöst, doch traten seine Mitglieder anderen Vereinigungen bei, die teils schon bestanden, teils erst ins Leben gerufen wurden. Die von Jahn geleiteten „Schwarzen Ritter“ (gegründet 1815), so genannt wegen ihrer schwarzen Kleidung, blieben nach dem Krieg ebenso bestehen wie die „Ritter der Königin von Preufsen“. Dr. Lang stellte sich an die Spitze der „Konkordisten“, die jedoch keine grofse Rolle spielten. Mehr Bedeutung hatte der 1810 gestiftete „Deutsche Bund“, welcher die Einführung von Vertretungskörpern für die verschiedenen Staaten Deutschlands anstrebte und in seinem Schofse den noch geheimeren „Verein der Unbedingten“ barg, der freisinnige Ideen nötigenfalls auch ohne die Mitwirkung des Volkes fördern wollte. Diese Gesellschaft, deren Vorhandensein zuerst von der westfälischen Regierung entdeckt wurde, führte in ihrem Siegel einen unter dem Freiheitsbaum ruhenden Löwen und die phrygische Mütze. All die erwähnten Geheimbünde standen mit einander in Verbindung. Jahn war in Preufsen, Dr. Lang im Norden und Baron Nostitz im Süden thätig.

Nach Napoleons Sturz trachtete die preufsische Regierung insgeheim, den Tugendbund zu unterdrücken. Sie wagte nicht, ihn offen anzugreifen, liefs ihn aber von Soldschreibern anrempeln. Schmalz schmähte ihn so sehr, dafs Niebuhr und Schleiermacher sich zu entrüsteten Protesten veranlafst sahen. Am meisten empörte die Deutschen die gemeine Weise, in der Schmalz den „heiligen“ Arndt verleumdete. Der Pamphletist hatte mehrere Zweikämpfe zu bestehen und selbst die Gunst des preufsischen Hofes konnte ihn nicht gegen persönliche Mifshandlungen schützen. Nun schritt der König selber ein, indem er eine Verordnung erliefs, in welcher er die Einstellung des Streites befahl, zugab, den Tugendbund als „litterarisch-wissenschaftlichen Verein“ zu einer Zeit begünstigt zu haben, da das Vaterland der Hilfe desselben bedurfte, und erklärte, dafs in Friedenszeiten geheime Gesellschaften nur schädlich, nie nützlich sein können, folglich zu verbieten seien.

Das Verbot führte jedoch nicht zur gänzlichen Beseitigung der Geheimbünde, sondern nur zu ihrem Wiederaufleben unter neuen Namen. So folgte dem Tugendbund 1818 die „Burschenschaft“, die an den Universitäten das Turnen und militärische Übungen einführte und von Jahn übrigens bereits 1810 geplant war. Neben einem preufsischen Zentralausschufs hatte sie Unterausschüsse an den Universitäten zu Halle, Leipzig, Jena, Göttingen, Erlangen, Würzburg, Heidelberg, Tübingen und

Freiburg. Deutschland war in zehn Bezirke geteilt und es gab zweierlei Zusammenkünfte: vorbereitende und geheime. Die Mitglieder der letzteren entsprachen den früheren „Schwarzen Rittern“ und faſsten die wirkliche Befreiung Deutschlands ins Auge, denn die durch Belle-Alliance bewirkte war nur eine scheinbare. Da Ruſsland als der gröſste Gegner der patriotischen Bestrebungen der Burschenschaft galt, richteten sich diese ganz besonders gegen den politischen Einfluſs der Regierung des Zars. Russenhaſs drückte dem Mörder Kotzebues, dem Jenenser Studenten Karl Ludwig Sand, am 9. März 1819 den Dolch in die Hand. Dieser Mord hatte eine strengere behördliche Überwachung der Universitäten, das unbedingte Verbot aller geheimen Verbindungen und die Maſsregelung einiger hervorragenden Professoren wegen ihrer politischen Meinungen zur Folge. Die Burschenschaft wurde aufgelöst, lebte aber 1830 wieder auf. Der von einigen Studenten am 3. April 1833 unternommene Frankfurter Putschversuch, der den Sturz der Willkürherrschaft und die Einführung einer Verfassung bezweckte, führte zur Verfolgung vieler Burschenschaftsmitglieder und zur endgültigen Unterdrückung der geheimen Verbindungen.

Der Babismus.

Der Stifter Ali Mohammed. — Ausbreitung. — Babs Lehren. — Schisma. — Neuere Geschichte. — Grausame Verfolgungen. — Die Freimaurerei in Persien.

„Bab“ ist ein Titel, kein Name. Der Gründer des persischen Babismus hieſs Ali Mohammed und soll ein Abkömmling der Familie des Propheten gewesen sein. 1819 zu Schiras als Sohn eines Kaufmannes geboren, widmete er sich anfänglich dem Handelsstande, begann aber bereits 1840 seine neue Lehre zu verkünden. Er nannte sich den „Bab“, d. h. Mahdi oder Thüre der Wahrheit und pilgerte drei Jahre später nach Mekka. Der Schah lieſs ihn nach seiner Rückkehr verhaften und von 1844 bis 1849 zu Ispahan und Täbris in Halbgefangenschaft halten. Zum Tode durch Erschieſsen verurteilt, wurde er mit Stricken an den Mauern der Citadelle aufgehängt und zwölf Soldaten schossen auf ihn. Nachdem die Rauchwolken sich verzogen hatten, bemerkte man, daſs der Bab verschwunden war — eine geschickt ins Werk gesetzte Machenschaft behufs

Erweckung des Glaubens an ein Wunder. Bald wieder ergriffen, wurde er abermals zum Tode verurteilt; näheres weifs man nicht, doch soll er erschossen worden sein.

Seine lange Gefangenschaft und sein geheimnisvolles Ende trugen zur Ausbreitung seiner Lehren ebenso bei wie die Thatsache, dafs er zu seinen Lebzeiten ab und zu Raserei-Anfälle hatte. Bekanntlich gelten im Osten – manchmal sogar auch im Westen – die Verrückten für inspiriert. Auch verschmähte der Bab, gleich allen Propheten, nicht den Gebrauch weltlicher Mittel zur Bekanntmachung seiner Lehren. Am meisten unterstützte ihn die hohe Beredtsamkeit und aufserordentliche Schönheit eines Mädchens aus guter Familie, Kurratu-l-Ayn, die eine der ersten Babistinnen war und für ihren Glauben den Märtyrertod erlitt. 1848 unterzog der damalige Kronprinz Nasr-ed-din, der vor einigen Jahren als Schah einem babistischen Attentat zum Opfer fiel, den Bab einer auf dessen Lehren bezüglichen Prüfung, wobei dem Thronfolger eine Anzahl von Geistlichen an die Hand ging. Das Ergebnis war seine Verurteilung zur Bastonnade; infolge dessen soll er alles widerrufen haben. Da uns jedoch lediglich mohammedanische, also befangene Quellen zu Gebote stehen und die Untersuchung geheim war, dürfte die Geschichte von dem Widerruf kaum wahr sein.

Der Babismus verfolgt nicht nur theologische, sondern auch politische Zwecke. Seine Bestrebungen waren – im Gegensatz zur Rückständigkeit der persischen Herrscher – reformatorischer Art, und das Volk nahm ihn leicht an, weil er geeignet schien, die Willkürwirtschaft der das Land aussaugenden Provinzgouverneure zu überwinden. Als die Babisten sich stark genug fühlten, nahmen sie Besitz von der Stadt Masanderan in der Nähe von Barfurusch; aber sie mufsten sich, weil die kaiserlichen Truppen ihnen die Lebensmittelzufuhr abschnitten, ergeben und wurden insgesamt niedergemetzelt. Ein Jahr später (1848) erhoben sich nach der Thronbesteigung Nasr-ed-dins etwa tausend Babisten gegen ihn, doch wurden sie von einem Oheim des neuen Schahs besiegt; die dreihundert Überlebenden, die sich gegen das Versprechen, dafs ihnen das Leben geschenkt werden würde, ergaben, erlitten einen grausamen Tod. 1849 bekehrte der Babistenführer Mulla Mohammed Ali siebentausend von den zwölftausend Einwohnern der Stadt Sandschan, besetzte diese und vertrieb den Gouverneur aus der Citadelle; im Kampf mit den gegen ihn ausgesandten 18000 Mann kaiserlicher Truppen fielen 8000 Personen; die überlebenden Babisten mufsten sich ergeben und wurden unter furchtbaren Foltern umgebracht. 1850 predigte der mehr ehrgeizige als fanatische Babist Se-id Jahia Darabi den Babismus und gewann zweitausend Anhänger, mit deren Hilfe er die Stadt Niris besetzte; allein die Truppen des Schahs eilten herbei, erdrosselten ihn mit seinem eigenen Gürtel und töteten seine ausgehungerten Anhänger.

Zwei Jahre darauf begingen einige Babisten ein Attentat auf den Schah. Die eingeleitete Untersuchung ergab, dafs es in allen gröfseren Städten Persiens umfangreiche Vereinigungen von Babisten und Lautis gab, die den Sturz der herrschenden Dynastie anstrebten. Alle erwiesenen Anhänger des Babismus wurden öffentlich oder insgeheim hingerichtet und es brach auf Anordnung Nasr-ed-dins eine fast zwei Jahre dauernde Schreckenszeit voll Tod und Verderben an. Der Zorn und die Beunruhigung des Schahs waren so grofs, dafs er den teuflischen Plan ersann, die Anhänglichkeit seiner Unterthanen dadurch zu erproben, dafs er alle Klassen der Gesellschaft zur Rache an den Babisten heranzog. So z. B. mufsten die Fàrraschen (wörtlich „Teppichleger“, in Wirklichkeit die asiatischen Liktoren) den Mann umbringen, der den den Monarchen verwundenden Schufs abgefeuert hatte; sie thaten es, indem sie ihm viele Schnittwunden beibrachten, in diese brennende Kerzen steckten, die dann eine Zeitlang das Fleisch verbrannten, bis der Unglückliche schliefslich entzweigesägt wurde. Das Marstall-Personal bewies seine Königstreue dadurch, dafs es dem ihm „anvertrauten“ Opfer glühende Hufeisen an die Füfse nagelte und dann den Kopf mit Nägeln und Keulen zertrümmerte. Die Artilleristen mufsten einem Babisten die Augen ausstechen und ihn nachher aus einer Kanone feuern. Die Teheraner Kaufleute versetzten einem anderen Babisten so lange je eine Wunde, bis er starb. Vambéry erwähnt in seinen „Wanderungen und Erfahrungen in Persien“ einen gewissen Kasim aus Niris, der mit brennenden Kerzen in Wunden, mit glühenden Hufeisen und dem Ausreifsen aller Zähne gemartert wurde, ehe man ihm mit einer Keule den Schädel einschlug.

Dies nur wenige Beispiele der Grausamkeit, mit welcher der „liebenswürdige“ Monarch wütete, dem nachmals die Bevölkerung der europäischen Weltstädte mit so viel Begeisterung zujubelte! Statt der Unterdrückung des Babismus hatten diese schrecklichen Verfolgungen dessen desto gröfsere Ausbreitung zur Folge; er nahm nicht nur in Persien mit erstaunlicher Schnelligkeit zu, sondern griff sogar nach Indien hinüber. Aufser Angehörigen der niedrigen Klassen traten der Sekte auch viele gebildete und reiche Personen bei. Blofs die Christen Persiens und die Mitglieder der Nuseirijeh-Sekte hielten und halten sich dem Babismus fern.

Die babistische Lehre ist in dem, dem Bab selber zugeschriebenen Buche „Bij-jan“ enthalten, das aus drei Teilen besteht, die zu verschiedenen Zeiten entstanden sind. Dieser Babisten-Koran ist grofsenteils rhapsodischer Natur und an zahlreichen Stellen unverständlich. Es wimmelt darin von Mysticismus, entartetem Platonismus, guebristischen Brocken und Magiertum; auch an Einflüssen des Christentums und der französischen Philosophie des achtzehnten Jahrhunderts fehlt es nicht; die letzteren dürften durch die Freimaurerei nach Persien gedrungen sein, obgleich, wie wir alsbald sehen werden, die Maurerei in diesem Land keine besondere Rolle gespielt hat. Zu den abergläubischen Vorschriften des Bij-jan gehört das Tragen von Amuletten: für dic Frauen in Kreis-, für die Männer in Sternform, während bezüglich der Toten empfohlen wird, ihnen Karneolringe an die Finger zu stecken. Das sind Anklänge an das aramäische Heidentum. Das „heilige“ Buch behauptet ferner die Göttlichkeit des Bab; er und seine Jünger seien Verkörperungen höherer Mächte und sollen vierzig Tage nach ihrem Tod in anderen Gestalten wiedererscheinen. „Gott erschuf die Welt durch seinen Willen; der Wille drückte sich in Worten aus; da nun die Worte aus Buchstaben bestehen, besitzen diese Buchstaben göttliche Eigenschaften.“ Der Zahlenwert der Buchstaben, aus denen die babistischen Namen Gottes bestehen, beträgt immer 19; demgemäfs bestehen die kirchlichen Körperschaften der Sekte stets aus 19 Priestern, ihr Jahr ist in 19 Monate zu 19 Tagen geteilt und das Ramadanfasten dauert statt 30 nur 19 Tage.

Ali Mohammed, der Bab, wählte achtzehn Jünger aus, die er „Buchstaben des Lebendigen“ nannte und die zusammen mit ihm, dem „Ersten Punkt“ (d. h. der Punkt der Offenbarung, aus dem alle erschaffen sind und zu dem alle zurückkehren) die heilige Hierarchie der Neunzehn (oder „die erste Einheit“) bildeten. Den vierten Platz in dieser Rangordnung nahm Mirza Jahija ein, der daher nach dem Tode des Ersten Punktes und der zwei ersten Buchstaben zum Oberhaupt der Sekte aufrückte. Aber ein anderes Mitglied der ersten Einheit, Mirza Hussein Ali, genannt Beha, behauptete, derjenige zu sein, durch den nach des Bab Prophezeiung Gott seine endgültige Offenbarung am Jüngsten Tag kundthun werde. Der Anspruch Behas hatte ein Schisma zur Folge, so dafs der Babismus seither zwei Sekten hat: die Behaiten und die Ezeliten; Mirza Jahija hiefs nämlich auch Subh-i-Ezel (= „Morgen der Ewigkeit“). Die meisten Babisten sind Behaiten, und Jahija lebt in der Verbannung zu Famagusta auf Cypern.

In der Frauenfrage sind die Babisten den übrigen Asiaten so voraus, dafs sie die Lage der Frauen zu heben wünschen. Sie bemühen sich um die Abschaffung des Schleiers und wollen dem schwachen Geschlecht alle bürgerlichen Rechte des starken zugestehen. Während der Stifter des Babismus den Genuſs des Tabaks untersagte, gestattete Beha denselben. Wie gegen jede neue Sekte, werden auch gegen die Babisten allerlei Beschuldigungen erhoben: sie seien Kommunisten, treiben Vielmännerei (jedem Weib seien neun Gatten gestattet), trinken Wein u. dgl. m.; doch ist nichts von alledem bewiesen worden. Angeblich erkennen sie sich an besonderen Arten des Gruſses und an Ringen von eigentümlicher Form. Sie tragen eine charakteristische Frisur und kleiden sich in der Regel weiſs. Obgleich der Babismus erst etwas über ein halbes Jahrhundert alt ist, „erfreut“ er sich bereits einer Unmenge von theologischen Streitschriften; die Menschen streiten eben von jeher am meisten und liebsten über Dinge, von denen sie am wenigsten verstehen!

Vielleicht ist der Babismus berufen, in Asien noch eine bedeutende Rolle zu spielen. Inzwischen bietet er der Mitwelt Gelegenheit, die Entwickelung einer neuen Religion zu beobachten, die dem Priestertum eine über die königliche weit hinausreichende Macht zuweist, es sei denn, daſs der König selber ein Babist wäre, was er, falls die Sekte je die Oberhand gewinnen sollte, auch wirklich sein müſste, wenn er seine Würde bewahren wollte, da der Bab gelehrt hat, daſs nur Babisten bürgerliche Rechte genieſsen können, Andersgläubige aber nicht. Zur Vergröſserung des Einflusses der Priester ist für den Gottesdienst möglichst groſser Pomp vorgeschrieben und die Tempel sollen mit den kostbarsten Erzeugnissen der Natur und der Kunst ausgeschmückt werden.

Vorläufig will sich keine der beiden Sekten des Mohammedanismus mit den Lehren der Babisten befreunden. Die in Persien vorherrschenden Schiiten wollen besonders davon nichts wissen, daſs der Bab der verheiſsene Mahdi sein solle. Des letzteren Kommen sollte nach der Offenbarung von Wunder-Erscheinungen begleitet sein, während beim Auftreten Ali Mohammeds solche selbstverständlich nicht wahrnehmbar waren. Auch die neue Scheich-Schule ist dem Babismus ungünstig gesinnt. Im Anfang des neunzehnten Jahrhunderts verkündete der Scheich Achmed von Ahsa einen neuen Glauben, der, obgleich von den Rechtgläubigen für ketzerisch gehalten, viele Anhänger fand. Achmed starb 1827 und hatte seinen Jünger Hadschi Seid Kasim zum Nachfolger. Dieser prophezeite bei seinem Tode (1844) das Erscheinen eines Mannes, der ihn an Bedeutung übertreffen werde. Diese Gelegenheit ergriff Ali Mohammed, um sich als jenen Mann, den Bab, auszugeben und er wurde von der alten Scheich-Partei kräftig unterstützt, während ein Teil der Anhänger Seid Kasims sich als neue Scheich-Schule lostrennte und ihn heftig befehdete. Der Bab nannte den Anführer der neuen Partei „Quintessenz des Höllenfeuers“ und wurde von ihm seinerseits in einer Abhandlung, die sich „Die Vernichtung der Falschheit“ betitelte, gründlich abgeführt, worauf noch andere gegenseitige Angriffe folgten.

Die schändlichen Babistenverfolgungen des Schahs Nasr-ed-din im Jahre 1852 hatten das Ergebnis, dafs die Sekte sich 44 Jahre lang äufserlich ruhig verhielt, obgleich die Anzahl ihrer Mitglieder allmählich aufs Doppelte anwuchs. Trotz der langen Ruhe kam es in neuerer Zeit wieder zu Verfolgungen. Im Jahre 1863 schlug ein Perser, der eine Europareise gemacht hatte, dem Schah vor, eine Freimaurerloge zu gründen und selber deren Grofsmeister zu werden, wodurch er eine moralische Bürgschaft für die Treue seiner Unterthanen hätte, da zweifellos alle angesehenen und hervorragenden Persönlichkeiten beitreten und maurerische Eide nie gebrochen würden. Der Schah erteilte die Erlaubnis zur Errichtung, liefs sich aber nicht einweihen. Die Loge Feramusch-chanèk (= „Haus der Vergessenheit“, weil man beim Verlassen der Loge alles dort Gesehene und Gehörte vergessen sollte), trat alsbald ins Leben und der Monarch veranlafste alle Höflinge zum Anschlufs an dieselbe. Auf seine Fragen nach den Vorgängen daselbst erhielt er unklare Antworten; die Mitglieder hatten einen moralischen Vortrag angehört, Thee getrunken und Tabak geraucht. Da es dem Herrscher unglaublich vorkam, dafs hinter den ihm als so schrecklich geschilderten Geheimnissen der Freimaurerei nicht mehr stecken sollte, vermutete er, dafs man ihm das meiste vorenthalte. Seinen Mifsmut hierüber benutzten die Gegner der Neuerung unter seinen Ratgebern zur Andeutung, die Loge diene wahrscheinlich den ärgsten Ausschweifungen und sei vielleicht sogar ein Versammlungsort von Babisten. Die vermeintlichen Ausschweifungen mochten noch hingehen, aber der Gedanke an den Babismus führte zur schleunigsten Schliefsung der Loge und zur Verbannung jenes europäisch gesinnten Persers, der die Anregung zu ihrer Eröffnung gegeben hatte. Und bald begannen wieder die direkten Babistenverfolgungen, glücklicherweise in viel kleinerem Mafse als früher. 1888 wurden Seid Hassan und Seid Hussein auf Anordnung des damaligen Kronprinzen hingerichtet, weil sie sich weigerten, den Babismus abzuschwören. Ihre Leichname schleppte man bei den Füfsen durch die Strafsen und Bazare von Ispahan und warf sie dann durch das Festungsthor zur Stadt hinaus. Im Oktober desselben Jahres liefs die Geistlichkeit den Babisten Aga Mirza Aschraf umbringen und die Leiche in der schrecklichsten Weise verstümmeln. 1890 griff eine Pöbelrotte die Babisten des Bezirkes Seh-deh an und tötete ihrer sieben bis acht, die Leichen nachher verbrennend. Der Schah soll die grundlosen fanatischen Überfälle auf Babisten wiederholt mifsbilligt haben; allein das schützte ihn nicht vor der Rache für seine eigenen früheren Verfolgungen, und am 1. Mai 1896 wurde er bekanntlich erschossen. Der Mörder war Mirza Mohammed Risa aus Kirman, ein Anhänger des 1891 wegen eines Versuches zur Entthronung Nasr-ed-dins verbannten Dschemal-ed-din; er war auserwählt worden, den Schah zu töten – ob seine Hinrichtung die Babisten wohl von anderen Attentaten abschrecken wird? Hierüber wie überhaupt über die Zukunft der Sekte sich eine Meinung zu bilden, ist ungemein schwer. Da die Babisten aber mäfsig, keusch, fromm und opferwillig sind, dürften sie, falls sie jemals die herrschende Sekte werden sollten, Persien gründlich umgestalten. Nach den Erfahrungen der Entwickelungslehre ist es nicht einmal unwahrscheinlich, dafs es so kommen wird. Und Persien bedarf gar sehr der Umgestaltung seiner Zustände.

Die Nihilisten.

Bedeutung des Wortes „Nihilist“. – Die Pioniere des Nihilismus: Bakunin, Herzen, Tschernischewski, Netschajew. – „Unters Volk gehen“. – Der Nihilismus wird aggressiv. – „Land und Freiheit“. – Grofse Prozesse. – Sophia Bardina. – Die Schreckenspartei. – Wjera Sassulitsch. – Attentate gegen hohe Beamte. – Goldenberg und Solowjew. – Attentate auf Alexander II. – Verfolgungen und Hinrichtungen. – Die Explosion im Winterpalast. – Die Ermordung des Zars. – Die Mine in der Gartenstrafse. – Die angeblichen Verfassungspläne Alexanders II. – Die Proklamation an Alexander III. – Neuerliche Verfolgungen. – Ignatiews Politik. – Nihilisten und Juden. – Vorsichtsmafsregeln zum Schutz des neuen Zars. – Attentat auf Tscherewin. – Niederlagen der Nihilisten 1882. – Die Krönung Alexanders III. und der Nihilismus. – Attentat auf Sudeikin. – Das Attentat von Gatschina. – Die Odessaer Attentate. – Prozess der Vierzehn. – Neugestaltung der Partei. – Wiedererscheinen des „Volkswille“. – Niedergang des Nihilismus. – Lauter Mifserfolge und Niederlagen. – Neueste Geschichte. – Einnahmequellen. – Geheime Druckereien. – Sicherheitsmafsregeln.

Der Ausdruck „Nihilist“ kommt zu allererst bei Iwan Turgeniew vor. In seinem Roman „Väter und Söhne“ bezeichnet Arkadi seinen Freund Bazarow als einen „Nihilisten“. – „Nihilist? Ich glaube, das ist jemand, der nichts zugiebt.“ – „Oder vielmehr jemand, der vor nichts Respekt hat, sich keiner Autorität beugt und keinen Grundsatz – und möge derselbe noch so allgemein hochgehalten werden – ohne Prüfung hinnimmt.“ Diese ursprüngliche Definition trifft längst nicht mehr zu. Lange Zeit in verächtlichem Sinn gebraucht, wurde das Wort von denen, gegen die es sich wenden sollte, in ähnlicher Weise mit Stolz aufgegriffen, wie einst die Bezeichnung „Geusen“ vom niederländischen Adel.

Die ersten Nihilisten waren keineswegs Verschwörer, sondern lediglich Mitglieder eines litterarisch-philosophischen Vereins, der zwischen 1860 und 1870 bestand. Erst die Pariser Kommune und die Internationale brachten die russische Jugend auf den Gedanken, geheime Verbindungen ins Leben zu rufen behufs Verbreitung der freisinnigen Ideen, welche von Michael Bakunin und Alexander Herzen schon seit längerer Zeit gepredigt worden waren. Diese zwei Männer und der Verfasser des 1863 erschienenen Romans „Was soll geschehen?“, Tschernischewski, können als die eigentlichen Väter des wirklichen Nihilismus angesehen werden. Tschernischewski, dessen Roman die Geister mächtig erregte, wurde nach Sibirien verbannt. Herzen, der 1869 starb, strebte eine friedliche Umgestaltung der russischen Verhältnisse an, während Bakunin († 1878) für deren gewaltsame Umwälzung mittels einer Erhebung in Gemeinschaft mit mehreren anderen zu revolutionierenden Ländern Europas schwärmte. Das Programm der 1874 gegründeten bakuninischen ultraradikalen Partei lief darauf hinaus, „die Thatkraft nicht an Zukunftsorganisationen zu verschwenden, sondern unverzüglich ans Zerstörungswerk zu schreiten.“

Ein andrer hervorragender Pionier war der unermüdlich thätige und hochbegabte Autodidakt Sergei Netschajew, ein Petersburger Schulmeister. Im Jahre 1869 setzte er eine Verschwörung ins Werk, die zwar nicht den Tod, wohl aber die Thronentsetzung des Zars bezweckte. Doch wurde nichts daraus. Netschajew hatte nämlich einen intimen Freund, den Studenten Iwanow, der nicht so weit gehen wollte wie er, sich daher mit ihm zerschlug und mit seinem Austritt aus der geheimen Verbindung drohte. Da die letztere Verrat befürchtete, ermordete Netschajew am 21. November 1869 Iwanow. Die Entdeckung dieses Verbrechens führte zur Aufdeckung dieser Verschwörung und wegen Teilnahme an ihr wurden 87 Personen vor Gericht gestellt (1871), darunter Fürst Tscherkesow, der den Bund mit gröſseren Geldsummen unterstützt hatte. Über den Fürsten verhängte das Gericht den Verlust aller Rechte und Vorrechte sowie fünfjährige Verbannung nach Sibirien. Netschajew selbst entkam nach der Schweiz, wurde jedoch, nachdem die russische Regierung auf seinen Kopf einen hohen Preis ausgesetzt hatte, mit Hilfe des Züricher Polizeileiters, der dafür 20000 Francs erhielt, an Ruſsland ausgeliefert, obgleich der Stadtrat sich gegen die Auslieferung kräftig verwahrte. Zu zwanzigjähriger Zwangsarbeit in Sibirien verurteilt, wurde er, weil man ihn wegen seiner groſsen organisatorischen und agitatorischen Fähigkeiten nicht aus dem

Auge lassen wollte, nicht nach Sibirien geschickt, sondern in den fluchtsichersten Teil der Festung Petropawlowsk gesperrt und überdies anfänglich derart an eine Metallstange gekettet, dafs er nur sehr unbequem liegen, stehen oder sitzen konnte. Aber selbst im Kerker gelang es ihm, Anhänger zu gewinnen. Der Kaiser und mehrere hohe Staatsbeamte besuchten ihn, um ihn über Wesen und Aussichten der Umsturzpartei auszufragen; er besafs jedoch so viel Selbstverleugnung, dafs er lieber im Gefängnis blieb, als etwas zu verraten. Sein weiteres Schicksal ist nicht bekannt. Er soll an den Folgen einer grausamen Züchtigung gestorben sein, die er wegen eines Streites mit dem Kerkeraufseher erlitt. Die Nihilisten betrauerten gar sehr den Verlust dieses ebenso mutigen wie selbstlosen Mannes.

Zu den frühesten Ergebnissen der erwachten Begeisterung für soziale und politische Freiheit gehörte der Eifer, mit welchem viele junge Leute „unters Volk gingen“. Jünglinge und Mädchen aus angesehenen oder reichen, sogar auch adeligen Familien entsagten der Annehmlichkeit und Sicherheit des häuslichen Lebens, der Liebe und Achtung ihrer Verwandten, den Vorteilen von Rang und Stellung, um sich unter die Bauern und Arbeiter zu mischen, deren Kleidung, Kost und Arbeit teilend. Sie thaten dies, um sie über die Menschenrechte zu belehren und ihnen radikale Grundsätze beizubringen. Im Winter 1872 scharte Fürst Peter Krapotkin in einer Hütte bei St. Petersburg eine Anzahl von Arbeitern um sich. Am Don-Ufer that der reiche Kosak Obrutschow dasselbe. Der Offizier Leonidas Schiseko wurde, um agitieren zu können, in einer Petersburger Fabrik Handweber. Der Offizier Demetrius Rogatschew ging mit einem Freund ins Gouvernement Twer, wo sie als Holzsäger für den Nihilismus Propaganda machten. Die Aristokratin Sophia Perowskaja, die Tochter des Generalgouverneurs von Petersburg, verlegte sich auf das Impfen von Bauernkindern. Unter den jugendlichen Schwärmerinnen befanden sich auch die Töchter dreier Wirklicher Staatsräte und eines Generals. Aus einem geheimen amtlichen Bericht vom Jahre 1875 geht hervor, dafs es bereits 1870 – 71 in 37 Gouvernements revolutionäre Vereine gab, die zumeist Schulen, Fabriken, Werkstätten und Niederlagen verbotener Schriften unterhielten – lauter Propagandamittel, zu denen noch die Verbreitung von Flugblättern trat. Gröfsere Erfolge wurden aber nur in den gebildeteren Kreisen erzielt; so z. B. opferten der Agitation der Student Germolow sein ganzes Vermögen, der einstige Friedensrichter Woinaralski vierzigtausend Rubel. Die bei den Bauern erzielten Ergebnisse hingegen entsprachen keineswegs der aufgewendeten Mühe. Der russische Bauernstand ist eben zu unwissend und furchtsam; auch fehlte es vielen der eifrigen Apostel an der nötigen Vorsicht und das bewirkte, dafs sie die Aufmerksamkeit der Behörden erregten und verhaftet wurden. Mittels Kerkers, Galgens, Verbannung und grausamer Behandlung rottete die Regierung die ganze Bewegung aus.

Das Scheitern des theoretischen Nihilismus zeitigte den praktischen, kämpfenden. Die davongekommenen Nihilisten setzten an die Stelle der friedlichen Propaganda die aggressive. Zunächst bildeten sie in verschiedenen Bezirken Gruppen, denen die Aufgabe zufiel, nur unter solchen Bauern zu agitieren, die ihnen als vorsichtig und intelligent bekannt waren. Anfänglich (1876 bis 1878) wurde die hauptstädtische Gruppe „Die Troglodyten" genannt, später jedoch „Land und Freiheit" – nach dem Titel des von ihr herausgegebenen geheimen Organs. Besonders grofs war die Moskauer Gruppe, die zumeist aus ehemaligen Züricher Universitätsstudenten – darunter mehreren Mädchen – bestand, die teilweise Scheinheiraten eingingen, welche in Wirklichkeit fast nie vollzogen wurden und nur den Zweck hatten, die Genossinnen unabhängig und pafsfähig zu machen. Sie selbst nannten diese Ehen in ihren Briefen „Possen" und vor Gericht stellte sich oft heraus, dafs die betreffenden Mädchen trotz ihrer abenteuerlichen Lebensweise und ihres vertrauten Umganges mit Männern fast durchweg tugendhaft blieben.

Die „Gruppen" erzielten keine sonderlichen Erfolge. Die Riesigkeit des Reiches, die Trägheit und Gleichgültigkeit des Volkes, die Notwendigkeit gröfster Vorsicht – all dies vereitelte die Anstrengungen der Agitatoren erheblich. Die leitenden Personen schrieben verzweifelte Briefe; einer lautete: „Die Nachrichten aus dem Süden sind unbefriedigend. . . Wir senden euch Bücher und Revolver. . . Tötet, schiefset, thuet etwas, rufet Unruhen hervor!" An Büchern und Geld fehlte es durchaus nicht. Im März 1875 erfolgten viele Verhaftungen, die zur Folge hatten, dafs in Moskau eine Zentralstelle errichtet wurde, welche die Agitatoren mit Geld, Schriften, falschen Pässen u. s. w. versorgte, vor drohenden Gefahren warnte, in Geheimschrift korrespondierte und mit den Häftlingen Verbindungen unterhielt. Doch wurde diese Zentralstelle schon nach wenigen Monaten von den Behörden entdeckt und vollständig beseitigt.

Aber die Nihilisten arbeiteten unentwegt weiter. Trotz der Verurteilung von Alexis Ossipow zu neun und Alexander Butowskaja zu vier Jahren Zwangsarbeit wegen Verbreitung verbotener Bücher (1876) entstand in Moskau eine neue geheime Vereinigung. Als man ihr im März 1877 auf die Spur kam und den Prozefs machte, wurden von den fünfzig Angeklagten, deren Alter sich zwischen 15 und 25 Jahren bewegte, zehn – darunter mehrere junge Mädchen – zu fünf bis zehn Jahren Zwangsarbeit, die übrigen zu Kerker oder Verbannung verurteilt. Zu den Angeklagten gehörte die dreiundzwanzigjährige Sophia Bardina, die ihre Studien mit Auszeichnung beendet hatte, aber dennoch eine gewöhnliche Fabrikarbeiterin wurde, um agitieren zu können. Wegen Verteilung freisinniger Flugschriften unter die Arbeiter verhaftet, blieb sie zwei Jahre ohne Prozefs in strengem Gewahrsam; in der soeben erwähnten Verhandlung gegen die Fünfzig bekam sie neun Jahre Zwangsarbeit in Sibirien. Sie hielt damals vor Gericht eine glänzende, berühmt gewordene Rede, in der u. a. die folgenden Stellen vorkamen:

„Ich bin überzeugt, dafs unser jetzt noch schlafendes Land erwachen und dafs dieses Erwachen ein schreckliches sein wird. Es wird dann nicht länger gestatten, dafs seine Rechte mit Füfsen getreten und seine Kinder in den sibirischen Bergwerken lebendig begraben werden. . . . Die Gesellschaft wird ihr schmachvolles Joch abschütteln und uns rächen. Diese Rache wird furchtbar sein. . . . Richter mögen uns verfolgen, Henker uns töten; solange ihr über physische Gewalt verfüget, werden wir euch mit sittlicher Kraft entgegentreten, denn wir verfügen über die Gleichheits- und Freiheits-Ideen und diese sind vor euren Bajonetten gefeit!"

Bald folgte ein Prozefs gegen 193 Angeschuldigte -- nach vierjähriger Untersuchungshaft, die sich ursprünglich auf 770 Personen erstreckt hatte. Bei diesem und den übrigen Prozessen, die man den Nihilisten in verschiedenen Teilen Rufslands machte, legten die Angeklagten bezw. Verurteilten eine so mutige und entschlossene Haltung an den Tag, dafs sie selbst von vielen Leuten, die mit ihren Bestrebungen nicht einverstanden waren, „Heilige" genannt wurden. Und die Gesinnungsgenossen? Die liefsen sich durch nichts abschrecken und fuhren fort, Kundgebungen zu erlassen, in denen sie mit ihren fortschrittlichen Forderungen nicht hinter dem Berg hielten. Vor allem verlangten sie die Beseitigung der korrupten und grausamen Hofkamarilla sowie die Abschaffung der berüchtigten „Dritten Abteilung". Freilich gab es auch Nihilisten, die weit radikalere Mafsregeln forderten; diese Gruppe trennte sich von der milder gesinnten und bildete die „Volkspartei" mit dem Prefs-Organ „Land und Freiheit". Bereits 1878 trat eine weitere Absonderung ein, deren Ergebnis die „Schreckenspartei" war, die ihr Blatt „Volkswille" betitelte. Die Ultras schienen anfangs keinen festen Plan zu haben, aber die Regierung spielte ihnen durch mafslose Willkür geradezu in die Hände. Das mifsbräuchliche Spionier- und Verdächtigungssystem der Behörden, die unnötig grausame Strenge der Verurteilungen wegen geringfügiger „Vergehen", das Fehlen jeder Neigung zu Reformen – kurz, alles war geeignet, die Radikalen aufs höchste zu erbittern. Was Wunder, wenn mehr als ein Verräter von ihnen umgebracht wurde?! So übermäſsig roher Gewalt gegenüber findet auch der friedlichst gesinnte Menschenfreund Repressalien begreiflich.

Nicht nur an den Spionen übte die „Schreckenspartei" Rache, sondern auch an hohen Würdenträgern und Beamten, schlieſslich sogar am Kaiser. Den Anfang der Reihe von Attentaten bildete das der Wjera Sassulitsch auf den berüchtigten Petersburger Polizeichef Trepow im Januar 1878. Dieser General hatte den politischen Häftling Bogolinbow wegen eines kleinen Disziplinarvergehens peitschen lassen und Wjera übernahm es, ihn zu rächen, obgleich sie ihn gar nicht kannte. Dieses damals 26jährige Mädchen war im 17. Lebensjahr verhaftet und zwei Jahre lang eingesperrt gehalten worden, weil sie für einen Nihilisten Briefe entgegengenommen hatte; dann schickte man sie von Ort zu Ort, bis man sie schlieſslich zwei Jahre lang unter Polizeiaufsicht in Charkow lieſs. Ende 1875 kehrte sie nach Petersburg zurück. Der allgemeine Unwille gegen Trepow, den auch das nichtrevolutionäre Publikum den „Baschibosuk von Petersburg" nannte, veranlaſste sie gelegentlich jener Peitschung zu einem Revolverattentat auf den Polizeichef. Dieser erlitt eine schwere Verwundung, allein Wjera wurde von den Geschworenen freigesprochen – ein Urteil, welches allgemeine Billigung fand. Trotz der Freisprechung wollte die Polizei sich ihrer, als sie davonfuhr, bemächtigen, doch widersetzte sich dem das Publikum und in der Verwirrung konnte die Sassulitsch flüchten; Trepow aber erhielt vom Zar eine Auszeichnung.

Sieben Monate später erfolgte die Ermordung des Generals Mesentzow, Leiters der dritten Abteilung. Dieses Scheusal, das in einen Wechsel- und Testamentsfälschungsprozeſs verwickelt war, miſsbrauchte seine verantwortungslose Machtstellung dazu, alle Zeugen, von denen es ungünstige Aussagen befürchtete, aus der Welt schaffen zu lassen. Auch pflegte Mesentzow Sträflinge verhungern oder sonstwie mit ausgesuchter Grausamkeit behandeln zu lassen. Am 16. August 1878 wurde er von zwei Nihilisten, die dann sofort in einer bereitstehenden Droschke entkamen, erschossen. Unmittelbar nachher drohten die Terroristen mit der Fortsetzung ihrer blutigen Thätigkeit für den Fall, daſs die politischen Verfolgungen nicht aufhören und die eingekerkerten politischen Verbrecher nicht begnadigt werden sollten. Die Regierung antwortete mit einer Verschärfung der Verfolgungen, mit der Abschaffung der Geschworenengerichte für politische Verbrechen und ihrer Ersetzung durch „sichere" Sondergerichte. Im September (1878) wurde die aus etwa sechzig Mitgliedern bestehende St. Petersburger Gruppe „Land und Freiheit" unter vielen Verhaftungen aufgelöst; allein die Entwischten riefen die Verbindung aufs neue ins Leben und richteten für den Druck ihres Prefs-Organs eine eigene Druckerei ein.

Die Attentats-Chronik des Jahres 1879 begann am 9. Februar mit der Erschiefsung des Fürsten Alexis Krapotkin – eines Vetters Peters – durch Goldenberg, dem es glückte, zu entkommen. Der Fürst hatte sich als Gouverneur von Charkow durch unmenschliche Behandlung der Sträflinge mifsliebig gemacht und die letzteren durch seine Grausamkeit so sehr erbittert, dafs sie einen jener Hungerstreiks veranstalteten, deren nähere Kenntnis uns der wackere Sibirienreisende George Kennan vermittelt hat. Bereits am 12. März schofs Mirski, der dann ebenfalls entwischte, auf den Leiter der Geheimpolizei, General Drenteln, der einen Gefangenen wegen Fluchtversuchs hatte henken lassen und überhaupt ein sehr grausamer Mensch war, der ebenfalls einen Hungerstreik hervorrief. Nun sollte die Reihe an den Zar kommen. Nach dem Mifslingen des Versuchs, ihn im Herbst 1878 zu Nikolajew mittels einer Mine in die Luft zu sprengen, kam der Lehrer A. Solowjew – der, um mit den Arbeiterkreisen in nähere Berührung zu kommen, ein Grobschmied geworden war – nach Petersburg, verständigte sich mit Goldenberg und der Gruppe „Land und Freiheit", gab am 2. April 1879 auf den spazieren gehenden Kaiser vier Schüsse ab, die nicht trafen, und erlitt zwei Monate später den Henkertod.

Nunmehr traten behördlicherseits Zustände ein, die für ganz Rufsland dem Belagerungszustand gleichkamen. In der Hauptstadt mufste jeder Hausbesitzer Tag und Nacht einen Wächter halten, der die Kommenden und Gehenden zu beobachten und das Ankleben von Plakaten zu verhüten hatte. Im Mai gab es in der Peterpaulsfestung 4700 politische Gefangene, die eines Nachts nach Gefängnissen in den östlichen Provinzen geschafft werden mufsten, damit für neue Häftlinge Raum werde. Von Odessa wurden 800 Sträflinge nach Sibirien gebracht. In Kiew erfolgte die Verurteilung der ein Jahr vorher im Besitze einer geheimen Druckerei betroffenen Personen teils zum Tode durch Erschiefsen (doch liefs der Generalgouverneur sie henken), teils zu fünfzehn Jahren Zwangsarbeit; darunter befanden sich Töchter eines Stadtrats, eines Edelmannes und eines Staatsbeamten.

Die erhöhte Strenge der Regierung rief eine verstärkte Erbitterung hervor, deren nächste Folge mehrere Attentatsversuche gegen den Zar waren. Auf der Lipecker Nihilistenkonferenz im Juni erklärte Scheljabow, dafs die Gouverneure und die anderen Regierungsvertreter nur Werkzeuge des Kaisers seien und daher dieser selbst bestraft werden müsse. Man stimmte dem zu und einigte sich auf eine Sprengung des Eisenbahnzuges, der Alexander II. von der Krim nach Petersburg bringen sollte. In der Nähe der Städte Odessa, Alexandrowsk und Moskau wurden Minen gelegt; doch mifslang die Sache an den zwei erstgenannten Punkten und blofs bei Moskau erfolgte am 1. Dezember eine Explosion; da aber der kaiserliche Zug nicht, wie gewöhnlich, dem Gepäckzug folgte, sondern ihm ausnahmsweise voranging, litt nur der Gepäckzug und dem Zar geschah nichts. Sophia Perowskaja, der Elektriker Leo Hartmann und andere Gesinnungsgenossen hatten ein dicht an der Bahnlinie liegendes Häuschen gekauft und ihre unterirdische Minierarbeit nächtlicherweile mit der Hand gethan, dabei bis zum Knie in eisigem Wasser stehend. Sie entflohen allesamt rechtzeitig und wurden nicht erwischt, obgleich man nach dem Attentat Hunderte von Nihilisten einsperrte.

Weder der Prozefs der „Achtundzwanzig“ in Odessa im August (Verurteilung teils zum Galgentod, teils zu fünfzehn- bis zwanzigjähriger Zwangsarbeit in den sibirischen Bergwerken), noch der Odessaer Dezemberprozefs gegen Viktor Malinka und Genossen, noch das Scheitern des Eisenbahnattentats vermochte die Nihilisten zu entmutigen, ebensowenig die Wegnahme zweier geheimer Pressen in Verbindung mit zahlreichen neuen Verhaftungen im Januar 1880. Noch vor dem Ende dieses Monats veröffentlichten sie ein „Programm“, in welchem sie erklärten, dafs der Zar sterben müsse, falls er sich fortgesetzt weigere, dem Volk verfassungsmäfsige Rechte zu gewähren. Die Antwort der Machthaber bestand abermals in Verhaftungen und noch gröfserer Strenge. Der Bauernsohn Chalturin, ein gewandter Agitator und erfahrener Vereinsorganisator, übernahm es, den Kaiser in dessen Winterpalast in die Luft zu sprengen. Da er ein sehr tüchtiger Schreiner war, fiel es ihm leicht, unter einem angenommenen Namen im Winterpalast Arbeit zu bekommen (schon im Oktober 1879), und bald hatte er heraus, dafs der kaiserliche Speisesaal, blofs durch die Wachtstube getrennt, über der Zimmermanns-Werkstätte lag. Danach richtete er sich, und die Polizei war so blind, dafs sie von seinen Vorbereitungen nichts ahnte, obgleich er allabendlich ein Packet Dynamit einschmuggelte, das er als Kopfkissen benutzte, und obgleich gegen Jahresschlufs bei einem verhafteten Mitglied des nihilistischen Vollzugsausschusses ein Plan des Palastes gefunden wurde, auf dem der Speisesaal angekreuzt war – ein Fund, der die Polizei zur unerwarteten Untersuchung der Zimmermanns-Werkstätte und ihrer Nebenräume veranlafste. Das Dynamit entdeckte man nicht, wohl aber stellte man einen Gendarmen als Wächter auf, der die Kommenden und Gehenden überwachen sollte, wodurch die Fortsetzung der Dynamiteinschmuggelung sehr erschwert – freilich nicht unmöglich gemacht – und die Durchführung des Planes bedeutend verzögert wurde.

Bis dahin war das Einschmuggeln des Dynamits leicht gewesen, denn der Winterpalast diente vielen Arbeitern, Freunden der Dienerschaft, Vagabunden und allerlei Gesindel, das sich anderwärts nicht hätte straflos aufhalten dürfen, als Aufenthaltsort. Ein altes Gesetz machte nämlich die kaiserlichen Paläste zu Freistätten von Verbrechern gegenüber der Polizei. Als General Gurko den Winterpalast einer genauen Durchsuchung unterzog, fand er, dafs derselbe von fünftausend Personen bewohnt war, ohne dafs irgend jemand die Pflichten oder Aufgaben auch nur der Hälfte gekannt hätte. Chalturin selbst machte verblüffende Mitteilungen über die im Palast herrschende Unordnung, die Diebswirtschaft und Verschwendungssucht der Dienerschaft u. s. w.

Trotzdem ihm die giftigen Ausdünstungen des Nitroglycerins, auf dem er schlief, allnächtlich arge Kopfschmerzen verursachten, arbeitete Chalturin unentwegt und unauffällig weiter. Der erwähnte Gendarm merkte so wenig, dafs er sich bemühte, den geschickten Arbeiter, der ein Neujahrsgeschenk von hundert Rubeln erhalten hatte, zum Schwiegersohn zu bekommen. Als fünfzig Kilogramm Dynamit beisammen waren, liefs der Schreiner die Explosion erfolgen (Februar 1880); sich selbst konnte er rechtzeitig in Sicherheit bringen. Als Gelegenheit benutzte er ein Galadiner zu Ehren des Fürsten von Bulgarien. Allein infolge eines Zufalls verzögerte sich das Erscheinen der Tischgesellschaft und so kam diese mit dem Leben davon, während fünf Gardisten getötet und fünfunddreifsig Personen verwundet wurden. Einige der Schuldigen kamen im November vor Gericht, Chalturin selbst erst anfangs 1882, da man seiner nicht früher habhaft werden konnte. Erst bei seiner Hinrichtung wurde er als jener Schreiner Batyschkow erkannt. Der nihilistische Vollzugsausschufs drückte in einem Aufruf sein Bedauern über den Tod der Gardisten aus, fügte aber den Entschlufs hinzu, auch fürder auf die Ermordung des Zars bedacht zu sein, falls er keine Reformen einführe. Die Antwort war, dafs der Kaiser einen unumschränkten Diktator in der Person des Grafen Loris Melikow ernannte. Das am 3. März (1880) auf diesen verübte mifslungene Attentat Kaladetzkis wurde vom Vollzugsausschufs nicht nur nicht gebilligt, sondern geradezu getadelt, weil der Graf bewiesen hatte, dafs er sich den fortschrittlichen Ideen nicht gänzlich verschliefse.

Im Laufe des Jahres 1880 wurden zahllose „Verdächtige“ verhaftet und in geheimen Gerichtsverhandlungen zum Tode oder zur Verschickung nach Sibirien verurteilt. Im Frühling erwarteten in den Moskauer Gefängnissen fast dreitausend „Politische“ – wie man sie kurz nannte – ihre Verschickung. 1879 waren ca. 11 500 „Politische“ nach Sibirien gebracht worden. In seiner immer höher steigenden Erbitterung beschlofs der nihilistische Vollzugsausschufs, den Tod des Zaren möglichst zu beschleunigen. Nicht weniger als 47 Gesinnungsgenossen meldeten sich freiwillig zur Ausführung dieses Beschlusses, und es wird wohl noch den meisten Lesern erinnerlich sein, dafs Alexander II. bereits am 13. März 1881 durch die von Ryssakow und Grinewitzki geworfenen Bomben getötet wurde. Die Zeichen zum Werfen hatten Sophia Perowskaja und Jessy Helfmann gegeben. Die Perowskaja sowie Ryssakow und die anderen erwischten Verschwörer wurden – mit Ausnahme der schwangern Helfmann – gehenkt, während Grinewitzki durch seine eigene Bombe ums Leben kam.

Der bei den Attentätern gefundene Parteibriefwechsel führte zur Entdeckung des Hauptquartiers der Verschwörer in der Telejewskaja. Bei dem daselbst verhafteten Michailow fand man Bleistiftaufzeichnungen, welche drei Örtlichkeiten der Hauptstadt betrafen, neben deren Namen gewisse Tage und Stunden angegeben waren, darunter ein Zuckerbäckerladen in der Gartenstrafse. Neben diesem Laden, gerade um die Ecke, befand sich eine Käsehandlung, deren Besitzer – das Ehepaar Kobisoto – am Tage der Ermordung des Kaisers in geheimnisvoller Weise verschwanden. Die wegen dieses Verschwindens eingeleitete Untersuchung führte zur Entdeckung einer Mine unter der Strafse. Dieselbe hatte nicht die Bestimmung, den Kaiser in die Luft zu sprengen, sondern die, seinen Wagen aufzuhalten, um zu seiner Ermordung Zeit zu gewähren – in ähnlicher Weise wie der Heuwagen, der 1870 in Madrid die Kutsche Prims aufgehalten hatte.

Nach dem Tode Alexanders II. wurde mehrfach behauptet und geglaubt, dieser Zar habe einen Tag vor dem Attentat eine Verfassung unterschrieben, welche sein Sohn infolge der Missethat zurückgezogen habe. Das entspricht aber nicht der Wahrheit. Die Unterschrift des Kaisers bezog sich lediglich einesteils auf die Ernennung eines Ausschusses behufs Prüfung der Frage, ob die provinzialen Vertretungskörper nicht erweitert werden könnten, andernteils auf die Einberufung von Semskij sobors, einer Art Gemeindevertretungen. Zu diesen Mafsregeln hatte Loris Melikow geraten, weil er in ihnen ein Mittel sah, das Volk zur Niederwerfung des Nihilismus heranzuziehen; überdies war den betreffenden Körperschaften blofs beschliefsende Gewalt zugedacht, die endgültigen Entscheidungen wären der Krone vorbehalten geblieben. Der ganze Plan war nur darauf berechnet, den unzufriedenen Klassen Sand in die Augen zu streuen; von einer noch so geringfügigen Abtretung irgendwelcher kaiserlichen Vorrechte an das Volk war nicht die Rede.

Zehn Tage nach dem Tode Alexanders II. erliefs der nihilistische Vollzugsausschufs eine in edlem Ton gehaltene, an den neuen Selbstherrscher gerichtete Proklamation, welche für den Fall der Gewährung von Rede-, Versammlungs-, Prefs- und Wahlfreiheit und einer Amnestie für alle „Politischen“ die bedingungslose Unterwerfung der fortschrittlich-radikalen Elemente unter die Beschlüsse der zu wählenden Volksvertretung zusicherte. In den Strafsen von Moskau fand man zahlreiche Ostereier liegen, deren Inneres diese Kundgebung barg. In Petersburg glaubte man allgemein, ein Abgesandter der Nihilisten sei von Alexander III. empfangen worden, habe ihm die Wünsche des Volkes mündlich mitgeteilt und sei dann auf dessen Befehl in die Peterpaulsfestung gesperrt worden; wer er war, habe die Polizei nicht ermitteln können. Obgleich vielleicht nicht wahr, kann diese Geschichte angesichts der aufopferungsvollen Unerschrockenheit der Nihilisten doch auch nicht unwahrscheinlich genannt werden.

Die erwähnte Osterproklamation enthielt nur gemäfsigt-liberale Forderungen, die in fast allen übrigen Ländern Europas längst erfüllt sind. Aber der verblendete und übelberatene junge Kaiser antwortete mit einem Manifest, in welchem er erklärte, seine autokratischen Vorrechte ungeschmälert aufrecht halten zu wollen. Weit entfernt, irgend welche Reformen einzuführen, zog er sogar frühere Reformen zurück, wie z. B. die Ermäfsigung der Leibeigenen-Ablösungsgelder. Dazu kamen erneute Hinrichtungen, die Verschickung zahlloser „Verdächtiger“ nach Sibirien, die Verschärfung der Zensur, die willkürlichste Unterdrückung jeder freisinnigen Regung in Volk und Presse. Ignatiew, der als Minister des Innern an alledem die Hauptschuld trug, suchte durch Hervorrufung von Judenhetzen die Aufmerksamkeit der Bevölkerung von seiner Gewaltpolitik abzulenken. Um die Entrüstung des Publikums über sein eigenes Thun zu beschwichtigen, schob er die Urheberschaft der antisemitischen Unruhen den Nihilisten in die Schuhe. Das war geradezu lächerlich, denn da die Juden die radikale Bewegung kräftig förderten — wozu sie bekanntlich auch alle Ursache hatten —, konnten die Nihilisten nicht daran denken, sie schädigen zu wollen, ganz abgesehen davon, dafs keine freiheitlich-fortschrittliche Partei sich mit Rassen- oder Konfessionshetzen zu befassen pflegt.

Alexander III. hegte für sein Leben so schwere Befürchtungen, dafs er sich nach Gatschina zurückzog, wie ein Einsiedler einschlofs und mit zahlreichen Wachen umgab, wo immer er auch weilen mochte. Als er von Petersburg nach Gatschina fuhr, stellte man, um das Publikum irre zu führen, gleichzeitig in vier Bahnhöfen kaiserliche Extrazüge und das ganze amtliche Gefolge etc. bereit; in Wirklichkeit aber entfloh der Zar von einem fünften Bahnhof aus in einem Zug ohne alles Gefolge. Und als er drei Monate später nach Peterhof übersiedelte — wie auch auf seinen nachmaligen Reisen — wurde die ganze Bahnstrecke militärisch besetzt und die Photographien sämtlicher Bahnbeamten mufsten dem Verkehrsministerium eingeschickt werden, damit etwaige als Bahnbeamte verkleidete Nihilisten unschwer zu entdecken wären.

Die ganze Geschichte des Nihilismus und des Verhaltens der Regierung zu demselben war ein circulus vitiosus. Jeder Rückschlag auf der einen Seite erzeugte einen solchen auf der andern. Das wiederholte sich immer wieder. Noch im Jahre 1881 gab es abermals ein politisches Attentat: Sankowsky schofs — ohne zu treffen — auf General Tcherewin, den Leiter der Mafsregeln für die Sicherheit des Kaisers. Er erklärte, das Werkzeug anderer zu sein, denen das Wohl Rufslands am Herzen liege, doch nannte er keine Namen. Infolgedessen war das Jahr 1882 von Verhaftungen erfüllt, ebenso auch von Gerichtsverhandlungen gegen längst eingesperrte „Politische“ oder „Verdächtige“. Ignatiew, der sich beim Publikum wegen seiner judenfeindlichen Pläne, beim Zar wegen seiner Unfähigkeit und wegen undurchführbarer Ratschläge mifsliebig machte, trat im Juni zurück und Graf D. Tolstoj wurde sein Nachfolger.

Wenige Tage später traf die Nihilisten ein schwerer Schlag. In einem von ihnen bewohnten Hause auf einer Newa-Insel entdeckte die Polizei nicht nur viele Bomben und eine beträchtliche Menge Dynamit, sondern auch in den Taschen der bei dieser Gelegenheit verhafteten „Genossen“ Schriftstücke, aus denen hervorging, dafs der Vollzugsausschufs des Bundes auf dem Laufenden erhalten wurde über den chiffrierten Notenwechsel der russischen mit den anderen Regierungen hinsichtlich des Nihilismus. Die betreffenden Mitteilungen hatte der freisinnige Wolkow geliefert, ein höherer Beamter des Ministeriums des Äufsern. Einige Wochen darauf entdeckte die Polizei im Marineministerium eine geheime Druckerei; ihr Leiter nahm sich das Leben. Diese Niederlagen der Umstürzler heiterten den Zar ein wenig auf; er wagte es, nach Petersburg zurückzukehren und im September einer öffentlichen Feier beizuwohnen. Im Oktober „begnadigte“ er zwei von einem Geheimgericht zum Tode verurteilte Nihilisten, die einen Polizeispion umgebracht hatten, zu lebenslänglicher Zwangsarbeit. Wie wenig man darauf rechnete, mit dieser „Grofsherzigkeit“ die Unzufriedenen vollkommen zu befriedigen, geht daraus hervor, dafs alle öffentlichen Bewegungen des Selbstherrschers auch ferner mit den umfassendsten Vorsichtsmafsregeln verknüpft wurden. Immerhin jedoch begann Alexander, an seine Krönung zu denken; freilich wagte man nicht, diese vor Ende Mai 1883 – also erst weit über zwei Jahre nach der Thronbesteigung – ins Werk zu setzen.

Die Terroristen hatten grofse Vorbereitungen zur Ermordung des Zars anläfslich der Krönung getroffen; allein ihre Absicht war teils durch Spione, teils durch die verstärkte Wachsamkeit der Obrigkeit lange vor dem Ereignis vereitelt worden, abgesehen davon, dafs viele von ihnen gerade einen solchen Anlafs nicht als für eine solche That passend betrachteten, da das Krönungspublikum seiner Mehrheit nach vermutlich nicht aus Freunden der radikalen Richtung bestehen würde, sodafs ein Attentat den Zielen der Nihilisten weit eher schaden als nützen könnte. Doch zog die Bewegung aus der Krönung wenigstens mittelbaren Gewinn, indem die meisten und besten Polizisten wie die intelligentesten Spione des Landes in Moskau angesammelt waren, sodafs der Propaganda anderwärts – besonders in der Hauptstadt – geringere Hindernisse im Wege standen als sonst. Dieser Thatsache und der zweiten, dafs die bei Gelegenheit der Krönung erwarteten politischen Reformen gänzlich ausblieben, ist es wahrscheinlich zuzuschreiben, dafs in Petersburg alsbald erhebliche Unruhen ausbrachen. Die Enttäuschung des Volkes begünstigte die Ausbreitung des Nihilismus. Der Bund agitierte denn auch nach Kräften weiter.

Vier Monate nach der Krönung verhaftete die Charkower Obrigkeit eine Anzahl von Offizieren und bemächtigte sich einer grofsen Geheimniederlage von Schiefspulver, Dynamit, Bomben und Druckvorrichtungen. In der nächsten Nähe von Petersburg entdeckte man eine nihilistische Dynamitfabrik; aus diesem Anlafs wurden 17 Artillerie- und 138 Marine-Offiziere eingekerkert. In Simbirsk wanderte ein Artillerie-Oberst ins Gefängnis, der sich als revolutionärer Agitator bei den Bauern einer aufserordentlichen Beliebtheit erfreute. Ende Dezember nahmen die Nihilisten Rache, indem sie Oberst Sudejkin, den Leiter der geheimen Polizei, erschossen. Am Thatort hinterliefsen sie einen Brief mit der Ankündigung, dafs die nächsten Opfer der Minister des Innern und der Petersburger Polizeidirektor sein werden. Auch an Alexander III. machten sie sich zu derselben Zeit wieder heran. Die Sache wurde amtlich für einen Jagdunfall ausgegeben, in Wirklichkeit handelte es sich um ein Attentat, bei dem dem Kaiser die rechte Schulter schwer verletzt wurde. Zwei Wochen vor der Ermordung Sudeikins erschien dessen nachmaliger Mörder Degajew (der eigentlich Jablonski hiefs) in Begleitung eines Weibes bei dem Gatschinaer Oberwildheger des Kaisers mit einem angeblichen Brief Sudeikins, worin dem Manne befohlen wurde, das Weib bei sich aufzunehmen, damit es angeblich den in Gatschina bereits anwesenden Geheimpolizisten an die Hand gehe. Als Bauernjunge verkleidet, begleitete diese Frau den Zar auf allen Jagdausflügen. Eines Tages kam sie mit der Nachricht zurück, dem „Väterchen“ sei ein Unfall zugestofsen dadurch, dafs einer der Wildhüter so unachtsam gewesen sei, seine Flinte in nächster Nähe des kaiserlichen Schlittens abzufeuern und damit die Pferde des letzteren zu erschrecken. Am Tage nach dem Tode Sudeikins kamen drei Detektivs nach Gatschina und verhafteten die von Degajew dahingebrachte Person; es heifst, dafs sie wegen Teilnahme an dem Gatschinaer Attentat insgeheim in den Kasematten der Petropawlowsk-Festung gehenkt worden sei.

Im Sommer 1884 töteten Nihilisten viele Odessaer Gendarmerie-Offiziere, darunter einen Hauptmann und einen Oberst. Einen zweiten Hauptmann umzubringen, versuchte die kaum neunzehnjährige Kaufmannstochter Maria Kaljuschnja, die sich für die Verurteilung ihres Bruders zu lebenslänglicher Zwangsarbeit rächen wollte und von den Behörden wegen ihrer Verwandtschaft mit diesem „Politischen“ längst schlimm chikaniert worden war. Ein geheimes Kriegsgericht verhängte über sie zwanzig Jahre Zwangsarbeit. Damals wurden viele Verhaftungen wegen wirklicher oder vermeintlicher politischer Vergehen vorgenommen. Im Oktober fand in der Hauptstadt ein grofser geheimer Prozefs gegen vierzehn Nihilisten statt, darunter sechs Offiziere und zwei Frauen, welche acht Personen zum Tode verurteilt wurden, während die übrigen sechs in die sibirischen Bergwerke wandern mufsten. Eine der Frauen war die berühmte Figner (auch Wjera Filipawa genannt), die die mehrerwähnte Sophia Perowskaja bei sich beherbergt hatte.

Am 12. Oktober 1884 erschien das Nihilistenorgan „Volkswille“ („Narodnaja Wolja“) nach einjähriger Pause wieder. Es gab die von der Partei erlittenen Verluste zu und schrieb dieselben den Angebereien Degajew-Jablonskis zu, der, anfänglich ein eifriger Nihilist, zum Verräter wurde, aber infolge der Unzulänglichkeit des empfangenen Lohnes und aus Furcht vor der Rache seiner ehemaligen Gesinnungsgenossen in das Lager der letzteren zurückkehrte und seinen Eifer durch die Ermordung Sudeikins an den Tag legte. Da Sudeikin tot und Degajew unschädlich gemacht war, konnte der Vollzugsausschufs an die Neugestaltung der Partei schreiten. Der „Volkswille“ brachte auch interessante Mitteilungen — von der Regierung waren sie planmäfsig unterdrückt und geheimgehalten worden — über die gewaltigen Fortschritte, die der Agrarsozialismus im Süden Rufslands gemacht hatte. Das Blatt enthielt ferner einen Nekrolog über Professor Neustrajew, der erschossen worden war, weil er den Generalgouverneur von Irkutsk geschlagen hatte, endlich ein langes Verzeichnis von Verhafteten. Die Unruhe der Regierung wuchs. Der Minister des Innern, Graf D. Tolstoj, der die Nihilistenriecherei in grofsem Mafse betrieb, erhielt so viele Drohbriefe, dafs er nur sehr selten auszugehen oder auszufahren wagte; that er es aber, so kosteten die Vorsichtsmafsregeln jedesmal fünfhundert Rubel. Auch unter den höheren Militärs nahm der Nihilismus zu – das ging aus den zahlreichen politischen Prozessen hervor, welche die Regierung dem Geheimbund an den Hals hetzte.

Nichtsdestoweniger trug der Nihilismus, der nichts ausrichtete, den Keim des Verfalls in sich. Eine Parteikundgebung vom August 1885 besagte: „Wir müssen gestehen, dafs unser heftiger Kampf mit der Regierung und die nationale Unzufriedenheit, welche unsrer Partei Kraft und Daseinsberechtigung verlieh, den Triumph der Willkürherrschaft nicht verhindert hat.“ Vom Dezember 1885 bis in den Dezember 1886 hinein erlitten die Nihilisten Niederlage auf Niederlage; eine Entdeckung und Verfolgung folgte der andern. Dadurch neuerdings aufgestachelt, entfalteten sie 1887 eine lebhaftere Thätigkeit als in den zwei vorhergegangenen Jahren. Eine im Februar angezettelte Verschwörung wurde bald entdeckt und vereitelt. Nicht besser erging es mit einer Verschwörung, den Zar am vierten Jahrestag seiner Krönung umzubringen. Von Berlin, London und Bukarest her rechtzeitig gewarnt, liefs die Petersburger Polizei die Leute ruhig gewähren, um sie desto sicherer beisammen zu haben; so fing sie denn mit Leichtigkeit fünfzehn männliche und weibliche Verschworne ein, nachdem dieselben, mit Bomben in Gestalt von Büchern, Operngläsern, Notenrollen u. dgl. versehen, sich bereits auf dem vom Kaiser zurückzulegenden Wege in angemessenen Zwischenräumen aufgestellt hatten. Alle Verhafteten wurden zum Tode oder zu vieljährigem Zuchthaus verurteilt. Man erzählte sich, dafs bei jedem Gefangenen ein Fläschchen mit sehr starkem Gift gefunden wurde, welches er oder sie an einem Halsschnürchen auf der blofsen Brust trug, und dafs geheime Agenten des Bundes beauftragt waren, den etwa erfolglosen oder im letzten Augenblick hasenherzig werdenden Verschwörern auf die Brust zu schlagen, damit das Fläschchen zerbreche und das Gift in die durch die Glassplitter erzeugte Wunde dringe.

Trotz des andauernden Ungemachs unentwegt, veranlafste die Schreckenspartei schon nach wenigen Wochen wieder ein Attentat auf Alexander III. Näheres hierüber durfte die Presse nicht veröffentlichen; doch weifs man, dafs kurz darauf 482 Heeresoffiziere unter der Anschuldigung, an diesem Attentat teilgenommen zu haben, nach Odessa gebracht wurden, um von dort nach Sibirien verschickt zu werden. Im Juni standen in Petersburg 21 Nihilisten wegen revolutionärer Umtriebe vor Gericht (über 15 wurde die Todesstrafe verhängt), darunter die Tochter eines Stabshauptmannes, die Söhne von Kollegienräten, höheren Offizieren, Priestern etc. Ein anderes Mifsgeschick traf die radikale Bewegung im November: die Entdeckung dreier geheimen Dynamitherstellungslaboratorien in der Haupt- und Residenzstadt. Jetzt bemächtigte sich der Parteileitung eine solche Entmutigung, dafs sie sich während der zwei nächsten Jahre jeder aggressiven Thätigkeit enthielt. In einer ihrer Veröffentlichungen (Dezember 1887) sagte sie: „Die freiheitliche Gesinnung hat in der Gesellschaft die Kaisertreue nicht auszurotten vermocht. Selbst die „intelligenten Liberalen“ haben die Aufforderung, freie Druckereien zu errichten, unbeachtet gelassen; sie wollen nicht einmal so weit gehen, der ausländischen revolutionären Presse Artikel zu liefern.“ Der „Volkswille“ mufste „wegen mangels an geistiger und pekuniärer Unterstützung“ abermals eingehen. „Von der jetzigen Generation der Russen ist wenig zu hoffen,“ heifst es in einer nihilistischen Schrift. „Die Schuld liegt an der russischen Gesellschaft mit ihrer Unwissenheit, Seichtigkeit und Gleichgültigkeit .... Die russische Gesellschaft ist eine Schafherde geworden, welche sich von der Peitsche und den Hunden des Schäfers lenken läfst.“

Das ruhige Verhalten der Nihilisten in den Jahren 1888 und 1889 (von dem Eisenbahnunglück, das den Zug des Zars bei Borki traf, weifs man nicht bestimmt, ob es den Terroristen oder einem Zufall zuzuschreiben war) hinderte die Regierung nicht an neuerlichen Judenaustreibungen (weil die Juden, wie schon einmal bemerkt, den Nihilisten günstig gesinnt waren), an der massenhaften Verschickung unverurteilter „Verdächtiger“ auf „administrativem“ Wege nach Sibirien und an der unmenschlich grausamen Behandlung unschuldiger wie schuldiger „Politischer“. Wegen nichts und wieder nichts wurden harmlose Menschen erstochen, erschossen, zu Tode geprügelt, die schamloseste Willkür feierte unerhörte Triumphe, die Etappengefängnisse verbreiteten durch ihre entsetzliche Überfüllung Tod, Verderben und unsägliche Leiden, die Grausamkeit führte zu Hungerstreiks u. s. w. Wer erinnert sich nicht der denkwürdigen Enthüllungen dieser höllischen Zustände durch George Kennan? Frau Tschebrikowa, eine gesellschaftlich hochstehende Dame, die mit dem Nihilismus in keinerlei Zusammenhang stand, lenkte in einem berühmt gewordenen Schreiben die Aufmerksamkeit Alexanders III. auf die Mifsbräuche im Verbannungswesen; und was war ihr Lohn für diese hochpatriotische That? Verhaftung, Verbannung nach dem Kaukasus, Stellung unter Polizeiaufsicht!

Kein Wunder, dafs die Nihilisten sich 1890 in ihrer Entrüstung wieder zu regen begannen. Aber sie hatten auch jetzt wenig Glück. In Paris, wo ihrer viele als Flüchtlinge lebten – darunter Fürst Peter Krapotkin und Oberst Sokolow – wurden im Mai vierzehn Russen im Besitze von in der Schweiz erzeugten Bomben betroffen, verhaftet und verurteilt. Sechs Monate später töteten Nihilisten in Paris den dort als Nihilistenspion ansässigen russischen General Seliwerskow. Um dieselbe Zeit fand in Petersburg ein Prozefs statt gegen fünf Nihilisten – darunter die bekannte Sofie Günzburg, die im Besitz von Bomben und aufrührerischen Schriften ertappt worden war. Vier der Angeklagten endeten an dem Galgen. In einer anderen Gerichtsverhandlung, die kurz darauf vor sich ging, spielte die Hauptrolle ein junges Mädchen namens Olga Iwanowsky, die Nichte eines Geheimrates, der einer Abteilung der Heiligen Synode vorstand; das Endergebnis wurde aus Schonung für diesen hohen Würdenträger geheimgehalten. Im Mai 1891 beschlagnahmte die Petersburger Polizei eine geheime Druckerei und ein halbes Jahr darauf entdeckte man in Moskau eine weitverzweigte Verschwörung. Infolge der letzteren Entdeckung wurden sechzig Angehörige des Adels, der Schriftstellerwelt und des höheren Mittelstandes verhaftet. Im Dezember erfolgten viele weitere Verhaftungen; bei mehreren der Angeklagten fand man Detailpläne der kaiserlichen Paläste. 1892 wanderten, ebenfalls zu Moskau, nicht wenige Nihilisten wegen einer neuerlichen Verschwörung gegen das Leben des Kaisers ins Gefängnis. Das Attentat hätte während einer Krimreise auf einer kleinen Bahnstation stattfinden sollen, kam jedoch nicht zustande, weil ein anonymer Brief den Behörden den Plan rechtzeitig verriet; in der That fanden sich bei Untersuchung der Linie mehrere Bomben unterhalb der Schienen.

Wie wir sehen, wollte es den Umstürzlern trotz elfjähriger Anstrengung durchaus nicht gelingen, dem Zar etwas anzuhaben. Ihre Ausdauer war aber so grofs, dafs sie ihre Bemühungen dennoch nicht einstellten. Zunächst beförderten sie in Taschkend den Generalmajor Droszgowski vom Leben zum Tode, weil er einem Kriegsgerichte vorgesessen hatte, welches eine Anzahl von Nihilisten zu Kerkerstrafen verurteilte. Sodann heckten sie einen neuen Attentatsplan gegen Alexander III. aus, doch kam die Polizei im September (1893) dieser weitverzweigten Verschwörung auf die Spur und die Folge war die Verhaftung von 85 Universitätshörern, 8 Professoren und 5 Aristokratinnen in Moskau. Trotzdem regten die Unermüdlichen sich 1894 wieder kräftig – diesmal in gerechter Empörung über die wahrhaft haarsträubenden (wohlgemerkt: a m t l i c h e n) Berichte über das furchtbare

Schicksal der herdenweise nach Sibirien verschickten „Politischen," von denen die meisten lediglich „Verdächtige" waren. Allein auch diesmal hatten die Nihilisten Unglück, denn im November fielen ihre Geheimpressen und Propagandaschriftenvorräte in Kiew, Charkow und Nikolajew den Behörden in die Hände und über 80 Personen wurden verhaftet. Zehn Monate später gab in Moskau eine abermalige Verschwörung gegen den Zar und die kaiserliche Familie wieder Anlafs zu Einkerkerungen sowie zur Beschlagnahme von Waffen, Bomben, Dynamit und Agitationsbroschüren. In Kiew erfolgte im März 1896 die Verhaftung von 6 Offizieren — darunter ein Oberst — wegen „Teilnahme an einer nihilistischen Verschwörung" und im Oktober konfiszierten die russischen Zollbeamten an der schlesischen Grenze eine grofse Sendung leichter, für die bessere Gesellschaft bestimmter Spazierstöcke, in deren hohlem Innern auf Seidenpapier gedruckte nihilistische Kundgebungen verborgen waren.

Seit einigen Jahren scheint die revolutionäre Bewegung zu ruhen. Ganz erstorben dürfte sie jedoch kaum sein. Vielleicht wartet sie nur ab, wie sich die Dinge unter Nikolaus II. entwickeln werden, der bereits manche kleine Reform eingeführt hat und allmählich vielleicht zu gröfseren übergehen wird. In London besteht gegenwärtig ein russisch-israelitischer Nihilistenklub, der ein in hebräischen Lettern gedrucktes jüdisch-deutsches Blatt herausgiebt.

Die Zahl der wirklich aktiven Nihilisten hat sich seit dem Bestand der Partei stets nur auf wenige Dutzende belaufen, die der Helfer — welche Agitationsschriften verteilen, verfolgte oder sonstwie gefährdete Gesinnungsgenossen verstecken, Eingesperrten zur Flucht verhelfen, sie mit Geld versehen u. s. w. — wahrscheinlich auf zwölf- bis dreizehnhundert, die der geheimen, sich in keiner Weise kundgebenden Anhänger wohl auf hunderttausend. Viele Leser werden wissen wollen, woher der Geheimbund die Mittel genommen hat für seine Propaganda, seine Druckereien, seine Attentatsvorbereitungen, die Reisen und den Unterhalt seiner aktiv thätigen Mitglieder etc. etc. Was hierüber bekannt geworden, sei nachstehend mitgeteilt.

1869 empfing Netschajew von Herzen den in der Schweiz gesammelten Revolutionsfond von mehr als 25000 Francs. Das später hingerichtete Mitglied Lisogub opferte der Sache etwa 200000 Rubel, der Friedensrichter Wojnaralski 40000 Rubel. Die Bundesmitglieder entrichteten regelmäfsige Jahresbeiträge. Ein Dr. Weimar gab grofse Beträge her. Andere reiche Leute, die mit dem Nihilismus sympathisierten, sich aber nicht blofsstellen wollten, machten anonyme Spenden. Von noch anderen bemittelten Personen erprefste der Vollzugsausschufs Geld durch

Todesdrohungen. Im Jahre 1879 beraubten Nihilisten die Charkower Staatsbank um anderthalb Millionen Rubel. Aber die Ausgaben der Partei waren so bedeutend, dafs sie oft in Geldverlegenheit kam. 1882 half sie sich durch die Gründung des Roten Kreuzes, für welches sie durch den „Volkswillen“ und den Pariser „Intransigeant“ um Beiträge bat; es sollen 51000 Rubel eingekommen sein. Auch aus Deutschland, England, Italien, Österreich etc. liefen Spenden ein.

Die Nihilisten empfanden frühzeitig die Notwendigkeit, zur Erleichterung der Propaganda eigene Pressen zu besitzen. Daher errichteten sie schon i. J. 1860 geheime Druckereien und später deren immer mehr. Selbstverständlich bestand die Hauptschwierigkeit in der andauernden Geheimhaltung – eine Druckerei nach der anderen wurde entdeckt und konfisziert. Einem der Leiter der Bewegung in Kiew, Stephanowitsch, der 1876 eine Geheimpresse errichtet hatte, gelang es mit grofser Schlauheit, dieselbe trotz und nach seiner Verhaftung zu retten und nach Odessa überführen zu lassen, so dafs die Polizei trotz ihrer eifrigen Forschungen das Nachsehen hatte. 1877 brachte es ein gewandter Nihilist, Aron Zundelewitsch aus Wilna, zuwege, alle nötigen Vorrichtungen und Vorbereitungen für eine gröfsere Geheimdruckerei nach Petersburg einzuschmuggeln. Er selbst erlernte die Setzerei und brachte sie vier Gesinnungsgenossen bei. Weder die Mitglieder der Gruppe „Land und Freiheit,“ der das Unternehmen gehörte, noch die Redakteure und Mitarbeiter des daselbst gedruckten Bundesorgans ahnten, wo sich die Druckerei befand. In dieser arbeiteten vier Personen. Die 45jährige Marie Krilow, die an mehreren Verschwörungen teilgenommen hatte, galt als die Hausfrau und ein schönes junges Mädchen als ihre Dienstmagd. Ein junger Mann von aristokratischem Gehaben, Sohn eines Generals und Neffe eines Senators, vermittelte den Verkehr mit der Aufsenwelt; man hielt ihn für einen Regierungsbeamten, aber seine Mappe enthielt lediglich Handschriften und Bürstenabzüge für das Bundesorgan. Der Setzer Lubkin war nur unter dem Spitznamen „Vogel“ bekannt, den er wegen seiner Stimme erhalten hatte; da er keinen Pafs besafs, ging er nie aus. Als nach vier Jahren die Druckerei durch einen Verrat den Behörden in die Hände fiel, erschofs sich der schwindsüchtige Lubkin.

Die meisten nihilistischen Druckereien waren selbstverständlich klein und derart eingerichtet, dafs bei Gefahr alles binnen einer Viertelstunde in einem Kasten versteckt werden konnte. Um jeden Verdacht des Hausmeisters oder Pförtners abzulenken, liefs man ihn von Zeit zu Zeit unter allerlei Vorwänden das Zimmer betreten – freilich nicht ohne vorherige Beseitigung jeder Spur der Druckerei. Nach der grofsen Zahl der entdeckten und beschlagnahmten Pressen zu urteilen, mufs die Gesamtzahl der im ganzen Lande vorhandenen sehr beträchtlich gewesen sein. Dies läfst sich auch aus der Massenhaftigkeit der nihilistischen Propagandaschriften schliefsen. Broschüren, Flugblätter, Plakate schienen nur so aus dem Erdboden emporzuwachsen. Das Heer wurde damit überschwemmt, der Arbeiter und der Bauer fanden sie in ihren Taschen, der Kaiser entdeckte sie auf seinem Schreibtisch. Einzelne Nihilisten bereisten ganz Rufsland und streuten die Drucksachen überall mit vollen Händen aus.

Je gröfser die Wachsamkeit der Polizei und die Zahl der Verhaftungen wurde, desto mehr mufsten die Nihilisten darauf bedacht sein, Mafsregeln zum Schutz ihrer persönlichen Sicherheit zu treffen. Die erste Vorbedingung des Selbstschutzes war der Besitz eines Passes, denn in Rufsland mufs sich jeder Nichtbauer eintragen lassen und einen Pafs haben. Um einen solchen ohne Umstände zu erlangen, liefsen sich viele junge Leute, die gar nicht an den Besuch der Vorträge dachten, als Universitätsstudenten einschreiben. Nichtstudenten bezahlten anfangs hohe Preise für Pässe, verlegten sich aber später häufig auf deren Fälschung. Jede nihilistische Zweigverbindung richtete ein eigenes Pafsbureau ein, das mit falschen Siegeln und Unterschriften arbeitete. Ein solches „Amt“ wurde 1882 von der Moskauer Obrigkeit entdeckt. Die Inhaber falscher oder erborgter Pässe führten natürlich auch falsche Namen und liefsen sich ihre Post durch Freunde vermitteln. Eine zweite Vorsichtsmafsregel war, eine möglichst regelmäfsige Lebensweise zu führen, um nicht den Verdacht des Pförtners zu erregen. Eine dritte bestand in der gröfsten Sorgfalt bei der Wahl der Zusammenkunftsorte. Die Fenster der betr. „Verschwörungsquartiere“ mufsten so liegen, dafs Signale leicht angebracht und geändert werden konnten; die Wände durften nicht zu dünn sein und die Thüren mufsten fest schliefsen, da unberufene Lauscher nichts hören sollten. Auch war eine derartige Lage notwendig, dafs im Falle einer unangenehmen Überraschung einige Genossen die Gendarmen auf der Treppe zurückzuhalten vermochten, bis die Papiere und sonstigen kompromittierenden Gegenstände beseitigt waren. Selbstverständlich durfte es nicht an einem Waffenvorrat fehlen; bei der Erstürmung des Bureaus des „Volkswille“ war jeder der fünf anwesenden Nihilisten mit zwei Revolvern bewaffnet und sie gaben insgesamt 80—100 Schüsse ab.

War ein Nihilist kurzsichtig, so mufste er auf der Strafse, um drohende Gefahren rechtzeitig wahrnehmen zu können, Augengläser tragen. Den Genossen wurde eingeschärft, recht fein gekleidet zu gehen, um möglichst unverdächtig zu scheinen. Von Wichtigkeit war auch – wenigstens in den Grofsstädten – die genaue Kenntnis der Durchhäuser und der anderen Verstecke. Von Nutzen erwies sich ferner ein häufiger Wohnungswechsel ohne Angabe der neuen Adresse. Endlich wurden die Nihilisten in zahlreichen Fällen von den Ukriwaheli (= Hehler) durch Verbergung beschützt, die sich aus allen Klassen der Bevölkerung, vom Adel abwärts, rekrutierten und zu denen sogar freiheitlich gesinnte Polizeibeamte und Polizisten gehörten. Grofses leistete in diesem Punkte eine dänische Dame, namens Horn, die als Gattin eines russischen Polizeibeamten in ihrem 70. Lebensjahr „Hehlerin" wurde und in ausgedehntem Mafse nihilistische Schriftenvorräte, die Post vieler Terroristen und schliefslich die letzteren selbst in ihrer Wohnung versteckte.

Allerlei italienische Gesellschaften.

Welfische Ritter. – Latiner. – Die Mittelpunkte. – „Italienische Litteraten." – „Europäische Patrioten." – Philadelphier. – Decisi. – Ciro Annichiarico. – Calderari. – Die Unabhängigen. – Die Delphische Priesterschaft. – Ägyptische Logen. – „Amerikanische Jäger." – Italienische Geheimbündelei in London und Paris. – Mazzini und das Junge Italien. – Sizilianische Gesellschaften. – Die „Konsistorialen." – Die römisch-katholische apostolische Kongregation. – Die Sanfedisten.

Zu den wichtigsten Ablegern des Carbonarismus gehörte der um 1816 entstandene Orden der Welfischen Ritter, den ein österreichischer Polizeibericht „wegen des undurchdringlichen Geheimnisses, das ihn umgiebt," als „äufserst gefährlich" bezeichnete. Jeder Ausschufs bestand aus sechs Mitgliedern, die einander jedoch nicht kannten; den Verkehr zwischen ihnen vermittelte der sogen. „Sichtbare." Zu jedem Ausschufs gehörte auch ein vertrauenswürdiger junger Mann, „Beamter" genannt, der mit den Universitätsstudenten zu verkehren hatte, und ein „Freund," dem die Beeinflussung des Volkes oblag. Aber weder der „Beamte" noch der „Freund" war in die eigentlichen Ordensgeheimnisse eingeweiht. Jeder Ausschufs führte einen besonderen Namen – z. B. „Ehre," „Tugend," „Treue" etc. – und hielt seine Zusammenkünfte ohne Schreiberei oder sonstige Vorkehrungen ab. Die hauptsächlichsten Ausschüsse hatten ihre Sitze in Florenz, Venedig, Mailand und Neapel; der Oberste Rat tagte zu Bologna. Der Bund bemühte sich, für seine Grundsätze Anhänger zu gewinnen, die seine Ziele fördern helfen sollten, ohne von dem Vorhandensein des Bundes eine Ahnung zu haben. In der Bundesleitung soll Lucian Bonaparte eine erste Geige gespielt haben.

Der Welfische Ritterorden bezweckte, unter seiner eigenen Führung alle politischen Geheimgesellschaften Italiens behufs Erreichung der Unabhängigkeit dieses Landes zu vereinigen. Er war, genau genommen, nur eine der Hauptlogen der Carbonari. Die Häupter der letzteren waren auch die der Welfen; doch nahmen diese nur solche Carbonari auf, die in ihrem Bunde bestimmte Funktionen bekleideten. Zweifellos verhielt sich die Sache so, dafs, als die Carbonari übermäfsig zahlreich geworden waren, viele von ihnen sich andersnamigen aber gleichgesinnten Vereinigungen anschlossen (den „Philadelphiern," den „Unabhängigen" etc.), darunter auch dem Orden der Welfischen Ritter.

Um 1817 entstand die Gesellschaft der „Latiner," welche blofs Inhaber der höheren Grade des Carbonarismus aufnahm. In dem Mitgliedseid hiefs es: „Ich schwöre, das Glück Italiens mit allen mir zu Gebote stehenden Mitteln fördern zu wollen. Ich schwöre dem Bunde strengste Verschwiegenheit und Pflichttreue. Ich werde nichts thun, was dessen Sicherheit beeinträchtigen könnte. Ich werde allen seinen Befehlen Gehorsam leisten. Sollte ich meinen Eid je verletzen, so werde ich mich jeder Strafe fügen, die der Bund über mich verhängen mag, auch der Todesstrafe."

Ein andrer Ableger des Carbonarismus war die lombardische Gesellschaft der „Mittelpunkte," welche jede Schreiberei vermied und Besprechungen von Bundesangelegenheiten stets auf zwei Personen beschränkte. Das Losungswort war „Hilf den Unglücklichen," das Erkennungszeichen dreimaliges Erheben der Hand zur Stirne. Diese Vereinigung belebte die Hoffnungen Murats aufs neue, denn sie plante unter seinen Auspizien eine Erhebung gegen die Österreicher. General Fontanelli hätte durch das Läuten der Domglocken das Signal zum Aufstand und zur Ermordung aller Österreicher geben sollen; aber er unterliefs es — ob aus Furcht oder aus Mitleid, weifs man nicht — das verabredete Zeichen zu geben und die durch sein Zögern entstandene Verwirrung führte zur Entdeckung der Verschwörung. Hierzu trug auch die Angeberei des Vicomte von Saint-Aignan viel bei, von dem man seither nie wieder etwas gehört hat — vielleicht wurde er umgebracht. Die Rädelsführer verbrachten drei Jahre in Untersuchungshaft, kamen aber schliefslich — wahrscheinlich infolge Geltendmachung carbonaristischen Einflusses — mit sehr milden Strafen davon.

In Palermo entstand 1823 ein Orden, der sich „Italienische Litteraten" nannte und weder Zeichen noch sonstige Unterscheidungsmerkmale hatte. Er besafs in jeder Stadt einen Vertreter

-- genannt „der Radikale“ — der Mitglieder anwerben und in „Dekurien“ oder „Centurien“ gruppieren konnte. Die Eingeweihten hiefsen „Söhne“ oder auch „Brüder Barabbas.“ Bei ihnen vertrat seltsamerweise Christus den Tyrannen und Barabbas das Volk. Hinter diesem scheinbar verkehrten Symbolismus verbargen sich Ideen von gerechter und wahrheitsliebender Richtung. Als Erkennungszeichen diente im Verkehr ein Ring von bestimmter Art, im Briefwechsel das Wort INRI. Dieser Geheimbund erregte grofse Furcht, wurde streng überwacht und viele seiner Mitglieder wanderten ins Gefängnis.

Kalabrien und die Abruzzen waren von jeher Lieblingsgegenden für Verschwörer. Dort begegnen wir auch den geheimen politischen Orden der „europäischen Patrioten“ (auch „Weifse Pilger“ genannt), der „Philadelphier“ und der „Decisi,“ die allmählich auch in anderen Provinzen Italiens Verbreitung fanden. Die zwei erstgenannten waren französischen, der dritte italienischen Ursprungs. Die Logen der „Weifsen Pilger“ hiefsen „Schwadronen,“ die der Philadelphier „Feldlager,“ die der „Decisi“ (= „Entschiedene“) „Entscheidungen.“ Die Decisi, etwa 40000 an Zahl, hielten ihre Versammlungen nachts unter starker Schildwachenbedeckung, ihre militärischen Übungen in abgelegenen Häusern oder aufgehobenen Klöstern. Ihre ganze Organisation war militärischer Natur. Der Bund bezweckte einen Einfall in Neapel und die Einführung der republikanischen Staatsform, aber die Verhältnisse waren der Verwirklichung dieses Planes nicht günstig. Gestiftet und geleitet wurde die geheime Gesellschaft von dem Priester Ciro Annichiarico, einem Mann von grofsen Geistesgaben und ungeheurem Einflufs. Über den sehr interessanten Lebenslauf dieses merkwürdigen Menschen sei nachstehend Näheres mitgeteilt.

Während seiner Amtsführung als Priester wurde er beschuldigt, aus Eifersucht einen Mord begangen zu haben; obgleich er höchst wahrscheinlich unschuldig war, lautete das Urteil auf fünfzehnjährige Verbannung. Statt ihn jedoch aufser Landes gehen zu lassen, behielt man ihn im Kerker, bis er nach vier Jahren in die Wälder entfloh. Nun stellte er sich an die Spitze einer Missethäterbande und seine Feinde behaupteten, dafs er allerlei Schändlichkeiten beging. So z. B. soll er zu Martano in das Haus einer vornehmen Familie eingedrungen sein und dort nach Vergewaltigung der Hausfrau und Ermordung derselben sowie der ganzen Dienerschaft 96000 Dukaten gestohlen haben. Er habe, so hiefs es, mit allen Räuberhauptleuten im Briefwechsel gestanden. Wer einen Feind loswerden wollte, brauchte sich nur an ihn zu wenden. Nach seiner Verhaftung befragt, wie viele Menschen er eigenhändig getötet habe, antwortete er: „Wie soll ich das wissen? Vielleicht sechzig bis siebenzig.“

Annichiarico entfaltete erstaunliche Thatkraft, Schlauheit und Unerschrockenheit. Er war ein ausgezeichneter Schütze und Reiter. Die Gewandtheit und das Glück, mit deren Hilfe er unversehrt aus den gröfsten Gefahren hervorging, verschafften ihm den Ruf eines unüberwindlichen Zauberers. Trotz seiner Priestereigenschaft war er ein Freigeist. Er erklärte seine Amtsbrüder für glaubenslose Betrüger und schrieb gegen die Missionäre, denen er die Verbreitung rückschrittlicher Anschauungen vorwarf und das Predigen in den Dörfern bei Todesstrafe verbot, denn „statt des wahren Evangeliums verbreiten sie betrügerische Fabeln.“ Er konnte auch grofsmütig sein. Eines Tages begegnete er in einem Garten dem allein spazierenden, im Dienst Murats stehenden General d'Octavio, der ihn an der Spitze von tausend Mann seit längerer Zeit verfolgte. Er stellte sich dem unbewaffneten General vor, sagte, dafs sein Leben in seiner (Ciros) Hand sei und fügte hinzu: „Aber ich will Sie diesmal schonen; wenn Sie mich jedoch noch länger verfolgen sollten, würde ich nicht mehr so rücksichtsvoll sein.“ Sprach's, sprang über die Gartenmauer und verschwand.

Seine Gesichtszüge waren einnehmend, sein Körperbau schön und sehr kräftig, seine Beredsamkeit sprudelnd und seine Vergnügungssucht so grofs, dafs er sich zur Zeit seiner Macht in zahlreichen Städten Maitressen hielt. Nach der neuerlichen Thronbesteigung Ferdinands wurde gegen ihn abermals ein Haftbefehl erlassen. Nunmehr gründete er den Geheimbund der Decisi, denen man viele Ausschreitungen zur Last legte. In Gruppen von zwanzig bis dreifsig trieben sie sich umher, als Hanswürste verkleidet. Hatte die Bundesleitung irgend ein geheimes Todesurteil ausgesprochen, das sich nicht mit offener Gewalt vollziehen liefs, so mufsten einige besonders kühne Decisi einen geeigneten Moment auskundschaften und abwarten. Die Zahl der Missethaten wurde schliefslich so grofs, dafs die Regierung den General Church mit einer beträchtlichen Truppenzahl zur Bekämpfung der Banden aussandte. Mit zahlreichen Genossen gefangen genommen, wurde Annichiarico zum Tode durch Erschiefsen verurteilt. Als ein Missionär ihm die „Tröstungen der Religion“ anbot, antwortete er lächelnd: „Lassen Sie mich mit diesem Gewäsch zufrieden! Wir gehören dem gleichen Handwerk an und wollen einander nicht auslachen.“ Einundzwanzig Schüsse trafen ihn, vier davon in den Kopf, aber erst der zweiundzwanzigste tötete ihn. Einer der diensthuenden Soldaten sagte sehr ernsthaft: „Da wir sahen, dafs er behext sein müsse, luden wir seine eigene Muskete mit einer Silberkugel, und diese brach den Zauber.“ Nach dem Tode des Anführers wurden 230 Decisi vor Gericht gestellt und fast die Hälfte davon wegen Raubmordes hingerichtet; die Köpfe gelangten warnungshalber teils an den Wohnorten der Verbrecher, teils auf den Schauplätzen ihrer Übelthaten zur Ausstellung.

Die Mitgliedsdiplome der Decisi sahen ungefähr so aus:

---

*T*ristezza. (Totenkopf.) — **S**(alentina). **D**(ecisione). (Siegel.*) — *M*orte. (Totenkopf.)

(*S*alute.)

*No. V. G*randi *M*uratori.

L. D. D. G. T. — E. D. T. D. U. **)

*Il M*ortale Gaetano Caffieri è un *F. D. N*umero *Q*uinto appartenente alla *D*$^{\underline{e}}$ del *T*onante *G*iove, sparsa sulla superficie della *T*erra, per la sua *D*$^{\underline{e}}$ avuto il piacere di far parte in questa *R. S. D. N*oi dunque invitiamo tutte le *S*ocietà *F*ilantropiche a prestar il loro braccio forte al medesimo ed a soccorrerlo ne' suoi bisogni, essendo egli giunto alla *D*$^{\underline{e}}$ di acquistare la *L*ibertà o *M*orte.

*O*ggi li 29 *O*ttobre 1817.

Il G. M. D. No. 1.

Pietro Gargaro.

. . . .

V$^{\underline{o}}$. de Serio 2$^{\underline{o}}$ Deciso

Gaetano Caffieri
Registratore de'Morti. (Siegel. ***)

(Totenknochen.) *S*chrecken. — (Totenknochen.) *K*ampf.

Die deutsche Übersetzung würde etwa so lauten: „Traurigkeit; Tod! Salentinische Decision. Heil! Nr. 5; Grofsmaurer. — Decision (Loge) zum Jupiter Tonans, Ausrotterin der Tyrannen des Weltalls. — Der Decisionsbruder Gaetano Caffieri gehört als Nr. 5 der Loge zum Donnernden Jupiter an, die über die ganze Erde verbreitet ist. Da er das Vergnügen hat, der salentinischen republikanischen Decision anzugehören, laden wir alle philanthropischen Vereinigungen ein, ihm nach Kräften bei-

*) Rutenbündel auf einem Totenschädel, überragt von der phrygischen Mütze und von Beilen umgeben.

**) Diese Anfangsbuchstaben bedeuten: La Decisione di Giove Tonante — Esterminatore dei Tiranni dell' Universo.

***) Donnerkeile, welche königliche und kaiserliche Kronen sowie die Tiara zum Sturz bringen.

zustehen, denn er hat sich der Decision gegenüber verpflichtet, entweder die Freiheit oder den Tod zu erringen. – Heute, am 29. Okt. 1817. P. G., erster Grofsmeister der Decision; Vido de Serio, zweiter Entschiedener; G. C., Totenlistenführer.“

Die oben in Kursivschrift gedruckten Buchstaben waren mit Blut geschrieben. Die vier Punkte nach der ersten Unterschrift deuten die Macht des „ersten Grofsmeisters“ an, Todesurteile zu fällen. Wenn ein Brandschatzungs- oder Erpressungsschreiben des Bundes diese vier Punkte enthielt, so wufste der Empfänger, dafs er im Weigerungsfall den Tod zu gewärtigen habe. Fehlten die vier Punkte, so stand eine mildere Strafe in Aussicht. Die Bezeichnung „Totenlistenführer“ will besagen, dafs der Betreffende das Verzeichnis der von den Decisi umgebrachten Personen führte. Das Diplom war von den Bundesfarben (gelb-rot-blau) eingesäumt.

Von unsicherem Ursprung ist die Verbindung der Calderari (Kupferschmiede), deren wir übrigens nebenher schon im Abschnitt „Die Carbonari“ Erwähnung gethan haben. Graf Orlow behauptet in seinem Werk über das Königreich Neapel, der Bund sei 1813 in Neapel entstanden, als der Carbonarismus neugestaltet wurde; dagegen schreibt Canosa, derselbe stamme nicht aus Neapel, sondern aus Palermo. Dort habe es mehrere Handwerkskörperschaften gegeben mit grofsen Vorrechten, welche sie durch die auf Betreiben Englands erlassene Verfassung verloren. Am empfindlichsten sei von den Verlusten die Kupferschmiedezunft betroffen worden, was diese veranlafst habe, der Königin von Neapel das Anerbieten zu machen, sich zu ihren Gunsten erheben zu wollen. Der Aufstand sei auch in den Reihen der Gerber und der neapolitanischen Auswanderer auf Sizilien ausgebrochen. Lord William Bentinck schiffte die Emigranten unter einer neutralen Flagge nach Neapel ein, wo Murat sie sehr freundlich empfing. Sie wufsten ihm das nicht Dank, verbanden sich vielmehr mit den damals gegen die Franzosenherrschaft verschworenen Geheimgesellschaften, die, bislang „Trinitarii“ genannt, von jenen die Bezeichnung „Calderari“ übernahmen. Canosa nannte sie „Calderari zum Gegengift,“ weil er sie als solches gegen den Carbonarismus zu verwenden gedachte, wie wir bereits aus dem Kapitel „Die Carbonari“ wissen, in welchem wir auch über das Schicksal Canosas und der Calderari berichtet haben.

Auch die „Unabhängigen“ erstrebten die Unabhängigkeit Italiens; doch scheinen sie nicht abgeneigt gewesen zu sein, das Ziel mit ausländischer Hilfe zu erreichen. Sie sollen sogar die Absicht gehabt haben, die italienische Krone dem Herzog von Wellington anzubieten; das klingt jedoch sehr unwahrscheinlich, da der Herzog in Italien durchaus nicht beliebt war. Viel näher liegt die Annahme, dafs sie sich um die Mitwirkung Rufslands bemühten, welches seit 1815 in Italien zahlreiche Agenten unterhielt (angeblich zur Vornahme volkswirtschaftlicher und statistischer Studien, nach Ansicht Österreichs aber zu politischen Zwecken). Die „Unabhängigen“ standen in regen Beziehungen zu diesen Agenten -- vermutlich um sich für den Fall eines Aufstandes gegen Österreich die Hilfe Rufslands zu sichern.

Den gleichen politischen Zweck wie die „Unabhängigen“ verfolgte die „Delphische Priesterschaft“. Das kampfbereite patriotische Bundesmitglied sprach: „Meiner Mutter dient das Meer als Mantel, das Hochgebirge als Scepter.“ Die Frage, wer seine Mutter sei, beantwortete es so: „Die Frau mit den dunkeln Locken und den Gaben der Schönheit und Weisheit, früher auch der Kraft; ihre Mitgift ist ein blühender Garten voll duftender Blumen, voll Weinreben und Olivenbäume; jetzt stöhnt sie, weil zu Tode getroffen.“ Die Delphier setzten ihre Hoffnungen seltsamerweise auf „das Heilmittel des Oceans“ (d. h. Hilfstruppen aus Amerika) und „die Zeit der Heilung,“ worunter sie einen allgemeinen europäischen Krieg verstanden. Sie nannten die Anhänger Frankreichs „Heiden,“ jene Österreichs „Ungeheuer“ und die Deutschen „Wilde.“ Ihr Oberhaupt hiefs der „Lootse“ und ihr Versammlungsort „das Schiff,“ womit sie auf die künftige Seemacht Italiens und auf den von jenseits des Meeres erwarteten Beistand anspielen wollten.

Nach dem Sturz Napoleons I. entstanden auch im Ausland geheime Gesellschaften behufs Förderung der Unabhängigkeit Italiens. Die Gründer waren in der Regel Flüchtlinge oder Verbannte. Selbst Ägypten wurde zum Herd einer solchen Agitation gemacht, indem Italiener mit Unterstützung Mehemet Alis, der sich seinerseits gern von der Pforte unabhängig gemacht hätte, unter dem Namen „Geheimer ägyptischer Bund“ eine Abart des ägyptischen Cagliostro-Ritus einführten. Unter dem Deckmantel freimaurerischer Formen wollte der Pascha seine eigenen Pläne fördern. Um in Italien und auf den Ionischen Inseln politische Änderungen hervorzurufen, liefs er die ganze Mittelmeerküste von Emissären bereisen. Die Gesellschaft nahm Anhänger jeder Religion auf, auch weibliche Mitglieder; den Logen von Kairo und Alexandrien gehörten über dreihundert Griechinnen und Araberinnen an. Die Riten waren der Hauptsache nach die der alten und anerkannten „Schotten.“ In den Logen wurde ein Bildnis Napoleons verehrt und dem gefangenen Kaiser war ein jährlicher Festtag geweiht. Türken konnten naturgemäfs keine Aufnahme finden. Über die Wirksamkeit des Bundes ist nichts Verlässliches in die Öffentlichkeit gedrungen.

Kurz nach den Verfolgungen zu Macerata und den i. J. 1818 von der österreichischen Regierung gegen die Carbonari ergriffenen Mafsregeln trat in Ravenna die Vereinigung der „Amerikanischen Jäger" ins Leben. Byron, der durch den Umgang mit der schönen Gräfin Guiccioli ein italienischer Patriot geworden sei, soll an der Spitze dieses Geheimbundes gestanden haben, welcher hinsichtlich der Zeremonien den spanischen Comuneros (vgl. „Die Comuneros") und hinsichtlich der politischen Bestrebungen der „Delphischen Priesterschaft" ähnelte. Die Rettung wurde aus Amerika erwartet – daher der Name der Vereinigung. Angeblich gehörte ihr Joseph Bonaparte, der Ex-König von Spanien, als Mitglied an. Dafs die Bonapartisten neue Hoffnungen hegten, ist nicht unwahrscheinlich; das läfst sich auch aus einem damals in Mittel-Italien sehr volkstümlichen Sonett schliefsen, dessen erste Strophe besagte: „Empört darüber, dafs wir im Joch so grausamer Könige seufzen müssen, die ganz Europa mit Entsetzen erfüllen, müssen wir Bonaparte bitten, zurückzukehren – sei's von St. Helena, sei's aus der Hölle."

Aus dem Schofs der „Amerikanischen Jäger" gingen viele kleinere Gesellschaften hervor: z. B. die „Marssöhne," zumeist aus Militärs bestehend; die „Kunstbrüder," die „Landesverteidiger," die „Freunde der Pflicht" und viele andere, deren Namen kaum bekannt sind. Bei den „Marssöhnen" hiefs der Lehrling „Freiwilliger," eine Carbonariloge „Feldlager," der „gute Vetter" „Korporal," der Meister „Sergeant," der Grofsmeister „Befehlshaber." Dieser Orden wurde aber eigentlich, wenngleich indirekt, von den höchsten Würdenträgern der Carbonari geleitet.

1822 bildete sich in London ein Geheimbund zur Befreiung von der Herrschaft Österreichs. Ihm traten viele hervorragende italienische Patrioten bei. Die ängstliche österreichische Regierung schickte Spione aus und diese schilderten die Pläne des Bundes als sehr umfassend, deren Ausführung als unmittelbar bevorstehend. Eine Expedition hätte sich in England nach Spanien einschiffen sollen, um zahlreiche Anhänger aufzunehmen und nach Italien zu bringen, wo sie einen Aufstand hervorrufen sollten. Angeblich stand der britische General Wilson an der Spitze jener geplanten Expedition, doch hat man von dieser in Wirklichkeit nie etwas gehört.

Auch in Paris gab es italienische politische Geheimgesellschaften. Die erste entstand 1829. Ein Jahr darauf gründeten französische Liberale den „Bund der Kosmopoliten" zum Zweck der Revolutionierung aller lateinischen Völker und ihrer nachherigen Vereinigung zu einer grofsen Föderativ-Republik.

Offiziell stand La Fayette an der Spitze, die eigentliche Seele jedoch war der Modenese Heinrich Misley, zuerst Salpeter- und Weizen-Exporteur, später Eisenbahn-Bauunternehmer. Dieser ganz unauffällig thätige Mann, ein vertrauter Freund Menottis, bildete das Bindeglied zwischen dem italienischen Carbonarismus und der französischen Umsturzbewegung. Auch unterstützte er Palmerston 1850–52 in dessen Bestreben, Louis Napoleon zum Kaiserthron zu verhelfen. Der doppelzüngige Palmerston war den europäischen Revolutionären sehr wohl gesinnt; das hinderte ihn jedoch nicht, dort, wo es ihm in den politischen Kram paſste, dem Staatsstreich-Empereur beizuspringen.

Giuseppe Mazzini, vor etwa sechzig Jahren wegen revolutionärer Reden und Schriften in Fort Savona eingesperrt, kann als die Haupttriebfeder derjenigen neueren italienischen Geheimbündelei betrachtet werden, welche radikale Tendenzen hatte. Die Hauptrolle spielte das „Junge Italien," das die Unabhängigkeit und Einigung des Landes und die Erhebung Roms zur Hauptstadt anstrebte. Hier einige Stellen aus den von Mazzini verfaſsten Satzungen dieser Gesellschaft:

„Artikel 1. Der Bund bezweckt die unerläſslich notwendige Beseitigung aller Regierungen der Halbinsel und die Gründung eines Gesamtstaates mit republikanischer Regierungsform. – 2. In voller Kenntnis der furchtbaren Miſsstände des Absolutismus und der noch schlimmeren Folgeübel des verfassungsmäſsigen Monarchismus müssen wir die Errichtung einer einheitlichen, unteilbaren Republik anstreben. – 30. Wer den Befehlen dieser geheimen Gesellschaft den Gehorsam versagt oder ihre Geheimnisse verrät, stirbt unfehlbar durch den Dolch. – 31. Das geheime Gericht fällt die Urteile und bezeichnet die zu deren Vollziehung bestimmten Mitglieder. – 32. Weigert sich ein Mitglied, ein Urteil zu vollstrecken, so wird es auf der Stelle erdolcht. – 33. Entrinnt das Opfer, so wird es verfolgt und schlieſslich von der rächenden Hand getroffen, und versteckte es sich in den Armen der Mutter oder im Tempel Christi. – 34. Jedes geheime Gericht ist berechtigt, nicht nur schuldige Mitglieder, sondern auch jede andere Person, deren Beseitigung es für nötig hält, zum Tode zu verurteilen."

Schon in dem Kapitel über die Mafia (vgl. „Gesellschaftsfeindliche Geheimbünde") haben wir die Vorliebe Mazzinis für den Dolch kennen gelernt. Hier begegnen wir ihr wieder. Obgleich er stets darauf bedacht war, jede Gefährdung der eignen Person zu vermeiden, lieſs er den Dolch ohne Bedenken durch andere anwenden; am bekanntesten ist in dieser Beziehung sein schriftlicher Auftrag, einen gewissen Emiliani zu erdolchen, der angeklagt war, sich den Plänen der Mazzinianer widersetzt zu haben. 1833 stiftete Mazzini einen gewissen Louis Mariotti an, ein Attentat auf Karl Albert zu begehen. Bald nachher wurde der Attentatsversuch von einem anderen Verschwörer wiederholt, und zwar mit einem Dolch, der nachgewiesenermafsen das Eigentum Mazzinis bildete.

Das Junge Italien hatte in allen Gegenden des Landes Zweigausschüsse und agitierte in der in- wie in der ausländischen Presse eifrig für seine Ziele. Die Polizei erwies sich als so unfähig, dafs Livio Zambeccari, einer der Hauptverschwörer, von Bologna nach Neapel und Sizilien gehen, mit den dortigen Genossen Unterredungen haben, Versammlungen abhalten und nach Bologna zurückkehren konnte, ohne dafs sie (die Polizei) von alledem etwas geahnt hätte. General Antonini besuchte als ein angeblicher Daguerreotypist unter falschem Namen die Insel Sizilien und verkehrte sehr vertraut mit der dortigen Beamtenwelt, ohne den Verdacht der Behörden zu erregen. Ein piemontesischer Offizier konnte mit Hilfe des Empfehlungsbriefes eines neapolitanischen Generals unter einem spanischen Namen die Citadelle von Messina eingehend besichtigen. Die Polizei fing an die Verschwörer gerichtete Briefe aus Malta auf, liefs sich dieselben aber von einigen ebenso schlauen wie kühnen Mitgliedern des Jungen Italien ungelesen entlocken!! Tausend Exemplare einer in Marseille gedruckten aufrührerischen Kundgebung wurden in einer an den Minister Delcaretto gerichteten diplomatischen „Note“ in Italien eingeschmuggelt. Wiederholt schmuggelte man den Briefwechsel der Umstürzler durch die amtliche Korrespondenz des Ministers Santangelo ein. Ein zu den Verschwörern gehörender wohlbekannter spanischer General begab sich von Marseille nach Neapel und die französischen Zeitungen berichteten über seine Abreise und deren Zweck; dennoch konnte die neapolitanische Polizei seiner nicht habhaft werden. Damals unterstützte Lord Palmerston die italienischen Revolutionäre moralisch kräftig, weshalb in den Kreisen der österreichischen Konservativen der Knittelvers im Umlauf war:

„Hat der Teufel einen Sohn,
Ist's gewifs Lord Palmerston.“

Auf Sizilien wurde 1827 eine Vereinigung gegründet, die sich „Freunde Griechenlands“ nannte, aber nicht nur Griechenlands, sondern auch Italiens Unabhängigkeit anstrebte. Zehn Jahre vorher war ebendort der „Geheimbund der Fünf“ entstanden, der für die Erhebung der Griechen eintrat. In Messina gab es eine Loge, genannt „Patriotische Reformer“; sie beruhte auf den Grundsätzen der Carbonari, unterhielt mittels musikalischer Notenschrift Beziehungen zu Logen in Florenz,

Mailand und Turin, beschränkte sich aber nicht auf Politik, sorgte vielmehr auch mit grofsem Erfolg für die Verbesserung der ehedem geradezu fürchterlichen Sicherheitszustände.

Wie in Spanien, traten begreiflicherweise auch in Italien den radikalen Verschwörungsverbindungen, die sich gegen Thron und Kirche richteten, konservativ-geistliche Geheimgesellschaften gegenüber. So z. B. arbeiteten die „Konsistorialen" an der Erhaltung der feudal-klerikalen Herrschaft. Zu ihnen gehörten die reichen Patrizier Roms und anderer italienischen Staaten. Der leitende Geist war der Ex-Jesuit Tabot, Beichtvater des Papstes. Dieser Geheimbund soll beabsichtigt haben, die einzelnen Provinzen folgendermafsen zu verteilen: Toskana dem Papst; Elba und die Marken dem König von Neapel; Parma, Piacenza und einen Teil der Lombardei nebst dem Königstitel dem Herzog von Modena; Massa Carrara, Lucca und den Rest der Lombardei dem König von Sardinien; Ancona oder Genua oder Civita Vecchia den Russen als Belohnung für ihre moralische Unterstützung der Bestrebungen der „Konsistorialen." Aus Urkunden geht hervor, dafs Österreich das Vorhandensein und die Ziele der Gesellschaft kannte und dafs der Herzog von Modena 1818 in einer Vollversammlung derselben den Vorsitz führte.

Zur Zeit der Gefangenschaft Pius' IX. entstand die „Römisch-katholische Apostolische Kongregation," deren Mitglieder einander an einer gelben Schnur mit fünf Knoten erkannten. In den unteren Graden war nur von Frömmigkeit und Wohlthätigkeit die Rede; erst die Inhaber der höheren lernten die eigentlichen Bundesgeheimnisse kennen, die übrigens nur von je zwei Personen besprochen werden durften. Jede Loge zählte blofs fünf Mitglieder. Die Losungs- und Kennworte waren „Eleutheria" (Freiheit) und „Ode" (Unabhängigkeit). Dieser Orden verpflanzte sich von Frankreich, wo er aus der Mitte der Lamennaisschen Neu-Katholiken hervorgegangen war, nach der Lombardei, fand dort aber wenig Anklang. Obgleich auf die Befreiung Italiens abzielend, war er nicht revolutionär, denn er verknüpfte die Geschicke der Völker mit dem vollständigen Sieg des römischen Katholizismus. Es gelang den Österreichern, sich in den Besitz der Satzungen, der Eingeweihten-Diplome etc. zu setzen; die letzteren enthielten zwei lateinische Texte, welche durch das Zeichen

C	C
A	R

(= Congregazione Cattolica Apostolica Romana) getrennt waren.

Zur Zeit des Verbots des Jesuitenordens trat der Bund der „Sanfedisten" ins Leben. Im Kirchenstaat hatte längst die

„Heilige Union“ (auch „Gesellschaft der Friedlichen“ genannt) bestanden, welche die Verteidigung des Katholizismus, der weltlichen Macht des Papstes und dergleichen bezweckte. Aus dieser Vereinigung gingen die Sanfedisten (= Gesellschaft des heiligen Glaubens) hervor. Die Entdeckung des Bundes geschah durch einen merkwürdigen Zufall. Im Karneval 1821 betrat ein Freund Jean de Witts (vgl. „Carbonari“) in einer Strafse Turins einen Laden, um ein Kostüm zu kaufen. Bei der Besichtigung einer Soutane erspähte er in einer Tasche derselben Papiere. Nach Ankauf des Kleidungsstückes entpuppten sich die Schriftstückc als die Satzungen, Erkennungszeichen, Losungsworte u. s. w. der Sanfedisten. Der gewesene Besitzer der Soutane, einer der höchsten Eingeweihten, war vom Schlage gerührt worden und man hatte seine Habseligkeiten verkauft, ohne die nötige Sorgfalt walten zu lassen. Nach den Enthüllungen des Käufers der Soutane änderten die Sanfedisten Zeichen und Kennwort; das erstere bestand seither in einem mit der linken Hand auf die linke Brust gemachten Kreuzzeichen.

In Frankreich hatten die Sanfedisten lange vorher gegen Napoleon I. agitiert, der ihrer etwa zwanzig in Modena einsperren liefs; Franz IV. befreite sie aus dem Gefängnis. Nach 1815 sollen der Herzog von Modena und Kardinal Consalvi die Leiter des Bundes gewesen sein; auch der König von Sardinien war angeblich in die Verschwörung mit verwickelt. Von manchen Seiten ist der „Gesellschaft des heiligen Glaubens“ die Absicht zugeschrieben worden, die Österreicher und den König von Neapel zu vertreiben und Italien in drei Königreiche zu teilen; nach anderen Quellen plante sie die Zerlegung des Landes in fünf Staaten: Sardinien, Modena, Lucca, Rom, Neapel; noch andere glaubten – und sie allein dürften das Richtige getroffen haben – dafs die Sanfedisten die Erhaltung des status quo und die Wiedereinführung der ärgsten Knechtschaft anstrebten. Einmal intriguierten sie mit und für Österreich, ein andermal mit und für Rufsland. Ihre Ränke zogen im Inland viel Zwist und Blutvergiefsen nach sich. Ihre Hauptgegner waren die Carbonari. Ihre Satzungen und ihr Treiben waren ebenso blutrünstig und unheilvoll wie das Unwesen der Räuberbanden, die Italien unsicher machten. Sie schworen schreckliche Eide, die „gottlosen“ Freisinnigen und deren Kinder ohne Ansehen des Geschlechts oder Alters zu verfolgen und umzubringen. Unter dem Deckmantel des Glaubensschutzes erlaubten sie sich die ärgste Zügellosigkeit und die empörendsten Grausamkeiten. Im päpstlichen Staatsgebiet standen sie unter der Leitung der Inquisitoren und Bischöfe, von denen sie gar sehr ermutigt wurden, besonders unter Leo XII. Im Königreich Neapel gehorchte der Bund unmittelbar den Befehlen der Polizei. In Deutschland erfreute er sich des Schutzes des Bischofs Fürst Hohenlohe-Schillingsfürst. An der Spitze der französischen Mitglieder stand Fürst Jules de Polignac.

Irische Gesellschaften.

Weifse Bursche. — Rechtsbursche. — Eichenbursche. — Stahlherzen. — Drescher. — Tagesanbruchbursche. — Verteidiger. — Vereinigte Iren. — Bandmänner. — Patricksbursche. — Orangisten. — Molly Maguires. — Söhne des Heiligen Georg. — Der Alte Hibernierorden. — Die Fenier. — Ihre Entstehung und Organisation. — Schwindelhafte „Haupt-Mittelpunkte.“ — Finanzielles. — Ursprung des Namens. — Litanei. — Geschichte des Feniertums von 1865 bis 1871. — Der sogen. General Cluseret. — Mordthaten und Dynamit-Attentate. — Der Klan-na-gael. — Die National-Liga. — Neueste Geschichte des Feniertums.

In ihrem Elend und tiefen Aberglauben hilflos, vom Hafs gegen ihre Eroberer, die Beherrscher Englands, irregeführt, gründeten die Irländer ihre geheime Verbindungen nicht so sehr zur Bekämpfung der Übelstände als zur Bekämpfung der — oft nur vermeintlichen — Urheber der Übelstände. Die erste irische Geheimgesellschaft, von der in öffentlichen Urkunden die Rede ist, datiert aus dem Jahre 1761, einer Zeit, in welcher die ohnehin stets jämmerlichen Verhältnisse des Bauernstandes völlig unerträglich geworden waren. Das Recht der freien Weide wurde aufgehoben und die Grundherren, in der Regel nicht Irländer, sondern Engländer — begannen die Gemeindeweiden einzufriedigen. Auch die Anforderungen des Fiskus stiegen immer höher. In ihrer Verzweiflung griffen die Bauern zu Repressalien, und um diese mit gröfserer persönlicher Sicherheit begehen zu können, riefen sie den Geheimbund der „Weifsen Bursche“ ins Leben. Der Name rührt daher, dafs die Mitglieder zu Verkleidungszwecken über ihrer Kleidung ein weifses Hemd anzogen. Sie nannten sich auch „Niederreifser,“ weil sie darauf ausgingen, die verhafsten Einzäunungen niederzureifsen. 1761 breitete sich der Bund in der Provinz Munster aus, wo er jahrzehntelang allerlei Ausschreitungen beging, ehe er sich auflöste, um dem der „Rechtsbursche“ Platz zu machen (1887).

Die „Rechtsbursche“ arbeiteten mit gesetzlichen Mitteln an der Erzielung von Steuerermäfsigungen und Lohnerhöhungen, an der Abschaffung aller entwürdigenden persönlichen Dienstleistungen und an der Errichtung möglichst vieler katholischen Kirchen. Sie begingen zwar zuweilen verwerfliche Ausschreitungen gegen protestantische Pastoren, bewegten sich im allgemeinen jedoch innerhalb der gesetzlichen Grenzen. Als Gegengift gründeten die Protestanten eine Verteidigungsgesellschaft, „Die Eichenbursche“ – so genannt, weil das Abzeichen in einem Eichenblatt bestand. Sie kämpften hauptsächlich für die Verringerung der Macht und der Gebühren der Geistlichkeit. Am verbreitetsten waren sie in der Provinz Ulster. Als sie mit gesetzlichen Mitteln nichts erreichten, griffen sie zu den Waffen, wurden aber von den englischen Regierungstruppen besiegt und aufgelöst.

In den sechziger Jahren mufsten viele Pächter des Marquis von Donegal ihre Farmen verlassen, weil der Grundbesitzer wegen eines pekuniären Vorteils dieselben an Belfaster Kaufleute vermietete. Die Bedauernswerten vereinigten sich zu dem Geheimbund der „Stahlherzen.“ Dieser Name sollte die Strenge und Ausdauer andeuten, mit welcher sie an den neuen Pächtern ihrer Farmen Rache zu üben gedachten. Sie töteten möglichst viele derselben, brannten ihre Gehöfte nieder und vernichteten ihre Ernten nach Thunlichkeit. Infolge Auflösung der Gesellschaft durch die Behörden (1773) flüchteten zahlreiche Mitglieder nach den Vereinigten Staaten, wo sie sich den im Aufstand gegen England begriffenen Ansiedlern anschlossen.

Nach der Verschmelzung des irischen Parlaments mit dem englischen (1800) trieb die Geheimbündelei neue Blüten. Die bemerkenswerteste der betr. Gesellschaften war die der „Drescher,“ die in erster Reihe die Ermäfsigung der überaus hohen Funktionsgebühren der Geistlichkeit – der protestantischen wie der katholischen – bezweckten. Zuweilen benahmen sie sich zugleich grofsmütig und humoristisch. Anno 1807 z. B., als ein Priester einem sehr armen Weib doppelte Taufgebühren aufrechnete, weil es sich um Zwillinge handelte, zwangen ihn die „Drescher“ bald nachher zur Entrichtung einer gröfseren Summe, für die sie eine Kuh kauften, welche sie der armen Frau schenkten.

Zur Bekämpfung der neuen Vereinigungen sandte die Regierung vergeblich die ganze berittene Freiwilligentruppe aus. Um 1785 entstand die protestantische Verbindung der „Tagesanbruchbursche,“ die in der Morgendämmerung Ausschreitungen gegen Katholiken zu begehen pflegten, deren Hütten, Getreidevorräte und landwirtschaftliche Maschinen sie verbrannten oder sonstwie vernichteten. Die Katholiken riefen einen Schutzbund ins Leben: die „Verteidiger,“ die übrigens bald zur Offensive übergingen und sich während des Aufstandes von 1798 mit den „Vereinigten Irländern“ verschmolzen. Diese erlitten eine Niederlage und ihr Anführer, Lord Edward Fitzgerald, wurde zum Tode verurteilt, starb jedoch an seinen Wunden, ehe seine Hinrichtung stattfinden konnte. Die „Vereinigten Irländer“ setzten ihre geheime politische Thätigkeit als „Bund der

Bandmänner" fort; so hiefsen sie, weil sie einander an bestimmten Bändern erkannten. Ihr Eid, der erst i. J. 1895 bekannt wurde, lautete wie folgt:

„In Gegenwart des allmächtigen Gottes und dieses meines Bruders schwöre ich, dafs ich mir eher die rechte Hand abhauen und vor die Kerkerthür legen lassen will, als einem Bruder auflauern oder ihn verraten. Ich schwöre, ausdauernd zu sein und zwischen Wiege und Krücke oder zwischen Krücke und Wiege niemand verschonen zu wollen. Ich werde weder das Ächzen der Kindheit noch die Seufzer des Alters beachten, sondern bis zum Knie in Orangistenblut waten und so verfahren wie König Jakob verfuhr."

Aus den Reihen der „Bandmänner" gingen die „St. Patricksbursche" hervor, deren Satzungen i. J. 1833 entdeckt und veröffentlicht wurden. Ihr Eid lautete: „Ich schwöre, mir eher die rechte Hand abschneiden und ans Thor des Armagher Gefängnisses nageln zu lassen als einen Bruder zu betrügen oder zu verraten; der Sache, welcher ich mich mit Vorbedacht widme, treu zu bleiben; weder auf Geschlecht noch auf Alter Rücksicht zu üben, wenn irgend jemand meiner Rache an den Orangisten im Wege stehen sollte." Die Genossen erkannten einander durch gewisse Gespräche; z. B.: „Der heutige Tag ist schön." – „Ein schönerer wird erscheinen." Oder: „Die Strafse ist sehr schlecht." – „Sie wird ausgebessert werden." – „Womit?" – „Mit Protestantenknochen." Oder: „Was ist Ihr Glaubensbekenntnis?" – „Die Überwindung der Philister." Oder: „Wie lang ist Ihr Stock?" – „Lang genug, um meine Feinde zu erreichen." Oder: „Welchem Stamm gehört das Holz an?" – „Einem französischen Stamm, der in Amerika blüht und dessen Blätter die Söhne Erins beschatten werden." Der Bund verfolgte in erster Reihe den Zweck, den agrarsozialen Mifsständen zu steuern.

Mit den Orangisten, denen die Bandmänner und die Patricksbursche so wilde Rache schworen, waren die Mitglieder eines noch heute bestehenden protestantischen Geheimbundes gemeint. Da viele Farmen aus katholischen Händen in die von Protestanten übergegangen waren, sahen sich die letzteren den Angriffen der ersteren ausgesetzt. Zum Selbstschutz bildeten sie die „Gesellschaft der Orangisten," die ihre erste Vollversammlung im September 1795 in einem entlegenen Dörfchen abhielt. Diese Versammlung, welcher auch eine Abordnung der „Tagesanbruchbursche" beiwohnte, errichtete eine Grofsloge und verlieh ihr das Recht der Gründung von Logen. Anfänglich gab es nur Einen Grad: den des „Orangisten"; aber schon nach einem Jahr kam der „Purpurgrad" hinzu. Nachträglich wurden noch zwei Grade eingeführt, später jedoch wieder abgeschafft. Der Eid unterscheidet sich nur wenig von dem der Freimaurerlehrlinge, denn der Gründer des Ordens, Thomas Wilson, war Freimaurer. Das Losungswort ist „Migdol“ (= der Name des Ortes, an dem die Israeliten vor dem Zuge durchs Rote Meer lagerten), das Hauptlosungswort „Schibboleth.“ Früheres Erkennungszeichen: Lüften des Hutes mit der rechten Hand, drei Finger auf dem Rand; sodann Legen derselben drei Finger auf die Krone und Niederdrücken des Hutes; endlich schnelle Handbewegung nach vorn, wobei der Daumen und der kleine Finger neben einander gehalten werden. Nach der Entdeckung dieses Zeichens durch Unberufene wurden andere angenommen. Als „halbes“ Zeichen hielt man die Rechte so, dafs drei Finger auf dem Schenkel oder dem Knie lagen; das „volle“ Zeichen bestand darin, dafs man die drei ersten Finger jeder Hand auf die Hutkrone legte, die Ellbogen möglichst hoch hinaufzog und schliefslich beide Hände senkrecht seitwärts hinabfallen liefs. Dieses Hauptzeichen soll die Oberbalken und Seitenpfosten der mit dem Blute des Osterlamms besprengten Thüren versinnbildlichen. Der aus der Bibel entlehnte Hilferuf der Orangisten lautet: „Wer ist auf meiner Seite, wer?“ Das „grofse“ Begrüfsungszeichen ist das Geradestehen mit den Händen auf den Hüften. Im Purpurgrad fragt ein Mitglied das andere: „Welches ist deine Ziffer?“ Und die Antwort des befragten Eingeweihten lautet: „Dritthalb.“ In diesem Grad ist das Kennwort „Gi-de-on“, das Haupt-Kennwort „Rote Mauern“, worunter das Rote Meer verstanden wird.

Der Orangistenbund breitete sich in ganz Irland aus und drang auch nach England, namentlich in die grofsen Industriebezirke. Eine in Manchester gegründete, später nach London verlegte Grofsloge hatte keinen Geringeren als den Herzog von York zum Grofsmeister und sein Nachfolger war der Herzog von Cumberland, nachmals König von Hannover. 1835 wurden die irischen Satzungen abgeändert und veröffentlicht. Dieselben verpflichteten die Mitglieder, die Königsfamilie zu verteidigen, solange sie den Grundsätzen des Protestantismus treubleibe. Der Bund stellte es als seine Aufgabe hin, die Staatskirche zu beschirmen, die protestantische Thronfolge zu sichern und Leben wie Eigentum der Genossen zu schützen. Er erklärte sich in der Theorie für die religiöse Duldsamkeit, hielt sich aber in der Praxis keineswegs an dieses Prinzip. Auch in Schottland und den britischen Kolonien fand der Bund allmählich Eingang und etwa zwölftausend Mitglieder; ebenso in der Armee, wo er es auf rund fünfzig Logen brachte. In den Vereinigten Staaten mit ihrer starken irischen Bevölkerung zählt er noch jetzt zahlreiche Mitglieder.

Die Orangisten treiben auch Politik, indem sie die Parlamentswahlen im Sinne der Liberalen beeinflussen. Die Bemühungen des Hauses der Gemeinen, die Gesellschaft zu unterdrücken, waren bisher vergeblich. Dafs der Brauch, bei den Einweihungsfeierlichkeiten unwürdige Scherze zu treiben, noch nicht ausgestorben ist, geht aus einer Gerichtsverhandlung hervor, welche im Januar 1897 im Staate Massachusetts stattfand. Ein gewisser Preble verklagte nämlich die Funktionäre einer Orangistenloge, weil sie ihn anläfslich seiner Einweihung, während er eine Binde um die Augen hatte, wiederholt mit einem spanischen Rohr geschlagen, der Stehleiterfolter unterzogen, in ein Leintuch geworfen, mehrmals in die Luft geschleudert und ihm schliefslich auf der Brust mit einem glühenden Eisen schwere Brandwunden beigebracht hatten.

Es gab noch eine ganze Reihe von irischen Geheimbünden mit religiösen und agrarsozialen Tendenzen, wie z. B. die „Schnur-Annäher“ in Meath, die „Shanavests“ und „Caravats“ in Tipperary, Kilkenny, Cork und Limerick, die „Weifsfüfse“, die „Schwarzfüfse“ und andere, über die wir nichts Genaues wissen. Bekannter sind die „Molly Maguires“, die hauptsächlich in West-Irland thätig waren, sich aber auch in die Vereinigten Staaten verpflanzten, wo sie namentlich im fernen Westen grofse Ausschreitungen begingen. 1870 waren sie besonders im Mormonenstaat Utah sehr gefürchtet, weil kein Engländer sich vor ihren mörderischen Überfällen sicher fühlte und die Polizei unfähig (oder abgeneigt?) war, die Verbrecher zu ermitteln. Da bildeten die Engländer zu ihrer Verteidigung einen Gegenbund, den „Orden der Söhne des Heiligen Georg“, dem es gelang, viele der Mörder vor Gericht zu bringen; sie wurden hingerichtet und bald konnte die gefährliche Geheimgesellschaft gänzlich ausgerottet werden, während die „Söhne des Heiligen Georg“ als ein blühender Wohlthätigkeitsverein, der in mehreren Städten Utahs Logen hat, noch jetzt fortbestehen. Später ging die Bezeichnung „Molly Maguires“ auf einen Bergarbeiter-Geheimbund in den pennsylvanischen Anthrazitbezirken über; auch seine Mitglieder verlegten sich auf Mord und Totschlag; 1890 kamen ihrer etwa ein Dutzend an den Galgen und die Verbindung wurde von der Regierung gänzlich unterdrückt.

Ein andrer irischer Bund, der in den Vereinigten Staaten eine sehr grofse Verbreitung hat (ca. 6000 Logen), ist der „Alte Orden der Hibernier“. Der erste seiner zwei Grade zählt die weitaus meisten Mitglieder, aber ihnen werden keine Geheimnisse anvertraut und keine Eide auferlegt. Dem zweiten Grad gehören die Eingeweihten an und diese müssen furchtbare Schwüre leisten. Sie empfangen die Losungsworte von einem Zentralausschufs, dem „Komitee von Erin“, das entweder in England oder in Schottland oder in Irland tagt und allvierteljährlich

Emissäre mit einem neuen Paſswort nach New-York schickt. Nur Katholiken können Mitglieder werden. Der Orden bezweckt angeblich nur den Schutz der in Amerika lebenden Irländer; doch soll er auch den Molly Maguires Hilfe gewährt und den Feniern von Nutzen gewesen sein. Seine Leitung stiftet viel Unheil; da jedoch die Mehrheit der Genossen von den Verbrechen der Oberhäupter nichts weiſs, erfreut er sich der gröſsten Duldung der Behörden. Im November 1896 spendete er 50000 Dollars zum Zweck der Gründung einer Professur der keltischen Sprache und Litteratur an der katholischen Universität zu New-York.

Die dem gröſseren Publikum des Festlandes bekannteste irische Geheimgesellschaft ist zweifellos die der Fenier, gegründet von zwei irischen Emigranten von 1848, Michael Doheny und John O'Mahoney. Doheny war eines der begabtesten und gefährlichsten Mitglieder der Jung-Irland-Partei. O'Mahoney gehörte einer der ältesten Familien der Provinz Munster an; in Smith O'Briens miſsglückte Ränke verwickelt, entfloh er nach Frankreich und von dort nach den Vereinigten Staaten, wo er mit Doheny und dem General Corcoran den Bund der Fenier („Irische Republikanische Brüderschaft“) ins Leben rief. Die Hauptfunktionäre desselben waren der Öffentlichkeit als solche bekannt, aber seine Versammlungen und seine Thätigkeit blieben geheim. Er breitete sich rasch aus und gewann in der Union, in Kanada und Britisch-Nordamerika bald zahlreiche Mitglieder. Im November 1863 tagte in Chicago eine groſse Delegiertenkonvention, die als Ziele der Gesellschaft die Lostrennung Irlands von England und die Errichtung einer irischen Republik hinstellte. Auf der nächsten Konvention, welche 1864 in Cincinnati stattfand, waren rund 250000 Mitglieder vertreten. Die Versammlung schrieb für jedes Mitglied einen Beitrag von fünf Dollars aus und beschloſs, „die nächste Konvention auf irischem Boden abzuhalten.“ Die Mitglieder sollen ihre fünf Dollars fast durchweg prompt eingezahlt haben; wie wir alsbald sehen werden, fehlte es den Führern der Bewegung überhaupt nie an Geld – fanden sich doch immer opferwillige Thoren! Damals entstand auch eine Fenische Schwesternverbindung, die so eifrig Parteigelder sammelte, daſs sie schon nach zwei Monaten eine ganze Million Dollars in den Bundesschatz einzahlen konnte.

Um jene Zeit rechneten die Fenier zuversichtlich auf die Unterstützung der Unionsregierung und die New-Yorker Presse ermunterte sie dabei. In Irland selbst hat die Brüderschaft nie eine so groſse Ausdehnung erlangt wie in Amerika. Gleich den amerikanischen hatten auch die irländischen Fenier eigene Führer, Beamte, geheime Eide, Bundeskassen, Finanzagenten, Losungsworte, Sinnbilder, Satzungen, Waffenvorräte, Exerzier-Übungen Abzeichen u. s. w. u. s. w. Auch an eigenen Zeitungen, Balladen und populären Kouplets fehlte es ihnen nicht. Aber bald begannen Verräter im Schofse der Organisation an deren Zerstörung zu arbeiten, darunter O'Mahoney selbst, der als „Haupt-Mittelpunkt“ ein Jahresgehalt von zweitausend Dollars bezog. Bereits 1866 schrieb ein „Untersuchungsausschufs“ der amerikanischen Fenier in seinem amtlichen Bericht das Folgende über diesen eigentlichen Urheber des Feniertums:

„Nach sorgfältiger Prüfung der Angelegenheiten der Brüderschaft findet der Ausschufs in fast sämtlichen Fällen, dafs die Sache Irlands dem Erreichen persönlicher Vorteile unterordnet worden ist. Als Patrioten hochgepriesene Männer, benutzten sie jede Gelegenheit zur Plünderung der Bundeskasse, wobei sie sich dadurch sicherstellten, dafs sie die Zustimmung O'Mahoneys erlangten .... Das Vertrauen der Brüderschaft in die Rechtschaffenheit John O'Mahoneys war unbegrenzt, aber er hat sich desselben unwürdig erwiesen – ob aus Unfähigkeit oder mit Absicht, bleibe dahingestellt .... Noch nie hat das irische Volk seinen Führern solches Vertrauen geschenkt und noch nie ist es so schmählich getäuscht, so verräterisch behandelt worden. Moffat Mansion (das Hauptquartier der amerikanischen Fenier) war nicht nur ein Heim armer Beamten und hungriger Abenteurer, sondern auch ein von den kanadischen Behörden und dem britischen Gesandten in Washington benutztes Telegraphenamt. Die bezahlten Patrioten und berufsmäfsigen Märtyrer liefsen sich's nicht an der Leerung unserer Kasse genügen – sie verhinderten auch nicht, dafs die englischen Machthaber von unseren Plänen im voraus verständigt wurden.“

Demselben Bericht zufolge hatte der Bund 1866 in Amerika ein Barvermögen von 185 000 Dollars. Moffat Mansion verschlang mit seinen Schmarotzern in drei Monaten 104 000 Dollars. In der gleichen Zeit empfing Stephens, der irische „Haupt-Mittelpunkt“, aus Amerika über 106 000 Dollars, obgleich O'Mahoney wiederholt vor ihm gewarnt hatte. Diese Warnungen rührten zweifellos daher, dafs O'Mahoney in Stephens einen noch geschickteren und kühneren Gauner sah, der ihm einen beträchtlichen Teil der Beute wegschnappte. Allerdings wäre Stephens gegenüber Mifstrauen am Platze gewesen, denn er half nicht blofs den Bund finanziell zu Grunde richten, sondern verriet ihn überdies – gewifs um doppelt „zu verdienen“ – an den Feind. Nur Einverständnis mit den englischen Behörden kann die Thatsache erklären, dafs er in der Nähe von Dublin, ohne sich irgendwie zu verbergen, zwei Monate lang in einem eleganten Hause lebte und dennoch nicht in die Hände der Polizei fiel. Sein Benehmen nach seiner

Verhaftung, seine Flucht aus dem Gefängnis, sein Gang durch Dublin, seine Reise nach Schottland, London und Frankreich ohne jede Belästigung – all dies macht den Verdacht, daſs er ein Spion und Verräter war, zur Gewiſsheit.

Auch in England brachte die Brüderschaft ziemlich viel Geld auf. Namentlich in Liverpool fand sie viele Anhänger und Unterstützer; einmal wurden dort in einer fenischen Versammlung binnen wenigen Minuten 200 Pfd. Sterl. gesammelt. Aber der Liverpooler Schatzmeister unterschlug viel von den Fonds des dortigen Zweigvereins; als man ihn zur Rechenschaft ziehen wollte, drohte er, den ganzen Ausschuſs an den Galgen zu bringen, falls man ihn nicht in Ruhe lasse! Zu den Mitteln, durch die der Bund sich Geld zu verschaffen pflegte, gehörte auch die Ausgabe von Kassenscheinen, deren Einlösung der geplanten irischen Republik aufgebürdet wurde. Hier ein Beispiel in deutscher Übersetzung:

(Harfe) £ 1. (Göttin der Freiheit.) £ 1. (Kleeblatt.)

Neunzig Tage nach Errichtung der

IRISCHEN REPUBLIK

einzulösen durch .... } Finanz-
.... } ausschuss.

(Altirisches Königsbanner.)

Nach der irischen Überlieferung waren die Fenier dereinst eine zur Küstenverteidigung bestimmte Miliz. Jede der vier Provinzen soll eine solche Truppe gehabt und des Vorranges soll sich die von Leinster erfreut haben, weil ihr angeblich Fionn und seine Familie angehörten. Da Fionn mit Macphersons Fingal identisch ist, dürften die Führer des Feniertums es für vorteilhaft gehalten haben, dieses mit einem geschichtlichen Glorienschein zu umgeben. In Wirklichkeit nahmen die irischen Fenier nie die Bezeichnung „Fenier“ an; sie nannten sich vielmehr „Irische Republikanische Brüderschaft“. Das Wort „Fenier“ war eine Erfindung O'Mahoneys.

Die Fenier haben ein Gebetbuch, das sich „Patriotische Litanei des Heiligen Lorenz O'Toole“ betitelt und aus dem wir das folgende interessante Gebet anführen wollen:

„Rufe zu deinem Beistand auf, o du höchst freiheitsliebender O'Toole, jene christlichen Hilfstruppen der Macht und des Ruhmes: die begeisternde Kanone, die sanfte und treue Muskete, die fromme Flinte, die das Gewissen erforschende Pike.

Durch Märtyrerglauben, Fenierhoffnung und Rebellenbarmherzigkeit unterstützt, werden sie den Teufel überwinden und uns in unsrem Lande auf immer zu unsrem Eigentum verhelfen. Amen! O'Toole, erhöre uns! Von englischer Kultur, britischem Gesetz, britischer Ordnung, angelsächsischer Heuchelei und Freiheit erlöse uns! Von der Herrschaft der englischen Königin, von Rule Britannia, vom Teufel, von der Notwendigkeit alljährlicher Aufstände, von Truppen-Einquartierungen, von einer frommen Staatskirche erlöse uns, O'Toole! Sie wollen das Feniertum gleich einer Rinderpest ausrotten! O'Toole, wir werden ihnen beweisen, dafs sie falsche Propheten sind. Dafs Irland unterworfen und gehorsam ist, dafs Irland der Krone treu ist, dafs Irland durch Zugeständnisse beschwichtigt werden kann, dafs Irland zur britischen Armee Soldaten stellen wird, dafs Irland nicht zum äufsersten entschlossen sei – all dies ist falsch, O'Toole! Dafs Irland sich nie wieder an den Schweif einer andern Nation binden lassen wird – das verkünde allerwärts, O'Toole!"

Aufser Stephens gaben sich noch andere Fenier dazu her, den Bund an England zu verraten. Dadurch kam die Polizei schon 1865 in die Lage, das Bureau der fenisch gesinnten Dubliner Zeitung „The Irish People" (= „Das irische Volk") zu erstürmen und mehrere hervorragende „Brüder" dingfest zu machen. Bald folgten Verhaftungen in anderen Teilen Irlands sowie in Manchester, Liverpool und einigen anderen englischen Städten; die Betreffenden wurden wegen Hochverrats verhaftet. Nachdem einige fenische Überfälle mifslungen waren, glückten 1867 mehrere. Im September wurde ein Polizeiwagen, welcher zwei Erzfenier ins Gefängnis brachte, so heftig angegriffen, dafs die Häftlinge entfliehen konnten. Bei diesem Attentat erschofs William O'Meara Allen, der dafür an den Galgen kam, einen Polizeikommissär. Noch schlimmer war der Versuch, behufs Befreiung zweier Fenier das Gefängnis des Londoner Stadtteils Clerkenwell in die Luft zu sprengen. Ein grofses Stück der äufsern Kerkermauer und mehrere benachbarte Häuser wurden zerstört, mehrere Personen getötet und viele verwundet oder verstümmelt. Gegen Jahresschlufs griffen Fenier den Martello-Turm zu Fota (bei Queenstown) an und raubten Waffen nebst Munition. 1871 überfielen zahlreiche „Brüder" eine grofse kanadische Grenz-Poststation, wurden jedoch von Unionstruppen zurückgeschlagen und zerstreut.

Zu den bedeutendsten Persönlichkeiten des Bundes gehörte John Mitchel, der Abgott Dohenys. Er war in die irischen Unruhen von 1848 verwickelt gewesen und deportiert worden, hatte jedoch die Flucht ergriffen und in den Vereinigten Staaten den Bürgerkrieg als Anhänger des Südens mitgemacht. Gefangen genommen, wurde er vom Präsidenten auf Wunsch des amerikanischen Fenierbundes freigelassen. Dem grofsen Publikum ist sein Name übrigens lange nicht so bekannt wie der des sogen. „Generals" Cluseret. Dieser diente zuerst im französischen Heer, mufste jedoch als Kapitän quittieren, weil er sich bei der Verwaltung der ihm anvertrauten Regimentskasse Unregelmäfsigkeiten zu schulden kommen liefs. Später diente er unter Garibaldi in Sizilien und unter Fremont in den Vereinigten Staaten. Dann schmückte er sich selber mit dem Generalstitel und kehrte nach Europa zurück, um im Auftrag der New-Yorker Fenier Berichte über englische Arsenale, Häfen u. dgl. abzufassen. Er behauptete nachträglich, sich den Feniern zum Oberbefehl über 10000 Mann erboten zu haben, falls es gelänge, sie zusammenzubringen; doch sei das nötige Geld nicht aufzubringen gewesen. Auch behauptete er, dafs die Reformliga seine Pläne begünstigt habe, und diese seien nur darum gescheitert, weil er es mit zu vielen selbstsüchtigen und unwissenden Ränkeschmieden zu thun hatte. Nach dem Mifslingen eines von ihm in Irland ins Werk gesetzten Aufstandsversuchs entfloh er nach Frankreich, wo er sich an der Kommune beteiligte.

Jahrelang verhielten sich die Fenier vollkommen ruhig, bis sie 1880 die „Landliga" gründeten, deren Vertreter, die „Mondscheinmänner", nächtlicherweile zahlreiche Missethaten begingen; mit Vorliebe überfielen sie Farmpächter, die es trotz des betr. Befehls der Liga nicht unterliefsen, ihre Pachtbeträge zu bezahlen. Im Frühling 1882 erfolgten in Dublin die wohl noch den meisten Lesern erinnerlichen „Phönixparkmorde", denen die Staatssekretäre für Irland, Lord Frederick Cavendish und Thomas Burke, zum Opfer fielen. Die Verbrecher wurden erst im Januar 1883 ergriffen, und zwar infolge der Angeberei eines derselben, James Carey's. Dieser wurde zur Belohnung begnadigt und aufser Landes geschickt, aber kurz darauf von dem Fenier O'Donnell erschossen. Das gerichtliche Verfahren gegen die Phönixpark-Mörder führte zur Entdeckung einer geheimen Verbindung, die sich „Die irischen Unüberwindlichen" nannte und von „Nr. 1" geleitet wurde – ein Pseudonym, hinter welchem P. J. Tynan sich viele Jahre lang verbarg, ehe man ihn zu identifizieren vermochte. Die „Unüberwindlichen" vollbrachten viele Schandthaten und stifteten auch die Phönixpark-Morde an.

Im Jahre 1882 begann das Feniertum sich des Dynamits zu bedienen. In einem Kellergewölbe zu Cork wurden grofse Mengen Dynamit und Waffen versteckt gefunden. Auch in London und anderen englischen Städten häufte man Sprengmittel, Waffen und Munition auf. Da die Einfuhr von Dynamit aus Amerika sich als sehr schwierig erwies, versuchte die Brüderschaft, es im Inland zu erzeugen. Im April 1883 entdeckte die Polizei in der

Nähe von Birmingham ein Dynamitlaboratorium mit viel halb und ganz fertiger Ware. Mit Hilfe von Dynamit und eingeschmuggelten Höllenmaschinen – die letzteren machten zuweilen grofses Aufsehen durch vorzeitiges Losgehen am unrechten Platz – unternahm der Bund 1883–84 eine Anzahl von glücklicherweise zumeist mifslungenen Versuchen, öffentliche Gebäude in die Luft zu sprengen, und zwar in London, Glasgow und anderwärts. Zwischenein (April 1884) erliefs die Fenische Brüderschaft ein Manifest, des Inhalts, dafs sie mit der „wissenschaftlichen Kriegsführung" – so nannte der Bundessekretär Patrick Joyce die Anwendung von Sprengmitteln – fortzufahren gedenke, bis Irland endlich befreit sein werde. Bei den in Rede stehenden Attentaten spielten zwei amerikanische Feniergruppen die Hauptrolle. Die Macht der einen, an deren Spitze der weltberüchtigte O'Donovan Rossa stand, war bald gebrochen, da ihre beiden wichtigsten Vertreter in Grofsbritannien und Irland der Polizei in die Hände fielen und zu lebenslänglichem Zuchthaus verurteilt wurden. Ernster zu nehmen ist die andre Gruppe, der „Klan-na-gael."

Der „Klan-na-gael" war ursprünglich eine gewaltlose, rein patriotische Verbindung behufs Förderung der Unabhängigkeit Irlands von England. Erst später gewann die Partei der Gewaltthätigen die Oberhand. Diese Kerle rissen die Fonds der Gesellschaft an sich und liefsen sie gröfstenteils in die eigenen Taschen fliefsen. Das Mitglied Dr. Cronin, von dem man Enthüllungen hierüber befürchtete, wurde ermordet. Der noch immer bestehende Klan-na-gael hat in allen Gegenden der Vereinigten Staaten Zweigvereine und wird von drei Oberhäuptern geleitet, von denen eines in Chicago, zwei in New-York wohnen. Seine europäischen Vertreter versuchten zweimal das englische Parlamentsgebäude in die Luft zu sprengen. Die von ihnen im Tower und auf einem grofsen Londoner Bahnhof bewirkten Explosionen verursachten beträchtlichen Schaden und kosteten auch mehrere Menschenleben. Als die englischen Gerichte 25 Agenten und Mitglieder des Klan-na-gael zu schweren Zuchthausstrafen verurteilten, mäfsigten die Dynamithelden ihren Übereifer und begingen nur noch ab und zu kleine Attentate.

Wir müssen auch der „Nationalliga" Erwähnung thun, die im Ausland gegründet worden ist und von ausländischen Agenten, deren Absichten unbekannt sind, geleitet wird. Wenn ihr viele Irländer beigetreten sind, so liegt dies an der Furcht, die sie erregte und daran, dafs sie auf die Habgier der Leute spekulierte. Die Nationalliga ist keine Geheimgesellschaft, würde aber ohne den Beistand der geheimen Verbindungen machtlos sein. Die Führer der Liga halten sich, um jeder persönlichen Gefahr zu entgehen, wohlweislich im Hintergrund. Sie sind, gleich den Lenkern der ganzen fenischen Bewegung, durchaus nicht so ehrliche, für eine wirkliche Überzeugung opferbereite Patrioten wie z. B. die Nihilistenhäupter waren, sondern einfach selbstsüchtige Demagogen ohne Vertrauen in die eigne Sache.

Auf der amerikanischen Fenierkonvention in New-Jersey wurde beschlossen, den Bund seines geheimen Charakters zu entkleiden (das hatten übrigens schon die Enthüllungen vor dem 1888 bis 1890 tagenden Sonder-Untersuchungsausschufs des britischen Parlaments gründlich besorgt) und zu einem öffentlichen zu machen – mit dem Zweck, eine kleine freiwillige See- und Landmacht zu schaffen, die den Vereinigten Staaten in etwaigen Kriegen mit auswärtigen Mächten beizustehen hätte. Auch die drei Vierteljahre später in New-York abgehaltene Konvention erklärte eine militärische Organisation für die einzige rätliche. Bald (seit 1892) galt Irland für „pazifiziert“; aber im September 1895 fand in Chicago die Irische Konvention (als „Konvention der physischen Gewalt“ bekannt geworden) statt, welche den Beschlufs fafste, die eingetretene Beruhigung der Gemüter zu stören und an die Bildung einer militärischen Organisation zu schreiten, die die gewaltsame Befreiung Irlands erringen sollte. Doch scheint die Sache entweder gescheitert oder noch nicht genügend vorbereitet zu sein, denn bislang verlautet nichts mehr darüber. 1897 hat die englische Regierung einigen der schlimmsten Dynamithelden, die zu lebenslänglichem Zuchthaus verurteilt waren, den Rest der Strafe nachgesehen und sie in Freiheit gesetzt. Auch wurde in demselben Jahre der amerikanische Dynamitheld Edward Ivory-Bell, der auf britischem Boden verhaftet worden war, vom Londoner Hauptstrafgerichtshof (Old Bailey) wegen eines blofsen technischen Formfehlers im Verfahren freigesprochen. Nach diesen beiden Thatsachen zu schliefsen, scheinen die Londoner mafsgebenden Kreise von der fenischen Bewegung nichts mehr zu fürchten und Irland für endgültig beruhigt zu halten. Die Fenier lassen denn auch seit mehreren Jahren wirklich nichts von sich hören.

Napoleonische und antinapoleonische Gesellschaften.

Die Philadelphier. – Die Strahlen. – Ein Tiroler Geheimbund. – Die „Schwarze Nadel“. – Die Sonnenritter. – Die „Allgemeine Wiedergeburt“. – Die „italienischen Verbündeten“. – Allerlei napoleonfreundliche Vereinigungen. – Die Illuminaten. – Die Wilden. – Die Unità Italiana und andere mörderische Gesellschaften.

1780 bildeten in Besançon etwa sechzig junge Leute eine Maurerloge, die der „Philadelphier“. Der Oberst J. J. Oudet hafste Napoleon, unter dem er diente, arbeitete an der Wiederherstellung der Bourbonendynastie und verfiel auf den Gedanken, die ebenso begeisterten wie unerfahrenen Jünglinge für seine Zwecke auszunützen. Der Umstand, dafs er den meisten gröfseren Geheimbünden Europas als Eingeweihter angehörte, versetzte ihn in die Lage, die Philadelphierloge mit einem umfangreichen Apparat von Geheimthuerei etc. zu versehen. Vor allem mufste jedes Mitglied ein Pseudonym annehmen; Oudet selbst nannte sich Philopoemen; sein Nachfolger, General Moreau, legte sich den Namen Fabius bei. Sodann wurde ein Oberhaupt – selbstverständlich Oudet – mit unumschränkter selbstherrlicher Gewalt eingesetzt. Das Oberhaupt herrschte über zwei Grade, deren erster „Freier Verbündeter“ hiefs, während man den zweiten „Freien Richter“ nannte. Die „freien Richter“ waren im Besitz aller Geheimnisse bis auf die wichtigsten, welche dem Oberhaupt vorbehalten blieben. Um den jungen Leuten Sand in die Augen zu streuen, redete Oudet ihnen ein, dafs er die Errichtung einer „Seine-Republik“ anstrebe. Es gelang ihm, den Riten der Philadelphier auch in der Armee Eingang zu verschaffen. Als Napoleon von dem Bunde hörte und gegen Oudet Verdacht schöpfte, versetzte er ihn weit weg. Moreau wurde Oudets Nachfolger, aber nur auf kurze Zeit, da er sich an der Pichegruschen Verschwörung beteiligte. Oudet, der inzwischen das antinapoleonische Buch „Die Türkei und die französischen Soldaten“ geschrieben hatte, trat wieder an die Spitze der Loge. Nach der vorzeitigen Entdeckung der Arenaschen Verschwörung gegen das Leben Napoleons versuchten die Philadelphier, ihm während des Marsches über den Jura beizukommen; aber einer von ihnen verriet den Plan noch zu rechter Zeit. Nach dem Tod Oudets in der Schlacht von Wagram (1809) löste sich der Bund auf.

Auch in Italien arbeiteten Geheimgesellschaften gegen den Kaiser. Da jedoch sein Sturz, welcher vielen ein Wiederaufleben der Freiheit dünkte, von anderen als der Ruin Italiens betrachtet wurde, entstanden napoleonfreundliche Logen behufs Wiederherstellung der kaiserlichen Herrschaft. Aber die antinapoleonischen Gesellschaften überwogen. Besonders zahlreich war die der „Strahlen“ (mit Logen in Mailand und Bologna), welcher Beamte aus allen Gegenden angehörten, zusammengeführt durch gemeinsame Gefahren und durch Feldzugsabenteuer. Eine sehr mächtige antinapoleonische Verbindung, deren Name unbekannt ist, kam 1809 in Tirol nach der Schlacht von Wagram zustande, und zwar mit dem Ziel, Tirol aus den Händen der Franzosen bezw. Bayern zu befreien und an Österreich zurückzubringen. Um zu zeigen, wie die in Rede stehende Gesellschaft arbeitete und in welcher Weise sie die Bundestreue der Mitglieder zu erproben pflegte, sei hier auf Grund der Mitteilungen eines Eingeweihten ein interessantes Abenteuer desselben erzählt. Der Betreffende hatte sich des Vertrauens Napoleons erfreut, fiel aber später in Ungnade, wurde verdächtigt und mufste nach Tirol flüchten, wo er alsbald jener Geheimgesellschaft beitrat. Nach seiner Einweihung hörte er zwei Monate lang nichts von derselben, aber endlich erhielt er von ihr die briefliche Aufforderung, sich an einen entlegenen Ort zu begeben, um dort einer Versammlung von „Brüdern“ beizuwohnen. Er gehorchte, fand aber niemand vor und kehrte zurück. Dieses Spiel wiederholte sich noch dreimal. Dennoch leistete er auch einer fünften Einladung Folge; auch diesmal sah er niemand und wollte gerade, ob der neuerlichen Enttäuschung erbittert, fortgehen, als er ein fürchterliches Notgeschrei vernahm. An die betr. Stelle eilend, erblickte er einen blutenden Mann auf der Erde liegen und sah in der entgegengesetzten Richtung drei Berittene davonsprengen, deren jeder einen Schufs auf ihn abgab, ohne ihn jedoch zu treffen. Während er sich über den Verwundeten beugte, um ihm Hilfe zu leisten, sprengte ein Fähnlein Bewaffneter, offenbar durch das Geschrei angelockt, vom Walde herbei. Der Blutende erklärte den Unschuldigen für seinen Angreifer und der arme Teufel wurde deshalb verhaftet. Falsche Zeugen erklärten vor Gericht, dafs sie ihn den Mord (der Schwerverletzte war nämlich inzwischen angeblich gestorben) begehen gesehen und so erfolgte denn seine Verurteilung zur Hinrichtung bei Fackelbeleuchtung. Noch in derselben Nacht führte man ihn in einen von Ruinen umgebenen Hof voll Zuschauer. Er hatte bereits das Blutgerüst bestiegen, als ein – nach seinen Amtsabzeichen zu urteilen – hoher Gerichtsbeamter zu Pferde herangaloppiert kam und verkündete, dafs das Gericht jeden Verbrecher, der über die Losungsworte und Erkennungszeichen eines gewissen Geheimbundes – desselben, dem unser Held angehörte – Auskunft geben könne und wolle, auf Grund einer neuen kaiserlichen Verordnung begnadigen würde. Befragt, ob er etwas darüber wisse, verneinte er; weiteres Drängen hatte nur das Ergebnis, dafs er zornig wurde und seine Hinrichtung verlangte. Jetzt wurde er von den Versammelten als ein wackerer, treuer und tapferer „Bruder“ begrüfst. Die Anwesenden waren nämlich lauter „Genossen“. Die ganze Geschichte war fingiert und nur in Scene gesetzt worden, um die Zuverlässigkeit des neuen Eingeweihten zu erproben.

Nach dieser Abschweifung kehren wir zu den napoleonischen Verbindungen zurück, die dahin wirkten, den gestürzten Kaiser wieder auf den Thron zu bringen. Hierher gehören u. a. die Schwarze Nadel, die Sonnenritter, die Allgemeine Wiedergeburt. Die meisten setzten sich aus kaiserlichen Soldaten zusammen, die zur Unthätigkeit verurteilt waren und daher an der Herrschaft des Korsen ein Interesse hatten. Zunächst wollten sie ihn als „Kaiser von Rom“ an die Spitze des verbündeten Italien stellen und er ging auf den betreffenden Vorschlag, der ihm anfangs 1815 gemacht wurde, ein, wie ein Ertrinkender einen Strohhalm ergreift. Die Flucht von Elba und die „hundert Tage“ können als Ergebnisse der einschlägigen Ränke betrachtet werden. Wenn wir gewissen geheimen Dokumenten Glauben schenken dürfen, dauerten die bonapartistischen Machenschaften unter Peter Bonaparte, Marquise Pepoli, Graf Rasponi und Lady Christina Stuart bis 1842; ihnen dienten um jene Zeit viele kleine Geheimgesellschaften, wie „Platonica“ (später „Italienische Verbündete“ genannt), „Illuminaten, Rächer des Volkes“ (im Kirchenstaat), „Italienische Unabhängigkeit“, „Ausrotter“ etc.; speziell in Toskana: „Die Einunddreifsig“, „Die Nationalritter“, der „Revolutionäre Klub“ u. s. w. In Mailand gab es eine „Kommunistische Gesellschaft“. Über all diese Vereinigungen ist wenig oder nichts Näheres bekannt und keine bestand längere Zeit.

In Frankreich wurde ein napoleonischer Illuminatenbund gegründet (nicht mit den vielen anderen Illuminatenverbindungen zu verwechseln), der jedoch im Inland so grofsen Schwierigkeiten begegnete, dafs er sich nach Italien verpflanzte. Er wollte vorerst – bis zur geplanten Thronbesteigung des Herzogs von Reichstadt – Marie Louise zur Regentin machen und den gefangenen Kaiser von St. Helena zurückbringen, um ihm den Oberbefehl über das französische Heer anzuvertrauen. Man lud Las Casas ein, behufs genauer Abmachungen nach Bologna zu zu kommen, wo der Illuminatenbund seine Grofsloge hatte. Selbstverständlich scheiterte der Plan.

Eine hierher gehörige Paduaner Geheimgesellschaft nannte sich „Die Wilden“ (Selvaggi), weil sie nach dem Marrschen Satz handelten (oder zu handeln glaubten), dafs die Menschen, wenn sie etwas Grofses erreichen wollen, zum Zustand der Wildheit zurückkehren müssen. Sie liefsen sich das Haar und die Nägel wachsen und reinigten weder Kleider noch Schuhe. Die dem Bund angehörenden Medizinstudenten brachten aus den Seziersälen insgeheim menschliche Leichenteile in die Versammlungen der Eingeweihten, die damit allerlei wilden und scheufslichen Hokuspokus trieben. Mit Stierblut stiefsen sie auf den Tod des Tyrannen an. Als eines Tages ein Mitglied, das sich überladen hatte, in der Strafse tot aufgefunden wurde und die ärztliche Untersuchung der Leiche die Todesursache ermittelte, stellte die Polizei Nachforschungen an, welche zur Entdeckung des Bundes, seiner Satzungen, Eidschwüre u. s. w. führten.

1850 wurde in Neapel das Vorhandensein der Gesellschaft „Unità Italiana“ (= Italienische Einigkeit) entdeckt, deren Mitglieder sich daran erkannten, dafs sie ihre Nasen an einander rieben. Sie schworen über einem dreieckigen Dolch mit der Inschrift „Brüderlichkeit! Tod den Verrätern! Tod den Tyrannen!“, die Satzungen getreu zu befolgen und sich andernfalls das Herz mit dem Dolch durchbohren zu lassen. Die Rache übenden Mitglieder bildeten den „Hinrichtungs-Ausschufs“. Im Jahre 1849 rief der Grofsrat einen „Meuchelmörder-Ausschufs“ ins Leben. „Ex-Jesuiten, Diebe, Falschmünzer und andere ehrlose Personen sind von der Aufnahme ausgeschlossen“, hiefs es in den Satzungen. Es gab in Italien noch mehrere andere napoleonische und antinapoleonische Geheimbünde mörderischen Gepräges. Ein solcher wurde 1849 in Ancona entdeckt: die „Gesellschaft des Todes“, deren Mitglieder nicht wenige Morde – teilweise bei helllichtem Tage auf offener Strafse – begingen. Ähnlich verhielt es sich in Livorno mit den „Ammazzatori“ (= Totschläger), in Sinigaglia mit der „Höllischen Gesellschaft“, in Faenza mit den „Siccarii“ (= Mörder), in Bologna mit den „Terroristen“ und der „Italienischen Verschwörung der Söhne des Todes“. Die römischen „Mazzini-Barbiere“ hatten die „Spezialität“, solche Priester zu beseitigen, die sich politisch „ganz besonders lästig“ machten.

Allerlei französische Gesellschaften. (19. Jahrhundert.)

Vereinigte Patrioten. – Wahrheitsfreunde. – Die Hemdlosen. – Die Grabgespenster. – Die Neue Reform Frankreichs. – Die „Provinzen“. – „Neue französische Liberale“. – „Ordnung und Fortschritt“. – Schulgesellschaft. – Konstitutioneller Bund. – Volksfreunde. – Die „Menschenrechte“. – Die Handelnde Gesellschaft. – Das Fieschische Attentat. – Die „Familien“. Die „Jahreszeiten“. – Delahodde („Pierre“). – Die „revolutionären Kommunisten“. – Die „gleichheitsfreundlichen Arbeiter“. – Die Roten vom Berge. – Daseinsgründe der französischen Geheimbündelei.

Nach dem Sturz des korsischen Abenteurers und der Wiederherstellung des Königtums von Gottes Gnaden nahmen die willfährigen französischen Kammern allerlei drakonische Gesetze an. Die Erbitterung der freisinnigen Elemente führte zur Gründung von geheimen Gesellschaften. Zunächst entstand die der „vereinigten Patrioten“, die namentlich in Südfrankreich eine rege Thätigkeit entfaltete. Doch führte das ausgedehnte Spürwesen der Regierung bald zur Verhaftung und Verurteilung vieler Mitglieder. Drei der Führer der Bewegung wurden zum Tod verurteilt und mit schwarzverschleiertem Gesicht zur Richtstätte geführt, wo man ihnen vor der Hinrichtung die rechte Hand abhaute. Es war dies dieselbe Behandlung, welche Vatermörder zu erleiden pflegten; damit sollte angedeutet werden, dafs die Geheimbündler sich gegen ihren Vater – den König – zu vergehen gedachten. Die Vereinigten Patrioten lösten sich auf, doch entstand 1820 der Bund der „Wahrheitsfreunde", welchem hauptsächlich Pariser Krämer und Mediziner angehörten. Die Regierung unterdrückte ihn schon nach kurzer Zeit und die mafsgebendsten Mitglieder entflohen nach Italien, um nach ihrer Rückkehr eine carbonaristische Verbindung zu stiften, deren Leitung La Fayette übernahm und die nach zwei mifslungenen Versuchen, die Regierung zu stürzen – unternommen zu Belfort und La Rochelle – aufgelöst wurde. Auch die von dem Franzosen Manuel ins Leben gerufene Vereinigung „Die Hemdlosen" konnte sich nicht lange halten; man weifs von ihr übrigens nicht viel mehr als dafs sie Simson als Sinnbild der Kraft verehrte. Ebenfalls ein sehr kurzes Dasein hatten i. J. 1822 die auf den Sturz der Bourbonendynastie abzielenden „Grabgespenster".

Die wahrscheinlich 1820 entstandenen Gesellschaften „Neue Reform Frankreichs" und „Die Provinzen" nahmen nur Personen auf, die bereits Carbonari oder Freimaurer oder „Europäische Patrioten" (vgl. „Italienische Gesellschaften") oder „Griechen in Einsamkeit" waren. Sie verkörperten den verdichteten Hafs all dieser Orden und Vereinigungen gegen die Willkür und schrieben ihren Mitgliedern den folgenden Eid vor: „Ich verspreche und schwöre, auf ewig ein Feind der Tyrannen zu sein, sie tötlich zu hassen und sie bei guter Gelegenheit umzubringen." Hier eine bezeichnende Stelle aus ihrem bündig gehaltenen Katechismus:

Wer bist du? — Dein Freund.

Woran erkennst du mich? — An dem Gewicht, das deine Stirn drückt, auf der ich in blutigen Buchstaben geschrieben lese: „Sieg oder Tod!"

Was willst du thun? — Throne stürzen und Galgen errichten.

Mit welchem Recht? — Auf Grund des natürlichen Rechts.

Zu welchem Zweck? — Um den ruhmreichen Namen „Bürger" zu erlangen.

Und willst du dein Leben aufs Spiel setzen? — Ich halte das Leben nicht so hoch wie die Freiheit.

Der Bund der „Neuen Französischen Liberalen", der blofs kurze Zeit bestand, zählte nur wenige Mitglieder, doch waren es meist hervorragende Personen, namentlich solche, die unter Napoleon Bonaparte hohe Stellungen bekleidet hatten. Sie rechneten darauf, dafs die Vereinigten Staaten von Nordamerika ihnen zu Hilfe kommen werden. Sie trugen ihre Uhren an einem schwarzen Bändchen mit einem goldnen Petschaft, einem Korallenstückchen und einem eisernen Ring. Das Band bedeutete den ewigen Hafs gegen alle Unterdrücker, die Koralle die auf Amerika gesetzten Hoffnungen, das Siegel die zum Gelingen der freisinnigen Pläne nötige Fülle von Geldmitteln und der Ring die zur Vernichtung der Feinde bestimmte Waffe.

Nach der Juli-Revolution von 1830 bildeten die Studenten des Quartier latin eine Verbindung, welche sie „Ordnung und Fortschritt“ nannten. Jedes Mitglied versah sich mit einer Flinte und fünfzig Patronen, doch scheint dabei nichts herausgekommen zu sein als die Inbrandsetzung eines Turmes der Notre Dame-Kathedrale. Am Nachmittag des 4. Januar 1831 ertönte die Hauptglocke dieser Kirche und man sah einen der Türme in Flammen. Die Polizei hatte, obgleich sie von der geplanten Brandstiftung vorher in Kenntnis gesetzt worden war, keine Vorsichtsmafsregeln getroffen; jetzt aber eilte sie an Ort und Stelle, löschte das Feuer und verhaftete einen gewissen Considère und sechs junge Leute im Alter von 19–20 Jahren. Mit der Verurteilung Considères zu fünfjährigem Gefängnis und der Freisprechung der Burschen endete das Dasein dieser kindischen Verbindung.

Die „Schulgesellschaft“ befürwortete die Aufhebung der Universitäten und die Unentgeltlichkeit des ganzen öffentlichen Unterrichts. Der „Konstitutionelle Bund“ forderte die Abschaffung der Monopole, eine gröfsere Gleichmäfsigkeit der Besteuerung, die Einführung einer Wahlreform und die Beseitigung der Pairswürde; sein Oberhaupt war derselbe Cauchois-Lemaire, der die Kandidatur des Herzogs von Orléans mit solchem Eifer unterstützt hatte. Eine andere politische Geheimgesellschaft, „Die Volksfreunde“, hatte eine Abteilung, „Die Menschenrechte“ genannt (weil sie auf der „Erklärung der Menschenrechte“ beruhte), welche den erfolglosen Lyoner Aufstand vom April 1834 herbeiführte. Eine Abzweigung der „Menschenrechte“, die militärisch organisierte „handelnde Gesellschaft“, stand unter dem „Oberbefehl“ des Kapitäns Kersausie, eines reichen Edelmannes mit demokratischen Neigungen, der von Zeit zu Zeit mit Genehmigung der Polizei auf den Pariser Boulevards über seine „Streitkräfte“ Revue abhielt – ein Schauspiel, das den Pflastertretern Zerstreuung zu bieten pflegte. Nach jeder solchen „Revue“ bestieg er unter polizeilicher Aufsicht seinen wartenden Wagen und fuhr davon, um sich dann drei bis vier Tage lang in einer der Wohnungen, die er in Paris hatte, eingeschlossen zu halten.

Am 28. Juli 1835 setzten die „Menschenrechte“ das Fieschische Attentat auf Ludwig Philipp ins Werk. Der Polizeispitzel Lucian Delahodde erzählt in seinen „Denkwürdigkeiten", daſs die Polizei durch die „Unvorsichtigkeit" eines der Verschwörer, namens Boireau, einen „Wink" empfangen habe; doch sei derselbe zu „unbestimmt" gewesen, um beachtet werden zu können. Das soll offenbar nur eine Bemäntelung der Kurzsichtigkeit oder Unthätigkeit der Polizei sein; der Prozeſs ergab einen ganz anderen Sachverhalt. Weit entfernt, bloſs „unvorsichtig" gewesen zu sein, schrieb Boireau erwiesenermaſsen dem Polizeipräfekten rechtzeitig einen ausführlichen Brief, und dieser enthielt keineswegs einen „unbestimmten Wink", sondern die genauesten Aufschlüsse über das geplante Attentat; er gab die Namen der betr. Personen ebenso an wie die anzuwendenden Mittel und das Haus, in welchem sich die historische Höllenmaschine befand. Aber der Präfekt hielt es nicht für der Mühe wert, das Schreiben zu lesen!! Das Scheitern des Attentats führte zur Unterdrückung der „Menschenrechte", doch gründeten mehrere Ex-Mitglieder noch in demselben Jahre einen neuen Bund, „Die Familien", an dessen Spitze Blanqui und Barbès traten. Die Aufnahme von Genossen war mit all dem Mummenschanz der einstigen „Einweihungen" verknüpft. „Die Familien" strebten die Beseitigung des Königtums und die Einführung der Republik an, wurden aber 1836 entdeckt und verboten. Viele Mitglieder wanderten ins Gefängnis und die übrigen bildeten die Gesellschaft „Jahreszeiten". Wer dieser beitreten wollte, wurde mit verbundenen Augen an den Versammlungsort gebracht, wo er dann „allen Königen, Aristokraten und anderen Unterdrückern" den Tod schwören und seine Bereitwilligkeit, der „guten Sache" nötigenfalls sein eignes Leben zu opfern, beeiden muſste. Ein von Blanqui und Barbès angeführter Aufstandsversuch der „Jahreszeiten" endete mit einer Niederlage und mit der Verurteilung Blanquis zur Deportation, Barbès zum Tode bezw. im Begnadigungsweg zu langjährigem Kerker. Die „Jahreszeiten" wurden bald neugestaltet.

Um 1840 begann der Kommunismus in Paris aufzutreten und das Leben des Königs war wiederholt Angriffen ausgesetzt. Angesichts des Umstandes, daſs die Regierung ein ganzes Heer von Spitzeln besoldete, ist es wirklich erstaunlich, daſs Geheimbünde bestehen bleiben und ihr Ziel – die Entthronung Ludwig Philipps – erreichen konnten. Die Lockspitzel traten ihnen bei, um sie an die Polizei zu verraten. Einer der bekanntesten dieser Spione war der erwähnte Delahodde, der seine Berichte mit dem Pseudonym „Pierre" unterzeichnete. Als nach dem Gelingen der Julirevolution (1848) „Bürger" Caussidière Polizeipräfekt wurde, studierte er das Geheimarchiv und fand ein Bündel mit über tausend Berichten von „Pierre", der, wie aus ihnen hervorging, in alle Geheimnisse der „Menschenrechte“, der „Familien“ und der „Jahreszeiten“ eingeweiht gewesen war. Der republikanische Präfekt hätte sehr gern gewufst, wer dieser „Pierre“ sei, um ihn fassen zu können. Grade damals nun hatte der ahnungslose Delahodde den Einfall, an Caussidière zu schreiben, um sich eine Anstellung bei der Polizei zu erbitten. Seine Handschrift verriet ihn. Der Präfekt liefs ihn kommen und als er schriftlich eingestand, „Pierre“ zu sein, wurde er verhaftet. Obgleich mehrere Minister ihn erschiefsen lassen wollten, kam er mit einigen Monaten Gefängnis davon. Nach seiner Freilassung gab er in London eine kleine Zeitschrift heraus, in der er unablässig die französische Republik und deren Träger angriff.

Die kommunistischen Vereine „Travailleurs Égalitaires“ (= Gleichheitsfreundliche Arbeiter) und „Communistes Révolutionnaires“ waren in der Provisorischen Regierung durch einige Mitglieder vertreten. Zu den Geheimbünden, welche die Ereignisse von 1848 herbeiführten, gehörten „Die Bergmänner“, auch „Rote vom Berge“ genannt. Wie das bekannte klerikale Blatt „L'Univers“ i. J. 1852 mitteilte, lautete der Mitgliedseid folgendermafsen: „Ich schwöre bei diesem Dolch, dem Sinnbild der Ehre, dafs ich jede politische, religiöse und soziale Tyrannei bekämpfen und vernichten will“. Auch noch nach der Thronbesteigung Napoleons III. spielten einige Geheimbünde Verstecken und es dauerte jahrelang, bis alle gänzlich unterdrückt werden konnten, obgleich sie strengstens verboten waren und jedes ertappte Mitglied zur Deportation nach Cayenne oder Algerien verurteilt wurde.

Dafs so viele gegen Ludwig Philipp gerichtete geheime Gesellschaften entstanden, ist nicht verwunderlich. Dieser König trieb eine äufserst selbstsüchtige, nur auf die eigne Gröfse und auf die Bereicherung wie Machtvergröfserung seiner Angehörigen abzielende Politik. Die Prinzen feierten Orgien. Der Hof, die Minister, der Adel und die Beamten beuteten die öffentlichen Ämter und die nationalen Einrichtungen in der schmählichsten Weise aus. Die Volksvertreter schacherten mit ihrer politischen Stellung. Häufig wurden Minister, Gesandte und andere hohe Würdenträger wegen Betruges, Fälschung, Entführung oder Mordes verurteilt. Pairs begünstigten schwindelhafte Börsenspekulationen. Handel und Industrie litten furchtbar. Was Wunder, wenn sich Arbeiter und freisinnige Bürger gegen eine so korrupte Wirtschaft auflehnten und insgeheim zu erreichen trachteten, was offen nicht zu erreichen war?!

Die Internationale.

Einleitende Bemerkungen. — Geschichte und Ziele der Internationale. — Die Londoner Ausstellung 1862. — Die Internationale in England und anderwärts. — Die Internationale und das Kaisertum. — Die Internationale und die Kommune. — Finanzielles. — Wiederbelebungsversuch.

Von Plato bis Louis Blanc haben viele Geister sozialistische Weltverbesserungspläne ausgeheckt. Namentlich das sechzehnte Jahrhundert kannte zahlreiche kommunistische Bewegungen. Die kurze Geschichte des Münsterschen Wiedertäuferkönigtums ähnelt auffallend derjenigen der Pariser Kommune. Babeuf und die Verschwörung der „Gleichen" erinnern lebhaft an die Demagogen, die Paris mit Blut und Feuer füllten. Die römischen collegia opificum, die französischen und deutschen Zünfte, die Gewerbekörperschaften, die compagnonnage (vgl. „Französische Gesellenverbindungen") – sie alle waren Vorläufer der modernen Gewerkvereine und der Internationale. Gegenwärtig gedeihen die Gewerkvereine, weil nicht durch Gesetze eingeschränkt, am besten in England, wo sie freilich leider manchmal auch beklagenswerte Ausschreitungen begehen, wie z. B. den Aufruhr von Sheffield, welcher sich an teuflischer Wut getrost mit der Pariser Kommune messen kann. Damals wurden Arbeiter, weil sie aus den Gewerkvereinen ausgetreten waren, teils ermordet und ihre Häuser in die Luft gesprengt, teils fünfzehn Jahre lang in jeder Weise verfolgt und geschädigt. Die Internationale war eine Verbindung von Gewerkvereinen, und zu dem Krebsschaden der letzteren – den meist erfolglosen Riesenstreiks, welche den Arbeitern weit mehr Abbruch thun als den Unternehmern – trat bei jener noch der Krebsschaden „Kommunismus" hinzu.

Den ersten Versuch der Gründung einer internationalen Arbeitervereinigung unternahmen in London einige deutsche Arbeiter, die wegen Aufwiegelei 1839 aus Paris vertrieben worden waren. Dieser Bund bestand aus Deutschen, Ungarn, Polen, Dänen und Schweden; nur wenige Engländer gehörten ihm an. Er unterhielt gute Beziehungen zu den englischen Sozialisten, den Chartisten und der Londoner „Französischen Demokratischen Gesellschaft". Aus diesen Beziehungen ging bald die „Gesellschaft der brüderlichen Demokraten" hervor, die mit mehreren demokratischen Vereinen Belgiens in Verbindung stand. Die Pariser Februarrevolution (1848) machte ihren radikalen Bestrebungen und ihrem Dasein ein Ende. Erst 1859 wurden wieder Versuche begonnen, Arbeiterverbände ins Leben zu rufen und 1860 kam ein grofser „Verband für Gewerkvereinswesen, allgemeines Wahlrecht und geheime Abstimmung" zu stande. Derselbe begnügte sich aber nicht mit diesen seinen umfassenden Aufgaben, sondern nahm auch noch die politische Agitation zu Gunsten Polens auf sich und lieh der „Nationalliga für die Unabhängigkeit Polens“ seine Mitwirkung. Zwei Jahre später wurden viele jener Pariser Arbeiter herangezogen, die auf Kosten der französischen Regierung nach London gekommen waren, um die damalige grofse Weltausstellung zu studieren. Am 5. August (1862) wurden sie von dem in Rede stehenden „Verband“ glänzend bewirtet und bei dem betr. Bankett gelangte eine „Adresse“ zur Verlesung, die als der Grundstein der „Internationale“ betrachtet werden kann.

Diejenigen Pariser Delegierten, die, weil man ihnen lohnende Beschäftigung verschaffte, an der Themse blieben, bildeten den Kitt zwischen den Arbeitern der beiden Länder. 1863, wo es keine Ausstellung und daher auch keine amtliche Reisevergütung gab, kamen sechs französische Arbeiter auf Kosten ihrer Genossen als Delegierte nach London, um an Beratungen im Interesse der Befreiung Polens teilzunehmen und nebenher die Gründung einer Internationale fördern zu helfen. Das Ergebnis mehrerer Versammlungen war die Bildung eines aus Arbeitern vieler Länder zusammengesetzten Zentral-Ausschusses mit dem Sitz in London. Im nächsten Jahr trat dieser Ausschufs zusammen, erklärte die „Internationale Arbeitervereinigung“ als ins Leben getreten und beschlofs die regelmäfsige Abhaltung von Kongressen. Anfänglich traten dem neuen Bunde sehr viele örtliche Vereine bei; als sich jedoch — und dies war bald der Fall — Meinungsverschiedenheiten einstellten, zogen sich nicht wenige zurück, darunter auch die Italienische Arbeitergesellschaft.

Der erste Kongrefs der Internationale fand 1866 in Genf statt und beschlofs u. a. die Anstellung einer grofsen Untersuchung der Lage der arbeitenden Klassen, der Lohnverhältnisse u. s. w. Auf Grund dieser Untersuchung wollte man dann praktisch vorgehen; da dieselbe jedoch nie zu stande kam, blieben auch die praktischen Mafsregeln aus. Der Kongrefs stellte noch folgende Forderungen auf: Ausschliefslich direkte Besteuerung; Verstaatlichung der Verkehrsmittel; Aufhebung der Vorrechte der grofsen Aktiengesellschaften, „die die arbeitenden Klassen willkürlichen Vorschriften unterwerfen, welche der Menschenwürde und der persönlichen Freiheit zuwiderlaufen“; Abschaffung der stehenden Heere; Wiederherstellung Polens. Was die Beschlüsse der späteren Kongresse betrifft, so bezogen sie sich auf die nachstehenden Dinge: Sozialisierung der Bergwerke und Kohlengruben; Verpachtung derselben an Arbeitergenossenschaften, nicht ans Grofskapital; Überlassung des Bodens an landwirtschaftliche Genossenschaften; Verstaatlichung der Kanäle, Landstrafsen, Forste und Telegraphenlinien; Beseitigung des Kapitalzinses. 1870 tagte wegen des deutsch-französischen Krieges kein Kongrefs, doch wurde die Tagesordnung des geplant gewesenen veröffentlicht. Von den Punkten, die auf ihr standen, verdienen die folgenden Erwähnung: Abschaffung der Staatsschulden; Sozialisierung von Grund und Boden; nationale Organisierung der genossenschaftlichen Produktionsweise; Bildung landwirtschaftlicher Gruppen innerhalb der Internationale; die Unabhängigkeit Polens (immer wieder!).

In England war der Erfolg der Internationale sehr beschränkt; obgleich sie dort ihren Sitz hatte, zählte sie nach der Mitteilung ihres Schriftführers selbst in ihren besten Zeiten höchstens 8000 englische Mitglieder, wie denn bekanntlich die britische Arbeiterwelt dem Sozialismus überhaupt ziemlich abgeneigt ist. Zwar veranstaltete die Internationale in London öffentliche Versammlungen und Demonstrationen, sogar auch einige bedeutungslose Unruhen; allein die grofse Angst, die man auf mancher Seite vor ihr hegte oder zu hegen vorgab, war gänzlich unbegründet, denn ihre Thätigkeit im Nebellande blieb verhältnismäfsig harmlos und erfolglos. Auf dem Festlande dagegen entfaltete sie eine weit regere und inhaltreichere Thätigkeit. Sie rief in Belgien, Holland und Frankreich ernste Aufstände hervor und förderte in dem letztgenannten Lande die Sache des Kommunismus beträchtlich; namentlich die Pariser Kommune wurde von ihr lebhaft unterstützt. Doch entdeckten auch die festländischen Arbeiterkreise wiederholt, dafs es mit der Internationale nicht weit her sei; z. B. die Brüsseler Maschinenarbeiter, die einmal von ihr mit dem Versprechen von fünfzehn Frank wöchentlicher Unterstützung zu einem Streik wegen eines gänzlich unhaltbaren Anspruchs verleitet wurden, aber nur sechs Frank erhielten und überdies gar nichts ausrichteten. Sie nahmen die Arbeit wieder auf, meldeten ihren Austritt aus dem Verband an und bezeichneten diesen als den „Aussatz Europas“.

In den ersten Jahren des Bestandes der Internationale war das zweite französische Kaisertum noch so stark, dafs keine der Parteien, die es insgeheim bekämpften, irgend welche Aussichten auf Erfolg zu haben schien. Da die Internationale es ablehnte, sich mit diesen Parteien oder einer derselben zu verbünden, weil die Politik ja eigentlich nicht ihre Sache war, wurde sie ihrerseits von der Regierung nicht belästigt. Die Minister liefsen sie in Frankreich ruhig gewähren und hofften sogar, sie zur passenden Zeit für die Interessen der Monarchie gewinnen zu können. Es waren dies dieselben weisen Staatsmänner, die den Zwist zwischen Österreich und Preufsen hervorriefen oder schürten, um die erwartete gegenseitige Aufreibung dieser zwei Mächte zur

Ergreifung der Rheinlande zu benutzen! Das Pariser Bureau der Internationale wurde von der Regierung und der Polizei weder verboten noch genehmigt – man drückte einfach beide Augen zu. Als jedoch der Bund den Behörden über den Kopf zu wachsen anfing und sich durch die Veranstaltung vieler grofsen Streiks unangenehm machte, sahen sich die Staatslenker genötigt, die Krallen zu zeigen. Dies geschah zunächst dadurch, dafs das auf dem Genfer Kongrefs verlesene „Pariser Manifest“ nicht über die Grenze gelassen wurde; für die Zulassung stellte Rouher die Bedingung, dafs in den Text einige Zeilen des Dankes für die „Wohlthaten“ eingeschoben würden, die der Kaiser dem Arbeiterstand habe angedeihen lassen. Selbstverständlich wies die Internationale diese Zumutung zurück. 1867 liefs der Bund sich verleiten, an zwei gegen die Regierung gerichteten revolutionären Kundgebungen des radikalen Flügels der Bourgeoisie teilzunehmen. Jetzt schritten die Behörden schärfer ein, indem sie die Internationale für aufgelöst erklärten und fünfzehn ihrer führenden Mitglieder zu je 100 Frank Geldstrafe verurteilten.

Da die Vereinigung sich um das Auflösungsdekret nicht kümmerte, wurde eine zweite Verfolgung gegen sie eingeleitet und neun Angeklagte zu je drei Monaten Gefängnis verurteilt. Nunmehr versteckte sie sich so lange hinter anderen geduldeten oder genehmigten Arbeiterverbindungen, bis sie wieder stark genug war, auf eigenen Füfsen zu stehen. Ihr Wiener Organ war die „Volksstimme“, ihr französisches die von Rochefort geleitete „Marseillaise“. Nur der Name Rocheforts, der damals ebenso erzradikal war wie er gegenwärtig erzreaktionär ist, bewog Geldmänner zur Hergabe des Kapitals für die „Marseillaise“. Zu den bekannteren Persönlichkeiten, die mit der Internationale in Verbindung standen, gehörte auch der von uns im Abschnitt „Irische Gesellschaften“ erwähnte „General“ Cluseret, der – wie aus einem Brief hervorging, den er im Februar 1870 aus New-York schrieb — entschlossen war, nicht unterzugehen, ohne Paris mitzuziehen. „Am Tage des Sturzes Napoleons III.“ schrieb dieser Abenteurer, „wir oder nichts! An jenem Tage mufs Paris uns zufallen, oder es mufs zu bestehen aufhören!“ Dafs diese Ansicht von anderen Mitgliedern des Bundes geteilt wurde, ergiebt sich aus der Thatsache, dafs man in der Wohnung eines derselben ein Wörterbuch des Schlüssels des geheimen Briefwechsels der Internationale entdeckte und dafs es auch Worte wie „Nitroglycerin“, „pikrinsaures Kali“ etc. enthielt. Bei einem andern Genossen wurden Rezepte für die Erzeugung verschiedener Sprengstoffe gefunden; diese Rezepte trugen Vermerke wie „Zu Fenstern hineinwerfen!“, „In Kloaken zu werfen!“ u. dgl. m.

Anläſslich des Orsinischen Bombenattentats verwahrte sich die Internationale gegen den Vorwurf, an demselben beteiligt gewesen zu sein. Hierbei erklärte sie, es nicht auf einzelne Personen abgesehen zu haben, sondern auf das ganze System der „Unterdrückung des Volkes durch den Kapitalismus, das Priestertum und die politischen Abenteurer“. Daraufhin wurden 38 „Genossen“ angeklagt und zum Teil freigesprochen, zum Teil zu einjährigem Kerker verurteilt. Die meisten dieser Verurteilten spielten sehr bald bei der „Kommune“ hervorragende Rollen und kamen, nachdem sie sich an der Schreckensherrschaft beteiligt hatten, vor ein Kriegsgericht. Dem Krieg gegen das Kapital und das gesamte Parasitentum war die Internationale also nicht abhold, wohl aber dem Völkerkrieg und dem Militarismus. Daher legte sie gegen die Anzettelung des deutsch-französischen Krieges Verwahrung ein, was die Verhaftung der heftigsten Kriegsgegner zur Folge hatte.

Am 4. September 1870 wurde in Paris, Lyon, Marseille und Toulouse die Republik verkündet. Dieses gleichzeitige Vorgehen war das Ergebnis einer Abmachung zwischen den Führern der Internationale in verschiedenen Landesteilen. In Lyon und Marseille riſs der Pöbel die Herrschaft an sich. Die zu Lyon ins Leben gerufene Kommune begann ihre Thätigkeit mit der Entfaltung des roten Banners der Internationale. In Paris gab die letztere anfänglich vor, die Preuſsen bekämpfen zu wollen, doch erklärte sie, als einige deutsche Regimenter ihren Einzug hielten, „den Augenblick zum Handeln für gekommen“; daraufhin bemächtigten sich ihre Mitglieder aller in der Hauptstadt vorhandenen Kanonen und begannen die dritthalbmonatliche Gewaltherrschaft der berüchtigten „Kommune“. Und die meisten Zweige der Internationale – der belgische, der schweizer, der italienische, der englische – sprachen ihre Zustimmung zu den Thaten der Kommune aus und legten Verwahrung ein gegen die gerichtliche Verfolgung der Pariser Mörder, Plünderer und Brandstifter.

Von Interesse sind die Finanzverhältnisse der Internationale. Von einer amtlichen Rechnungslegung war keine Rede, doch werden die nachstehenden Einzelheiten, die sich auf Frankreich und Belgien beziehen, einen Begriff davon geben, wie die Gelder aufgebracht und verwendet wurden. Die Einschreibgebühr betrug einen halben Frank, wofür man eine Mitgliedskarte erhielt, für deren alljährliche Erneuerung nichts nachzuzahlen war. Der niedrigste Jahresbeitrag zur Bundeskasse belief sich auf 10 Centimes. Der jährliche Mitgliedbeitrag zu den Zweigvereinskassen schwankte. Während der schweizer Zweig nur 10 Cent. forderte, muſsten in Lyon und Paris Fr. 1·20 bis Fr. 1·30 eingezahlt werden; obwohl auch noch niedrig genug, waren diese Gebühren sehr schwer hereinzubringen. Rechnen wir die Sektionsbeiträge dazu, so hatte jedes Mitglied jährlich 7–8 Fr. zu leisten. Es gab ferner eine, nirgends näher erläuterte „Caisse fédérative du sou" (Groschen-Bundeskasse), aus der die Kosten der Verteidigung etc. der in den verschiedenen Prozessen Angeklagten bestritten wurden und in welche Nichtmitglieder, die mit der Internationale sympathisierten, freiwillige Wochenbeiträge zu einem Sou fliefsen liefsen. Der Pariser Zweig ermächtigte seinen leitenden Ausschufs satzungsmäfsig, nötigenfalls gröfsere Summen zu verwenden als im Budget vorgesehen waren und zu ihrer Deckung die Mitgliedbeiträge zu erhöhen. Bei besonderen Gelegenheiten, wie grofse Arbeitseinstellungen etc., wurde aufserdem zu zeitweiligen Sammlungen gegriffen. So z. B. unterstützte der Pariser Zweig 1868 die streikenden Genfer Bauarbeiter mit 10000 Frank. Angesichts der hohen Mitgliederzahl der Internationale müssen diese Extrasammlungen alljährlich recht ansehnliche Summen ergeben haben; dennoch konnten sie bei der grofsen Zahl bedeutender Arbeitseinstellungen dem Bedarf nicht genügen.

1888 wurde in London ein internationaler Gewerkvereinskongrefs abgehalten, der den Zweck hatte, die 1871 aufgelöste Internationale wiederaufleben zu lassen. Doch scheiterte der Plan an der Gleichgültigkeit der Arbeitermassen. Immerhin vegetieren noch jetzt mehrere Ableger der alten Internationale, z. B. der Jurassische Arbeiterbund, die Internationale Brüderschaft u. s. w.

Nachschrift des Herausgebers:

Ich glaube im Interesse der Leser und der Objektivität zu handeln, wenn ich aus einem Aufsatz, den ich 1871 in einer deutschen Monatsschrift über die Internationale veröffentlichte, die nachstehenden Stellen anführe:

Die eklatanteste Verkörperung der Bestrebungen und Hoffnungen der Arbeiter ist die Internationale Arbeiter-Association. Vor kaum einem Jahrzehnt in aller Stille entstanden, hat sie sich bis vor einem Jahre nur durch ihre lärmenden Kongresse in Belgien und der Schweiz hervorgethan. Sie mag nun grofse Bedeutung und Verbreitung haben oder nicht, keinesfalls ist sie, was Thornton in seinem Buche über die englischen Gewerkvereine als eine internationale Arbeiterliga folgendermafsen darstellt: „Die verschiedenen Arbeitervereine eines Landes sollen unter sich einen nationalen Bund stiften, dann mit den analogen Föderationen der anderen Länder in Fusion treten, um endlich eine ungeheure internationale Arbeiterassociation zu bilden.“ Hierfür nimmt Thornton einen Zeitraum von ungefähr einem Jahrhundert in Aussicht. Das ist allerdings ein bischen lange, allein die Frage, ob eine solche „Internationale“ Aussicht habe, sich in nächster Zeit zu entwickeln, scheint heute nicht mit Ja beantwortet werden zu dürfen; siehe die Mafsregeln, welche man allenthalben gegen die „Internationale“ ergreift, besonders in ihrem Mutterlande, dessen Nationalversammlung soeben ein speziell gegen sie gerichtetes drakonisches Gesetz votiert hat.

Interessant ist es, die französische Schöpfung „Internationale“ mit den englischen Gewerkvereinen (Trade-unions) zu vergleichen. Die letzteren sind aus dem Instinkt der Massen hervorgegangen, haben sich zuerst einzeln an allen industriellen Mittelpunkten gebildet, sind allmählich gewachsen und erstarkt, haben sich einander allmählich genähert und sind in 50 Jahren bedeutende Mächte geworden. Die „Internationale“ dagegen ist im Gehirn einiger Pariser Arbeiter entstanden; sie war anfangs ein Generalstab ohne Armee, eine Schule ohne Schüler, eine Regierung ohne Unterthanen. Sie hatte nur eine Anzahl von Agitatoren. Sie glich einer Stadt, welche Spekulanten erbaut haben, um Bewohner anzulocken. Ein weiterer Unterschied zwischen der „Internationale“ und den „Trade-unions“ besteht darin, dafs die letzteren kein philosophisches oder ökonomisches Programm aufgestellt haben; sie kämpfen gegen das Kapital nicht, um es zu vernichten, sondern, um ihre Stellung zu einer möglichst günstigen zu machen. Die „Internationale“ dagegen hat eine Doktrin, eine soziale Philosophie und ergeht sich in einer sybillinischen Sprache. Die Trade-unions sind furchtbare Instrumente praktischen materiellen Handelns, die „Internationale“ war bis vor kurzem wenigstens – wenn nicht noch heute – nur ein Element moralischer (oder unmoralischer) Agitation. Die Trade-unions verfügen über Truppenkörper, die an allen Punkten Englands wirksam operieren; die „Internationale“ hat nur Cadres, welche Manifeste erlassen und Feldzugspläne ausklügeln, ohne dafs viel dabei herauskommt. Es ist keineswegs erwiesen, dafs die „Internationale“ wirklich so viele Anhänger oder Mitglieder in aller Herren Länder zählt, als man oft annimmt.

Seit wenigen Jahren hat aber die „Internationale“ getrachtet, sich auch zu kräftigen Operationen zu qualifizieren, und die neueste Zeit hat gezeigt, dafs ihr dies einigermafsen gelungen ist. Sie hat eine Anzahl von „Widerstandsgesellschaften“ gegründet, deren es im Jahre 1870 bereits sechzig gegeben haben soll. Über die Organisation derselben weifs man jedoch nichts, alle näheren Umstände sind unbekannt. Vielleicht kann man mit ihnen in Verbindung bringen ein Manifest, das zur Zeit des ersten, Aufsehen erregenden Streiks in Creuzot in die Welt geschleudert wurde. Sicher ist, dafs es aus Pariser Arbeiterkreisen stammte und wir lassen hier die charakteristischsten Stellen folgen:

„Alle Arbeiter von Paris trachten eine grofse Arbeiterassociation zu bilden, hierarchisch organisiert, an der Spitze ein verantwortliches Ministerium, welches die Aufgabe hätte, dem Kapital Widerstand zu leisten und Konkurrenz zu machen. In der Überzeugung, dafs das Recht die Stärke und dafs die Stärke die Ordnung ist, haben sie sich vorzüglich damit beschäftigt, in den Massen die Ordnung zu organisieren, und man kann sagen, dafs sie ihren Zweck beinahe erreicht haben.“ .... „Sie wollen eine ausgedehnte Arbeiterverbindung, die durch ein eigenes Parlament vertreten werden soll, ins Leben rufen.“ ..... „Ihr Plan ist, das Kapital auszuschliefsen und an seine Stelle das Kollektivkapital des Arbeiterbundes zu setzen.“ .... „Der Arbeiterbund sammelt sich, spart, organisiert sich. Für ihn, wie für jede grofse streitbare Körperschaft kann die Freiheit nur in der Disziplin bestehen.“ ..... „Er sucht alle Gewinne, welche eine Menge habgieriger Spekulanten aus dem hilflosen Arbeiter zieht, an sich zu reifsen.“ ..... „Sobald das, was sie durch ihre Sparsamkeit reformiert haben, ihnen genügend erscheinen wird, wird man zwischen Arbeit und Kapital einen Kampf entstehen sehen, von dem alle bisherigen Strikes keine blasse Idee geben können; der Kampf organisierter und disziplinierter Massen gegen die auf den Feudalismus des Mittelalters gefolgte finanzielle Oligarchie; der Kampf von Intelligenz gegen Intelligenz, von anders geartetem Kapital gegen anders geartetes Kapital; ein männlicher, ernster Kampf, der den Grundstein zur modernen Demokratie legen mufs.“

Rührt dieses so viel von einer „Arbeiterassociation“ sprechende Dokument von der „Internationale“ her? Damals glaubte man es nicht, aber das seither Geschehene läfst uns daran glauben.

Wir haben oben gesagt, dafs wir nicht glauben, die „Internationale“ habe allzuviel Verbreitung. Wir begründen dies damit, dafs die „Internationale“ ein echt französisches Gepräge trägt mit ihren revolutionären, destruktiven Tendenzen. Wenn gleichwohl der Hauptsitz dieser Gesellschaft in London ist, so rührt dies, wie Hepworth Dixon in seinem Buch „Die geheime Geschichte der Internationale“ (unter dem Pseudonym „York“) ganz richtig bemerkt, nur daher, dafs die Polizei den Hauptsitz in Paris nicht leiden wollte. Für unsere Ansicht spricht auch der Umstand, dafs, als die „Internationale“ in Frankreich es im vorigen Jahr gar zu toll machte, gerade die besten Stützen und

Mitglieder des Londoner „Generalrates“ aus der Gesellschaft schieden.

Da wir eben von letzterer Thatsache sprechen, wollen wir die Bemerkung daran knüpfen, dafs die „Internationale“, hiernach zu urteilen, nicht eben sehr diszipliniert sein mufs; wie könnte sonst das Londoner Komitee anderer Meinung sein und das Pariser so eigenmächtig handeln? Übrigens halten wir dafür, dafs eine internationale Arbeiterassociation infolge des verschiedenen Bildungsgrades und Volkscharakters in den verschiedenen Ländern gar nicht ordentlich diszipliniert sein kann, während dies bei nationalen Verbindungen eher angeht. Aus denselben Gründen wird es der „Internationale“ unmöglich sein, in Bezug auf ihre Widerstandspolitik dem Kapital gegenüber viel auszurichten. Sie wird z. B. nicht im stande sein, eine gleichzeitige Arbeitseinstellung aller ihrer Mitglieder durchzuführen oder auch nur zu inscenieren. Sie kann sich nur darauf beschränken, Strikes gegenseitig zu unterstützen. Aber selbst da reicht ihr Arm nicht weit, denn sie hat zu wenig Geld. Man spricht und schreibt sehr viel von dem Zusammenhang dieser und jener Ereignisse mit von der „Internationale“ ausgehen sollendem Gelde, thut daran aber Unrecht. Bis vor dem Krieg war sie arm, und dafs sie seither reicher geworden sein sollte – davon möchte uns vielmehr das Gegenteil bedünken. Wir citieren einige Zahlen. Im Dezember 1869 erhielten die Weifsgerber von der Pariser „Internationale“ 13 500 Frank. 1867 liefsen die Londoner Schneider ihren Pariser Kollegen 10 000 Frank zukommen. In demselben Jahre wurden die französischen Bronzearbeiter aus England mit 20 000 Frank unterstützt. Die Arbeiter in chirurgischen Instrumenten hatten 1869 im ganzen Vereinsbeiträge von 1500 Frank. Vor einigen Jahren sandte Paris 12 000 Frank nach Genf. – Wie verschwinden solche „Bettelsuppen“ gegen die Summen, die nötig wären, um dem Kampf zwischen Arbeit und Kapital einen erfolgreichen Nachdruck zu verleihen! Die Trade-unions z. B. können da schon bedeutend mehr ausrichten, weil sie stets eine gefüllte Kasse haben, indem jedes Mitglied regelmäfsig seinen nicht kleinen Beitrag einzahlt. Die französischen Arbeitervereine – und hierher gehört ja die „Internationale“ – beruhen aber auf solchen Grundlagen, dafs die Kasse des Arbeiters nicht genügend in Anspruch genommen wird.

Aber selbst wenn die „Internationale“ reich wird, so tragen doch ihre weitgehenden Projekte zu sehr den Stempel der Utopie auf der Stirne, als dafs an ein Gelingen derselben zu denken wäre. Was ist aus der „Kontinentalsperre“, die Napoleon I. auch für recht genial hielt, geworden? Dasselbe wird aus der „Kapitalsperre“ werden, welche die „Internationale“ durchführen will. Eine besondere Höhe der Löhne wird man auf diese Weise nicht erreichen, so wünschenswert eine solche auch sein möge.

Slawische Gesellschaften.

Die Befreiung Polens. — Polnische Geheimbünde: Treue Polen; Nationale Freimaurer; Sensenmänner; Patriotische Gesellschaft; Moderne Tempelritter; das Junge Polen. — Konarski. — Die Aufstände von 1830 und 1863. — Die Haltung Europas. — Der Panslawismus. — Die Omladina. Das Unterirdische Prag. — Der Sicherheitsbund. — Die russischen Ritter. — Bund der öffentlichen Wohlfahrt. — Bund der Bojaren. — Der „Norden". — Verschmelzung der „Bojaren" mit den „Vereinigten Slawen". — Pestel. — Der Tod Alexanders I. — Trubetzkoj.

Die polnische politische Geheimbündelei dreht sich selbstverständlich um die Wiederherstellung der Selbständigkeit Polens. Da die Bevölkerung des einstigen Königreichs von der Aristokratie in rechtloser Knechtschaft gehalten wurde, kann es sich den Kämpen der Unabhängigkeit nicht gut um die Wiederkehr der alten sozialen Mifswirtschaft handeln, die das Reich zu Grunde gerichtet hat; wohl aber streben sie die nationale Befreiung an. Zwar haben Adolf Beer und Max Duncker an der Hand geschichtlicher Urkunden nachgewiesen, dafs die Behauptung Friedrichs des Grofsen, die Teilung Polens sei das einzige Mittel zur Vermeidung eines grofsen europäischen Krieges gewesen, auf Wahrheit beruhte; immerhin jedoch ist die Sehnsucht der polnischen Patrioten nach Wiederherstellung ihres weiteren Vaterlandes begreiflich und ihre von jeher völlig aussichtslosen geheimen Bestrebungen zur Erreichung ihres Zieles sind verzeihlich.

Eine der ersten geheimen Verbindungen zur Organisierung der polnischen Revolutionäre hiefs „Treue Polen"; sie zählte nur wenige Mitglieder und dauerte nicht lange. 1818 entstand ein Verein, der sich „Nationale Freimaurerei" nannte, weil er die maurerischen Riten, Grade und Ausdrücke nachahmte. Er nahm Angehörige aller Bevölkerungsklassen auf, mit Vorliebe jedoch Soldaten und Staatsbeamte — wegen der im Kampf nützlichen Fachkenntnisse. Die Zahl der Mitglieder war grofs, allein schon nach wenigen Jahren erhoben sich unter ihnen Zwistigkeiten und der Bund konnte sich nur durch Umgestaltung erhalten. Er änderte seine Zeremonien etc. und nannte sich „Sensenmänner" — in Erinnerung an den Aufstand von 1794, in welchem ganze Regimenter mit Sensen bewaffnet in die Schlacht zogen. 1821 tagten sie in Warschau, um über eine neue Erhebung zu beraten; bei dieser Gelegenheit gaben sie sich abermals einen andern Namen: „Patriotische Gesellschaft“. Mittlerweile hatten auch die Studenten der Wilnaer Universität eine geheime Verbindung gebildet, doch wurde sie von der Regierung entdeckt und aufgelöst.

1822 verschmelzte sich die Patriotische Gesellschaft mit der vom Hauptmann Majewski gegründeten maurerischen Verbindung „Moderne Tempelrittter“, zu deren drei symbolischen Maurergraden nun ein vierter trat, in welchem die Eingeweihten schworen, die Befreiung Polens nach Kräften fördern zu wollen. Diese Verschmelzung führte zum Aufstand von 1830. Im Jahre 1834 entstand das „Junge Polen“, zu dessen Führern der hervorragende Patriot Simon Konarski gehörte, der sich schon während der Ereignisse von 1830 ausgezeichnet hatte. Damals entkam er und erlernte, um sich besser verbergen zu können, die Uhrmacherei. Nach seiner Rückkehr trat er dem Jungen Polen bei, wurde jedoch von der Polizei ausfindig gemacht, die ihn der Folter unterwarf, um ihn zur Nennung seiner Bundesgenossen zu bewegen. Aber er verriet nichts, trug seine Leiden vielmehr mit so hohem Mut, dafs der Militärgouverneur von Wilna ausrief: „Das ist ein eiserner Mann!“ Als Konarski 1839 hingerichtet wurde, zerrifs das Volk seine Kleider in kleine Stücke, um ein Andenken an ihn zu haben; auch liefsen sich seine Bewunderer aus seinen Kerkerketten Ringe machen.

Einige Zeit vor dem Ausbruch des Krimkrieges bildete sich in Russisch-Polen eine geheime Nationalregierung, die den Zweck verfolgte, eine Erhebung ins Leben zu rufen. Über ihre Thätigkeit, die man nicht genau kannte, waren allerlei seltsame Geschichten im Umlauf von mitternächtlichen Versammlungen in unterirdischen Gängen, von durch maskierte Geheimrichter ohne Berufungsmöglichkeit zum Tode verurteilten Verrätern, von Überfällen in Palast und Hütte, von Leichnamen, die nachts in belebten Stadtstrafsen oder auf freiem Felde gefunden worden seien und von Dolchen, die das Abzeichen der geheimen Regierung aufwiesen. Jedenfalls wufste die letztere sich so sehr verborgen zu halten, dafs es der Polizei durchaus nicht glücken wollte, ihrer oder auch nur einzelner Mitglieder habhaft zu werden. Damals zerfielen die polnischen Patrioten in zwei Gruppen: die „Weifsen“, welche das aristokratische, und die „Roten“, welche das demokratische Element vertraten. Jede Gruppe hatte ihre eigene Organisation. Während die „Weifsen“ für einen rein gesetzlichen Widerstand waren, erklärten sich die „Roten“ für eine revolutionäre Erhebung mit Waffengewalt. Die Einführung der Konskription in Polen (1863) veranlafste die beiden Gruppen, sich zu vereinigen und den Aufstand unter Langiewicz alsbald ins Werk zu setzen. Obgleich die Polen unterlagen, setzten sie die Rebellion noch eine Zeit lang guerillamäfsig fort – in der Hoffnung, dafs die Westmächte sich zu ihren Gunsten verwenden werden. Da jedoch einerseits der polnische Bauernstand an der Erhebung fast unbeteiligt geblieben war und anderseits Alexander II. kurz vorher die Lage seiner polnischen Unterthanen durch Einführung von Reformen verbessert hatte, glaubten die Westmächte keine Ursache zur Einmischung zu haben. Und was die späteren Aufstandsversuche betrifft, so scheiterten sie zumeist an der Gegnerschaft einiger radikalen italienischen Geheimgesellschaften, welche sich an der Frömmigkeit der Polen stiefsen und befürchteten, ein unabhängiges polnisches Reich würde sich mit Haut und Haaren dem Papsttum verschreiben.

Die panslawistischen Neigungen eines Teiles der Tschechen, Kroaten, Serben u. s. w. sind schon recht alt. Die betr. Bestrebungen, einen grofsslawischen Staatenbund zu schaffen, wurden von Rufsland bereits unter Katharina II. und Alexander I. ermutigt, weil es in einem solchen Bunde die Oberhoheit zu erlangen hoffte. Da jedoch die kleineren slawischen Völker diese Oberhoheit fürchteten, drückten die österreichisch-slawischen Schriftsteller der panslawischen Bewegung einen mehr geistigen und litterarischen als politischen und sozialen Stempel auf. Aber die Revolution, welche 1848 in halb Europa auftrat, gab dem Panslawismus ein rein politisches Gepräge. Bereits im Juni des genannten Jahres erlebte Prag einen demokratischen Aufstand, welcher jedoch von Windischgrätz, der die Stadt beschofs, schleunig unterdrückt wurde. Allmählich ging aus der panslawischen Bewegung ein Geheimbund hervor: die O m l a d i n a, die sich auf beide Teile der österreichisch-ungarischen Monarchie erstreckte. Das genaue Datum ihrer Entstehung kennen wir nicht; wahrscheinlich fällt diese in die Zeit um 1863, als Mazzini und seine Anhänger den Versuch machten, durch die Unterstützung der sogen. Nationalpartei in Serbien, Montenegro und Rumänien die Österreicher in Italien zu schwächen, um die Wiedererlangung Venetiens zu erleichtern.

Der Umstürzler Simon Deutsch, wegen seiner agitatorischen Thätigkeit zuerst aus Österreich und nachher aus Konstantinopel verbannt, später ein Freund Gambettas und ein Förderer oder Vertreter der Internationale und der Jungtürken, war auch eines der eifrigsten Mitglieder der Omladina. In Ungarn stand an ihrer Spitze der serbische Reichstagsabgeordnete Miletich, der so heftig auftrat, dafs er 1876 verhaftet wurde. 1882 hegte die Omladina die – unausgeführt gebliebene – Absicht, den Fürsten von Montenegro zu entthronen und Menotti Garibaldi zum lebenslänglichen Vorsitzenden eines geplanten westlichen Balkanbundes zu machen. In Prag wurden anfangs 1894 77 Omladinisten –

zumeist sehr junge Journalisten, Setzer, Handwerker, Beamte u. s. w. – wegen Geheimbündelei und Hochverrats angeklagt. Als die Verhaftungen begannen, wurde ein gewisser Mrva – alias Rigoletto di Toscana – von dem „Genossen“ Dolezal ermordet, weil er, obgleich Omladinist, bei den Verschwörern im Verdacht stand, ein Polizeispitzel zu sein. Thatsächlich hatte er in den Versammlungen des Bundes eifrig Notizen gemacht; ebenso in denen einer andern Geheimgesellschaft, der er angehörte. Diese nannte sich „das unterirdische Prag“ und hatte den Zweck, die Häuser reicher Bürger zu unterminieren, um sie plündern zu können. Mrvas Papiere und Notizbücher fielen nach seinem Tode der Polizei in die Hände und lieferten der Staatsanwaltschaft ein reiches Material gegen die Angeklagten, die denn auch bis auf zwei verurteilt wurden, und zwar zu Gefängnis zwischen sieben Monaten und acht Jahren. Ob die Omladina, die in Ungarn längst erloschen ist, in Österreich ebenfalls gänzlich zu bestehen aufgehört hat oder etwa noch in latentem Zustand weiterbesteht, läſst sich nicht bestimmt feststellen. Der Panslawismus selbst ist bislang weder in der einen noch in der andern Reichshälfte ausgestorben.

Während die russische Geheimbündelei in früheren Zeiten entweder bloſs örtlicher Natur oder aristokratische Modesache und durchweg harmlos war, nahm sie nach den napoleonischen Kriegen allmählich eine politische Richtung an. Viele russische Offiziere empfanden nach ihrer Rückkehr in die Heimat die Unwürdigkeit ihrer Lage und den Druck der Verhältnisse so sehr, daſs sie nach Besserung strebten. 1822 untersagte die Regierung die Gründung neuer und den Weiterbestand der alten Geheimgesellschaften. Dieses Verbot erstreckte sich auch auf die Freimaurerei. Jeder Staatsbeamte muſste eidlich erklären, keiner geheimen Verbindung des In- oder des Auslandes anzugehören; war er aber bereits Mitglied einer solchen, so muſste er, wenn er nicht entlassen werden wollte, alle Beziehungen zu ihr sofort abbrechen. Das Verbot wurde mit so groſser Strenge gehandhabt, daſs die Obrigkeit die Einrichtung von Freimaurerlogen auf der Straſse verkaufen lieſs, um die maurerischen Geheimnisse lächerlich zu machen.

Selbstverständlich reizte die feindselige Haltung des Staates erst rech zur Gründung von geheimen Gesellschaften. Alexander Murawjew rief den „Sicherheitsbund“ ins Leben, in dessen hauptsächlich maurerischen Riten Dolche, Gifte und furchtbare Eide eine groſse Rolle spielten. Er bestand aus „Brüdern“, „Männern“ und „Bojaren“. Aus den letzteren gingen die Leiter hervor. Der Name „Bojaren“ deutet auf das Vorwiegen des aristokratischen Elements hin. Noch aristokratischer war die Vereinigung „Russische Ritter“, welche aber eine volkstümliche Verfassung zu erreichen trachtete und den Bestrebungen der auf die Selbständigkeit Polens hinarbeitenden polnischen Geheimbünde entgegenwirkte. Später verschmelzten sich die beiden Gesellschaften zu einem „Bund für die öffentliche Wohlfahrt“, der sich jedoch infolge von Meinungsverschiedenheiten zwischen seinen Führern bald auflöste, um dem „Bund der Bojaren“ Platz zu machen. Dieser plante anfangs die Herabminderung der Macht des Zaren auf das Niveau des Präsidenten der Vereinigten Staaten und die Umwandlung Rufslands in einen Staatenbund nach dem Muster der letzteren; später wollte er Alexander I. töten und eine Republik schaffen. Als wegen dieser radikalen Bestrebungen die gemäfsigteren Mitglieder austraten, löste sich die Gesellschaft auf und verbrannte ihre Papiere sorgfältig.

Die Aufstände in Spanien, Neapel und Oberitalien veranlafsten den Obersten Pestel, der mehreren der bisher genannten russischen Geheimbünde angehört hatte, zur Gründung eines neuen, auf die Errichtung einer Republik abzielenden. Auch er plante den Tod des Zaren, allein die Zeitumstände waren einer solchen Verschwörung ungünstig. Pestel war auch der Urheber der geheimen Gesellschaft „Der Norden“. 1824 schlug der „Bund der Bojaren“, als er von dem Vorhandensein der polnischen patriotischen Gesellschaft Kenntnis erlangte, dieser Vereinigung ein Zusammenwirken vor. Man einigte sich über gewisse Punkte, namentlich über die Anerkennung der Unabhängigkeit Polens; als die Polen jedoch die Bedingung stellten, dafs beide Länder -- Rufsland und Polen – Republiken werden sollten, zogen sich die „Bojaren“ zurück und näherten sich dem von dem kühnen Artillerieleutnant Borissow ins Leben gerufenen panslawistischen Bunde der „Vereinigten Slawen“. Zar Alexander wurde von dem in seinen Diensten stehenden und von ihm in den Adelstand erhobenen Engländer Sherwood vor der Verschwörung gewarnt, scheint aber keine Vorsichtsmafsregeln ergriffen zu haben. Als Graf de Witt ihm später in Taganrog über die Fortschritte der Umsturzbewegung berichtete, konnte er nichts mehr thun, denn schon wenige Tage nachher starb er an dem Typhus, den er sich in der Krim geholt hatte. Es ging zwar das Gerücht, er sei vergiftet worden; in Wirklichkeit aber war dem nicht so, vielmehr hatten die Verschwörer ihre Vorbereitungen noch lange nicht beendet. Dennoch wurden Oberst Pestel, der Kiewer Kommandant General Diebitsch und etwa ein Dutzend Offiziere verhaftet. Die übrigen Geheimbündler, die nicht wufsten, dafs Konstantin längst insgeheim zu Gunsten seines jüngern Bruders Nikolaus abgedankt hatte, erklärten den letzteren für einen Usurpator und Konstantin für den rechtmäſsigen Zar. Obgleich sie weder das Heer noch die Volksmassen hinter sich hatten, kam es anläſslich der Leistung des Huldigungseides für Nikolaus in Petersburg zu einer Erhebung, welcher aber durch die unerbittliche Niedermetzelung der aufständischen Soldaten ein rasches Ende bereitet wurde. Viele der Verschwörer wurden hingerichtet, auch Pestel, dem man durch Folterung vergeblich Näheres über die Bewegung zu erpressen versuchte. Fürst Trubetzkoj, den die Verschwörer zum Diktator ernannt hatten, verriet sie, im letzten Augenblick kleinmütig geworden, wurde aber dennoch zu lebenslänglicher Verbannung nach Sibirien und zu vierzehnjähriger Zwangsarbeit daselbst verurteilt.

All diese russischen Geheimgesellschaften – auch eine 1838 in Moskau entdeckte, deren Mitglieder dem höchsten Adel angehörten (sie wurden zur Strafe als gemeine Soldaten in die Armee gesteckt) – können als Vorläufer des Nihilismus (vgl. „Die Nihilisten“) betrachtet werden.

Türkische und armenische Gesellschaften.

Die revolutionäre Bewegung, welche sich im zweiten Drittel des 19. Jahrhunderts in West- und Mitteleuropa geltend machte, drang auch in die Türkei, wo nach dem Muster des Jungen Deutschland, des Jungen Italien etc. eine Vereinigung von „Jungtürken“ entstand, deren Urheber aller Wahrscheinlichkeit nach Mustafa Fasil Pascha war, den David Urquhart den „türkischen Catilina“ nennt. Die Jungtürken wollten die Türkei von jeder religiösen und sozialen Willkür befreien, insbesondere den Koran beseitigen und die Macht des Sultans brechen. Da sie nichts ausrichteten, wurde 1867 ein neuer Bund unter demselben Namen mit Sitzen in Konstantinopel, Paris und London ins Leben gerufen. Zu den früheren Zwecken trat noch der, durch die Befreiung der christlichen Unterthanen der Pforte den russischen Einfluſs im Orient zu schwächen. Auch jetzt stand Mustafa Fasil Pascha an der Spitze und er verpflichtete sich, der Bundeskasse jährlich 300000 Frank zu spenden. Das hervorragendste und thätigste Mitglied war Midhat Pascha, der bekanntlich seine Reformfreundlichkeit mit Verbannung und Erdrosselung büſsen muſste. Der Stambuler Ausschuſs wurde von Bonnal, einem französischen Bankier zu Pera, geleitet. Im London-Pariser Ausschuſs saſsen Zia Bey, Simon Deutsch, Kemal Bey, Aghia Efendi und der polnische Graf Plater. Der gegenwärtige Führer der

Jungtürken ist der Bruder des Sultans Abdul Hamid, Murad Bey, der dem Padischah und seiner Palastkamarilla alle Mifsstände zuschreibt, unter denen das Land leidet. Der Bund hat bisher trotz aller Sympathien, deren er sich in Europa erfreut, fast nichts ausgerichtet. Dafs in neuester Zeit viele seiner teils flüchtigen teils verbannten Mitglieder sich durch gute Versorgungen seitens der Pforte zur Rückkehr in die Heimat und zum Aufgeben ihrer Bestrebungen bewegen liefsen, konnte seine Macht selbstverständlich nicht stärken; vielmehr mufs man annehmen, dafs er in der Auflösung begriffen ist.

1888 gründeten die in Rufsland lebenden Armenier eine antirussische Geheimgesellschaft. Dafs es auch in der Türkei armenische Geheimbünde giebt, geht aus den Ereignissen der letzten Jahre (seit 1895) deutlich hervor. Ihre Organisation gleicht der der alten Venditas der Carbonari; d. h. die einzelnen Ausschüsse kennen weder einander noch den Hauptausschufs, von dem sie die Befehle erhalten. Es sind ihrer fünf mit insgesamt rund zweihundert Mitgliedern: 1. Huntschak („Alarm“), 2. Frochak („Flagge“), 3. Abdag („Blasebalg“), 4. Gaisag („Donnerschlag“), 5. Wotschintschak („Zerstörung“). Die zwei letzteren sind am spätesten entstanden. Der geheime Zentralausschufs lenkt in unsichtbarer Weise die Thätigkeit dieser fünf Komitees und behält alle Fäden in der Hand. Die grofse Demonstration bei der Pforte i. J. 1895 ging vom Huntschak, der Überfall auf die Ottomanische Bank (1896) vom Frochak aus. Bald nach jenem Überfall, dessen Rädelsführer schwer bestraft wurden, empfing die französische Botschaft zu Konstantinopel ein Schreiben, in welchem die Armenier mit weiteren Ausschreitungen drohten. Bei den im Dezember (1896) zu Kara Hissar Charki verhafteten armenischen Verschwörern fand man Schriftstücke, die das ganze revolutionäre Programm des Geheimbundes enthüllten. Den 31 strengen Bestimmungen dieses Programms müssen sich alle Mitglieder unterwerfen. Jede der zahlreichen „Banden“ der Vereinigung mufs aus mindestens sieben Mitgliedern bestehen. Der Mitgliedseid besagt, dafs man eher die Folter oder den Tod erleiden als die Gesellschaftsgeheimnisse verraten soll. Der 14. Artikel verpflichtet die Banden, jeden ungerechten oder grausamen ottomanischen Beamten, wenn irgend möglich, ins Gebirge zu entführen, ihm möglichst viele Staatsgeheimnisse zu erpressen und ihn gegebenenfalls zu töten. Nach Artikel 15 dürfen die Banden Postwagen überfallen und ausrauben, müssen aber Alleinreisende verschonen, es sei denn, dafs deren Belästigung sich als unerläfslich erweise. Legt ein Mitglied im Kampfe Feigheit an den Tag, so soll es unverzüglich erschossen werden. Das Bandenhaupt hat das Recht, jedes Mitglied, mit dem es unzufrieden ist, in beliebiger Weise zu bestrafen. Häfslich ist die Vorschrift, dafs die Mitglieder verpflichtet sind, einander zu überwachen und dem Haupt die Ergebnisse der gegenseitigen Spionage mitzuteilen. Zu den besonderen Merkmalen der revolutionären Bewegung der Armenier gehört der ausgedehnte Gebrauch, den sie von Verkleidungen macht. Diese sind so verschiedenartig, dafs dadurch die Verteilung von Waffen oder aufreizenden Schriften und Bildern sehr erleichtert wird.

Nachschrift des Herausgebers.

Obiges über die Jungtürken war bereits geschrieben, als ich im „Pester Lloyd" vom 7. Dezember 1899 einen Leitartikel fand, dessen folgende, mit dem Gegenstand zusammenhängende Stelle die Leser interessieren dürfte:

„Augenblicklich herrscht ziemlich grofse Aufregung im Jildis-Kiosk über die Thätigkeit der sogenannten Jungtürken, nämlich jener Elemente, welche angeblich den Umsturz des bestehenden Regimes anstreben. Berechtigt und erklärlich ist diese Bewegung insofern, als das Bedürfnis nach einer gründlichen Reform der gesamten Verwaltung nicht mehr abzuweisen ist. Das Jungtürkentum besteht schon seit mehr als einem Vierteljahrhundert als eine lose Verbindung von Elementen, die in der Regel aus irgend einem persönlichen Grunde den Sultan vertreiben, eine Verfassung und eine abendländische Administration einführen möchten. Wo sich drei Jungtürken zusammenfinden, dort wird ein Flugblättchen ausgegeben, und ob dies in Paris oder Genf, in London oder New-York, in Kairo oder Rio de Janeiro erscheint, in allen Fällen wird darin über die Tyrannei Abdul Hamids und seiner Ratgeber oder über die Unhaltbarkeit des korrupten Systems geklagt. So lange das Geld vorhält, werden diese Blättchen gedruckt und in Tausenden von Exemplaren nach der Türkei versendet. Gehen die Mittel aus oder gelingt es einem türkischen Gesandten, Konsul oder Geheimmissionär, dem betreffenden Redakteur ein ausgiebiges Schweiggeld zu verabreichen, dann geht das revolutionäre Journal ein, bis wieder ein hungriger Jungtürke auf den Einfall kommt, dasselbe einträgliche Geschäft an einem andern Orte zu wiederholen. So haben denn der „Mizan", „Huriet", „Meschweret" – um nur die hervorragendsten solcher Journale seit dem Jahre 1891 zu nennen – kein besonderes Unglück angerichtet, es wäre denn, dafs man in Stambul die Wirkung dieser Pamphlete überschätzt und sich mit den betreffenden Redakteuren auf irgend eine kostspielige Weise abgefunden hat. Neuestens heifst es, die Jungtürken hätten die Absicht, in Genf eine Organisation nach dem Muster der einstigen Carbonarigesellschaften zu versuchen, doch dürfte dabei schwerlich viel herauskommen."

ELFTES BUCH.

DIE FREIMAUREREI.

Die Tempellegende.

Nachdem Salomo sich zum Bau des Tempels entschlossen hatte, liefs er Baukünstler kommen, teilte sie in Gruppen und stellte sie unter den Befehl des ihm von dem befreundeten und verbündeten König von Tyrus, Hiram, gesandten Architekten Adoniram oder Hiram Abiff. Nach der Überlieferung war die Abstammung der Erbauer des mystischen Tempels die folgende. Einer der Elohim (Urgeister) ehelichte Eva, die ihm einen Sohn namens Kain gebar; aber Jehovah oder Adonai, ebenfalls einer der Elohim, schuf Adam und verband ihn mit Eva, die nun Abel gebar. Zur Strafe für den Ungehorsam Evas unterwarf Adonai die Söhne Kains der Familie Abels. Während Kain trotz seines eifrigen Ackerbaus wenig Ertrag erzielte, hütete Abel in Mufse seine Herden. Jehovah verwarf die Opfergaben Kains und erregte Zwietracht zwischen den aus dem Feuer entstandenen Söhnen der Elohim und den blofs aus der Erde hervorgegangenen Menschen. Die Folge war, dafs Kain Abel tötete. Nun verfolgte Adonai Kains Söhne und machte die edle Familie, welche die Künste und Wissenschaften aufgebracht hatte*), den Söhnen Abels unterthan.

Enoch, ein Sohn Kains, lehrte die Menschen die Kunst, Steine zu behauen, Häuser zu bauen und bürgerliche Gesellschaften zu bilden. Enochs Sohn Irad und sein Enkel Mehujael errichteten Dämme und machten aus Zederstämmen Balken. Ein andrer Sprofs Kains, Methusael, ersann die heiligen Buchstaben, die Tau-Bücher und das sinnbildliche T, an dem die vom Feuer herstammenden Arbeiter einander erkannten. Lamech, dessen Weissagungen den Profanen unverständlich sind, hatte vier Kinder: Jabal, der als Erster die Bearbeitung der Kameelhaut lehrte; Jubal, den Erfinder der Harfe; Naamah, die Mutter der Spinnerei und

*) Die Purânas lobpreisen begeistert die Intelligenz der Nachkommen Kains und die Vollkommenheit, zu der sie die Künste des bürgerlichen Lebens brachten.

Weberei; Tubalkain, der den ersten Schmelzofen errichtete, der erste Metallarbeiter war und in den Bergen unterirdische Höhlen grub, um sein Geschlecht gegen die Sintflut zu schützen. Trotz dieser Höhlen kamen nur Tubalkain und sein Sohn mit dem Leben davon. Die Gattin Hams, des zweiten Sohnes Noäh, verliebte sich in den Sohn Tubalkains und machte ihn zum Vater Nimrods, der die Jagd erdachte und Babylon gründete. Adoniram, ein Nachkomme Tubalkains, schien von Gott berufen zur Führung der Miliz der freien Männer, welche die Söhne des Feuers mit den Söhnen des Gedankens, des Fortschritts und der Wahrheit verbinden sollte.

Hiram erbaute den wunderbaren Tempel Salomonis, errichtete den herrlichen goldenen Königsthron und führte viele prachtvolle Bauten auf. Aber trotz seiner Gröſse fühlte er sich vereinsamt und unverstanden. Wenige liebten, viele haſsten ihn; auch Salomo war ihm gram, denn er beneidete ihn um sein Genie und seinen Ruhm. Der König seinerseits war auf der ganzen Erde ob seiner hohen Weisheit berühmt – so sehr, daſs eines Tages die Königin von Saba, Balkis, nach Jerusalem kam um ihn zu begrüſsen und die Wunder seiner Herrschaft kennen zu lernen. Sie fand ihn auf einem vergoldeten Zedernthron in vergoldeter Gewandung sitzen und hielt ihn im ersten Augenblick für eine Goldstatue mit Elfenbeinhänden. Er bereitete ihr einen überaus festlichen Empfang und zeigte ihr seinen Palast und den grofsartigen Tempel. Während sie alles begeistert bewunderte, nahm ihre eigene Schönheit das Herz des Königs so sehr gefangen, daſs er ihr schon nach kurzer Zeit seine Hand anbot. Erfreut, den stolzen Mann erobert zu haben, gab sie ihm ihr Jawort. Bei ihrem zweiten Besuch des Tempels wiederholte sie den Wunsch, den geheimnisvollen Baukünstler zu sehen, der so Herrliches vollbracht. Salomo verzögerte die Erfüllung dieses Wunsches möglichst lange, muſste sich jedoch schlieſslich dazu bequemen, Hiram Abiff vorführen zu lassen. Dieser warf der Königin von Saba einen Blick zu, welcher ihr Innerstes erbeben lieſs. Alsbald gewann sie ihre Fassung wieder und nahm Hiram gegen den Unwillen und die Eifersuchtsanwandlung Salomos in Schutz. Als sie die beim Tempelbau beschäftigten Arbeitermassen beisammen zu sehen verlangte, erklärte der König dies für unmöglich. Da stieg Adoniram auf einen Stein, um besser gesehen zu werden, machte in der Luft mit der rechten Hand das symbolische Tau-Zeichen und sofort eilten von allen Seiten die sämtlichen Arbeiter herbei. Die hierüber höchlich erstaunte Balkis bereute insgeheim, die Werbung des Königs angenommen zu haben, denn sie entbrannte in Liebe zu dem mächtigen Architekten. Der eifersüchtige Salomo beschloſs nun, Hiram zu demütigen und zu Grunde zu richten, weil er in ihm einen Nebenbuhler erblickte.

Unter den Tempelarbeitern befanden sich drei Gesellen, die gegen Hiram eingenommen waren, weil er sich wegen ihrer Untüchtigkeit und Trägheit geweigert hatte, sie zu Meistern zu befördern: der syrische Maurer Fanor, der phönikische Zimmermann Amru und der hebräische Grubenarbeiter Metusael. Dieses Kleeblattes bediente sich Salomo gegen Hiram und die Verschworenen faſsten den Plan, das Gelingen des Gusses des ehernen Meeres zu verhindern — einer Leistung, die bestimmt war, dem Ruhm Hirams die Krone aufzusetzen. Der junge Arbeiter Benoni, ein besondrer Verehrer seines Meisters, kam hinter die böse Absicht jener Drei und verriet sie an den König, damit dieser sie vereitle. Als es zum Guſs kam, dem auch Balkis beiwohnte, und die flüssigen Erzmassen nach Öffnung des Schmelzofens sich in die Riesenform ergossen, flossen sie über die letztere hinweg und strömten auf dem Erdboden fort, sodaſs die versammelte Menge die Flucht ergreifen muſste, um nicht verbrannt zu werden. Vergeblich versuchte Hiram, der eine göttergleiche Ruhe bewahrte, durch Anwendung groſser Wassermassen den Feuerstrom aufzuhalten. Die Mischung des Wassers mit dem Feuer erzeugte heiſse Dämpfe, welche aufstiegen, um als totbringender Feuerregen wieder niederzufallen. Der unglückliche Bauherr wollte bei einem treuen Herzen Trost suchen und daher mit Benoni sprechen; aber er konnte ihn nicht finden, denn der edle Jüngling war umgekommen, als er die Niederlage des Meisters zu verhindern trachtete, weil er sah, daſs Salomo sie trotz der Warnung nicht verhindert hatte.

Hiram verblieb auf dem Schauplatz seines Unglücks; in seinen Gram versunken, achtete er nicht des lebensgefährlichen Herannahens des Feuermeeres. In erster Reihe dachte er an die bittere Enttäuschung der Königin von Saba, die gekommen war, um ihn zu dem erwarteten groſsen Triumph zu beglückwünschen. Plötzlich ertönte von oben eine seltsame Stimme, welche ausrief: „Hiram! Hiram! Hiram!“ Aufblickend, sah er hoch in der Luft eine Riesengestalt schweben, die ihn ansprach: „Sei ohne Furcht, mein Sohn, denn ich habe dich unverbrennbar gemacht; stürze dich in die Flammen!“ Er betrat den Schmelzofen, ohne sich zu verletzen; ja, er empfand ein unbeschreibliches Entzücken, als er, von einer unwiderstehlichen Kraft angetrieben, immer weiter vordrang. „Wohin führst du mich?“ fragte er. — „In den Mittelpunkt der Erde, in die Seele der Welt, ins Reich des groſsen Kain, wo die Freiheit herrscht. Dort hört der tyrannische Neid Adonais auf; dort können wir, seines Zornes spottend, die Frucht vom Baum der Erkenntnis kosten; dort ist das Heim deiner Väter.« – „Wer bin ich und wer bist du?« – „Ich bin der Vater deiner Väter, ich bin Tubalkain, der Sohn Lamechs.«

Tubalkain führte Hiram ins Heiligtum des Feuers ein, wo er ihm die Schwächen und niedrigen Leidenschaften Adonais darlegte, der seinem eignen Geschöpf feindlich gesinnt sei und es unerbittlich zum Tod verurteile, um sich an den Feuergeistern zu rächen, die es – den Menschen -- mit Wohlthaten überhäuft haben. Hiram stand bald vor seinem Urvater Kain, in dessen Schönheit sein Erzeuger, der Lichtengel, sich wiederspiegelte. Kain, dessen edle Gesinnung den Neid Adonais erregt hatte, erzählte Hiram von den Leiden, die der grausame Jehovah über ihn verhängte. Plötzlich erscholl die Stimme des „Abkömmlings Tubalkains und seiner Schwester Naamah«: „Dir wird ein Sohn geboren werden, den du zwar nicht sehen wirst, dessen zahlreiche Nachkommen jedoch dein Geschlecht verewigen werden. Dem Geschlecht Adams überlegen, wird das deinige die Herrschaft der Welt erringen. Viele Jahrhunderte lang wird es seinen Mut und seine hohen Fähigkeiten dem Dienste des stets undankbaren Geschlechtes Adams widmen, bis schliefslich die besten die stärksten werden und auf Erden die Feueranbetung wieder einführen. Deine unbesiegbaren Abkömmlinge werden die Macht der Könige, der Helfer Adonais bei seiner Willkürherrschaft, zerstören. Gehe, mein Sohn, die Feuergeister sind mit dir!« Tubalkain übergab ihm den Hammer, mit dem er selbst so viel Grofses vollbracht hatte, und fügte hinzu: „Dieser Hammer und die Feuergeister sollen dir dazu verhelfen, das durch menschliche Dummheit und Bosheit unvollendet gebliebene Werk schleunig zu beenden.« Kaum wieder auf der Erdoberfläche, erprobte Hiram die wunderbare Kraft des kostbaren Hammers und bei Morgenanbruch war der Gufs des ehernen Meeres vollkommen gelungen. Der Künstler und Balkis waren entzückt und das herbeieilende Volk bestaunte die geheime Macht, durch welche das gestrige Unglück in einer Nacht wettgemacht worden war.

Bald darauf ging Balkis eines Tages in Begleitung ihres Gefolges aufserhalb Jerusalems spazieren und begegnete unterwegs Hiram, der allein und in Gedanken versunken war. Die beiden gestanden einander ihre Liebe. Als Had-had (der bei der Königin von Saba das Amt eines Boten der Feuergeister versehende Vogel) Hiram in der Luft das mystische T-Zeichen machen sah, umflog er sein Haupt und liefs sich dann auf seinem Handgelenk nieder. Da rief Sarahil, die einstige Amme der Königin: „Die Weissagung ist erfüllt! Had-had erkennt den Gatten, den die Feuergeister für Balkis bestimmt haben und dessen Liebe allein sie annehmen darf!« Das Paar zögerte nun nicht länger, sich zu verloben und beriet dann über die weiteren Mafsregeln. Hiram sollte

Jerusalem zuerst verlassen und sich nach Arabien begeben, wohin Balkis ihm folgen wollte, sobald es ihr gelungen sein werde, die Wachsamkeit des Königs zu täuschen und zugleich ihre Verlobung mit ihm rückgängig zu machen. Beides gelang ihr, als Salomo sich eines Tages berauschte; sie zog ihm den Verlobungsring vom Finger. In seiner Eifersucht gab er den drei Gesellen, die den Gufs des ehernen Meeres verdorben hatten, den Wink, dafs ihm die Beseitigung des Nebenbuhlers erwünscht wäre. Vor der geplanten Abreise erschien Hiram nochmals im Tempel und hier wurde er von den Dreien erschlagen. Doch gelang es ihm vor dem Aushauchen des letzten Seufzers, das goldne Dreieck, das er um den Hals trug und auf dem das Meisterwort eingraviert war, in einen tiefen Brunnen zu werfen. Die Mörder hüllten den Leichnam ein, begruben ihn auf einem einsamen Hügel und pflanzten einen Akazienzweig aufs Grab.

Als Hiram sich sieben Tage lang nicht zeigte, mufste Salomo, wenngleich ungern, dem Wunsche des Volkes nachgeben und ihn suchen lassen. Drei Meister entdeckten die Leiche, und da sie jene drei Gesellen des Mordes verdächtigten, weil sie wufsten, dafs Hiram ihnen den Meistergrad verweigert hatte, beschlossen sie vorsichtshalber, das Meisterwort abzuändern. Das erstbeste Wort, welches während der Emporhebung des Leichnams zufällig fallen würde, sollte das künftige Meisterwort werden. Als nun einer von ihnen sah, dafs sich die Haut vom Körper loslöste, rief er aus: „Makbenach!“ (etwa „Bruder erschlagen“ oder „Fleisch vom Knochen getrennt“) und so wurde „Makbenach“ zum Kennwort des Meistergrades. Man erwischte die drei Mörder und sie entleibten sich, um nicht in die Hände der Gerechtigkeit zu fallen; ihre Köpfe wurden dem König überbracht. Da sich das goldne Dreieck nicht bei der Leiche Hirams vorfand, forschte man danach und fand es schliefslich in jenem Brunnen. Salomo liefs es auf einen dreieckigen Altar legen, der sich in einem geheimen Gewölbe unterhalb des entlegensten Teiles des Tempels befand; um das goldne Dreieck noch besser zu verbergen, stellte man darauf einen kubischen Stein, der die zehn Gebote enthielt. Schliefslich wurde das Gewölbe, dessen Vorhandensein nur 27 Erwählten bekannt war, zugemauert.

Überlieferte und wahre Geschichte.

Die meisten Völker, Staaten und Körperschaften messen sich mit Vorliebe einen sehr alten Ursprung bei. Der Wunsch, sich eines hohen Alters zu rühmen, mufs ganz besonders lebhaft sein bei einer lediglich ideal-sittliche Zwecke verfolgenden, nur mit und nach Grundsätzen vorgehenden Vereinigung wie die Freimaurerei. Diese möchte älter und höher erscheinen als alle anderen; darum behauptet sie, noch vor Erschaffung des Menschen bestanden zu haben. Sie erklärt ihren Ursprung für gleichzeitig mit der Entstehung der Welt, denn das Licht war früher vorhanden als der Mensch, für den es erst eine angemessene Wohnstätte vorbereiten mufste; das Licht aber ist Endzweck und Symbol der Freimaurerei. Edward Spratt, ein irischer Schriftsteller, stellte in seinem „Konstitutionenbuch für irländische Logen“ (1751) Adam als den ersten Freimaurer hin, der „auch nach seiner Vertreibung aus dem Paradiese grofse Kenntnisse besafs, namentlich in der Geometrie.“ Und Dr. J. A. Weifse schreibt in seinem Buche „Der Obelisk und die Freimaurerei“ (1880): „Die Freimaurerei begann mit der Schöpfung und wurde von der Familie des Seth eingeführt; das Schurzfell der Maurer hat seinen Ursprung in der Feigenblattschürze Adams und Evas nach dem Sündenfall.“ Diese zwei Citate aus der Mitte des 18. und dem Ende des 19. Jahrhunderts mögen genügen, um zu zeigen, wie weit die Freimaurerei hinsichtlich ihres Alters zu gehen vermag. Weiter könnte sie wirklich nicht gehen!

Nun halten wir dafür, dafs es vom ersten Erscheinen des Menschen auf der Erde an ein sehr bevorzugtes und hochgebildetes Geschlecht gab, das mit den Naturgesetzen und Naturkräften vollkommen vertraut war und seine Kenntnis in mystischen Figuren und Schematen niederlegte. Diese Sinnbilder haben sich in der Freimaurerei erhalten, aber nicht in der Pseudo-Maurerei der Mehrheit der Logenmaurer. Heute stehen die echtesten Maurer aufserhalb der Logen, und wir wollen in den nachfolgenden Kapiteln bemüht sein, den Maurern möglichst viel von den wirklichen Wahrheiten beizubringen, welche sich hinter ihren Sinnbildern und rätselhaften Formeln verbergen, die ohne Schlüssel lediglich als widersinnige, unwürdige Riten und Zeremonien erscheinen. Mit Ausnahme der politischen und der gesellschaftsfeindlichen haben und hatten die geheimen Gesellschaften gewöhnlich den Zweck, die Überbleibsel jener Naturerkenntnis zu bewahren oder deren in Verlust geratene Teile wieder zu erlangen. Und da die Freimaurerei gleichsam den Inbegriff der Lehren der meisten anderen nichtpolitischen und nichtgesellschaftsfeindlichen Geheimbünde bildet, enthält sie selbstverständlich Lehren, die mit denen der alten Mysterien und anderer, modernerer Verbindungen übereinstimmen. Daher läfst sich ihr Ursprung nicht von dieser oder jener bestimmten Geheimgesellschaft ableiten; vielmehr ist sie – oder sollte sie sein – eine Zusammenfassung aller ursprünglichen und angehäuften menschlichen Kenntnisse.

Die meisten maurerischen Autoren teilen die Geschichte des Bundes in zwei Abschnitte. Der erste umfaſst die Zeit von seiner vermeintlichen Gründung bis zum Anfang des 18. Jahrhunderts; in dieser Zeit nahm er fast nur Maurer und andere Bauhandwerker auf. Die zweite Periode – die seitherige und gegenwärtige, von ihnen die Zeit der spekulativen Maurerei genannt – ist besonders dadurch bemerkenswert, daſs der Bund weit entfernt ist, sich auf die Aufnahme von Personen zu beschränken, die mit der wirklichen Baukunst zusammenhängen, vielmehr auch – und hauptsächlich – den Beitritt allen gestattet, die an dem Bau eines geistigen Tempels, des Tempels der allgemeinen Eintracht und Bildung, mitarbeiten wollen. Thatsächlich wurden jedoch auch schon in der ersten Periode zuweilen einzelne Nicht-Bauleute zugelassen (in England z. B. Karl I., Karl II., Jakob II., Oberst Mainwaring, der Archäologe Ashmole u. a.); die wahre Maurerei war eben immer spekulativer Art. Den Beinamen „maurerisch“ nahm der Bund bei seiner Umgestaltung im 18. Jahrhundert wieder an, weil die Baubrüderschaft, die im Mittelalter so viele prachtvolle Dome etc. errichtete, Logen, Grade, Losungsworte, Merk- und Kennzeichen hatte, was ja übrigens auch schon bei den Erbauern des Tempels Salomonis der Fall gewesen sein soll.

Häufig ist behauptet worden, der Freimaurerbund stamme vom Templerorden her und sei staats- und kirchengefährlich, weil er darauf ausgehe, den Untergang der Tempelritter zu rächen. Allein schon 1535 wurde diese Behauptung in der „Charta von Köln“ zurückgewiesen,*) in welcher die Maurer sich „Johannisbrüder“ nannten, weil Johannis der Täufer der Vorläufer des Lichtes war. Nach derselben Quelle erhielten die „Brüder“ den Namen „Freimaurer“ zuerst in Flandern, weil manche von ihnen in der Provinz Hainault Krankenhäuser für die am Veitstanz Leidenden bauen geholfen hatten. Auch von „maison“ hatte man „maçon“ ableiten wollen. Ganz unglaubwürdig ist die Ableitung von „massa“ = Keule, d. h. die Keule, mit der der Thürsteher uneingeweihte Eindringlinge verjagte. Auch Lessings Ansicht („Gespräche für Freimaurer“ zwischen Ernst und Falk), „masonry“ sei aus „masony“ (= Masoney) verdorben, wird von der neueren Forschung verworfen. Lessing führte an, das Wort Masoney stamme von dem angelsächsischen „mase“ (im heutigen Englisch „mess“) und bedeute „Tafelrunde“, „Tischgesellschaft“, „Trinkgesellschaft“; eine solche altgermanische „masony“ habe es in London noch im 17. Jahrhundert gegeben, sie habe in der

*) Diese „Charta“ wird übrigens von der neueren Forschung zumeist für apokryph gehalten.

Nähe des Paulsdomes gehaust und Wren, der Erbauer des letzteren, sei eins ihrer Mitglieder gewesen und so habe man gedacht, eine Gesellschaft, die in der Nähe jener herrlichen Kirche zusammenkomme und Wren zu den ihrigen zähle, müsse eine „masonry“ sein, d. h. eine Verbindung von Bauverständigen.

Da die Freimaurerei, wie gesagt, ein Baum ist, dessen Wurzeln in vielen Boden wucherten, müssen ihre Früchte vielgestaltig sein. Daher enthält ihre Ausdrucksweise und ihr Ritual allerlei zusammengewürfelte Bestandteile: indische, ägyptische, jüdische, christliche und andere Ideen, Worte und Sinnbilder. Wir lassen nun die wahre Geschichte der Freimaurerei, soweit überhaupt bekannt, ohne den sagenhaften Aufputz folgen, mit dem die Maurerlitteratur sie ausgestattet hat.

Im Altertum gab es Architekten- und Ingenieur-Verbindungen (z. B. die „Dionysiacs“ in Griechenland, das „Maurerkollegium“ in Rom), die den Bau von Tempeln und Stadien unternahmen. Diese Körperschaften waren die Vorbilder der Maurer-, Steinmetz- und Zimmermanns-Verbindungen, welche im Mittelalter namentlich in England und Deutschland blühten, zuweilen sechs- bis achthundert Mitglieder zählten und mit Klöstern, Domkapiteln oder anderen Kirchenverwaltungen über den Bau von Kathedralen oder Kirchen Verträge schlossen. Später machten sie sich von der Kirche unabhängig und im 13. Jahrhundert traten sie in Köln zu einer ausgedehnten Bauvereinigung zusammen, die in Strafsburg, Wien, Zürich und anderwärts Zweiglogen besafs. Dieser Bund nannte sich „die freien Maurer“ und hatte Einweihungszeremonien. Gegen das Ende des 16. Jahrhunderts begann er, auch Nichtfachleute aufzunehmen, die dann „angenommene Maurer“ hiefsen. Da es sich hierbei zumeist um gelehrte und hochstehende Männer handelte, wurde die Logenthätigkeit allmählich mehr symbolisch als technisch. Die wirklichen Steinmetze und Bauarbeiter zerstreuten sich im Laufe der Zeit, während die „angenommenen“ Mitglieder sich zurückzogen, weil ihre Erwartung, in esoterische Geheimnisse eingeweiht zu werden, in den Logen unerfüllt blieb. So kam es, dafs es 1717 in London nur noch vier Logen gab. Dieselben wurden damals von Dr. Desaguliers, James Anderson und George Payne zu einer „Grofsloge“ vereinigt – ein Ereignis, mit dem die Geschichte der modernen Freimaurerei beginnt, welche rein symbolisch ist, aber die Fachsprache der Baukunst beibehalten hat.

Seither war und ist der Freimaurerbund vielen Verfolgungen ausgesetzt, und zwar seitens des Staates und der Kirche. Weltliche Herrscher haben oft getrachtet, ihn zu unterdrücken. Alle Päpste von Klemens XII. bis zu Leo XIII. thaten ihn in Acht und Bann. Ein gut Teil der Verfolgungen war verschuldet durch die Geheimniskrämerei, mit der die Freimaurer ihre Grundsätze und ihre Thätigkeit umgaben, sowie durch die Einführung der Hochgrade. Die drei ursprünglichen Grade, welche vom Bauhandwerk übernommen wurden -- Lehrling, Gesell, Meister -- genügten weder der Eitelkeit mancher aristokratischen „Brüder", noch dem Ehrgeiz jener, die den Bund zu Parteizwecken ausnutzen wollten. Ritter Andreas Ramsay, ein Anhänger der verbannten Stuarts, behauptete, dafs die Freimaurer von den Kreuzrittern abstammen und regte deshalb die Einführung von Hochgraden mit politischem Hintergrund an. Die Hochgrade, nach dem Lande der Stuarts „schottische" genannt, nahmen an Zahl immer mehr zu und hüllten sich aus politischen Ursachen, aus persönlicher Eitelkeit und wegen ihrer abergläubischen Riten in immer tieferes Geheimnis; schliefslich fielen sie Betrügern und Abenteurern à la Cagliostro und Casanova in die Hände.

In Deutschland wurde die Freimaurerei von drei Parteien mifsbraucht: den Reaktionären, den Radikalen und den ritterlichen Fanatikern. Die ersteren riefen das Rosenkreuzertum ins Leben, welches durch seinen astrologisch-alchimistisch-magisch-spiritistischen Schwindel den politischen, wissenschaftlichen und religiösen Fortschritt hemmte. Die Radikalen, die sich mit Hilfe der Illuminaten in den Freimaurerbund einschlichen, wollten in Politik und Religion eine neue Zeit herbeiführen. Der wohlmeinende Schwärmer Freiherr von Hundt verpflanzte den Ritterfanatismus von Frankreich nach Deutschland, indem er um die Mitte des 18. Jahrhunderts die Maurerei von der „strikten Observanz" einführte, welche an den Templerorden anknüpfte und, wie wir weiter unten des Näheren darlegen werden, vom Wilhelmsbader Konvent wieder beseitigt wurde. In Frankreich verschaffte das Geheimnisvolle des Rituals und der Glanz mancher der Zeremonien dem Maurertum viele Anhänger; schliefslich erfolgte die Vereinigung der französischen Logen zu einer, „Grofs-Orient" genannten Grofsloge, deren erster Grofsmeister der Herzog von Chartres -- nachmals Philippe Égalité -- war. Napoleon I. ernannte seinen Bruder Joseph zum Grofsmeister. (Vgl. weiter unten „Napoleon und die Freimaurerei.")

Riten und Grade.

Vor der Umgestaltung des Maurerwesens im Anfang des 18. Jahrhunderts gab es blofs einen Ritus: den der „alten, freien und angenommenen Maurer", auch „blaue" oder „symbolische" Maurerei genannt. Aber, wie schon bemerkt, Eitelkeit, Laune oder Partei-Interesse führte bald nach der Einführung der modernen Freimaurerei zur Vermehrung der Gradezahl wie auch zu allerlei Abänderungen im Wesen der drei alten Grade. Gegenwärtig giebt es in Europa und Amerika die folgenden Riten und Grade:

I. Der Yorkritus, auf den wir eingehender zurückkommen. In England und Amerika besteht er aus sieben Graden:

1. Lehrling; 2. Geselle; 3. Meister; 4. Markmeister; 5. Altmeister; 6. Hochwürdiger Meister; 7. Royal Arch (wörtlich „vom königlichen Gewölbe"). Dem letzteren als dem wichtigsten werden wir ein eignes Kapitel widmen.

II. Der französische oder moderne Ritus hat sieben Grade durchweg astronomischer Natur:

1. Lehrling; 2. Geselle; 3. Meister; 4. Élu (Erwählter); 5. Schottischer Meister; 6. Ritter des Ostens; 7. Rose-Croix (= „Rosenkreuzer").

III. Der alte und angenommene Schottenritus. Dieser Name rührt daher, dafs die Stifter den Ursprung nach Schottland verlegten; die jetzige Organisation jedoch wurde am Beginn des 18. Jahrhunderts in Frankreich geschaffen. Nach dem York-Ritus ist der schottische heutzutage der verbreitetste. Die Verwaltung obliegt „Obersten Grofsräten" („Konzilien"). Die Zahl der Grade beträgt nicht weniger als 37! Das meiste Interesse bieten: der 12. (Grofsbaumeister), der 18. (Prinz Rose-Croix) und der 30. (Ritter von Kadosch), weshalb wir sie weiter unten ausführlich behandeln werden.

IV. Philosophischer Schottenritus.

V. Altschottischer Ritus, hauptsächlich in Belgien zu Hause.

VI. Alter reformierter Ritus.

VII. Fefslerscher Ritus.

VIII. Ritus der Grofsen Nationalloge zu den drei Weltkugeln in Berlin.

IX. Vollkommenheits-Ritus.

X. Misraim-Ritus.

XI. Klerikat der Tempelherren.

XII. Schwedischer Ritus.

XIII. Reformierter Ritus. (Rektifiziertes System.)

XIV. Schroedersches oder Hamburger System.

XV. Swedenborgscher Ritus.

XVI. Zinzendorfscher Ritus. Graf Zinzendorf, Leibarzt Kaiser Karls VI., änderte das Avignoner Illuminatentum ab, pfropfte darauf Swedenborgsche Mysterien und schuf so seinen „Ritus", dessen sieben Grade in drei Gruppen zerfallen:

1. Blaue, 2. Rote, 3. Kapitel-Maurerei.

XVII. Der Eklektische Bund, 1783 vom Frhrn. v. Knigge in Frankfurt zu dem Zwecke geschaffen, der starken Zunahme der „philosophischen“ Hochgrade zu steuern. Dieser Ritus erkennt nur die drei „symbolischen“ Grade an (Lehrling, Geselle, Meister), gestattet aber jeder Loge einen der Hochgrade, insofern derselbe die Einheitlichkeit der „symbolischen“ nicht beeinträchtigt. Knigges Absicht, die Hochgrade möglichst zu beseitigen, ging nicht in Erfüllung und die Zahl der eklektischen Logen ist nie eine erhebliche gewesen.

Im Hinblick auf die nachträglich eingeführten Hochgrade wird die moderne Freimaurerei in eine echte und eine falsche geteilt. Die erstere umfaſst lediglich die drei „symbolischen“ Grade; ihr Beiname „blaue Maurerei“ rührt von der Farbe des Himmelszeltes her – einer Farbe, in der die maurerischen Dekorationen gehalten sind. „Falsch“ nennt man die Hochgrade; doch muſs die blaue Maurerei ohne den Royal-Arch-Grad als unvollständig angesehen werden, denn in demselben kommt das von Hiram weggeworfene ursprüngliche Meisterwort wieder zum Vorschein, während der Meistergrad bloſs das von den Entdeckern der Leiche Hirams eingeführte Ersatzwort kennt. Man kann sagen, daſs die „echte“ Maurerei, die sich auf Exoterik beschränkt, den „kleineren“, die „falsche“ den „gröſseren“ Mysterien des Altertums entspricht. Die „falsche“ Maurerei mit ihren zahllosen Graden bildet ein unzusammenhängendes Gemisch einander widersprechender Ideen und Grundsätze. Ihre Hauptquellen waren christliche Einrichtungen und Überlieferungen, Ritterorden, streitige theologische Meinungen, geschichtliche Ereignisse. Diejenigen Hochgrade – die anderen nicht – welche sich entweder durch ihre Lehren oder durch Beeinflussung des Fortschreitens der Menschheit bemerkbar gemacht haben, werden wir eingehender behandeln.

Gebräuche und Logen.

Nicht selten erscheinen Freimaurer in dem vollen Ornat ihres Grades bei der Grundsteinlegung öffentlicher Gebäude oder dem Begräbnis eines „Meisters“. Ihre Zeitdatierung geht vom „Jahr des Lichts“ aus. Die „Sonnenritter“ (= der 28. Grad des schottischen Ritus) haben überhaupt keine Zeitrechnung; sie datieren stets nur mit sieben Nullen (0,000.000). Um in den Bund aufgenommen werden zu können, muſs man groſsjährig sein; ein „Lufton“ jedoch (= Sohn eines Maurers) kann nötigenfalls schon mit 18 Jahren beitreten (in den Vereinigten Staaten nicht). Das französische Wort für „Lufton“ ist „louveteau“, d. h. ein junger Wolf. In den altägyptischen Isismysterien muſste der Aufnahmebewerber eine Wolfsmaske tragen; daher waren in diesen Mysterien Wolf und Kandidat synonyme Begriffe. Macrobius bemerkt in seinen „Saturnalien“, dafs die Alten zwischen dem Wolf und der Sonne – dem grofsen Sinnbild jener Mysterien – eine Verwandtschaft fanden; wie nämlich die Schafherde beim Anblick des Wolfs davonläuft, so verschwindet die Schar der Sterne beim Herannahen der Sonne. Die sogen. „Söhne Salomonis“, eine Gruppe der französischen Gesellenverbindungen nennen sich noch jetzt „Wölfe“. Die Aufnahme eines Lufton ist mit einer Zeremonie verknüpft, welche jener der Taufe ähnelt. Blumen bedecken den Fufsboden des Tempels, Weihrauch wird verbrannt und dem Paten wird eingeschärft, nicht nur für das leibliche Wohl des „Neugeborenen“ zu sorgen, sondern ihn auch zur Wahrheits- und Gerechtigkeitsliebe zu erziehen. Das „Kind“ erhält einen neuen Namen, z. B. „Wohlthätigkeit“, „Hingabe“, „Wahrhaftigkeit“ oder den irgend einer anderen Tugend. Den Lehrlingseid leistet statt seiner der Pate. Sollte der Lufton verwaist werden, so leistet ihm die Loge in jeder Weise Beistand.

Das Freimaurer-Alphabet hat die eckige Beschaffenheit der ältesten Alphabete angenommen. Es besteht aus 13 (9 + 4) Grundzeichen, sodass alle Laute nur durch Linien und Punkte darstellbar sind, wie hier ersichtlich:

a.b	c.d	e.f
g.h	i.l	m.n
o.p	q.r	s.t

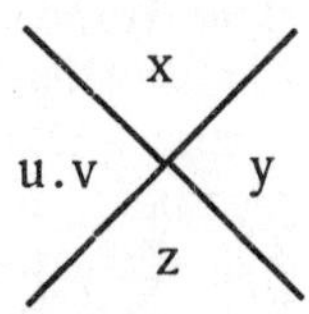

a = ⌋, b = ⌋ mit Punkt, u = >, v = > mit Punkt, und so fort. Die maurerischen Abkürzungen sind mit drei Punkten in Form eines Dreiecks verknüpft; z. B. „Bruder“ = B.·., Loge = L.·. (auch ⊡.·.), Logen = LL.·. (oder ⊡⊡.·.) etc. etc. Auch das gewöhnliche lateinische Alphabet und die arabischen Ziffern haben einen ähnlich einfachen Ursprung, indem sie alle in der Figur

enthalten sind:

A, b oder B, C, d oder D, E, F, G, H, I, J, K, L, M, N, O, P oder P, Q, R, S, T, U, V, X, Y, Z. 0, 1, 2, 3, 4, 5, 6 oder 6, 7, 8, 9.

Was die innere Einrichtung der Logen betrifft, so war sie zu verschiedenen Zeiten verschieden; auch wechselt sie je nach Ritus und Grad mehr oder minder ab. Doch werden jederzeit gewisse allgemeine Regeln befolgt. In einem alten französischen Katechismus wird die Loge folgendermafsen geschildert. Sie mufs das Himmelszelt durch eine gewölbte, blaue, sternenbesäte Decke darstellen und einen Mosaikboden haben, der durch seine Buntheit an die nach dem Sinken des Nils blumenbedeckte Erde erinnern soll. Es giebt drei Fenster: je eines im Osten, Westen und Süden; ferner zwei bis drei Vorzimmer, damit kein Uneingeweihter die Vorgänge im Innern belauschen könne. (Dringt dennoch ein Unberufener ein, so sagt der Logenmeister: „Es regnet“ und hebt die Tagung auf.) Die Loge sollte stets schwarz verhängt sein. Im Osten sitzt der Grofsmeister, im Süden der Meister vom Stuhl; im Norden nehmen die Neulinge Platz, womit angedeutet wird, dafs sie als Uneingeweihte die Sonnenhitze noch nicht vertragen können. Soll ein Novize (oder mehrere Novizen) als Lehrling aufgenommen werden, so wird die Loge hell erleuchtet. Der Grofsmeister trägt an einem Band ein kleines Winkelmafs und einen kleinen Kompafs um den Hals. Vor ihm steht ein Tisch, auf dem ein Hämmerchen und das Evangelium Johannis liegen. Neben ihm befinden sich die beiden Schaffner; der eine hält ein Richtscheit, der andere ein Senkblei von Gold oder Silber in der Hand. Ringsum stehen die Meister, Gesellen und Lehrlinge in weifsen, lammsledernen Schürzen und mit entblöfsten Schwertern. Oben sind die Sonne, der Mond und ein grofser Stern sichtbar. Der Boden weist Zeichnungen auf, und zwar die Stufen, die zum Tempel Salomonis führten und die Säulen „Jachin“ und „Boaz“. Diese zwei Säulen versinnbildlichen die beiden Sonnenwenden oder die Säulen des Herkules. Inmitten des Saales steht ein Sarg, in welchem ein anscheinend toter Mann mit dem Gesicht nach oben liegt; seine weifse Schürze ist blutbefleckt und die eine Hand ruht auf der Brust, die andre auf dem Knie. In den Winkeln des Gemaches befinden sich leicht brennbare Stoffe, wie z. B. Schwefel, zur raschen Entzündung eines Feuers geeignet. Handelt es sich um die Beförderung von Lehrlingen zu Gesellen oder von Gesellen zu Meistern, so erfahren die vorstehend beschriebenen Anordnungen einige Änderungen.

Gehen wir nun zu den bezeichnenden allgemeinen Merkmalen des modernen Logentempels über. Dieser ist ein grofser quadratischer Saal und, wenn irgend möglich, genau west-östlich gelegen. Der Logenmeister sitzt gegenüber der Eingangsthüre auf einer dreistufigen Erhöhung. In der Mitte ist der vierstufige Altar angebracht. Der Meisterstuhl steht unter einem himmelblauen, sternenbesäten Baldachin, über welchem man das „leuchtende Dreieck“ sieht, auf dem der „heilige Name“ zu lesen ist. Rechts vom Baldachin erblickt man den Mond, links die Sonne. Zur Ausschmückung gehören ferner: der Flammende Stern; der von einem Kreis umgebene Punkt, der die Sonne oder das Weltall darstellt; ein Kasten, welcher an die in den altägyptischen Umzügen getragene Arche erinnern soll, die aufser verschiedenen Pflanzen eine Futterschwinge und die Schamteile des Osiris enthielt. An den Seiten der Einlafsthüre stehen zwei bronzene Säulen mit der Inschrift „J“ (= Jachin) bezw. „B“ (= Boaz); ihre Kapitäle stellen Granatäpfel dar. Der erste und der zweite Aufseher sitzen in der Nähe dieser Säulen an einem mit maurerischen Sinnbildern bedeckten dreieckigen Tisch. Die zwei Säulen sind durch einen Architrav mit zehn anderen verbunden, die sich ebenfalls in der Loge befinden. Auf dem Altar liegen Schwerter, ein Zirkel, ein Winkelmafs und eine Bibel. Im Osten, Westen und Süden des Saales ist je ein Armleuchter mit grofsen Wachskerzen bemerkbar und die Wände entlang laufen Sitzbänke. In England und Amerika, sowie in den Logen des Schottenritus ist der Baldachin aus karmesinroter Seide. In den Logen der Vereinigten Staaten trägt der Meister vom Stuhl eine mit schwarzen Federn verzierte Kappe und eine schwarze Kokarde; die beiden Aufseher sitzen in Nischen mit befranster Draperie und halten geschnitzte, elfenbeinene Heroldstäbe in der Hand.

Der Meister vom Stuhl und die zwei Aufseher werden bildlich „die drei Lichter“ genannt. Die übrigen Logenbeamten heifsen: Redner, Sekretär, Schatzmeister, Zeremonienmeister, Siegelbewahrer, Architekt, Schaffner, Heermeister, Hauptgast, innerer und äufserer Ziegeldecker (Thürhüter, Logenschliefser, Wachthabender), Archivar, Bibliothekar, Armenpfleger, deputierter oder zugeordneter Meister etc. In ihrer Gesamtheit bilden sie die „Beamtenloge“ oder das „Beamtenkollegium“. Jeder Beamte nimmt in den Versammlungen einen bestimmten Platz ein und hat, wie die ägyptischen, jüdischen oder griechischen Priester, ein eignes Geschmeide und eigene Abzeichen. Einige der Abzeichen sind: beim Schatzmeister sich kreuzende Schlüssel, beim Schaffner ein Füllhorn, beim Sekretär sich kreuzende Federn, beim ersten Aufseher eine Sonne zwischen Winkelmafs und Zirkel, beim zweiten ein Mond zwischen Winkelmafs und Zirkel, beim Logenschliefser gekreuzte Schwerter etc.

Die Zusammenkünfte finden zumeist abends statt. Der Logenmeister „eröffnet die Arbeit“ durch einen Hammerschlag auf den Altar und vergewissert sich sodann, dafs die Loge „gedeckt“ sei, d. h. dafs keine Unberufenen anwesend sind. Nun entwickelt sich zwischen ihm und den Aufsehern ungefähr das folgende Gespräch:

„Bruder zweiter Aufseher, dein ständiger Sitz in der Loge?"

„Im Süden."

„Warum bist du dort untergebracht?"

„Um die Sonne in ihrem Meridian anzudeuten und um die Brüder von der Arbeit zur Erholung, von der Erholung zur Arbeit zu rufen, auf dafs ihnen Nutzen und Vergnügen erwachse."

„Bruder erster Aufseher, dein ständiger Platz in der Loge?"

„Im Westen."

„Weshalb hast du deinen Sitz dort?"

„Um den Sonnenuntergang anzudeuten und um die Loge auf Befehl des verehrungswürdigen Meisters aufzuheben, nachdem ich darauf gesehen, dafs jedermann Gerechtigkeit widerfahren sei."

„Warum hat der Meister seinen Platz im Osten?"

„Wie die Sonne im Osten aufgeht, um den Tag zu eröffnen und zu beleben, so sitzt der verehrungswürdige Meister im Osten, um die Loge zu eröffnen und zu erleuchten, um die Brüder zu beschäftigen und zu belehren."

„Um welche Zeit pflegen die Maurer ihre Arbeit zu beginnen?"

„Zur Mittagszeit."

„Wieviel Uhr haben wir jetzt, Bruder zweiter Aufseher?"

„Es ist Mittag."

„Da dem so ist und alles in Ordnung ist, erkläre ich die Loge für eröffnet."

Einweihungszeremonien.

Da es ebenso zwecklos und überflüssig wie ermüdend sein würde, wollten wir alle Zeremonien sämtlicher Logengattungen der Blauen Maurerei eingehend schildern, beschränken wir uns im nachstehenden auf die Beschreibung der üblichsten und bezeichnendsten Einzelheiten.

Der Bewerber um den Lehrlingsgrad wird von einem ihm unbekannten „Bruder" ins Logengebäude eingeführt und dort in eine entlegene Stube gebracht, in welcher er einige Minuten allein bleibt. Dann nimmt man ihm alle metallenen Gegenstände ab, die er etwa bei sich hat (Geld, Uhr, Ringe, Nadeln u. s. w.), entblöfst ihm das rechte Knie oder auch die linke Brust und tritt die Ferse seines linken Schuhs ab – Vorgänge, die nach manchen maurerischen Schriftstellern von den Jesuiten herstammen.

Die Wegnahme allen Metalls soll das Gelübde der Armut ersetzen, die Entblöfsung die Fernhaltung jeder weiblichen Person andeuten, während das Abtreten der Ferse den Kandidaten daran erinnern soll, dafs Ignatius von Loyola, der an einem Fufsübel litt, seinen Pilgerzug in dieser Weise begann. Nun wird der Neuling mit verbundenen Augen in die „Kammer des Nachdenkens“ geführt, wo er bleiben mufs, bis er ein dreimaliges Klopfen hört. Jetzt nimmt er die Binde von den Augen und erblickt an den schwarz verhängten Wänden Inschriften wie die folgenden:

„Wenn eitel Neugier dich hierher treibt, geh' von hinnen!“ – „Falls du Angst davor hast, über deine Irrtümer belehrt zu werden, hat es keinen Zweck, dafs du hier bleibest.“ – „Hältst du auf Unterschiede zwischen den Menschen, so scheide von hier, denn hier sind solche Unterschiede nicht bekannt.“

Nach einem längeren Gespräch zwischen dem Meister vom Stuhl und dem Einführer des Kandidaten wird der letztere mit einer Schnur um den Hals und mit neuerlich verbundenen Augen in die Versammlung der „Brüder“ geführt, wobei sein Begleiter ein Schwert gegen seine Brust zückt. Auf die Frage nach seinem Begehr antwortet er, dafs er gekommen sei, um in die Geheimnisse der Freimaurerei eingeweiht zu werden. Um ihn zu verwirren, geleitet man ihn hinaus und sofort wieder herein. Jetzt wird ein grofser eckiger, mit Papier ausgefüllter Rahmen, wie ihn die Zirkusreiter zu benutzen pflegen, herbeigebracht und von zwei „Brüdern“ emporgehalten. Der Einführer fragt den Meister: „Was sollen wir mit dem Profanen machen?“ Die Antwort lautet: „In die Hölle sperren!“ Zwei Brüder ergreifen den Neuling und werfen ihn durch den Rahmen zwei anderen in die Arme. Die bisher offen gelassene Fallthüre fällt geräuschvoll zu und mittels eines Eisenringes und einer Eisenstange wird das Schliefsen eines massiven Schlosses nachgeahmt, sodafs der Kandidat sich in einem unterirdischen Kerker wähnt. Nachdem eine Zeitlang Grabesstille geherrscht, thut der Meister einen kräftigen Hammerschlag, läfst den Neuling neben dem zweiten Aufseher niederknien, stellt ihm mehrere Fragen und belehrt ihn über seine Pflichten gegen den Bund. Ferner bietet er ihm einen Trank an, hinzufügend, dafs dieser sich in Gift verwandeln werde, falls er – der Kandidat – irgendwelche verräterische Absichten hegen sollte. Der Becher enthält zwei Abteilungen; die eine ist mit Süfs-, die andere mit Bitterwasser gefüllt. Der Novize mufs nun sagen: „Ich mache mich anheischig, die den Freimaurern vorgeschriebenen Verpflichtungen streng und gewissenhaft zu erfüllen; sollte ich meinen Schwur jemals verletzen“ (bei diesen Worten wird ihm von seinem Begleiter das Süfswasser an die Lippen gesetzt und er trinkt davon), „so willige ich ein, dafs die Süfsigkeit dieses Getränks sich in Bitterkeit und die heilsame Wirkung in eine giftige verwandle.“ Nunmehr läfst man ihn von dem Bitterwasser trinken, worauf der Meister ausruft:

„Was sehe ich? Was bedeutet die plötzliche Veränderung deiner Gesichtszüge? Straft etwa dein Gewissen deine Worte Lügen? Ist der süfse Trank bereits bitter geworden? Fort mit dem Unberufenen! Der Eid war nur eine Erprobung, der richtige Schwur kommt erst später.“

Der Bewerber, der selbstverständlich dabei beharrt, zu bleiben und eingeweiht zu werden, wird jetzt dreimal im Tempel umhergeführt und dann über zerbrochene Stühle, Schemel und Holzstücke gehetzt. Demnächst wird ihm befohlen, die „endlose Treppe“ hinanzusteigen und sich von dort hinabzustürzen. Er hat zwar den Eindruck, sehr hoch gestiegen zu sein, fällt aber in Wirklichkeit nur wenige Fufs tief und kann sich nicht weh thun. Diese Erprobung ist von grofsem Lärm begleitet, denn die „Brüder“ erheben ein Jammergeschrei und klopfen geräuschvoll auf die Ordensattribute, die sie in den Händen haben. Ein weiterer Prüfungspunkt besteht darin, dafs der Neuling durch Feuer gehen mufs, das jedoch durch Schwarzkünstlerkniffe unschädlich gemacht ist. Auch erhält er einen schwachen Stich in den Arm, wobei er viel Blut zu verlieren glaubt, da einer der Anwesenden einen gurgelnden Laut nachahmt. Schliefslich umstellen ihn die Eingeweihten mit entblöfsten Schwertern, auf die er den endgültigen Lehrlingseid leisten mufs. Darauf führt man ihn zwischen die zwei Säulen hindurch und die Versammelten zücken ihre Degen gegen seine Brust. Jetzt lockert der Stuhlmeister ihm die Augenbinde, ohne sie jedoch abzunehmen. Ein „Bruder“ hält ihm eine Lampe vor, die ein glänzendes Licht verbreitet, und der Meister spricht:

„Bruder erster Aufseher, hältst du den Bewerber für würdig, unsrer Gesellschaft anzugehören?“ – „Ja.“

„Was verlangst du für ihn?“ – „Licht.“

„Es werde also Licht!“

Nach diesen Worten schlägt der Meister mit seinem Hammer dreimal auf den Tisch, beim dritten Schlag fällt die Augenbinde und der Novize erblickt das Licht, welches die geistige Erleuchtung andeuten soll, die seiner in der Freimaurerei harrt. Die Schwerter werden gesenkt, der Aufgenommene kniet vor dem Altar nieder und der Meister sagt: „Im Namen des Grofsen Weltenbauherrn und kraft der mir übertragenen Gewalt mache ich dich zum Maurerlehrling und Mitglied dieser Loge.“ Nach drei Hammerschlägen auf die Degenklinge hebt der Meister den neuen „Bruder“ auf, gürtet ihm eine Schürze aus weifsem Lammsleder um und giebt ihm zwei Paar weifser Handschuhe: eines für ihn zum Tragen in der Loge, das andre symbolisch für die von ihm am meisten verehrte Dame. Nach abermaligem Hindurchschreiten zwischen den zwei Säulen wird er von den Versammelten als „Bruder“ begrüfst.

Zu den Gesprächen, welche der Logenmeister mit dem Bewerber während der Eiweihungsriten führt, gehört das folgende:

„Hast du heute deinen Meister gesehen?“ — „Ja.“

„Wie war er gekleidet?“ — „In eine gelbe Jacke und in blaue Hosen.“

Hier ist unter „Meister“ der Zirkel, unter der „gelben Jacke“ dessen Messingteile und unter „blaue Hosen“ dessen Stahlteile verstanden. Auf die fernere Frage: „Wie alt bist du?“ antwortet der Novize: „Unter sieben“, womit gemeint ist, dafs er noch kein Geselle geworden, da die Lehrzeit sieben Jahre dauert. Das Losungswort des Lehrlingsgrades ist „Boaz“; das Erkennungszeichen besteht im Wagrechthalten der Hand unter Aufwärtsrichtung des Daumens zum rechten Ohr und soll den Lehrling an seinen Eid erinnern, an dessen Schlufs es heifst: „Ich schwöre feierlich, all diese Punkte ohne Schwanken, Zweideutigkeit oder Doppelzüngigkeit einzuhalten. Sollte ich einen derselben verletzen, so will ich gestatten, dafs mir die Kehle durchschnitten, die Zunge samt der Wurzel ausgerissen und meine Leiche im Meeressand begraben werde.“ Beim Händedruck drückt der rechte Daumen auf das dem Handgelenk nächste Glied des rechten Zeigefingers, der mit der Hand ergriffen wird.

Sobald es an der Zeit ist, verlangt der Lehrling Gehaltserhöhung, d. h. er will zum Gesellen befördert werden. Auf dem Weg zur Loge hält er ein Richtmafs in der Hand, dessen oberes Ende auf der Schulter ruht. Er klopft an die Thür, wird eingelassen und bringt sein Anliegen vor. Er mufs den Saal fünfmal auf und ab schreiten und wird dann vom Stuhlmeister aufgefordert, seine letzte Lehrlingsarbeit zu machen. Nachdem er das Behauen eines rohen Bruchsteines nachgeahmt, hört er eine Anzahl von ebenso unnützen wie überflüssigen Belehrungen an und leistet schliefslich den Geselleneid. Das Ende der Feierlichkeit bildet ein Vortrag des Meisters, hauptsächlich über Geometrie — ein Fach, für das die Freimaurer eine besondere Vorliebe haben und auf das sich der Buchstabe G beziehen soll, welcher in der Loge innerhalb eines Sternes oder eines Strahlenglanzes zu sehen ist.

Der Geselleneid ist noch furchtbarer als der Lehrlingseid. Er besagt, dafs die Strafe für Verletzung der Pflichten oder der Bundesgeheimnisse im Aufschneiden der linken Brust, im Herausreifsen des Herzens und im Preisgeben desselben „an die Raubvögel der Luft und die wilden Tiere des Feldes“ bestehen soll. Im Hinblick auf diesen Eid besteht das Erkennungszeichen der Gesellen darin, dafs sie die Hand mit dem Daumen aufwärts auf die Brust legen. Das Losungswort ist entweder „Jachin“ oder „Schibbolet“. Beim Händedruck drückt der rechte Daumen in bestimmter Weise auf den ersten und den mittleren Finger der rechten Hand.

Handelt es sich um die Verleihung des Meistergrades, so ist der Tempel schwarz verhängt. An den Wänden sind gemalte Skelette, Totenschädel und gekreuzte Totenknochen sichtbar. Im Osten brennt eine gelbe Wachskerze und auf dem Altar des Stuhlmeisters liegt ein Totenschädel, in welchem ein Licht brennt. Diese trübe Beleuchtung genügt, um einen Sarg mit einer Leiche sehen zu lassen. Die letztere wird entweder durch eine Gliederpuppe oder einen „dienenden Bruder“ oder den allerjüngstens zum Meister aufgerückten Bruder dargestellt. Auf dem Sarg liegt ein Akazienzweig, zu seinen Füfsen (im Osten) ein offener Zirkel, zu Häupten ein Winkelmafs. Die anwesenden Meister tragen schwarze Kleider und azurblaue Schärpen mit Darstellungen maurerischer Sinnbilder sowie der Sonne und des Mondes nebst sieben Sternen. Als Zweck der Versammlung wird die Auffindung des Wortes des erschlagenen Meisters angegeben. Nach einigen Vorbereitungsformalitäten wird der Bewerber, dessen Schuhfersen beide abgetreten sein müssen, mit entblöfsten Armen und Knien und offener Brust eingelassen. Der Stuhlmeister sagt ihm, dafs die Anwesenden den Tod ihres Grofsmeisters betrauern, deutet auf den Sarg und fügt die Frage hinzu, ob er – der Kandidat – etwa einer der Mörder sei. Er erklärt sich unschuldig und erfährt nun, dafs er die Rolle Hirams übernehmen müsse. Inzwischen wird der Leichnam aus dem Sarg entfernt, sodafs der Bewerber, als er wieder hinblickt, den Sarg leer findet. Jetzt wird ihm die Geschichte des Mordes erzählt, wobei dieser jedoch nicht der Eifersucht Salomos zugeschrieben wird, wie in der Tempellegende (vgl. letztere weiter oben), sondern lediglich der Rachsucht der von Hiram nicht zu Meistern beförderten drei Gesellen. Der Logenmeister teilt dem Kandidaten mit, dafs die einzelnen Vorfälle an ihm werden gezeigt werden; er möge den Mut nicht sinken lassen, wenn er auch die Hand des Todes fühlen sollte. Sodann fährt der Vorsitzende fort:

„Als Hiram mittags den Tempel betreten hatte, stellte sich jeder der drei Gesellen an einer andern Thür auf: im Osten, Westen und Süden. Als Hiram sich abermals weigerte, ihnen das Meisterwort zu enthüllen, durchschnitt der an der östlichen

Thür stehende Geselle ihm den Hals mit einer 24zölligen Mefslatte. Er wandte sich zur südlichen Thür, wo es ihm nicht besser erging und dann zur westlichen, wo er mit einem Maurerhammer einen seinen Tod verursachenden Schlag auf den Kopf erhielt.“ (Der Kandidat wird hier auf die Stirn geschlagen und fällt wie tot um.) „Die Elenden trugen die Leiche zur westlichen Thür hinaus und beerdigten sie auf einem Hügel.“ (Hier wird der Bewerber in den Sarg gelegt.) „Um den Ort zu bezeichnen, steckten sie über dem Grab einen Akazienzweig ins Erdreich. Da Hiram sich nicht blicken liefs, schickte Salomo zwölf vertrauenswürdige Gesellen auf die Suche nach ihm aus – je drei in östlicher, westlicher, südlicher und nördlicher Richtung. Als einer von den drei gen Osten ausgezogenen ermüdet war, setzte er sich auf einem Hügelabhang nieder. Beim Aufstehen ergriff er zufällig einen Akazienzweig.“ (Hier wird dem Mann im Sarg ein solcher Zweig in die Hand gegeben.) „Da derselbe leicht herauskam, schlofs man, dafs der Boden erst kürzlich aufgewühlt worden sein müsse; man grub daher nach und fand auch wirklich den Leichnam Hirams.*) Da derselbe bereits vierzehn Tage lang beerdigt war, befand er sich im Zustande der Verwesung, was einen der Anwesenden zu dem Ruf „Makbenach!“ bewog, welcher besagt, dafs das Fleisch sich von den Knochen losgelöst hat. Dieses Wort wurde zum Meisterwort gemacht, da das frühere durch Hiram Abiffs Tod verloren gegangen war. Zwar kannten es die zwei anderen Grofsmeister, die Könige Salomo und Hiram (von Tyrus), doch konnte es nur von allen drei Grofsmeistern gemeinschaftlich mitgeteilt werden.“

Da Hiram Abiffs Leiche weder durch den Griff des Lehrlings noch durch den des Gesellen, sondern nur durch den des Meisters – „Löwengriff“ genannt – gehoben werden kann, hebt der Stuhlmeister den Bewerber aus dem Sarg und weiht ihn in das Losungswort, die Erkennungszeichen und den Händedruck des Meistergrades ein. Nun wird der Verschwiegenheitseid geleistet, der als Strafe für seinen Bruch das Entzweischneiden des Körpers, das Ausreifsen und Verbrennen der Eingeweide und das Streuen der Asche in die vier Windrichtungen androht. Der Händedruck ist ein bestimmter Druck des Daumens zwischen den Gliedern des Mittel- und des Ringfingers. Das Losungswort ist „Tubalkain“. Es giebt dreierlei „Zeichen“; das wichtigste besteht darin, dafs man mit der Hand über die Mitte des Körpers fährt und sie dann fallen läfst, um sie sofort wieder

*) In Vergils Aeneide (III, 22–29) wird etwas Ähnliches erzählt, dafs nämlich Aeneas am Abhang eines Hügels eine Staude aus dem Erdboden rifs und dadurch die Ermordung des Polydorus entdeckte.

zu erheben und die Daumenspitze gegen den Nabel zu stemmen. Der Gemeinschaftsgriff (das gegenseitige Ergreifen der Handgelenke mit den Fingerspitzen) bildet den ersten der fünf „Zusammengehörigkeitspunkte“; der zweite „Punkt“ ist das Parallelstellen des rechten Fufses mit dem rechten Fufs nach innen; im dritten Punkt: rechtes Knie parallel mit dem rechten Knie; im vierten: die rechte Brust mit der rechten Brust; im fünften: die Hand über die Schulter und Unterstützung des Rückens. In dieser Stellung und nur flüsternd wird das Meisterwort „Makbenach“ (oder auch „Mahabone“ = „Tod eines Bruders“) gesprochen.

Nimmt man die Hiramsage wörtlich, so bietet sie nicht genug Aufsergewöhnliches, um zu verdienen, noch nach dreitausend Jahren in einem grofsen Teil der Welt feierlich verewigt zu werden. Der gewaltsame Tod eines noch so hervorragenden Bauherrn wäre nicht wichtiger als der Tod all der Denker und Gelehrten, die ihr Leben im Dienste des Fortschritts der Menschheit verloren haben. Die Sache ist aber die, dafs es sich eben nur um eine Sage handelt, die nicht buchstäblich genommen werden darf. Die Weltgeschichte kennt Hiram Abiff nicht und in der Bibel, wo er allerdings erwähnt wird, erscheint er lediglich als ein geschickter Kupferarbeiter. Auch die Überlieferung weifs nichts von ihm. Blofs der Freimaurerei ist er bekannt, aber auch bei ihr ist die Adoniramlegende rein allegorischer Natur. Die Allegorie läfst eine doppelte Auslegung zu: eine kosmologische und eine astronomische.

In kosmologischer Hinsicht finden wir hier eine Darstellung des bei allen morgenländischen Einweihungsmysterien die Hauptrolle spielenden Dualismus der beiden gegensätzlichen Naturkräfte. Im dramatischen Teil aller Mysterien des Altertums kommt eine Gottheit oder ein Mensch vor, der als Opfer einer bösen Macht untergeht, um zu einem desto ruhmvolleren Dasein wiederzuerstehen. Überall begegnen wir einem traurigen Ereignis, welches Völker in Kummer stürzt, dem bald Freude und Begeisterung folgen.

Auch in astronomischer Beziehung stimmt die Parallele genau. Es handelt sich auch hier nur um eine Lesart der Osirislegende. Hiram ist Osiris, d. h. die Sonne. Die Mörder stellen sich im Westen, Osten und Süden auf, d. h. an den von der Sonne beschienenen Seiten. Hiram wird am westlichen Thor erschlagen, d. h. die Sonne geht im Westen unter. Die zwölf Personen, die in dem Trauerspiel Hauptrollen spielen – drei Gesellen und neun Meister – bedeuten klärlich die zwölf Zeichen des Tierkreises, wobei die drei mörderischen Gesellen die drei untergeordneten Winterzeichen (Wage, Skorpion und Schütze) vorstellen. Der aufs Grab gepflanzte Akazienzweig entspricht der in sämtlichen alten Sonnen-Allegorien vorkommenden Pflanze, des Sinnbildes des neuen Wachstums, welches dem Wiedererscheinen der Sonne folgt. Da die Alten die Akazie für unverderbbar hielten, wurden ihre Zweige für die Bedeckung der Leiche des allegorischen Helden denen der Myrte, des Lorbeers und der sonstigen in den Mysterien des Altertums vorkommenden Pflanzen vorgezogen. Die vierzehn Tage, welche Hirams Leiche im Grab lag, entsprechen den vierzehn Stücken, in die Osiris' Leichnam zerschnitten wurde. Nach anderen Behauptungen soll Hirams Leib schon am siebenten Tage nach der Ermordung entdeckt worden sein; damit ist darauf angespielt, dafs die Sonne im siebenten Monat nach ihrem Durchgang durch die untergeordneten Tierkreiszeichen (d. h. nach ihrem „Abstieg in die Hölle") wiederkehrt. Hiram kann nur durch den Löwengriff aus dem Sarge gehoben werden; auch Osiris wird durch den Löwen gehoben, d. h. die Sonne gewinnt ihre alte Kraft wieder, wenn sie ins Zeichen des Löwen eintritt. Die Träger des maurerischen Meistergrades nennen sich „die Kinder der Witwe", weil die Sonne bei ihrem Tode die Natur, für deren Jünger die Freimaurer sich halten, als Witwe zurückläfst.*)

Ein jetzt in Paris befindliches ägyptisches Mumiengemälde stellt sowohl den Tod und die Auferstehung Osiris', als auch den Beginn, Verlauf und Schlufs der Nil-Überschwemmung vor. Das Zeichen des Löwen dient als Lagerstätte, auf welcher der tote Gott ruht, und unterhalb dieses Lagers stehen vier ungleich grofse Krüge, die den Stand des Nils zu verschiedenen Zeiten veranschaulichen. Den Abschlufs des ersten Kruges bildet das Haupt des Hundssternes Sirius, dessen Erscheinen das baldige Austreten des Flusses ankündigt. Das Zeichen des zweiten ist ein Habichtkopf, das Sinnbild der Etesien (Nordwestwinde), welche die Gewässer anschwellen lassen; der dritte weist einen Reiherkopf auf, das Symbol des Südwindes, der das Wasser ins Mittelländische Meer treibt; der vierte Krug endlich wird vom Haupt der Jungfrau abgeschlossen, was die Bedeutung hat, dafs nach dem Durchgang der Sonne durch dieses Zeichen die Überschwemmung fast aufgehört hat. Das betreffende Gemälde weist ferner einen grofsen Anubis auf, der – gegen Isis gewendet, die einen leeren Thron auf dem Kopfe trägt – mit emphatischer Gebärde andeutet, dafs die Sonne mit Hilfe des Löwen den schwierigen Durchgang durch den Wendekreis des Krebses voll-

*) Übrigens knüpft die Bezeichnung „Kinder der Witwe" vielleicht an die Manichäersekte an, deren Bekenner sich „Söhne der Witwe" nannten.

zogen habe, sich bereits im Zeichen des letzteren befinde und, obgleich noch erschöpft, bald in der Lage sein werde, ihren Weg gen Süden anzutreten. Der leere Thron auf dem Haupte Isis' soll an den Tod Osiris' erinnern. Warum der Habicht die Etesien vertritt? Weil er um die Sommersonnenwende, wenn der Wind von Nord nach Süd bläst, mit dem Wind südwärts fliegt. (Vgl. das Buch Hiob, XXXIX, 26.) Der Reiher hinwiederum versinnbildlicht den Südwind, weil er von den Würmern des Nilschlammes lebt und daher, gleich dem Südwind, dem Flufslauf seewärts folgt. Um sich in ihrem eignen Interesse über den Stand des Nils zu unterrichten, pflegten die alten Ägypter die genannten Vögel zu beobachten – eine Gewohnheit, aus der bei anderen Völkern, die den betreffenden Grundsatz der Ägypter nicht kannten, das Wahrsagen nach dem Vogelflug hervorging.

Der Flammende Stern, welcher sich in jeder Freimaurerloge dargestellt findet und den die „Brüder“ merkwürdigerweise als ein Sinnbild der Klugheit (? !) erklären, ist der Sirius, denn der Austritt des Nils erfolgte, wenn die Sonne unter dem Sternbild des Löwen stand. In der Nähe des Sternbildes des Krebses sahen die Ägypter am Morgen – wenige Wochen nach dessen Aufgehen – einen der glänzendsten Sterne am Horizont erscheinen. Da dies knapp vor dem Sonnenaufgang geschah, wählten sie diesen Stern als ein unfehlbares Zeichen des Durchgangs der Sonne unter dem Sternbild des Löwen, folglich des Anfangs der Überschwemmung. Wegen dieser ihm zugeschriebenen Wachsamkeits- und Ankündigungs-Thätigkeit nannten sie ihn „Beller“, „Anubis“, „Thot“, d. h. „Hund“. Bei den Hebräern hiefs er Sihor, woraus die Griechen Seirios, die Römer Sirius machten. Bei seinem Erscheinen hielten es die Ägypter für geraten, sich auf Anhöhen zurückzuziehen, und die Freimaurer geben dem Symbol, obgleich sie dessen Ursprung nicht kennen, seine ursprüngliche sinnbildliche Bedeutung.

Royal Arch.

Die Inhaber dieses Grades, der 1766 gegründet wurde, heifsen „Genossen“ oder „Gefährten“ (companions). Es giebt neun Würdenträger, deren höchster Zerubabel genannt wird – ein zusammengesetztes Wort, welches etwa „Herr des Lichts, Sonne“ bedeutet. Er baut den Tempel Salomos wieder auf und stellt daher die wiedererstandene Sonne vor. Die nächsthohen

Funktionäre sind der Hohepriester Jeschua und der Prophet Haggai, die zusammen mit Zerubabel den Grofsrat bilden. Dann kommen der Haupt-, der erste und der zweite „Gast“ an die Reihe; ferner der erste Schreiber Esra und der zweite Schreiber Nehemia; endlich der Ziegeldecker (Logenschliefser). Versammelt bilden die Genossen die Seiten des Gewölbes, die Säulen Jachin und Boaz darstellend. Vor dem „Hauptgast“ steht ein Altar mit den Namen Salomos, König Hirams und Hiram Abiffs.

Beim Betreten des Kapitels (= Loge) machen die Gefährten das Trauerzeichen, womit sie die Trauer der Alten um den Verlust Osiris' andeuten wollen. Bei der Eröffnung eines Kapitels müssen neun Genossen anwesend sein und gleichzeitig können nicht mehr oder weniger als drei Personen mit dem Royal-Arch-Grad belehnt werden; neun und drei machen zwölf – die Zahl der Zeichen des Tierkreises. Den Aufnahmebewerbern wird, nachdem man ihnen die Augen verbunden, ein langes Seil siebenmal um den Leib gewunden; das Seil verbindet sie mit einander und sie haben es je drei Fufs lang lose zwischen sich hängen. Sodann gehen sie unter dem lebenden Bogengewölbe hindurch, welches die Anwesenden entweder durch das Emporhalten ihrer vereinigten Hände oder durch eine entsprechende Anordnung ihrer Degen oder auch ihrer Stäbe bilden. Früher war diese Zeremonie in manchen Logen mit allerlei rohen Späfsen verknüpft. Die Genossen liefsen sich auf die Kandidaten fallen, sodafs diese auf den Händen und Knien gehen mufsten. Gingen sie langsam, so pflegten die Genossen sie durch Stiche mit spitzen Gegenständen anzuspornen. Auch die Erprobungen der alten Mysterien wurden zuweilen nachgeahmt. Heutzutage jedoch giebt es kaum mehr irgendwelche Royal-Arch-Logen, in denen solche unwürdige Kindereien vorkämen.

Nach der Eidesleistung erklären die Kandidaten, gekommen zu sein, um an dem Wiederaufbau des salomonischen Tempels mitzuwirken. Sie empfangen Äxte, Schaufeln, Brechstangen etc. und entfernen sich, um angeblich zu arbeiten. Nach kurzer Zeit kehren sie mit der Meldung zurück, dafs sie beim Graben für das neue Fundament ein unterirdisches Gewölbe entdeckt haben und in diesem eine Rolle – das seit langem verlorene mosaische Gesetzbuch. Sie beginnen ihre Scheinarbeit wieder und entdecken ein zweites und unter diesem ein drittes Gewölbe. Die jetzt im Zenith stehende Sonne bestrahlt den Mittelpunkt und bescheint einen weifsen Marmoruntersatz, auf dem sich eine Goldplatte befindet, welche ein Doppeldreieck aufweist, dessen Inschrift sie nicht verstehen können, weshalb sie das Schildchen Zerubabel vorlegen. Die rätselhafte Inschrift entpuppt sich als das von der Freimaurerei so eifrig gesuchte, von den Königen

Hiram und Salomo vergrabene (vgl. „Die Tempellegende") Meisterwort Adonirams. Dieses Wort lautet „Jabulon" und ist aus den Sonnennamen der Juden, Assyrer und Ägypter (Jah-Bel[Baal]-On) zusammengesetzt. Es ist das Logos Platos und Johannis, das allschöpferische Wort. Den Aufnahmebewerbern wird es folgendermafsen mitgeteilt. Die drei „Hauptgäste" und je drei Genossen bilden Dreiecke; jeder der Drei fafst seinen linken Nebenmann beim rechten Handgelenk, seinen rechten Nebenmann beim linken Handgelenk und mit den Füfsen wird ein, mit den Händen werden zwei Dreiecke gebildet. In dieser Stellung sagen sie — jeder eine Zeile — die folgende Strophe her;

„Wie wir drei übereingekommen sind,
In Frieden, Liebe und Eintracht,
Das heilige Wort zu bewahren,
So kommen wir drei überein,
In Frieden, Liebe und Eintracht,
Das heilige Wort zu suchen,
Bis wir drei,
Oder drei wie wir, übereinkommen werden,
Dies Royal-Arch-Kapitel zu schliefsen."

Die zu einem Dreieck verbundenen Hände werden möglichst hoch erhoben und das Meisterwort wird von jedem einzelnen silbenweise geflüstert. Das „heilige" Wort darf nicht laut ausgesprochen werden, da sonst — wie beim Aussprechen der Worte „Jehovah" und „Oum" — eine Erschütterung von Himmel und Erde zu befürchten wäre.

Der nächste Schritt ist, dafs Zerubabel die neuen „Gefährten" in die fünf Zeichen der Royal-Arch-Maurerei einweiht und ihnen die Abzeichen dieses Grades verleiht: die Schürze, die Schärpe und das Geschmeide. Das Schurzfell weist ein dreifaches T auf — eines der ältesten Symbole, von den Freimaurern „das Zeichen der Zeichen" genannt und seinem Ursprung nach bis zur Schöpfung zurückversetzt. Die Form des Tau (T) entsprach der des altägyptischen Nilmessers, der zur Feststellung des Überschwemmungs-Wasserstandes benutzt wurde. Da nun das Leben und Gedeihen der Bevölkerung mit dem Austritt des Nils eng verknüpft war, betrachtete man den Nilmesser als Sinnbild der Gesundheit und des Wohlstandes; allmählich schrieb man ihm die Macht zu, Böses abzuwenden und trug daher ein kleines T (auch Antoniuskreuz genannt) als Amulett. So fand das Tau bezw. das dreifache T Eingang in die Freimaurersymbolik.

Wir gelangen jetzt zur Zeremonie des „Passierens des Schleiers" (Vorhangs), die allerdings nicht in sämtlichen Royal-Arch-Kapiteln üblich ist. Der Kandidat wird mit verbundenen Augen, entblöfsten Knien und abgetretenen Schuhsohlen hereingeführt, ein Ankertau um die Hüften gewickelt tragend. Der Hohepriester verliest die ersten sechs Verse des 3. Kapitels des zweiten Buches Mosis, dann den 13. und 14. Vers, und sagt dem Bewerber, „Ich bin der ich bin“ sei das Passierwort vom ersten zum zweiten Schleier. Man zeigt ihm einen brennenden Busch und führt ihn zum zweiten Schleier. Das Losungswort aussprechend, geht er vorbei und erblickt Arons Stab und die Darstellung einer Schlange. Nunmehr verliest der Hohepriester die ersten fünf Verse aus dem 4. Kapitel des zweiten Buches Mosis und teilt ihm mit, dafs er zum Zeichen des Passierens der Wache des zweiten Schleiers den vor ihn hingeworfenen Stab aufheben müsse und dafs das Losungswort „Moses, Aaron und Eleasar“ laute. Nachdem der Neuling die Wache des dritten Schleiers passiert hat, fährt der Hohepriester in seiner Vorlesung bis zum Schlufs des 9. Verses fort und sagt jenem, dafs die aussätzige Hand und das Vergiefsen des Wassers die Zeichen des dritten Schleiers seien, der Satz „Heil dem Herrn!“ aber das Losungswort für das Allerheiligste bilde. Man zeigt ihm ferner die Bundeslade, den Tisch mit dem Schaubrot, den brennenden Weihrauch und den siebenarmigen Leuchter. Schliefslich folgen langatmige, jedoch ziemlich wertlose und nichtssagende Erläuterungen der Losungsworte und der Sinnbilder – unnützes Phrasengeklingel, welches oft überdies völlig unwissenschaftlich ist.

Grofsbaumeister.

So heifst der zwölfte Grad des Alten Schottenritus. Hier stellt die Loge (das Kapitel) den Tempel Salomos in drei Abteilungen dar. Zuerst das im Westen liegende weifsverhängte Vestibül, an dessen Nordseite das weifse Grab Hirams steht, während sich im Süden das Eherne Meer befindet. Ein weifser Vorhang trennt das Vestibül vom Innern des Tempels, d. h. der Mitte der Loge. Hier bedeckt den Boden der schottische Teppich, der die dreifache Ummauerung des Tempels zeigt und an dessen Nordseite der goldne Tisch mit dem Schaubrot steht; im Süden ist der siebenarmige Leuchter aufgestellt. Auf dem Teppich selbst ist der Weihrauchaltar errichtet, über welchem der hellerleuchtete Flammende Stern hängt. Die dritte Abteilung, das Allerheiligste, befindet sich im Osten und ist vom Innern durch einen roten Vorhang geschieden. In seiner Mitte steht ein siebenstufiger Altar, der die Stelle der Bundeslade vertritt und zwei Cherubim aufweist, die vom Zeichen des Ruhmes Gottes überragt sind; nämlich von einer durchsichtigen Scheibe, in deren Mitte ein Dreieck mit der Inschrift „7, 7, 74“ zu sehen ist. Über dem Altar brennt das ewige heilige Feuer in einem Gefäfs. Der Meister sitzt an einem mit rotem Tuch bedeckten Tischchen; das Tuch zeigt das Bundeswort und auf dem Tisch liegt die Gewandung des Aufnahmebewerbers. Auf den Altarstufen brennen 81 Lichter, welche jedoch erst angezündet werden, wenn dem Kandidaten das Licht des Allerheiligsten gezeigt werden soll. Die Brüder tragen rotgestickte und rotgefütterte Schürzen und von der rechten Schulter zur linken Hüfte gehende Schärpen, von denen das Fünfeck oder eine goldne Medaille herabhängt, auf deren beiden Seiten die Bauordnungen eingraviert sind. Der Meister heifst „Mächtigster Oberbaumeister“, während die beiden Aufseher „Alte schottische Grofsmeister“ und die Brüder „Vollkommene Bauherren“ genannt werden.

Bei der Eröffnung der Loge findet das in der Freimaurerei übliche Frage- und Antwortspiel statt. Hier eine Probe:

„Wo weilt der Mächtigste Oberbaumeister?“ — „Im Osten, im Allerheiligsten.“

„Warum?“ — „Damit er der Quelle alles Lichts nahe sei, um den Brüdern den Weg von der Finsternis zum Licht weisen zu können.“

„Wie geschieht dies?“ — „Durch das Öffnen des Tempels; durch Rat und Führung; durch Prüfung der Arbeit der schottischen Bauherren.“

„Nennet mir das Losungswort!“ — „Zididiac oder Zedekiah.“*)

„Nennet mir das heilige Wort!“

Die Brüder bilden eine Kette und flüstern einander ins Ohr (der letzte dem Meister): „Jehova.“

„Welche Stunde ist jetzt?“ — „Die erste Stunde des letzten Tages des Jahres, in welchem Salomos Tempel vollendet wurde.“

Die Brüder erheben ihre Schwerter und begrüfsen einander durch das Kreuzen derselben; dann schultern sie sie links, nehmen die Hüte ab und knien zum Gebet nieder. Während des letztern machen sie das Grofse schottische Zeichen, d. h. sie halten die Hand an die Stirne. Nach dem Gebet erheben sie sich und setzen die Hüte wieder auf. Jetzt erklärt der Meister die Loge zum Empfang des Kandidaten bereit, der nun mit verbundenen Augen feierlich hereingeführt wird, die Meisterschürze umgegürtet und Pantoffel an den Füfsen. Der Zeremonien-Grofsmeister erklärt ihn für einen Hiramiten, der von den Alten Schotten einstimmig erkoren worden sei, ein Vollkommener Bauherr zu werden und am Bau des Allerheiligsten mitzuwirken. Er mufs mit dem rechten Knie vor dem Grab oder Sarg Ado-

---

*) Zuweilen ist es „Rabacim“.

nirams auf einen Schemel niederknien und sich über seine Absichten ausfragen lassen. Dann wird er fünfmal und alsbald wieder siebenmal im Saal umhergeführt und von der Augenbinde befreit. Man zeigt ihm das Grab Hirams und den Buchstaben G im Flammenden Stern; derselbe soll hier nicht Geometrie, sondern „Gnosis“ (= Erkenntnis) bedeuten, „das Erbe der Vollkommenen Architekten“. Nach weiterem Ausfragen und Predigen leistet der Neuling einen Eid, der ihm Verschwiegenheit und die Erfüllung gewisser Sittenpflichten auferlegt.

Nachdem die Mitglieder auf dem Teppich oder um ihn herum abermals eine Anzahl von Evolutionen vollzogen haben, ziehen sie ihre Degen, um sie hochzuhalten, zu kreuzen und wieder in die Scheide zu stecken. Dem Novizen werden die Augen neuerdings verbunden und die Brüder knien nieder mit dem Gesicht gegen das Allerheiligste, in welchem jetzt die 81 Lichter angezündet werden. Man zieht den Vorhang weg, wirft etwas Pulver auf den Weihrauchaltar und befreit den Vielgeplagten von der Augenbinde. Der Grofsmeister hält eine erbauliche Sittenpredigt, die Brüder schwingen ihre Schwerter und halten sie, einen Kreis bildend, über dem Kopfe des Neulings zusammen, der nun vom Vorsitzenden als ein vollkommener alter Schottischer Bauherr erklärt und mit einem Degen auf dem Rücken, auf der Brust und an den beiden Schultern berührt wird. Der Grofsmeister händigt ihm dann dieses Schwert ein und hält abermals eine lange Rede. Da der neue „Vollkommene“ schliefslich doch auch in irgend ein Geheimnis eingeweiht werden mufs, teilt man ihm mit, das heilige Wort sei „Jehovah“, werde aber niemals aufserhalb des Allerheiligsten ausgesprochen. Auch das Wort „Gomer“ wird benutzt, seine Bedeutung jedoch nicht erklärt. Sonstige Geheimnisse giebt es in diesem Hochgrad nicht und derselbe erinnert daher lebhaft an einen Ausspruch Lessings. Dem berühmten Klassiker gegenüber drückte bald nach seiner Aufnahme in den Freimaurerbund der Stuhlmeister die Hoffnung aus, er habe in der Maurerei nichts Staats-, Religions- oder Sittenfeindliches gefunden. „Nein“, antwortete er, „aber ich wollte, ich hätte derlei entdeckt, denn dann würde ich wenigstens überhaupt etwas gefunden haben.“

Ritter von Kadosch.

Dieser wahrscheinlich aus Ägypten stammende Hochgrad, der dreifsigste des Alten und Angenommenen Schottenritus, enthält eine schöne astronomische Allegorie. Das Wort „kadosch“ bedeutet „heilig“ oder „erkoren“. (Einst trug jeder Inhaber einer

Ehrenstelle einen Stab, welcher ihn als kadosch, erwählt, geheiligt kennzeichnete.) Die Loge besteht aus vier Gemächern, welche die vier Jahreszeiten versinnbildlichen. Die Einweihung erfolgt im vierten.

Das erste Gemach ist schwarz verhängt und durch eine dreieckige, von der gewölbten Decke herabhängende Lampe erleuchtet. Es steht in Verbindung mit einer Art Höhle oder Kammer des Nachdenkens, welche verschiedene Symbole des Todes und der Vernichtung enthält und in welcher der Kandidat einige Zeit verweilt, ehe er das zweite, weifs drapierte Gemach betritt, dessen Mitte von zwei Altären eingenommen ist. Auf dem ersten steht eine mit brennendem Spiritus gefüllte Urne, auf dem andern liegt Weihrauch und daneben eine Pfanne mit Kohlenglut. Der Aufnahmebewerber sieht vor sich den Opferpriester, der einige Worte der Ermahnung an ihn richtet und ihn, nachdem er etwas von dem Weihrauch verbrannt hat, ins dritte Gemach gehen heifst. Dieser blau verhängte Raum, dessen gewölbte Decke sternenbesät ist, heifst „Areopag“ und wird von drei gelben Wachskerzen erleuchtet. Hier giebt der Novize die Erklärung ab, dafs seine Absichten ehrlich seien und dafs er alles geheimhalten wolle, worauf er in das rot verhängte vierte Gemach geführt wird, in welchem zwölf gelbe Wachskerzen brennen. Dort nimmt das Kapitel die Bezeichnung „Senat“ an und die Brüder heifsen „Ritter“. Im Osten steht ein Thron, überragt von einem gekrönten, in der Klaue ein Schwert haltenden Doppeladler mit ausgebreiteten Schwingen.

Im vierten Gemach befindet sich auch die „geheimnisvolle Leiter“, deren sieben Sprossen den Durchgang der Sonne durch die sieben Tierkreiszeichen vom Widder bis einschliefslich zur Wage andeuten. Die Leiter hinansteigend, empfängt der Aspirant auf jeder Sprosse die Erläuterung ihrer Bedeutung von einem ihm unsichtbar bleibenden Hierophanten. (Auch in den alten Mysterien blieb der Einweihungspriester unsichtbar.) Auf der letzten Sprosse angelangt, darf er nicht denselben Weg zurückgehen (denn die Sonne geht nie zurück), sondern mufs über die Leiter, welche zu diesem Zweck erniedrigt wird, hinwegschreiten. Am Fufse der Leiter liest er die Inschrift „Ne plus ultra!“

Was den Sinn der sieben Stufen betrifft, so heifst die erste Isedakah (= Gerechtigkeit), mit welchem Namen auf die Sonne während der Frühlings-Nachtgleiche im März angespielt wird, denn um diese Zeit sind die Tage und Nächte überall gleich und die Sonne wendet ihre Gunst allen gleichmäfsig zu. – Die zweite Sprosse heifst Schor-laban (= weifser Ochse). Der Stier ist das zweite Zeichen des Tierkreises; die Sonne tritt in dasselbe am 21. April ein. Dieser Eintritt wird von dem Untergang des Orion und dem Aufgang der Plejaden begleitet. – Die dritte Sprosse heiſst „Mathok“ (= Süſsigkeit). Das dritte Tierkreiszeichen sind die Zwillinge, in das die Sonne im Mai eintritt. Die Plejaden, welche bei dem einstigen Frühlingsanfang erschienen, wurden von den Römern Vergilien genannt und ihr „süſser Einfluſs“ – wie es bei Hiob heiſst – segnet das Jahr durch den Beginn des Frühlings. – Die vierte Stufe ist „Emunah“ (= Verhüllte Wahrheit). In das vierte Zeichen, den Krebs, tritt die Sonne im Juni – also zu einer Zeit, da Ägypten in Wolken und Staub gehüllt ist, wodurch die Sonne, die bildliche Wahrheit, verdunkelt oder verhüllt wird. – Mit der fünften Sprosse, „Hamal saggi“ (= groſse Arbeit), ist das fünfte Zeichen verknüpft: das des Löwen; die beträchtlichen Schwierigkeiten, denen die Sonne beim Durchgang dieses Zeichens vermeintlich begegnet, haben wir bereits im Kapitel „Einweihungszeremonien“ erwähnt. – Die sechste Sprosse heiſst Sabbal“ (= Last oder Geduld). Das sechste Tierkreiszeichen, durch das die Sonne geht, ist die Jungfrau. Angekündigt wird der Durchgang von dem gänzlichen Verschwinden der lernäischen Hydra vom Himmelszelt, worauf aus ihrem Haupt der Groſse Hund und die Krabbe entspringen. Herkules vernichtet die lernäische Hydra, wird aber von einer Seekrabbe in den Fuſs gebissen. Da für jeden Kopf, den er abhieb, zwei andere nachwuchsen, wäre seine Arbeit endlos gewesen, wenn er nicht auf den Gedanken gekommen wäre, das Blut ausbrennen zu lassen. – Die siebente Stufe der Leiter – welche, nebenbei bemerkt, der Leiter der Hindumysterien, der Jakobsleiter, den siebenstufigen Pyramiden und den sieben Höhlen verschiedener alter Völker entspricht – wird „Gemunah, Binah, Jebunah“ (= Vergeltung, Verstand, Klugheit) genannt. In das siebente Zeichen, die Wage, tritt die Sonne bei Beginn des Herbstes. Der Eintritt wird angezeigt durch das Erscheinen des Himmels-Centauren – desselben, der Herkules so gastlich behandelte. Die Sonne ist nun bei der herbstlichen Nachtgleiche angelangt, die Früchte der Erde werden eingeheimst und der Landwirt findet seinen Lohn nach Maſsgabe seiner Klugheit und seines Verstandes.

In früherer Zeit — vielleicht zuweilen noch heute – gehörte zu den mit der Bewerbung um den Kadoschrittergrad verknüpften Erprobungen auch die, daſs der Kandidat den Mörder Hirams erdolchen, dessen Haupt zum Altar bringen und aus einem Schädel Blut trinken muſste. Mit verbundenen Augen legte er die Hand an das schlagende Herz eines lebenden Schafes (die Wolle hatte man abrasiert) und stach in dasselbe, worauf man ihm die Augenbinde abnahm und einen blutigen wächsernen Menschenkopf zeigte, der jedoch sofort entfernt wurde, damit der Neuling die Täuschung nicht wahrnehme.

Prinz von Rose-Croix. (Adler-Ritter).

Dieser Grad, der achtzehnte des alten und angenommenen Schottenritus, gehört zu den verbreitetsten Hochgraden der Freimaurerei. Sehr mit Unrecht wird er von den Unwissenden oft mit den mystischen Rosenkreuzern verwechselt. Der Name kommt von Rose und Kreuz, hat aber nichts mit Alchimie zu schaffen. Der Ursprung des Grades ist in tiefstes Geheimnis gehüllt. Der Grad selbst führt allerlei Beinamen, so: „Souveräne Prinzen von Rose-Croix“, „Prinzen von Rose-Croix de Heroden“ (d. h. des heiligen Hauses, worunter der Tempel verstanden wird), „Ritter vom Adler und Pelikan.“ Seine Inhaber halten ihn für das non plus ultra der Feimaurerei, wie die Kadoschritter ihren Grad als non plus ultra ansehen; das Gleiche gilt übrigens für noch mehrere andere Hochgrade.

Der den Vorsitz führende Würdenträger heifst „Allezeit Vollkommenster Souverän“, während die beiden Aufseher „Hochwürdigste und Vollkommenste Brüder“ genannt werden. Die Verleihung des Grades erfolgt durch das „Kapitel der Souveränen Prinzen von Rose-Croix“, u. zw. in drei Gemächern, welche den Kalvarienberg, die Auferstehung und die Hölle darstellen. Es handelt sich hier auch gar nicht um die eigentliche, sondern um den Versuch einer verchristlichten Freimaurerei. Der schwarz drapierte erste Raum wird durch drei Armleuchter zu je elf Kerzen beleuchtet; die Zahl 33 spielt auf das Alter an, welches Christus erreichte. Jedes Licht steckt in einer kleinen Blechbüchse, die einen runden Einschnitt von einem Zoll Durchmesser hat. In drei Winkeln — dem nordöstlichen, dem südöstlichen und dem südwestlichen — steht je eine mannshohe Säule; die drei Kapitäle weisen je eines der Worte auf: Glaube, Hoffnung, Liebe (Erbarmen). In jeder Loge hängt deren eigene Abbildung mit vorgeschriebener Anordnung der Plätze ihrer Beamten und Sinnbilder. In der östlichen, südlichen und nördlichen Ecke sind Malereien zu sehen, welche die Sonne, den Mond und einen teilweise dunkel bewölkten Sternenhimmel wiedergeben. Die höchste Macht erscheint durch einen mit den Flügeln schlagenden Adler symbolisiert. Auch noch andere allegorische Malereien sind vorhanden, darunter ein kubischer Stein, der Blut und Wasser schwitzt und auf dem sich eine Rose und der Buchstabe J (= Jehovah) befinden. Der dieses Gemälde umgebende quadratische Raum ist im Hinblick auf die Vorfälle bei der Kreuzigung Christi vollständig finster gehalten. Unter dem Bild sieht man alles alte Maurerwerkzeug und die in viele Stücke geteilten und zerbrochenen Säulen, weiter unten den entzweigerissenen Tempelvorhang.

Vor dem Meister steht ein kleiner Tisch mit drei brennenden Kerzen, dem Evangelium, dem Zirkel, dem Winkelmafs und dem Dreieck. Alle Brüder sind schwarz gekleidet und tragen schwarze, von der linken Schulter zur rechten Hüfte gehende Schärpen und weifse, schwarzgeränderte Schürzen. Die Stickerei auf der Schürze zeigt eine von einer Schlange und dem Buchstaben J überragte Erdkugel, die Stickerei auf dem Latz einen Totenschädel und gekreuzte Totenknochen zwischen drei roten Rosen. Um den Hals haben der Meister und die Beamten ein breites schwarzes Mohairband, an welchem das „Geschmeide" hängt: ein von einer dreifachen Krone überragter Goldzirkel mit einem Kreuz zwischen den Schenkeln und einer voll aufgeblühten Rose in der Mitte; am Fufse des Kreuzes füttert ein Pelikan seine Jungen an seiner Brust, auf der anderen Seite entfaltet ein Aar seine Schwingen. Während der Adler die „Sonne der Rechtfertigung" vertritt, ist der Pelikan eine Anspielung auf Christus, der sein Blut für die Menschheit vergossen hat.

Gehen wir nun zu den Einweihungszeremonien über. Im ersten Gemach erscheint der Kandidat in schwarzer Kleidung und rot gefütterter Schürze, geschmückt mit einem roten Band, einem Schwert und einer Schärpe. Nach allerlei vorbereitenden Zeremonien wird er hereingeführt und der Meister sagt ihm, dafs das verlorene Wort, welches er sucht, ihm nicht mitgeteilt werden könne, weil grofse Verwirrung herrsche, indem der Tempelvorhang zerrissen, das Werkzeug zerbrochen sei, Finsternis die Erde bedecke u. s. w.; doch möge er nicht verzweifeln, da sie gewifs das neue Gesetz finden und dadurch das verlorene Wort wiedererlangen würden. Inzwischen möge er 33 Jahre auf Reisen verbringen. Der zweite Aufseher führt ihn 33 mal rings um die Loge, ihm dabei die drei Säulen zeigend, ihre Namen nennend und sie als seine künftigen Leitsterne bezeichnend, weshalb er sie seinem Gedächtnis gut einprägen solle. Nach einer längeren Zwiesprache mufs er mit dem rechten Knie auf das Evangelium niederknien und den folgenden Eid leisten:

„Ich verspreche in derselben Weise wie in den bisherigen Graden die Geheimnisse der Adlerritter niemals zu enthüllen, widrigenfalls ich auf immer des wahren Wortes beraubt werden möge, ein Strom von Blut und Wasser unablässig aus meinem Leib fliefsen, meine Seele Angst erleiden, mein Körper in Essig und Galle getaucht, mein Kopf von Dornen durchbohrt werden und ich am Kreuz sterben soll. So helfe mir der grofse Weltenbaumeister!"

Nunmehr erhält er die Schürze und die Schärpe als Sinnbilder der Trauer um das verlorene Wort. Es folgt ein Gespräch, in welchem die Hoffnung, das Wort wiederzufinden, angedeutet wird, worauf der Meister und die Brüder sich ins zweite Gemach begeben, wo sie ihre schwarzen Schürzen und Schärpen gegen rote vertauschen. Dieser Raum ist mit Wandteppichen behangen und ebenfalls von drei elfarmigen Leuchtern erhellt, doch stecken hier die Kerzen nicht in Blechbüchsen. Im Osten steht ein von einer Wolke und einem Glorienschein umgebenes Kreuz, auf dem eine Paradiesrose sich befindet, in deren Mitte der Buchstabe G prangt. Unterhalb sieht man drei Quadrate mit je einem Zirkel, deren jeder ein Dreieck enthält. Das ist eine Allegorie des Kalvarienberges, auf welchem der grofse Weltenbauherr verschied. Auf dem durch jene Darstellung gebildeten Gipfel glänzt ein siebenstrahliger Flammender Stern, in dessen Mitte abermals ein G erscheint. Auch dem Adler und dem Pelikan begegnen wir hier wieder. Unterhalb ist das Grab untergebracht. Im untern Teil des Quadrats sind sichtbar: der Zirkel, das Zeichenbrett, das Brecheisen, die Kelle und das Winkelmafs. Auch an Abbildungen des kubischen Steins, des Hammers und anderer Werkzeuge fehlt es nicht. Die Fortsetzung der Aufnahmefeierlichkeiten findet jedoch nicht hier statt, sondern im dritten Gemach.

Das letztere soll die Höllenqualen darstellen und ist daher recht gruselig eingerichtet. In sieben Armleuchtern brennen Fackeln mit grauen Flammen in Gestalt von Totenschädeln und -Knochen. An den Wänden hängen Teppiche, die mit Flammen und Verdammten bemalt sind. Dem Kandidaten, der sich als Forscher nach dem verlornen Wort vorstellt, werden Schärpe und Schürze als nicht demütig genug abgenommen und dafür ein mit Asche bestreutes schwarzes Tuch auf den Kopf gelegt, sodafs er nichts sehen kann. Gleichzeitig teilt man ihm mit, er werde an den denkbar dunkelsten Ort gebracht werden, von welchem das gesuchte Wort zum Nutzen und Ruhm der Freimaurerei emporkommen müsse. Er wird an einen steilen Abstieg geführt, den er hin und her zurücklegen muss, worauf er zur Thüre gebracht und von dem Kopftuch befreit wird. Er erblickt drei als Teufel verkleidete Gestalten und geht zum Andenken an die dreitägige Höllenfahrt dreimal schweigend im Saal auf und ab. Sodann führt man ihn zu der mit schwarzem Tuch bedeckten Saalthür und sagt ihm, dafs er seine ganze Kraft zusammennehmen möge, da die von ihm bislang mitgemachten Schrecknisse geringfügig seien im Vergleich zu jenen, die er noch vor sich habe. In Wirklichkeit sind seine Erprobungen aber gänzlich vorbei und er wird sofort vor den Meister gebracht, der mit ihm ein Gespräch beginnt:

„Woher kommst du?“ – „Aus Judäa.“

„Welchen Weg bist du gegangen?“ – „Über Nazareth.“

„Von welchem Stamm bist du entsprossen?“ – „Juda.“

„Nenne mir die vier Anfangsbuchstaben.“ – „I. N. R. I.“

„Was bedeuten diese Buchstaben?“ – „Jesus von Nazareth, König der Juden.“

Jetzt ruft der Meister: „Das Wort ist gefunden! Gebet ihm das Licht wieder!“ Der zweite Aufseher nimmt dem Neuling rasch das Tuch ab und alle Anwesenden schlagen, dreimal „Hurrah!“ schreiend, dreimal in die Hände. Es erfolgt die Einweihung in die „Ausweise“ (Zeichen, Losungswort, Händedrücke u. s. w.) und darauf die nähere Unterweisung durch den Meister. In der Hauptsache erfährt der neue Adlerritter, dafs nach dem Bau des Tempels Salomos die Maurer ihre Arbeiten zu vernachlässigen begannen, weshalb der kubische Eckstein Blut und Wasser schwitzte, aus dem Gefüge gerissen wurde und mit dem verfallenden Tempel zu Grunde ging, während die mystische Rose an einem Kreuz geopfert worden sei. Dann sei die Maurerei verfallen, die Erde verdunkelt, das Maurerwerkzeug zerbrochen worden, der Flammende Stern verschwunden und das heilige Wort verloren gegangen. Doch sei dadurch, dafs die Freimaurer die Worte „Glaube, Hoffnung und Liebe“ kennen lernten und das neue Gesetz befolgten, die Maurerei wiederhergestellt worden, freilich bauen die Freimaurer nicht mehr wirkliche, sondern geistige Gebäude. Die mystische Rose und der Flammende Stern haben ihre alte Schönheit und ihren früheren Glanz wiedererlangt.

Ursprünglich war dieser Hochgrad rein jesuitischer Art und bezweckte die Wiederherstellung des Hauses Stuart.

Misraim- und Memphis-Ritus.

Zu den Abweichungen und Abwechslungen, welche die ständigen Begleiter grofser Vereinigungen genannt werden können, gehört in der Maurerei der Misraim-Ritus, so genannt, weil er den unberechtigten Anspruch erhebt, von dem ägyptischen König Misraim (Menas) abzustammen. Wodurch er sich von anderen Riten hauptsächlich unterscheidet und was ihn gänzlich aus der freimaurerischen Art schlagen läfst, das ist die aufserordentliche Macht, die er den Oberhäuptern verleiht. Während die Maurerei, um die Logen den Formen der echten Demokratie zugänglich zu machen, die Unabsetzbarkeit der Lenker beseitigt hat, ist der Misraim-Ritus streng autokratisch eingerichtet. Seine Logen werden von einem einzigen und unverantwortlichen „Absolut

Souveränen Grofsmeister“ beherrscht. Ist es nicht höchst sonderbar, dafs im Rahmen einer freisinnigen Gesellschaft, welche seit Jahrhunderten die unumschränkte Macht bekämpft, ein vereinzeltes Mitglied diese Macht für sich in Anspruch nimmt?

Zu einer Zeit, da davon die Rede war, die bereits auf fünf herabgesetzte Zahl der Grade des schottischen Ritus noch weiter zu verringern, arbeitete Cagliostro dieser Vereinfachungstendenz entgegen, indem er den Misraim-Ritus mit nicht weniger als neunzig Graden (!) gründete. Diese zerfielen in siebzehn Klassen, welche in vier „Sektionen“ gruppiert wurden: 1. die symbolische, 2. die philosophische, 3. die mystische, 4. die kabbalistische. Das Ritual ist ein Gemisch von Schottentum, Martinismus und Tempelrittertum. Die „Absoluten Grofsmeister“ mafsen sich das Recht an, über alle Maurerlogen der Erde zu herrschen. Die Grundlagen dieses Systems wurden 1805 zu Mailand von mehreren Maurern geschaffen, die nicht in den Höchsten Grofsrat (Konzil) aufgenommen worden waren. Anfänglich konnten die gewöhnlichen Mitglieder nur bis zum 87. Grad aufrücken, die drei letzten Grade umfafsten die — dem „Plebs“ unbekannt gebliebenen — Oberhäupter.

Von Mailand aus verbreitete der Misraim-Orden sich nach Dalmatien, den Ionischen Inseln und dem Königreich Neapel. Erst 1814 fand er in Frankreich Eingang, wo die hochtrabenden Namen seiner schier endlosen Rangstufenleiter grofse Anziehungskraft ausübten. Nie zuvor hatte die Freimaurerei so grofsartige Titel gekannt: „Höchstkommandierender der Sterne“, „Souverän der Souveräne“, „Höchster und Mächtigster Regenbogenritter“, „Souveräner Grofsfürst Hiram“, „Souveräne Grofsprinzen“ u. s. w. u. s. w. Es war ja auch keine Kleinigkeit, für volle neunzig Grade Benennungen auszuklügeln! Die Einweihungserprobungen waren langwierig und schwierig, denn sie beruhten auf den Überlieferungen der ägyptischen und der eleusinischen Mysterien. Die Stifter scheinen in den zwei ersten „Sektionen“ ein Sammelsurium der Theorie und Praxis der schottischen Maurerei und der altägyptischen Einweihungsgeheimnisse, in den zwei letzten die gesamten chemisch-kabbalistischen Kenntnisse der ägyptischen Priesterschaft zusammengebraut zu haben. In Paris besitzt der Orden noch jetzt drei Logen, doch ist er vom französischen Grofsorient nie als Bestandteil der Freimaurerei anerkannt worden. Er wurde allmählich auch in Belgien, Schweden, der Schweiz, Irland und zuletzt in England eingeführt, befindet sich aber überall in einem Zustande des Siechtums.

Der Misraimritus feiert zwei Tag- und Nachtgleichenfeste: „das Wiedererwachen der Natur“ und die „Ruhe der Natur“. Im 69. Grad — dem der „Chanukaritter, genannt Hynaroth“ —

werden besondere Belehrungen erteilt über das Verhältnis des Menschen zu Gott und über die kabbalistische Vermittlung der Engel zwischen beiden. Der Grofsrat des 87. Grades hat drei Gemächer: das erste stellt das Chaos vor, ist schwarz drapiert und nur mit einer Kerze beleuchtet; im zweiten, welches die Hoffnung bedeutet und daher grün verhängt ist, brennen drei Lichter; im dritten 72 Kerzen und ein Transparent, das einen Thron und darüber das Wort „Jehovah" zeigt. Ein ähnliches Transparent hängt über der Eingangsthüre. Das Erkennungszeichen besteht im Erheben beider Hände gen Himmel, der „Griff" im Kreuzen der Hände. Die Losungsworte sind: „Ich bin – Wir sind; Natur – Wahrheit". Im 88. Grad ist der Einweihungssaal oval und meergrün verhängt. Das Losungswort des 89. Grades lautet „Lux ex tenebris". Der 90. Grad hält seine Versammlungen in einem kreisrunden Gemach; das Losungswort ist „Sophia" (= Weisheit), das „heilige" Wort „Isis", die Antwort hierauf „Osiris".

Obgleich der Misraimritus aus dem 19. Jahrhundert stammt, begegnen wir in ihm gnostisch-kabbalistischen Ausdrücken und Vorstellungen. Das wäre unmöglich, wäre nicht die ganze Freimaurerei vom Gnostizismus durchdrungen. Eine Nachahmung des Misraim-Ordens, der Memphisritus, wurde 1839 zu Paris ins Leben gerufen und nachmals auch in Brüssel und Marseille eingeführt. Er bestand sogar aus 91 (!!) Graden in drei „Sektionen" und sieben Klassen. Ein in Paris gedruckter dicker Band, „Das Heiligtum" betitelt, beschreibt die ganze Organisation eingehend. Danach umfafst die erste Sektion Sittenlehre und Symbol-Erläuterung, die zweite den Unterricht in der Naturgeschichte und der Geschichtsphilosophie sowie die Erklärung der dichterischen Mythen des Altertums; die dritte Sektion lehrt die Geschichte des Ordens, studiert die Religionsmythen aller Zeiten und beschäftigt sich mit höherer Philosophie.

Das Klerikat der Tempelherren.

Einige Höflinge Ludwigs XIV., darunter der Herzog von Gramont, der Marquis von Biran und Graf Tallard, gründeten einen Geheimbund zu Vergnügungszwecken. Derselbe hiefs „Eine Wiedererweckung des Templerordens" und es traten ihm viele Mitglieder bei, doch wurden sie, soweit ertappt, vom König verbannt, als er die Satzungen kennen lernte. 1705 scharte Herzog Philipp von Orleans die nichtverbannten Mitglieder zur

Fortsetzung des umgestalteten Bundes um sich, der sich nunmehr auf die Politik verlegte. Ein gelehrter Schwindler, der Jesuitenpater Bonnani, fabrizierte ein falsches Verzeichnis der angeblichen Grofsmeister des Templerordens seit seiner Unterdrückung unter Molay. Nie ist ein Betrug mit gröfserer Genialität ins Werk gesetzt worden. Die Urkunde war so geschickt gefälscht, dafs sich selbst die gewiegtesten Fachleute täuschen liefsen; ihr Zweck war, die neue Gesellschaft mit dem alten Templerorden unmittelbar zu verknüpfen. Um die Fälschung noch zu steigern, wurde der die Liste enthaltende Band mit erdichteten und angemessen datierten Protokollen von angeblichen Sitzungen gefüllt. Man schickte sogar zwei Mitglieder nach Lissabon, um von dem dortigen Orden der Christusritter, der aus den portugiesischen Trümmern des Templerordens hervorgegangen war, Beglaubigungsschriftstücke zu erlangen; die beiden kamen dort aber übel an. Sie wurden entlarvt und der eine nach Afrika deportiert, während der andere froh war, nach England fliehen zu können.

Die in Rede stehende Geheimgesellschaft war vermutlich identisch mit derjenigen, welche sich vor dem Ausbruch der Revolution unter dem Namen „Gesellschaft zum Stierkopf" verbarg und deren Mitglieder 1792 zerstreut wurden. Damals war der Herzog von Cosse-Brissac Grofsmeister. Auf dem Wege nach Versailles, wo eine Gerichtsverhandlung gegen ihn und seine Mitgefangenen stattfinden sollte, wurde er ermordet und so gelangte sein Arzt Ledru in den Besitz der Bundespapiere. Die Lektüre der Satzungen von 1705 und der sogen. Larmenius-Charta brachten Ledru auf den Gedanken, den Orden wiederzubeleben. Nach der Wahl des Freimaurers Dr. Fabré de Palaprat zum Grofsmeister wurden grofse Anstrengungen gemacht, den Glauben an die Echtheit des Tempelherrenklerikats zu verbreiten. Auf der Jagd nach angeblichen Reliquien kaufte man bei Antiquitätenhändlern den Degen, die Mitra und den Helm Molays; auch zeigte man den Gläubigen seine, vorgeblich von seinem Scheiterhaufen herabgenommenen Gebeine. Ganz in der mittelalterlichen Weise forderte die Gesellschaft von ihren Mitgliedern den Adel; wer ihn nicht von Geburt hatte, wurde von ihr geadelt. Bei einer Gelegenheit verlieh sie nicht weniger als vierzehn ehrsamen Bürgern der Stadt Troyes auf einmal Adelsbriefe und Wappenschilder. Unter der Republik aufgelöst, wurde der Orden unter dem Direktorium teilweise wiederhergestellt. Nach der Kaiserkrönung erfolgte die Wiederwahl Palaprats, und Napoleon begünstigte den Bund, weil dieser geeignet war, die Gemeinschaft der alten Aristokratie mit der neuen kaiserlichen zu fördern. Unter der Restauration machte sich das Klerikat durch seine fortschrittlichen Gesinnungen verdächtig und der Grofsmeister wanderte mehrmals ins Gefängnis. Die modernen Tempelherren hatten übrigens auch die Absicht, die Aufgabe ihrer einstigen Vorläufer -- die Bekämpfung der Ungläubigen – zu der ihrigen zu machen. Zu diesem Behuf bemühten sie sich, freilich vergebens, eine Mittelmeerinsel zu erlangen. Später wollte Sir Sidney Smith sich ihrer zur Unterdrückung des Piratenunwesens an der afrikanischen Küste bedienen.

Ursprünglich streng katholisch und romfreundlich, nahm die Gesellschaft keine Protestanten auf. Nachmals jedoch verwandelte Fabré-Palaprat diese Tendenz in die gegenteilige. Er hatte nämlich eine griechische Handschrift aus dem 15. Jahrhundert erworben, eine von der anerkannten abweichenden Lesart des Evangeliums Johannis, eingeleitet von dem „Levitikon" des griechischen Mönches Nikephoros. Um 1815 beschlofs er nun, die Lehren dieser Schrift auf seinen Geheimbund anzuwenden und denselben aus einem orthodoxen in einen schismatischen umzugestalten. Nikephoros war in die Mysterien des Suphismus eingeweiht worden, welcher im Schofs des Mohammedanismus die düsteren Lehren der Ischmaeliten – der Gründer der Weisheitsloge zu Kairo, des Assassinentums, der Roschenia u. s. w. – noch heute fortpflanzt. Um den Suphismus auf das Christentum anzuwenden, schrieb er das „Levitikon", das dann die Bibel einer geringen Anzahl von Sektierern wurde, die allerdings bald verfolgt und zerstreut wurden. 1822 übersetzte Palaprat dieses sonderbare Werk ins Französische und liefs es mit eigenen Einschaltungen und Abänderungen drucken – eine Veröffentlichung, welche unter den Mitgliedern des Klerikats ein Schisma verursachte. Jene Ritter, welche die darin verfochtenen Lehren annahmen, machten diese zur Grundlage einer neuen Liturgie. Die letztere wurde 1833 der Öffentlichkeit zugänglich gemacht, und zwar im „Tempel", einer mit grofser Feierlichkeit eingeweihten Johanniterkirche. Gleichzeitig trat als Zweig des Klerikats ein „Bund der Tempeldamen" ins Leben.

Die Logen heifsen „Lager" und die Beamten führen dieselben Namen wie die des mittelalterlichen Templerordens. Das „grofse" Erkennungszeichen bildet eine Anspielung auf die Kreuzigung Christi. Die Ritter tragen die Rittertracht einschliefslich des Schwertes. Was die Einweihungszeremonien betrifft, so erscheint der Kandidat bei denselben als Pilger in Sandalen und Mantel, mit Stab, Kreuz, Tasche und Ränzel, um den Leib einen Gürtel oder eine Schnur; in manchen Lagern trägt er auf dem Rücken eine Last, welche ihm beim Anblick des Kreuzes abfällt. Bei seinem Herannahen ertönt ein Trompetensignal; nach längeren Unterhandlungen in pseudomilitärischer Sprache wird er eingelassen und sieht die Ritter unter Waffen vor sich. Nachdem der zweite Kapitän mit einer Säge an seiner Stirn herumhantiert hat, erklärt der Bewerber – dem der Zeremonienmeister alles einsagt – ein müder Pilger zu sein, der bereit sei, sich dem Dienste der Armen und Kranken zu widmen und das heilige Grab zu schützen. Darauf durchschreitet er das Lager siebenmal, legt Stab und Kreuz ab, nimmt ein Schwert in die Hand und schwört, das Grab des Herrn „gegen alle Juden, Türken, Ungläubigen, Heiden und andere Feinde des Evangeliums“ verteidigen zu wollen. „Wenn ich diesen meinen feierlichen Eid als Bruder Tempelritter je absichtlich verletzen sollte, möge mir der Schädel entzweigesägt, das Gehirn herausgenommen und in einem Napf der sengenden Sonne ausgesetzt werden und mein Schädel in einem andern Napf – zur Erinnerung an den heiligen Johannes von Jerusalem, den ersten getreuen Soldaten und Märtyrer unseres Herrn und Erlösers. Ferner möge dann die Seele, welche gegenwärtig diesen Schädel bewohnt, beim Jüngsten Gericht gegen mich Zeugenschaft ablegen. So wahr mir Gott helfe!“ Jetzt wird ihm eine brennende Wachskerze in die Hand gegeben, er geht damit, „in feierliche Betrachtungen versunken“, fünfmal auf und ab und kniet schliefslich nieder, um vom Grofskomtur zum Ritter geschlagen zu werden mit den Worten: „Ich setze dich hiermit ein zum maurerischen Ritter des Johanniterordens von Jerusalem, Rhodus und Malta, wie auch zum Tempelherrn.“ Nun übergiebt der Grofskomtur ihm Mantel, Schürze, Schärpe, Geschmeide, Schwert und Schild und unterweist ihn in den Ausweisen wie auch in dem Ordensmotto („In hoc signo vinces“).

In England hält das Baldwinsche „Lager“, das zu Bristol angeblich von den mit Richard Löwenherz aus Palästina zurückgekehrten Tempelherren errichtet wurde, noch immer regelmäfsige Versammlungen ab, und man glaubt, dafs es die alten Zeremonien und Trachten des Templerordens fortpflanzt. Auch in Bath und York giebt es Lager. Aus diesen drei Lagern gingen alle übrigen grofsbritannischen und amerikanischen Lager hervor. In einigen Lagern spielt sich der Schlufs der Einweihungsfeierlichkeiten folgendermafsen ab. Einer der Ordens-Stallmeister stürzt in der weifsen Schürze und Mütze eines Kochs mit einem grofsen Küchenmesser in der Hand plötzlich herein, kniet auf einem Knie vor dem neuen Ritter nieder und spricht: „Herr Ritter, ich ermahne euch, gerecht, ehrenhaft und dem Orden treu zu sein, widrigenfalls ich, der Koch, euch mit meinem Küchenmesser die Sporen von den Fersen abhauen würde.“

Die Freimaurerei in Grofsbritannien und Frankreich.

Die beglaubigte Geschichte der englischen wirklichen Maurerei – nicht der geistigen – begann unter König Ethelstan, von dem sein Bruder Edwin eine Charta erlangte, welche die Maurerei ermächtigte, alljährlich eine Hauptversammlung abzuhalten und ihre Bundesangelegenheiten selbständig zu regeln. Demgemäfs trat die erste Grofsloge von England im Jahre 936 in York zusammen. Damals wurden alle einschlägigen griechischen, lateinischen, französischen und anderen Schriften und Berichte gesammelt und auf Grund der betreffenden alten Bräuche Vorschriften und „Konstitutionen" festgestellt und angenommen. Aus dieser Ursache genossen die Yorker Maurer seither grofses Ansehen, und hiervon rührt es, dafs die „echte" oder „blaue" Freimaurerei nachmals die Bezeichnung „York-Ritus" annahm. Nach Edwins Tod safs Ethelstan selber den Logen vor und seine nächsten Nachfolger waren Dunstan der Heilige – Erzbischof von Canterbury – und Eduard der Bekenner. Bis zur Gegenwart sind die Grofsmeister Angehörige der jeweiligen Dynastie gewesen, zuweilen der König selbst. Wie bereits erwähnt, blieb der Bund bis in den Anfang des 18. Jahrhunderts hinein gröfstenteils auf wirkliche Bauarbeiter und Baukünstler beschränkt. Trotz des königlichen Schutzes erlitt er wiederholt staatliche Verfolgungen, aber diese waren viel seltener und von kürzerer Dauer als in anderen Ländern.

Eine Überlieferung behauptet, dafs nach der Vernichtung des Templerordens viele Tempelherren nach Schottland flüchteten, wo sie sich unter dem Schutze von Robert Bruce den Freimaurern anschlossen. Es giebt einen maurerischen Grad, genannt „Prinzen von Rose-Croix de Heroden" (französisch „Hérédom"). In einer den Alten Schottenritus betreffenden, ziemlich alten Handschrift ist zu lesen, dafs „Heroden" ein im Nordwesten Schottlands gelegener Berg war, auf dem die flüchtigen Tempelritter eine sichere Zuflucht fanden. Dem steht die Ansicht anderer Autoren gegenüber, das Wort Hérédom sei lediglich eine Entstellung des lateinischen „haeredium" (Erbschaft) und spiele auf das Schlofs St-Germain an, die Residenz des Kronprätendenten Karl Stuart, dessen Wiedereinsetzung der Hochgrad „Rose-Croix" anstrebte. Die Sache ist ganz dunkel und verworren, aber es lohnt wirklich nicht, ihr weiter nachzugehen. König Robert Bruce bemühte sich, die Oberleitung des Bundes zu erlangen, der zwar der herrschenden Gewalt nicht feindlich gesinnt war, jedoch unter Umständen durch ihre Organisation gefährlich werden konnte. Es wird vielfach geglaubt, dafs Bruce sich und seinen Nachfolgern die Grofsmeisterwürde des Ordens vorbehielt, namentlich der Herodenloge, welche später nach Edinburg verlegt wurde.

Bei der weiter oben („Geschichte“) eingehend behandelten, von London ausgegangenen Neugestaltung der Freimaurerei wurden die alten „Konstitutionen“, Merkzeichen, Sinnbilder und Feierlichkeiten beibehalten. Der Bund, welcher Bruderliebe, Beistand und Wahrheit als seine leitenden Grundsätze hinstellte, erlangte durch die Umwandlung ein gröfseres Thätigkeitsgebiet und mehr Bewegungsfreiheit; allein in Grofsbritannien werden diese Vorteile lediglich zum Essen, zum Trinken und zum Mummenschanz benutzt. Die britische Freimaurerei leistet nichts Nennenswertes auf geistigem Gebiete, denn dem kleinlichen Hader zwischen den verschiedenen Logengattungen kann man keine geistige Bedeutung für die Welt beimessen. Nur auf dem Gebiete der Wohlthätigkeit leisten speziell die englischen Freimaurer Ansehnliches, aber angesichts der ungeheuren Brüderzahl mufs auch das als unzulänglich bezeichnet werden. (In anderen Ländern kommt es überdies vor, dafs die Logenwohlthätigkeitspartei von politischen Rücksichten beeinflufst wird; so z. B. weigerte sich 1874 die Philadelphialoge zu Verviers, das Rote Kreuz zu unterstützen, weil dieses in Spanien gegebenenfalls nicht nur den Verfassungstreuen, sondern auch den Karlisten zu Hilfe kommen müfste.) Und dabei leugnen die Maurer mit Vorliebe, einem vorwiegend wohlthätigen Bund anzugehören — namentlich die französischen.

Was Frankreich betrifft, so gelangte die Freimaurerei dahin durch die Anhänger Jakobs und des Prätendenten, die in ihr einen Behelf zur Wiedereinsetzung der Stuart-Dynastie erblickten. Die Betreffenden begnügten sich aber nicht mit dem Mifsbrauch der Maurerei zu neuartigen und unrechtmäfsigen Zwecken, sie führten auch neue Grade ein, z. B. „Irischer Meister“, „Vollkommener Irischer Meister“, „Mächtiger Irischer Meister“. Die Mitgliedschaft wie die pekuniäre und moralische Unterstützung des Hochadels sicherten sie sich dadurch, dafs sie die Enthüllung wichtiger Geheimnisse in Aussicht stellten und den Glauben zu erwecken wufsten, die Freimaurer seien die Nachfolger der Templer. Die erste französische Loge, die „zur Freundschaft und Brüderlichkeit“, wurde 1721 in Dünkirchen errichtet. Vier Jahre später gründete Lord Derwentwater zu Paris die zweite, deren Name unbekannt geblieben. Dieser Lord, der wegen seiner Hingabe an die Sache der Stuarts im Jahre 1746 hingerichtet wurde, stand als Grofsmeister an der Spitze noch anderer, von Parteigängern jenes Hauses ins Leben gerufenen Logen.

Praktischer ging ein anderer eifriger Freund der Stuarts, Chevalier Ramsay, vor, indem er 1730 zunächst in London auf eine maurerische Reform hinwirkte, welche darauf hinauslaufen sollte, dafs die „Legende“ auf den gewaltsamen Tod Karls I. bezogen werden und die in der Loge zu verdammenden Mörder Cromwell und dessen Anhänger sein sollten. Er schlug der Grofsloge von England vor, die üblichen drei ersten Grade (Lehrling, Geselle, Meister), durch drei andere („Schottischer Maurer“, „Novize“, „Tempelritter“) zu ersetzen, die er als die einzig echten und alten erklärte. Aber die Grofsloge durchschaute seine politischen Hintergedanken und lehnte ab, worauf er nach Paris ging, wo seine Pläne viel Anklang fanden. Sein „System“ führte zur Bildung jener Hochgrade, welche unter dem Sammelnamen „Alter Schottenritus“ bekannt sind. Die Unvereinbarkeit vieler dieser Neuerungen mit den Überlieferungen der Freimaurerei wurde durch den Glanz der Dekorationen und die Prunkhaftigkeit der Zeremonien verhüllt. Aber die Hochgrade des französischen und die philosophischen Grade des alten schottischen Ritus sind keine Neuerungen, sondern Illustrationen der rein symbolischen Maurerei.

Die Philosophie begann in die Maurerei Eingang zu finden und deren Riten zu vereinfachen, ihre Lehren zu klären. Zu den bemerkenswertesten philosophischen Graden des 18. Jahrhunderts gehörte der „Sonnenritter“. Er bezeichnete es als seinen Zweck, an die Stelle der offenbarten Religion die Naturreligion zu setzen. Die Loge war nur von einem Lichte erleuchtet, das hinter einer Wasserkugel brannte, welche die Sonne darstellte. Die „Sonnenritter“ ähnelten einigermafsen den „Erhabenen Erwählten Rittern“. Anderseits hatte das Eindringen der Philosophie in die Freimaurerei den Nachteil, dafs letztere zu allerlei Dingen mifsbraucht wurde, die mit ihr nichts zu schaffen haben. In manchen Logen lehrte man Kabbala, Zauberei, Geisterbeschwörung, Wahrsagekunst, Alchimie, Teufelsglauben u. dgl. m. Diese Verirrungen führten dazu, dafs 1747 in Arras und vier Jahre darauf in Marseille Verwaltungsmittelpunkte ins Leben traten. 1754 stiftete Ritter von Bonneville zu Paris in einem von ihm erbauten prachtvollen Palast das „Clermontsche Hochkapitel“, welches auf ähnlichen Grundlagen beruhte wie das Ramsaysche System. Gegner desselben gründeten 1762 den „Rat der Ritter vom Orient“. Auch an einer Loge der „Kaiser vom Morgen- und Abendland“ fehlte es nicht. Der 1766 von Baron Tschudi ins Dasein gerufene „Orden vom Flammenden Stern“ hatte zur Grundlage ein seltsames Gemisch von tempelritterlichen und jesuitischen Ideen und Begriffen.

Das französische Maurertum blieb nicht ohne Einflufs auf

die Revolution. Nach der Wahl des Herzogs von Chartres zum Grofsmeister wurden alle Logen zu einem Grofsorient vereinigt, dessen Rolle bei der Vorbereitung der Revolution ebenso historisch ist wie der gewaltige Einflufs des Herzogs, der den Grofsorient für seine politischen Ziele ausbeutete. Die Art und Weise seiner Einweihung in den Kadoschrittergrad wird folgendermafsen erzählt. Fünf Brüder führten ihn in einen Saal, der in eine mit menschlichen Gebeinen besäte und von Grablampen beleuchtete Grotte verwandelt worden war. In einem Winkel befand sich eine mit den Abzeichen des Königtums versehene Gliederpuppe. Die Einführer befahlen dem Herzog, sich wie tot auf den Boden zu legen, zählten die Grade auf, die er bereits hinter sich hatte, wiederholten seine früheren Eide und lobpriesen den Grad, in welchen er nunmehr aufgenommen werden sollte. Dann liefsen sie ihn aufstehen und eine hohe Leiter erklimmen, von deren höchster Sprosse er hinabspringen mufste. Nachher bewaffneten sie ihn mit einem Dolch und beauftragten ihn, die gekrönte Gliederpuppe zu erstechen; aus der Wunde spritzte ihm eine blutähnliche Flüssigkeit auf die Hände und Kleider. Ferner mufste er der Gestalt den Kopf abhauen und schliefslich wurde ihm mitgeteilt, dafs er König Philipp den Schönen erschlagen habe und dafs die umhergestreuten Gebeine diejenigen des Templer-Grofsmeisters Molay seien.

Clermontsches Hochkapitel, strikte und laxe Observanz.

Zwischen 1735 und 1740 wurde die Freimaurerei mit katholischen Zeremonien bereichert, die ihr früher unbekannt waren. Dies geschah durch das Clermontsche Hochkapitel, so genannt zu Ehren Ludwigs von Bourbon, Prinzen von Clermont, der damals französischer Grofsmeister der Maurerbrüderschaft war. Seither gewannen die Jesuiten auf die letztere einen immer gröfseren Einflufs. Der Aufnahmebewerber wurde nicht in einer Loge, sondern in Jerusalem empfangen, aber keinem geistigen Jerusalem, sondern einem geistlichen, Rom bedeutenden. Die Versammlungen hiefsen „kanonische Kapitel“ und in ihnen herrschte mönchische Redeweise und Askese. Die Satzungen, vom zweiten Jesuitengeneral Lainez verfafst oder inspiriert, verraten die Sucht nach allgemeiner Herrschaft, denn bei der Aufnahme der Erhabenen Ritter werden dem Kandidaten die zwei letzten Kapitel der Apokalypse vorgelesen – eine glühende Darstellung des allumfassenden Reichs, des Gegenstandes der Sehnsucht der Jesuiten. Der neue Orden fand eine sehr schnelle Verbreitung;

als der 1742 zu Paris in dessen höchste Grade eingeweihte Reichsfreiherr Karl Gotthold v. Hundt nach Deutschland zurückkehrte, entdeckte er, dafs jene Grade unter der Leitung Marshalls bereits in Sachsen und Thüringen eingeführt waren.

In Gemeinschaft mit Marshall rief Hundt den „Ritus von der strikten Observanz“ ins Leben, der seinen Namen seinem strengen mönchischen Unterordnungswesen verdankte. Eine Zeitlang schien diese neue Schöpfung den Zweck zu haben, die Hoffnungen des Hauses Stuart zu nähren. Marshall war nämlich, als er 1741 Paris besuchte, daselbst mit Ramsay und den übrigen hervorragenderen Anhängern der verbannten Dynastie in enge Beziehungen getreten, und Hundt bewegte sich auf derselben Bahn, indem er den Clermontschen Ritus mit alttemplerischen Elementen verquickte und in Deutschland eine, mit keiner andern zu verwechselnde „Neue“ Tempelherrensekte stiftete. In Wirklichkeit jedoch scheint der Baron den Stuarts nicht von Nutzen gewesen zu sein. Allerdings wurde Karl Eduard, als er Deutschland besuchte, von den Mitgliedern der Sekte sehr zuvorkommend empfangen; sie versprachen ihm den ausgedehntesten Beistand, unterliefsen aber freilich auch nicht, sich bei ihm für den Fall des Gelingens auf Titel und Würden vorzumerken. Hundt selbst dürfte bei der ganzen Sache nur die Rolle eines Spekulanten gespielt haben, und der von jesuitischem Sauerteig durchsetzte Ritus von der strikten Observanz hatte wahrscheinlich insgeheim einen ganz andern Zweck als die Wiedereinsetzung der vertriebenen Königsfamilie. Thatsache ist, dafs die Sekte der Neuen Templer zu einer Zeit grofse Macht besafs und die Vorläuferin des bayrischen Illuminatenordens war.

1767 ereignete sich zu Wien im Schofs der Strikten Observanz ein Schisma; die sich Lostrennenden traten zu einem „Ritus der laxen Observanz“ zusammen. Sie behaupteten, im Alleinbesitz der maurerischen Geheimnisse zu sein und das Versteck der herrlichen Schätze des mittelalterlichen Templerordens zu kennen. Demgemäfs beanspruchten sie den Vorrang vor sämtlichen übrigen Freimaurer-Riten und -Systemen. Ihre Versprechungen und Unterweisungen drehten sich um den Stein der Weisen, die Beherrschung der Geisterwelt und das Tausendjährige Reich Christi. Nur römisch-katholische Kandidaten wurden aufgenommen, u. zw. blofs solche, die bereits alle Grade der Strikten Observanz hinter sich hatten. Die Mitglieder kannten lediglich ihre unmittelbaren Vorgesetzten; doch wufste man, dafs der Hofprediger Dr. Stark in Königsberg und der mecklenburgische Baron Raven mit an der Spitze des Ritus standen.

Unterschiedliche deutsche Logen hatten schon vor der Entstehung der Strikten Observanz das Templertum eingeführt.

Infolge der dadurch hervorgerufenen Zwistigkeiten fand in Braunschweig im Mai 1775 ein „Konvent“ statt, auf welchem Dr. Stark auftrat, der ein Jünger des Betrügers und Geistersehers Schröpfer und des Schwindlers Gugumos war. (Der letztere nannte sich Hohepriester, Ritter, Fürst, Inhaber des Steins der Weisen, Besitzer des Geheimnisses der Geisterbeschwörung u. s. w.) Stark erklärte unverfroren, er führe den Beinamen „Archimedes ab aquila fulva“, sei Kanzler des Grofskapitels von Schottland und habe von diesem den Auftrag erhalten, den Konvent in den wahren Grundsätzen der Maurerei zu unterrichten. Als man ihm aber sein Beglaubigungsschreiben abverlangte, wollte oder konnte er es nicht vorzeigen, und als die Braunschweiger eine Abordnung direkt nach Aberdeen, dem Sitz des „Grofskapitels“, entsandten, erfuhren sie, dafs das letztere keine unbekannten Geheimnisse habe, vielmehr nur die drei untersten Grade der Freimaurerei kenne, also noch weniger wisse als die deutschen Maurer. Allein der entlarvte Dr. Stark bewahrte seine Seelenruhe und schrieb ein Buch, in welchem er die Strikte Observanz als staats-, gesellschafts- und religionsfeindlich hinstellte. Dasselbe betitelt sich: „Der Stein des Anstofses und Fels der Ärgernis, allen meinen deutschen Mitbürgern in und aufser der siebenten Provinz entdeckt, ich weifs nicht von wem“ (1780).

Der Starksche Angriff auf das Hundtsche System war nicht der erste. Graf Zinzendorf, ein preufsischer Oberstabsarzt, der in die Strikte Observanz aufgenommen und daher aus der Logenliste der Drei Weltkugeln gestrichen worden war, rächte sich an beiden Systemen durch die Gründung von templerischen Logen in Berlin und Potsdam, die er jedoch bald aufgab, um einen ganz neuen Ritus zu erfinden: den aus sieben Graden bestehenden Zinzendorfschen, den Friedrich der Grofse begünstigte. Der neue Orden bekämpfte sowohl die Strikte als auch die Laxe Observanz heftig und erfolgreich.

Um das Jahr 1765 gründete der „Bruder“ v. Kopper in Preufsen den Bund der „Afrikanischen Bauherren“ – ein Gemisch von Geschichtsforschung und naturwissenschaftlichem Studium mit Maurerei und Rittertum. Der in elf Grade eingeteilte Bund errichtete ein Riesengebäude mit einer grofsen Bücherei, einer naturgeschichtlichen Sammlung und einem chemischen Laboratorium. Bis zu ihrer Auflösung (1786) bewilligte die Gesellschaft alljährlich eine goldene Medaille und 50 Dukaten dem Verfasser der besten maurerischen Schrift, die dann von ihr veröffentlicht wurde. Sie gehörte zu den wenigen vernünftigen Maurergesellschaften, denn die afrikanischen Bauherren hielten nichts von Äufserlichkeiten (Schurzfell, Geschmeide, Verzierungen etc.), füllten ihre Versammlungen mit Vorträgen und wissenschaftlichen Verhandlungen aus, hielten bei ihren einfachen und würdigen Mahlzeiten belehrende Ansprachen, liefsen sich für die Einweihung von Mitgliedern nichts bezahlen und unterstützten arme Brüder reichlich.

Was die Organisation betrifft, so waren die Afrikanischen Bauherren in zwei Gruppen geteilt. Die erste umfafste fünf Grade: 1. Lehrling der ägyptischen Geheimnisse; 2. in die ägeischen Geheimnisse Eingeweihter; 3. Kosmopolit; 4. christlicher Philosoph; 5. Wahrheitsliebender („aletophile"). In der zweiten („inneren") Gruppe gab es nur drei Grade: 1. Armiger, dem die Bedeutung der Worte „Fos Braeder" und „Gälde" erklärt wurde; 2. Miles, dem man mitteilte, dafs die Buchstaben G und L nicht „Geometrie" und „Logik" bedeuten, sondern die Anfangsbuchstaben des Namens des Ordensstifters seien; 3. Eques (Ritter), dem ein Ring verliehen wurde, den er am Ringfinger der rechten Hand oder an der Uhr trug und der aus goldnen Liebesknoten und den Buchstaben R. S. gebildet war. Die Mitglieder nannten sich „aediles" (Architekten) und sprachen bei ihren Zusammenkünften lateinisch. Alle ihre Bücher waren in rotem Maroquin gebunden und mit Goldschnitt versehen. Ihr Hauptarchiv befand sich in der Schweiz an einem geheimgehaltenen Ort. Die Wände des Einweihungssaales waren entweder mit gefüllten Büchergestellen oder mit schönen Fresken geschmückt. Wer einen Aufnahmebewerber einführte, trug ein blaues Atlasgewand; der Meister safs an einem Tisch, auf welchem ein Globus stand und mathematische Instrumente lagen. Die Kandidaten mufsten Gelehrte oder Künstler sein und Proben ihrer Tüchtigkeit ablegen. Der Vorgang bei den Verhandlungen war grofsenteils dem der französischen Akademie nachgebildet.

Der Wilhelmsbader Konvent.

Im Laufe der Zeit kam es zwischen den verschiedenartigen maurerischen Vereinigungen zu so vielen und teilweise heftigen Streitigkeiten, dafs zu deren Schlichtung mehrere Konvente oder Kongresse abgehalten wurden. Der Lyoner (1778) verlief ergebnislos, obgleich er einen ganzen Monat dauerte, und auch bei dem Pariser (1785) kam nichts heraus, da man die Zeit an unfruchtbare Debatten mit Cagliostro verschwendete. Am wichtigsten und erfolgreichsten war der 1782 abgehaltene Wilhelmsbader Konvent, welchem der Herzog von Braunschweig vorsafs, der den innerhalb der deutschen Freimaurerei herrschenden

Zwistigkeiten sehr gern ein Ende gemacht hätte. Der Beratung wohnten Maurer aus ganz Europa wie auch aus Amerika und sogar aus Asien bei. Damals schätzte man die Zahl der Freimaurer auf der Erde auf mehr als drei Millionen.

Einen Hauptgegenstand der Tagesordnung bildeten die Mitteilungen in Dr. Starks „Stein des Anstofses“ über den Einfluss der Jesuiten auf den Freimaurerbund. Beträchtliche Verwirrung verursachte der Umstand, dafs mehrere Oberhäupter des Ritus von der Strikten Observanz aufser stande waren, über die ihnen angeblich wohlbekannten Geheimnisse der Hochgrade Aufschlufs zu geben und sich über die Verwendung der ihnen anvertrauten grofsen Beträge auszuweisen. Der wichtigste Beratungspunkt betraf die Frage, ob die Freimaurerei als eine Fortsetzung des Tempelrittertums zu betrachten sei und ob die Bundesgeheimnisse in den modernen Templergraden zu suchen seien. Nach dreifsig Sitzungen traf der Konvent eine verneinende Entscheidung; die Strikte Observanz erlitt eine Niederlage und wurde vom Herzog von Braunschweig auf drei Jahre suspendiert – ein Schlag, von dem sie sich nicht mehr erholte. Als die schwedischen Maurer behaupteten, im Besitz aller Geheimnisse zu sein, begab sich der Herzog nach Upsala, und da er fand, dafs die Schweden keineswegs mehr wufsten als die Deutschen, entstanden neue Streitigkeiten zwischen den Maurern der beiden Länder.

Das Ergebnis des Wilhelmsbader Konvents war die Beibehaltung der drei symbolischen Grade und die Stiftung eines neuen, „Ritter von der Wohlthätigkeit“ genannt und auf den in St. Martins „Irrtümer und Wahrheit“ und im „Tableau Naturel“ dargelegten Grundsätzen beruhend. Die Gründung dieses Wohlthätigkeitsgrades wurde dem Einflufs der Jesuiten zugeschrieben, weil „CH. B.“ (Abkürzung für „chevaliers bienfaisants“) den Zahlenwert 13 (3+8+2) hat, was N bedeutet, die Abkürzung von „Nostri“. Ein andres Ergebnis des Konvents bestand in einer Art Bündnis zwischen Freimaurerei und Illuminatentum, herbeigeführt durch Weishaupt („Spartacus“), den Stifter des bayrischen Illuminatenordens. Übrigens war damals der Einflufs der Jesuiten zu grofs, um gänzlich überwunden werden zu können; ihrer Einwirkung auf den Herzog von Braunschweig war auch der heftige Widerstand Deutschlands gegen die Prinzipien der französischen Revolution, namentlich das bekannte einschlägige Manifest des Herzogs zuzuschreiben.

An dieser Stelle wird eine interessante historische Anekdote willkommen sein, deren Wahrheit wir nicht verbürgen können, die aber von Dr. E. E. Eckert einem Pariser Brief (gerichtet an einen Wiener Baron) entnommen wird, dessen Schreiber er als

„vollkommen vertrauenswürdig“ bezeichnet. Es handelt sich um den plötzlichen Rückzug Friedrich Wilhelms III. aus Frankreich nach dem Einfall von 1792. Diesen bisher nicht genügend aufgeklärten Rückzug beleuchtet Eckert in seinem „Magazin der Beweisführung für Verurteilung des Freimaurer-Ordens“ (3 Bände, 1863, 1867, 1880) folgendermafsen: „Der König von Preufsen hatte unsre Grenze überschritten und befand sich entweder in Verdun oder in Thionville. Da gab ihm eines Abends ein vertrauter Diener das maurerische Zeichen und führte ihn in ein unterirdisches Gewölbe, wo er ihn allein liefs. Alsbald sah der König seinen Vorfahr, Friedrich den Grofsen – der Stimme, der Kleidung, dem Gang und den Gesichtszügen nach unverkennbar – auf sich zuschreiten. Der Geist warf dem König das franzosenfeindliche Bündnis mit Österreich vor und befahl ihm, sich sofort von demselben zurückzuziehen. Friedrich Wilhelm III. vollzog den Befehl zum grofsen Verdrufs seiner Verbündeten, denen er die Ursache seiner Willensänderung nicht mitteilte. Unser berühmter Schauspieler Fleury, der am Théâtre Français in den „Zwei Pagen“ Friedrich den Grofsen bekanntlich aufs vollendetste zu spielen pflegte, gestand nach einigen Jahren, dafs er auf Veranlassung des Generals Dumouriez bei jener Scene den Geist Friedrichs des Grofsen dem König gegenüber dargestellt habe“. Dumouriez war allerdings Freimaurer; ob aber die interessante Geschichte wirklich wahr ist, wissen wir nicht.

Die französische Freimaurerei unter den Napoleons und der Restauration.

Vor und während der Revolution entfaltete die Maurerei in Frankreich eine nützliche Thätigkeit, denn ihre Oberhäupter verstanden die maurerischen Grundsätze richtig und vertraten sie würdig. Aber die Errichtung des Kaisertums mit seinen höfischen Nichtigkeiten und seiner militärischen Prachtentfaltung liefs das theatralische Element des Maurerwesens wieder mehr in den Vordergrund treten. Man verfiel in akademische Spielereien, unterwürfigen Gehorsam und endlose Streitigkeiten. Von dem kaiserlichen Glanz verblendete maurerische Schriftsteller, Anhänger Napoleons I., erklären jene Zeit für die Blütezeit der französischen Freimaurerei; unbefangene Beurteiler jedoch halten sie für die am wenigsten wichtige und ehrenvolle.

Napoleon hegte anfangs die Absicht, die Freimaurerei gänzlich zu beseitigen, da er in ihr eine mögliche Zufluchtstätte für die von ihm bekanntlich so sehr verachteten „Ideologen“ erblickte, da ferner das Repräsentationssystem des Grofsorients seinen monarchischen Grundsätzen zuwiderlief und da endlich der schottische Ritus seinen Verdacht erregte. Allein die in der Schmeichelkunst geübten Pariser Logen bückten sich vor dem Ersten Konsul, sodann vor dem Kaiser und baten um Gnade. Napoleon fühlte sich zwar nicht ganz beruhigt, aber er war zu klug, um nicht die Notwendigkeit der Vermeidung von Gewaltmafsregeln einzusehen. Er befolgte daher die Politik, die Körperschaft, um sie nicht gegen sich aufzubringen, unter seiner eigenen mittelbaren Aufsicht bestehen zu lassen. Er überschwemmte die Logen mit Polizeispitzeln, die bald zu den höchsten Graden aufstiegen und deren Anwesenheit alles politische Ränkeschmieden von vornherein verhindern mufste. Nach langem Zögern erklärte der Kaiser sich zu Gunsten des Grofsorients und wies dem schottischen Ritus den zweiten Rang an. Sein Machtwort stellte im Schofs der französischen Freimaurerei den Frieden her. Der Grofsorient wurde zu einem Hofamt und die „Brüder“ zu einem Heer von Staatsbeamten. Die Grofsmeisterstelle übertrug der Grofsorient mit Zustimmung des Kaisers einem Bruder desselben, Joseph Napoleon, der sie auch annahm, obgleich er gar kein Eingeweihter war. Der Herrscher bestand jedoch zur gröfsern Sicherheit darauf, dafs sein Vertrauter und Erzkanzler Cambacérès zum Vize-Grofsmeister gewählt werde und dadurch die eigentliche Oberleitung in die Hände bekomme.

Allmählich gaben sämtliche in Frankreich heimische Maurerriten ihre Zustimmung zur kaiserlichen Politik und wählten Cambacérès zum Oberhaupt. So erlangte der Erzkanzler im Laufe der Zeit mehr maurerische Titel als irgend jemand vor oder nach ihm. 1805 wurde er Grofsmeistergehilfe des Grofsorients, 1806 Souveräner Grofsmeister des Hohen Konzils und Grofsmeister der Prinzen von Rose-croix de Heroden, 1807 Oberhaupt des französischen Ritus und Grofsmeister des philosophischen Schottenritus, 1808 Grofsmeister des Christusordens, 1809 National-Grofsmeister der Ritter von der heiligen Stadt und Protektor der philosophischen Hochgrade. Und da jede neue französische Loge dem Grofsmeister eine hohe Summe bezahlen mufste, zog er aus der Maurerei ein ungeheures Einkommen.

Nach kurzer Zeit stellten sich abermals Zwistigkeiten ein, denn der an höfische Sitten und höfischen Prunk gewöhnte Cambacérès bevorzugte insgeheim den schottischen Ritus mit dessen hochtrabenden Titeln und glänzenden Zeremonien. Dies veranlafste den Grofsorient, sich beim Kaiser zu beschweren, der inmitten seiner grofsangelegten militärischen und politischen Pläne nichts von den kleinlichen Scherereien des Maurertums wissen wollte und neuerlich daran dachte, den Bund in Frankreich gänzlich aufzulösen. Doch liefs er sich von dieser Ansicht durch den Erzkanzler abbringen, der ihn von den Gefahren überzeugte, welche die Unterdrückung der Logen nach sich gezogen haben würde. Bekanntlich pflegte der geniale Korse sonst weder zu zögern noch sich von Entschlüssen abbringen zu lassen. Vielleicht leuchtete ihm diesmal die Notwendigkeit ein, dafs die französische Gesellschaft wenigstens eine Körperschaft aufzuweisen habe, deren Mitglieder wenigstens scheinbar frei seien, die also eine Art politischen Sicherheitsventils bilden könne. Die Franzosen hatten nämlich eine Vorliebe für die Logen, weil sie dieselben für unabhängig hielten.

Der, wie gesagt, insgeheim begünstigte Schottenritus breitete sich rasch aus, obgleich der Grofsorient ihn zu beseitigen trachtete. Er wählte einen „Direktor der Riten“, verlegte das Hohe Konzil (den Grofsrat) nach Mailand und machte Eugen v. Beauharnais zum Grofsmeister des schottischen Grofsorients von Italien. Obgleich eine Person, Cambacérès, an der Spitze der beiden Systeme stand, bekämpften diese einander mit der ärgsten Heftigkeit. Trotzdem nahm die Zahl der Logen in Frankreich so sehr zu, dafs es ihrer im Jahre 1812 nahezu 1100 gab, darunter 69 in der Armee. Da der Kaiser der Maurerei nichts anhaben konnte, machte er sie seinen Zwecken nutzbar und führte sie im Heer und in den von ihm eroberten Ländern ein. Er züchtete durch sie den Bonapartismus und die Logen-„Arbeit“ wurde mit Hochrufen auf ihn eröffnet und geschlossen. 1808 rief in Deutschland Johannes Witt von Dörring – Mitglied der meisten damaligen Geheimbünde Europas – den maurerischen „Orden der Kleeblätter“*) ins Leben behufs Förderung der Pläne Napoleons; die Mitglieder – zu denen auch einige hervorragende deutsche Staatsmänner gehört haben sollen – erhofften von einem Erfolg des Korsen die Mediatisierung aller deutschen Staaten und die Vereinigung Deutschlands mit Frankreich zu einem Reich.

Übrigens gab es unter dem Schatten des kaiserlichen Schutzes auch antinapoleonische Logen, die bei ihren Versammlungen n i c h t „Vive l'empereur!“ riefen. Im allgemeinen aber ist es gewifs, dafs Napoleon I. bei seinen Eroberungen dem Beistande der Freimaurer viel zu verdanken hatte. Das ist kein Wunder, denn die spanischen, deutschen und italienischen Logen, die unter seiner Ägide errichtet wurden, standen unter der Oberleitung von Militärs, und die französischen selbst hatten zu ihren höchsten Würdenträgern Marschälle, Ritter der Ehrenlegion, Hocharistokraten, Senatoren und andere „verläfsliche Persönlichkeiten“,

*) Der Name rührt daher, dafs nur je drei Mitglieder einander bekannt waren.

die gegen Cambacérès und mittelbar gegen den Monarchen äußerst unterwürfig waren. Die halbjährlichen Losungsworte des Großorients spiegeln die Entwicklungs-Geschichte der Laufbahn Bonapartes wieder: 1800 „Wissenschaft und Friede“, 1802 (nach Marengo) „Einheit und Erfolg“, 1804 (nach der Krönung) „Zufriedenheit und Größe“, nach der Schlacht von Friedland „Kaiser und Vertrauen“, nach Unterdrückung der Tribune „Treue“, bei der Geburt des Königs von Rom „Nachkommenschaft und Freude“, beim Abmarsch nach Rußland „Sieg und Rückkehr.“

Als Napoleon sich mit der Freimaurerei verständigte, um ihre Unterstützung zu erlangen, soll er ihr Versprechungen gemacht haben, die er nicht gehalten zu haben scheint; es heißt, daß sie sich deshalb später gegen ihn wendete und nicht wenig zu seinem Sturz beitrug. Diese Angaben haben indes geringe Wahrscheinlichkeit für sich. Immerhin ist es Thatsache, daß die maurerischen Kreise sich auf die Hinterbeine zu stellen begannen. Das veranlaßte den Polizeiminister Savary im Jahre 1810 zu dem Vorhaben, den Bund zu verbieten, doch wurde dieser abermals von Cambacérès gerettet. Die Rettung verhinderte nicht die Entstehung einer auf die Wiedereinsetzung der Bourbonen abzielenden Loge, welche auch auf das Heer übergriff und die aufständische Bewegung von 1813 verursachte.

Was die Restauration betrifft, so konnte sie mit ihrer Kurzsichtigkeit, Mittelmäßigkeit und Rücksichtslosigkeit den Freimaurern nicht behagen. Hatte schon Napoleon diese zuletzt gegen sich eingenommen, so konnten sie dem Verhalten der neuen Regierung selbstverständlich noch weniger Geschmack abgewinnen. Sie verhielten sich einstweilen zuwartend. Bald entstand in Paris die maurerische Formen annehmende Gesellschaft „Das wiedergeborne Frankreich“, die dem neuen Willkürherrscher Spionen- und Rächerdienste leistete, aber von ihm schon nach einem Jahre im stillen unterdrückt werden mußte, weil der blinde Eifer ihrer Mitglieder sich mehr schädlich als nützlich erwies. Nun nahm die katholische Geistlichkeit den Kampf gegen die Freimaurerei auf. Unter dem Kaiser hatte die Geistlichkeit sich sehr beengt und geringgeschätzt gefühlt; jetzt schwoll ihr der Kamm wieder und sie ließ es sich angelegen sein, die Maurer beim König wie beim Publikum als Rationalisten und Freunde des Königsmordes zu verdächtigen, was die Schließung zahlreicher Logen bewirkte. Anderseits wurde 1816 in Paris der Misraimritus eingeführt; fünf Jahre später infolge polizeilicher Plackereien verboten, feierte die Mutterloge, „Regenbogen“ genannt, ihre Wiedereröffnung erst 1830. Um dieselbe Zeit trat die „Trinosophisten“-Loge ins Leben.

Angeblich sollen die Freimaurer die Julirevolution (1830) zu stande gebracht haben, aber das ist wenig glaubwürdig. Immerhin nahm Ludwig Philipp den Bund unter seinen Schutz und ernannte einen seiner Söhne, den Herzog von Orléans, zum Grofsmeister. Nach des Herzogs Tod (1842) wurde sein Bruder, der Herzog von Nemours, sein Nachfolger und in demselben Jahr fanden die Streitigkeiten zwischen dem Grofsorient und dem schottischen Ritus eine gütliche Beilegung. Es heifst, dafs ein in Strafsburg abgehaltener Freimaurerkonvent die Grundlagen der 1848er Revolution gelegt habe. Sicher ist, dafs viele hervorragende französische und deutsche Republikaner dem Konvent beiwohnten; aber eben deshalb mufs er eher für eine republikanische als für eine maurerische Versammlung gelten. Nach der Errichtung der provisorischen Regierung infolge des Februar-Aufstandes erklärten sich die Freimaurer zu Gunsten dieser Regierung und schwelgten in schwungvollen Reden über Freiheit, Gleichheit und Brüderlichkeit; allein die baldige Gründung des zweiten Kaisertums zeigte die Nichtigkeit dieses Phrasentums und die grofse Geringfügigkeit des Einflusses der Freimaurerei auf den Gang der Weltgeschichte.

Louis Napoleon zeigte sich der Maurerei schon als Präsident der Republik eben so feindlich gesinnt wie einst sein Oheim. Am 7. September 1850 erliefs er ein Dekret, welches den französischen Logen unter Androhung der Auflösung die Beschäftigung mit Fragen der Politik verbot. Anfangs 1852 wurde die Grofsmeisterwürde einem Vetter des Präsidenten, Lucien Murat, übertragen; nach neun Jahren mufste dieser jedoch zurücktreten, weil der Bund ihm die Mifsbilligung ausgedrückt hatte für sein Eintreten im Senat zu Gunsten der weltlichen Macht des Papstes. Der Umstand, dafs man nun das Grofsmeisteramt dem Prinzen Napoleon anbot, erregte die Eifersucht der Anhänger Murats, und die beiden Parteien bekämpften einander aufs heftigste in Flugschriften. Jetzt mischte sich der Kaiser ein, indem er den Streitenden Schweigen gebot, den Prinzen auf längere Zeit nach Amerika schickte und selber einen Grofsmeister ernennen zu wollen erklärte. Der Verlust des Rechtes der selbständigen Grofsmeisterwahl machte die Unabhängigkeit der französischen Maurerei abermals illusorisch, ihr Programm zwecklos, ihre Geheimnisse wertlos. Allmählich beruhigten sich die Gemüter, Prinz Napoleon kehrte aus den Vereinigten Staaten zurück, Murat söhnte sich mit seiner Niederlage aus und im Januar 1862 ernannte der Kaiser, seinem Oheim nachäffend, einen Marschall zum Grofsmeister.

Inzwischen war die Zahl der französischen Logen, 1852 noch 325, 1861 auf 269 gesunken. Diese waren teils unfähig, teils abgeneigt, dem Einflufs der Jesuiten auf die öffentlichen

Angelegenheiten wirksam entgegenzutreten. Übrigens ist die Freimaurerei im allgemeinen, wenn in die Enge getrieben, trotz ihres Geredes von Brüderlichkeit und Gleichheit streng konservativ – eine Thatsache, welche die „Internationale“ veranlafste, auf ihrer Tagung zu Lyon im Jahre 1870 die Freimaurerei in Acht zu erklären und zehn Jahre später anzuordnen, dafs nur Nichtmaurer Mitglieder werden können.

Die Freimaurerei in Italien.

Über die Anfänge der Freimaurerei in Italien ist wenig bekannt. Doch weifs man, dafs zu Florenz im Jahre 1512 „die Kelle“ gegründet wurde, eine aus Gelehrten und Litteraten bestehende Gesellschaft, die sich in allerlei wunderlichen Grillen erging. Bald versammelten sich die Mitglieder in der Loge in der Kleidung von Maurern und Handlangern, um aus Maccaroni mit Parmesan ein Gebäude aufzuführen; Gewürze und Zuckerplätzchen dienten als Mörtel, Semmel und Kuchen als Steine; auch allerlei andere Efswaren fanden beim Bau Verwendung, der so lange fortgesetzt wurde, bis ein angeblicher Regen der „Arbeit“ ein Ende machte. Bald liefsen sie sich von Ceres, die auf der Suche nach Proserpina war, einladen, sie in die Unterwelt zu begleiten. Sie folgten der Göttin durch den Rachen einer Schlange in einen finstern Raum; als Pluto sie zu einer Mahlzeit einlud, erschienen Lichter und man sah auf dem schwarzgedeckten Tisch Schüsseln mit scheufslichen, abstofsenden Tieren, während einige Teufel auf Schaufeln die Gebeine toter Menschen servierten. Nach kurzer Zeit verschwand der Spuk und ein prächtiges Bankett folgte. 1737 bestand „die Kelle“ noch. Die Geistlichkeit arbeitete gegen sie, und es würde ihr auch gelungen sein, sie zu unterdrücken, wenn nicht Herzog Franz von Toskana, der in Holland Freimaurer geworden war, den Thron bestiegen, den Orden unter seinen Schutz genommen und alle eingesperrten Maurer freigelassen hätte. Die Erinnerung an die Verfolgungen wurde in den Ritualen verewigt; im „Magus“-Grad ist die Tracht die der Inquisition und auch andere Grade erinnern an die portugiesischen und spanischen Inquisitoren.

Was aus der „Kelle“ geworden, wissen wir nicht. Aber wir wissen, dafs um die Mitte des 18. Jahrhunderts eine vom Grafen Filippo Strozzi eifrig geförderte Illuminaten-Vereinigung grofse Verbreitung fand. Sie nahm nur solche Bewerber auf, die bereits die drei symbolischen Grade des York-Ritus hinter sich hatten. Gleich der ägyptischen Maurerei, verehrte sie das Tetragrammaton und verband die höchste Philosophie mit dem albernsten Aberglauben.

Was insbesondere Neapel betrifft, so gab es dort im 18. Jahrhundert viele Tausende von Freimaurern. Zwar versuchte Karl III. 1751 und Ferdinand IV. acht Jahre später, dem Bunde durch den Befehl der Schliefsung der Logen beizukommen; allein trotz der Feindseligkeit des Ministers Tanucci blieb das Verbot ein toter Buchstabe. Als ein Neuling wenige Tage nach seiner Einweihung starb, fanden neuerliche Verfolgungen statt. Die bei einem Bankett versammelten Mitglieder der betr. Loge wurden verhaftet, ihr Verteidiger, der Rechtsanwalt Levy, verbannt und dessen der Brüderschaft günstiges Buch öffentlich vom Henker verbrannt. Bald jedoch entliefs Königin Karoline den zelotischen Tanucci und gab den Maurern Versammlungsfreiheit, wofür ihr der französische Grofsorient Dank sagte. Aber es scheint, dafs die Freimaurerei schon nach einigen Jahren wieder Ursache hatte, sich zu verbergen, denn 1767 spricht eine Urkunde von ihr als einer unentdeckten Geheimgesellschaft, welche angeblich 64 000 Mitglieder hatte, was offenbar eine Übertreibung war. Wir lassen den interessanten Inhalt des in Rede stehenden Schriftstückes auszugsweise folgen:

„Endlich ist Neapels grofse Freimaurergrube entdeckt, deren Name bekannt war, während ihr Geheimnis unbekannt blieb. Ein Sterbender enthüllte alles seinem Beichtvater, damit dieser den König benachrichtige, und ein bei dem Bund in hohem Ansehen stehender Ritter, dem man die Bezüge einstellte, verriet den Grofsmeister an den König. Dieser Grofsmeister war der Herzog von San Severo. Der König entsandte einen vertrauenswürdigen Offizier nebst drei Dragonern, damit sie den Herzog in dessen Wohnung ergriffen und, ehe er sich mit irgend jemand verständigen könne, in den Königspalast brächten. Der Befehl wurde vollzogen, doch brach nach wenigen Minuten im Palast des Herzogs Feuer aus und zerstörte seine Büchersammlung, womit wahrscheinlich die Vernichtung aller maurerischen Schriften bezweckt war. Truppen löschten das Feuer und bewachten das Haus. Vor den König gebracht, erläuterte der Herzog ohne Scheu die Ziele, das Wesen, die Beschaffenheit, die Siegel u. s. w. des Ordens. Er wurde wieder heimgeschickt und von Soldaten bewacht, damit er nicht wegen seiner Enthüllungen von den Freimaurern getötet werde. Auch in Florenz sind Freimaurer entdeckt worden; der Papst und der Kaiser haben 24 Gottesgelehrte hingeschickt, die dem Unfug ein Ende machen sollen. Um die grofsen Gefahren zu vermeiden, welche mit dem Eingreifen allzu strenger Mafsregeln verknüpft sein könnten, handelt der König gegen alle Beteiligten mit der gröfsten Milde. Er hat vier hervorragende Persönlichkeiten beauftragt, die besten Mittel zur Ausrottung der verabscheuenswerten Sekte ausfindig zu machen. Auch teilte er allen europäischen Herrschern seine Entdeckung mit und forderte sie auf, ihn in seinen Unterdrückungsbestrebungen zu unterstützen; „es wäre thöricht von ihnen, sich dessen zu weigern.“

Über Organisation, Ursprung und Wesen des Bundes enthält dasselbe Dokument u. a. die folgenden sonderbaren Angaben: „Dieser Orden zählt nicht Tausende, sondern Millionen von Mitgliedern, namentlich unter den Juden und Protestanten. Seine schrecklichen Grundsätze sind nur den Angehörigen des 5., 6. und 7. Grades bekannt; die der drei ersten wissen nichts, und die des vierten handeln, ohne zu wissen, was sie thun. Der Ursprung der Sekte ist in England zu suchen und ihr Gründer war der berüchtigte Cromwell, zuerst Bischof, dann Anna Boleyns Geliebter, „die Geifsel der Herrscher“ genannt und schliefslich wegen seiner Verbrechen enthauptet. Er hinterliefs dem Orden ein Jahreseinkommen von 10000 Pf. St. Derselbe ist in sieben Grade geteilt: 7. Beisitzer, 6. Grofsmeister, 5. Bauherren, 4. Exekutoren, 3. Rurikoren, 2. Novizen, 1. Proselyten. Seine schändlichen Ideen beruhen auf der Allegorie des salomonischen Tempels in dessen ursprünglicher Pracht, die durch die Willkür der Assyrer zerstört wurde, um schliefslich wiederhergestellt zu werden. Damit werden angedeutet: die menschliche Freiheit nach Erschaffung der Welt, ihre Vernichtung durch die Willkür der Priester, Könige und Gesetze, und ihre schliefsliche Wiederherstellung.“ Aus den näheren Einzelheiten, welche in der Urkunde angeführt sind, geht hervor, dafs es sich um Grundsätze und Ziele handelte, die sich von denen der nichtmaurerischen Republikaner und Fortschrittsfreunde nicht sonderlich unterscheiden.

In Venedig wurde die Freimaurerei anfänglich geduldet, allein 1686 schöpfte die Regierung Verdacht und ordnete die Schliefsung aller Logen sowie die Verbannung der „Brüder“ an. Doch wurde das Dekret sehr lau gehandhabt. Eine adelige Loge, die sich zu gehorchen weigerte, betrat die Behörde, um die Mitglieder zu schonen, absichtlich zu einer Zeit, da niemand anwesend war; die Einrichtung, die Dekorationen etc. wurden auf die Strafse geworfen und öffentlich verbrannt, die Mitglieder aber in keiner Weise behelligt. 1785 entdeckte man in Venedig eine Loge und vernichtete ihre Einrichtungen etc. Man fand auch das Ritual. Danach wurde der Aufnahmebewerber mit verbundenen Augen die Kreuz und die Quer geführt, um nicht zu wissen wohin. In der Loge brachte man ihn in ein schwarzverhängtes, nur von einer Kerze erleuchtetes Zimmer, wo man ihn in ein sterbehemdähnliches, aber schwarzes Gewand hüllte, ihm eine turbanartige Mütze aufsetzte, ihm das Haar ins Gesicht kämmte und ihn dann vor einen, hinter einem schwarzen Vorhang verborgenen Spiegel stellte. Er durfte nun die Augenbinde abnehmen und las unterhalb des Spiegels die Worte: „Wenn du wirklich Mut hast und ernstlich gewillt bist, dem Orden beizutreten, so ziehe den Vorhang zur Seite und lerne dich selbst kennen!“ Nachdem er sich gesehen, wurden ihm die Augen wieder verbunden und er mufste, in der Mitte des Gemachs stehend, mit 30—40 Brüdern, die nun eintraten, ein Degengefecht beginnen, um seinen Mut zu beweisen. Nach Abnahme der Augenbinde verband man die ihm absichtlich beigebrachte leichte Wunde, legte ihm die Augenbinde abermals um und führte ihn in ein anderes Gemach, welches schwarz und weifs drapiert war. In der Mitte stand ein mit einem schwarzen Tuch bedecktes Bett; die Stickerei des Tuches zeigte im Mittelpunkt ein weifses Kreuz, an beiden Seiten je ein weifses Skelett. Von der Binde befreit, wurde der Kandidat aufs Bett gelegt und mit einer gelben und einer weifsen Wachskerze allein gelassen. Nach kurzer Zeit traten die Brüder ein, einen Heidenlärm vollführend. Der Neuling, der bei all diesen Unannehmlichkeiten keinerlei Angst an den Tag legen durfte, wurde schliefslich als neuaufgenommener Bruder begrüfst und erhielt den Namen, unter dem er künftig innerhalb des Bundes gekannt sein sollte.

Unter Napelon I. entstanden in ganz Italien zahlreiche Logen. Dafs sich das italienische Maurertum damals in einem kläglichen Zustand befand, geht aus der Thatsache hervor, dafs es an den Kaiser einmal die folgende Adresse richtete: „O Napoleon! Deine Philosophie bürgt für die Duldung unsrer natürlichen und göttlichen Religion. Dafür erweisen wir dir gebührende Ehre und du wirst in uns stets treue, deiner erhabenen Person ergebene Unterthanen finden!“ Welche Selbsterniedrigung seitens einer Vereinigung, die sich immer ihrer Unabhängigkeit von allen Regierungen und ihrer Überlegenheit über dieselben gerühmt hat!

Grofse Beachtung verdient das Programm der heutigen, unter wenigen Oberhäuptern vereinigten italienischen Freimaurerei, denn es deutet auf die Reformen, welche diesem grofsen und alten Bund nicht nur in Italien, sondern allenthalben notthun. Danach bezweckt das italienische Maurertum gegenwärtig die höchste Entwicklung der umfassendsten Menschenliebe, die Selbständigkeit und Einheit der einzelnen Völker, ihre Verbrüderung unter einander, die Duldung aller Religionen, die Gleichberechtigung aller Gottesdienstformen, die Hebung des sittlichen und materiellen Loses der Massen. Auch erklärt es, von jeder Regierung unabhängig zu sein und keine irdische Macht anzuerkennen aufser der Vernunft und dem Gewissen. Ferner besagt es, dafs – und dies verdient besondere Aufmerksamkeit – das Wesen der Freimaurerei nicht in einem geheimnisvollen Symbolismus, in leeren Förmlichkeiten und nebelhaften Bestrebungen bestehen dürfe, wenn sie sich nicht lächerlich machen wolle. Da sie etwas allgemein Menschliches sei, habe sie sich weder mit Regierungsformen noch mit Fragen von vorübergehendem Interesse, sondern mit Dingen von allgemeiner, dauernder Bedeutung zu befassen. Im Gebiete der Sozialreformen müsse sie abstrakte, auf mystischen Bestrebungen beruhende Lehren vermeiden. Sie verurteile den Müfsiggang, denn die Arbeitsamkeit sei die oberste Pflicht aller Angehörigen der gesitteten Gesellschaft. Religionsfragen liegen aufserhalb des Bereiches der Maurerei, welche nichts mit den positiven Bekenntnissen zu schaffen habe, weil das menschliche Gewissen durchaus unverletzlich sei. Den Grundsätzen der Brüderlichkeit huldigend, predige sie allgemeinste Duldsamkeit und nehme in ihr Ritual viele der Sinnbilder verschiedener Bekenntnisse auf. Die Religion der Freimaurer bestehe in der Verehrung des Göttlichen in seiner, jedes kirchlichen Beiwerks entkleideten höchsten Auffassung des Weltenbauherrn, sowie in dem Glauben an die Menschlichkeit, den einzigen weltlichen Ausdruck des Göttlichen. Was die äufserlichen Formen des Gottesdienstes betreffe, so überlasse das Maurertum diesen Punkt, ohne irgendwelche Richtschnur zu geben, dem freien Ermessen jedes Einzelnen – in der Erwartung der vielleicht nicht allzufernen Zeit, da alle Menschen im stande sein werden, das unendliche Prinzip ohne Vermittler und ohne äufsere Formen im Geiste der Wahrheit anzubeten. Bei der Bestimmung der Beziehungen der Menschen unter einander beschränke sich die Freimaurerei nicht darauf, zu empfehlen, dafs wir anderen nichts anthun, was wir nicht wünschen, dafs sie uns anthun; sie schärfe vielmehr ausdrücklich ein, das Gute zu thun, sich dem Bösen zu widersetzen und keinerlei Ungerechtigkeit zu dulden. Das Maurertum erhoffe eine Zeit, in der die Panzerplatten der Kriegsschiffe sich zu Dampfpflügen wandeln werden, der durch die Freiheit und die Wissenschaft erlöste Mensch sich an reinen Geistesgenüssen erfreuen und der Friede mit Hilfe der gegenwärtig dem Krieg gewidmeten Mittel und Kräfte am Lebensbaum die herrlichsten Früchte zeitigen wird.

Angesichts eines so schönen Programms ist es lebhaft zu bedauern, dafs eine grofse, bedeutende Vereinigung wie der Freimaurerbund, der in die Zukunft hinaussteuern sollte, durch die unpraktische Beibehaltung kindischer Spielereien – etwas andres sind die „Riten" ja doch nicht — an die Vergangenheit gekettet wird. Die Freimaurerei sollte keine Ambulanz sein, sondern eine Vorhut — ohne die übermäfsige Bürde der jetzigen Formalitäten, ohne den Ballast eines überflüssigen Symbolismus. Wenn sie sich nicht zu einer gründlichen Selbstumgestaltung entschliefst, ist sie unhaltbar. Es hat keinen Sinn, allgemein bekannte Geheimnisse zu hüten. Der Glaube, sie sei im Alleinbesitz weitverbreiteter Wahrheiten, beraubt sie und die Welt andrer Wahrheiten, wichtigerer Geheimnisse. De Castro meint, dafs es für Italien eine Ehre sein würde, mit den unerläfslichen Reformen zu beginnen. In Wirklichkeit wäre das für welches Land immer eine Ehre. Es hat den Anschein, als sollte Deutschland am ehesten geneigt sein, den Anfang zu machen. In der 1899 erschienenen, „Der Stern von Bethlehem" betitelten Sammlung von Aufsätzen und Logenvorträgen reichsdeutscher Maurer wird auf diese Richtung hingearbeitet. Es heifst dort u. a., dafs — was übrigens schon viele andere maurerische Schriften betont haben — der Bund keine geheimen Kenntnisse besitze, deren Mitteilung verboten wäre. „Wenn nun die Freimaurerei trotzdem von ihren Geheimnissen redet, so versteht sie darunter nichts andres als die ihr eigentümlichen Mittel und Übungen, wodurch jeder ihrer Anhänger zu einer ihn selbst befriedigenden Lebensanschauung gelangen kann." Franz Brückner knüpft an die Darlegungen des „Sterns von Bethlehem" die folgenden bezeichnenden Bemerkungen:

„Wenn diese Veröffentlichungen allgemein bekannt werden, so wird man aufhören, den deutschen Maurern allerlei Phantastisches und Scheufsliches nachzusagen . . . Man wird es im grofsen Publikum nicht verstehen, wenn die harmlosen deutschen Maurer ihren Ritus und ihre Verhandlungen beharrlich geheimhalten. Solange sie ihr Geheimnis bewahren, werden sich die Ausstehenden für berechtigt halten, allerlei zu argwöhnen . . . Verständen sich die deutschen Maurer dazu, auf die Geheimhaltung zu verzichten, so würde auch in Österreich, wo die Maurerei seit 1794 verboten ist, die Gründung von Logen wieder gestattet werden."

Cagliostro und die ägyptische Maurerei.

Joseph Balsamo, der Jünger und Nachfolger Saint-Germains, der am Hofe Ludwigs XV. vorgab, ein Zeitgenosse Christi, Karls V. und Franz I. gewesen zu sein, hatte weiterausgreifende

Pläne und hegte einen höhern Ehrgeiz als sein Meister. 1743 zu Palermo geboren, wurde er in zwei dortigen Klöstern erzogen, wo er sich einige Kenntnisse in der Chemie erwarb. Als junger Mann lernte er einen Abenteurer namens Althotas kennen, der im Besitz des Steins der Weisen zu sein behauptete. Die beiden führten jahrelang ein gemeinsames Wanderleben. Was schliefslich aus Althotas geworden, weifs man nicht bestimmt; Balsamo aber verheiratete sich in Rom mit der schönen Lorenza Feliciani. Er behandelte sie so schlecht, dafs sie entfloh; als er sie wiedererlangte, übte er durch Magnetisieren einen gewaltigen Einflufs auf sie aus. Er war überhaupt ein grofser Magnetiseur. Er besuchte Deutschland und wurde daselbst in die Freimaurerei eingeweiht, in welcher er bald eine grofse Rolle zu spielen begann. Auch legte er sich verschiedene Adelstitel bei; u. a. nannte er sich Marquis von Pellegrini; am bekanntesten ist er als Graf Cagliostro geworden. Seine Schlauheit, seine Unverfrorenheit und einige glückliche Weissagungen verschafften ihm einen europäischen Ruf, der es ihm ermöglichte, viele Menschen, darunter einige sehr hochstehende, zu beschwindeln, besonders in Frankreich, wo er viele neue Maurerlogen gründete.

Dieser merkwürdige Mensch schrieb ein Buch „Der ägyptische Maurerritus". Den letztern führte er zuerst in Kurland, später in Deutschland, Frankreich und England ein. Wegen seiner Verwicklung in die berühmte Angelegenheit des Halsbandes der Königin aus Frankreich verbannt, ging er nach England. Von dort floh er vor seinen Gläubigern und kehrte auf Wunsch seiner wandermüden Frau, die sich nach ihren Verwandten sehnte, nach Rom zurück, wo er jedoch bald unter der Anschuldigung, eine Maurerloge haben gründen zu wollen, verhaftet und zum Tode verurteilt wurde (1789). Man begnadigte ihn zu lebenslänglichem Kerker und steckte seine Gattin in ein Kloster, wo sie bald starb. Im Gefängnis versuchte er einen Beichtvater umzubringen, um in dessen Gewand zu entspringen; doch mifslang ihm das und er soll 1795 als Sträfling gestorben sein.

Der von ihm ersonnene ägyptische Ritus ist ein albernes Gemisch von Heiligem und Weltlichem, von Ernstem und Lächerlichem. Zu seiner Gründung regte ihn eine Handschrift an, die er entdeckt hatte und in welcher George Cofton die Umgestaltung der Freimaurerei in alchimistisch-phantastischem Sinne vorschlug. Cagliostro spekulierte mit seiner ägyptischen Maurerei auf die Leichtgläubigkeit der Menschen, um sich zu bereichern. Er gab als Ziel seines Ritus die Vervollkommnung der Erdenbewohner durch leibliche und sittliche Wiedergeburt vor. Die leibliche sei bestimmt zu erzielen durch die prima materia

(Urstoff) und den Stein der Weisen, die dem Menschen Jugendkraft und Unsterblichkeit sichern würden, während die sittliche Wiedergeburt durch die Entdeckung eines Fünfecks erfolgen sollte, das die Menschen zu ihrer ursprünglichen Unschuld zurückführen werde. Um der Sache gröſsern Nachdruck zu verleihen, behauptete er, der Ritus sei schon von Enoch gestiftet und von Elias umgestaltet worden, um schlieſslich vom Groſskophta – das war er selbst – wiederhergestellt zu werden.

Sowohl Männer als auch Frauen fanden Aufnahme; die Einweihungszeremonien und die Versammlungslogen waren für jedes Geschlecht andere. Bei der Einweihung von Frauen blies der Meister der Kandidatin ins Gesicht und sagte: „Ich hauche dir diesen Atem ein, damit er in deinem Herzen die Wahrheit, die wir besitzen, zum Keimen und Wachsen bringe. Ich blase dir diesen Hauch ein, auf daſs derselbe dich in deinen guten Absichten bestärke und den Glauben deiner Brüder und Schwestern in dir kräftige. Wir wählen dich zur legitimen Tochter der wahren ägyptischen Adoption und dieser hochwürdigen Loge". In der Loge „Sinai" wurden die geheimsten Riten gefeiert; eine andre hieſs „Ararat". Bezüglich des Fünfecks redete Cagliostro seinen Opfern ein, dasselbe werde den Meistern nach vierzigtägigem Umgang mit den sieben Ur-Engeln gewährt werden und dessen Besitzer auf 5557 Jahre (!!) körperlich verjüngen; erst nach dieser Zeit würden sie sanft entschlafen und in den Himmel kommen. Die Beliebtheit des Fünfecks (Pentagon) in den vornehmen Kreisen von Paris, London und St. Petersburg war ebenso groſs wie die des Steins der Weisen jemals und irgendwo. Für wenige Gran der famosen prima materia wurden groſse Summen bezahlt.

Cagliostro bediente sich zur Heranziehung von Logenmitgliedern nicht nur maurerischer Täuschungen, sondern auch der damals nur sehr wenig bekannten Wunder des Magnetismus. Die Hydromantie muſste ebenfalls herhalten. Er lieſs ein Kind, gewöhnlich ein kleines Mädchen, „die Taube" genannt, in eine mit Wasser gefüllte Flasche gucken und aus dieser Ereignisse herauslesen – verflossene, gegenwärtige und künftige. Da nun Cagliostro ein scharfer Beobachter war, sah er manches richtig voraus, und da ihm überdies zuweilen der Zufall zu Hilfe kam, galt er für einen richtigen Propheten. Als der Geisterbeschwörungsschwindler Schröpfer sich weigerte, dem ägyptischen Ritus beizutreten, weissagte „die Taube", er werde innerhalb eines Monats seine Strafe finden. Zufällig beging Schröpfer nach wenigen Wochen einen Selbstmord und das brachte Balsamo nebst seiner Wasserflasche zu noch höherem Ansehen. In dieser Hinsicht war er ein Vorläufer der modernen Spiritisten. Dadurch, dafs er mit seinen geheimen Kräften nicht hinter dem Berg hielt, sondern sie vielen anderen mitteilte, gelangten in die Logen Zauberübungen, welche dem Ruf der Freimaurerei schadeten. Und all dies ereignete sich zur Zeit der Encyklopädisten, am Vorabend der grofsen Revolution!

Die zwei ersten Logen gründete der falsche Graf in Paris; die eine befand sich in seinem eigenen Wohnhause, die andre war glänzend eingerichtet. Eine dritte wurde zu Lyon ins Leben gerufen und in einem eigenen Prachtbau untergebracht; Cagliostro machte sie zur Mutterloge und nannte sie „Triumphierende Weisheit“. Ihr Patent begann folgendermafsen:

„Ehre, Weisheit,
Einigkeit,
Wohlthätigkeit, Behagen.

„Wir, Grofskophta in allen östlichen und westlichen Teilen Europas, Gründer und Grofsmeister der ägyptischen Maurerei, thun allen, die dies lesen, zu wissen, dafs während unsres Aufenthalts in Lyon viele Mitglieder der Loge vom Orient und gewöhnlichen Ritus, die den Namen „Weisheit“ angenommen hat, den innigen Wunsch ausgedrückt haben, sich unter unsre Leitung zu stellen, damit wir sie in die wahre Maurerei einweihen. Es macht uns Vergnügen, ihren Wunsch zu erfüllen“ u.s.w.

Auch in Strafsburg, Roveredo, Mitau und Basel entstanden Logen, im Haag eine Frauenloge. Der Basler Bau war ein prachtvoller Tempel, den die Bevölkerung nicht ohne Scheu betrachten konnte, weil sie glaubten, Cagliostro habe ihn zu seinem Mausoleum bestimmt.

Adoptionslogen und zweigeschlechtige Maurerei.

Die Freimaurerei hat mit den „gröfseren“ Mysterien des Altertums die Regel gemein, dafs Angehörige des weiblichen Geschlechts, das vermeintlich kein Geheimnis bewahren kann, von der Mitgliedschaft ausgeschlossen sind. Allmählich jedoch hat diese Regel, wie die meisten Regeln, Ausnahmen erfahren. Wie wir vorhin gesehen, nahm Cagliostro in seinen ägyptischen Ritus auch Frauen auf. Als am Anfang des 18. Jahrhunderts in Frankreich mehrere Vereinigungen entstanden, die in den Äufserlichkeiten der Freimaurerei ähnelten, ohne das weibliche Element auszuschliefsen, lobpries die Damenwelt dieselben naturgemäfs. Um nun nicht allzu unbeliebt zu werden, kam der Maurerbund auf den Gedanken, „Adoptionslogen“ für Frauen zu stiften.

Der Name bedeutet, dafs jede solche Loge von einer regelrechten Maurerloge adoptiert werden mufste. Der Grofsorient von Frankreich erliefs ein die Leitung der Adoptionslogen regelndes Statut. Die Eröffnung der ersten erfolgte 1775 in Paris; die Herzogin von Bourbon, die den Vorsitz führte, wurde zur Grofsmeisterin gewählt. Durch die Revolution in ihrer Thätigkeit unterbrochen, wurde diese Loge 1805 in Strafsburg unter der Leitung der Kaiserin Josephine als „Kaiserliche Adoptionsloge der Freien Ritter" wieder ins Leben gerufen. Auch in mehreren anderen Ländern Europas entstanden solche Logen, aber sie konnten sich nicht halten.

Der Adoptionsritus unterscheidet sich hinsichtlich der Grade nicht von der echten Maurerei. Jede Würdenträgerin wird von einem männlichen Würdenträger gleichen Ranges unterstützt. Es giebt also neben der Grofsmeisterin einen Grofsmeister, neben der Inspektorin einen Inspektor u. s. w. Die eigentliche Leitung der Logenangelegenheiten liegt in den Händen der weiblichen Funktionäre, die „Brüder" stehen ihnen nur bei; blofs beim Grofsmeisterrang ist es umgekehrt: hier hat die Grofsmeisterin wenig Bedeutung, sie ist mehr die stumme Begleiterin des Grofsmeisters. Der Lehrlingsgrad bildet lediglich eine Art Vorbereitung. Im zweiten Grad, dem der Genossin, wird die paradiesische Versuchungsscene sinnbildlich dargestellt. Der Gegenstand des Meisteringrades ist die Erbauung des babylonischen Turmes. Der vierte Grad heifst „vollkommene Meisterin"; hier vertreten die „Beamten" Moses, Aaron und deren Gattinnen, und die Zeremonien beziehen sich auf den Zug der alten Israeliten durch die Wüste – eine Versinnbildlichung des menschlichen Lebens als einer Wanderung in ein jenseitiges, besseres Leben. Der geschmackvoll verzierte Logensaal ist durch Vorhänge in vier Gemächer geteilt, deren jedes eine der vier Windrichtungen darstellt. Im Osten stehen zwei herrliche, goldbefranste Thronsessel für die Grofsmeisterin und den Grofsmeister. Die Mitglieder sitzen in geraden Reihen, vorn die Schwestern, hinten die Brüder; die letzteren halten Degen in der Hand. Der Spielerei, „Arbeit" genannt, folgt eine grofse Mahlzeit, nicht selten auch ein Ball. Beim Essen wird eine symbolische Sprache geführt, die an das Précieusentum erinnert: „Eden"=Logensaal; „Schranken"=Thüre; „Lampe"=Trinkglas; „weifses Öl"=Wasser; „rotes Öl"=Wein; „putzet eure Lampen"= füllet die Gläser etc.

Die Jesuiten, die ihre Nasen gern in alles stecken, sahen in der Adoptionsmaurerei bald ein Mittel mehr, auf die Frauen Einflufs zu gewinnen. Sie gründeten daher neue Adoptionslogen oder pafsten bestehende ihren Zwecken an. Hier eine Stelle aus dem Katechismus: „Schwester! Bist du bereit, für das Gedeihen der apostolischen römischen Kirche dein Leben zu opfern?“ Ein gut Teil des Rituals des zehnten Grades, welcher „Fürstin der Krone“ hiefs, behandelte die Königin von Saba. 1779 wurde dieser Ritus in Sachsen eingeführt.

In der Adoptivmaurerei spielt die Galanterie eine grofse Rolle. Die in Frankreich seit Jahrhunderten eifrig bethätigte und zu einer schönen Kunst ausgebildete Galanterie fabrizierte eigene Riten und Grade, welche nur dem Namen nach maurerisch waren. Liebesgetändel trat hier an die Stelle der Politik. Zuweilen beschränkten die zweigeschlechtigen Logen sich nicht auf die Vergnügungsseite; im allgemeinen jedoch sind sie nichts andres als eine wunderliche Form jenes höfischen Lebens, das in Frankreich und Italien seine Dichter und Romanschreiber hatte und das in seinen späteren Auswüchsen zu den Ausschreitungen der grofsen Revolution führte. Einige der ältesten zweigeschlechtigen Logen wurden in Frankreich und anderwärts von kühnen militärischen Müfsiggängern gestiftet. Typisch ist der Orden der „Ritter und Damen der Freude“, bereits 1696 zu Paris unter dem Schutze von Bacchus und Venus entstanden. Erwähnung verdienen auch die Orden der „Damen vom heiligen Johannes zu Jerusalem“ (= Johanniterinnen) und der „Jakobiterinnen“ (wörtlich „Damen des heiligen Jakob vom Schwert von Calatrava“); diese beiden dienten als Vorbilder für die Stiftsdamen, die bis zum Ende des 18. Jahrhunderts die französischen Klöster mit weltlichen Vergnügungen und höfischem Glanz erfüllten, was von Moralisten damit entschuldigt wurde, dafs es der Nation gleichsam im Blut liege.

Ernsterer Natur war der Orden der „Gefährtinnen Penelopes“, auch „Palladium der Damen“ genannt, dessen Satzungen angeblich von Fénélon verfafst worden sind, was selbstverständlich unwahr ist. Die Erprobungen, denen sich die Aufnahmebewerberinnen unterziehen mufsten, sollten diesen einprägen, dafs die Arbeit das Palladium des weiblichen Geschlechts sei. Die Vereinigung der „Möpse“ entstand infolge der die Freimaurerei verdammenden Bulle des Papstes Klemens XII. (1738); nach Veröffentlichung dieser Bulle rief Klemens August, Herzog von Bayern und Kurfürst von Köln, die „Möpse“ ins Leben, die aber keine neue Gesellschaft, sondern die Freimaurerei unter anderm Namen bildeten, nur dafs sie zweigeschlechtig waren. Alle Ämter konnten von Damen bekleidet werden; neben einer Grofsmeisterin, deren Wahl jedes halbe Jahr erfolgte, gab es einen Grofsmeister auf Lebenszeit. Der Name „Mops“ sollte ein Sinnbild der Treue sein. Die Zeremonien der „Möpse“ waren komischer Art. Die Kandidaten klopften nicht an, sondern kratzten an der Thür und bellten wie die Hunde, weil man sie absichtlich warten liefs. Beim Eintritt trugen sie Hundehalsbänder nebst Ketten (als Leinen). Mit verbundenen Augen wurden sie neunmal im Saal umhergeführt, während die anwesenden „Eingeweihten" ein trauriges Geheul ausstiefsen und mit Stöcken, Degen, Schaufeln, Ketten etc. einen Heidenlärm erzeugten. Über seine Absichten befragt, erklärte der Kandidat, er wünsche ein Mops zu werden, worauf der Meister ihn ferner fragte, ob er bereit sei, dieses Tier auf einen gewissen unedlen Körperteil zu küssen. Trotz seines Zornes und Widerstandes wurde ihm dann ein wächsener oder hölzener Hund unter die Nase geschoben. Nach Leistung des Mitgliedeides befreite man ihn von der Augenbinde und belehrte ihn über die geheimen „Ausweise", welche durchweg scherzhafter Art waren.

1777 entstand in Dänemark die „Gesellschaft von der Kette", welcher das Verdienst gebührt, das Kopenhagener Blindeninstitut – vielleicht das besteingerichtete und gröfste Europas – gegründet zu haben und aus Vereinsmitteln zu erhalten. Das genaue Datum der Stiftung des „Ordens der Ausdauer" ist unbekannt; doch weifs man, dafs er 1777 in Paris vorhanden war, von den hervorragendsten Persönlichkeiten unterstützt wurde und den löblichen Brauch übte, die anerkennenswerten Handlungen der Mitglieder in ein Buch einzutragen; ein solches Buch ist erhalten geblieben. Als besonders verdienstlich müssen wir das 1810 ins Leben getretene „Souveräne Kapitel der Schottinnen von Frankreich" bezeichnen, welches „kleinere" und „gröfsere" Geheimnisse hatte, die den Hauptzweck verfolgten, den Neuling auf jene Beschäftigung hinzulenken, durch die er der Menschheit am meisten nützen konnte. Dieser Bund, der nur 18 Jahre lang bestand, wollte die Hungrigen mit Brot, die Arbeitslosen mit Arbeit versehen, beiden ratend und helfend, um sie dem Verbrechen fernzuhalten.

Der „Bauhof der Weltkugel und des Ruhmes" wurde 1747 vom Chevalier de Beauchêne gestiftet, einem lustigen Zechbruder, der sich zumeist in Wirtshäusern aufhielt, wo er für ein Geringes alle maurerischen Grade seiner Zeit verlieh. Der Bauhof befand sich angeblich in einem Wald und die Versammlungen wurden in dem aufserhalb Paris gelegenen Garten „Neu-Frankreich" abgehalten; bei denselben hingen Lords und Clowns, Grisetten und feine Damen den leichten Landessitten jener Zeit nach. Der fünf Jahre vorher ebenfalls zu Paris von Seemännern gegründete „Orden der Glückseligkeit" hatte vier Grade: Seekadett, Kapitän, Geschwaderchef und Contre-Admiral. Demgemäfs waren auch die Sinnbilder und die Terminologie nautischer Natur. Der Grofsorient hiefs „offene See", die Loge „Geschwader“. Hauptsächlich handelte es sich um Liebesangelegenheiten. Die Schwestern machten die fiktive Reise nach der Glückseligkeitsinsel „unter den Segeln der sie lotsenden Brüder“ und die Aufnahmebewerberinnen mufsten versprechen, „kein fremdes Schiff in ihren Hafen aufzunehmen, solange ein Ordensschiff daselbst verankert ist.“ Dieser Bund erregte solches Aufsehen, dafs 1746 eine gegen ihn gerichtete Satire erschien: „Wie man in der Marine die höchsten Chargen erreicht, ohne nafs zu werden.“

„Die Liebhaber des Vergnügens“ – so nannte sich ein im französischen Lager in der spanischen Provinz Galicien entstandener militärischer Orden, eine schwache Nachahmung der Übungen des Rittertums und der Liebeshöfe. Einer Rede eines Mitgliedes entnehmen wir die folgende Stelle: „Unser Ziel ist, unser Dasein zu verschönern, wobei wir uns an die Worte „Ehre, Freude, Zartgefühl“ halten. Wir bezwecken auch Treue gegen unser Vaterland und gegen den erhabenen Herrscher, der das Weltall mit seinem ruhmreichen Namen erfüllt. Wir wollen ferner einer Sache dienen, die sich jeder sanften Seele empfehlen mufs: dem Schutz der Jugend und Unschuld, sowie der Herbeiführung reinster Freundschaft und ewiger Bundesgenossenschaft zwischen den beiden Geschlechtern.“ Wenn es wahr ist, dafs Napoleon I., wie es heifst, diese Gesellschaft sehr begünstigte, die ihn als „erhabenen Herrscher“ feierte, so dürfte das Vergnügen wohl kaum ihr einziges Ziel gewesen sein.

Ein andrer vergnüglicher Orden wurde 1778 zu Paris von Chaumont, Privatsekretär Ludwig Philipps von Orléans, diesem Prinzen zuliebe gestiftet: die „Ritter und Nymphen von der Rose.“ Sein Programm war: Liebe und Geheimnis. Die Grofsloge befand sich in einem der famosen „petites maisons“ jener Zeit; einige hochstehende Mitglieder hatten Logen in ihren Privathäusern. Der von einem Diakonus namens „Gefühl“ unterstützte Hierophant weihte die Männer, die von einer Stiftsdame namens „Verschwiegenheit“ assistierte Grofspriesterin die Damen ein. Aufnahme fanden „Ritter“ im „Alter des Liebens“ und „Nymphen“ in „dem Alter, da man gefallen und geliebt werden soll.“ Der „Liebestempel“ – so nannte man die Logen – war prächtig mit Blumengewinden und Liebesabzeichen geschmückt. Die männlichen Mitglieder trugen Myrten-, die weiblichen Rosenkronen. Bei der Aufnahme neuer Ritter und Nymphen war der Saal anfänglich nur von einer dunkelbrennenden Laterne, welche die Stiftsdame „Verschwiegenheit“ in der Hand hielt, beleuchtet; dieselbe wurde jedoch bald durch zahlreiche Wachskerzen ersetzt. Die Kandidaten waren mit Ketten beladen, welche die Vorurteile andeuten sollten, in deren Banden sie schmachteten. Auf die

Frage, was sie in der Loge suchen, antworteten sie: „Das Glück.“ Nach einem Verhör über ihr privates Verhalten in Sachen der Galanterie durchschritten sie den Saal zweimal auf einem mit Liebesknoten bedeckten Weg. Dann befreite man sie von den eisernen Ketten und legte ihnen Blumengewinde an, genannt „Liebesketten.“ Hierauf leisteten sie vor dem Altar den Verschwiegenheitseid und schliefslich brachten sie in dem den Liebestempel umgebenden Hain Venus und Amor Weihrauch dar. Auch vertauschte der männliche Neuling seine Myrtenkrone mit der Rosenkrone der zuletzt eingeweihten Nymphe, der weibliche Novize seine Rosenkrone mit der Myrtenkrone des Diakonus „Gefühl.“ Die Schrecken der Revolution bereiteten diesen pseudomaurerischen Schäferspielen ein Ende.

Ein gewisser Franz Matthäus Grossinger, 1752 zu Komorn in Ungarn geboren, erhob sich selber als Franz Rudolf von Grossing in den Adelsstand und gründete 1784 in Deutschland den „Rosenorden.“ Sein Vater war ein Fleischhauer, sein Grofsvater ein Gerber und er selbst ein Jesuit. Nach Aufhebung des Jesuitenordens führte er ein Wanderleben, bis er 1777 auf Empfehlung des Beichtvaters der Kaiserin von dieser ein Jahresgehalt von 600 Gulden erhielt, das jedoch mit ihrem Tode wieder aufhörte. Nunmehr lebte er von allerlei Schwindeleien und schliefslich rief er in Halle an der Saale den genannten Bund ins Leben. Er hatte damit grofsen Erfolg und lebte von den Beiträgen seiner Opfer im Überflufs. Als ihm in Halle der Boden zu heifs wurde, siedelte er nach Berlin über, wo er seine kostspielige Lebensweise fortsetzte, wegen Schulden verhaftet wurde, aber entfloh. Er hatte den Berlinern nicht weniger als zwanzigtausend Thaler herausgelockt!

Der Grossingsche Rosenorden -- so genannt nach der vermeintlichen Grofsmeisterin Dame Rosenwald – gab vor, die höchsten philosophischen und erziehlichen Zwecke zu verfolgen. Angeblich fanden nur Männer und Frauen von hohem Gesinnungsadel Aufnahme. Kein Mitglied durfte verraten, wer dem Bund angehörte oder was in den Logen vorging. Grossing behauptete, seine Schöpfung habe nur die Vorzüge der Freimaurerei angenommen, deren Schattenseiten jedoch verworfen. Das Ordensband war aus rosa Seide und seine beiden Enden liefen in drei Spitzen aus; es wies aufser einer Rose den Namen des Inhabers oder der Inhaberin, das Datum ihrer oder seiner Einweihung, ein grofses, von einem Rosenkranz umgebenes Rosensiegel und eine ganz verschwommene, klexähnliche Silhouette der vorgeblichen Grofsmeisterin auf. Die Mitglieder erhielten auch eine kleine Karte mit der Erläuterung gewisser Ausdrücke, welche Grossing in seinen Satzungen („Dornenschale“ genannt) gebrauchte („Spieler“ = Freimaurer, „Füchse“ = Jesuiten, „Wespen“ = Illuminaten, „Mücken“ = Geisterseher). Die Mitglieder erkannten einander daran, dafs sie wechselseitig „Dornen“ und „Wald“ sagten, worauf sie ihre Karten und Bänder vorzeigten. Im Jahre 1786 zählte der Orden etwa 120 Eingeweihte, von denen jedoch viele austraten, als sie erkannten, dafs die ganze Geschichte nur den Zweck hatte, Grossing zu bereichern. Und da der Bund keinerlei innere Lebenskraft hatte, vielmehr eine blofse Spielerei war, schwand er bald von selbst dahin.

Um wieder zu Geld zu kommen, stiftete Grossing 1788 unter einem angenommenen Namen den „Harmonie-Orden.“ Er schrieb ein Buch, das er für eine Übersetzung aus dem Englischen ausgab: „Die Harmonie oder Grundplan zur bessern Erziehung, Bildung und Versorgung des weiblichen Geschlechts. Aus dem Englischen übersetzt von Carl Reichsgrafen v. X., 1788.“ In der Vorrede hiefs es: „Dieses Werk vermenge man ja nicht etwa mit dem listigen Luftgebäude, mit welchem ein angeblicher Stifter des Roseninstituts, Rosenordens, Damengesellschaft u. s. w. seit einigen Jahren Deutschland zu täuschen gesucht hat.“ Die „Harmonie“ wurde als von Seth, dem dritten Sohn Adams, gestiftet ausgegeben; ferner hiefs es, sie habe Moses und Christus zu ihren Mitgliedern gezählt und sei der beste Zufluchtsort für jede verfolgte Unschuld. Der Gründer zog gegen Fürsten und Pfaffen los und schlug die Errichtung von Klöstern vor, in denen die Damen die üblichen Gelübde nur jeweilig auf ein Jahr ablegen sollten, sowie die Gründung einer Ordensbank. Auch beantragte er, dafs dem Gründer als einem Wohlthäter der Menschheit ein Denkmal errichtet werde! Als der saubere Grossing in demselben Jahre (1788) wegen allerlei Betrügereien verhaftet wurde, fand man unter seinen Papieren eine Anzahl von Diplomen mit den Namen von Damen, die in die „Harmonie“ hätten aufgenommen werden sollen. Da die Polizei dieser Schöpfung den Blütenstaub der Romantik mit rauher Hand abstreifte, blieb dieselbe totgeboren. Grossing gelang es, zu entwischen, indem er seine Wächter betrunken machte; sein späteres Schicksal ist unbekannt geblieben.

In den Weststaaten der nordamerikanischen Union giebt es einen zweigeschlechtigen Grad, welcher „Maurerstochter“ heifst und welchem Inhaber des maurerischen Meistergrades sowie deren Gattinnen, Schwestern und Töchter angehören. Diese Vereinigung beruht auf den im 11. und 12. Kapitel des Evangeliums Johannis berichteten Zuständen. In diesen mehr weiblichen Logen ist der Bankettsaal in Ost, West, Süd und Nord geteilt. An der Ostseite sitzt die Grofsmeisterin. Der Tempel (die Loge) heifst „Eden,“ der Wein „rotes Öl,“ die Thüren werden „Schranken,“

die Gläser „Lampen“ genannt. Statt „die Gläser füllen“ sagt man: „Öl in die Lampen giefsen,“ statt „trinken“: „feuern,“ statt „den Wein austrinken“: „die Lampen auslöschen.“ Das Erkennungszeichen besteht darin, dafs man die Hände auf die Brust legt – die rechte Hand auf die linke – und mit dem Daumen ein Dreieck bildet. Das Losungswort ist „Eva“ und es mufs fünfmal wiederholt werden. Vieles an diesen Logen erinnert an die weiter oben erwähnte „Kaiserliche Adoptionsloge der freien Ritter.“ Seit 1877 bestehen auch in Spanien mehrere zweigeschlechtige Logen; dafs ihnen auch hochstehende Personen beitreten, geht daraus hervor, dafs – wie wir in der maurerischen „Chaîne d'Union“ lesen – im Juni 1880 die sowohl dem österreichisch-ungarischen als auch dem spanischen Adel angehörende Gräfin Julia A. in die Loge „Fraternidad Iberica“ („Iberische Brüderschaft“) aufgenommen wurde. Auch soll der spanische Grofsorient Damen genau so wie Männer in alle Geheimnisse der Freimaurerei einweihen.

Schismatische Riten und Sekten.

Die Anhänger der Meinung, die Freimaurerei stamme vom Tempelrittertum ab, behaupten, dafs die drei Mörder Hirams die drei Verräter des Templerordens bedeuten und dafs unter Hiram der Grofsmeister Jakob Molay zu verstehen sei. Nach dem Ritual der deutschen Grofsen Landesloge zu den drei Weltkugeln vertreten die den Sarg Hirams umgebenden Kerzen den Scheiterhaufen Molays. Die Rosenkreuzer und manche deutschen Maurerlogen halten Hiram für Christus und sehen in den drei Mördern Sinnbilder für den Verräter Judas, den Verleugner Petrus und den ungläubigen Thomas. Der Alte Schottenritus beruhte auf anderen falschen Berichten über den Ursprung der Freimaurerei. Von den sonstigen maurerischen Schismen, die im 18. Jahrhundert sehr zahlreich waren, können wir hier nur die wichtigsten anführen.

Um 1712 stiftete der bereits mehrfach erwähnte Graf Zinzendorf den „Orden vom Senfkorn“ (auch „Mährische Brüder vom Orden der religiösen Freimaurer“), dessen Geheimnisse auf derjenigen Stelle des Evangeliums beruhten, in welcher Christus das Himmelreich mit einem Senfkorn vergleicht. Nach manchen Quellen entstand dieser Orden 1808 in England, von wo er nach Holland und Deutschland kam; Zinzendorf habe ihn angenommen, als er in Halle studierte (1812–14). Die Brüder erkannten einander an einem Ring, der die Inschrift trug: „Niemand von uns lebt für sich.“ Das Geschmeide bestand in einem goldenen Kreuz, überragt von einer Senfpflanze mit der Inschrift „Was war's früher? Nichts.“ Alljährlich kam man in der Gnadenstädter Schlofskapelle zusammen. Der 15. März und der 16. April wurden als Festtage gefeiert. Übrigens sind fast alle Grade des schottischen Ritus schismatisch. Auch sämtliche englischen und amerikanischen Ritterorden bilden mit ihren Konklaven und Lagern Parodien des mittelalterlichen Rittertums.

1758 ersannen in Frankreich der Tanzmeister Lacorne und der Schneider Pirlet das „Konzil der Kaiser vom Morgen- und Abendland.“ Die Mitglieder führten den hochtrabenden Titel „Souveräne Fürsten-Maurer, Generalsubstitaten der königlichen Kunst, Grofs-Superintendenten und Offiziere der Souveränen Grofsloge des Johanniterordens.“ Auch das Ritual war darauf berechnet, durch seinen Glanz dem Publikum Sand in die Augen zu streuen. Es bestand aus 25 Graden mit klangvollen Namen und erzielte anfangs so grofse Erfolge, dafs Lacorne eine seiner Kreaturen als „Inspektor“ nach Amerika sandte behufs Einführung der Gesellschaft daselbst. Im Jahre 1797 wurden von jüdischen „Brüdern“ acht neue Grade hinzugefügt und nun erhielt der Bund den Namen „Alter und angenommener Schottenritus.“ Er machte dem französischen Grofsorient so starke Konkurrenz, dafs dieser, um seinen Einflufs nicht ganz zu verlieren, dem hohen Grofskonzil des Schottenritus günstige und ehrenvolle Vorschläge machte, welche 1804 zu einer Einigung führten; doch gedieh die ungleiche Verbindung so wenig, dafs sie schon nach einem Jahr gelöst wurde. Auch mit dem 1869 vom Prinzen Rhodokanakis in England eingeführten „Orden des Roten Kreuzes von Konstantin und Rom“ vertrug sich das hohe Grofskonzil nicht; dieses verhielt sich gegen den Orden vielmehr so feindselig, dafs derselbe bald wieder von der Bildfläche verschwand.

In Rufsland giebt es eine gnostische Sekte, die von den Russen für maurerisch gehalten und „Farmassoni“ (aus „francmaçons“ verdorben) genannt wird. Sie betrachtet das Priestertum und die Liturgie als heidnische Verschlechterungen des echten Glaubens und der wahren Lehre. Deshalb sucht sie das Christentum möglichst zu vergeistlichen und es lediglich auf die Bibel und die innere Erleuchtung der Gläubigen zu stützen. Das erinnert lebhaft an die Bestrebungen des Grafen L. N. Tolstoj. Den ersten Spuren der Farmassoni begegnen wir am Ende des 17. Jahrhunderts; ihr damaliges Auftreten fällt mit demjenigen gewisser deutschen Mystiker und Theosophen in Moskau zusammen. Unter den letzteren spielte die Hauptrolle ein im siebenjährigen Kriege gefangen genommener preufsischer Unteroffizier.

1724 trat in England der „Orden der Gormogonen“ ins Leben. Angeblich soll er von einem chinesischen Mandarin nach England gebracht worden sein und in China in hohem Ansehen gestanden haben; wahrscheinlich aber war es kein Mandarin, sondern ein Jesuitenmissionär und statt „China“ mufs es wohl heifsen „Rom.“ Wenigstens wird allgemein vermutet, dafs es sich um einen Versuch der Jesuiten handelte, unter dem Deckmantel freimaurerischer Zeremonien dem Katholizismus Proselyten zu gewinnen. Auch glaubt man, dafs Ritter Andreas Ramsay, der bereits wiederholt erwähnte Erfinder der Hochgrade, der Gründung nicht ferngestanden habe. Was das Wort „Gormogonen“ (zuweilen auch „Gormonen“ geschrieben) bedeutet, haben wir nicht ermitteln können. Der Orden, der sich übrigens schon 1738 auflöste, gab vor, im Besitz aufserordentlicher Geheimnisse zu sein. Die Namen und Geburtsorte der Mitglieder wurden in Chiffernschrift geschrieben.

Im letzten Viertel des 18. Jahrhunderts entstand eine Gesellschaft, die den erstaunlichen Namen führte: „Die Brüderschaft der königlichen Archenseefahrer, Mark, Markmeister, Erwählte der Neun, Unbekannte, Fünfzehn, Bauherren, Fürtreffliche und höchst fürtreffliche Maurer.“ Da sie vorgaben, Abkömmlinge Noahs zu sein, nannten sie sich auch „Noachiten“ oder „Noachiden.“ Der Vorsitzende, Thomas Boothby Parkyns Lord Rancliffe, hiefs der „Grofs-Noah,“ die Loge das „königliche Archenfahrzeug.“ In der Loge trugen die Brüder breite, den Regenbogen darstellende Schärpen und gestickte Schürzen, auf denen die Arche, die Taube mit dem Ölzweig etc. sichtbar waren. Diese Brüderschaft darf nicht mit dem ebenfalls den Namen „Noachit“ (oder auch „Russischer Ritter“) führenden 21. Grad des Alten Schottenritus verwechselt werden.

Der in Riddagshausen bei Braunschweig lebende Freimaurer Konrad v. Rhetz stiftete zu seinem Privatvergnügen den „Orden der Argonauten.“ Er war ein Logenmeister der Laxen Observanz gewesen, hatte sich aber mit den Brüdern überworfen und den Besuch der Loge eingestellt. Auf einer Insel des in der Nähe seiner Besitzung befindlichen grofsen Sees baute er einen „Tempel“, den die Besucher mit Booten erreichten, die er ihnen zur Verfügung stellte. Wer dazu Lust hatte, wurde in den Bund aufgenommen, welchem denn auch, nebst mehreren Damen, viele Braunschweiger Freimaurer beitraten. Der Grofsmeister, „Grofsadmiral“ genannt, liefs sich nicht nur nichts für die Einweihung bezahlen, sondern bewirtete auch noch alle Gäste aus eigenen Mitteln. Der Grufs lautete: „Lange lebe das Vergnügen!“ Die „Beamten“ hiefsen „Steuermann“, „Schiffsgeistlicher“ u. s. w., die anderen Brüder „Argonauten.“ Das Geschmeide bestand in einem grün emaillierten Silberanker. Der Tempel war in antikem Stil erbaut, die Ausstattung originell. Nach dem Tode des Stifters löste der Bund sich von selbst auf (1787) und vom Tempel ist nichts mehr vorhanden.

1877 schaffte der französische Groſsorient in seinen Logen das Bekenntnis des Glaubens an Gott ab, das 1854 ins Ritual aufgenommen worden war. Dadurch kam es zum Bruch zwischen dem Groſsorient und der Groſsloge von England. Da in Frankreich die Freimaurerei gegenwärtig sowohl in sozialer als auch in politischer Hinsicht ungemein einfluſsreich ist, muſs in ihr die Hauptstütze der Bewegung gesucht werden, welche der Geistlichkeit die Ausbildung der Jugend zu entziehen trachtet. Im Gegensatz zur englischen, billigen die spanischen und holländischen Groſslogen die Ausmerzung des Gottesnamens aus dem Aufnahmeritual. Überhaupt ist die Freimaurerei des europäischen Festlandes im allgemeinen auf die Ablenkung des menschlichen Geistes von den positiven kirchlichen Glaubensbekenntnissen gerichtet.

Verbreitung und jetziger Stand.

Spanien und Portugal: Im Jahre 1726 erteilte die Groſsloge von England ein Patent für die Errichtung einer Loge in Gibraltar. Ein Jahr darauf wurde in Madrid eine Loge gegründet, welche sich vom Ausland unabhängig erklärte und bald auch in Cadiz, Barcelona, Valladolid und anderen Städten Logen ins Leben rief. Da die Inquisition, die Kirche für bedroht haltend, den Bund verfolgte, hüllte er sich ins tiefste Geheimnis. Während der napoleonischen Kriege entwickelten die Logen eine eifrige politische Thätigkeit. Ferdinand VII. unterdrückte sie gänzlich, doch erhielten sich einige wenige unter anderen Namen und seit 1868 steigt ihre Zahl immer höher; augenblicklich giebt es ihrer in Spanien rund 370. Der spanischen Groſsloge unterstehen 154, dem Groſsorient von Spanien 162, dem lusitanischen Groſsorient etwa 40 Logen. Ungefähr 40 Logen gehören zu ausländischen Groſslogen. Spanien zählt gegenwärtig rund 30000 Maurer. In Portugal entstanden die ersten Logen unter französischer Ägide, doch wurden bald auch mehrere durch englischen Einfluſs gegründet. Auch hier fielen trotz aller Verborgenheit zahlreiche „Brüder“ den blutgierigen Inquisitoren in die Hände.

Ruſsland: Anno 1731 wagte es die Freimaurerei, sich der dortigen Willkürherrschaft zu widersetzen; dennoch blieb sie unbehelligt, denn die Behörden miſsachteten sie, statt sie zu fürchten. Aber angesichts der eigentümlichen Regierungsverhältnisse unter Anna, die sich von dem grausamen Biron beeinflussen liefs, hielten die Maurer Vorsicht für geboten. 1740 stiftete England in St. Petersburg eine Loge und schickte einen Grofsmeister dahin. 23 jahre später entstand in Moskau die Loge „Klio“. Katharina II. erwog den Nutzen und den Schaden, den die Begünstigung bezw. die Verfolgung des Bundes ihrer Regierung bringen könnte; sie entschied sich für die Förderung und dadurch wurde die Sache zu einer Modeangelegenheit, zum Zeitvertreib der Vornehmen. Logen mit den prunkvollsten Tempeln wurden in grofser Zahl geschaffen, aber der fortschrittliche Urzweck der russischen Maurerei ging dabei verloren und der Verlust des belebenden Freiheitsgeistes mufste trotz allen äufseren Glanzes zu tötlicher Schwindsucht führen.

Schweiz: Unter englischen Auspizien kam 1737 zu Genf eine Loge zu stande, deren erster Grofsmeister George Hamilton war. Zwei Jahre später bildeten die in Lausanne lebenden Ausländer die Loge „zur vollkommenen Union der Ausländer“. Auch in Bern wurden Logen errichtet, aber die Ränke der Grofslogen der Nachbarstaaten der Schweiz hatten langwierige und heftige Zwistigkeiten im Gefolge. 1765 schuf die Strikte Observanz in Basel die Loge „zur Freiheit“; sie wurde zur Mutterloge vieler Schweizer Logen, nahm als solche den Namen „Deutschhelvetisches Direktorium“ an und wählte Lavater zum Oberhaupt. Eine Zeitlang erlitt die Freimaurerei Verfolgungen und wurde verboten, doch lebte sie wieder auf und im Jahre 1844 vereinigten sich die kantonalen Grofslogen zur Bundesgrofsloge „Alpina“. Es heifst, dafs diese einen grofsartigen Tempel errichten will; in der That dürfte ein solcher mehr als sonstwo am Platze sein in einer Republik, in welcher vier grundverschiedene Nationalitäten in Eintracht und Freiheit zusammenleben.

Schweden: Dorthin wurde die Maurerei 1736 verpflanzt; nach zwei Jahren verbot König Friedrich ihre Versammlungen bei Todesstrafe; nachträglich stellte er sich aber selber an die Spitze. 1748 waren bereits viele blühende Logen vorhanden. Sechs Jahre darauf trat mit einem Patent der Grofsloge von Schottland die Grofsloge von Schweden ins Leben, die aber später ihre Unabhängigkeit erklärte, welche dann von allen maurerischen Vereinigungen Europas anerkannt wurde. Im ältesten schwedischen Ritual kommt das Notzeichen und der Notschrei der Söhne Adonirams zum erstenmal in Europa vor. Die schwedische Maurerei hat sich allmählich zu einem eigenen, hierarchisch eingerichtetem, gnostisch-kabbalistischem System mit neun Graden herausgebildet, welches auf den Ordensmeister als alleinigen Bewahrer des Geheimnisses hinausläuft. Auch die Grofsloge von Dänemark arbeitet nach schwedischem System. Dort wurde die Freimaurerei 1792 von Staatswegen unter den Grofsmeister Prinzen Karl von Hessen gestellt.

Polen: Anno 1734 unterdrückt, lebte die Freimaurerei unter Stanislaus August mit Hilfe des Grofsorients von Frankreich wieder auf. 1784 traten die polnischen Logen zu einem Grofsorient mit dem Sitz in Warschau zusammen.

Holland: Unter der Ägide der Grofsloge von England wurde 1731 eine sogenannte Notloge eigens zu dem Zweck einberufen, den Herzog von Toskana – nachmals als Franz I. Kaiser von Deutschland – einzuweihen. Die erste regelrechte Loge entstand drei Jahre nachher im Haag; 1739 nahm sie den Titel „Mutterloge“ an und bald gab es in Holland und dessen überseeischen Niederlassungen zahlreiche Logen, welche, um die Geistlichkeit aus dem Schulwesen zu verdrängen, viele Schulen gründeten. 1756 erkannte die Staatsverwaltung die Maurerei unter der Bedingung an, dafs sämtliche Logen des Landes der Haager Mutterloge unterstehen müssen.

Morgenland: Auch nach der Türkei hat sich die Freimaurerei verirrt, doch hatte sie lange um ihren Bestand zu kämpfen. Logen wurden in Konstantinopel, Smyrna und Aleppo errichtet. Die türkischen „Brüder“ sind fortschrittlicher gesinnt als die Masse der Orientalen; sie verwerfen die Vielweiberei und lassen Damen zu den „Schwesterlogen“ (d. h. feierliche Versammlungen bei aufserordentlichen Anlässen unter Gestattung der Anwesenheit der Schwestern, Gattinnen und Bräute der Mitglieder) unverschleiert zu. Die ostindischen Logen unterstehen den Grofslogen von England und Schottland. In Britisch-Afrika gab es schon i. J. 1735 eine Loge; jetzt sind solche vorhanden im Kapland, auf Mauritius und Sankt-Helena. In anderen Teilen Afrikas haben Madagaskar, Algerien, Tunis, Marokko, Kairo und Alexandrien Logen.

Amerika: Um 1745 erfolgte die Einführung der „königlichen Kunst“ in Kanada und Westindien. Nach Errichtung des brasilianischen Kaiserthrones entstand zu Rio de Janeiro eine Grofsloge, die 1825 den Kaiser zum Grofsmeister wählte. In dem letztgenannten Jahr kam die Grofsloge von Mexiko zu stande; während die Liberalen und die Föderalisten sich dem York-Ritus anschlossen, bekannten sich die Klerikalen und die Zentralisten zum schottischen Ritus, und die beiden Parteien befehdeten einander aufs heftigste. Auch in Texas, Venezuela und den hitzigen, kampflustigen Republiken Südamerikas fehlte es nicht an Logen, aber viele waren kaum etwas andres als politische Klubs. Ein solcher veranlafste 1875 die Ermordung Garcia

Morenos, des Präsidenten der Republik Ecuador. Als man dem Mörder das Leben schenken wollte, wenn er seine Mitschuldigen nenne, antwortete er: „Dann würden meine Genossen mir das Leben nehmen, und ich will lieber von euch erschossen, als von ihnen erstochen werden." Im Gebiete der jetzigen Vereinigten Staaten von Nordamerika gab es schon i. J. 1729 Logen. Diese unterstanden bis zum Ende des Revolutionskrieges der Groſsloge von England. Gegenwärtig hat fast jeder einzelne Staat seine eigene unabhängige Groſsloge.

Was den heutigen Stand des Maurertums betrifft, so läſst sich darüber begreiflicherweise nichts vollkommen Verläſsliches wissen; aber wir entnehmen guten deutschen Quellen die nachstehenden Einzelheiten.

In Deutschland arbeiten etwa 380 Logen teils unabhängig, teils unter den folgenden Groſslogen, welche sich seit 1872 zu einem Groſslogenbund mit wechselndem Vorsitz vereinigt haben: National-Mutterloge zu den drei Weltkugeln in Berlin; Groſse Landesloge der Freimaurer von Deutschland in Berlin; Groſse Loge von Preuſsen, genannt Royal York zur Freundschaft; Groſse Mutterloge des eklektischen Bundes in Frankfurt; Groſse Loge zu Hamburg nach Schröderschem System; Groſse Landesloge von Sachsen zu Dresden; Groſse Loge zur Sonne in Bayreuth; Groſsloge des Freimaurerbundes zur Eintracht in Darmstadt. In Österreich, wo die Freimaurerei seit 1794 verboten ist, haben sich zu Wien sieben Logen aufgethan, die aber auf ungarischem Boden arbeiten müssen. In Ungarn haben sich die früheren zwei Groſslogen 1886 vereinigt. In Groſsbritannien bestehen drei Groſslogen: 1. die Vereinigte groſse Loge von England zu London mit rund 2000 Logen, Groſsmeister ist der Prinz von Wales; 2. die Groſsloge von Schottland in Edinburg mit etwa 540 Töchterlogen; 3. die Groſsloge von Irland zu Dublin mit 500 Logen. In Frankreich hat der Groſsorient über 300, der Schottenritus 70, die Symbol-Groſsloge rund 20 Logen. Der Groot-Oosten (Groſsorient) von Holland zählt 82 Logen. An der Spitze der belgischen Logen steht der aus den Abgesandten der einzelnen Logen gebildete Groſsorient von Belgien zu Brüssel mit 14 Logen; daneben besteht für die Hochgrade das Hohe Konzil von Belgien. Die Schweizer Groſsloge „Alpina" zählt 35 Logen; die Groſsloge von Dänemark, deren Ordensmeister Kronprinz Friedrich ist, hat zehn Logen unter sich. Ordensmeister der Groſsen Landesloge von Schweden, welche 22 Johannislogen zählt, ist König Oskar II. In Italien besteht ein Groſsorient zu Rom mit 200, in Portugal der Groſsorient von Lusitanien mit 70 Logen, Spanien besitzt drei Groſslogen mit weit über 400 Logen. Die Groſsloge für Griechenland zu

Athen zählt 10 Logen. Es giebt ferner: in St. John die Grofsloge von Neu-Braunschweig (32 Logen), in Hamilton die von Kanada (350 Logen), in Montreal die von Quebec (fast 90 Logen), in Halifax die von Nova Scotia (rund 70 Logen), in Victoria die von Britisch-Columbia (6 Logen), in Lima die von Peru (10 Logen), in Valparaiso die von Chile (20 Logen), in Rio de Janeiro zwei von Brasilien (170 Logen), in Caracas die von Venezuela (40 Logen), in Montevideo die von Uruguay (34 Logen), in Buenos Ayres die von Argentinien (54 Logen), in Port au Prince die von Haïti (18 Logen), in Santiago die von Cuba (rund 70 Logen). Liberia zählt sechs, San Domingo elf, Mexiko zwölf, Manitoba 28, Prince Edwards Island 10, Luxemburg 2, die australische Kolonie Victoria 12 Logen. In ganz Australien und Ozeanien dürfte es gegenwärtig etwa 200 Logen geben. In den Vereinigten Staaten von Nordamerika gab es nach der Schätzung von 1886 43 Grofslogen mit rund 8000 Töchterlogen (darunter 86 deutsche), aufser den zahlreichen Negerlogen. Während damals die Zahl der dortigen Maurer auf kaum 600000 angenommen wurde, soll sie nach einer für das Jahr 1899 angestellten Berechnung über 5800000 betragen (?). Nach derselben Statistik gäbe es in Canada und Südamerika 4582000, in Mittelamerika und dessen Inseln 22000, in Afrika 90000, in Asien und Australien zusammen gegen 70000, in Europa ungefähr 8000000, auf der ganzen Erde 22 Millionen Freimaurer mit 141385 Logen. (??)

Verfolgungen.

Die Geheimnisthuerei, mit der die maurerische Brüderschaft jederzeit ihr Thun umgeben hat, war für sie oft mit grofsem Nachteil verbunden. Die Aufsenwelt konnte und kann nicht leicht zu dem Glauben veranlafst werden, dafs es in Versammlungen, welche mit so grofser Eifersucht geheim gehalten werden, wirklich harmlos zugehe; vielmehr mufs sie begreiflicherweise das Gegenteil annehmen, denn was die Öffentlichkeit scheut, wird allgemein für schlecht oder böse gehalten. Deshalb verfolgten alle Regierungen die Freimaurerei in der Regel nur so lange, als sie deren Wesen nicht näher kannten. Sobald sie aber ihre eigentliche Beschaffenheit, ihre Zwecke und Ziele kennen lernten, unterstützten sie dieselbe sogar, da sie es für ausgeschlossen hielten, dafs Leute, denen das bedeutungslose Treiben in den Logen Vergnügen bereiten kann, Schlimmes im Schilde führen könnten. Eine der ersten Verfolgungen erlitt die Maurerei 1734 in Holland. Von der Geistlichkeit aufgehetzt, brach ein Haufe unwissender Fanatiker in eine Loge ein, deren Einrichtung und Ausschmückung er zerstörte. Als jedoch der Stadtschreiber auf Anregung des Ordens eingeweiht worden war, erteilten die Generalstaaten nach Prüfung seines Berichtes dem Bunde ihre Genehmigung und bald traten diesem zahlreiche hervorragende Personen bei. Es ist freilich oft vorgekommen, dafs in den Logen Politik getrieben wurde und in solchen Fällen hatten die Verfolgungen eine gewisse Berechtigung; das läfst sich jedoch von den gegen die eigentliche Freimaurerei gerichteten Verfolgungen, mit denen allein wir es hier zu thun haben, nicht sagen.

Im Jahre 1738 erliefs Papst Klemens XII. gegen den Bund ein Dekret, welchem ein Jahr darauf ein noch strengeres folgte, das jeden ertappten Freimaurer mit Gütereinziehung und Todesstrafe bedrohte. Daraufhin begannen in allen römisch gesinnten Ländern umfangreiche Verfolgungen. Doch weigerte sich das Pariser Parlamentsgericht, die Bulle einzutragen und in Dublin wurde eine der Freimaurerei günstige Schrift veröffentlicht. Dagegen setzte Philipp V. von Spanien auf die Maurerei lebenslängliche Galeeren oder den Foltertod und liefs eine grofse Anzahl von Brüdern verhaften und verurteilen. Der Grofsinquisitor Peter Torrubia trat dem Orden 1751 eigens zu dem Zwecke bei, ihn verraten zu können. Als er sich mit der ganzen Organisation desselben in Spanien vertraut gemacht hatte, liefs er Mitglieder von 97 Logen einkerkern und foltern. Ferdinand VI. stellte die Freimaurerei dem Hochverrat gleich und bestrafte sie mit dem Tode. Als die Franzosen Spanien eroberten, wurde die Freimaurerei wieder eingeführt und die Mitglieder der Grofsloge von Madrid hielten ihre Versammlungen im Hauptsaal des früheren Inquisitionspalastes ab. Mit der Rückkehr Ferdinands VII., der die Inquisition wieder herstellte, begann auch der Ausrottungsprozefs von neuem. 1814 wurden 25 der Freimaurerei verdächtigte Personen in Ketten eingesperrt und die Zahl der späteren Verhaftungen war so grofs, dafs sie sich nicht einmal annähernd schätzen läfst. 1824 befahl ein Gesetz den Freimaurern, sich zu nennen und alle ihre Papiere abzuliefern, widrigenfalls sie als Verräter behandelt werden würden. In demselben Jahre erliefs der Kriegsminister eine Kundmachung, in welcher alle Maurer für vogelfrei erklärt wurden. Drei Jahre später erfolgte die Hinrichtung von sieben Mitgliedern einer granadischen Loge und 1828 verurteilten die Gerichte von Granada den Marquis von Lavrillana und den Kapitän Alvarez wegen Gründung einer Loge zur Enthauptung. Später wurden Maurer nicht mehr hingerichtet, sondern auf die Galeeren geschickt und noch 1854 kerkerten die spanischen Behörden Freimaurer ein.

1735 errichteten einige adelige Portugiesen in Lissabon eine Loge, aber die Pfaffen begannen alsbald gegen dieselbe zu hetzen. 1743 liefs die Inquisition einen gebürtigen Schweizer, Namens John Coustos, verhaften, in einen unterirdischen Kerker werfen und in drei Monaten neunmal foltern, weil er die maurerischen Geheimnisse nicht enthüllen wollte; zu fünfjähriger Galeerenstrafe verurteilt, wurde er als englischer Unterthan auf Betreiben der britischen Regierung vor Ablauf seiner Strafzeit freigelassen. 1776 verhaftete man zwei Maurer und behielt sie über vierzehn Monate im Gefängnis. 1792 befahl Königin Maria I., dafs alle Freimaurer der Inquisition ausgeliefert werden; nur wenige Familien konnten sich nach New-York retten. 1818 erliefs Johann VI. von Brasilien aus ein Edikt gegen alle geheimen Gesellschaften einschliefslich des Freimaurerbundes; ein fünf Jahre später erlassenes noch strengeres Gesetz bedrohte die Maurer mit dem Tode, doch wurde nachträglich die Todesstrafe durch Deportation nach Afrika ersetzt.

In Österreich führten die päpstlichen Bullen zu Verfolgungen und Verhaftungen; darum verbarg sich die Maurerei hinter dem bereits geschilderten Orden der Möpse, welcher auch in Holland, Belgien und Frankreich Verbreitung fand. 1747 wurden in Wien 30 Maurer gefangen gesetzt. Da Maria Theresia nicht im stande war, die Geheimnisse des Bundes zu ergründen, ordnete sie die Verhaftung sämtlicher Maurer an; allein Kaiser Josef II., der selbst ein Freimaurer war, machte diese Mafsregel rückgängig, denn er kannte die Harmlosigkeit des Ordens. 1794 forderte Franz I. auf dem Regensburger Reichstag die Unterdrückung sämtlicher Logen in ganz Deutschland; da aber die übrigen Staaten dies ablehnten, trat das Verbot nur in Österreich in Kraft. Die Geschichte der mittelitalienischen Freimaurerei im achtzehnten und neunzehnten Jahrhundert war eine lange Leidenskette, indem fortwährend infolge der Unduldsamkeit der Pfaffen oder des Einschreitens der Civilbehörden zahlreiche Brüder verfolgt und bestraft wurden.

Übrigens beschränkte sich die Verfolgungssucht nicht auf katholische Länder. Sogar in der Schweiz machte sie sich einst geltend, indem der Rat von Bern 1745 ein Strafgesetz gegen Logenmitglieder erliefs und es 1782 erneuerte; selbstverständlich ist es längst aufgehoben. Während jetzt, wie wir weiter oben gesehen haben, in Schweden der König an der Spitze der königlichen Kunst steht, verbot Friedrich I. diese bei Todesstrafe in der ersten Hälfte des 18. Jahrhunderts. König Friedrich August III. von Polen untersagte 1730 die Freimaurerei unter Androhung schwerer Strafen. 1757 nahm die Synode von Stirling in Schottland einen Beschlufs an, der allen Freimaurern die Segnungen der Religion entzog. Was England betrifft, so wurden

1799 und 1840 vergebliche Versuche gemacht, das Parlament zu gesetzlichen Maſsregeln gegen die Freimaurerei zu bewegen.

Auch in litterarischer Hinsicht ist die Freimaurerei häufig heftig angegriffen worden. Zu den ältesten englischen Angriffen gehört „Die Freimaurerei, eine hudibrastische Dichtung“ (1723); sie bietet gröbstes Geschütz und schildert die Brüder als Trunkenbolde und Nachtschwärmer, die allerlei niedrige Bräuche üben. Zwischen 1726 und 1760 erschienen in England mehrere wertlose Werke mit angeblichen Enthüllungen der maurerischen Geheimnisse; die Verfasser hatten aber in Wirklichkeit keinerlei thatsächliche Kenntnis derselben. 1768 veröffentlichte ein fanatischer Pastor eine vollkommen unsinnige Predigt unter dem Titel „die Freimaurerei – der Weg zur Hölle.“ Von den französischen und italienischen Büchern gegen die Brüderschaft seien erwähnt: „Die geheimsten Geheimnisse der Maurerei,“ „Entlarvt,“ „Der Schleier gelüftet, oder das Geheimnis der Förderung der Revolutionen durch die Freimaurerei.“ Als besonders furchtbar wird die „königliche Kunst“ hingestellt in Robisons „Beweise einer Verschwörung gegen alle Religionen und Regierungen Europas in den geheimen Versammlungen der Freimaurer, Illuminaten und Lesegesellschaften.“ Ähnlicher Blödsinn wie bei Robison findet sich in Abbé Barruels „Denkwürdigkeiten zur Geschichte des Jakobinismus,“ ein auſserordentlich unkritisch und unehrlich geschriebenes Werk. Auch von protestantischer und jesuitischer Seite ist vielfach gegen den Orden geschrieben worden, so von Lindner („Mac-Benach,“ 1818), Hengstenberg und Möller.

Wohl der umfangreichste litterarische Angriff ist Dr. E. E. Eckerts „Magazin der Beweisführung für Verurteilung des Freimaurer-Ordens“ (vgl. „Der Wilhelmsbader Konvent“), 1852–80 in drei dicken Bänden erschienen. Der wütende Verfasser hält die Maurerei für allgegenwärtig und erblickt sie sogar in den chinesischen Geheimgesellschaften. Er glaubt allen Ernstes, daſs nicht nur die bayrischen Illuminaten und die deutsche Burschenschaft, sondern auch die Carbonari, das Junge Italien, die spanischen Liberalen und die französischen Jakobiner aus dem Schoſse der Freimaurerei hervorgegangen seien. Wegen seiner Angriffe auf hochstehende Brüder wurde Eckert aus Berlin ausgewiesen. Aus der neuesten Zeit stammt das ebenfalls dreibändige, nicht unwichtige Werk des französischen Paters Deschamps „Die Geheimbünde und die Gesellschaft“ („Les sociétés secrètes et la Société,“ Paris und Avignon 1882–83). Dieser Autor schreibt alle politischen, sozialen und sittlichen Miſsstände der Welt der verborgenen Thätigkeit der Freimaurerei zu, als deren Ziel er die Beseitigung aller Religion, Moral und Gerechtigkeit bezeichnet. Im Jahre 1873 hatte das deutsche Werk „Die geheime Fehde der Freimaurerei gegen Kirche und Staat“ von der „königlichen Kunst“ dasselbe behauptet.

Was die Kirche betrifft, so hört die Maurerei noch immer nicht auf, in ihren Augen ein Popanz zu sein. Papst Pius IX., der übrigens in seiner Jugend selber eingeweiht worden war, wetterte 1875 in einer Bulle gar gewaltig gegen den Orden und neun Jahre später, kurz nach der Einsetzung des Prinzen von Wales als Grofsmeister Mark-Maurer, erliefs der gegenwärtige „Statthalter Christi auf Erden“ eine Encyklika, in welcher er die Brüderschaft als verbrecherisch, gottlos, umstürzlerisch u. dgl. hinstellte. Aus dem letzten Jahrzehnt stammt das geradezu idiotische Buch eines Dr. Hacks-Bataille „Der Teufel im 19. Jahrhundert“, das des gröbsten Aberglaubens voll ist und besonders viel von der angeblichen Teufelsanbetung der Freimaurer faselt.

An das Erscheinen des letztgenannten Werkes knüpft sich die tragikomische, grofsartige und vorzüglich gelungene Irreführung der Pfaffenwelt durch den Pariser Zeitungsschreiber Gabriel Jogand vor wenigen Jahren. Dieser Schalk veröffentlichte unter dem Pseudonym Leo Taxil mehrere Schriften, in denen er sich als einen zum Katholizismus bekehrten Logenbruder bezeichnete und die angeblichen Geheimnisse der Freimaurerei zu verraten behauptete. Er fingierte die vorgeblich ebenfalls bekehrte Logenschwester Mifs Diana Vaughan und liefs sie die gräfslichsten Geschichten über das Treiben der Freimaurer erzählen, so z. B. dafs sie dem Satan Mefsopfer darbringen, von bösen Geistern besucht werden etc. Einmal sei ein Teufel in Gestalt eines Krokodils erschienen, habe Klavier gespielt und seine Unterschrift „Bitru“ hinterlassen. Franz Brückner schreibt zu diesem Gegenstand: „Die fromme Zeitschrift „Pelikan“ in Feldkirch bot sich der nicht existierenden Mifs als Sprachrohr für die Dummen unter den Deutschen an, und ein in Frankreich begründeter „Weltbund“ gläubiger Katholiken hielt im September 1896 in Trient einen internationalen Kongrefs ab, der den Kampf gegen die Freimaurer organisieren sollte. 36 Erzbischöfe und Bischöfe haben an diesem „zweiten Trienter Konzil“ teilgenommen, darunter aber glücklicherweise kein Deutscher. Die reichsdeutschen katholischen Zeitungen haben den Taxilschwindel anfangs skeptisch behandelt und sind ihm später entschieden entgegengetreten; vergebens aber haben sie die glaubenseifrigen österreichischen, französischen und italienischen Kollegen vor dem ihnen drohenden greulichen Reinfall gewarnt, den ihnen bald darauf Taxil bereitet hat, indem er in öffentlicher Versammlung erklärte, „er habe alles erlogen, um die Leichtgläubigkeit der katholischen Priester blofszustellen.“ – Es stellte sich heraus, dafs nicht nur Mifs Vaughan, sondern sogar auch Dr. Hacks-Bataille eine Erfindung Taxils war, dem der von sechshundert Priestern beschickte und vom Kardinal Agliardi präsidierte Anti-Freimaurerkongrefs in so ergötzlicher Weise aufgesessen war. Leider sterben die Dummen eben nie aus und – „blinder Eifer schadet nur.“

Deutsches und Nachträge.

Der geschichtliche Verlauf der Freimaurerei in Deutschland weist im grofsen Ganzen dieselben Züge auf wie ihr allgemeiner Entwicklungsgang: anfangs die reine englische Maurerei (Geselligkeit, Toleranz, Wohlthätigkeit), nachher die Verirrungen des Hochgradeunwesens, schliefslich die Pflege der Humanität. Kaum war 1733 in Hamburg die erste deutsche Loge entstanden, so wurden in kurzer Zeit so viele andere errichtet, dafs schon nach vier Jahren Heinrich Wilhelm v. Marschall, Erbmarschall von Thüringen, zum Provinzial-Grofsmeister von Obersachsen ernannt wurde. Sehr gefördert wurde die Bundessache durch den Beitritt des Kronprinzen Friedrich von Preufsen (1738). Die weitere Geschichte bis nach dem Wilhelmsbader Konvent haben wir bereits in früheren Kapiteln mitgeteilt. Nach dem Tode des Herzogs von Braunschweig erlosch die Strikte Observanz und nunmehr machte sich in der deutschen Brüderschaft das Streben nach Rückkehr zu den alten, einfachen Grundlagen der echten Freimaurerei geltend. Deutschland übernahm statt des stabil verbleibenden England die Aufgabe, diese Rückkehr durch gründlichere Erforschung des Wesens und der Geschichte der königlichen Kunst anzubahnen. Dahin gehören die Bestrebungen des eklektischen Bundes, welcher 1783 zu Frankfurt ins Leben trat. Ihm folgte ein Jahr darauf die Grofse Nationalloge zu den drei Weltkugeln, welche sich mit ihren Töchterlogen von sämtlichen maurerischen Verbindungen für unabhängig und das Wesen der Freimaurerei in den drei Johannisgraden für abgeschlossen erklärte. Sie fügte zwar noch vier Hochgrade hinzu, aber blofs als Erkenntnisstufen, die die Kenntnis der verschiedenen Systeme und ihrer Symbole vermitteln sollen, ohne irgend welche Suprematie zu üben. Auch die aus der Loge Royal York hervorgegangene Grofsloge Royal York zur Freundschaft änderte unter J. A. Fefsler ihr Ritual und ihre Verfassung ab und nahm statt der vier höheren Grade sechs Erkenntnisstufen an: Allerheiligstes, Justifikation, Feier, Übergang, Heimat, Vollendung. Diese sechs Stufen wurden später auf eine reduziert. Eine noch durchgreifendere Umgestaltung machte die Grofsloge von Niedersachsen zu Hamburg durch, indem Schröder alle höheren Grade beseitigte, nur die drei symbolischen Grade beibehielt und das Reinmenschliche zum Prinzip erhob. So entstand das Schrödersche oder Hamburger System. 1770 thaten sich zwölf auf schwedischer Grundlage errichtete Logen zur Grofsen Landesloge Deutschlands zusammen. Ferner entstanden noch vier Grofslogen: 1813 die Landesloge von Sachsen, später die Grofsloge zur Sonne in Bayreuth, 1846 die Grofsloge zur Eintracht in Darmstadt, endlich die Grofse Loge des Königreichs Hannover, die sich jedoch infolge der Ereignisse von 1866 auflöste.

Gegen die Mitte des 19. Jahrhunderts wurde die politische Bewegung dem Bunde nachteilig, indem viele thätige Kräfte sich zurückzogen. Die Revolutionszeit 1848–49 führte vollends zu Parteiungen und Stillstand. Die nachfolgende Reaktion war trotz aller Angriffe nicht geeignet, eine Besserung herbeizuführen. Erst die seit 1850 erscheinende maurerische Wochenschrift „Bauhütte“ von dem bekannten Fachschriftsteller und Verleger J. G. Findel brachte wieder Leben in die Logen, indem sie sich an die Spitze einer reformatorischen Bewegung stellte. Anfänglich verhielten sich die meisten Grofslogen ablehnend, allmählich jedoch entschlossen sie sich zu einer zeitgemäfsen Abänderung ihrer Verfassungen und Rituale. 1861 entstand „der Verein deutscher Freimaurer“, der in jährlichen Wanderversammlungen für zeitgemäfse Ausgestaltung des Bundes, Einführung eines allgemeinen Grundgesetzes, gröfsere Öffentlichkeit, Beseitigung des Dogmatismus, des Titelwesens, der Hochgrade und anderer Übelstände eintrat, vor allem auch für umfassende maurerische Werkthätigkeit. Diese reformatorische Bewegung bewirkte 1872 die Gründung eines deutschen Grofslogenbundes. Als der Verein deutscher Freimaurer nach der Verdrängung Findels aus dem Vorstand zu erschlaffen begann, rief der Genannte 1884 den Lessingbund deutscher Freimaurer ins Leben.

Im August 1897 konstituierte sich in Braunschweig der Einheitsbund deutscher Freimaurer, der die bestehenden Gegensätze auf der Grundlage des Bekenntnisses zum Christentum überwinden will. Jedes beitretende Mitglied mufs das folgende „Formular“ unterschreiben: „Der Einheitsbund verfolgt den Zweck, die in der deutschen Maurerei vorhandenen Gegensätze zu beseitigen und eine für das Ansehen und den Einflufs der Maurerei notwendige Wesenseinheit herbeizuführen. Der Einheitsbund stellt sich dabei auf den Standpunkt des keine Konfession ausschliefsenden, aber allen Konfessionalismus im Bunde selbst überwindenden Humanitätsprinzips. Die Mitglieder des Bundes bekennen sich zu dem Grundsatze, dafs dieses Humanitätsprinzip seinen Ursprung habe in der Lehre Jesu von einem alle Völker und alle wahre Gottesverehrung umfassenden Reiche Gottes auf Erden, und dafs der symbolische Tempelbau nichts anderes sei, als die Arbeit an jenem in Jesu Lehre begründeten Gottesreiche. Der Bund erstrebt eine gesetzliche, für alle Systeme verbindliche Deklaration, welche auf jene Lehre Jesu ausdrücklich Bezug nimmt und damit jede Abweichung von der gemeinsamen Grundlage und jede Mifsdeutung des maurerischen Wesens verhindert.“

Trotz der starken Betonung des christlichen Charakters der Logen wurde in der bereits in einem früheren Kapitel erwähnten Schrift „Der Stern von Bethlehem“ der Streit über die Aufnahme von Juden zu Gunsten der letzteren entschieden. Man habe, heifst es da, die judenaufnehmenden Logen bislang als Humanitätslogen bezeichnet und damit den rein christlichen die Humanität mittelbar abgesprochen; nun sei aber die christliche Humanität die allein echte und wahre und gerade sie „öffnet auch dem suchenden Israeliten die Pforte des maurerischen Tempels, wenn er daran klopft.“

Es wird hier am Platze sein, einige wichtige Einzelheiten zur Organisationsfrage, mit besonderer Berücksichtigung der deutschen Verhältnisse, nachzutragen. Innerhalb der Loge herrscht das allgemeine „Priestertum,“ das heifst die Gleichberechtigung sämtlicher Brüder. Alle maurerischen Ämter entspringen der freien Wahl. Die Logen eines Bezirks oder Landes bilden eine Grofsloge oder einen freien Logenbund, innerhalb dessen das möglichste Mafs von Selbständigkeit herrscht. Die Grofsloge ist eine Verwaltungsbehörde zur Unterhaltung der Verbindung zwischen den ihr angehörenden Logen, zur Schlichtung von Zwistigkeiten und zur Aufsicht über die Einhaltung von Satzungen. Bei den Versammlungen der Grofsloge ist jede Tochter- oder Bundesloge durch ihren Meister vom Stuhl (Stuhlmeister) oder durch einen freigewählten Abgesandten vertreten. An der Spitze der Grofsloge stehen der Grofsmeister und die „Beamten.“ Heutzutage dürfen sich Logen nicht aus eigener Machtvollkommenheit bilden, vielmehr brauchen sie zu „gesetzmäfsigem“ Bestand einen Freibrief (Konstitution) seitens einer Grofsloge. Nicht gehörig konstituierte Logen heifsen Winkellogen und ihre Mitglieder geniefsen den „gesetzmäfsigen“ Logen gegenüber nicht das Recht der Freizügigkeit oder des Besuches. Die Bezeichnung Johannislogen für die regelrechten rührt daher, dafs sie Johannis den Täufer als Patron verehren. Logen, die während eines Krieges im Lager arbeiten, heifsen Feldlogen. Aufser den eigentlichen Mitgliedern giebt es noch 1. Ehrenmitglieder, d. h. Brüder auswärtiger Logen, die sich um die Loge oder den Bund besonders verdient gemacht haben; 2. „musikalische“ Brüder, die zwar keine Beiträge zu zahlen pflegen, wohl aber bei den Logenfeierlichkeiten musizieren; 3. „dienende“ Brüder, die nicht stimmfähig sind und bei den Versammlungen, Banketten und dergl. die Aufwartung besorgen.

Hat ein Aufnahmebewerber, der durch einen Bruder dritten Grades angemeldet sein mufs, die ihm behändigten Fragen beantwortet, so wird über ihn abgestimmt und er erhält nach erfolgter Aufnahme ein Certifikat als Ausweis beim Besuch fremder Logen. Der Übertritt eines Freimaurers von einer Loge in eine andere erfolgt durch „Affiliation“ (Freizügigkeit, Angliederung). In den zweiten und dritten Grad, sowie in die höheren Grade geht man durch besondere „Beförderungslogen.“ Die meisten Grofslogen oder Logenbünde stehen untereinander in einem Verhältnis gegenseitiger Repräsentation und tauschen ihre Verhandlungsprotokolle aus. Gewisse Grundgesetze gelten für die ganze Brüderschaft im allgemeinen, aufserdem jedoch hat jeder Logenbund und jede einzelne Loge ihre eigenen Lokalgesetze. Die „isolierten“ oder unabhängigen Logen unterstehen keiner Grofsloge. Die von einer Grofsloge abhängigen Logen einer Provinz heifsen „Provinziallogen.“ Will ein Freimaurer austreten, so „deckt“ er die Loge, d. h. er erklärt seinen Abgang. Brüder, die ihre Pflichten nicht erfüllen, werden „gestrichen“; wegen sittlicher oder maurerischer Vergehen wird man „ausgeschlossen.“ Die Aufnahme- und Beförderungslogen nennt man Arbeitslogen, wobei das Wort „Logen“ die Bedeutung von „Versammlungen“ hat. Es giebt ferner Instruktions-, Fest- und Trauerlogen, die letzteren zur Erinnerung an verstorbene Mitglieder. Die „Logentage“ pflegen im „Logenkalender“ verzeichnet zu sein, welcher der „Logenliste“ – Verzeichnis sämtlicher Brüder – angehängt ist. Nach Fest- und Aufnahmeversammlungen hält man häufig „Tafellogen,“ bei denen die Brüder in ihrer Bekleidung bleiben und ein vorgeschriebenes Ritual beobachten; Trinksprüche, Musik und das Absingen sogenannter Freimaurerlieder würzen gewöhnlich das Mahl. Das Zusammenspeisen ohne maurerische Bekleidung wird „Brudermahl“ genannt.

Die Zwecklosigkeit der modernen Freimaurerei.

Welchen Zweck hat die königliche Kunst heutzutage? Ist sie gegenwärtig nicht ein Anachronismus? Hat sie sich nicht überlebt? Ist ihre Geheimthuerei nicht eine Täuschung oder eine Komödie? Unseres Erachtens sind alle diese Fragen im ungünstigen Sinne zu beantworten. Solange die Maurerei rein technischer Natur war, bot sie grofse Vorteile. Als sie spekulativ wurde, erwies sie sich anfänglich als noch nützlicher, denn teils allein teils in Verbindung mit anderen Vereinigungen widersetzte sie sich damals dem in den meisten Ländern Europas vorherrschenden politischen Despotismus und bildete der kirchlichen Unterdrückungssucht und Dunkelmännerei gegenüber eine Art Gegeninquisition, weshalb sie von protestantischen und römisch-katholischen Staatslenkern gleichmäfsig verfolgt wurde. Die grofsen Fortschritte der neueren Zeit im Gebiete der Menschenfreundlichkeit und Duldsamkeit sind unzweifelhaft der Richtung zu verdanken, welche die spekulative Freimaurerei im 18. Jahrhundert einschlug und der politischen Thätigkeit, die sie in den meisten Ländern im 19. Jahrhundert entfaltete. In Zeiten gegründet, da der Besitz religiöser und wissenschaftlicher Kenntnisse ein Vorrecht Weniger war, bewahrte sie diese Kenntnis nach Möglichkeit vor dem Unkraut der Gleichgültigkeit und dem Ballast des Aberglaubens. Jetzt aber ist das Bächlein des Wissens längst zu einem unbegrenzten, immer höher anschwellenden Ozean angeschwollen. Da die moderne Wissenschaft ihre Entdeckungen keineswegs verheimlicht, mufs eine Gesellschaft, die irgend welche Kenntnisse auf ihre Mitglieder beschränkt sehen will, als eine mehr oder minder rückschrittliche betrachtet werden. Wie äufserte sich doch Philo um 1780 über die damalige englische Freimaurerei? „Die Logen nehmen wahllos Mitglieder auf, spielen mit Geheimnissen, ohne dieselben zu verstehen, essen, trinken, verdauen gut und geben zuweilen Almosen – so sind die formalen englischen Logen beschaffen.“ Und das gilt von ihnen noch heute.

Es giebt Tausende von ausgezeichneten Männern, die niemals eine Loge betreten haben und dennoch echte Freimaurer sind, d. h. freisinnige, aufgeklärte Männer, die sich mit dem Studium der Natur wie mit dem sittlichen und geistigen Fortschritt der Menschheit beschäftigen und in politischer wie religiöser Hinsicht vorurteilsfreie Kosmopoliten sind. Anderseits giebt es Tausende, die in alle maurerischen Grade eingeweiht und trotzdem keine Freimaurer sind, weil sie den Schein für die Wirklichkeit, die Mittel für den Zweck, die Logenzeremonien für das Wesen der Freimaurerei halten, während doch die Loge mit all ihren Sinnbildern nur die Form ist, in die sich der maurerische Gedanke kleidet. Diese Form nun, welche einst sehr angemessen ja notwendig war, ist gegenwärtig veraltet und unzeitgemäfs. Das Vorgeben des Besitzes von Geheimnissen ist eine ebenso kindische wie schädliche Schwäche. Die modernen Maurer erklären als Gegenstände ihres Bestrebens Bruderliebe, Beistand und Wahrheit; diese Dinge können unmöglich geheimer Riten, Überlieferungen und Zeremonien bedürfen.

Und was die Wissenschaft und Gelehrsamkeit betrifft, die dem Bunde angeblich eigen sein soll, so ist es damit nichts. Die Freimaurerei hat die Welt um keinerlei neue wissenschaftliche Thatsachen oder Grundsätze bereichert. Nicht einmal mit dem Studium längst bekannter Wahrheiten befassen sich die Logen. Sie verpönen religiöse und politische Debatten und dennoch soll die Menschheit dem Maurertum ein gut Teil ihres Fortschrittes zu verdanken haben. Angeblich würde die Welt, wenn plötzlich der Freimaurerei beraubt, wieder in geistige Finsternis zurücksinken. In Wirklichkeit ist es nicht denkbar, dafs die Entwickelung der Menschheit gefördert werden kann, wenn die mit den bestehenden politischen und religiösen Systemen verknüpften chronischen Übel nicht behandelt werden dürfen. Wenn die Maurerei lebensfähig bleiben und sich zu Höherem aufschwingen will als etwa die Odd Fellows, müssen Logen ausschliefslich von gebildeten Personen gegründet werden und diese müssen die Sittenlehre und die Philosophie von einem anderen Standpunkt auffassen und den Mitgliedern beibringen als von dem scholastischen und materialistischen, auf welchem heutzutage die Wissenschaft beruht; die letztere dürfte in den Logen nicht zu dem gemacht werden, wozu der moderne Materialismus sie gemacht hat: zur Dienstmagd der leiblichen Bequemlichkeit.

Die Freimaurerei weist auch sonst noch viele Schattenseiten auf. Nur zu leicht und zu häufig werden charakterlose Personen aufgenommen, die Satzungen bleiben in hohem Mafse unbefolgt, die reformfreundlichen Brüder werden von den übrigen mit scheelen Blicken angesehen, die Ausschliefsung unwürdiger Mitglieder ist zu sehr erschwert, es sind zu viele falsche Riten vorhanden und die echten tragen zu sehr das Gepräge des Trügerischen, denn sie erregen die Neugier, ohne sie je zu befriedigen. Der maurerische Symbolismus ist kindisch und die dem Kandidaten offenbarten Geheimnisse sind ungemein geringfügig. Die wahre Freimaurerei spielt gegenwärtig in den Logen eine äufserst kleine Rolle. Gleich dem Klosterwesen und dem Rittertum, ist die „königliche Kunst“ überflüssig geworden. Sie hat weder politischen Einflufs noch politische Bestrebungen, besitzt keinen industriellen oder geistigen Sammelpunkt und ist nicht einmal mehr eine geheime Gesellschaft, denn ein vom Staate genehmigter Bund kann nicht geheim genannt werden. Wenn sie nicht an Altersschwäche sterben will, mufs sie ihre Riten und Zeremonien aufgeben, die weder einfach noch grofsartig sind, mufs sie auch, wie schon bemerkt, auf ihre Geheimnisthuerei verzichten, sich überhaupt gründlich umgestalten. Andernfalls werden ihr nicht einmal die in französischen Logen vorkommenden maurerischen Eheschliefsungen helfen können. Uns liegen Berichte vor über zwei solche Vermählungen ohne die üblichen kirchlichen oder Civiltrauungen. Die eine fand in der Loge La France Maçonnique zu Paris, die andere in einer

Toulouser Loge statt, beide im Jahre 1887. Fünf Jahre vorher verheiratete der berühmte Geograph und Edelanarchist Elysée Reclus, der auch Freimaurer ist, zwei seiner Töchter an zwei „Brüder“ dadurch, dafs er die beiden Paare einfach für vermählt erklärte.

Ich weifs, dafs viele Freimaurer über die herben Worte, die ich mir stellenweise hinsichtlich der königlichen Kunst erlaubt habe, entrüstet sein werden; aber erstens konnte ich meine Überzeugung nicht unterdrücken und zweitens wird diese von vielen ehrlichen Maurern geteilt, besonders im Hinblick auf das englische Maurertum. Ein englischer Bruder schrieb 1798 in der Zeitschrift „Monthly Magazine“: „Der Wirt, der stets ein Bruder ist, fördert die sogenannte Eintracht durch die Beistellung feiner Soupers und vortrefflicher Getränke. Das hat Trunkenheit und lange Nachtwachen zur Folge. So geht es in zwei Dritteln der jetzigen Logen zu . . . Hogarth gehörte dem Bunde an und fungierte 1735 sogar als Ober-Haushofmeister; dennoch läfst er in seiner „Nacht“ einen berauschten Stuhlmeister vom Logenschliefser heimgeleiten.“ Der eifrige Maurer John Yarker sagt in seinen 1872 erschienenen „Bemerkungen über die wissenschaftlichen und religiösen Mysterien des Altertums“: „Wie die Brüderschaft jetzt geleitet ist, wird sie immer mehr zum Paradies des Lebemanns, des Wohlthätigkeitsheuchlers, des Erzeugers von unbedeutendem maurerischen Flitter, des kaufmännischen Schwindlers und anderer Quacksalber, die sich auf Grund der aristokratischen Alluren, welche sie in unsern Bund eingeschmuggelt haben, Geld oder Einflufs verschaffen.“

Das Gros der maurerischen Litteratur, namentlich der englischen, taugt nicht viel. Die grofse Unzulänglichkeit der litterarischen Seite der Freimaurerei ist von vielen gebildeten Maurern anerkannt worden und die Anerkennung führte 1884 zur Stiftung der Loge „Quatuor Coronati.“ Da deren Mitglieder eine tüchtige litterarische oder künstlerische Eignung haben müssen, gilt es als hohe Ehre, ihr anzugehören. Sie besteht hauptsächlich aus bekannten maurerischen Gelehrten und Forschern und nimmt eine Stellung ein, welche von der aller anderen Logen grundverschieden ist. Sie beschäftigt sich ernstlich mit der Verbreitung wirklich maurerischer Kenntnisse, sei es durch Vorträge und Debatten in der Loge, sei es durch die Veröffentlichung ihrer Verhandlungen oder den Neudruck seltener und wertvoller Werke über die Freimaurerei in einer Sammlung („Ars quatuor coronatorum“) von prächtig ausgestatteten Bänden. Mit der Loge verknüpft ist ein „Korrespondenz-Zirkel,“ der in allen Erdteilen Mitglieder besitzt und ebenfalls die Entwickelung der königlichen Kunst anstrebt.

ZWÖLFTES BUCH:

VERSCHIEDENE ANDERE VEREINIGUNGEN.

(Alphabetisch geordnet.)

ABC-Freunde.

Der angebliche Zweck dieses französischen Bundes war die Beschäftigung mit der Kindererziehung, der wirkliche aber die Befreiung der Menschheit. „ABC“ bedeutete „abaissé“ (die Aussprache ist im französischen die gleiche); die Erniedrigten, die erhöht werden sollten, waren das Volk. Die Mitglieder waren gering an Zahl, jedoch auserwählt. Unter der Restauration hatte die Gesellschaft in Paris zwei Logen. Victor Hugo erwähnt sie im 3. Teil des 4. Buches seiner „Misérables.“

Abeliten.

Eine christliche Sekte, welche im 4. Jahrhundert unserer Zeitrechnung in der Gegend von Hippo (Nordafrika) bestand. Obgleich verheiratet, enthielten sich die Mitglieder des ehelichen Umgangs, denn sie glaubten, dafs auch Abel so gelebt habe, weil die Bibel nicht erwähne, dafs er Kinder gehabt habe. Um die Sekte zu erhalten, nahmen sie fremde Kinder an. – Eine andere Abeliten-Sekte gab es um die Mitte des 18. Jahrhunderts in Deutschland. Sie behauptete, im Besitze aller Tugenden Abels zu sein und hatte geheime Zeichen, Sinnbilder, Kennworte und Einweihungsriten. Die Hauptversammlungen, welche zu Greifswald abgehalten wurden, befafsten sich mit moralischen und litterarischen Debatten.

Accoltellatori.

1874 wurde zu Ravenna ein nichtpolitischer Geheimbund, der der „Accoltellatori“ (Gurgelabschneider), entdeckt und eine grofse Anzahl seiner Mitglieder vor Gericht gestellt. Man hatte sein Dasein längst vermutet, aber amtlicherseits nicht einzuschreiten gewagt. Privatpersonen überlieferten in mehreren

Fällen die Mörder erfolgreich dem Arm der Gerechtigkeit, allein die Anzeiger erlitten stets bald den Rachetod. In den meisten Fällen bewog Furcht vor Rache die Augenzeugen der Verbrechen, die Aussage zu verweigern. Ein Ladenbesitzer, der bei Gericht besonders eifrig gegen die Gurgelabschneider aufgetreten war, empfing die Nachricht, dafs er sterben müsse, und die Mörder klebten, um ihre That zu verhüllen, in derselben Nacht ein Plakat an die Rollthüre des Ladens, besagend, der Eigentümer sei abgereist und das Geschäft zu verkaufen. Endlich verriet ein „Genosse“ das Geheimnis und gab der Polizei Aufschlufs über einige „Beseitigungen“ und deren Urheber. Die Bande war allzu zahlreich geworden, die Leitung verdächtigte einige Mitglieder der Treulosigkeit, liefs sie überwachen und umbringen. Der angestrengte Prozefs endigte mit der Verurteilung der meisten Angeklagten zu schweren Zuchthausstrafen. Ursprünglich hatte es nur zwölf „accoltellatori“ gegeben, die im Café Mazzavillani regelmäfsige Zusammenkünfte abhielten, um Opfer zu bestimmen und über deren Schicksal zu entscheiden.

Akademie der Alten.

Der Oberst Toux de Salverte gründete diesen Orden in Warschau nach dem Vorbild eines gleichnamigen, der am Anfang des 16. Jahrhunderts in Rom bestand. In seinen geheimen Versammlungen wurde Okkultismus getrieben.

Almusseri.

Die Einweihungsriten ähneln einigermafsen denen der orphischen und kabirischen Mysterien. (Vergl. das Kapitel „Die Wandlungen der Isislegende“). Inmitten eines ungeheuren Waldes erhebt sich ein Tempel, den kein Uneingeweihter betreten darf. Die Aufnahmen finden einmal jährlich statt. Der Kandidat simuliert den Tod und zu einer vorgeschriebenen Stunde umgeben ihn die Eingeweihten, Trauerlieder singend; sodann wird er in den Tempel getragen, auf eine erwärmte Kupferplatte gesetzt und mit Palmöl gesalbt, weil die Ägypter die Palme, der sie 365 Eigenschaften zuschrieben, der Sonne weihten. Auf dieser Platte mufste er vierzig Tage bleiben; seine Verwandten besuchten ihn, um ihn wieder zu salben und nach Ablauf der Probezeit wird er unter Freudengesängen nach Hause geleitet. Da man voraussetzt, dafs er durch jene Prozeduren eine neue Seele bekommen hat, erfreut er sich von nun an bei seinem Stamme hohen Ansehens und grofsen Einflusses. Einem ähnlichen Orden begegnen wir bei den senegambischen Negern; derselbe heifst: „Belly Paaro.“ (Vgl. weiter unten.)

Anarchisten.

1868 führten der Russe Michael Bakunin und der Belgier Victor Dave in die „Internationale“ das anarchistische Element ein, welches drei Jahre später zur Pariser Kommune führte. Nach den Streitigkeiten, die sich 1872 zwischen den deutschen Sozialdemokraten und den Anarchisten erhoben, schlofs der sozialdemokratische Buchbinder Johann Most sich den letzteren an. 1879 gründete er in London die „Freiheit,“ ein Wochenblatt rotester Sorte. Die Rädelsführer der Hödelschen und Nobilingschen Attentate auf Kaiser Wilhelm I. wurden hingerichtet. 1885 rächten sich die Anarchisten hierfür, indem sie in Frankfurt den hohen Polizeibeamten Dr. Rumpf umbrachten; nur der unbedeutendste der Mörder, der 22jährige Julius Lieske, wurde ermittelt und enthauptet. Most gründete einen engeren, ganz geheimen Kreis von Propagandisten. Als die „Freiheit“ die Phönixpark-Morde (vgl. „Irische Geheimgesellschaften“) guthiefs, wurde das Blatt unterdrückt; Most liefs es nun in der Schweiz und später in den Vereinigten Staaten erscheinen, wohin er 1882 übersiedelte. Der Anarchismus, dessen geheimes Hauptquartier sich in Chicago befand, breitete sich in der Union wie auch in Europa ziemlich rasch aus und gipfelte in den Dynamitattentaten von Chicago, in den Mordfällen von Strafsburg, Stuttgart, Wien und Prag.

In der letztgenannten Stadt verurteilte eine geheime Anarchistenversammlung den Polizeidirektor, der einige der Mörder hatte verhaften lassen, zum Tode, und das Los, wer die That ausführen sollte, traf den Handschuhmachergesellen Drefsler. Dieser beging, um nicht zum Mörder zu werden, einen Selbstmord, schrieb aber vorher seinen Eltern einen Brief, in welchem er das Vorhandensein des Geheimbundes enthüllte. Das ermöglichte der Polizei die Verhaftung der thätigsten Mitglieder. Im Juli desselben Jahres wurde in Wien ein Schuhmacher von zwei Individuen überfallen, betäubt und eines gröfseren Geldbetrages beraubt. Nach einigen Wochen erwies sich, dafs dieses Verbrechen von einem Anarchistenverein ausging, welcher, wie aus den bei den verhafteten Mitgliedern vorgefundenen Flugschriften hervorging, auf die Beseitigung der Herrscher, der Priester und der Kapitalisten sowie auf die Errichtung einer roten Republik abzielte. Innerhalb dieses Bundes gab es Gruppen von fünf bis neun Mitgliedern, denen die Verpflichtung oblag, nach dem Schneeballsystem immer neue solche Gruppen ins Leben zu rufen. Die damalige Gerichtsverhandlung machte ihm ein Ende und es ist unsicher, ob heute der Anarchismus überhaupt noch über organisierte Vereinigungen verfügt. Die Aufsehen erregenden Attentate der letzten Jahre – in der Pariser Madeleine-Kirche, im Theater zu Barcelona, in der Pariser Deputiertenkammer, gegen Canovas del Castillo, Carnot, Kaiserin Elisabeth u. s. w. – lassen eher auf ein selbständiges Vorgehen vereinzelter Gewaltanarchisten schliefsen (Vaillant, Ravachol, Henry, Caserio, Angiolillo, Luccheni u. a.).

Die letzteren dürfen beileibe nicht in einen Topf geworfen werden mit den sogen. Ideal- oder Edelanarchisten, die geradezu eine gegenteilige Richtung vertreten, nämlich den Grundsatz der absoluten Gewaltlosigkeit im Sinne Christi. Dieser Partei, die durchaus nicht organisiert ist, sind die unsinnigen Gewaltthaten der anderen Richtung ein Greuel, weil dieselben den Durchbruch des Prinzips der Gewaltlosigkeit aufserordentlich beeinträchtigen, indem sie immer wieder Gewaltrepressalien hervorrufen. Dem Edelanarchismus huldigen weit mehr Personen als dem gewaltthätigen, darunter zahlreiche hervorragende Geister, Tolstoi an der Spitze.

Antifreimaurerische Partei.

Der in die höchsten Grade der Freimaurerei eingeweihte Zeitungsschreiber William Morgan veröffentlichte 1826 ein die Geheimnisse der „königlichen Kunst“ enthüllendes Buch. Bald darauf verschwand er und kam nie wieder zum Vorschein. Seine Freunde beschuldigten die Freimaurer, ihn in einem Boot entführt und dann ermordet zu haben. Jene dagegen behaupteten, er habe sich im Ontario-See ertränkt, und sie brachten eine Leiche bei, welche jedoch als die eines gewissen Monroe erkannt wurde. Die gerichtliche Untersuchung blieb ergebnislos. Die Entrüstung über das Verbrechen und dessen Straflosigkeit führte im Staate New-York zur Entstehung der Gesellschaft „Antifreimaurerische Partei“, die den Zweck verfolgte, alle Freimaurer von den öffentlichen Ämtern auszuschliefsen; allein sie entartete bald zu einer Wahlmaschine. Etwa fünfzig Jahre nach dem Tode Morgans veröffentlichte Thurlow Weed, angeblich aus eigener Kenntnis, einen ausführlichen Bericht über die Ermordung Morgans durch die Freimaurer. Das Grab des Verschwundenen wurde 1881 in der Grafschaft Batavia (Staat New-York) entdeckt und ein in demselben vorgefundener Zettel trug den Namen des Freimaurers

John Brown, der seinerzeit vom Publikum denn auch der Teilnahme an dem Verbrechen geziehen worden war. Anderseits erzählten einige amerikanische Reisende, sie seien in Smyrna mit Morgan zusammengekommen, der dort englischen Unterricht erteilt habe. Der wirkliche Sachverhalt bleibt nach wie vor unklar.

Antifreimaurer.

Im Jahre 1811 in der irischen Grafschaft Down gegründet, bezweckte diese römisch-katholische Geheimgesellschaft die Vertreibung der Freimaurer ohne Unterschied des Glaubensbekenntnisses.

Apokalypsen-Ritter.

Augustinus Gabrino aus Brescia stiftete diesen Orden 1693 zur Verteidigung der Kirche gegen den erwarteten Antichrist. Als am Palmsonntag im Petersdom zu Rom der Chor den Gesang „Quis est iste rex gloriae?“ anstimmte, stürzte sich Gabrino, ein Schwert schwingend, mit dem Rufe: „Ego sum rex gloriae“, zwischen die Choristen. Als er das Gleiche auch in der Salvator-Kirche that, wurde er in ein Irrenhaus gesteckt. Dennoch bestand der Bund weiter, bis ihn ein eingeweihter Holzschnitzer bei der Inquisition anzeigte, welche die Ritter einkerkerte. Die letzteren, obgleich nur Gewerbetreibende und Arbeiter, trugen zumeist ein Schwert — auch bei der Arbeit — und auf der Brust einen siebenstrahligen Stern mit einem Anhängsel, welches das vom Heiligen Johannes in der Apokalypse gesehene Schwert darstellen sollte. Der Orden wurde beschuldigt, politische Ziele zu verfolgen; sicher ist nur, dafs sein Gründer die Vielweiberei einführen wollte und sich „Monarch der Heiligen Dreifaltigkeit“ nannte. Er war eben verrückt . . . .

Arbeitsritter.

Der 1869 von dem philadelphischen Schneider Uriah Stephens gegründete geheime „Orden der Arbeitsritter“ („Knights of labour“) hatte ursprünglich blofs die Bestimmung, einen bereits bestandenen Zuschneiderverein zu ergänzen. Demgemäfs wurden anfangs nur Zuschneider aufgenommen, aber schon nach ein bis zwei Jahren fanden auch andere Mitglieder, „sojourners“ (= Gäste, Fremde) genannt, Aufnahme. 1873 wurde ein Hauptausschufs gewählt und ein Ritual festgestellt, dessen Geheimhaltung jeder „Ritter“ eidlich versprechen mufste. Die Bundesbeamten hiefsen „Meister-Arbeiter, Würdiger Werkführer, Verehrungswürdiger Weiser, Berichtender Schriftführer, Finanz-Sekretär, Schatzmeister, Würdiger Inspektor, Almosenier, Unbekannter Ritter, Innerer Knappe, Äufserer Knappe“ u. s. w. Jede Industrie hatte eigene örtliche Logen mit eigenen Beamten. Diese örtlichen Logen und die Bezirkslogen entsandten zu den grofsen Jahresversammlungen Delegierte. Die strenge Geheimthuerei wurde unter dem Einflufs der katholischen Kirche allmählich gelockert, namentlich nach Stephens' Rücktritt vom Amte des Grofsmeister-Arbeiters (1879). Nach wenigen Jahren verwandelte sich der Orden gänzlich in einen öffentlichen mit gewerkvereinlichen und Unterstützungszwecken. Stephens' Nachfolger war der bekannte Powderley, von welchem der Clevelander „Wächter und Anzeiger“ Ende 1899 das Folgende schrieb: „Wenn es je einen Arbeiterverband gegeben hat, der Grofses für die Arbeiterschaft hätte leisten können, so war es dieser Verband. In der Mitte der achtziger Jahre war er sozusagen allgewaltig. Er brauchte fast nur zu wünschen, um es geschehen zu sehen. Aber ein Powderley, derselbe Hohlkopf, Dünkeling und Schwindler, den MacKinley und Kompagnie für seinen Arbeiterverrat zum Generalkommissär des Einwanderungswesens ernannten, richtete in wenigen Jahren zu Grunde, was Uriah Stephens im Geiste als die Macht sah, die die Arbeiter erlösen würde.... Es wäre wahrscheinlich anders gekommen, wenn das amerikanische Volk nicht so sehr zur Heldenverehrung hinneigte. Das traurige „Pülverle“ war eine Zeit lang der reine Halbgott für die „Ritter.“ Als sie entdeckten, was für ein erbärmlicher Geselle er sei, da war es zum Retten schon zu spät. Heute sind die Tage der Arbeitsritter dahin.“

Areoiten.

Tahitischen Ursprungs, ist dieser Geheimbund auf den Gesellschafts-Inseln verbreitet. Er besitzt eine besondere Genealogie und Hierarchie sowie eigne Überlieferungen. Die Mitglieder halten sich für die Abkömmlinge des Gottes Oro-Tetifa und sind in sieben – nach manchen Quellen in zwölf -- Grade eingeteilt, welche sich durch verschiedenartige Tättowierung unterscheiden. Es handelt sich da um eine ähnliche Vereinigung wie die der altägyptischen Priesterschaft, doch werden auch Laien zugelassen. Die Oberhäupter erlangen die höchsten Grade sofort, während die gewöhnlichen Sterblichen vor ihrer Einweihung erst viele Erprobungen durchmachen müssen. Die Mitglieder erfreuen sich vieler Vorrechte und hohen Ansehens; sie werden als die Besitzer alles Wissens und die Vermittler zwischen Gott und den Menschen betrachtet, auch fürchtet man sie als die Handhaber des Tabu, einer Art Acht und Bann, wie wir ihr bei den altgriechischen Hierophanten und dem päpstlichen Stuhl (Exkommunikation) begegnen. Obgleich die Zeremonien abstofsend und unsittlich sind, verbirgt sich hinter denselben eine Grundlage edler Gedanken, so dafs wir die gegenwärtigen Riten wohl für Entartungen eines einstigen reineren Zeremoniells halten dürfen. Die Einweihungslehren beziehen sich auf die Zeugungskraft der Natur; deshalb spielt die Sonnengottlegende bei den Festlichkeiten eine grofse Rolle und zur Zeit der Wintersonnenwende wird eine an die Mysterien des Altertums erinnernde Bestattungsfeier abgehalten. In ganz Polynesien glauben die Eingeborenen an eine höchste Gottheit Namens Taaroa oder Tongola oder Tangaroa, von der die Eingeweihten die folgende Hymne singen: „Er war; er wurde Taaroa genannt. Er rief, aber niemand antwortete. Er, das einzige Urwesen, verwandelte sich in das Weltall. Er ist das Licht, der Keim, die Grundlage. Er, der Unvergängliche, ist grofs – er, der das Weltall erschaffen hat, das grofse Weltall.“

Belly Paaro.

So heifsen bei den Guinea-Negern die Mysterien, welche jedoch nur einigemale in einem Jahrhundert gefeiert werden. Der Aufnahmebewerber wird, nachdem er jedes Kleidungsstück und alle Edelmetallgegenstände abgelegt, in einen grofsen Wald geführt, wo die alten Männer, die der Einweihung vorsitzen, ihm einen neuen Namen geben, während er den Gott Belly besingt und lebhafte Tänze vollführt. Schliefslich empfängt er viel theologische und mystische Belehrung. Als Neuling mufs er fünf Jahre in vollständiger Einsamkeit verbringen und wehe dem Weibe, das sich dem geheiligten Wald zu nähern wagt! Nach Ablauf der Probezeit wird dem Eingeweihten eine Hütte zugewiesen und man vertraut ihm die geheimsten Lehren der Sekte an. Von nun an kleidet er sich anders als die Stammesgenossen; sein Leib ist mit Federn geschmückt und an seinem Hals sind die von den Einweihungseinschnitten herrührenden Narben sichtbar.

Bockreiter.

Um 1770 war das Limburgische, insbesondere die Gegend von Mersen, der Schauplatz seltsamer Vorgänge. Kirchen wurden ausgeraubt, Schlösser niedergebrannt und allenthalben Plünderungen begangen. Die Ursache lag in dem Umstand, dafs das Landvolk das schwere Joch des Feudalismus abzuschütteln trachtete. Nächtlicherweile versammelten sich an einsamen Orten kühne Männer und gingen dann auf Streifzüge aus, welche überall Schrecken verbreiteten. Das Volk rief: „Die Bockreiter kommen!" Dieser Name kam teilweise daher, dafs die Leute Bocksmasken trugen. In solchen Nächten wurde der Knecht zum Herrn und überliefs sich mit wildem Behagen der Racheübung für das Unrecht, das er tagsüber erlitten hatte. Bei Tagesanbruch verschwanden die Bockreiter und kehrten zu ihrer Arbeit zurück. Mit der Zahl der Unzufriedenen nahm auch die der Bockreiter zu und diese wurden schliefslich so zahlreich, dafs sie mehrere Ausfälle gleichzeitig unternehmen konnten. Man glaubte von ihnen, dafs sie mit dem Teufel verbündet seien, der sie in Gestalt eines Bockes von Ort zu Ort führe.

Die Einweihung fand in folgender Weise statt. Während einer finstern und stürmischen Nacht zündete man in einer kleinen, in dichtem Wald gelegenen Kapelle eine Lampe an. Der von zwei Paten eingeführte Kandidat mufste dreimal auf allen Vieren das Innere der Kapelle durchlaufen und dann recht viel von einer starken gegohrenen Flüssigkeit trinken. Nun setzte man ihn rittlings auf einen mit Angeln versehenen hölzernen Bock, der immer schneller hin und hergeschaukelt wurde. Das starke geistige Getränk und die heftige Bewegung machten den Mann bald schwindelig, zuweilen sogar rasend; kein Wunder, wenn man ihm nachher leicht einreden konnte, dafs er auf des Teufels Kruppe durch die Luft geritten sei. Fast zwanzig Jahre lang erfüllten die Bockreiter das Limburgische mit Angst; weder die zahlreichen Verhaftungen Verdächtiger, noch die häufigen Hinrichtungen vermochten dem Unfug zu steuern. Zwischen 1772 und 1774 verurteilte das Gericht von Foquemont allein rund 400 Bockreiter zum Galgen oder zum Vierteilen. Erst um das Jahr 1780 gelang es, den Bund auszurotten.

Cambridger Geheimgesellschaft.

Im Jahre 1886 bildete eine Anzahl junger Leute unter der Führung des Geistlichen Ernest John Heriz-Smith in der englischen Universitätsstadt Cambridge den Geheimbund der „Genossen des Heiligen Johannes.“ Zehn Jahre später soll die Mitgliederzahl bereits über tausend betragen haben. Der Zweck war angeblich die Einprägung hochkirchlicher Grundsätze und die Förderung der Ohrenbeichte. Dem Aufnahmebewerber wurden die Hände und die Augen verbunden; kniend mufste er schwören, dem Oberhaupt in allen Dingen Gehorsam zu leisten und nichts über die Gesellschaft zu enthüllen. Wer ungehorsam war, wurde auf seinem Zimmer an ein Tischbein gebunden. Anfänglich trugen die Mitglieder offen ein Abzeichen mit den Buchstaben L und D (Love, Duty = Liebe, Pflicht); später trugen sie es unter ihren Kleidern verborgen, was ihnen zu dem Spitznamen „Bauchbinder“ verhalf. Ob diese Vereinigung noch besteht oder nicht, haben wir nicht ermitteln können.

Cougourde.

Eine zur Zeit der Restauration in Aix (Provence) entstandene, aber auch in anderen Teilen Frankreichs verbreitete Gesellschaft von Liberalen. Sie bestand nur ganz kurze Zeit. „Cougourde“ bedeutet „Kürbisflasche.“

Die Dreizehn.

Balzacs fruchtbarer Einbildungskraft verdanken wir „Les Treize,“ die erfundene Geschichte einer Gesellschaft von dreizehn Personen, die sich unter dem ersten Kaisertum mit furchtbaren Eiden verpflichteten, einander zu unterstützen – zu welchem Zweck, wagt der Autor nicht zu enthüllen. 1857 entstand in Bordeaux ein nichtgeheimer „Verein der Dreizehn“ und in London wurde vor wenigen Jahren ein gleicher gegründet. Diese beiden haben das Ziel, durch gutes Beispiel auf die Ausrottung des mit der Zahl dreizehn verknüpften Aberglaubens hinzuwirken. Interessant ist der nur wenigen bekannte Ursprung dieses Aberglaubens. In dem altindischen Spiel Karten nämlich, welches aus 78 Blatt bestand, deren erste 22 besondere Namen führten, war die 13. Karte mit „Tod“ bezeichnet.

Duk-Duk.

Eine Art Geheimgericht auf den neupommerschen Inseln. Die Mitglieder heben Strafgelder ein und sprechen Recht, wobei sie scheufsliche Masken tragen oder sich das Gesicht mit Kreide bemalen. Zuweilen bringen sie jemand zur Strafe um, oder sie setzen sein Haus in Brand. Sie erkennen einander an geheimen Zeichen. Uneingeweihte, die bei ihren Festlichkeiten betroffen werden, sind dem Tode verfallen. Ähnliche Verbindungen giebt es in West-Afrika; vgl. weiter unten „Mumbo-Dschumbo."

Egbo-Gesellschaft. (Obeah.)

Ist unter einigen Kongo-Stämmen im Schwang. Egbo, auch Ekpé genannt, wird für eine geheimnisvolle Person gehalten, die im Sumpfdickicht lebt, woher die Eingeweihten ihn zu jeder groſsen Feierlichkeit bringen, um ihn nachher wieder zurückzuführen. Er ist mit dem bösen Geist oder Satan identisch. Seine Anbetung heiſst Obeahismus; Ob oder Obi ist der altägyptische Name für den bösen Geist und viele wilde Stämme beten den Teufel an. In den Bethäusern der Egbogesellschaft stehen hölzerne Bildsäulen, denen hohe Verehrung gezollt wird, weil die Eingeweihten mit ihrer Hilfe weissagen zu können glauben. Bei gewissen Festen tragen sie schwarze gehörnte Holzmasken, deren Anblick den Weibern bei Todesstrafe verboten ist. Der höchste der drei Grade soll mit so groſsem Einfluſs verbunden sein, daſs für die Erlangung desselben zwanzig- bis dreiſsigtausend Mark gezahlt werden.

Erlösungsorden.

Ein geheimer Ritterbund, der in seiner Einrichtung dem Malteserorden nachgebildet war. Er bestand lediglich in Marseille, wo er von einem sicilianischen Emigranten begründet wurde. Sein Zweck ist unbekannt.

Fraticelli.

Diese hauptsächlich in der Lombardei verbreitete Sekte soll unter den erschwerendsten Kasteiungen und Versuchungen die gröſste fleischliche Enthaltsamkeit geübt haben. Da sie aber auſserdem gegen die Willkür der Päpste und die Miſsbräuche der Priesterschaft predigte, eröffnete Papst Klemens V. einen Kreuzzug gegen sie und lieſs sie durch Feuer, Schwert, Hunger und Kälte ausrotten.

Grofse Armee der Republik.

Ein rein militärischer Geheimorden, der nach dem Bürgerkrieg in den Nordstaaten der Union gestiftet wurde, um armen Veteranen und deren Familien Unterstützung zu gewähren. Das Oberhaupt heifst „Generalkommandant“, die Zentralbehörde „Nationallager“, die Sektionen werden „Posten“ genannt. Im Jahre 1887 betrug die Zahl der Mitglieder 370000.

Grüne Insel.

Entstand 1855 in Wien. Die bei den Versammlungen gebrauchte Sprache bildete eine Parodie des einstigen Ritterstils. Die Mitglieder waren zumeist hervorragende Litteraten und Künstler, die sich in origineller Weise unterhalten wollten – einen anderen Zweck hatte die Sache nicht. Woher der Name rührte, wissen wir nicht. Doch scheint es sich um ein Wiederaufleben des „Ritterordens“ (vergl. weiter unten) gehandelt zu haben.

Hanfraucher.

Auf dem Hauptplatze von Kaschia-Kalemba, der Hauptstadt der Eingeborenen von Baschilange-Baluba in Afrika, wird von eigens dazu bestellten Greisen ein heiliges ewiges Feuer unterhalten. Dieselben Leute haben auch die Aufgabe, Chiamba (Hanf) zu bauen und für Rauchzwecke herzurichten. Auf Sansibar ist die Pflanze als Changi oder Chang bekannt. Sie wird sowohl in gewöhnlicher Weise von Einzelpersonen als auch in feierlicher Weise zum Zeichen der Freundschaft geraucht. Angeklagten gegenüber dient ihr Genufs als eine Art Gottesgericht. Als Sinnbild der Freundschaft gilt ihr Rauchen für einen religiösen Ritus. Dieser heifst „Lubuku“ und wird von einer Vereinigung geübt, deren Haupt der jeweilige König ist. Die Satzungen, die Erkennungszeichen und die Thätigkeit werden ebenso geheim gehalten wie die Ziele und Zwecke. Den Einweihungsriten hat keine uneingeweihte Person je beigewohnt, doch läfst sich aus gewissen äufsern Anzeichen auf ihre Natur schliefsen. Das Hanfrauchen schädigt die Raucher aufserordentlich. Von dem losen, ungebundenen Verkehr zwischen den Geschlechtern lassen sich manche Schlüsse ziehen. Auf die Zügellosigkeit des „Lubuku“ deuten auch die Hochzeitsgebräuche hin, welche drei Nächte dauern und die Züchtigkeit öffentlich in der abstofsendsten Weise verletzen. Die Einweihungsriten werden gewöhnlich vom

König selbst oder von dessen Schwester auf einer nahe von Luluaburg befindlichen Insel des Luluaflusses vorgenommen. Das öffentliche Rauchen beginnt damit, dafs ein Häuptling oder Ältester das vorbereitete Hanfkraut in die Pfeife („Kinsu dhiamba“) legt, ein paar Züge thut und sie dann weiterreicht. Die Pfeife besteht aus einer kleinen Lehmschale, welche in eine hohle Kürbisflasche eingefügt ist, an deren oberes Ende der Raucher den Mund legt, um den Rauch in grofsen Zügen einzuatmen, bis ihm derselbe zu Kopf steigt und ihn rasend macht.

Harngari.

Eine 1848 unter den Deutschen Nordamerikas entstandene Geheimgesellschaft. Die Gründer behaupteten, von einem alten deutschen Ritterorden abzustammen. Es giebt etwa 200 Logen mit 16000 Mitgliedern. Zu den Hauptzwecken gehört die Verbreitung der deutschen Sprache; wozu da die kindische Geheimthuerei dienen soll, ist unerfindlich.

Heldin von Jericho.

Es ist dies eine Art Grad in Amerika, der ausschliefslich Royal-Arch-Freimaurern (vgl. „Die Freimaurerei“) sowie deren Gattinnen oder Witwen verliehen wird. Das Ritual beruht auf der Geschichte Rahabs im VI. Kapitel des Buches Josuah. Das erste Zeichen – man läfst ein Taschentuch zwischen den Lippen herabhängen – bildet eine Nachahmung der roten Leine, die Rahab vom Fenster herabliefs, um den Kundschaftern zur Flucht zu verhelfen. Das grofse Notzeichen besteht im Erheben des rechten Armes, wobei man das Taschentuch zwischen Daumen und Zeigefinger herabhängen läfst. Bei der Einweihung legt eine männliche „Heldin“ – jedoch nicht der Gatte der Kandidatin – die Hand auf die Schulter der letzteren und sagt: „Mein Leben,“ worauf die Kandidatin antwortet: „für das deinige“. Den weiteren Satzanfang „Wenn du nicht enthüllst“ ergänzt die Kandidatin mit den Worten „diese unsere Angelegenheit“. Sodann wird der Dame das Wort „Rahab“ ins Ohr geflüstert, worauf sie einen Verschwiegenheitseid leistet. Nun teilt man ihr mit, dafs Rahab den Orden gestiftet habe; in Wirklichkeit jedoch dürften die Stifter die Mörder William Morgans (vgl. „Antifreimaurerische Partei“) gewesen sein, in deren Interesse es gelegen haben mochte, ihre weiblichen Angehörigen schwören zu lassen, die etwa zu ihrer Kenntnis gelangenden verbrecherischen Handlungen von Freimaurern zu verheimlichen.

Huséanawer.

So nannten die einstigen Eingeborenen von Virginien die Mysterien ihrer Priester und das Noviziat, welches ihre Laien vor der Einweihung in dieselben durchmachen mufsten. Der Aufnahmebewerber wurde, nachdem man seinen Körper mit Fett gesalbt, in die Versammlung der Priester geführt, die grüne Zweige in der Hand hielten. Heilige Tänze wechselten mit düsterem Geschrei ab. Fünf Jünglinge geleiteten den Aspiranten durch eine Doppelreihe von mit Ruten bewaffneten Männern bis zu einem gewissen Baum, wobei sie ihn mit ihren Leibern schützten und die ihm zugedachten Rutenstreiche auffingen. Inzwischen richtete seine Mutter, die ihn als tot beweinte, den Scheiterhaufen für das fingierte Opfer her. Der Baum wurde gefällt, sein Astwerk abgehauen und zu einer Krone für das Haupt der Kandidaten geformt, dieser aber mit Hilfe eines starken Betäubungsmittels, des „visozean“, in einen somnambulanten Zustand versetzt, der längere Zeit andauerte. Nach seinem Wiedererscheinen betrachtete sein Stamm ihn als einen neuen Mann, der vermeintlich höhere Kräfte und Kenntnisse besafs als die Nichteingeweihten.

Indianische Gesellschaften.

Fast alle Indianerstämme, die einst die ungeheuren Ebenen von Nordamerika durchstreiften, hatten geheime Gesellschaften und heilige Mysterien; da aber die verschiedenen Stämme religiöse Zeremonien und Sinnbilder von einander zu entlehnen pflegten, wiesen dieselben grofse Ähnlichkeiten auf, obgleich sie sich bei einzelnen Stämmen durch besondere Eigentümlichkeiten unterschieden. Bei sämtlichen Eingeborenen, wie ja überhaupt bei allen Wilden Afrikas, Amerikas und Polynesiens, war der Tanz ein Bestandteil des Gottesdienstes. Die Stämme der roten Indianer besafsen durchweg Bethäuser, welche allerdings die verschiedensten Namen führten, wie Beratungssäle, Kiwas, Medizinhütten u. s. w. Die meisten Stämme unterhielten ein heiliges Feuer, welches jährlich einmal ausgelöscht wurde, um sofort wieder angezündet zu werden. Die Glaubenslehren und Riten der Golfstaaten-Indianer ähnelten denen der alten Juden so sehr, dafs manche Ethnologen und Geschichtschreiber allen Ernstes glaubten, diese Stämme seien mit den verlorenen zehn Stämmen Israels identisch. Die Tscherokesen, Delawaren und Tschippewas führten ihre Aufzeichnungen auf sechs Zoll langen Stäben, die in Bündeln aufbewahrt wurden. Diese mit Sinnbildern und Schriftzügen bedeckten Stäbe hiefsen, wenn im Alltagsleben gebraucht, „Kepnewin", dagegen „Keknowin", wenn in den Mysterien verwendet. Der bemerkenswerteste Bericht findet sich im „Walum-Olum" (rotes Kerbholz); er enthält in Bildersprache die Schöpfungsmythe und die Sage von den Wanderungen der Stämme. Solchen Bilderaufschreibungen begegnen wir bei jedem Stamm. Besonders umfassend sind diejenigen der Odschibwas; sie zeigen das Innere einer Medizinhütte mit dem grofsen Geist, einem Einweihungskandidaten mit Federnkrone und Otterfellbeutel, dem Baum mit der die Medizin liefernden Wurzel, den als Gegenleistung für die Zulassung dargebrachten Geschenken, einem im Himmel umhergehenden Indianer, einer Trommel, einem Raben, einer Krähe u. s. w.

Auch die irokesischen Mysterien waren umfassend, aber man weifs nichts Näheres über sie; doch scheint es, dafs sie den Zweck hatten, Manabozko für das Verschwinden des Tschibiabos zu trösten, der nachmals zum Beherrscher der Toten gemacht wurde.*) Wir haben es da mit einer auffallenden Parallele zur Persephone-Sage zu thun. Die Irokesen bestanden ursprünglich aus fünf, später aus sieben verschiedenen Stämmen und ihre nationale Organisation beruhte nicht auf Blutsverwandtschaft, sondern auf einer künstlichen, willkürlichen Brüderschaft mit Zeichen und Gegenzeichen nach Art derjenigen der modernen Geheimgesellschaften. Die Dakotas hatten zahlreichere und ausgeprägtere Geheimverbindungen als die Irokesen, doch waren manche derselben entweder blofs sozialer oder blofs religiöser Natur. Dr. Franz Boos, ein bekannter Schilderer der Gebräuche der Alaskaner, hat viele ihrer Vereinigungen beschrieben; bei einigen vererbt sich die Mitgliedschaft durch Geburt. Die Mysterien der Indianer beweisen, dafs die Menschen überall von denselben Trieben, Bestrebungen und Furchtgefühlen beherrscht werden und dafs sich diese Empfindungen allenthalben in mehr

*) Nach der indianischen Legende war Manabozko ein Mann von wunderbarer Geburt, der die roten Stämme das Lesen, das Schreiben, das Ausroden der Wälder und das Ausstreuen von Saatkorn lehrte. Bei den Odschibwas am südlichen Ufer des Oberen Sees hiefs er Hiawatha, welcher Name aus Longfellows berühmter Dichtung bekannt ist. Sein Freund Tschibiabos, ein Musiker, war der indianische Apollo, der Beherrscher des Lichtlandes. In den Prosaerzählungen der Rothäute wird Hiawatha ganz anders geschildert als von Longfellow, nämlich als Gewohnheitslügner, als grausam und hinterlistig.

oder minder gleichartigen Sitten, Glaubenslehren und Zeremonien äufsern.

Die Jäger.

Unter diesem Namen bildete sich 1837 in Kanada nach dem ersten Aufstand eine Gesellschaft behufs Herbeiführung einer zweiten Erhebung. Sie wurde von den Vereinigten Staaten unterstützt. Macleod, ein Aufständischer aus Ober-Kanada, kam nach St. Albans, dem Mittelpunkt der geheimen Thätigkeit des Bundes, und liefs sich in sämtliche Grade einweihen, die er dann in Ober-Kanada verbreitete. Es gab vier Grade: Jäger, Racket, Biber, Adler. „Adler" hiefs das Oberhaupt und dieser Rang entsprach dem eines Obersten, während der „Biber" ein Hauptmann war, der sechs „Rackets" befehligte. Jedes Racket zählte neun Mann und die Biber-Kompagnie bestand aus siebzig „Jägern." Wer aufgenommen werden wollte, mufste sich durch drei Jäger bei einem Biber einführen lassen. Der Einweihung gingen furchteinflöfsende Erprobungen und schreckliche Eide vorauf. Die Vereinigung dauerte zwar nur zwei Jahre, zeichnete sich aber durch manche Heldenthat im Felde aus und viele ihrer Mitglieder starben auf dem Blutgerüst.

Jehu-Gesellschaft.

Entstand während der grofsen Revolution zuerst in Lyon und bezweckte, die Ausschreitungen der Schreckensherrschaft durch noch gröfsere Gewaltthätigkeiten zu rächen. Der Name war der des Königs, den Elischa mit der Aufgabe betraute, die Sünden des Hauses Ahab zu bestrafen und alle Baalspriester zu vernichten, d. h. die Verwandten, Freunde und Werkzeuge der Schreckensmänner. Von Unwissenden wurde diese Verbindung irrtümlich „Jesusgesellschaft" genannt, obgleich sie ganz Frankreich mit Angst und Mord erfüllte. Sie verschwand unter dem Konsulat und dem Kaisertum, tauchte jedoch 1814–15 unter dem Namen „Maria Theresienritter" oder auch „Sonnenritter" wieder auf und verriet Bordeaux an die Engländer. Die Mörder des Bürgermeisters von Toulouse, des Generals Ramel und des Marschalls Brune waren Mitglieder dieses Geheimbundes.

Kalifornische Gesellschaft.

Mehrere nordkalifornische Stämme haben Geheimbünde, welche entweder in eigenen Logen oder in Estufas*) sich versammeln und allerlei Mummenschanz treiben, um die Weiber zu erschrecken. Die Männer geben vor, mit dem Teufel in Verkehr zu stehen. Um dies glaubhaft zu machen, erfüllen sie den Versammlungsraum mit fürchterlichem Geschrei und Geheul. Zuweilen rennt ein als Teufel verkleidetes Mitglied wie ein Wahnsinniger durch das Dorf und bemüht sich, widerspenstige Frauen und Kinder nach Möglichkeit zu erschrecken. Obgleich dieser Gebrauch seit undenklichen Zeiten herrscht, lassen sich die Weiber noch immer foppen.

Karpokratier.

Eine von Karpokrates, der unter Kaiser Hadrian in Alexandrien lebte, gegründete religiöse Vereinigung, die auf dem Grundsatz beruhte, daſs die Seele sich über die abergläubischen Religionsbekenntnisse und die Gesellschaftsgesetze, von denen sich die untergeordneten Geister in Fesseln schlagen lassen, erheben müsse, um durch innere Einkehr mit der höchsten Gottheit verbunden zu werden. Die Sekte erhielt sich bis zum sechsten Jahrhundert und errichtete auf der Insel Kephalonia dem Sohne des Karpokrates, Epiphanes, einen Tempel. Die Mitglieder erkannten sich, indem sie einander beim Händeschütteln die Handfläche mit den Fingerspitzen kitzelten.

Klöbbergöll.

So heiſsen auf den mikronesischen Inseln gewisse Verbindungen, welche in besonderen Gebäuden wohnen und verpflichtet sind, ihren Häuptlingen gewisse Dienste zu leisten, zu denen namentlich die Gefolgschaft auf kriegerischen Streifzügen gehört. Dieselbe Inselwelt kennt auch eine Art weiblicher Klubs, deren Mitglieder bei Festlichkeiten zu Ehren fremder Gäste die Bedienung übernehmen.

---

*) Estufa = geheizter unterirdischer Raum, von den Pueblaindianern als Zusammenkunftsort benützt.

Know-Nothings.

Die antiausländische und antikatholische Geheimpartei dieses Namens wurde 1852 in der nordamerikanischen Union behufs Beeinflussung der Präsidentenwahlen ins Leben gerufen und verschwand schon nach vier Jahren von der Bildfläche. 1888 lebte sie mit zahlreichen Geheimlogen wieder auf und entfaltete eine eifrige Thätigkeit, besonders in den Staaten New-York und Kalifornien. Sie veranstaltete viele grofse Versammlungen zur Unterstützung des Präsidentschaftskandidaten Hewitt, der das Prinzip verfocht, dafs Einwanderer erst nach 21jährigem Aufenthalt stimmberechtigt werden sollten. Die Nichts-Wisser erlitten aber eine Niederlage, indem bekanntlich Harrison gewählt wurde.

Kurnaische Mysterien.

Die einstigen Einweihungsriten der australischen Kurnai bei Beginn der Mannbarkeit ähnelten denen der tasmanischen Stämme und der O-ki-pah (vgl. weiter unten). Die Einzelheiten sind unbekannt, doch kann man auf deren Natur aus der Thatsache schliefsen, dafs alle von Europäern untersuchten Kurnai-Jünglinge auf den Schultern, den Schenkeln und den Brustmuskeln tiefe Narben aufwiesen. Auffallend ist der Umstand, dafs ein bei den Einweihungen benutztes Werkzeug demjenigen glich, das zu den heiligen Gegenständen der eleusinischen Mysterien gehörte. Die Kurnai nannten es „turndun.“ Es war ein flaches, an einen Riemen befestigtes Holzstück zum Herumwirbeln, welches ein zum Abschrecken der Weiber bestimmtes Schnarren erzeugte. Der Mann, der dieses Instrument einer Frau zeigte oder die Frau, die es absichtlich oder zufällig erblickte, wurde hingerichtet. Auch die südafrikanischen Kaffern und die Eingeborenen Neuseelands pflegten es zu gebrauchen.

Ludlamshöhle.

Eine 1818 entstandene Wiener Scherzgesellschaft, so genannt nach Oehlenschlägers bekanntem Stück. Die Mitglieder hiefsen Leichen, die Aufnahmebewerber Schatten. Die letzteren mufsten sich einer komischen Prüfung unterziehen und fanden nur dann Aufnahme, wenn sie sich sehr unwissend zeigten. Der Ludlamshöhle gehörten zumeist Litteraten an und ihr Zweck war lediglich Unterhaltung. Dennoch wurde sie schon nach acht Jahren von der Polizei aufgelöst.

Magierorden.

Dieser soll im 18. Jahrhundert als eine Abart des Rosenkreuzertums bestanden haben. Angeblich trugen die Mitglieder die Tracht der Inquisitoren.

Maharadschas.

Aus Werken, deren Verfasser dem indischen Priesterorden der Maharadschas angehörten, sowie aus den Glaubenslehren der Wallabhacharia-Sekte geht hervor, dafs Wallabhacharia für eine Fleischwerdung des Gottes Krischna gehalten wurde und dafs die Maharadschas als Nachkommen Wallabhacharias dieselbe Art der Fleischwerdung durch Erbfolge für sich in Anspruch nehmen. Der Krischnadienst dieser Priesterschaft ist ein äufserst zügelloser. Die einem höchsten Wesen schuldige Liebe und Unterwürfigkeit wird auf diejenigen Personen übertragen, welche die lebenden Fleischwerdungen des Gottes zu sein behaupten. Demgemäfs üben die Priester unbegrenzten Einflufs aus über ihre weiblichen Anhänger, die es als grofse Ehre betrachten, zeitweilig die Gunst der lüsternen Maharadschas zu erringen. Der Glaube an die Berechtigung der Ansprüche dieser Sekte wirkt in verhängnisvoller Weise auf die häuslichen Beziehungen zwischen Gatte und Gattin ein. Eine 1862 vor dem obersten Gerichtshof zu Bombay stattgehabte Verhandlung gegen Maharadschas brachte zu Tage, dafs das reichste und gröfste Handelsgemeinwesen der mittel- und westindischen Hindus einen aufserordentlich verderbten Priester als Gott anbeteten. Noch jetzt verschreiben sie ihm beim Eintritt in die Sekte Leib, Seele und Eigentum. Ihre Thorheit geht so weit, dafs sie das Wasser, in welchem er gebadet hat, gierig austrinken. Die Maharadschas, deren es in Indien gegenwärtig 70 – 80 geben mag, tragen auf der Stirne ein Zeichen, welches aus zwei senkrechten roten Linien besteht, die an der Nasenwurzel in einen Halbkreis auslaufen und in der Mitte einen roten runden Fleck haben.

Mano Negra.

Die „Schwarze Hand“, ein südspanischer agrarsozialistischer Geheimbund, stammt aus dem Jahre 1830 und verdankte ihr Entstehen der Thatsache, dafs die landwirtschaftlichen Arbeiter ihrer kommunalen Rechte beraubt wurden, indem man die Ländereien, auf denen sie Holz schlagen und Vieh weiden lassen durften, weit unter dem Werte an die geriebenen Dorfadvokaten, die sogenannten „Kaziken“, verkaufte, die sich grofsen politischen Einflusses erfreuen. Da die Käufer in vielen Fällen nicht das zum Bebauen des Bodens nötige Geld besafsen, verfielen die Landarbeiter dem ärgsten Elend und dieser Zustand verursachte zahlreiche Unruhen. Die Mitglieder der Schwarzen Hand verpflichteten sich eidlich zur Bestrafung ihrer Unterdrücker mit Stahl, Feuer oder Gift. Auf die Geheimhaltung der Gesellschaftsthätigkeit wurde so grofses Gewicht gelegt, dafs auf deren absichtliche oder unabsichtliche Enthüllung der Tod stand. Die Organisation umfafste Oberhäupter, Mittelpunkte, Kassen und Geheimgerichte; die letzteren verhängten sowohl über Bundesmitglieder als auch über Grundherren und Wucherer angemessene Strafen, zuweilen auch den Tod. Um der Entdeckung zu entgehen, wechselten die Mitglieder ihre Namen häufig, bedienten sich einer Chiffernschrift und hielten sich an das Buch der Vorsichtsmafsregeln, welches alle erdenklichen Fälle in Betracht zog. Besonders thätig war die Mano Negra zwischen 1880 und 1883, namentlich in Andalusien, und das veranlafste die Regierung, die strengsten Mafsregeln zu ergreifen und viele Mitglieder vor Gericht zu stellen. Die von dem Bunde hervorgerufene Bewegung hatte ihre einzige Triebfeder im Hunger der Bauern und blieb rein spanisch; die Bemühungen ausländischer Anarchisten, auf dieselbe Einflufs zu gewinnen, waren vergeblich.

Melanesische Gesellschaften.

Auf Neu-Guinea, den Salomons-Inseln, den Neu-Hebriden, den Fidschi-Inseln, auf Neu-Kaledonien u. s. w. giebt es zahlreiche Geheimgesellschaften; da jedoch ihre Geheimnisse bekannt sind, haben sie nichts Schreckliches an sich. Die Leute treten ihnen bei, aber mehr zum Scherz. Die Logen dienen als Klubs, in denen gut gegessen und getrunken wird; Fremde dürfen anwesend sein, nur Frauen werden zumeist nicht zugelassen. Die Mehrheit der jungen Leute läfst sich einweihen, weil es zum guten Ton gehört; wer nicht eingeweiht ist, dessen soziales Ansehen leidet. Als die Zeremonien und Lehren noch Geheimnisse waren, glaubten die Aufsenstehenden, dafs die Eingeweihten mit den Geistern der Toten verkehrten; in dieser Meinung wurden sie dadurch bestärkt, dafs aus den Logen nicht selten sonderbare und unheimliche Geräusche drangen und dafs zuweilen Gestalten in scheufslicher Verkleidung erschienen, die man für Geister hielt. Jetzt aber weifs man bereits allgemein, dafs die letzteren nichts anderes sind als lebende Mitglieder mit seltsam verzierten und bemalten Hüten aus Baumrinde, welche den ganzen Kopf bedecken und daher auf den Schultern sitzen, während die übrige Kleidung in langen, phantastisch geschmückten Mänteln aus Baumblättern besteht. Man weiſs auch, daſs die unnatürlichen Geräusche, von denen sich die Eingeborenen früher erschrecken lieſsen, durch das Reiben des dicken Endes eines Palmblattfächers an einem flachen, glatten Stein erzeugt werden. Bei der Einweihungsfeierlichkeit wird bezüglich der angeblichen Mitteilung geheimer Kenntnisse ähnlich verfahren wie bei manchen europäischen Gesellschaften. Es handelt sich auch dort hauptsächlich um die Bezahlung von Gebühren. Doch giebt es solche Vereinigungen, in denen die Aufnahmebewerber unangenehme Erprobungen zu erdulden haben. So z. B. in der „Welu", wo der Kandidat sich mit dem Gesicht nach abwärts in ein seiner Gestalt genau angepaſstes Erdloch legen muſs, worauf sein Rücken mit angezündeten Kokosnuſswedeln beworfen wird; rühren kann er sich nicht, zu schreien wagt er nicht und er muſs es sich gefallen lassen, die Narben der erhaltenen Wunden als Zeichen seiner Mitgliedschaft zu tragen. Nach der Einweihung verlebt er einige Zeit – in manchen Vereinigungen volle hundert Tage – in Abgeschlossenheit, wobei er die Aufgabe hat, den Backofen zu bedienen und in der Loge die grobe Arbeit zu verrichten. Der im Allerheiligsten erteilte Unterricht bezieht sich hauptsächlich auf die gottesdienstlichen Tänze, welche die Eingeweihten an bestimmten Festtagen öffentlich vollführen. Die Geister, deren Anwesenheit in den Versammlungen vermutet wird, heiſsen Duka. In Florida wird die Beratung mit den Geistern „Palu-Duka" genannt. Die Loge („Salagoro") liegt gewöhnlich an einem versteckten Ort in der Nähe des Dorfes unter hohen Bäumen. Frauen dürfen sich ihr unter keinen Umständen nähern. Verlarvte Gestalten bewachen den Zugang, der durch orangenfarbenes Obst, auf Schilfrohr gesteckt, und durch gewisse Verbotzeichen kenntlich gemacht ist. Jede Gesellschaft verleiht ihren Mitgliedern ein anderes Abzeichen, das entweder aus Blumen oder aus Blättern besteht. Wer ein solches Abzeichen trägt, ohne Mitglied zu sein, wird bestraft.

Menschliche Leoparden.

In der Nähe der britischen Niederlassung Sierra Leone (Westafrika) besteht unter jenem Namen ein menschenfresserischer Geheimbund, der Knaben ankauft, mästet und tötet, um sie zu backen und zu verspeisen. Auch Reisende werden überfallen und womöglich zu dem gleichen Zweck umgebracht. Im August 1895 wurden im Imperilande wegen dieses Verbrechens fünf „menschliche Leoparden“ hingerichtet, die sich, mit einer Leopardenhaut bekleidet, im Busch zu verstecken und Vorbeikommende zu erschlagen pflegten. Einer von ihnen war ein Sonntagsschullehrer – ein Beweis, dafs seine Bekehrung zum Christentum nicht sehr gründlich war. Es heifst, dafs die Angehörigen dieser Vereinigung einen Götzen Namens Bufina anbeten, den sie manchmal befreundeten Stämmen zu Wahrsage- und Beschwörungszwecken leihen. Die Bezeichnung „Leoparden“ soll auch daher rühren, dafs sie in die Leiber ihrer Opfer dreizackige Gabeln oder scharfspitzige Messer versenken, welche wie Leopardenklauen aussehen. Auch sonst ist die westafrikanische Küste reich an geheimen Verbindungen, in welche Knaben und Mädchen schon mit zehn oder zwölf Jahren eingeweiht werden; allein das einzige Interesse, das sie bieten, ist der Beweis der überall verbreiteten menschlichen Sehnsucht nach dem Geheimnisvollen und der ebenso allgemeinen Bereitwilligkeit der Medizinmänner, Schamanen, Bonzen, Marabuts, Priester u. s. w., jener Sehnsucht entgegenzukommen.

Minas.

Eine räuberische Geheimgesellschaft zu Schahdschahanpur in Vorderindien. Diese Stadt gehörte früher den Rohilla-Patans, die 1774 von den Engländern besiegt wurden. Die Minas sind die Nachkommen der Rohilla-Häuptlinge. Da ihre Landschaft vollständig von unabhängigen Eingeborenenstaaten umgeben ist, gelingt es ihnen leicht, sich den Behelligungen der britisch-indischen Polizei zu entziehen. Sie überlassen den kleinen Häuptlingen einen Teil ihrer Beute und werden dafür von denselben begünstigt und beschützt. Man glaubt, dafs ihre Organisation einigermafsen der der Garduna ähnelt. (Vgl. „Die Garduna.“)

Moderne Druiden.

Die Mitglieder dieser anno 1781 in London gegründeten Gesellschaft geben vor, die Nachfolger der alten Druiden zu sein. Sie ist auch in Nordamerika und Australien verbreitet, hat maurerische Riten und nennt ihre Logen Grotten. Es giebt drei Grade und mehrere Erzkapitel. In den Vereinigten Staaten giebt es dreizehn Grofsgrotten und 92 Grotten, von denen 24 englisch und die übrigen deutsch sind. Die letzteren veröffentlichen ihre

Verhandlungen, die ersteren halten sie geheim. Der Orden, der lediglich ein Wohlthätigkeitsverein ist, soll 1872 von Amerika aus in Deutschland eingeführt worden sein.

Mumbo-Dschumbo.

Die Mundingos, ein oberhalb der Gambiaquellen lebender Eingeborenenstamm hat eine geheime Verbindung, welche lebhaft an die weiter oben geschilderte „Kalifornische Gesellschaft“ erinnert. Wenn die Männer mit den Weibern Streit bekommen, wird der Götze Mumbo-Dschumbo, auch Mamma-Dschamba genannt, herbeigeholt – eine acht bis neun Fuſs hohe Gestalt aus Baumrinde, mit einem langen Stock angethan und mit einem Strohwisch gekrönt. Ein Mitglied der Geheimgesellschaft fungiert, unter dem langen Rock versteckt, als Richter. Selbstverständlich fallen seine Entscheidungen fast immer zu Gunsten der Männer aus. Wenn die Weiber ihn kommen hören, rennen sie davon und verbergen sich; aber er läſst sie holen und sie müssen sich niedersetzen und nach seinem Belieben singen oder tanzen. Weigert sich eine zu erscheinen, so wird sie mit Gewalt vorgeführt und gepeitscht. Bei der Aufnahme muſs man feierlich schwören, das Geheimnis keinem Uneingeweihten, am wenigsten einem Weib mitzuteilen. Da Kinder geschwätzig zu sein pflegen, wird kein Knabe unter 16 Jahren zugelassen. 1727 enthüllte der König von Dschagra seiner ungemein neugierigen Gattin die Bundesgeheimnisse und sie plauderte dieselben weiter aus; die Folge war, daſs beide von Mitgliedern der Gesellschaft getötet wurden.

Odd Fellows.

Ein um die Mitte des 18. Jahrhunderts in England gegründeter Orden, dessen Einweihungsriten anfänglich von ebenso grausamer Art waren wie die der Mysterien des Altertums. Der Kandidat wurde mit allerlei theatralischen Behelfen erschreckt und muſste einen Verschwiegenheitseid leisten. Der Orden hat Erkennungszeichen, Händedrücke, Kenn- und Losungsworte. „Fides“, eines dieser Worte, wurde Buchstabe für Buchstabe ausgesprochen. Eines der Zeichen bestand darin, daſs man die rechte Hand auf die linke Brust legte und dabei sagte: „Auf meine Ehre.“ Ein anderes Zeichen war das Anfassen des linken Ohrläppchens mit dem Daumen und dem Zeigefinger der rechten Hand. Die jetzt gebräuchlichen Zeichen, Worte etc. kennen wir nicht, denn dieselben werden jedes halbe Jahr gewechselt und streng geheim gehalten. Der Orden, welcher 1819 in die Vereinigten Staaten eingeführt wurde, hat drei Grade – den „weifsen," den „blauen" und den „scharlachroten" – sowie einen weiblichen Grad namens „Rebekka." In sogenannten „Lagern" werden auch Hochgrade verliehen. Die Odd Fellows tragen in den „Logen" weifse, mit den Farben ihres Grades eingefafste Schürzen, in den „Lagern" schwarze mit der gleichen Verzierung.

O-Kih-Pa.

So hiefs eine jährlich einmal abgehaltene Feier bei dem jetzt bereits ausgestorbenen roten Indianerstamm der Mandanen; dieselbe hatte drei Zwecke: 1. die Erinnerung an das Aufhören der Sintflut wachzuerhalten, 2. den Stiertanz zu tanzen, damit es recht viel Büffel gebe (offenbar eine Anspielung auf die Frühlings-Tag- und Nachtgleiche, den Stier des Tierkreises), 3. den Mut und die Ausdauer der jungen Leute, die im Laufe des Jahres mannbar geworden waren, mittels grofser Entbehrungen und Folterungen zu erproben. Ein Teil der letzteren wurde insgeheim in der Medizinhütte zugefügt, aufserhalb welcher das „Grofse Boot," die mandanische Arche, stand, in das nur die „Geheimnismänner" einen Blick werfen durften. Catlin wohnte Folterungen bei, die darin bestanden, dafs man unter die Rücken- oder Brustmuskeln des Opfers Holzstäbe schob und es an denselben von der Decke herabhängen liefs, wobei man es herumdrehte, bis es in Ohnmacht fiel. Nun wurde der Bedauernswerte abgenommen; aber kaum hatte er sich erholt, jagte ihn die aufsen versammelte Menge durch das Dorf. Während des Laufens trat er unablässig auf die Stricke, welche an den in seinem Körper steckenden Holzstäben befestigt waren. Dadurch wurden die Wunden schliefslich so grofs, dafs die Stäbe von selbst herausfielen. Das O-Kih-Pa endete mit einem Trinkgelage und mit lasterhaften Ausschreitungen. Die Dakota-Sioux üben noch jetzt die gleichen barbarischen Riten, aber in milderer Form.

Pantheisten.

Eine im 18. Jahrhundert in Deutschland und England bestandene Vereinigung, welcher Bolingbroke, Hume und andere Berühmtheiten angehörten. Ihr Zweck war die Diskussion der in Tolands „Pantheistikon" enthaltenen Lehren. Der irische Deist John Toland nahm schon vor zweihundert Jahren in seinem Werke „das Christentum nicht geheimnisvoll" die „höhere

Kritik" unserer Tage vorweg. Er besuchte Deutschland wiederholt und seine Schriften erregten dort dasselbe Aufsehen wie in England. Die Notwendigkeit, sich mit seinen Lehren insgeheim zu befassen, rührte daher, dafs sie irrtümlich für atheistisch gehalten wurden. Daher hielten die „Pantheisten" jeden Uneingeweihten, sogar die Dienerschaft, von ihren Versammlungen fern, welche zur Zeit der Sonnenwenden und der Tag- und Nachtgleichen stattfanden.

Patriotischer Orden der Söhne Amerikas.

1847 in Philadelphia gestiftet, unterbrach diese Gesellschaft ihre Thätigkeit während des Bürgerkrieges, nahm dieselbe jedoch nach dessen Beendigung wieder auf. Gegenwärtig giebt es über 200000 „Söhne Amerikas." Blofs geborene Amerikaner werden zugelassen, denn der Bund bezweckt die Verbreitung nur amerikanischer Prinzipien. Genau genommen, ist er ein Wohlthätigkeitsverein und hat keine Geheimnisse, sondern nur geheime Sinnbilder und Erkennungszeichen. Seine Logen heifsen „Feldlager."

Phi-Beta-Kappa.

Dieser Orden, dem nur Universitätshörer beitreten können, soll nach einigen Quellen ein Ableger der Weishauptschen Illuminaten sein. Das Losungswort lautet: *Φιλοσοφια Βιον Κυβερνητης,* d. h.: die Philosophie ist der Leitstern des Lebens. Die Anfangsbuchstaben der drei Worte dieses Satzes bilden den Namen des Bundes, welcher das Ziel verfolgt, statt der Religion die Philosophie zur Richtschnur der menschlichen Handlungen zu machen. Der 1776 in den Vereinigten Staaten entstandene Orden hatte geheime Zeichen und Händedrücke, die jedoch nach seiner Umwandlung in einen öffentlichen Verein (1830) bekannt gemacht wurden. Als Erkennungszeichen legte man zwei Finger der rechten Hand auf den linken Mundwinkel und strich dann damit übers Kinn. Beim Händedruck blieben die Daumen aufsen und die Gelenke wurden sanft gedrückt. Die silberne oder goldene Medaille, für die der Kandidat zu zahlen hat, wird an einem rosenroten oder blauen Band getragen. Sie weist die Buchstaben Ph, B und K sowie sechs Sterne und eine Hand auf. Die Sterne bedeuten die Zahl der Universitäten, an denen der Verein heimisch ist. Die Kehrseite der Medaille zeigt die Buchstaben S. P. (= Societas Philosophiae) und das Datum der Einführung des Ordens in die Vereinigten Staaten.

Phintias-Ritter.

Dieser Orden wurde 1864 in Washington gestiftet und verbreitete sich bald in den Vereinigten Staaten. Als sein Zweck wird die Pflege der Freundschaft nach dem Vorbild von Damon und Phintias angegeben. Obgleich er sich für einen Geheimbund erklärt, ist er eigentlich nur ein gewöhnlicher Wohlthätigkeitsverein; da jedoch in seinem Schofse eine „Uniform-Linie" besteht, welche wesentlich militärischer Natur ist, mag er immerhin auch ein geheimes Nebenziel verfolgen. Die militärischen Übungen stehen im vollsten Einklang mit der Taktik der Unions-Armee; Offiziere der letzteren fungieren denn auch bei den Prüfungsübungen als Entscheidungsrichter. Die „Uniform-Linie" zählt über 30000 Mitglieder.

Pilger.

Das Vorhandensein dieser Gesellschaft wurde 1825 zu Lyon infolge der Verhaftung eines der Mitglieder entdeckt, eines preufsischen Schuhmachers, bei dem man den gedruckten Ordenskatechimus fand, der dem freimaurerischen nachgebildet war, obgleich es sich hier hauptsächlich um religiöse Reformen handelt.

Portugiesische Gesellschaften.

Im Anfang des 19. Jahrhunderts entstanden in Portugal mehrere politische Geheimbünde, darunter die „Septembristen", die „Chartisten", die „Miguelisten" (Anhänger Don Miguels) etc., doch waren alle unbedeutend und von kurzer Dauer.

Purrah.

In der Gegend zwischen dem Sierra Leoneflufs und dem Kap Monte giebt es fünf Fulah-Susu-Stämme, welche zusammen eine Art Föderativrepublik bilden. Jede Kolonie hat ihre eigene Regierung, aber alle sind einer Einrichtung unterworfen, die sie „Purrah" nennen. Es ist das eine Kriegervereinigung, die einerseits lebhaft an die heilige Feme, anderseits infolge ihrer Einweihungsriten an die alten Mysterien erinnert. Jede der fünf Ansiedelungen hat ihre besondere „Purrah" mit 25 Mitgliedern. Gemeinsam ist ihnen die Grofse Purrah – das höchste Gericht – in welches die fünf Purrahs je fünf Vertreter entsenden.

Der Kandidat für die Mitgliedschaft der Purrah mufs mindestens dreifsig, bei der grofsen Purrah sogar fünfzig Jahre alt sein und alle seine Verwandten innerhalb der Purrah müssen für sein Verhalten Bürgschaft leisten. Sie erklären eidlich, ihn opfern zu wollen, falls er während der Einweihungserprobungen zurückweichen oder nach seiner Zulassung die Geheimnisse und Grundsätze des Bundes enthüllen sollte. Er wird in einen heiligen Hain gebracht, wo er monatelang in vollständiger Einsamkeit zubringen mufs und weder sprechen noch die ihm zugewiesene Hütte verlassen darf. Bei einem etwaigen Versuch, letzteres zu thun und in den Wald einzudringen, wird er sofort getötet. Nach mehreren Monaten beginnen die eigentlichen Erprobungen, deren letzte Stadien fürchterlich sein sollen. Der heilige Hain ist von scheufslichem Geheul erfüllt, angekettete Löwen und Leoparden bedrohen den Prüfling, an vielen Stellen taucht Feuer auf und nachts werden regelrechte Brände in Scene gesetzt – alles, um den Mut und die Entschlossenheit des Aspiranten auf die Probe zu stellen. Versucht ein neugieriger Uneingeweihter den heiligen Wald zu betreten, so verliert er ohne Umstände das Leben. Nach Leistung eines Verschwiegenheits- und Gehorsams-Eides seitens des Neulings erfolgt dessen Einweihung.

Verrat der Geheimnisse oder Auflehnung gegen die Befehle der Stammes-Purrah oder der Grofsen Purrah zieht den Tod nach sich. Zuweilen erfolgt die Ermordung im Hause des Opfers. Plötzlich und unerwartet tritt ein verlarvter und bewaffneter Krieger mit den Worten ein: „Die Purrah verfügt deinen Tod.“ Alle Anwesenden weichen zurück, niemand leistet Widerstand und der Schuldige wird umgebracht. Die Stammes-Purrah verhandelt über die in ihrer Kolonie begangenen Verbrechen, vollzieht ihre eigenen Urteile und schlichtet auf gütlichem Wege Streitigkeiten zwischen mächtigen Familien. Nur sehr selten versammelt sich die Grofse Purrah zur Aburteilung von Verrätern oder Ungehorsamen. Zu ihren Aufgaben gehört es auch, den Kriegen, welche zuweilen zwischen mehreren Fulah-Susu-Stämmen ausbrechen, ein Ende zu machen. Von dem Augenblick des Zusammentritts des höchsten Gerichts bis zum Fällen der Entscheidung vergeht gewöhnlich ein Monat, während welcher Zeit es jedem Krieger der beteiligten Stämme bei Todesstrafe verboten ist, das Blutvergiefsen fortzusetzen. Der schuldig gesprochene Stamm mufs sich nach der Urteilsfällung vier Tage lang plündern lassen. Die Vollstrecker des Urteils gehören den neutralen Niederlassungen an; sie sind mit Dolchen bewaffnet, mit scheufslichen Masken verlarvt und tragen brennende Fackeln. Sie treffen in den verurteilten Dörfern vor Tagesanbruch ein, töten alle Einwohner, die nicht die Flucht ergriffen haben, und schleppen alles bewegliche Eigentum von Wert weg. Die Beute wird in zwei Teile zerlegt, deren einen der durch den Überfall geschädigte Stamm erhält, während der andere von der Grofsen Purrah unter die Urteilsvollstrecker verteilt wird. Wird eine Familie so mächtig, dafs sie Beunruhigung hervorruft, so versammelt sich die Grofse Purrah zu einer Beratung und verurteilt sie in der Regel zu plötzlicher Plünderung, welche dann nächtlicherweile von maskierten und verkleideten Kriegern bewirkt wird.

Dieser Geheimbund versetzt die Bevölkerung der betreffenden Gegenden und der Nachbargebiete in Furcht und Schrecken. Die Neger der Bai von Sierra Leone sprechen von der Purrah nie ohne Scheu und Zurückhaltung, denn sie glauben, dafs alle Mitglieder Zauberer seien und mit dem Teufel in Verbindung stehen. Die Purrah thut nichts zur Zerstreuung dieser Vorurteile, denn dieselben verhelfen ihr zu einer Macht, an die niemand zu rühren wagt. Die Mitglieder erkennen einander an gewissen Worten und Zeichen; ihre Zahl wird auf etwa sechstausend geschätzt.

Rebekkaiten.

Entstanden um 1843 in Wales und bezweckten die Beseitigung der Oktroischranken. Die Mitglieder trieben sich in weifser Kleidung zur Nachtzeit umher und rissen die Mautthore nieder. Das Oberhaupt der Gesellschaft wurde Rebekka genannt -- in Anlehnung an die Bibelstelle Genesis XXIV, 60. Die Rebekkaiten wurden von der Regierung unterdrückt.

Ritterorden.

Von Friedrich v. Goné, einem Ritter von der Strikten Observanz, gegründet, bezweckte der „Ritterorden“ die Verspottung des mittelalterlichen Rittertums, obgleich der Stifter selbst an die Abstammung der Freimaurerei vom Templerorden glaubte. Die Gründung erfolgte 1771 in Wetzlar. Die Mitglieder legten sich Ritternamen bei, Goethe z. B. hiefs Götz von Berlichingen. Sie hielten die „Vier Haimonskinder“ für symbolisch und Goethe schrieb dazu einen Kommentar. Behufs Lächerlichmachung der maurerischen Hochgrade teilte sich die Gesellschaft in vier Grade: Übergang, Übergang des Übergangs,

Übergang des Übergangs zum Übergang, Übergangs-Übergang zum Übergang des Übergangs. Die Bedeutung dieser scheinbar tiefsinnigen Bezeichnungen kannten natürlich nur die Eingeweihten.

Rothäute.

Während des englisch-amerikanischen Krieges riefen einige amerikanische Patrioten im Jahre 1812 die Gesellschaft der Rothäute ins Leben, die ihren Symbolismus den Indianern entlehnte. Demgemäfs hiefsen die Logen „Stämme", die Versammlungsräume „Wigwams", die Zusammenkünfte „Beratungsfeuer" u. dgl. m. Bei festlichen Anlässen erschienen die Mitglieder in indianischer Tracht. Viele Deutsch-Amerikaner traten bei, sagten sich aber später, als die Yankee-Mitglieder sie von oben herab ansahen, wieder los und bildeten eine neue Verbindung, der sie den Namen „Unabhängiger Orden der Rothäute" gaben. Die drei Grade der Deutschen hiefsen: Schwarze, Blaue, Grüne, die der Yankees: Jäger, Soldaten, Hauptleute. In „Lagern" wurden auch Hochgrade verliehen. Nach Beendigung des Unabhängigkeitskrieges (1814) verloren die beiden Orden ihren politischen Anstrich und verwandelten sich in Wohlthätigkeitsvereine. Gegenwärtig zählen sie zusammen ungefähr 40000 Mitglieder.

Salpeterer.

Die Grafschaft Hauenstein im Grofsherzogtum Baden bildet ein Dreieck, dessen Basis der Rhein zwischen Säckingen und Waldshut ist. Im 18. Jahrhundert forderte der Abt des reichen Benediktiner-Klosters St. Blasien, welches als Scheitelpunkt des Dreiecks gelten kann, von den Hauensteinern Frondienste. Sie lehnten sich dagegen auf und traten zu einem Geheimbund zusammen, der sich „Salpeterer" nannte, weil sein Oberhaupt Fridolin Albiez ein Salpeterhändler war. Mit Unterstützung Österreichs obsiegte der Abt 1755, allein die Gesellschaft entstand im Anfang des 19. Jahrhunderts von neuem, diesmal um in Kirche und Schule fortschrittliche Tendenzen zu bekämpfen. Gegenseitige Zugeständnisse machten i. J. 1840 dem Kampf und dem Geheimbund ein Ende. In Tirol gab es eine ähnliche Vereinigung, und zwar die der „Manharter", so genannt nach ihrem Anführer Manhart; mit Hilfe des Papstes gelang es ihr, der Ausbreitung der Reformation in Tirol erfolgreichen Widerstand zu leisten.

Sich-Fanatiker.

Das Wort „Sich“ oder „Sikh“ bedeutet soviel wie Jünger oder ergebener Anhänger. Das Vorhandensein einer religiösen Sekte dieses Namens, deren Prophet Nanuk war, wurde zuerst im Jahre 1510 bekannt. Etwa 200 Jahre nachher brachte der Prophet (Guru) Govindu militärischen Geist in die Sekte und fügte zu deren heiligem Buche „Granth“ das Schwert. Auf dem Höhepunkt ihrer Macht standen die Sikhs von 1798—1839. Sie machten sich durch das Tragen eines blauen Gewandes kenntlich, weil Krischnas Bruder Bala Ram stets als blaugekleidet dargestellt wird. Auch trugen sie langes Haar, lange Bärte und mufsten Stahl in irgend einer Form bei sich haben. Gegenwärtig kleiden sich die gewöhnlichen Sikhs ausschliefslich weifs. Sämtliche Mitglieder bildeten zusammen die heilige Brüderschaft Chalsa (= die Geretteten oder Befreiten), innerhalb welcher alle gesellschaftlichen Unterschiede aufhörten. Die wilden, fanatischen Akalis waren und sind zugleich Soldaten und Priester, die hauptsächlich in ihrem grofsen Tempel zu Amritsar (= „Quelle der Unsterblichkeit“) beschäftigt sind, wo sie die Bekehrten einweihen. Diese bekommen fünf Waffen — Schwert, Feuerschlofsgewehr, Bogen, Pfeil, Pike — und es wird ihnen eingeschärft, gewisse Tugenden zu üben und den Verkehr mit gewissen schismatischen Sekten zu vermeiden. Da nach der Überlieferung Govindu unmittelbar nach seinem Tode ausrief: „Wo immer fünf Sichs beisammen sein werden, werde ich gegenwärtig sein“, gehören zum Vollzug der Einweihungsriten ihrer fünf. Die Sichs dürfen Fleisch essen, jedoch nicht das der Kuh, denn dieses Tier ist ihnen ebenso heilig wie den Hindus.

Die fanatische Sikh-Bewegung, von der wir hier im besonderen sprechen wollen und von welcher die Öffentlichkeit i. J. 1872 durch die bekannten Kuka-Morde Kenntnis erhielt, wurde vor einigen Jahrzehnten durch den Sich Ram-Singh begonnen, der sein Hauptquartier in einem Dorf des Ludhianabezirks hatte. Es heifst, dafs er mehr das Ritual als den Glauben seiner Landsleute habe umgestalten wollen. Seine Anhänger scheinen überdies etwas von den islamitischen Tanzderwischen gelernt zu haben, denn sie arbeiteten sich auf ihren Versammlungen in religiöse Verzückungen hinein, welche sich in unheimlichem Geheul Luft machten. Die Männer und die Weiber vollführten mit einander eine Art wilden Kriegstanzes, wobei sie unartikulierte Laute ausstiefsen und allmählich ihre ganze Kleidung abwarfen. Ram Singh hatte im alten Sich-Heer gedient und eine Anzahl seiner Emissäre in die Armee des Maharadscha von Kaschmir eingereiht; man sagt, dafs dieser

Herrscher ein ganzes Regiment von Kukas habe besolden wollen, dafs aber aus irgend einem Grunde nichts daraus geworden sei. Vielleicht fürchtete er, dafs im Laufe der Zeit der politische Einflufs der neuen Rekruten ihm oder seinen britischen Verbündeten über den Kopf hätte wachsen können.

Ram Singhs Sekte vermehrte sich sehr rasch; mit Hilfe seiner Stellvertreter (Soubahs), deren er im Pendschab etwa zwanzig hatte, brachte er es schliefslich auf rund 100000 Anhänger, meist Handwerker, Arbeiter und noch niedriger stehende Personen, die nichts zu verlieren hatten und in übertriebenen Vorstellungen von künftigem Reichtum schwelgten. Die Macht ihres Führers über sie war so grofs, dafs sie seine Befehle mit derselben Bereitwilligkeit vollzogen wie im Mittelalter die Assassinen jene des Alten vom Berge. (Vgl. „Die Assassinen“.) Wollte er einem noch so entfernten Stellvertreter eine Botschaft zukommen lassen, so vertraute er den Brief einem seiner Jünger an, der in vollem Lauf bis zur nächsten Station eilte und sie einem anderen zur Weiterbeförderung übergab, dieser einem dritten u. s. w. Um sein Ansehen bei seiner Sekte zu steigern, wufste Ram Singh seinen Namen in geschickter Weise in eine Stelle der Sikh-Bibel einzufügen, und zwar dort, wo von dem künftigen Erscheinen eines neuen Propheten oder Lehrers die Rede ist. Man hat Grund zu der Annahme, das Hauptziel dieses Mannes habe darin bestanden, mit Hilfe einer Religionsbewegung den Sichs wieder zu ihrer alten Oberhoheit in Pendschab zu verhelfen. Den Fanatismus seiner Leute stachelte er durch die Behauptung auf, ihr Feldzug sei gegen die Mörder der heiligen Kuh gerichtet, womit die europäischen Eroberer gemeint waren. Die Erhebung wurde schnell unterdrückt, die kleine, kaum 300 Mann zählende Bande der bewaffneten Jünger Rams vernichtet, die Rädelsführer aus Kanonen geschossen.

Die Sikhs zerfallen in zahlreiche Sekten, deren bedeutendste die Gowind-Sinhi-Gemeinde ist. Übrigens nehmen die Sikhs als eine geheime Religionssekte immer mehr ab.

Silberkreis-Ritter.

Die geheime Verbindung dieses Namens entstand 1893 in den Rocky Mountains und war gegen die Aufhebung der Silberprägung gerichtet. Für den Fall der Aufhebung drohten die Mitglieder, den Staat Colorado zu zwingen, aus der Union zu treten und sich mit der Silber ausprägenden Republik Mexiko zu vereinigen. Damals wimmelten die Weststaaten von Geheimgesellschaften, die sich mit der Secessionsfrage befafsten; viele von ihnen sollen bewaffnet gewesen sein und bei Mondschein Exerzierübungen abgehalten haben. Die Mitglieder erkannten einander an geheimen Zeichen und Worten. Die Aufhebung der Shermanschen Akte im August des genannten Jahres machte den Silberkreis-Rittern und allen ähnlichen Verbindungen ein Ende.

Sonderbare Gesellen.

Es sind das die deutschen Odd Fellows, jetzt auch Freie Gesellen oder Helfende Brüder genannt. Während die englischen keine anderen Geheimnisse haben als ihre Zeichen, Kennworte und Händedrücke, stehen die deutschen in enger Verbindung mit der Freimaurerei und sind gegen Priestertum, Aberglaube und Fanatismus gerichtet. Die Einführung des Ordens in Deutschland erfolgte 1870 und allmählich fand er Eingang in Frankreich, Holland, Schweden, Spanien, Schweiz, Mexiko, Peru, Chili und Polynesien. Gegenwärtig zählt er über fünfzig Grofslogen mit rund 8000 Logen, die englischen nicht mitgerechnet.

Sophisier.

In Ägypten gründeten 1798–99 mehrere französische Generale den „Heiligen Orden der Sophisier“ („Anhänger der Weisheit“). Trotz der Geheimthuerei kam seine Thätigkeit teilweise an den Tag. Näheres darüber findet sich in einem Buche, das den Titel führt: „Mélanges relatifs à l'ordre sacré des Sophisiens, établi dans les Pyramides de la République française,“ aber nur teilweise gedruckt ist.

Stern von Bethlehem.

Die Mitglieder dieses Ordens behaupten, derselbe sei bereits im 1. Jahrhundert unserer Zeitrechnung gestiftet worden. Im 13. Jahrhundert bestand er als der mönchische Bethlehemiter-Orden, welcher eng verbunden war mit der von der Kaiserin Helena im Jahre 330 erbauten Nativitätskirche, in deren Mitte sich die Grotte der Geburt Christi befindet. Der Marmorfufsboden dieser Grotte weist einen eingelegten Stern auf – zur Erinnerung an den Stern von Bethlehem. 1257 in England eingeführt, wurde der Orden bald zu einem Wohlthätigkeitsverein, dessen Mitglieder sich „Ritter des Sterns von Bethlehem“ nannten. 1408 erhielt das weibliche Geschlecht die Beitrittserlaubnis. Ein gewisser Giles Cory aus London brachte den Orden 1681 nach Amerika, doch führte die dreizehn Jahre später erfolgte grausame Hinrichtung des Groſskomturs („wegen der Abhaltung von Versammlungen in den toten Stunden der Nacht“) zur Auflösung des amerikanischen Zweiges. A. Groſs aus Newcastle-on-Tyne rief ihn 1869 zu New-York von neuem ins Leben; 1884 wurde der Rittertitel abgelegt, sodaſs der Bund jetzt „Orden des Sterns von Bethlehem“ heiſst.

Tabakologische Gesellschaft.

Als im Jahre 531 die Tänzerin Theodora die Gemahlin Justinians I. wurde, wollte sie sich mit Philosophen umgeben, namentlich mit Pythagoräern. Weil die Philosophen es für unter ihrer Würde hielten, sich unter kaiserlichen Schutz zu stellen, wurden sie verfolgt und ihre Lehranstalten geschlossen. Auch verbot man ihnen, sich zu versammeln; deshalb kamen sie insgeheim zusammen: anfangs in einem verfallenen Ceres-Tempel am Ufer des Ilissos, später in einem von ihnen selbst errichteten achteckigen Tempel am Fuſse des Hymettos. Sie nannten sich Pednosophen, worunter sie „Kinder der Weisheit“ verstanden. Ihr Symbol war die Anemone; wie diese Blume der Sage nach dem Blute des von einem wilden Eber verwundeten Adonis entsproſs, so erhob sich in den Augen der Pythagoräer die Philosophie verjüngt aus der vom Aberglauben verfolgten Philosophie. Anfänglich lieſs man auch Weiber und Kinder zu, vertraute ihnen aber die Geheimnisse nur teilweise an.

Das Erkennungszeichen bestand im Kreuzen der Arme auf der Brust, wobei ein Zeigefinger die Lippen berühren muſste. Das Losungswort war: „Theus-Theos“ (= „Hoffnung auf Gott“). Nur wenige Mitglieder kannten den wirklichen Namen des Oberhauptes, die übrigen kannten dieses bloſs unter einem Pseudonym. Der Bund fristete sein Leben bald in diesem, bald in jenem Lande. Was insbesondere England betrifft, so verbot Karl II. 1672 alle Geheimgesellschaften, was die Pednosophen veranlaſste, sich nunmehr „Tabakologen“ zu nennen und die Tabakpflanze als Sinnbild zu erwählen, weil deren rote Blüte sie an die von Justinian und anderen verfolgte Philosophie erinnere (!). In ihren Sitzungen besprachen sie vornehmlich akademische Gegenstände und man kann sagen, daſs die Tabakologische Gesellschaft das Urbild der modernen Akademien war. Sie zerfiel in vier Grade und zählte viele hervorragende Männer zu ihren Mitgliedern. In der Loge wurden dreieckige Schürzen getragen. Gegen das Ende des 18. Jahrhunderts verfiel der Orden in England und seine Papiere, Protokolle und Geheimnisse gelangten in die Hände eines französischen Marquis, der sie seinem Sohn hinterliefs, nach dessen Tod sie ein gewisser Dussin erbte. Dieser rief den Bund in Poitiers wieder ins Leben (1806) und derselbe erhielt sich dann 42 Jahre lang. Der Bau und die Verarbeitung des Tabaks bildeten den Gegenstand symbolischer Unterweisungen und den Städten, in denen es Logen gab, wurden die Namen von Gegenden beigelegt, welche ob ihrer feinen Tabaksorten berühmt sind. Im Volksmund hiefsen die Mitglieder „Schnupfer."

Teppa.

Als das Scheitern der carbonaristischen Verschwörung, besonders des Erhebungsversuches zu Macerata, zur vorübergehenden Unterdrückung des Carbonaribundes führte, sah die italienische Jugend ihre Hoffnung, sich durch Bekämpfung und Vertreibung der Österreicher auszuzeichnen, bitter getäuscht. Während nun die ruhigeren Elemente sich in das Unabänderliche fügten und zu ihren Alltagsbeschäftigungen zurückkehrten, suchten die Hitzköpfe unter den Carbonari für ihren Überschwang Auswege, indem sie allerlei Vereinigungen gründeten, die zuweilen recht verwerflich waren. Hierher gehörte die „Compagnia della Teppa" („Rasengesellschaft"), 1818 in Mailand entstanden. Die nachfolgenden Einzelheiten darüber entnehmen wir hauptsächlich dem Rovanischen Buche „Cento Anni," dessen Quelle die Mitteilungen des Bundesmitgliedes Milesi waren, welche als ziemlich zuverlässig gelten können.

Über den Ursprung des Namens der Gesellschaft gehen die Ansichten auseinander. Nach der einen stammte er daher, dafs der Plüsch, aus dem die Hüte der Mitglieder gefertigt wurden, so kurz und glatt geschoren sein mufste wie ein Rasen; die zweite, viel einleuchtendere Erklärung geht dahin, dafs die Versammlungen im Beginn auf dem prachtvollen Rasen der Piazza Castello zu Mailand stattfanden. Die Mitglieder verpflichteten sich, jeden Mann, dem sie nach Sonnenuntergang auf der Strafse begegneten, zu prügeln. Dieser Unfug richtete sich in erster Reihe gegen Männer, die im Besitze schöner Gattinnen waren, deren Entführung aus ihrer Wohnung oder deren Verfeindung mit ihren Männern im Interesse einzelner Mitglieder lag; zuweilen war die Sache sogar mit der schönen Frau abgekartet. Da mit dem Empfang einer solchen Tracht Prügel eine gewisse Lächerlichkeit verbunden war, pflegten die Opfer sich nur selten zu beklagen. Selbstverständlich kamen bei diesen Überfällen oft auch die Angreifer schlecht weg. Die österreichische Polizei kannte das Treiben der „Teppa“ genau, drückte aber beide Augen zu, denn sie hielt es für angezeigter, dafs die Jugend ihren Überschufs an Thatkraft in solcher Weise bethätige, als in politischen Verschwörungen gegen Österreich. Und so hätten die Raufbolde ihr Treiben wohl noch recht lange fortsetzen können, wenn sie nicht durch die andauernde Straflosigkeit allzu übermütig geworden wären. Der folgende Vorfall zwang die Polizei schliefslich zum Einschreiten.

In der Pennacchiaristrafse lebte ein Zwerg des Spitznamens Gasgiott als Blumenmacher. Trotz seiner Gewaltthätigkeit und Streitsucht glaubte er ein geradezu unwiderstehlicher Liebling der Damenwelt zu sein. Eines Nachts beklagte sich in der genannten Strafse ein Mädchen bei dem herkulisch gebauten Teppamitglied Milesi über einen rohen Angriff Gasgiotts. Milesi prügelte den Zwerg tüchtig durch und brachte ihn in ein Wirtshaus, wo er ihn dem Oberhaupt der „Rasengesellschaft,“ Baron Bontempo, vorführte. Auf Milesis Antrag liefs der Freiherr den Zwerg, „um dessen Blut abzukühlen,“ bei schmaler Kost auf seinem Landsitz Simonetta (bei Mailand) einsperren. Dieser Einfall brachte die „Teppa“ auf den Gedanken, alle Zwerge der Stadt aufzuspüren und bald befanden sich ihrer zwölf im Gewahrsam zu Simonetta. Kühner werdend, gingen die Kerle nun weiter. Zu den Bemäntelungen ihrer unerquicklichen Thätigkeit gehörte nämlich das Vorgeben, dafs es ihre Pflicht sei, Unrecht gutzumachen, welches vom Gesetz nicht gerächt wird. Demgemäfs richteten sie ihr Augenmerk auf jene berechnenden Weiber, die durch ihre Ränke und ihre Verschwendungssucht zahlreiche junge Leute wie auch verheiratete Männer zu Grunde richten, ohne dafs sie von Gesetzes wegen bestraft werden konnten. Damals gab es in Mailand viele solche Damen, darunter hochstehende, und es wollte den Rasenmännern scheinen, als wären dieselben eine passende Gesellschaft für die eingesperrten Zwerge. Gedacht, gethan, zehn Damen wurden mit List oder Gewalt nach Simonetta entführt und zu den Zwergen gesellt, von denen sie in entsetzlicher Weise belästigt wurden. Es ist begreiflich, dafs die Damen sich weder die Entführung noch die Zumutungen der Zwerge ruhig gefallen lassen wollten. Tags darauf machten die Urheber des Unfugs diesem ein Ende, indem sie die männlichen und die weiblichen Gefangenen befreiten. Da die geschlossenen Wagen nach und von Simonetta grofse Umwege machten, wufsten die Häftlinge nicht, wo sie waren; trotzdem kam man der Sache auf die Spur, denn eine solche Angelegenheit konnte man nicht durchführen, ohne zahlreiche Personen ins Geheimnis zu ziehen. Überdies schrien die betroffenen Damen laut nach Rache und viele junge Leute aus achtbaren Familien, die der Teppa nur aus Neugier oder sonstigen nichtigen Gründen beigetreten waren, erklärten sich zu Aufschlüssen bereit, als sie sahen, wie arg es der Geheimbund trieb. Da die Polizei nicht länger alle fünf gerade sein lassen konnte, schritt sie eines Tages – es war im Jahre 1821 – zur Verhaftung von 60 Mitgliedern der Teppa und zu ihrer Einkerkerung im Markuskloster oder in den Gefängnissen von Szegedin und Komorn. Auch nachher wurden noch viele verhaftet, während andere auf Grund von empfangenen Warnungen die Flucht ergriffen. So endete die „Rasengesellschaft" nach kaum vierjährigem Bestand.

Was die Erkennungszeichen betrifft, so grüfste der eine mit gefalteten Händen, worauf der andere seine rechte Hand so an die Seite hielt, als wollte er das Heft seines Schwertes ergreifen. Es gab nur zwei Grade: „Bruder" und „Hauptmann." Jeder Hauptmann mufste vier neue Mitglieder gewinnen. Der Bund war in zwei grofse Mittelpunkte geteilt: den der „Adeligen" und den der „Gemeinen."

Theosophen.

In der „Einleitung" wie auch an anderen Stellen dieses Buches haben wir angedeutet, was unter echter Theosophie zu verstehen ist. Da „Theos" so viel heifst wie Gott, kann die Theosophie nichts anderes sein als die „Weisheit des Lichtes." Die Erforschung des Lichtes bildet die einzige Weisheit, denn das Licht ist der Urstoff und die einzige wirkliche Wesenheit. Aber jene Erforschung mufs wissenschaftlich getrieben werden, sonst ist sie Schwindel. Und lediglich schwindelhaft sind die Lehren der sonderbaren Schwärmer, die sich heutzutage unverfroren für Theosophen ausgeben und die Welt mit ihren Vereinen und Veröffentlichungen behelligen. Der moderne theosophische Betrug ist vornehmlich in Ostindien, England und den Vereinigten Staaten zu Hause. Die Lehren der Anhänger von Helene Blavatsky und Annie Besant beruhen durchweg auf dem Übernatürlichen, Unbekannten; sie sind unwissenschaftlich und verdienen keine Beachtung. Unsere heutigen Theosophen beziehen ihre Eingebungen von den Mahatmas – unsichtbaren Weisen, die die Macht besitzen, alle Weltgeheimnisse zu lösen. Wie seltsam und bedauerlich, dafs noch nie ein Mahatma geneigt oder im stande war, der Menschheit auch nur eine einzige wissenschaftliche Thatsache zu offenbaren! Diese Geheimlehrer sagen: „Der Geist geht von Brahma aus durch die verschiedenen Stoffformen, die sich gleichzeitig entwickeln und in der spirituellen Welt mit der höchsten, in der materiellen mit der niedrigsten Form beginnen. Diese niedrigste Form ist der modernen Wissenschaft noch unbekannt.“ (Wieso kennt man dann ihr Vorhandensein überhaupt?) „Der Zeitraum, in welchem diese Entwicklung vor sich geht, umfaſst Millionen von Epochen.“ (Wie kann man das wissen?) „So entstehen allmählich Mahatmas und Adepten und werden zu Planetengeistern, welche das Entstehen anderer künftiger Planeten leiten.“ (Welch phrasenhafte Hirngespinste!) „Die Weisen verkünden ferner die Vergangenheit und Zukunft dieser Erde und anderer Planeten, die Entwicklung des Lebens durch elementare, mineralische, pflanzliche, tierische und menschliche Formen hindurch.“ (Und doch lassen sie, gleich den spiritistischen Medien, den armen Sterblichen niemals auch nur die geringste nützliche Belehrung zukommen!) „Jede Kalpa oder groſse Periode ist in vier Zeitalter oder Jugas geteilt, deren jedes viele Jahrtausende umfaſst. Gegenwärtig befinden wir uns im Kali-Jug, dem Zeitalter der Dunkelheit, welches vor fünftausend Jahren anfing.“ (Woher schöpfen die Theosophen ihre Kenntnis von den früheren Zeitaltern und vom Anfang des jetzigen?!) Wir lassen noch eine kostbare kosmologische Stelle folgen: „Unsere Erde bildet eines der Glieder in der Kette von sieben Planeten; sie allein befindet sich auf der sichtbaren Fläche, während die sechs anderen Planeten sich in anderen Sphären befinden und daher unsichtbar sind.“ Um alles in der Welt – wenn sie unsichtbar sind, wie konnten die „Weisen“ sie ausfindig machen?!

So sieht das tolle Zeug aus, welches die wohlgenährten indischen Priester, fälschlich „Weise“ genannt, teils zu ihrer Unterhaltung, teils behufs Verdummung ihrer abergläubischen Schafe ausgeheckt haben und welches jetzt in Europa und Amerika nachgebetet wird! Verrückt gewordene Esoterik, auf den Kopf gestellte Mythologie, religiöser Schutz tobsüchtiger Narren, der Vorläufer der erotischen Mönche und neurotischen Nonnen des Christentums – das ist die Kost, die man den Mitgliedern der theosophischen Gesellschaften auftischt. Das Gewäsch dieser Leute bildet einen Faustschlag ins Gesicht der modernen Bildung. Unsere heutigen Theosophen, die blinden Anhänger blinder Führer sind so wenig Theosophen wie die Astrologen Astronomen waren. Bei den einen wie bei den anderen verwandelt sich das Gold der Wissenschaft in das Blech der Quacksalberei. Es scheint denn auch, daſs wenigstens die amerikanischen Theosophen bereits zur Einsicht gelangt sind, wie schlecht dieser Name auf sie paſst; sonst würden sie denselben nicht aufgegeben und im März 1898 mit „Allgemeine Brüderschaft“ vertauscht haben.

Utopia. (Allschlaraffia.)

Vor fast einem Jahrhundert zu Prag gegründet, fand diese Gesellschaft so grofsen Anklang, dafs sie 1885 in Deutschland, Österreich, Ungarn, der Schweiz und anderen Ländern bereits 85 Logen zählte und 1876 in Leipzig, sechs Jahre später in Prag Bundesversammlungen abhalten konnte. Der Oberschlaraff jeder Loge wird „Uhu“ genannt, bei freudigen Kundgebungen rufen die Mitglieder „Aha!“, bei Verletzungen der Satzungen schreien sie „Oho!“ Es giebt drei Grade: Knappen, Junker, Ritter; die Gäste heifsen Pilger. Die Zusammenkünfte bezwecken heitere Unterhaltung und es geht dabei oft recht witzig her. Die Logen der verschiedenen Länder stehen untereinander in Verbindung und die „Schlaraffen“ geniefsen innerhalb der „Utopia“ überall das gleiche Aufnahme- und Freizügigkeitsrecht wie die Freimaurer innerhalb des Freimaurerbundes.

Vendicatori.

Dieses Geheimgericht entstand um 1186 auf Sicilien und rächte öffentliches Unrecht, wobei es in ähnlicher Weise verfuhr wie die heilige Feme und die Beati Paoli. Schliefslich liefs König William II., der Normanne, den Grofsmeister Adiorolphus hinrichten und zahlreiche „Rächer“ brandmarken.

Verrückte Ratsherren.

Ein 1809 durch Dr. Ehrmann zu Frankfurt a. M. gestifteter komischer Orden, dessen Diplome in scherzhaftem Latein abgefafst und mit einem grofsen Siegel versehen waren. Zu den Mitgliedern gehörten u. a. Jean Paul, Arndt, Goethe, Iffland, wie auch mehrere Damen. Nach dem Ausstellen des hundertsten Diploms löste sich die Gesellschaft auf (1820).

Wahabis.

Die indische Sekte dieses Namens erregte in den Jahren 1871–72 grofse Aufmerksamkeit, weil man sie der Teilnahme an der Ermordung Lord Mayos und des Kalkuttaer Oberrichters Norman beschuldigte. Ihr Stifter war ein 1787 verstorbener mohammedanischer Reformator Namens Abdul Wahab, der um

1740 in Nedschd auftauchte und von den Türken einen grofsen Teil Arabiens eroberte. „Wahab“ bedeutet „Spender von Segnungen“ und ist einer der Beinamen Gottes; demgemäfs heifst „Abdul Wahab“ etwa so viel wie „Diener des Allgütigen“. Die Wahabis nahmen Mekka und Medina ein und vertrieben die Türken beinahe aus dem Lande des Propheten. Ihre Lehre, nach welcher Mohammed einen Anspruch auf Verehrung hat, erinnert an den Socinianismus. Um 1818 schwand die Macht dieser wilden Reformer in Arabien dahin, um jedoch in Indien wieder aufzuleben. Dort war ihr Führer ein gewisser Seïd Ahmad. Ursprünglich ein gottloser Soldat der räuberischen Banden Emir Chans, des ersten Nabobs von Tonk, ging er 1816 nach Delhi, um dem Rechtsstudium obzuliegen, wobei seine glühende Einbildungskraft den neuen Gegenstand gierig einsog. Er war oft in Betrachtungen versunken und diese arteten in epileptische Verzückungen aus, welche ihm allerlei Visionen vorspiegelten. Nach drei Jahren verliefs er Delhi als ein neuer Prophet, dem in Patna und Kalkutta bewundernde Massen lauschten, denen der von ihm verkündete „göttliche“ Befehl, die Ungläubigen zu erschlagen und die Truppen der Ausländer zu verjagen, gar wohl gefiel. 1823 scharte er auf dem Wege von Bombay nach Kohilchand ein Heer von Gläubigen um sich und schlug sein Hauptquartier in den Bergen im Nordosten von Peschaur auf. Der Sektenmittelpunkt zu Patna lieferte dem aufständischen Lager immer neue Fanatiker und sammelte das erforderliche Geld unter den Anhängern Seïds. Die Hauptlehre der Wahabis richtet sich gegen alle Andersgläubigen, namentlich aber gegen die Herrschaft Grofsbritanniens, welches sie für den Hauptunterdrücker des Islam halten. Die Regierung hat gegen diese Rebellen mit Hilfe afghanischer Stämme zwanzig blutige Feldzüge geführt, ohne sie gänzlich überwinden zu können. Sie bilden daher eine nicht zu unterschätzende Gefahr, und es unterliegt keinem Zweifel, dafs sie bei etwaigen feindlichen Angriffen auf Indien den Engländern sehr unangenehm werden könnten, obgleich die grofse Mehrheit der indischen Mohammedaner den fanatischen Wahabis gleichgültig oder antipathisch gegenübersteht.

Wiedergeburt, allgemeine.

Eine Vereinigung von Patrioten aus verschiedenen Ländern, die zwischen 1815 und 1820 in der Schweiz eine Zufluchtsstätte gefunden hatten. Diese Leute trugen sich mit weitausgreifenden Plänen, liefsen es aber, wie das bei Patrioten vorzukommen pflegt, beim Gerede bewenden.

ANHANG.

(Nachträge, Quellenverzeichnis, Sachregister.)

I. Nachträge des Herausgebers.

1. Zum Kapitel „Mexikanische Mysterien“.

Der bekannte deutsche Okkultist Leopold Engel in Dresden schreibt mir: „Als Quelle für die mexikanischen Mysterien möchte ich Ihnen Prescotts „Eroberung von Mexiko“ empfehlen. Heckethorns Angaben decken sich durchaus nicht mit denen Prescotts. Die Erzählungen von der Menschenhaut sind unrichtig. Ebenso die Angabe, daſs der Gott Huitzolipochtli Vitzliputzli hieſs; der letztere Name ist lediglich eine mittelalterliche deutsche Verstümmelung. Auſserdem war H. der Gott des Krieges und der Nationalgott der Azteken.“

2. Zu den Kapiteln „Gnostiker“ und „Ketzer“.

Seit kurzem besteht zu Toulouse (Südfrankreich) ein später Nachsproſs der einstigen Gnostiker, „die gnostische Kirche von Frankreich“, die seit Neujahr 1900 eine kleine Monatsschrift, „Le Réveil des Albigeois“ (= „Das Erwachen der Albigenser“) herausgiebt, welche von „Sophronius, Bischof von Béziers, Koadjutor Seiner Gnaden des Patriarchen“ redigiert wird. In Nr. 1 lese ich u. a.:

„Die gnostische Kirche umfaſst zweierlei Mitglieder: Genossen und Vollkommene Christen. Die ersteren sind jene, die die Wassertaufe empfangen haben und denen wir die esoterische Lehre des Erlösers anvertrauen, d. h. die in den synoptischen Evangelien enthaltene, bestehend im Glauben an einen Gott und die Unsterblichkeit der Seele, ferner in der evangelischen Moral und in dem Willen, nach Kräften beizutragen zur Errichtung eines gerechten Reiches Gottes auf Erden. Der gnostischen Kirche können alle Spiritualisten beitreten, d. h. alle, die im Namen der Vernunft die landläufigen Glaubenslehren – mit Ausnahme des Glaubens an Gott und die Unsterblichkeit – verwerfen. Demgemäſs dürfen sich uns auch die Freisinnigen unter den Protestanten anschliefsen. . . . . Dagegen betrachten wir als aufserhalb unsrer Kirche stehend: 1. die Materialisten, welche ja übrigens aufserhalb jeder Kirche stehen; 2. die Israeliten und die Muselmanen, die übrigens, wenn sie wollten, nicht viel aufzugeben brauchten, um zu uns zu gehören; 3. die orthodoxen Gräco-Latiner, die verfallenden Stützen einer unreinen, verderbten Gnosis. „Vollkommene Christen“ nennen wir jene, die die Feuer- und Geistestaufe empfangen haben; ihnen lehren wir die Gesamtheit der erleuchtenden und reinigenden Geheimnisse. . . . Die gnostische Religion beruht auf der allgemeinen Überlieferung und der Gesamtheit der Beobachtungswissenschaften, unterscheidet sich daher wesentlich vom sogenannten rechtgläubigen Katholizismus und Protestantismus, der sich lediglich auf die Bibel stützt. Die gnostische Kirche bekämpft nicht, wie die römische, die moderne Kultur. Auch kennt sie nicht das Sakrament der Ehe und gestattet daher die Scheidung innerhalb der Grenzen der Landesgesetze. Sie anerkennt die jeweilige Regierungsform jedes Volkes; speziell in Frankreich unterstützt sie die Republik, weil diese dem Evangelium besser entspricht als die Monarchie.“

Patriarch ist „Synesius“, hinter welchem Namen sich Fabre des Essarts verbirgt; er nennt sich „gnostischer Patriarch, Primas der Albigenser, Bischof von Montségur, Grofsmeister des Ordens zur Taube des Heiligen Geistes“ und hat ein Buch u. d. T. „Der gnostische Baum“ geschrieben. Eine zweite einschlägige Schrift, „Katechismus der gnostischen Kirche“, hat den bereits erwähnten „Sophronius“ zum Verfasser; ich entnehme einer Anzeige desselben, dafs die Neu-Gnostiker fünf Sakramente haben und „die jüdischen Schriften des Alten Testaments, die Akten der Apostel und die Epistel des Neuen Testaments verwerfen.“

3. Zum Kapitel „Martinismus“.

Der oben genannte Herr Engel, der auch Herausgeber des Illuminatenorgans „Das Wort“ ist, schreibt mir: „Wer hat Herrn Heckethorn weisgemacht, dafs die Martinisten ausgestorben seien? Der Orden besteht noch immer, hat seinen Sitz in Paris und zählt in Deutschland viele Anhänger, die mir persönlich sehr wohl bekannt sind.“

4. Zum Kapitel „Die Freimaurerei in England“.

In dem Londoner Fachblatt „The Freemason“ lese ich, dafs die sogenannte Charte Ethelstans apokryph und „die Kölnische Handschrift eine Fälschung“ sei.

5. Zu „Camorra“ und „Maffia“.

Anläfslich der Aufsehen erregenden Affaire Palizzolo-Mirri (Dezember 1899 und Januar 1900) brachte die europäische Presse zahlreiche Notizen und Artikel über die „Camorra“ und die „Maffia“. Es handelte sich um Enthüllungen über die 1892 während einer Eisenbahnfahrt erfolgte Ermordung des Bankdirektors Notarbartolo. Sofort nach dem Bekanntwerden des Verbrechens bezeichnete die öffentliche Meinung Siciliens einen gewissen Palizzolo als den Anstifter und Besteller der Missethat. Auch mehrere Polizeiberichte lauteten in gleichem Sinne. Trotzdem blieb der Genannte nicht nur ganz unbehelligt, sondern wurde auch zum Zeichen des Vertrauens seiner Mitbürger wiederholt in den Gemeinderat und das Abgeordnetenhaus gewählt. Erst volle sieben Jahre später gelang es den eifrigen Bemühungen des Sohnes Notarbartolos, die Wahrheit an den Tag zu bringen; mehrere Verwaltungs- und Gerichtsbeamte hatten den Mut, dem jungen Mann bei der Aufdeckung des aus Rachsucht hervorgegangenen Verbrechens mit ihren Aussagen an die Hand zu gehen. Im Zusammenhang hiermit seien einige interessante Stellen aus einer römischen Korrespondenz vom 25. Dezember 1899 angeführt, die wir im „Pester Lloyd“ lesen:

„Die Ursachen der fast unglaublichen Vorfälle sind in abnormen lokalen Umständen zu suchen. Es wäre eine zu langwierige Aufgabe, diesen Verhältnissen auf den Grund zu gehen. Hier sei deshalb nur erwähnt, dafs die Folgen der Jahrhunderte langen Fremdherrschaft, sowie die Verhältnisse des territorialen Grundbesitzes (Latifundien) wesentlich zu diesen Mifsständen beigetragen haben. Doch sind dies eben, wie gesagt, lokale Erscheinungen und man kann sie gerechterweise nicht generalisieren. Weder kann man von „Maffia“ und „Camorra“ als von zwei mit einander zusammenhängenden Erscheinungen sprechen, noch kann behauptet werden, dafs ihr Einflufs sich auf ganz Italien erstrecke. Das ist, Gott sei Dank, durchaus nicht der Fall. „Maffia“ und „Camorra“ sind zwar beide sehr bedauerliche und verdammenswerte Einrichtungen, die mit allen Mitteln zu bekämpfen sind; sie weisen auch den gemeinsamen Zug auf, dafs ihre Mitglieder sich gegenseitig schützen und bei ihren Mitbürgern Angst und Schrecken erwecken. Damit aber hört auch jede Ähnlichkeit zwischen beiden auf, denn in betreff ihres Sitzes, ihres Wirkungskreises und ihrer Zwecke sind „Maffia“ und „Camorra“ von einander grundsätzlich verschieden. Nur dem Umstande, dafs das Gebiet von Neapel und die Insel Sicilien eine Zeit lang zusammen das Königreich der „Due Sicilie“ bildeten, ist es zuzuschreiben, dafs man zwischen beiden gewöhnlich keinen oder einen kaum merklichen Unterschied macht. In Wirklichkeit aber sind der kontinentale und der insulare Teil Süditaliens in ihrem Wesen und in der Natur ihrer Bevölkerung gründlich verschieden. Dies spiegelt sich auch in den sozialen Krankheiten wieder, welche an den beiden von der Natur so reich gesegneten Gegenden seit langer Zeit haften. Die „Camorra“ hat ihren Sitz ausschliefslich in der Grofsstadt Neapel und deren nächster Umgebung. Sie besteht allerdings aus Geheimbünden mehr oder minder gefährlicher Verbrecher; aber infolge des heiteren Charakters der Bevölkerung zeigt sie eine weniger düstere, in manchen Fällen möchte ich sagen, beinahe eine gemütliche Schattierung. Der Camorrist ist ein Dieb, ein Gauner, doch nur im äufsersten Falle wird er zum Mörder. Die „Maffia“ dagegen ist eine rein sicilianische Erscheinung, deren Macht sich übrigens nicht einmal über ganz Sicilien erstreckt. Die drei östlichen Provinzen (Messina, Catania, Siracusa) sind frei von ihr: ihre Rolle gelangt hauptsächlich in Palermo und in den nahen Bezirken zur Geltung. In den Adern der dortigen Bevölkerung fliefst bekanntlich jetzt noch viel morgenländisches (sarazenisches) Blut, und das erklärt zur Genüge, dafs, neben manchem eigentümlich edlen Zuge, die „Maffia“ ein so schauerliches Gepräge trägt. Der „Maffioso“ scheut sich, wie die jetzt besprochene Affaire neuerlich bewiesen hat, nicht, seinen Feind auf kurzem Wege kalt zu stellen, und darin wird er durch die Furcht seiner Mitbürger leider nur zu oft unterstützt. Aber im ganzen übrigen Königreich Italien, nördlich und östlich von Neapel, ist von „Maffia“ und „Camorra“ keine Spur. Auch mit der Anarchistenbewegung, welche ja, wie jedermann weifs, keine italienische, sondern eine internationale ist, haben jene Einrichtungen nichts Gemeinsames und sie sind eben so wenig mit den vorjährigen bedauerlichen Unruhen in Italien in irgendwelchen Zusammenhang zu bringen. Die letzteren wurden in vereinzelten Gegenden der Halbinsel durch das offenbare Elend der Bevölkerung, in Mailand aber, nebenbei gesagt, eine der blühendsten Städte Europas, durch sozialistisch-republikanische, auch wohl klerikale Umtriebe verursacht. Der Wiederholung solcher Vorfälle vorzubeugen, hatte das Ministerium Pelloux eine Reihe von gesetzgeberischen Bestimmungen in Vorschlag gebracht, welche aber mit der kürzlich durch die italienische Kammer votierten, gegen die „Maffia“ und „Camorra“ gerichteten Motion nichts zu thun haben. Die ersten Mafsnahmen sind von der Kammer zwar nicht verweigert worden, sind jedoch infolge der Obstruktion der äufsersten Linken leider nicht zur Abstimmung gelangt. Das ist gewifs sehr bedauerlich; dafs aber damit das römische Parlament „sich selber zum Verbündeten der

«Maffia» und der «Camorra» machte", erscheint mir als eine mindestens gewagte Behauptung. Wie so manche andere in Europa, hat vielleicht auch die italienische Volksvertretung verschiedene berechtigte Vorwürfe verdient — diesen Vorwurf aber gewiſs nicht."

Teilweise im Widerspruch mit diesen Ausführungen und auch mit denen Heckethorns stehen die folgenden, denen wir in einer Januar-Nr. von „Am Deutschen Herd" (1900) begegnen:

„Sicilianische Schriftsteller haben in diesen Tagen darauf hingewiesen, daſs die Maffia ein Verbrecherbund sei, welcher die Tugend der „omertà" oder Mannhaftigkeit zur Geltung bringen solle. Auf diese Tugend legt der durch seine Raufboldnatur bekannte messergewandte Italiener einen groſsen Wert. „Hauptsächlich aber," schreibt Dr. Zacher aus Rom, „äuſsert sich die „omertà" in der Selbstsicherheit, die zur Sühnung eines Unrechts keiner Polizei bedarf, und im Schweigen, damit nicht die Polizei sich einmische und so die Privatrache unmöglich mache."

Später erfand man für die Personen, deren ganzes Gehaben zeigte, daſs sie omertà besäſsen und übten, den Ausdruck maffioso, aus dem das Hauptwort maffia abgeleitet wurde, das zuerst die Zahl derer bezeichnete, die an einem Orte die Grundsätze der omertà bekannten. Dann erst nannte man so den Geheimbund, der das sicilianische Leben vergiftet, obschon Kenner der Verhältnisse versichern, daſs es sich um einen Geheimbund eigentlich nicht handle, da die Maffia keine Statuten oder Hierarchie besitzt. Diesem Mangel hilft aber das starke Solidaritätsgefühl aller maffiosi ab, und so kann es sich wohl ereignen, daſs sich zu bestimmten Zwecken ein Hauptgauner der Maffia bedient, so daſs es den Anschein hat, als handle eine geschlossene Gesellschaft. Praktisch entwickeln sich auch Gradunterschiede, je nach der Gröſse der omertà, die einem maffioso eignet. Das geht auch daraus hervor, daſs die Novizen, die eintreten wollen, in einem „dichiaramento", einem Messerzweikampf, ihren Mut, das Haupterfordernis zur omertà, beweisen müssen.

Auſser dem Solidaritätsgefühl und der Verpflichtung zur gegenseitigen Hilfe bindet die einzelnen maffiosi auch — die Furcht. Freilich, man hatte ja seine Exempel. So sitzt ein Bauer friedlich vor der Thür seines Hauses, hinter der nahen Gartenmauer blitzt plötzlich ein Gewehrlauf, ein Schuſs, dessen Knall schnell verweht, und alles ist wieder still. Und kein Schwurgericht befaſst sich mit dem Mörder. Jede Woche fast berichtet die sicilianische Presse von solchen Exekutionen, auch in der letzten Woche noch. Und da sollen sich die Sicilianer nicht vor der Maffia fürchten! In dem Prozeſs Notarbartolo erleben wir es täglich, dafs es dem Präsidenten des Mailänder Schwurgerichtes nicht gelingt, einen Zeugen zum Reden zu bringen.

In Palermo blüht die Maffia am üppigsten, hier hat sie nicht blofs die Aufgabe, die omertà zu üben, sondern einigen hohen Herrn als Hilfe bei ihren „geschäftlichen" Expeditionen zu dienen. In den letzten Jahren hörte man so oft von Entführungen reicher Leute – alle diese Raubexpeditionen wurden von hochstehenden Personen in einem der ersten Klubs Palermos angeordnet.

An anderer Stelle wurde schon berichtet, wie der Deputierte für Palermo II, Palizzolo, als Haupt der Maffia bezeichnet wurde. Wie grofs seine Macht ist und war, hat gleichfalls der Mailänder Prozefs ergeben. So schaltete Palizzolo nach der Ermordung des Exdirektors der Bank von Sicilien, Notarbartolo, in der Bank unumschränkt, und als er gröfsere Unterschleife beging und die Bankbeamten ihn deshalb bei dem Direktor Herzog de la Verdura denunzierten, zuckte dieser nur die Achseln. Und der Herzog de la Verdura ist Senator des Königreichs! Die Macht der Maffia und ihres Häuptlings Palizzolo ist deshalb so grofs, weil sie im Parlament grofsen Einflufs haben. Palizzolo und alle seine Vorgänger waren nämlich stets ministerielle Abgeordnete. So erklärt es sich, dafs nach 1893, dem Jahre, in welchem Notarbartolo ermordet wurde, in Palermo fünf Staatsanwälte einander folgten.

Von Palizzolo erzählte dieser Tage der Abgeordnete de Felice in den Wandelgängen der Kammer, dafs er einst mit dem gefürchtetsten Briganten Siciliens, Leone, zusammen in seiner Theaterloge in Palermo erschien. Obgleich auf die Ergreifung des Briganten ein hohes Lösegeld stand, wagte kein Polizist, den durch den mächtigen Palizzolo geschützten Mann zu fassen."

Der soeben genannte berühmte Abgeordnete und Schriftsteller de Felice hielt im Dezember 1899 eine Budgetrede, über die wir in der Franke-Wortmannschen Halbmonatsschrift „Neues Leben" die nachstehenden, sehr interessanten Mitteilungen finden:

„Der Redner wurde zum furchtbaren Ankläger der Polizei, die er als Mitschuldige, ja Beschützerin der Maffia hinstellte. Er teilte die Maffia in verschiedene Schichten ein. Die erste ist die Maffia des niederen Volkes, die zweite die Polizei und die dritte die Maffia in gelben Glacéhandschuhen. Die sicilianischen Bauern, so fuhr er fort, sind von Natur nicht verbrecherisch, aber durch die Maffia werden sie zu Verbrechern, um sich selbst zu schützen; denn jeder, der nicht zur Maffia gehört, wird von dieser verfolgt. Der sicilianische Aufstand im Jahre 1894 war ja auch nur eine Revolte der Bauern gegen die Maffia und deren Leiter, und die „fasci", die von der Regierung als aufrührerische Verbindungen bekämpft wurden, nichts anderes, als eine Art von Schutzvereinigungen gegen die Maffia. Ministerpräsident Giolitti mufste selbst zugeben, dafs sich nach der Entstehung der „sozialistischen“ Fasci die Zahl der Diebstähle in Sicilien gemindert habe.

Als Beispiel für die Schreckensherrschaft der Maffia führte de Felice an, dafs jeder Bauer, der noch nicht „maffioso“ sei, eine unsichere Existenz führe; von dem Augenblicke aber, wo er nach einigen Verbrechen würdig befunden werde, zur Maffia zu gehören, finde er sofort eine Anstellung als „campiere“ mit fixem Gehalt. Dann berührte de Felice die auch schon früher bekannte Thatsache, dafs im Maffiagebiet die Opfer von Diebstählen sich nie an die Polizei wenden, weil das doch nutzlos sei, sondern immer an die Maffia selbst. Ein Staatsanwalt in Catania, der angegangen wurde, den Urheber eines Diebstahls von 600000 Lire auf Kosten der Banca dei depositi e sconti zu verfolgen, sagte: „Ich kenne den Mann, aber ich müfste ihn ohne Haftbefehl fangen; denn wenn ich zuerst den Haftbefehl erlasse, liefse die Polizei den Schuldigen entwischen.“ Aber de Felice ging noch weiter; er fuhr fort: „Der Diebstahl im Bureau des Appellhofs von Palermo, der Einbruch bei der Herzogin von Beauffremont, der andere im Palazzo Lanza und die Plünderung des Leihhauses in Palermo wurden von der Polizei organisiert, welche den Gewinn mit der Maffia teilte!“

Ein anderer Fall: In Catania erschofs jemand einen andern und stellte sich dann den Carabinieri mit folgendem Geständnis: „Der Mann, den ich mordete, war ein Haupt der Maffia; neben ihm kommandierte ein Polizeiinspektor, der mit ihm Halbpart machte. Ich wollte mir die Belästigungen der Beiden nicht gefallen lassen; zur Strafe dafür verurteilte mich heute das Gericht zur Polizeiaufsicht. Da verlor ich die Geduld; vom Gericht ging ich zum Waffenhändler und dann schofs ich den Delinquenten nieder. Wenn ihr mir nicht glauben wollt, so geht in das Haus des Toten und ihr findet die Beweise!“ Und thatsächlich wurde die Verbindung zwischen Polizei und Maffia festgestellt. Ebenso wurde sie festgestellt in dem bekannten Falle, wo falsche Banknoten in Masse hergestellt wurden, und das Schönste ist, dafs mit der Untersuchung des Falles der Polizeiinspektor betraut wurde, der in diesem falschen Banknoten-Syndikate präsidierte. (!!!)

Des weiteren erklärte de Felice, dafs die Maffia die politischen Wahlen in Sicilien mache und deshalb jeder Richter, der gegen die Geheimbrüder vorgehe, sofort strafversetzt würde. So erkläre er es sich auch, dafs Palizzolo bei jeder einzelnen Wahl sich nicht die Mühe zu nehmen brauchte, ein Wahlkomitee zu bilden, denn er verfüge ja über das ständige Komitee der Maffia. Nachdem de Felice dann noch an das Verschwinden der bekannten vier abtrünnigen „maffiosi“ erinnert hatte, deren Leichen 1897 in einer Tropfsteinhöhle bei Palermo gefunden wurden, wies er mit Nachdruck auf die Thatsache hin, dafs der mutmafsliche Mörder Notarbartolos, Fontana, weder von der Polizei vigiliert, noch überhaupt verfolgt wurde; man habe ihn sogar entwischen lassen. Schliefslich erzählte er, dafs die Regierung in einem Wahlkreise der Provinz Catania die dort nicht mehr bekannte Maffia von neuem einführte, um ihrem Kandidaten zu helfen. Es wurden nicht nur Verbrecher aus der Zwangshaft oder der Polizeiaufsicht entlassen, sondern man schickte auch besonders tüchtige „maffiosi“ mit Waffen und Geld in das beste Wirtshaus des Hauptortes im Wahlkreise, wo sie sichs auf fremde Kosten wohl sein liefsen, weil „ein Unterstaatssekretär ihre Hilfe nötig hatte.“

II. Quellen-Verzeichnis.

Allgemeines.

Castro, G. de. Il Mondo Segreto. 9 Bände. Milano, 1864.
Le Società Segrete. Vol. XXVII. della „Civittà Cattolica". Napoli, 1852.
Feval, P. Les Tribunaux Secrets. 8 Bände. Paris, 1864.
Marras, A. P. Secret Fraternities of the Middle Ages. London, 1865.
Ordens-Verbindungen. Das Ganze aller Geheimen Ordensverbindungen. Leipzig, 1805.
Perini, O. Storia delle Società Secrete. Milano, 1863.
Secret Societies of the Middle Ages. London, 1837.
Deschamps, N. Les Sociétés Secrètes. 3 Bände. Avignon, 1883.
Zaccone, P. Histoire des Sociétés Secrètes Politiques et Religieuses. Illustrations. Paris.

Antike Mysterien.

Anquetil. Zend-Avesta. Paris, 1771.
Apuleius. Les Métamorphoses, ou l'âne d'or. Traduites en Français par Victor Bétoland. Paris, 1873.
Bacchus Elucidated; or, The Gospel according to the Heathen. London, 1864.
Barth. Über die Druiden. Erlau, 1826.
Beal, S. A Catena of Buddhist Scriptures, from the Chinese. London, 1871.
— The Romantic Legend of Sakya Buddha. London, 1875.
Bjornstjerna, Count M. The Theogony of the Hindoos, with their systems of Philosophy and Cosmogony. 8vo. 1884.
Boulanger, M. L'Antiquité Dévoilée. Drei Bände. Amsterdam, 1777.
Bredow, G. G. Handbuch der alten Geschichte. Altona, 1837.
Bryant, J. New System of Ancient Mythology. Six vols. Plates. London 1807.
Caesar de Bell. Gall., vi 12, 13. The Druids.
Cattaneo, C. Le Origine Italiche illustrate coi libri sacri dell'Antica Persia.
Colebrooke. Essay on the Philosophy of India. 1853.
Dupuis, C. F. Origine de tous les Cultes. Paris, 1869.
Eichhorn. De Solo Invicto Mithras.
Faber. Horae Mosaicae. Oxford, 1801.
— Mysteries of the Cabiri. Oxford, 1803.
Hammer. Mémoire sur le Culte de Mithra. Paris, 1833.

Hederich, B. Lexicon Mythologicum. Leipzig, 1741.
Higgins. Celtic Druids. London, 1829.
Hyde. De Religione Veterum Persarum. Oxford, 1700.
I-tsing. A record of the Buddhist religion as practised in India and the Malay archipelago. With a letter from Max Müller. London, 1897. (Ausserordentlich wertvoll.)
Jacobi, H. Der Buddhismus und seine Geschichte. Leipzig, 1882, &c.
– The Kalpa Sutra of Bhadrabahu; or, The Jain Gospels. Leipzig 1879.
Jennings. Jewish Antiquities. London, 1766.
Jones. Extracts from the Vedas.
Kanne, J. A. System der Indischen Mythe. Leipzig, 1813.
Lassen. Gymnosophista. Bonn, 1832.
Lenormant, F. Il Mito di Adone-Tammuz nei Documenti Cuneiformi. Firenze, 1879.
– Chaldean Magic; its Origin and Development. Translated from the French. London, 1877.
Lucius, P. E. Der Essenismus. Strasburg, 1881.
Lyde, S. The Ansyreeh and Ismalech; a Visit to the Secret Sects of Northern Syria. London, 1853.
– The Asian Mystery: illustrated in the History, Religion, and Present State of the Ansayreeh or Nusairis of Syria. London, 1861.
Mackey, A. G. Lexicon of Freemasonry. London, 1867.
Maurice, Thomas. Indian Antiquities. Five vols. Plates. London, 1792.
– History of Hindostan. Three vols. Plates. London, 1795.
Meyer. Der Tempel Salomons. Berlin, 1830.
Müller. Mithras. Wiesbaden, 1833.
Müller, Max. Lecture on Buddhist Nihilism. London, 1869.
Oliver. History of Initiation. London, 1841.
Ouwaroff. Essais sur les Mystères d'Eleusis. Paris, 1816.
Plinius. Naturgeschichte, XVI. 95. (Die Druiden.)
Pluche, Abbé. History of the Heavens. Translated by J. B. de Freval. Two vols. London, 1752.
Prescott, W. H. History of the Conquest of Mexico. Three vols. London, 1852.
– History of the Conquest of Peru. Edited by J. F. Kirk. London, 1878.
Ragon. Cours Philosophique des Initiations anciennes et modernes. Paris, 1841.
Rhode. Die Heilige Sage. Frankfurt, 1820.
Robin. Recherches sur les Initiations anciennes et modernes.
Saint-Victor. Mysteries of Antiquity. Ispahan, 1788.
Schelling. Über die Götter von Samothrace.
Schubert. Nachtseite der Naturwissenschaft. Leipzig, 1850.
Senart, E. Essai sur la Légende du Bouddha. Paris, 1876.
Silvestre de Sacy. Exposé de la Religion des Druses. Paris, 1838.
– Essai sur les Mystères d'Eleusis. 1816.
Stevenson, Rev. J. The Kalpa Sútra and Nava Tatva, illustrative of the Jain Religion. London, 1848.
Tacitus. Annalen, XIV. 30. Die Druiden.
Volney, M. Ruins of Empires. Translated from the French. London.
Wortabet, J. Religion in the East; or, Sketches of all the Religious Denominations of Syria. London, 1860.
Wullers. Fragmente über die Religion Zoroasters. Bonn, 1831.
Yarker, J., Jun. Notes on the Scientific and Religious Mysteries of Antiquity, Gnostics and Modern Rosicrucians. London, 1872.

Gesellschaftsfeindliche Vereinigungen.

Avé-Lallemant, F. C. B. Die Mersener Bockreiter. Leipzig, 1880.
Bahrdt, Dr. C. F. Geschichte seines Lebens, seiner Meinungen und Schicksale. Von ihm selbst geschrieben. Four vols. Frankfort, 1790.
Christiany, L. von. Eva von Buttler, die Messaline und Muckerin. Stuttgart, 1870.
— Nachrichten über Schönherrs Leben und Theosophie. Königsberg, 1839.
Eckardt, J. Modern Russia. London, 1870.
Maffei, Count. Brigand Life in Italy. Two vols. London, 1865.
Maharajas. History of the Sect of the Maharajas, or Vallabhacharyas, in Western India. London, 1865.
Mastriani, F. I Vermi. Two vols. Napoli, 1877.
Monnier, M. La Camorra. Paris, 1863.
Ramaseenna; or, A Vocabulary of the Language of the Thugs. Calcutta, 1836.
Rauchhaupt, K. Rheinische Räuberbanden. Kreuznach, 1892.
Ross, D. The Land of the Five Rivers and Sindh. London, 1883.
Sleeman, W. H. The Thugs, or Phansigars of India. Philadelphia, 1839.
Taylor, M. Confessions of a Thug. Three vols. London, 1839.
Thugs: History and Practices of the Thugs. London, 1837.
Vizzini, A. La Mafia. Roma, 1880.
Pelikan, E. Gerichtlich-medizinische Untersuchungen über das Skopzentum in Russland. Nebst historischen Notizen. Aus dem Russischen von Ivanoff. Mit 16 Tafeln und 3 geographischen Karten. Giessen, 1876.

Kabbalisten und Gnostiker.

Agrippa, H. C. Die Kabbala, mit Vorwort von F. Barth. Stuttgart, 1855.
Knorr von Rosenroth. Cabala Denudata. 1677.
Freystadt. Kabalistische Philosophie. Königsberg, 1830.
Frank. La Cabala. Paris, 1843.
Münster. Versuch über die Altertümer der Gnostiker. Anspach, 1790.
Schmidt. Über die Verwandtschaft der Gnostisch-theosophischen Lehren mit den Religions-Systemen des Orients. Leipzig, 1828.
Matter. Histoire critique du Gnosticisme. Paris, 1847.
Jellinek, A. Die Kabbala. 1844.
Nicolai, C. Friedrich. Reisen durch Deutschland und die Schweiz. 1781.

Ritterorden.

De Vertot, Abbé. Histoire des Chevaliers Hospitaliers de St. Jean, depuis Chevaliers de Rhodes, et aujourd'hui Chevaliers de Malthe. 7 Bände. Paris, 1772.
Millot. Vie des Troubadors.
Fabre d'Olivet. Poésies occitaniques du XIIIe siècle. Paris, 1803.
Diez. Die Poesie der Troubadours. Zwickau, 1826.
Dinaux. Les Trouveurs de la Flandre et du Tournaisan. Paris, 1839.
Hauriel. Histoire de la Poésie provençale.
Galvani. Osservazioni sulla Poesia de' Trovatori. Modena, 1839.
Büsching. Ritterzeit und Ritterwesen. Leipsic, 1823.
Mills. History of Chivalry. London, 1825.

Aroux. Les Mystères de la Chevalerie. Paris, 1858.
L'Ordre Teutonique. Zwei Bände. Mergentheim, 1807.
Koran, der. Übersetzt von M. D. Megerlin. Frankfurt, 1771.
Talmud, der.
Chalcondyle, L. Histoire de la Décadence de l'Empire Grec, et l'Establissement de Celui des Turcs. Traduction de Bourbonois. Par Thomas d'Artus. Paris, 1660.
Josephus Flavius' Werke.

Gesellenverbindungen.

Perdiguier Agricola. Le Livre du Compagnonnage. Paris, 1840.
Moreau. Un Mot sur le Compagnonnage. Auxerre, 1841.
Giraud. Réflexions sur le Compagnonnage. Lyon, 1847.
George Sand. Le Compagnon du Tour de France, Roman.
Sciandro. Le Compagnonnage, ce qu'il a été, ce qu'il est, &c. Marseille, 1850.
Grimm. Altdeutsche Wälder. Cassel, 1813.
Brentano. Arbeitergilden der Gegenwart. Leipzig, 1871.
Blades, W. An Account of the German Morality Play, entitled, „Depositio Cornuti Typographici". London, 1885.

Freie Richter.

Breck. Geschichte der westphälischen Vehmgerichte. Bremen, 1814.
Kohlrausch. Deutsche Geschichte.
Koop. Verfassung der heimlichen Gerichte. Göttingen, 1794.
Troos. Sammlung merkwürdiger Urkunden für die Geschichte des Vehmgerichts. 1826.
Usener. Die freien und heimlichen Gerichte Westphalens. Frankfurt, 1832.
De Bock. Histoire du Tribunal Secret. Metz, 1801.
Hutter, R. Das Vehmgericht. Leipzig, 1793.
Wigand, P. Das Vehmgericht Westphalens. Hamm, 1825.
Lindner, Theodor. Die Feme. Münster, 1888.

Ketzer.

Schmidt. Geschichte der Albigenser.
Todd, J. H. The Books of the Vaudois. The Waldensian Manuscripts in the Library of Trinity College, Dublin. With an Appendix. London and Cambridge, 1865.
Bonni, F. L'Inquisizione e i Calabro-Valdesi. Milano, 1864.
Castro, G. de. Arnaldo da Brescia. Livorno, 1875. Vergl. auch „Inquisition".

Illuminaten.

Mirabeau. Histoire Secrète de la Cour de Berlin. 1789.
Luchet. Essai sur la Secte des Illuminés. Paris, 1789.
Robison. Proofs of a Conspiracy against all the Religions and Governments of Europe, carried on in the Secret Meetings of Freemasons, Illuminati, and Reading Societies. London, 1797.

Die Neuesten Arbeiten des Spartacus and Philo in dem Illuminatenorden. 1793. (Anonym; aber man weifs, dafs der Verfasser der Giefsener Gerichtsdirektor v. Grolmann war, der zu den Ordensmitgliedern gehörte.)
Nachtrag von Weitern Originalschriften, die Illuminatensekte betreffend. München, 1787.
Anhang zu den Originalschriften des Illuminatenordens. Frankfurt und Leipzig, 1787.
La Vérité sur les Sociétés secrètes en Allemagne. Paris, 1819.
Drei Aussagen über die innere Einrichtung des Illuminatenordens. 1786.
Erste Warnung. Schreiben an Utschneider. 1786.
Grofse Absichten des Ordens der Illuminaten. München, 1786.
Weishaupt, A. Das verbesserte System der Illuminaten. Frankfurt, 1787.
Das Geheimnis der Bosheit des Stifters des Illuminatismus. München, 1787.
System und Folgen des Illuminatenordens. München, 1787.
Der Tempel des Vorurteils, oder Erholungsstunden eines Illuminaten. 1794.
Eine Rede über den Illuminatenorden. Regensburg, 1799.
Über den Illuminatenorden. 1799.
Manifest der unbekannten Ordens-Obern. 1793.

Inquisition.

Achilli, Rev. G. Dealings with the Inquisition. London, 1851.
Beggi, F. H. Criminal History of the Popes. London, 1864.
Fereal, M. V. de. Mystères de l'Inquisition et d'Autres Sociétés Secrètes d'Espagne, ornés de 200 dessins. Paris, 1846.
Misteri dell' Inquisizione. Parigi, 1847.
Platina, B. The Lives of the Popes. Translated by P. Rycaut. Folio. London, 1685.
Bonni, F. L'Inquisizione e i Calabro-Valdesi. Milano, 1864.
Robertson, William. History of the Reign of Charles V. Plates. London, 1826.
Kaltner, B. Konrad von Marburg und die Inquisition in Deutschland. Prag, 1882.
Lavellee, J. Histoire des Inquisitions Religieuses. Two vols. Plates. Paris, 1809.
Inquisizione Romana. Confessione di un Prigioniero dell' Inquisizione Romana. Torino, 1865.
Cauvain. Histoire de l'Inquisition. Paris, 1872.
Corio, B. L'Istoria di Milano. Padoa, 1646.
Giannone, P. Istoria Civile del Regno di Napoli. Sieben Bände. Napoli, 1770.
Hoffmann, F. Geschichte der Inquisition. Zwei Bände. Bonn, 1878.
Gibbings, R. Report of the Trial and Martyrdom of Pietro Carnesecchi. Dublin, 1856.

Ischmaeliten.

Guyard, S. Un Grand-Maître des Assassins aux Temps de Saladin. Paris, 1877.
Pococke. Spec. Hist. Arab. Edit. White.
Hammer. Origin, Power, and Fall of the Assassins.

Malcolm. History of Persia.
Rousseau. Mémoires sur les Ismaélites.
Silvestre de Sacy. Exposé de la Religion des Druses. Paris, 1838.
– Chrestomathie Arabe.
Wolff. Die Drusen und ihre Vorläufer. London, 1856.
Busch, M. Wunderliche Heilige. Leipzig, 1879.
Wolf, Manichaeismus ante Manichaeos. Hamburg, 1707.
Baur, Sur le Manichéisme des Cathares. Tübingen, 1831.
Brown, J. P. The Dervishes; or, Oriental Spiritualism. London, 1868.
Eckardt, J. Modern Russia. London, 1870.

Jesuiten.

Andree, A. Les Jésuites. Paris, 1872. Secreta Monita Societatis Jesu. D'Alembert; la Destruction des Jésuites en France. Paris, 1873. (In 1 Band.)
Guettee, L'Abbé. Histoire des Jésuites. 3 Bände. Paris, 1858.
Jesuiten. Neueste Umtriebe in Deutschland. Leipzig, 1851.
Jesuits. A Glimpse of the Great Secret Society. London, 1868.
Lutteroth, H. La Russie et les Jésuites de 1772 à 1820. Paris, 1845.
Michelet E. Quinet. De' Gesuiti. Parigi, 1847.
Pradt, De. Du Jésuitisme Ancien et Moderne. Paris, 1825.
Manifeste du Roi de Portugal, contenant les Erreurs Impies et Séditieuses, que les Religieux de la Compagnie de Jésus ont enseignées aux Criminels, etc. Lisbonne, 1759.
Cartwright, W. C. The Jesuits, their Constitution and Teaching. London, 1876.
Crétineau-Joly. The Poor Gentlemen of Liège; or, The History of the Jesuits in England and Ireland for the last Sixty Years. London, 1863.

Mystiker.

Harless, G. C. von. Jacob Böhme und die Alchymisten. Gichtels Irrtümer. Leipzig, 1882.
Agrippa, H. C. Magische Werke. 5 Bände. Stuttgart, 1855.
Pianco, Magister. Der Rosenkreuzer in seiner Blöſse. Amsterdam, 1782.
Matter. Saint-Martin, le Philosophe inconnu, sa Vie et ses Ecrits, son Maître Martinez et leurs Groupes. Paris, 1862.
– Emmanuel de Swedenborg: sa Vie, ses Ecrits et sa Doctrine. Paris, 1863.
Böhme, Jakob. Theosophische Werke. Sechs Bände. Amsterdam, 1682.
– Die Lehre von J. Böhme, von J. Hamberger, München, 1844.
Jennings, H. The Rosicrucians. 2nd ed. London, 1879.
Buhle, J. G. Über Ursprung und Schicksale des Ordens der Rosenkreuzer. Göttingen, 1803.
Waite, A. E. The Real History of the Rosicrucians. London, 1887.
Naudé, G. Instruction à la France sur la Vérité des Frères de la Rose-Croix. Paris, 1623.
Lenglet Dufresnoy. Histoire de la Philosophie Hermétique. Paris et La Haye, 1742.
The Works of Jacob Behmen. With Figures left by the Rev. William Law. Four vols. London, 1764.

Templer.

Anton, K. Das Geheimnis und die Gebräuche der Tempelherren. Dessau, 1782.
— Versuch einer Geschichte des Tempelherren-Ordens. Leipzig, 1781.
Tempelherren-Orden. Geschichte von dessen Abschaffung. Altona, 1780.
Moldenhauer. Procès-Verbal. 1791.
Recherches Historiques sur les Templiers. Paris, 1835.
Michelet. Geschichte Frankreichs. 4. Band.
James. Dark Scenes of History. London, 1850.
Nicolai, F. Beschuldigungen gegen den Tempelherren-Orden. Berlin und Stettin, 1782.
James, G. P. R. History of Chivalry. Plates. London, 1830.
Du Pay, P. La Condamnation des Templiers. Paris, 1655.

Carbonari.

Wrightson, R. H. History of Modern Italy. London, 1855.
Cantu, C. Il Conciliatore e i Carbonari. Milano, 1878.
Memoirs of the Secret Societies of the South of Italy, particularly the Carbonari. London 1821.
Saint-Edme. Constitution des Carbonari. Paris, 1821.
De Witt. Les Sociétés secrètes de France et d'Italie. Paris, 1830.
Orloff. Mémoires sur le royaume de Naples.
Colletta. Storia del reame di Napoli.
Le Blanc. L'Histoire de Dix Ans.
Gros. De Didier et autres conspirateurs sous la Restauration. Paris, 1841.
Craven, Hon. R. K. A Tour through the Southern Provinces of Naples. Plates. London, 1821.
Pépé, G. Relation des Événements Politiques et Militaires à Naples en 1820 et 1821. Paris, 1822.

Freimaurerei.

Aigner, Ludwig. Geschichte der Freimaurerei. Budapest, 1892—1899.
Barruell, Abbé. The History of Jacobinism. Translated from the French. Four vols. London, 1797.
Bazot. Tableau historique, philosophique, et moral de la Maçonnerie en France.
Bedarride. De l'Ordre maçonnique de Misraim. Paris, 1845.
Vie de Joseph Balsamo. Paris, 1791.
Mémoires authentiques pour servir à l'Histoire de Cagliostro. Strafsburg, 1786.
Carlile. Manual of Freemasonry. London, 1845.
Clavel, G. L. B. Histoire Pittoresque de la Franc-Maçonnerie. Paris, 1844.
De la Tierce. Histoire des Francs-Maçons. 1745.
Dermott. The Ahiman Rezon.
Eckert, E. E. Verurteilung des Freimaurer-Ordens. Drei Bände. Schaffhausen, 1863-82.
Eybert. Les Martyrs de la Franc-Maçonnerie en Espagne. Paris, 1854.
Fellows. Mysteries of Freemasonry. London, 1860.
Findel, J. G. Geschichte der Freimaurerei.

Fox, Thos. L. Freemasonry. Account of Early History of Freemasonry in England. London, 1870.
Freemasons' Quarterly Review. London.
Freemasonry, Ritual of, including Account of Murder of William Morgan. By a Traveller in the United States. Engravings. Devon, 1835.
Hutchinson. Spirit of Freemasonry.
Heldmann. Les trois plus anciens Monuments de la Confraternité maçonnique allemande.
Le Monde Maçonnique. (Zeitschrift). 1859—1879.
Procédures de l'Inquisition de Portugal contre les Francs-Maçons. 1740.
Juge. Le Globe; Archives générales des Sociétés secrètes, non politiques. Paris.
Lenning. Encyklopädie der Freimaurerei.
Lenoir La Franc-Maçonnerie rendue à sa véritable Origine.
Lindner, W. Mac-Benach. Leipsic, 1819.
Mackey. Lexicon of Freemasonry. London, 1867.
Fatti ed Argomenti intorno alla Massoneria. Genova, 1862.
Masonry the same all over the World. Boston, 1830.
Origine de la Maçonnerie Adonhiramite. Helyopolis, 1787.
Mounier. De l'Influence attribuée aux Philosophes, aux Francs-Maçons et aux Illuminés sur la Révolution de France. Paris, 1801.
Les plus secrets Mystères de la Franc-Maçonnerie. Jerusalem (Paris), 1774.
Oliver. History of Initiations. London, 1841.
Theocratic Philosophy of Freemasonry. London, 1840.
Programma Massonico adottato dalla Massoneria Italiana Ricostituta. 1863.
Ragon. Cours philosophique des Initiations anciennes et modernes. Paris, 1841.
Manuel Complet de la Maçonnerie des Dames. Paris 1860.
Ragon, J. M. La Francmaçonnerie. Paris.
Weiſse, J. A. The Obelisk of Freemasonry, according to the Discoveries of Belzoni. New York, 1880.
Wadzek, F. Leben und Schicksale von F. M. Grossinger. Frankfurt, 1789.
Francs-Maçons, L'Ordre des, trahi et le Secret des Mopses révélé. Amsterdam, 1745.
Sarsena oder der Vollkommene Baumeister. Leipzig, 1860.
Warfare of Freemasonry against Church and State, The Secret. Translated from the German. London, 1875.
Zschokke, H. Gesammelte Schriften. Aarau, 1850.
Robison, J. Proofs of a Conspiracy against all the Religions and Governments of Europe. Second edition. London, 1797.
Saint-Félix. Aventures de Cagliostro. Paris, 1854.
Saint-Victor. La Vraie Maçonnerie d'Adoption. London, 1779.
The Secrets of Freemasonry Revealed. London, 1759.
A Master-Key to Freemasonry. London, 1760.
Spratt, E. Constitutions for the Use of the Grand Lodges in Ireland. Dublin, 1751.
Vernhes. Défense de l'Ordre de Misraim.
De Widekind. Geschichte der Freimaurerei in Deutschland.
Offeg, A. Der Hammer der Freimaurerei am Kaiserthrone der Habsburger. Amberg und Leipzig, 1880.
Dalen, C. van. Kalender für Freimaurer auf das Jahr 1894. Leipzig, 1894.
Rhodocanakis, Prince. The Imperial Constantinian Order of St. George. London, 1870.

Internationale und Kommune.

Mazzini. Scritti editi e inediti. Milano, 1861–1863.
Histoire de l'Internationale. Par Jacques Populus. Paris, 1871.
La Fin du Bonapartisme. Par E. de Pompery. Paris 1872.
La Commune di Parigi nel 1871. Per J. Cantù. Milano, 1873.
Wrightson, R. H. History of Modern Italy. London, 1855.
Baroni, C. I Lombardi nelle Guerre Italiane, 1848–1849. Torino, 1856.
Villetard, E. Histoire de l'Internationale. Paris, 1872.
Yorke, O. Secret History of the International. London, 1872.

Irische Gesellschaften.

Incipient Irish Revolution: an Exposé of Fenianism of To-day. London, 1889.
Waters, Thos. The Ribbonman; or, The Secret Tribunal. Glasgow.
Moore, Thos. Life of Lord Edward Fitzgerald.
Speeches from the Dock; or, Protests of Irish Patriotism.
Rutherford, John. The Secret History of the Fenian Conspiracy. London, 1877.
Frost, Thos. The Secret Societies of the European Revolution. Two vols. London, 1876.
Le Caron, H. Twenty-five Years in the Secret Service. London, 1892.
Hopkins, T. Kilmainham Memories. The Story of the Greatest Political Crime of the Century. London, 1896.
Dowsett, C. F. Striking Events in Irish History. London, 1890.

Politische.

Bruck, H. Geheime Gesellschaften in Spanien. Mainz, 1881.
Barruell, Abbé. The History of Jacobinism. Translated from the French. London, 1797.
Blackett, H. Garibaldi: His Life and Times. Illustrated. London, 1882.
Bonnemere, E. Histoire de la Jacquerie. Paris.
Cantu, J. L'Incendio di Parigi nel 1871. Milano, 1873.
Carrana, T. Della Difesa di Venezia. Genova, 1850.
Caussidière. Memoirs of a Citizen; or, Secret History of the Revolution of 1848. London, 1848.
Golovine, Ivan. L'Europe Révolutionnaire. Paris, 1849.
Garibaldi, G. Autobiographie. Drei Bände.
Hodde, L. de la. Geschichte der Geheimen Gesellschaften und der republikanischen Partei in Frankreich von 1830–1848. Aus dem Französischen. Basel, 1851.
Horner, S. A Century of Despotism in Naples and Sicily. Edinburgh, 1840.
Lemonnier, A. La Révolution de Paris. Bordeaux, 1871.
Mayers, Rev. M. J. Note-Book of the late Civil War in Switzerland (Sonderbund War). London and Zürich, 1848.
Monthly Magazine and British Register. Fifty-seven vols. From February 1796 to July 1824. London. (Zeitschrift.)
Playfair, William. History of Jacobinism. London, 1795.
Dumas, A. Les Garibaldiens. Paris, 1868.

Beaumont-Vassy, Vicomte de. Histoire des États Italiens depuis le Congrès de Vienne. Bruxelles, 1851.
Rocca. Memoirs of the War of the French in Spain. Translated by M. Graham. London, 1815.
Procès contre Demerville et autres prévenus de conspiration contre Bonaparte. Paris, an IX.
D'Arlincourt, Vte. de. L'Italie Rouge. Paris, 1850.
Baroni, C. I Lombardi nelle Guerre Italiane, 1848—1849, Torino, 1856.
Secret Societies of the Army for the Destruction of the Government of Bonaparte. London, 1815
Séjour d'un Officier Français en Calabre. Paris, 1820.
Die Geheimen Deutschen Verbindungen in der Schweiz seit 1833. Basel, 1847.
Müller, E. D. Politica Segreta Italiana. Torino, 1880.
Schlegel, G. Thian ti Hwin (the Hung League). 1866.
Doolittle. Social Life of Chinese. London, 1869.
Walton, W. The Revolutions in Spain. London, 1837.
Santa-Rosa. La Révolution Piémontaise en 1821. Paris, 1822.
Niebuhr, B. G. Über Geheime Verbindungen im preufsischen Staat. Berlin, 1815.
Browne, E. G. A Traveller's Narrative to illustrate the Episode of the Báb. Cambridge, 1891.
Sell, E. The Bâb and the Bábis. Madras, 1895.
Gobineau, J. A. de. Les Religions et les Philosophies dans l'Asie Centrale. Paris, 1865.
Parliamentary Paper: Further Correspondence respecting Anti-Foreign Riots in China. March, 1892.
Revue Retrospective, ou Archives Secrètes du Dernier Gouvernement [de France], 1830—1848. Paris, 1848.
Tedeschi, C. I Milanesi a Venafro. Milano, 1861.
Bartholdy, K. M. Geschichte Griechenlands. Leipzig, 1874.
Keil, R. Die Gründung der deutschen Burschenschaft in Jena. Jena, 1883.
Katscher, Leopold. Was in der Luft liegt. Leipzig, 1899.
Streiter, J. Studien eines Tirolers. Leipzig, 1862.
Bartholdy, J. L. S. Der Krieg der Tiroler Landleute. Berlin, 1814.
Ilse, L. F. Geschichte der politischen Untersuchungen von 1819—1827 und von 1833—1842. Frankfurt, 1860.
Rossi, P. La Morte del Ministro Rossi. Roma, 1848.
Schoolcraft, H. R. Notes on the Iroquois. Albany, 1847.
Codrington, R. H. The Melanesians. Oxford, 1891.
Ferrero della Marinora. Un poco più di Luce. Firenze, 1873.
Thomson, J. The Straits of Malacca. London, 1875.
Baur, W. Das Leben des Freiherrn von Stein. Berlin, 1891.

Russische politische Gesellschaften.

Kennan, George. Aus Sibirien und Rufsland. Deutsch von Leopold Katscher. Klagenfurt, 1891. (Russische Gefängnisse.)
Duc, L. de. La Russie Contemporaine. Paris, 1854.
Lavigne, E. L'Histoire du Nihilisme Russe. Paris, 1880.
Revelations of Russia in 1846. Two vols. Plates. London, 1846.
Russie. Mémoires Secrets sur la Russie, sur la Fin du Règne de Catherine II et sur Celui de Paul I. 4 Bände. Paris, 1804.
Michalof, G. Die Geheime Werkstätte der Polnischen Erhebung von 1830, mit Streiflichtern auf Rufsland und Frankreich. Leipzig, 1877.

Schnitzler, J. H. Histoire Intime de la Russie sous Alexandre et Nicolas. Paris, 1847.
Scherr, Joh. Die Nihilisten. Leipzig, 1885.
Stepniak. La Russia Sotterranea. Milano, 1882.
— Underground Russia. Translated from the Italian. London, 1883.
Thun, A. Geschichte der revolutionären Bewegungen in Rufsland. Leipzig, 1883.
Deutsche Rundschau, Geheime Denkschrift über die Nihilistischen Umtriebe vom Jahre 1875. Juni 1881.
Unsere Zeit, 7. Heft, 1886. Rufslands innere Zustände: Der Nihilismus und die Reformen. (Leipzig.)
Schedo-Ferroti. Études sur l'avenir de la Russie: Le nihilisme en Russie. Berlin, 1867.
Gerbel-Embach, C. N. Die Attentatsperiode in Rufsland. Heilbronn, 1881.
Laferté, Victor. Alexandre II. Détails inédits sur sa vie intime et sa mort. Basel, 1882.

Verschiedene.

Blagdon, F. W. Geography of Africa. London.
Der Abelit. Leipzig, 1746.
Zuverlässige Nachrichten über Schönherrs Leben. Königsberg, 1839. (Mucker.)
Schoolcraft, H. R. History of the Iroquois. New York, 1846.
— Algic Researches. New York, 1839.
Bell, H. J. Obeah: Witchcraft in the West Indies. London, 1893.
Beteman, C. S. Latrobe. First Ascent of the Kasaï; being some Records of Service under the Lone Star. London, 1889.
Rovani, Giuseppe. Cento Anni. Milano, 1889.
Wake, C. S. Memoirs of International Congress of Anthropology. Chicago, 1894.
Roth, H. L. Aborigines of Tasmania. London, 1890.
— Aborigines of Hispaniola. London, 1887.
Morgan, L. H. League of Ho-de-no-sau-nee, or Iroquois. Rochester (New York), 1851.
Dinaux, A. M. Les Sociétés Badines. Paris, 1867.
Kingsley, Mary H. Travels in West Africa. London, 1897.
Henne am Rhyn, Otto. Das Buch der Mysterien. Leipzig, 1891.

III. Alphabetisches Sachregister.

A.

B.

H.

I.

J.

K.